金融学译丛

个人理财
（第七版）

杰夫·马杜拉（Jeff Madura） 著

汪涛 郭宁 章国标 译

PERSONAL FINANCE
(SEVENTH EDITION)

中国人民大学出版社
·北京·

图书在版编目（CIP）数据

个人理财：第七版/（美）杰夫·马杜拉著；汪涛，郭宁，章国标译. -- 北京：中国人民大学出版社，2023.7
（金融学译丛）
ISBN 978-7-300-31883-7

Ⅰ. ①个… Ⅱ. ①杰… ②汪… ③郭… ④章… Ⅲ. ①私人投资 Ⅳ. ①F830.59

中国国家版本馆CIP数据核字（2023）第136029号

金融学译丛
个人理财（第七版）
杰夫·马杜拉　著
汪　涛　郭　宁　章国标　译
Geren Licai

出版发行	中国人民大学出版社		
社　　址	北京中关村大街31号	邮政编码	100080
电　　话	010-62511242（总编室）	010-62511770（质管部）	
	010-82501766（邮购部）	010-62514148（门市部）	
	010-62515195（发行公司）	010-62515275（盗版举报）	
网　　址	http://www.crup.com.cn		
经　　销	新华书店		
印　　刷	天津中印联印务有限公司		
开　　本	787 mm×1092 mm　1/16	版　次	2023年7月第1版
印　　张	33.5 插页1	印　次	2023年7月第1次印刷
字　　数	809 000	定　价	108.00元

版权所有　侵权必究　印装差错　负责调换

前言 PREFACE

第七版新增内容

在第七版出版的时候，所有章节都已更新，内容反映最新的变化，覆盖面更全。《个人理财》（第七版）的主要变化如下：

- 斯蒂芬妮·斯普拉特的案例在所有章节中都有出现，这些案例反映了当前的经济状况和税法的最新变化。
- 对桑普森案例进行了修订，以确保全文的一致性，并考虑了最新的税法变化。
- 对布拉德·布鲁克斯案例进行了修订，以确保全文的一致性，并考虑了最新的税法变化。
- 第1章"理财规划概述"包含了有关如何选择大学（或研究生院）、专业和职业的更多信息。它还提供关于职业的最新薪资信息，并解释如何进行理财规划来实现财务目标。
- 第4章"税务筹划"基本上是完全重写，以适应新的税法变化。这一章写得非常简单，并提供了明确的指导，如果学生采用标准抵扣法，他们就可以估算自己的纳税金额。
- 第5章"银行业与利率水平"包含了更多有关账单的在线支付流程的讨论。
- 第6章"现金管理"运用较低的利率来反映当前的经济状况。
- 第7章"评估与安全使用个人贷款"包含了更多关于提高你的信用评分和防止身份盗窃的讨论。
- 第8章"个人贷款管理"包含了更多关于信用卡的讨论。
- 第9章"个人贷款"包含了更多关于贷款合并和学生贷款的讨论。
- 第10章"买房融资决策"阐述了近期税法的变化是如何降低拥有一套住房的潜在税收优惠的。
- 第17章"共同基金投资"包含了更多关于交易所交易基金的信息，因为它们很受欢迎。
- 第19章"退休计划"包含了所有不同退休计划的更新信息，因为许多规则，比如每年的最大捐赠金额，都已经发生了改变。

解决教与学的难题

问问自己下面这几个理财目标：
- 你应当买辆新车还是先还清自己的信用卡债务？
- 你能借入多少贷款？
- 哪家银行能提供满足你要求的最佳服务？
- 在面对紧急情况时，你可以通过哪些渠道迅速获得资金？
- 你是否购买了充足的保险？
- 你能否做到提前退休？

本书能帮助你处理上述以及其他相关的理财难题。它还能指导你制订一份个人理财计划。本书让读者有机会掌握各种理财技能，将来这些技能可以帮助大家慢慢改善自己的财务状况。为了做到这一点，本书整合了基于互联网的资源以及许多例子、问题和正在进行的案例研究，所有这些都侧重于为学生提供应用金融概念的具体实践。

个人理财涉及的定量分析令许多学生望而却步。本书通过解释基本逻辑，简化了个人理财的数学知识。本书解释了公式和计算，并举例说明。可以使用财务计算器解决案例中的计算问题，文中对如何使用财务计算器也做了相应的说明。如果有需要，学生们可以参考带有在线计算器的网站。财务规划问题为学生们提供了充分的机会来实践应用基于数学的概念。

本书第 1 章对个人理财计划的关键组成部分做了详细的介绍。全书对所有内容进行综合考虑，将其合理地分成七个部分，这七个部分是第 1 章中介绍的个人理财计划组成部分的核心，而且本书在第 21 章中将这些组成部分综合成了一个全面的个人理财计划。

决策

《个人理财》（第七版）的交互式方法结合了基于互联网的资源以及实例、问题和正在进行的案例研究，帮助学生做出明智的理财规划决定。

"理财规划练习题"栏目要求学生通过计算来理解数学概念的相关知识，从而可以做出明智的个人理财决策。

一个新近毕业的大学生、职场新人的案例可以帮助学生将理财规划的书本概念应用到现实生活中。学生通常会面临和斯蒂芬妮一样的困境，比如如何控制娱乐支出，是否购买或租赁汽车。

为家庭建立一个理财计划也是一个很重要的项目。作为两个孩子的父母，戴夫·桑普森和莎伦·桑普森面临着共同的财务困境，他们几乎没有对未来的理财规划，想着要早点存钱购买新车、支付孩子的大学教育费用和安排他们的退休生活。学生可以利用每章所学到的理财规划知识为桑普森夫妇提供建议。

学生会被提示为他们的朋友布拉德·布鲁克斯构建一个个人理财计划。布拉德追求比较奢侈的生活，同时面临着不断飙升的信用卡余额，他需要同学们的帮助来改善他的财务状况。

第21章综合了本书之前所述的所有部分，突出了个人理财计划的组成部分之间的相互关系，并为斯蒂芬妮·斯普拉特提出了一个完整的计划。它还包含一个注册理财规划师练习，要求学生从注册理财规划师的视角，在经济条件发生改变时，考虑应该如何调整规划，做出自己的分析和判断，并提出相应的解决方案。

学习工具

章前引例
每一章的开头都提供了一个有趣的场景，可以预览该章的内容。

本章的学习目标
与每一章的主要标题相对应，学习目标列出了学生要掌握的内容。

术语解释
我们会在每章最后给出本章的关键术语的定义或解释。

案例
运用本书所学到的专业知识和概念解释实际生活中的具体案例，让学生理解得更深刻。

个人理财的心理学
个人理财行为深受心理学的影响。例如，很多消费属于冲动型消费，只是为了满足一时的欲望。

小结
为了帮助学生学习，每章都设有小结，以段落的形式展示了这一章的重点内容。

活动与评估

复习题
通过比较和对比概念，学生可以了解金融行情和报价，理解财务数据如何被用于个人财务决策。

道德困境
在理财过程中，我们还面临很多现实道德层面的挑战，为了让学生能够对此有更深刻的认识，我们在大部分章节的复习题或理财规划练习题中增设了道德困境思考题。

个人理财的心理学
每一章的结尾都有一部分关于个人理财的心理学的内容，帮助学生提升对心理力量（如对即时满足的渴望）如何影响个人理财决策的理解。

理财知识测验
在第1章之前，我们安排了一个课前理财知识测验。提供参考答案是为了让学生给自己的表现打分。这个测验让学生知道自己对个人理财的了解程度，并激励他们提升自己的理财技能。课后理财知识测验出现在第21章之后。这个测验可以让学生在学完课程后发现他们学到了多少。提供参考答案是为了让学生可以很容易地评估他们的表现。

实践项目
附录B列出了几个实践项目。

- 评估个人的信用状况项目可以促使学生评估他们的信用卡余额和信用限额。同时，它还指导学生获得信用分数，并考虑是否应该实施策略来偿还现有的信用卡余额。
- 职业规划实践项目允许学生研究他们计划从事的特定职业，并报告他们的研究。
- 租下一套公寓项目允许学生评估他们已经确定的特定公寓的成本和潜在收益。
- 股票市场实践项目允许学生模拟投资过程，监控特定股票，并分析股票价值对经济环境的反应。

发展就业技能

本书通过以下几个方面提高学生的就业能力：
- 本书提供了所有重要的个人理财背景知识，这对于在银行或保险等金融服务领域就业来说是必不可少的，在这些领域，个人客户服务至关重要。
- 本书教学生构建自己的个人理财计划，对于想以财务顾问为职业目标的学生来说，这是一个必备的技能。
- 理财规划练习题和案例带给学生批判性思维和解决困境的经验，这是许多职业所必需的。
- 学生获得的个人预算和理财规划技能可以应用于商业世界的许多职业，因为企业必须管理流动性和融资，以满足其支出计划。

课前理财知识测验

下面这个测验能帮助你判断自己对理财规划有何了解。测验包含一些基础问题，这些问题能测试出你是否具有做出正确理财决策的能力。本书会对测验中涉及的概念给出明确定义，这些概念是做出理财规划决策的基础。测验还涉及更多的分析性概念，它们能帮助你制订出一份切实有效的个人理财计划。

在完成测验后，根据测验结尾处提供的参考答案给自己评分。

1. 如果某项决定让你不得不放弃某些东西，那么这就叫做（　　）。
   A. 流动性问题　　　　　　　　B. 净成本
   C. 机会成本　　　　　　　　　D. 上述选项都不正确

2. （　　）向个人出售份额，然后将筹集到的资金投资于债券或股票等投资工具。
   A. 理财规划　　　　　　　　　B. 预算规划
   C. 共同基金　　　　　　　　　D. 上述选项都不正确

3. 在计算终值的现值或年金的现值时，利率水平（　　），则现值（　　）。
   A. 越高；越高　　　　　　　　B. 越低；越低
   C. 越高；越低　　　　　　　　D. 上述选项都不正确

4. 即使纳税人没有使用逐项抵扣法，（　　）也能降低应税收入。
   A. 标准抵扣　　　　　　　　　B. 股息
   C. 资本利得　　　　　　　　　D. 上述选项都不正确

5. 当美联储希望（　　）利率水平时，它会（　　）商业银行的资金总额。
   A. 降低；减少　　　　　　　　B. 提高；增加
   C. 降低；增加　　　　　　　　D. 选项A和B都正确

6. 存款机构提供的（　　）明确规定了必须投资的最小金额、存款的到期期限以及年收益率。
   A. NOW账户　　　　　　　　　B. 货币市场存款账户
   C. 存单　　　　　　　　　　　D. 储蓄账户

7. 当你发现自己的身份被盗用时，应当通知（　　）。
   A. 联邦贸易委员会　　　　　　B. 美国邮局
   C. 美国联邦调查局　　　　　　D. 特勤局

8. 贷款的（　　）代表的是包含了贷款机构收取的所有费用的单利利率。
   A. 年度百分率（APR）　　　　 B. 货币市场利率（MMR）
   C. 实际年利率（EAR）　　　　 D. 借记卡利率（DCR）

9. 下列哪一项不是租车的劣势之一？（   ）
   A. 你可能不得不购买一份比自己现在持有的保险保额更高的汽车保险
   B. 当租约到期时，你要操心为这辆车找到一个买家
   C. 你对这辆车没有任何权益投资
   D. 如果驾驶里程超过了租约中事先约定好的最高英里数，那么你可能要额外支付一笔费用

10. 在买房时，买房人不需要负担下列哪项成本？（   ）
    A. 结算成本   B. 贷款申请费
    C. 房地产经纪人的佣金   D. 首付款

11. 500 美元的免赔额要求（   ）。
    A. 你先支付头一笔 500 美元的损失
    B. 事故责任方要支付头一笔 500 美元的损失
    C. 保险公司要支付头一笔 500 美元的损失
    D. 上述选项都不正确

12. （   ）不是残疾收入保险的来源。
    A. 社保体系提供的保险   B. 雇主残疾保险
    C. 工伤保险   D. 上述所有选项都是残疾收入保险的来源

13. 对于某份特定的人寿保险合同，保费与年龄（   ）相关。
    A. 不太   B. 绝不
    C. 正   D. 负

14. （   ）不是个人投资者常犯的投资错误。
    A. 根据不切实际的目标制定投资决策
    B. 借钱投资
    C. 冒更大的风险，目的是希望挽回之前投资的损失
    D. 上述所有选项都是个人投资者常犯的投资错误

15. 当投资者用保证金的方式购买股票时，他们（   ）。
    A. 通过柜台市场购买股票   B. 使用买入止损指令
    C. 从经纪公司借钱买入部分股票 D. 借钱给经纪公司

16. 债券的（   ）提供贷款。
    A. 股东   B. 投资者
    C. 发行人   D. 上述选项都不正确

17. 下列哪一项不是投资者选择共同基金的动机之一？（   ）
    A. 投资组合经理经验丰富，他们会决定如何用投资者的钱来投资
    B. 共同基金设计了特定的投资目标
    C. 用较少的初始投资额投资于高度分散化的投资组合
    D. 上述所有选项都是投资者投资共同基金的动机

18. 执行期权时完成交易的价格是（   ）。
    A. 期权费   B. 附加费用
    C. 赎回价格   D. 执行价格

19. 适用于（　　）所得税税率的个人使用退休计划能享受到最大的税收优惠效应。
   A. 中等　　　　　　　　B. 较高
   C. 零　　　　　　　　　D. 较低
20. 遗嘱执行人也叫做（　　）。
   A. 让与人　　　　　　　B. 监护人
   C. 个人代表　　　　　　D. 受托人

1.C 2.C 3.C 4.A 5.C 6.C 7.A 8.A 9.B 10.C 11.A 12.D 13.C 14.D 15.C 16.B 17.D 18.D 19.B 20.C

目录 CONTENTS

第1章　理财规划概述 …………… 1
个人理财如何帮助你增加财富 …… 1
个人理财如何帮助你提升就业的
　市场竞争力 ………………… 5
个人理财计划的主要组成部分 …… 6
理财规划对个人现金流的影响 …… 8
编制个人理财计划 ……………… 15

第一部分　理财规划工具

第2章　个人财务报表规划 ……… 29
个人现金流量表 ………………… 29
现金流的影响因素 ……………… 32
估算你的现金流 ………………… 34
个人资产负债表 ………………… 40
预算与个人理财计划的匹配
　程度 ………………………… 48

第3章　货币的时间价值 ………… 55
货币的时间价值的重要性 ……… 56
单笔现金流的终值 ……………… 56
单笔现金流的现值 ……………… 61
年金的终值 ……………………… 62
年金的现值 ……………………… 65
运用货币的时间价值来估算
　储蓄额 ……………………… 66

货币的时间价值与个人理财计划的
　匹配程度 …………………… 68

第4章　税务筹划 ………………… 75
税收基础知识 …………………… 76
计算你的应税收入 ……………… 78
采用标准抵扣法计算你的税负 … 80
采用逐项抵扣法计算你的税负 … 85
能够享受税收优惠的条件 ……… 87
税务筹划如何更好地匹配你的
　个人理财计划 ……………… 89

第二部分　管理个人流动性

第5章　银行业与利率水平 ……… 99
金融机构的类型 ………………… 99
金融机构提供的银行服务 …… 102
挑选一家金融机构 …………… 108
存款利率与贷款利率 ………… 110
为什么利率会变化 …………… 114
银行服务与个人理财计划的匹配
　程度 ……………………… 116

第6章　现金管理 ……………… 123
现金管理的背景知识 ………… 123
货币市场投资工具 …………… 125
货币市场投资工具的风险 …… 132
风险管理 ……………………… 133

现金管理与个人理财计划的匹配
　　程度 ·················· 136

第7章　评估与安全使用个人贷款 ·············· 142

贷款的基础知识 ············ 142
征信机构 ················ 146
身份盗用：对个人信用记录的
　　威胁 ·················· 153
防范身份盗用 ············ 156
身份被盗用后的处理方法 ···· 159
信用评估和信息安全与个人理财
　　计划的匹配程度 ········ 162

第8章　个人贷款管理 ······ 167

信用卡的背景知识 ·········· 168
信用卡还款 ················ 175
核对信用卡账单 ············ 178
对信用卡的监管 ············ 180
信用卡的使用小贴士 ········ 181
贷款管理与个人理财计划的匹配
　　程度 ·················· 185

第三部分　个人融资决策

第9章　个人贷款 ············ 195

个人贷款的基本知识 ········ 195
个人贷款的利率 ············ 200
汽车贷款 ·················· 203
买车与租车的决定 ·········· 210
学生贷款 ·················· 212
住房净值贷款 ·············· 213
发薪日贷款 ················ 215
个人贷款决策与个人理财计划的
　　匹配程度 ·············· 217

第10章　买房融资决策 ······ 223

你能负担得起多高的价格 ···· 224
挑选房屋 ·················· 226

房屋的估值 ················ 228
买房的交易成本 ············ 232
使用固定利率抵押贷款融资 ·· 236
使用可变利率抵押贷款融资 ·· 241
买房还是租房 ·············· 243
抵押贷款的特殊类型 ········ 246
抵押贷款再融资 ············ 247
抵押贷款与个人理财计划的匹配
　　程度 ·················· 248

第四部分　保护个人财富

第11章　汽车保险与房主保险 ·············· 257

保险和风险管理 ············ 257
保险公司的作用 ············ 260
汽车保险 ·················· 262
汽车保险的保费 ············ 268
如果投保人遭遇了交通事故 ·· 271
房主保险合同条款 ·········· 272
房主保险的保费 ············ 275
租客保险 ·················· 277
伞式个人责任保险 ·········· 277
保险与个人理财计划的匹配
　　程度 ·················· 278

第12章　健康保险与残疾收入保险 ·············· 284

健康保险的基础知识 ········ 284
私人健康保险 ·············· 285
医疗保健计划的内容 ········ 290
政府医疗保健计划 ·········· 292
医疗保险行业的监管 ········ 293
长期护理保险 ·············· 295
残疾收入保险 ·············· 298
健康保险和残疾收入保险与个人
　　理财计划的匹配程度 ···· 300

第 13 章 人寿保险 ………… 306
人寿保险的基础知识 ………… 306
人寿保险的类型 ………… 308
决定人寿保险的保额 ………… 313
人寿保险的合同条款 ………… 317
挑选人寿保险公司 ………… 319
人寿保险与个人理财计划的匹配
程度 ………… 320

第五部分 个人投资

第 14 章 投资的基础知识 ……… 329
偿债 ………… 329
投资工具的类型 ………… 331
投资收益 ………… 335
投资风险 ………… 339
风险与收益的权衡 ………… 342
从投资失败中吸取经验教训 ………… 345
个人投资与个人理财计划的
匹配程度 ………… 346

第 15 章 股票投资 ………… 353
证券交易所 ………… 353
股票行情 ………… 356
买卖股票 ………… 357
分析股票 ………… 361
股票投资决策与个人理财计划的
匹配程度 ………… 366

第 16 章 债券投资 ………… 372
债券的基础知识 ………… 372
债券的类型 ………… 374
投资债券的收益率 ………… 377
债券估值 ………… 378
债券投资的风险 ………… 379
债券投资策略 ………… 382
债券投资决策与个人理财计划的
匹配程度 ………… 383

第 17 章 共同基金投资 ………… 389
共同基金的基础知识 ………… 389
共同基金的类型 ………… 394
交易所交易基金 ………… 397
共同基金的收益与风险 ………… 399
挑选共同基金 ………… 403
共同基金的行情信息 ………… 406
共同基金的分散化投资 ………… 407
共同基金与个人理财计划的
匹配程度 ………… 409

第 18 章 资产分配 ………… 417
如何通过分散化投资降低风险 … 417
分散化投资策略 ………… 421
资产分配策略 ………… 422
你的资产分配决策 ………… 427
资产分配决策与个人理财计划的
匹配程度 ………… 430

第六部分 退休计划与遗产规划

第 19 章 退休计划 ………… 439
社会保障 ………… 439
固定收益型养老金计划与固定
缴款型养老金计划 ………… 441
个人退休规划决策 ………… 442
雇主提供的退休计划 ………… 445
自由职业者的退休计划 ………… 448
个人退休账户 ………… 448
年金 ………… 450
估算未来的退休储蓄额 ………… 451
退休计划与个人理财计划的匹配
程度 ………… 454

第 20 章 遗产规划 ………… 461
遗嘱的目的 ………… 461
遗产税 ………… 465
信托、赠与和捐赠 ………… 465

遗产规划的其他知识 467
遗产规划与个人理财计划的匹配
　程度 468

第七部分　理财规划总结

第 21 章　个人理财计划的
　　　　　整合 **475**

个人理财计划各个组成部分的
　回顾 475
把个人理财计划的各个组成部分
　整合到一起 480

课后理财知识测验 **487**

附录 A　个人职业规划 **489**

确定个人职业路径 489

掌握职业所需的技能 490
有关个人教育与职业的决定 492
选择学校 495
选择专业 498
评价求职者的标准 502
转行 504
结论 505

附录 B　实践项目 **506**

评估个人的信用状况 506
职业规划实践 507
租下一套公寓 508
股票市场实践 509

附录 C　系数表 **511**

译后记 **520**

第1章
理财规划概述

章前引例

吉尔·沃登（Jill Warden）今年有钱可以买一套不错的单身公寓，而跟她收入基本相当的朋友们却连支付房租都很困难，她是怎么做到的呢？吉尔在做财务决策的时候要花很长时间来反复权衡，这样的谨慎态度成就了她今天的财务状况。她上的是一所名声不错、受人尊敬的公立大学，学费非常低。她开的车虽然不那么光鲜夺目，但是性能不错，经济实惠，性价比高。她利用大量的空余时间健身或者看电视台播放的电影，而不是泡吧或者下馆子，因为后者都需要花钱。她买的衣服都很漂亮，但她只是在打折的时候购买，而且不买那些奢侈品牌。这些财务决策帮她节省了很多钱，她的储蓄不断增加，使她有能力购买一套不错的公寓。此外，她还将自己公寓的一间房屋出租，所获得的租金帮她轻松支付房子每月的按揭贷款。

你同样面临很多财务决策。在大学里选择读什么专业会影响你未来工作的满意度以及获得多高收入。决定买什么样的车对你的预算有很大的影响。是住在自己家里还是在外面租一套公寓对你的预算也有一定的影响。个人理财规划要求你做出一些牺牲，从而可以满足其他更值得拥有的需求。

想要获得财务上的成功，第一步就是要建立个人理财计划，用来评估你当前的财务状况，考虑如何改进它，最终实现按照自己的意愿自由消费。这本书就是要告诉你个人理财计划的构成部分以及帮助你学习如何建立个人理财计划。越早动手设定理财目标并为实现这些目标而制订相应的个人理财计划，目标就会越容易实现。

本章的学习目标

- 解释个人理财如何帮助你增加财富；
- 解释个人理财如何帮助你提升就业的市场竞争力；
- 确认个人理财计划的主要组成部分；
- 解释理财规划如何影响你的现金流；
- 概述编制个人理财计划的主要步骤。

个人理财如何帮助你增加财富

个人理财是指对个人的消费、贷款以及投资进行规划以实现个人财务状况最优化的过程。个人理财计划明确列出了个人理财目标以及相应的个人消费、贷款以及投资计划，这些计划能够帮助实现理财目标。虽然美国是世界上最富裕的国家，但是很多美国人并没有管理好自己的财务状况。因此，他们往往太过于依赖贷款，以至于借入了过多的债务。

从过去的历史来看，大多数教育体系都没有对个人理财给予足够的重视。因此，很多人的个人理财技巧非常有限，或者当他们经历过财务危机之后，才知道应该自学这方面的知识。所以，为了更好地评估自己对个人理财的掌握情况，你有必要先做一下本章之前的课前理财知识测验。即便当前你只是掌握了非常有限的个人理财技术，你依然可以通过阅读本书来提升自己的理财技能。

个人理财并不要求你有天才般的智慧，但它要求你掌握基本的常识以及拥有严格的自控能力。如果你能够做出正确合理的理财决策，你在花钱的时候就会非常小心谨慎，这样会减少你的负债，从而增加你的储蓄。在你的财富增加之后，你在未来就有更多的选择，购买自己喜欢的商品或服务。相反，糟糕的理财决策会让你过度借贷，从而陷入资不抵债的境地。2016 年，美国大约有 790 000 人申请个人破产。你可能会想，个人破产应该只会发生在那些追求高风险、高收益投资策略的人身上，比如过度借贷，然后赌博或者投资高风险股票，导致本金全部亏损。然而，现实情况却是，很多破产都是因为缺乏常识，从而做出错误的个人理财决策。

> **案例**
>
> 布兰妮（Brittney）和劳拉（Laura）是一对双胞胎姐妹，她们俩在高中的表现旗鼓相当。她们的父母不可能为她们俩提供上大学的学费。在接下来的五年时间里，布兰妮和劳拉的主要个人财务决策如下：
>
> | 个人财务决策类别 | 布兰妮的决策 | 劳拉的决策 |
> | --- | --- | --- |
> | 大学选择 | 选择本地州立大学（学费 8 000 美元/年），大学位于她所居住的城市。 | 选择本州一所学术声望与州立大学基本相当的私立大学，但每年学费高达 30 000 美元，大学位于她所居住的城市。 |
> | 专业选择 | 准备主修护理专业，因为她想在健康中心找份工作，很多信息都表明护理工作的工资收入会比较高。 | 选择一个要求比较低、不需要怎么努力就很容易获得高分的专业。 |
> | 使用信用卡 | 用于日常的娱乐开支，并且坚持每个月都还清信用卡。 | 用于日常的娱乐开支，但大学期间，每个月只偿还利息。 |
> | 读书期间住宿 | 读书期间，选择跟父母同住在家里，往返学校。 | 选择住在私立大学。 |
> | 大学毕业后住宿 | 为了减少房租支出，毕业后一年里依然选择跟父母同住。 | 选择租住在条件不错的公寓。 |
> | 读书期间兼职 | 读书期间选择兼职，为了弥补娱乐开支赚取收入。 | 没有做任何兼职。 |
> | 大学毕业后买车选择 | 继续使用跟了自己 5 年的二手车，没有购买新车，因为旧车状况良好。 | 卖掉了用了 5 年的二手车，准备用卖车收入换一辆新车，但需要借 20 000 美元才能购买。 |

在对比五年里布兰妮和劳拉的个人财务决策之后，很显然，劳拉的个人生活要比布兰妮的精彩许多。布兰妮努力学习护理专业，课余时间用来兼职，且一直居住在家里。劳拉所学的专业很简单，学习很轻松，她课余时间也没有从事任何兼职，住在自己的学校里。

　　不过，当我们分析两个人的不同财务决策带来的负债状况时，情况会让人感到很惊讶。未来布兰妮只需要偿还30 000美元的学生贷款，她没有信用卡贷款余额，因为她在读书期间通过兼职赚取的收入偿还了所有的信用卡贷款。而劳拉则面临160 000美元的贷款余额，既有高昂的学生贷款，也有日常生活开支的贷款，因为她在读书期间没有兼职，没有任何收入。

　　让我们再来看看她们在选择专业时所做的不同决策会如何影响她们的择业以及工资收入水平，这些又会影响到她们偿还贷款的能力。布兰妮凭借自己的护理专业学位获得了一份护士工作，年收入有60 000美元，外加主要的健康保险和退休福利。因为毕业后一年选择住在家里，不用支付房租开支，所以布兰妮可以用她的高工资收入偿还大学期间的30 000美元的学生贷款。这样的话，在毕业后一年，她就没有任何负债。与此同时，劳拉却要奋力选择一份工作，因为她在大学里面所学的专业在就业市场上并没有什么竞争力。她找到了一份工作，但这份工作并不需要大学学历，每个月工资也就2 000美元。这个工资水平无法让她偿还读书期间所借的贷款，这让她感到非常沮丧，觉得命运对自己非常不公，却特别眷顾自己的双胞胎姐姐。

　　正是因为布兰妮和劳拉的个人财务决策不同，才会出现如此迥异的结果。并没有什么合理的理由让劳拉相信自己所选择的学校和专业能够在未来谋求一份可以带来高收入的工作。劳拉可能都不需要上大学就可以谋到一份现在所做的工作，这样可能对她更合适。或者，她应该去学那种可以帮助她提高就业竞争力的专业，这样的话，她可以在就业市场上谋求一份高收入的工作。劳拉最少应该花上一个小时去认真思考一下选择读什么样的专业可以提高就业竞争力，可惜她并没有这样做。即使劳拉不想考虑读其他专业，她也可以选择不去读私立大学而是读州立大学，这样至少可以减少88 000美元的学费贷款（以及其他负债）。她还可以选择住在家里，不买新车，这样的话，她的负债就会进一步降低。

　　总的来说，布兰妮的财务决策服务于她的长期目标，比如有能力购买一栋房子（尽管需要牺牲她的短期目标）。在毕业一年之后，布兰妮就可以考虑犒赏自己，她可以选择搬到条件优越的公寓居住，或者买一辆新车，或者为将来买房储蓄。与此相反，劳拉的财务决策主要着眼于她的短期目标，尽管这些短期目标与她的长期目标是相矛盾的。劳拉的财务决策让她在就业市场上没有什么竞争力，从而很难找到高收入的工作，偿还负债的任务很艰巨。

　　如上例所示，花点时间，评估一下你自己的个人财务状况。布兰妮或劳拉，你更像谁一些呢？即便你觉得像布兰妮那样做个人财务决策是一件很难的事情，反复权衡各种财务决策面临的优劣也是非常有意义的。将你置身于布兰妮的状况中，你就可以从自己的视角来做出各种决策。如果你选择上私立大学，但其他的决策都跟布兰妮一样，那么你的学费负债（以及其他负债）将会高达88 000美元，甚至更多。如果你选择一个就业竞争力比较弱的专业，而不是护理专业，但其他决策都跟布兰妮一样，那么你就可能需要更长的时间来偿还大学期间欠下的贷款（因为你的收入会比较低）。如果你选择住校而不是住在家里，那么你每年需要额外支付1万美元的房租，四年下来你需要偿还的债务就多出来4万美元。如果你毕业后选择立刻搬出来自己住，而不是像布兰妮那样继续住在家里，在其他决策都相同的情况下，你需要更长时间（或许是六个月）才能偿还大学期间欠下的各类债务。总之，每一项财务决策都会影响你未来的收入或者债务，这些影响都是可以测度的。因此，你可以测度每一项财务决策可能带来的潜在收益（收入增加的部分）或者潜在成本（负债增加的部分）。

前面例子中劳拉选择的私立大学学费非常贵，很多媒体对这一现象都有报道，这是一笔巨大的支出。尽管学生无法决定每个大学的收费水平，但他们可以选择上哪一所大学。那些只是想接受大学教育，却付不起高昂学费的学生，完全可以不选择私立大学。他们可以考虑上州立大学，这些学校的收费都比较低。此外，学生也可以选择自己的专业，没有谁逼着学生去选择那些容易学但没有市场竞争力的专业，这样的专业虽然容易，但未来的发展和就业都会面临不小的挑战。任何教育机构都有意愿帮助学生获得尽可能高金额的贷款，但并没有谁逼迫学生一定要全额使用这些贷款。有些经济状况不好的学生申请贷款，但他们并没有认真评估未来偿还这些贷款所需要承担的责任有多重。因此，他们并没有认真评估并选择最适合他们的大学（能够提供优质教育且收费比较低）。对个人财务决策有所了解的学生在选择读什么大学这件事情上会做出理性正确的决策，而且他们在其他个人财务决策方面也会做出正确的选择，这会帮助他们在未来快速积累财富。

信任个人理财建议。充分理解个人理财未必能让你成为该领域的专家，但至少可以帮助你判断哪些特殊的财务决策建议是值得信赖的。

案例

回顾一下之前的案例，劳拉选择上一所学术声望与州立大学基本相当的私立大学。她之所以做出这个决定，主要是受高中朋友们的影响，因为他们上的就是这所大学。然而，其中一个朋友拿到了学校给的奖学金，学费全免。另一个朋友是父母承担了所有的学费以及生活费，朋友自己并没有任何压力和负担，所以没有任何负债。第三个朋友申请到部分奖学金，学的是该校声誉不错的机械工程专业，这个专业可以让她毕业后在就业市场上找到一份薪水不错的工作。劳拉的三个朋友都有合适的理由选择这所私立大学，在财务决策方面没有什么问题。但她们并不了解劳拉的情况，她们在向劳拉推荐这所私立大学的时候不会想到这个决策其实并不适合劳拉。劳拉应该意识到自己的情况其实跟那三个朋友是不一样的，但她只考虑未来四年跟她的三个朋友在同一所大学上学一定会过得非常开心，而忽视了其他方面的影响。

劳拉的朋友们告诉她，要学会"追逐自己的梦想"。对于这句话的解读，每个人都有自己的观点，但劳拉毕竟只有18岁，只是想着上大学，并没有其他的远期目标。她只是想着活在当下。她的梦想完全集中在上大学，享受大学生活（还有四年的假期）上，她不会考虑应该选择什么样的专业，这个专业对她未来谋求高薪职业有什么样的帮助或影响。所以，她所听到的建议，只会影响到她上大学这个短期目标，她不会深入思考长远的事情。

> 劳拉唯独忽视了来自她双胞胎姐姐布兰妮的建议，布兰妮警告她说，要充分考虑私立大学高昂学费和生活费的影响，不要选择对未来就业没有什么帮助的专业。布兰妮的建议是非常正确的，她在给劳拉提建议的时候，就已经替劳拉设身处地考虑了各种可能性及后果。事实上，布兰妮正是这样为自己考虑的，选择上州立大学，并选择读未来就业有前景、工资收入比较高的护理专业。劳拉觉得布兰妮考虑问题太现实了，她甚至想游说布兰妮跟她一起申请私立大学，这样的话，她们俩就可以住一个宿舍，大学生活一定会过得特别开心有趣。如果布兰妮听从了劳拉的建议，那么她在毕业后，财务状况一定跟劳拉一样糟糕，承担着沉重的财务压力。如果劳拉在个人理财方面遵循最基本的原则，那么，她所做的决策就会客观务实，也不会在大学毕业的时候背负160 000美元的债务。

个人理财如何帮助你提升就业的市场竞争力

对个人理财的理解会使你有兴趣成为一名理财规划师。理财规划师非常有前景，因为大多数人并不是非常了解个人理财，或者对自己的理财决策并没有什么兴趣。想成为一名理财规划师，只学习个人理财这一门课肯定是不够的，但是，这门课可以让你有兴趣学习其他相关课程。

不过，即使你在其他行业的一家公司工作，从事的并不是理财规划师职业，你在公司里面所要做的决策其实跟个人理财规划师所做的决策的本质也仍然是相通的。你希望能够赚钱，然后可以用来消费或者储蓄。公司也需要获得收入，这样的话，公司也可以用于消费或者留存储蓄。你花钱买产品，公司也需要花钱买产品（或者原料供应）。如果你所花的钱超过你能够赚的钱和你的储蓄，你就需要借钱消费。同理，如果公司的支出超过其收入，公司也需要通过负债进行融资。你的消费决策会影响你的储蓄和你的融资决策。消费越多，储蓄就越少，负债就会增加。正如你需要个人理财计划来指导自己的财务决策一样，公司也需要财务规划（或者商业计划）来指导公司的财务活动。只要你完全了解并掌握个人理财决策的所有关系和原理，你就完全可以将这些知识运用到你所就职的公司中，帮助公司更好地做出财务决策。

进一步说，通过学习个人理财这门课，你可以为自己构建一份详细的个人理财计划，从中所学到的技能能够帮助你提升就业竞争力。当你为自己做理财规划时，你就是在安排自己的人生。在职场上，自我管理是一个非常重要的品质，它意味着你可以完全掌控自己的决策。此外，个人理财决策还意味着你需要在备选方案和解决问题两者之间做权衡（定量和定性分析）。个人理财决策所用到的流程和方法，同样可以运用到企业经营管理决策中。

你在财务方面的单独决策会影响到你生活中的其他方面。因此，你需要综合运用你所学到的理财规划知识，分析你在理财方面的单独决策是如何传递到生活中其他方面的决策上的（本章后面会对此展开论述）。同理，这样的技能，你也可以运用到公司管理中，分析某一个部门的决策是如何影响其他部门的决策的。

最后，回想一下，编制个人理财计划的一个重要功能是帮助你找到实现最终目标的各种途径和方式（本章后面会对此展开分析）。特别要指出的是，这个过程会影响你所追求的理想职业以及想实现的最终目标在多大程度上能够取得成功。这一规划目标会直接影响你的就业能力，因为追求特定目标的规划决策将会影响你最终的职业和你的就业能力。

个人理财计划的主要组成部分

一份完整的个人理财计划包括六个关键性的个人理财决策：
1. 预算与税务规划；
2. 管理个人流动性；
3. 购买大件商品的贷款决策；
4. 保护自己的财产与收入（保险）；
5. 投资；
6. 退休计划与遗产规划。

本书的前六个部分分别一一对应这六个关键性决策，然后第七部分将上述六大决策整合起来。为了让大家初步了解理财规划的基本流程，我们先来简要介绍一下这六个组成部分。

预算与税务规划

预算规划就是对未来支出与储蓄进行规划。这要求个人预先决定未来怎样消费、消费的金额以及储蓄的金额。个人消费决策是至关重要的，因为它决定着个人收入的多大比例可被用于其他用途。

如果你每个月的收入为750美元，那么除了支出以外，余下的钱（比方说100美元）就是储蓄额。图表1.1给出了收入、消费与储蓄这三者之间的关系图。有些人花钱大手大脚，他们的目标就是把大部分甚至全部收入通通花光，因此几乎没有剩下多少钱用于储蓄。还有些人特别能储蓄，他们会设定一个储蓄目标，每个月拿到收入后他们会先将一部分钱存入储蓄账户，余下的部分再用于消费。预算规划能够帮助你估计多高比例的收入可被用来支付每月的各项开销，于是你可以设定每个月的储蓄目标。

预算规划的第一步是评估个人当期的财务状况，这包括评估个人的收入水平、支出水平以及所拥有的资产及负债状况。个人净资产（net worth）是指个人资产减去个人负债后的净值。你可以通过个人净资产这个指标来管理自己的财富。随着储蓄额的不断累积，个人资产增加，因此个人净资产也相应增加。预算规划要求个人将一部分收入要么用于额外的投资，要么用于偿还债务，从而使得个人净资产不断上涨。

个人预算要受到个人收入水平的影响，而个人的收入水平又要受到教育程度以及职业选择的影响。追求较高教育程度的个人在求学期间的预算会比较紧张，但是一旦拿到学位，他们通常能够找到薪水较高的职位，于是个人预算额也会相应地提高。

个人预算的一个关键步骤是估计自己每个月的主要开销。如果你过于低估了各种支出项目，那么就需要获得更多的现金流入（收入）来抵销这些现金流出项目（支出）。若想未来得到更多的个人财富，你需要从现在开始保持一个较低的消费比例。

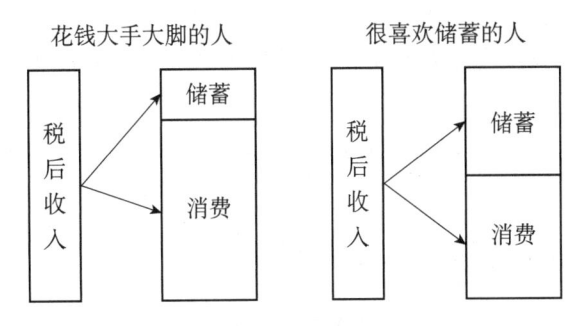

图表 1.1　预算规划对储蓄的影响

很多理财决策要受到税法的影响，因为某些类型的收入纳税的税率要更高一些。只有弄清楚税法会对个人的理财决策造成多大的影响，才能有效地进行理财规划，从而对个人现金流产生最有利的影响。我们将在本书的第一部分讨论预算与税务规划，因为这是个人理财计划中的所有决策的基础。

个人流动性的管理规划

个人应持有一部分流动性资金以备日常支出，这方面也需要事先做好计划。种种支出项目既包括早晨起床后的一杯咖啡，也包括费用较高的汽车修理费。你需要持有一定的流动性来满足短期内的支出要求。现金管理与贷款管理可以帮助个人改善流动性。

现金管理是指个人要决定持有多少流动资金，以及如何分配这些资金以购买短期投资产品。如果你没有办法获得足够多的流动性来满足短期支出要求，那么这意味着你面临着流动性不足的困境。也就是说，你不得不变卖资产来应付各种开支，但是资产变现往往并不那么容易。要确定一个实际有效的流动性水平，一方面要求个人做好投资决策——投资多少钱，收益率多高；另一方面还要求个人能在需要时较为容易地获得现金。有时，由于总是有一些意外支出项目，所以现金短缺的现象可能是无法避免的。

贷款管理是指个人要决定自己需要获得多少贷款来为消费提供资金以及使用哪种类型的贷款。当手中现金不足时，个人可以用贷款来应付小额支出或大额支出，因此贷款能有效地提高个人的流动性水平。当然，只有在必要时才能使用贷款，因为将来贷款的本金以及利息都是要偿还的（而且贷款利息有可能非常高）。图表 1.2 说明了如何使用现金管理策略与贷款管理策略来管理个人的流动性。

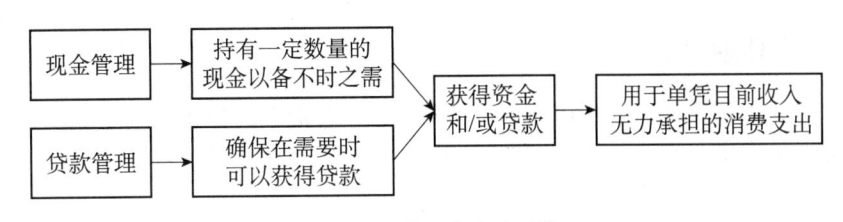

图表 1.2　管理个人流动性

贷款规划

一般来说，人们常常用贷款来支付较高的费用，例如大学学费、买车或买房的费用。如图

表 1.3 所示，个人所需的贷款金额等于购买额与个人持有的资金额的差额。贷款管理包括判断个人能够负担得起多高的贷款额、决定贷款的期限，以及选择某一种利率水平较有优势的贷款产品。

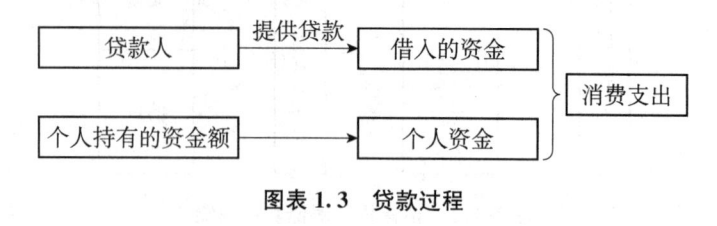

```
贷款人 ──提供贷款──> 借入的资金 ┐
                                  ├─> 消费支出
个人持有的资金额 ──────────> 个人资金 ┘
```

图表 1.3　贷款过程

保护自己的财产与收入

为了保护自己拥有的财产，你要进行保险规划，即决定自己需要购买哪种类型的保险产品以及保险的购买数额。尤其值得一提的是，汽车保险与房主保险能够保护个人财产，健康保险能够对未来的医疗费用提供一定的保障，而残疾收入保险与人寿保险能够为个人收入提供保障。

投资规划

所有超过必要流动性储备的资金都应被用来投资。因为个人往往不需要动用这些资金来补充流动性，因此投资的首要目标应当是获取较高的收益率。可供选择的投资产品包括股票、债券、共同基金以及房地产。你必须决定自己要对这么多投资产品分别分配多少投资资金。绝大多数投资产品是有风险的（其潜在收益率存在不确定性），所以你要好好地管理这些投资产品，使得其风险水平处于可容忍范围。

退休计划与遗产规划

退休计划是指个人要决定每年应储蓄多少钱以及怎样投资这些钱，以便为退休后的生活提供收入来源。个人应当在距离退休尚早的时候就着手制订退休计划。只有这样才能积累起足够多的投资资金，才能在将来退休后满足生活需求。存入各种退休账户的钱是可以免税的；将来退休后从退休账户内提现时再纳税。

遗产规划是指规划个人生前或死后如何分配个人财富的计划。有效的遗产规划能够保护个人财富，避免不必要的税负，确保你能按照自己的意愿分配自己的财产。

制订个人理财计划

有效的个人理财计划有助于提高个人净资产额，帮助个人累积个人财富。在本书的每一部分，读者将有机会充分了解个人理财计划的各个组成部分。读者可以对自己面临的多项选择加以评估。

理财规划对个人现金流的影响

个人理财计划的每个组成部分都会对个人的现金流入与现金流出造成影响，从而会影响到个人实际可用的现金额。本节我们将向大家展示个人理财计划的各个组成部分会对个人现金流造成怎样的影响。

第一部分：理财规划工具

本书的第一部分主要研究编制预算的必要工具，这是个人理财计划的第一个组成部分。预算可以帮助个人好好规划在给定期限内（例如一个月）如何好好利用自己获得的现金流。工资收入是每个月个人最重要的现金流入，也许是个人唯一的收入来源。很多人要依赖于每个月工资收入所形成的现金流入来购买商品或服务。个人的预算决策决定了每个月个人的消费额以及现金流出额是多少。如果消费支出大于收入，则在某个月内，现金流入无法满足现金流出的需求，那么个人就无法预留出一部分钱进行储蓄。

个人预算决策包括：

- 这个月你应当完成多少工作量（如果雇主允许员工弹性工作）？这个月你能获得的现金流入额将取决于这个决定。
- 这个月你应当购买哪些商品或服务？这个月的现金流出额将取决于这个决定。

取决于个人预算决策的现金流状况

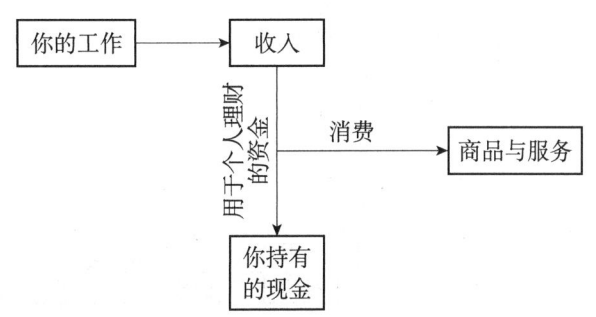

第二部分：管理个人流动性

本书的第二部分着重研究的是流动性管理，这是个人理财计划的第二个组成部分。若某个月个人的现金流入额大于现金流出额（参考第一部分），则个人要通过流动性管理流程来决定应当将多少现金存入个人设立在金融机构的账户内。反过来，如果现金流入额小于现金流出额，则个人也要通过流动性管理流程将一部分存款提出来，或者是从其他渠道获得资金以满足本月的消费需求。个人的流动性管理决策包括：

- 如果本月你手上有多余的现金，你应当把多少钱存入支票账户或储蓄账户？

取决于个人流动性管理策略的现金流状况

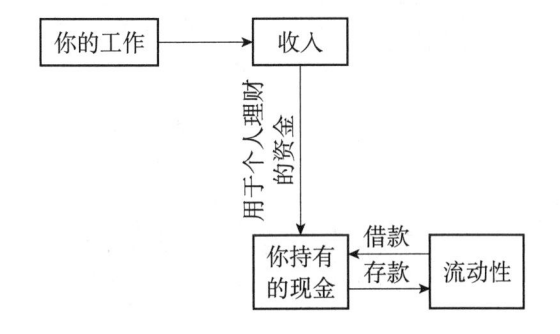

- 如果本月你现金不足，那么你应当从支票账户或储蓄账户里提取多少现金？
- 如果本月你现金不足，那么你应当利用信用卡或其他渠道获得多少借款？

第三部分：个人融资决策

本书的第三部分总结了各种个人贷款形式，这是个人理财计划的第三个组成部分。个人在购买某些大件商品时往往要用到贷款。例如，买辆新车或买房都需要贷款。个人的贷款决策包括：

- 你是否应当租一辆车？
- 你是否应当借钱买辆车？
- 你是否应当借钱买房？
- 你需要借多少钱？
- 你需要借多长时间？
- 对你个人来说，哪一种是最理想的贷款形式？

上述所有决定都将影响到个人每个月的贷款利息支付额（现金流出）。

取决于个人贷款决策的现金流状况

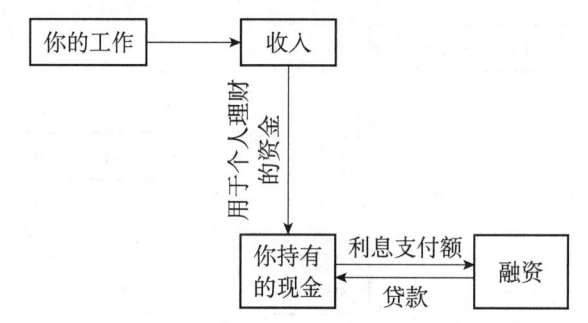

第四部分：保护个人财富

本书的第四部分向读者解释了如何使用保险产品来保护个人的资产与收入，这是个人理财计划的第四个组成部分。个人保险决策包括：

- 你需要购买哪些类型的保险产品？
- 你应当购买多高保额的保险产品来保护自己拥有的财产？
- 你应当购买多高保额的保险产品来保护自己的收入？

取决于个人财产与收入保险决策的现金流状况

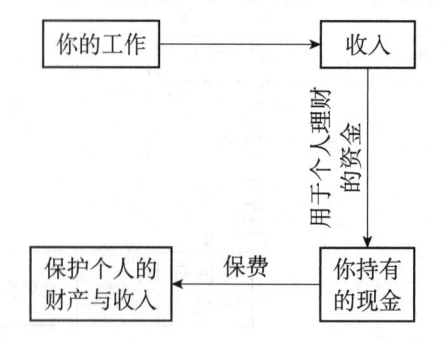

这些决定将会影响个人每个月支付的保费额（现金流出）。

第五部分：个人投资

本书的第五部分主要研究投资，这是个人理财计划的第五个组成部分。常见的投资决策包括：
- 你应当用多少钱来做投资？
- 你应当选择哪种类型的投资产品？
- 在做投资时，你应当承担多高的风险水平？

这些决定将会影响到个人的投资金额以及一段较长时间内投资能给个人带来的收益。

取决于个人投资决策的现金流状况

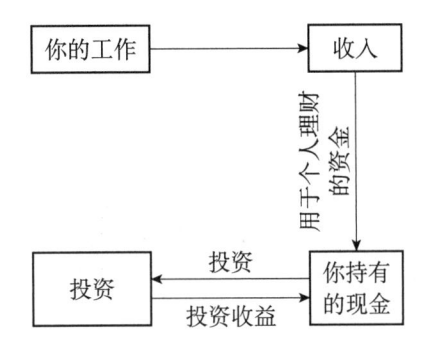

```
你的工作 ──→ 收入
                │
                │ 用于个人理财的资金
                ↓
投资 ←── 投资 ── 你持有
     ── 投资收益 →  的现金
```

第六部分：退休计划与遗产规划

本书的第六部分主要研究退休计划与遗产规划，这是个人理财计划的第六个组成部分。常见的退休计划与遗产规划决策包括：
- 为了实现退休目标，你每个月应当投资多少钱？
- 你应当为个人退休账户选择哪种类型的投资产品？

这些决策将会决定你在工作期间每个月向个人退休账户缴存多少金额。这些决策还会影响一段较长时间内个人退休账户的增值速度，从而最终影响到个人退休后每个月能拿到多少养老金。一般来说，工作期间个人向退休账户缴存的金额越高，则退休后每个月拿到的养老金也就越多。此外，你为个人退休账户选择的投资产品业绩越好，则退休后每个月

取决于个人退休计划与遗产规划决策的现金流状况

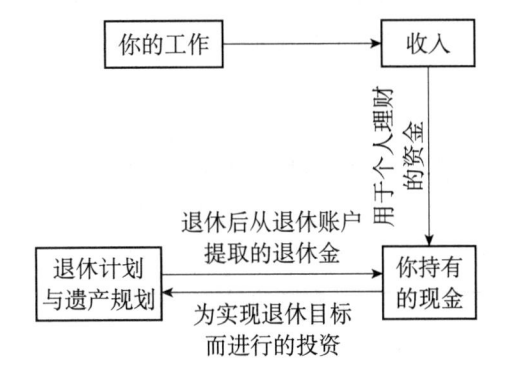

```
你的工作 ──→ 收入
                │
                │ 用于个人理财的资金
                ↓
退休计划  ←── 退休后从退休账户
与遗产规划    提取的退休金     你持有
          ── 为实现退休目标 →  的现金
              而进行的投资
```

能拿到的养老金也会越多。个人遗产规划决策将决定个人的剩余现金及其他资产会以何种方式分配给继承人。

个人理财计划各个组成部分的总结

请注意，在前面给出的六幅图表中（每幅图表对应着个人理财计划的一个组成部分），每个组成部分对应的决策都将会对个人的现金支出（现金流出额）或现金收入（现金流入额）造成影响。图表1.4对个人理财计划的各个组成部分进行了总结。这个总结图是将个人理财计划六个组成部分的图表合并在了一起。

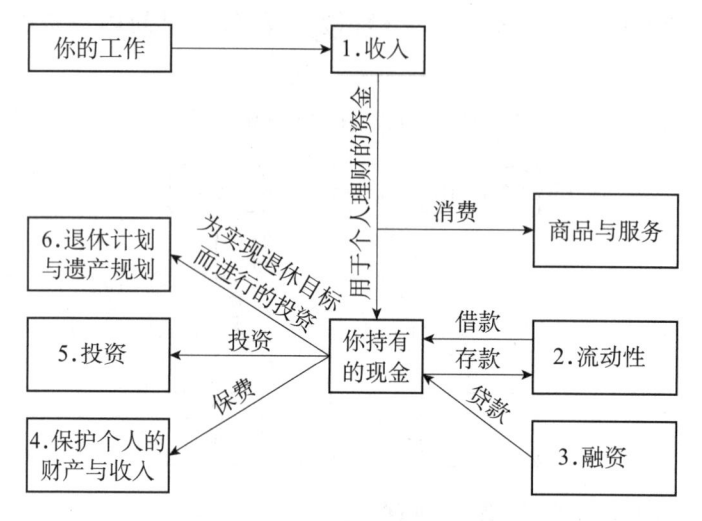

图表1.4 个人理财计划对现金流的影响

现金流入的来源总结。 如图表1.4所示，在这六个组成部分当中，请大家注意哪些组成部分能给个人带来现金流入。若个人需要获得更多的现金，则可以考虑下面几种方式：

- 尝试增加工作时间（第一个组成部分）。
- 从储蓄账户内提取存款（第二个组成部分）。
- 获得贷款（第三个组成部分）。
- 保险合同给个人带来的现金流入（第四个组成部分）。
- 出售一部分投资产品（第五个组成部分）。
- 从个人退休账户内提取一部分现金（第六个组成部分）。

当决定采用哪种方式获得更多现金流入时，个人的最优选择取决于本书将详细阐述的各种不同情况。

现金使用的总结。 如图表1.4所示，在这六个组成部分当中，请注意，每一部分都会教你如何使用现金。每一项消费决策都有机会成本，这是指做出某项消费决策而放弃其他选择所导致的成本。选择了某项消费支出，你就要放弃这笔钱的其他用途，同时也不能将这笔钱存起来以备将来不时之需。例如，当你决定买一台昂贵的碟片机时，你就没有钱买辆新车。今天能够让你积累更多储蓄的财务决策，能够提升你未来购买更多商品和服务的能力。

若个人手上持有多余的现金，则可以考虑通过下面几种方式来使用现金：
- 购买商品或服务（第一个组成部分）。
- 将现金存入支票账户或存款账户（第二个组成部分）。
- 支付贷款利息或偿还贷款（第三个组成部分）。
- 支付保费（第四个组成部分）。
- 购买新的投资产品（第五个组成部分）。
- 向个人退休账户缴款（第六个组成部分）。

当决定采用哪种方式使用现金时，个人的最优选择取决于本书将详细阐述的各种不同情况。

个人理财计划各个组成部分的整合

前面我们介绍了个人理财计划的六个组成部分，请大家记住每个组成部分的决策都将会对其他组成部分造成影响。我们将在第21章向大家讲述个人理财计划的整合问题。各个组成部分之间如何进行整合是一个重要的问题，读者可以从中学会在完成个人理财计划每个组成部分的决策时如何在各个组成部分之间进行权衡。

预算决策会对个人理财计划的其他组成部分造成什么影响？ 个人预算决策（第一个组成部分）会对个人流动性管理决策（第二个组成部分）造成影响，因为如果你决定花光自己的全部收入，那么就无法实现个人银行账户存款额的累积增加。

流动性管理决策会对个人理财计划的其他组成部分造成什么影响？ 个人流动性管理决策（第二个组成部分）会对个人贷款决策（第三个组成部分）造成影响，因为如果你没有在个人银行账户里累积较多的储蓄存款，那么将来买房时就无法拿出足够多的首付款。

融资决策会对个人理财计划的其他组成部分造成什么影响？ 个人融资决策（第三个组成部分）会对个人保险决策（第四个组成部分）造成影响，因为如果个人负债额较高，那么每个月的利息支付额（现金流出额）也会相应较高。于是，个人可能没有充足的资金来缴纳保费。

保护个人财产与收入的保险决策会对个人理财计划的其他组成部分造成什么影响？ 个人的保险决策（第四个组成部分）会对个人的投资决策（第五个组成部分）造成影响，因为如果个人每个月都要缴纳一大笔保费，那么可能没有额外的资金来进行投资。

投资决策会对个人理财计划的其他组成部分造成什么影响？ 个人投资决策（第五个组成部分）会对个人的退休计划及遗产规划（第六个组成部分）造成影响，因为如果投资决策失误，那么个人拥有的财富值将会逐渐缩水，而这意味着你要比原定计划更晚退休才行。

退休计划会对个人理财计划的其他组成部分造成什么影响？ 个人退休计划（第六个组成部分）会对个人预算决策（第一个组成部分）造成影响，因为每个月个人自愿向退休账户缴存的金额越高，则可用于当前购买商品或服务的资金额就会越少。

心理因素对个人理财计划的影响

心理因素对个人的行为以及决策过程具有显著的影响。因此，它也会对个人的消费行为以及个人对有效的个人理财计划的执行力造成明显影响。基于这个原因，本书的很多章节都很关注心理对个人理财计划的冲击效应。我们下面描述了两种截然不同的消费行为模式，你可以判断一下你自己的消费行为属于哪一种类型。

更关注即时满足与同伴压力。 一部分人希望自己的欲望能够马上得到满足，在制订个人理财计划时往往屈从于同伴压力。这种心态导致他们花钱大手大脚，增加了很多不必要的购物开支。他们倾向于花光自己的全部收入，从未认真想过把钱用在其他方面。消费者倾向于冲动型购物，在当时当地容易头脑发热。他们购物根本不是因为需要这件商品，甚至他们购物的目的根本不是为了获得那些商品。购物给他们带来了强烈的愉悦感，也许这种快感甚至超过了最终使用所购商品所带来的满足感。这种行为类型被称为"购物疗法"（shopping therapy 或 retail therapy），因为购物（以及购买）行为可以让某些人心情愉悦。不过，这种疗法所带来的刺激作用可能会很快消失，因此需要继续进行"治疗"（购物）。这种消费行为模式很容易让人上瘾。

有些人消费是因为他们容易屈从于同伴压力，比方说他们买了一辆自己根本负担不起的新车，即使他们已经有了一辆车，但是由于他们的朋友或邻居买了一辆新车，所以他们也要再买辆新车。也许买辆新车能马上给他们带来满足感，但是与此同时，这也意味着在接下来的四年时间里，每个月要偿还500美元的汽车贷款。买车的决策让他们用掉了每个月的大部分收入，使得他们没钱完成个人理财计划的其他规划项目，例如管理流动性、保险、投资以及个人退休计划。请注意，上述这些理财规划项目的目的都是在将来给规划者带来好处。因此，基于即时满足与同伴压力而购物的消费者现在的过度消费没有为未来预留余地。他们也许会说自己买的东西都是必需品，他们没有多余的钱用于理财规划项目。然而，在他们眼中，所谓"必需品"指的就是能给他们带来即时满足感的商品。

具有这种心理特征的人们可能会对自己承诺为了完成个人理财计划，他们准备减少消费支出。但是在这种心态的驱使下，他们总是能找出各种各样的理由来证明自己花光了所有工资收入——甚至更多——的行为是合理的。

另一种心理压力是无望的感觉，这种感觉成为很多人购物的理由。一些人认为如果他们每个月将一点点钱，比方说50美元，投入储蓄或其他理财规划项目，那么将永远无法实现任何长期理财目标。于是，他们用这个理由来说服自己花光了全部收入。他们的逻辑是既然实现不了目标，那还不如现在全部花光，至少得到了享受。

着眼于未来。 在决定是否将所有收入用于消费支出时，这种人更有纪律性，他们的决策要受到其他心理因素的影响。他们可能非常不愿意负债，因为借入一大笔债务所附带的偿还义务让他们感到很有压力。基于这个原因，他们可能会尽量避免购买新车或其他需要大额信用卡贷款的大件商品，于是他们可以将自己的收入用于其他用途。他们认为现在消费行为保守一些，自己就能将更多的钱用于各种理财规划项目，而这有助于改善未来的个人财务状况。

评价你个人的消费行为。 你会怎样描述自己的消费行为？你是只关心获得即时满足感，还是更有纪律性，更关注改善未来的个人财务状况？如果现在你能做到保守消费，从而改善未来的财务状况，那么这意味着本书能向你提供很多帮助，因为本书能教会你如何完成个人理财计划。反过来，如果你现在为了获得即时满足感而过度消费，那么你会发现自己没钱来完成本书讨论的各种理财规划项目，例如管理流动性、保险、投资或退休计划。完成下面这几道简单的测试题，判断一下自己的消费行为属于哪种类型。

- 你要为自己单独租赁的公寓付租金还是为合租公寓付租金？
- 你每个月是否要支出一笔大额的汽车贷款还款额？
- 你每个月是否只按照信用卡账单的最低还款额来还款？
- 你是否会在收到薪水后的一两天内将所有收入全部用于除租金或汽车贷款还款以外的其他消费项目，例如服装或电子游戏？
- 你每个月是否都会找各种各样的理由或借口来花光自己的全部收入？

如果你对上述任意一个问题的答案都是"是的"，那么这意味着你可以改进自己的消费模式，留出一部分钱用于理财规划项目。这将有助于你在未来累积更多的个人财富，而这些财富会使得你在未来拥有更强的消费能力。本书能够帮助大家实现这些目标。

编制个人理财计划

个人理财计划共分为六个组成部分，而个人理财计划的编制也分为六个步骤。

步骤一：建立个人理财目标

首先，先确认自己要追求的一般性目标。这些目标不一定非得是理财目标。例如，你可以设定的一般性目标包括成家、继续接受教育、每年可以在国外享受一周的假期。你还可以计划买下一栋拥有五个卧室的住房，或者是每四年买辆新车，抑或是等到自己55岁时退休。

理财目标的类型。一般性目标会对理财目标造成影响。很多人生目标都要有资金的支持。如果你想成家，那么其中一个理财目标就应当是你与你的配偶必须赚到足够多的钱并存足够多的钱，有能力支撑一个家庭。如果你想每年都到国外度假，那么其中一个理财目标便应当被设定为赚到并存足够多的钱，让自己有经济能力到国外度假。如果你想买个大房子，那么对应的理财目标应当是赚到并存足够多的钱，使自己有能力支付一大笔购房款。如果你打算在55岁时退休，那么这要求你在55岁之前存足够多的钱，可以确保自己不工作也能享受生活。你还可以设定其他理财目标，例如帮助某个家庭成员或向慈善机构捐赠。

设定现实目标。在设定目标时，你要实事求是，确保目标具有较高的可实现性。比方说你设计的个人理财计划要求你把绝大部分收入存起来，如果你做不到或者不愿意执行这个计划，那么这个个人理财计划就等同于废纸。一旦这个满载着雄心壮志的个人理财计划遭遇失败，你会感到失望，从而对个人理财计划失去兴趣。将自己期望获得的个人财富值降至合理现实的水平，这能帮助你制订出更有效的个人理财计划。

目标的实现周期。理财目标应当被注明是短期目标（明年实现）、中期目标（通常要在1~5年内实现）还是长期目标（超过5年）。例如，短期目标可以是存足够多的钱在未来6个月内买车；而中期目标可以是在未来3年内还清学生贷款；而长期目标可以是存足够多的钱，以确保20年后自己退休时生活水平不降低。你要实现的目标越远大，个人理财计划就要显得越雄心勃勃。

步骤二：评估个人目前的财务状况

下个月将多少钱用于消费支出，多少钱要被存入储蓄账户，个人信用卡的使用频率是多少以及如何进行投资，上述这些决策都取决于个人的财务状况。假设某个人负债额很少，资产额较高，另一个人负债额很高，资产额很少，显然这两个人会做出不同的决策。不需要供养他人的单身男女与要抚养孩子的夫妇相比，即使他们的收入水平相同，两者的财务决策也肯定存在较大差别。年龄不同，拥有的财富额不同，相应的个人理财计划也会不同。假设一个年轻人现在 20 岁，银行账户里一分钱也没有，而另一个老年人现在 65 岁，在过去 40 年间把大部分收入都存入了储蓄账户，那么显然这两个人的个人理财计划会有较大差别。

个人未来的财务状况会受到经济大环境的影响。经济大环境会影响到市场就业岗位的供给以及各行业的薪酬水平。经济环境还会影响到各种服务的价格，例如租金、个人持有的资产价值（例如房价），以及个人投资的收益率。

2008—2009 年爆发的金融危机在多个方面对个人的财务状况带来了冲击。首先，危机导致新岗位的数量减少。其次，危机导致一部分岗位彻底消失。最后，危机使得现有的岗位薪酬水平下降，因为雇主没有能力继续给雇员发放高额薪水。这三个方面的影响使得很多劳动者的总体收入水平均呈下降趋势。

金融危机还导致房屋价值缩水。住房市场供求关系的变化导致房屋的市场价格下跌。随着个人收入水平的下降，老百姓买房的经济能力也相应下降，于是房屋的市场需求减少。与此同时，很多拥有住房的业主无力偿还房屋贷款——他们在买房时都借入了房屋抵押贷款，但是危机爆发后收入水平的下降让他们无力偿还贷款。于是，很多业主打算在市场上出售住房，但是愿意买房的买主寥寥无几，这意味着业主很难把自己持有的房屋卖掉。为了吸引潜在买家，业主们不得不竞相降价。于是，在金融危机期间，很多房屋的市场价格下跌了 50% 甚至更多。受金融危机的影响，很多人不得不修改自己的理财目标，以确保这些目标具有可实现性，或者将实现理财目标的时间周期长度延长。

步骤三：确认并评估可实现理财目标的其他计划

在确定理财目标的前提下（步骤一中所明确），你需要制订一份明确的个人理财计划，帮助你从当前的个人财务状况（步骤二中所评估）向理财目标前进。你的个人理财计划需要综合考虑各个方面的决策，这些决策会影响你接下来几年时间里的职业选择、收入水平和储蓄情况。

不断提升教育水平。不断提升教育水平、加强继续教育会让你在未来就业选择和收入水平上占据更多优势。受教育程度越高，未来你的收入水平可能就会越高。正如图表 1.5 所示，拥有学士学位的毕业生年收入比没有学士学位的毕业生的年收入要高很多。此外，拥有硕士学位的毕业生的年收入会更高。

学位和学历还会影响个体的职业选择范围。图表 1.6 向我们展示了失业人群的学位学历分布情况。我们会发现，受教育程度越高，则失业的可能性就越小。

专业选择。最重要的教育决策之一就是选择你的专业（比如新闻专业、护理专业等）。

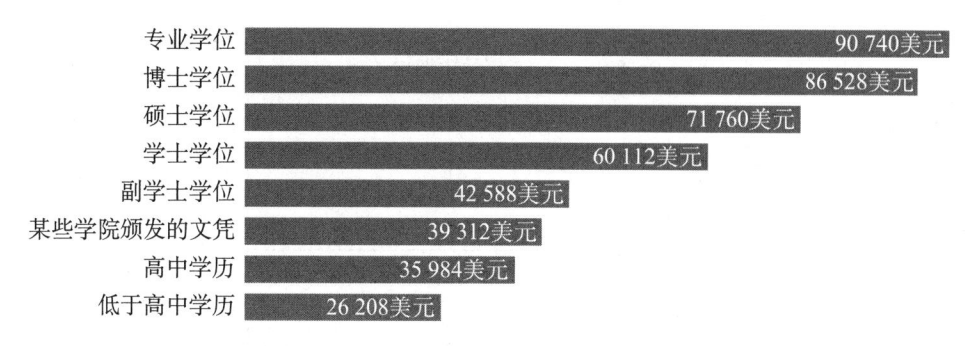

图表 1.5　不同受教育程度的收入水平对比

学历	收入
专业学位	90 740 美元
博士学位	86 528 美元
硕士学位	71 760 美元
学士学位	60 112 美元
副学士学位	42 588 美元
某些学院颁发的文凭	39 312 美元
高中学历	35 984 美元
低于高中学历	26 208 美元

资料来源：U.S. Bureau of Labor Statistics，2018；数据基于 2016 年的情况。

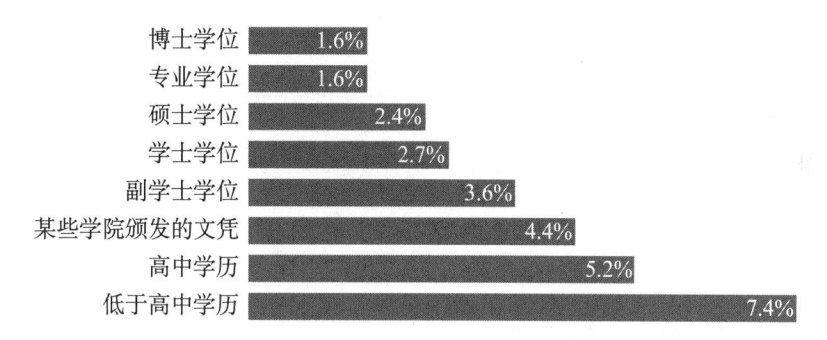

图表 1.6　不同受教育程度的失业率对比

学历	失业率
博士学位	1.6%
专业学位	1.6%
硕士学位	2.4%
学士学位	2.7%
副学士学位	3.6%
某些学院颁发的文凭	4.4%
高中学历	5.2%
低于高中学历	7.4%

资料来源：U.S. Bureau of Labor Statistics，2018；数据基于 2016 年的情况。

自己所掌握的技能和个人的兴趣爱好自然会影响到你的专业选择。你的专业选择会决定你未来的职业选择，你的职业选择会决定你未来的生活方式和收入水平。因此，选择一个正确的专业能够帮助你更好地实现自己的理财目标。

图表 1.7 的第一列列出了目前发展速度最快的职业，第二列注明了每种职业就业水平的预期增长率，第三列提供的是年薪中位数。

图表 1.7　发展速度最快的职业

职业	2016—2026 年的预期增长率（%）	年薪中位数（美元）
太阳能光伏安装商	105	39 240
风力发电机组维修技术人员	96	52 260
家庭健康护理	47	22 600
个人护理助手	37	21 920
医师助理	37	101 480
执业护士	36	100 910
统计人员	33	80 500

续表

职业	2016—2026年的预期增长率（%）	年薪中位数（美元）
理疗师助理	31	56 610
软件开发者、应用程序开发者	31	100 080
数学家	29	105 810
自行车修理工	29	27 630
医疗助理	29	31 540
理疗师助手	29	25 680
职业治疗师助理	29	59 010
信息安全分析师	28	92 600
遗传咨询师	28	74 120
行动研究分析师	27	79 200
森林火灾检查员和预防专家	27	36 230
大专以上卫生专业教师	26	99 360
石油和天然气井架操作员	26	48 130

资料来源：Bureau of Labor Statistics，2017.

　　社工与电气工程师相比，两者的财务状况可谓大相径庭。两者若想获得同样多的存款，意味着前者要把大部分收入都存起来，而后者可能只需要把一小部分收入存起来就能实现相同的储蓄目标。如果你选择的职业收入水平较低，那么你要根据情况制定一些切实可行的理财目标，或者考虑转行，转入另一个收入水平较高的行业。不论如何，个人理财计划一定要切合实际情况。如果你不喜欢在健康医疗行业工作，那么肯定不能仅仅因为医生的收入水平高就选择去做医生。职业的选择既要满足个人的兴趣爱好，又要符合个人所掌握的专业技能。如果你喜欢自己的工作，那么就更有可能做出出色的业绩。由于大多数人可能要工作40年甚至更长的时间，所以每个人都应当认真思考，选择一个同时满足财务需求以及个人需求的职业。

　　很多网站可以帮助劳动者评估某个特定行业的薪酬水平。有关不同行业、不同类型大学以及不同大学专业薪资水平的更多信息可以登录www.payscale.com网站进行查阅。即使你喜欢的某个行业的薪酬水平低于你的预期，你也可以通过延长实现周期长度的方式来实现既定的理财目标。

　　在漫长的人生旅程中，很多人会多次变换职业。随着所在行业的市场需求量不断发生变化，一些岗位永远地消失了，而一些新岗位被不断创造出来。此外，有些人对自己的老本行感到厌倦，他们打算换个新行业。因此，行业选择并不仅仅是那些刚刚毕业的学生要面临的问题。和最初的职业选择一样，转行的决定也要受到个人的兴趣、需求等因素的影响。

　　附录A就专业选择以及其他教育方面的问题为你提供了很多值得参考的建议。

选择大学。 选择上什么样的大学是非常关键的，因为不同大学的教育成本差别很大。因此，一个明智的选择会让你以非常低的成本完成大学教育，从而可以帮助你更轻松地实现未来的长期理财规划目标。

通常情况下，州立大学的学费要比私立大学的学费便宜很多。不过，即便是州立公办大学，不同州的州立大学学费差别也很大，甚至同一个州内的不同公立大学学费都存在不小的差距。你可以在网上在线搜索"大学学费"，并且加上你所在州的州名，这样的话，你就可以看到不同层次的收费标准。有些州立大学年学费仅为 6 000 美元，而有些州立大学年学费却超过 16 000 美元。按照美国大学理事会（College Board）的数据，2017 年美国州立大学的平均年学费为 10 000 美元。一般来说，州立大学对非本州的学生所收取的学费是本州学生的两倍以上。按照美国大学理事会的数据，2017 年州立大学对非本州学生收取的学费平均为 25 000 美元，有些大学甚至超过 30 000 美元。

很多私立大学全职在校的年学费超过 50 000 美元，当然，也有少数私立大学年学费不到 10 000 美元。按照美国大学理事会的数据，2017 年美国私立大学年平均学费大约为 35 000 美元。

除了学费之外，你还需要缴纳书本费、杂费以及住宿费（除非你住在家里），这些费用加起来，每年大概需要 10 000～12 000 美元。因此，完整地读完四年大学，顺利拿下学位证书，所有费用全部加起来，大概需要 40 000～250 000 美元。考虑读大学的总费用差别这么大，所以，建议你在申请大学之前好好研究一下各个大学的收费情况，选择一所最适合自己的大学。

降低读大学成本的一个潜在可行方案是先读两年社区学院，然后再转到四年制的大学深造。2017 年两年制社区学院的年平均学费不到 4 000 美元。不过，在进入社区学院之前，你要确保自己在转到大学深造的时候能够获得足够的学分。

理想的状态是，你在选择大学之前就先确定好准备就读的专业，而且要确保你准备就读的大学开设这个专业。不过，即便你一开始没法确定自己想读什么专业，你也可以多多关注那些能够提供与你的兴趣爱好相关专业的大学，例如健康护理、科学、文科或商科。

不同大学的学位和专业带给你的收益也不同。比如，你可能选择去某个特殊学院学习护理专业，因为这个学院能够为你提供特定的护理课程，或者上课方式让你觉得很满意（在线教学或线下教学）。此外，由于学院的良好声誉，在这个特殊学院获得学位可能会让你拥有更好的就业机会或者更高的工资收入。正是因为有这样的原因，所以你在选择大学专业的时候，不仅要考虑学费，还要综合考虑就业竞争力等其他因素。

构建积累财富的策略。 在做教育规划的同时，你还需要制订一个为实现长期理财目标进行储蓄的行动计划。例如，你需要确定一个储蓄比例，在未来几年时间里，将一定比例的收入强制储蓄。当然，这一计划的执行需要你严格自律。

你也可以制订另外一个备选方案，那就是在未来十年时间里将少量的钱储蓄起来，而将收入的很大比重用于投资高风险、高收益的金融产品，这样会加快你积累财富的速度。这一备选方案并不需要你尽可能地储蓄。不过，它对你的投资收益提出了较高的要求。为了获得较高的收益率，你可能需要承担较大的风险。通过这一备选方案，你未必能够顺利实现你制定的理财目标，因为你的投资收益未必能够如你所愿。

> **案例**
>
> 斯蒂芬妮·斯普拉特将会频繁地出现在本书中，我们以她为例，详细分析和解读个人理财相关概念的运用。五年前，当斯蒂芬妮准备读大学的时候，她的一系列个人理财决策对她当前的财务状况以及未来一段时间的财务状况都产生了比较大的影响。她一开始决定上一个社区学院，通过自己兼职赚取学费。在社区学院获得相应的学位教育之后，她便申请了本地一所大学的商科学位。在上大学期间，她选择住在家里，这样节省了不少开支。她申请并获得了 10 000 美元的学生贷款（加上自己兼职所赚的钱），用来付自己的学费以及其他费用。最近她毕业了，她所有的负债也就这 10 000 美元的学生贷款。凭借商科学士学位，她找到了一份不错的全职工作。因为她现在的薪水很高，所以她搬到了一所公寓租住，还有足够的钱花在自己感兴趣的事情上。

步骤四：选择并执行可实现理财目标的最佳计划

你需要好好分析一下哪种计划能够帮助自己最有效地实现理财目标。很多备选计划也能够帮助你实现你的目标，但这需要你做出取舍。例如，你的长期理财目标是在 50 岁的时候能够积累一大笔财富，那样的话你就可以选择退休。实现这一目标的计划之一就是选择从事一份高薪工作，但是这样的高薪工作，首先需要你接受特别的教育，然后你才有资格获得这样的工作机会。因此，你必须花上几年时间和不菲的学费接受额外的教育，才有可能实现这一长期目标。当然，你也有备选方案。你可以选择不接受这样的额外教育，找一份普通的工作，然后将工资收入的很大部分储蓄起来。不过，这种方案会让你牺牲很多当前的消费，因为你必须在前面几年时间里减少消费，尽可能多地储蓄，才有可能在 50 岁的时候积累大笔财富，选择退休。

很多人都没法实现自己的理财目标，那是因为他们一开始制订的计划就不现实。例如，他们计划将每个月工资收入的一半用来储蓄，希望能够在 50 岁的时候就可以退休。可是，现实情况却是他们每个月都花光了所有的工资，根本就没有能力储蓄。在这种情况下，个人就需要修正自己的个人理财计划，让它确实具有可行性。

使用互联网。 在做出理财决策时，互联网能向大家提供海量信息。买部新相机还是把钱存起来，这个决定主要取决于把钱存起来能获得多高的收益率。是否要买辆新车的决定则取决于新车的市场价格以及汽车贷款的利率水平。而是否买房的决定则取决于房屋的市场价格以及房屋贷款的利率水平。是否要投资股票的决定要受到股票市场价格水平的影响。在哪家保险公司购买保险的决定要受到各家保险公司保费报价高低的影响。上述这些理财决策都要求你了解目前的市场价格以及利率水平，而你只需要动动手指头就能在互联网上查找到这些信息或数据。

互联网还能帮助更新个人理财计划的各个组成部分的相关信息。例如：
- 可用于税务筹划的当前税率以及税法的相关信息；
- 目前各种投资产品的收益状况；
- 可用于长期个人理财计划的新的退休计划管理法规。

很多网站提供了在线计算器，读者可以使用这些计算器来做出理财决策，例如：
- 估算自己的税负；

- 判断储蓄存款的收益率；
- 判断买车与租车两种选择哪个更好。

当你使用网络信息来做出个人理财决策时，一定要记住这些信息或数据不一定是准确的。尽可能地使用可靠的数据来源，例如政府机构或金融媒体的网站，它们报道的金融信息或数据比较准确。此外，大家还要记住，网络上提供的各种免费的个人理财建议并不一定适合每个人的情况。在你决定采纳网络理财建议之前，尤其是关于个人的消费或投资的建议时，最好先多了解一下其他专家的建议或看法。

步骤五：评估自己的个人理财计划

在建立并执行了个人理财计划的每个组成部分以后，你还应当时时监督自己的进展状况，以确保个人理财计划能按照预期实施。把自己的个人理财计划摆在手边，这样便于自己经常查看评价。

步骤六：修改个人理财计划

如果你发现自己不能或不愿意遵守自己拟定的个人理财计划，那就需要修改计划使之变得更切合实际情况。当然，如果个人没有能力按照计划所列获得一定水平的个人财富，那么个人理财目标可能也需要修正一下。

随着时间的流逝，个人的财务状况会发生改变，尤其是当一些大事发生以后，例如大学毕业、结婚、转行或孩子出生。随着个人财务状况发生变化，你的理财目标也应当相应改变。这时你需要修改自己的个人理财计划以反映个人财富水平以及理财优先顺序的变化。

图表1.8总结了个人理财计划的编制步骤。为了说明具体如何完成这些步骤，我们提供了一个案例。

图表1.8　编制个人理财计划的步骤总结

1. 建立个人理财目标。
   个人短期理财目标是什么？
   个人中期理财目标是什么？
   个人长期理财目标是什么？

2. 评估个人目前的财务状况。
   你目前有多少储蓄存款？
   你持有的投资产品价值多高？
   你的个人净资产是多少？

3. 确认并评估可实现理财目标的其他计划。
   你能怎样获得实现理财目标所必需的资金？
   你是否需要每个月减少消费额从而增加储蓄额？
   你是否需要投资于一些能获得更高收益率的投资产品？

4. 选择并执行可实现理财目标的最佳计划。
   每一种可用于实现个人理财目标的计划分别具有哪些优势与劣势？

5. 评估自己的个人理财计划。
   你的个人理财计划是否运转良好？也就是说它能否帮助你实现个人理财目标？

续表

6. 修改个人理财计划。
   你的理财目标是否已经发生了变化?
   为了实现个人理财目标,是否应当对个人理财计划加以修改?如果确实需要修改,应当怎样做?

案例

斯蒂芬妮·斯普拉特最近被一家广告公司的销售部门录用,年薪为 43 000 美元。斯蒂芬妮计划将每个月的一部分薪水存起来,通过投资慢慢累积自己的个人财富。她意识到自己应当制订个人理财计划来限制日常消费,这样做有助于个人财富的增加,有助于将来自己能拥有更强的消费能力。于是,斯蒂芬妮决定好好评价一下自己目前的财务状况,确定理财目标,然后制订一份能帮助自己实现理财目标的计划。具体信息请看图表1.9。

图表1.9　斯蒂芬妮·斯普拉特的理财计划概要

1. 建立个人理财目标。
   我想:
   ● 在一年内买辆新车;
   ● 在两年内买套房子;
   ● 进行投资,使得个人财富可以逐渐增值;
   ● 在未来20年或30年间为退休积累足够多的储蓄。
2. 评估个人目前的财务状况。
   现在我的储蓄额很少,有一辆旧车。我的年收入——目前税后年收入大概为 36 000 美元——应当会慢慢增加。
3. 确认并评估可实现理财目标的其他计划。
   由于目前个人的财务状况不能提供充足的资金来实现上述这些理财目标,因此我要制订一份个人理财计划。我要存足够多的钱,用来支付买房或买车的首付款;在买房或买车时,我还要想办法获得贷款。
4. 选择并执行可实现理财目标的最佳计划。
   对我来说,买车或买房时申请贷款是比较合适的选择。我要做好预算,积累足够多的储蓄来支付新车的首付款。然后,我要继续努力存钱,直到存够买房的首付款。我要确保自己有能力偿还所有借入的贷款。
5. 评估自己的个人理财计划。
   一旦我完成了预算,我要时不时地监控预算规划的完成情况,看一看每月的储蓄目标是否已经实现。
6. 修改个人理财计划。
   如果我未能按照计划完成储蓄目标,那么将不得不推迟买车或买房的计划,直到我存够了首付款为止。如果我能比预定计划提前完成储蓄目标,那就意味着我能提早买车或买房了。

我们会在每一章的章末对斯蒂芬妮理财计划的若干关键性决策加以总结。你个人的理财规划决策与斯蒂芬妮或任何其他人都不一样。但是,制订个人理财计划的过程是一模一样的。你要确定自己的理财目标,然后评估可实现该目标的多种方案,然后从中选择一种能实现个人目标的理财方案。

小结

个人理财帮助你增加财富。个人理财是指对个人的消费、贷款以及投资进行规划以实现个人财务状况最优化的过程。有效的理财规划决策能够帮助你提升你的消费决策,减少你的负债,从而帮助你增加财富。

个人理财帮助你提升就业的市场竞争力。个人理财规划帮助你构建财务预算,在利用贷款满足需求方面做出科学合理的安排。这样的决策流程同样符合企业的需求。你对自己财务状况的了解可以帮助你更好地理解企业的管理流程。

个人理财计划的组成部分。个人理财计划包含六个组成部分:(1) 预算与税务规划;(2) 管理个人流动性;(3) 购买大件商品的贷款决策;(4) 保护自己的财产与收入;(5) 投资;(6) 退休计划与遗产规划。

理财规划影响你的现金流。个人理财计划通过影响你的收入、贷款和投资,对你的现金流入产生影响。它还可以通过偿还贷款、支付保费以及缴税等形式,影响你的现金流出。

理财规划过程。理财规划过程包含六个步骤:(1) 建立个人理财目标;(2) 评估个人目前的财务状况;(3) 确认并评估可实现理财目标的其他计划;(4) 选择并执行可实现理财目标的最佳计划;(5) 评估自己的个人理财计划;(6) 修改个人理财计划。

复习题

1. 个人理财决策。给出个人理财的定义。编制个人理财计划要涉及哪些类型的决策?
2. 个人理财和你的财富。个人理财技能的运用如何帮助你增加财富?
3. 额外教育。高中以后的教育决策会如何影响你的财富积累?
4. 个人理财和就业的市场竞争力。对个人理财的理解如何帮助你提升自己就业的市场竞争力?
5. 个人理财计划的组成部分。个人理财计划的六个组成部分分别是什么?
6. 预算规划。给出预算规划的定义。在进行预算规划时,你必须考虑哪些因素?
7. 个人净资产。如何计算个人净资产?为什么这个指标很重要?
8. 收入与预算。收入的影响因素有哪些?为什么在进行预算规划时,准确地估计支出项目很重要?税法会对预算规划造成哪些影响?
9. 流动性。什么叫做流动性?在管理个人流动性时要考虑哪两个因素?如何利用这两个因素?
10. 贷款。在管理个人贷款时要考虑哪些因素?
11. 投资。投资的主要目标是什么?此外,你还应当考虑哪些因素?市场上都有哪些投资工具可供选择?
12. 保护自己的资产。可用于保护个人资产的保险计划包含哪三个组成部分?给出每个组成部分的定义。
13. 个人现金流。个人理财计划的各个组成部分会对个人现金流造成什么影响?
14. 编制个人理财计划的步骤。编制个人理财计划的六个步骤分别是什么?
15. 理财目标。你的理财目标是否与个人理财计划相匹配?为什么理财目标必须做到切实可行?理财目标的三个时间维度分别是什么?对每一个时间维度分别给出一个例子。
16. 个人的财务现状。列出几个可能会影响个人财务现状的因素。
17. 理财目标与理财规划。个人目前的财务状况及理财目标与其他备选的理财方案之间有多高的关联度？

18. 执行个人理财计划。一旦完成了个人理财计划，那么下一步要做什么？为什么接下来这个步骤很重要？

19. 修改个人理财计划。为什么你需要时不时地修改个人理财计划？

20. 在线信息。列出互联网上可以获得的有助于理财规划的多种信息。说明一下你可以通过哪种方式将这些信息用于理财规划过程。

21. 经济环境对个人净资产的影响。假设你制订了一份个人理财计划，目标是在未来三年内使得个人净资产达到一个特定的水平。但是经济环境的变化突然之间让你的收入水平下降，还迫使你持有的资产贬值。原定的个人理财计划应保持不变还是需要修改？

22. 经济环境对求职策略的影响。在实体经济疲软时，工作岗位较为稀缺，于是一部分人考虑自己创业。在经济不景气时，这种做法有哪些不足之处？

23. 同伴压力与个人的理财习惯。同伴压力会对你的消费习惯造成什么影响？

24. 选择正确的大学。解释一下为什么选择正确的大学或学院非常重要。

25. 选择专业。你的专业选择为什么会对你的个人理财计划产生影响？

26. 你的职业和人生目标。里卡多想从事能够帮助别人的职业。同时，他还想环游世界，见识各地风情。他正考虑成为一名个人护理助手。对此，你有什么样的建议？

27. 大学和学习成本。有哪些方式可以帮助你节省读大学的成本？

理财规划练习题

1. 估算储蓄额。朱莉娅每个月的税后收入为1 800美元。朱莉娅每个月要支付房租650美元，水、电、煤气费100美元，汽车贷款还款额210美元。此外，朱莉娅每个月还要向牙齿矫正医师支付150美元的牙齿矫正费用。如果朱莉娅每周的生活用品支出额为60美元，她估计自己每个月的其他支出额为150美元，那么每个月她还剩下多少钱可以用于储蓄来实现自己的理财目标？

2. 估算机会成本。朱莉娅（接着第1题）正在考虑卖掉旧车，买辆新车。新车每个月的贷款还款额为325美元，每个月的保险费要比现在高出60美元。朱莉娅认为与汽车使用有关的其他费用（汽油费）基本保持不变。如果朱莉娅买了新车，那么这一决定的机会成本有多高？

3. 估算个人净资产。米娅拥有价值为3 000美元的资产，在财务公司借入了500美元的贷款，信用卡欠款额为135美元。米娅每个月的收入为2 000美元，每个月的支出为1 650美元。米娅的个人净资产是多少？

4. 估算个人净资产。在年初，拉金的个人净资产为4 500美元。在这一年内，拉金每个月从薪水里拿出80美元储蓄。12月的时候，她花600美元买了一张飞机票。那么到了这一年年末，拉金的个人净资产应当为多少美元？

5. 估算个人净资产。安娜刚刚顺利毕业，她从家里拿到了500美元的奖励，于是她的个人净资产变成了500美元。如果她用这笔钱买了一台笔记本电脑，那么她的个人净资产会受到什么影响？如果她将这500美元按照每年4%的收益率进行投资，那么一年后她的个人净资产会变成多少美元？

6. 估算大学毕业后的负债。马森选择上一所私立大学。在大学四年里，他的学费、生活费以及其他杂费合起来每年需要 47 000 美元。他兄弟凯奇选择上一所本地的学院，而且选择与父母一起住在家里。凯奇每年的学杂费合起来为 7 700 美元。假设马森和凯奇两个人上大学的费用都是靠自己借钱，在不考虑利息的情况下，估算一下他们毕业的时候各自的债务大概是多少。

7. 道德困境。桑迪和菲尔刚刚结婚，他们两人都是二十出头的年纪。在确定理财目标时，他们将三个长期目标设定为买房、让自己的子女上大学以及为退休以后的生活做好安排。

为了实现这些目标，他们决定寻求专业人士的帮助。在与几位理财咨询顾问接触后，他们得知理财咨询顾问都要按照受托资产组合价值的一定百分比来收取年费，最后夫妻俩决定找桑迪的表兄拉里帮忙。拉里是一位股票经纪人，他告诉夫妻俩他很愿意帮助他们，他只会针对股票交易收取手续费。在第一次见面时，拉里推荐了几只广为人知的大公司股票，这些股票分配的股息额较高。于是，夫妻俩买入了拉里推荐的几只股票。三个月后，拉里告诉他们由于市场环境发生了变化，他们需要卖掉这几只股票，转而买入其他股票。到了年底时，菲尔和桑迪惊讶地发现虽然每一次出售股票的价格均高于当初买入的价格，但是股票投资组合的总价值竟然低于年初值。经过认真分析，他们发现交易手续费的金额超过了股票投资获得的资本利得收益。

a. 你认为拉里的行为道德吗？请加以解释。
b. 拉里是否出于个人理由同意帮助桑迪与菲尔打理其股票投资组合？请加以解释。

个人理财的心理学：你的消费习惯

1. 本章解释了为什么有些消费者只是为了跟上"朋友的步伐"就去购买那些自己根本无力负担的商品。这种做法使得他们无法将钱投入其他理财规划项目，例如流动性管理、保险、投资以及退休计划。你的消费决策是否也受到了即时满足感或同伴压力的影响？还是你的消费决策更多地受到了避免负债这一心理因素的影响？哪种因素对你的消费行为影响最大？

2. 阅读一篇反映心理对个体消费行为的影响的文章。使用关键词"心理"和"消费"在网络上在线搜索，你能很容易地找到多篇此类文章。总结一下这篇文章的主要观点。

综合案例：桑普森一家

桑普森的案例在每章章末都会出现，这是本书的一个连续案例。你要用你在每章所学到的知识为桑普森一家制订理财计划。

戴夫·桑普森与莎伦·桑普森现年 30 岁，他们有两个孩子，一个五岁，一个六岁。自从两人七年前结婚以来，桑普森一家一直依靠戴夫一人的薪水生活。目前，戴夫的年薪为 50 000 美元。最近，莎伦找了一份兼职工作，年薪为 15 000 美元。现在莎伦也有收入了，所以他们决定把莎伦的工资存起来，为他们的孩子未来上大学做准备。同时，他们还准备给莎伦换一辆新车，因为原来那辆车已经很旧了，经常需要维修，维修费用也是一笔不小的开支。

1. 请帮助桑普森一家对他们的理财目标进行排序，特别是评估一下他们当前的首要目标是为他们的孩子上大学而进行储蓄，还是为莎伦换辆新车。

2. 桑普森一家希望每月能够从莎伦的收入中拿出1 000美元来增加储蓄。他们应该怎样操作才能确保这一目标可以得到贯彻落实？

术语解释

个人理财（personal finance，也称为 personal financial planning）：对个人的消费、贷款以及投资进行规划以实现个人财务状况最优化的过程。

个人理财计划（personal financial plan）：明确列出了个人理财目标以及相应的个人消费、贷款以及投资计划，这些计划能够帮助实现理财目标。

预算规划（budget planning，也称为 budgeting）：对未来支出与储蓄进行规划。

资产（assets）：你拥有的东西。

负债（liabilities）：你拖欠他人的债务。

净资产（net worth）：个人资产减去个人负债后的净值。

流动性（liquidity）：获得资金来应付短期内现金不足情况的能力。

现金管理（money management）：个人要决定持有多少流动资金，以及如何分配这些资金以购买短期投资产品。

贷款管理（credit management）：个人要决定自己需要多少贷款来为消费提供资金以及使用哪种类型的贷款。

机会成本（opportunity cost）：做出某项消费决策而放弃其他选择所导致的成本。

保险规划（insurance planning）：决定自己需要购买哪种类型的保险产品以及保险的购买数额，目的是保护自己拥有的财产。

风险（risk）：投资的潜在收益率存在不确定性。

退休计划（retirement planning）：个人要决定每年应储蓄多少钱以及怎样投资这些钱，以便为退休后的生活提供收入来源。

遗产规划（estate planning）：规划个人生前或死后如何分配个人财富的计划。

第一部分

理财规划工具

本书第一部分的各章主要介绍了可用于理财规划决策的各种工具。第2章介绍的是个人财务报表,读者可以使用这些财务报表来监控自己的消费情况,并引导自己做出预算决策。第3章向大家阐述了如何使用货币的时间价值这一概念来制定储蓄决策。第4章主要介绍了税务相关知识,读者可以利用这些信息评价并实现个人税负的最小化。预算、储蓄以及税务筹划都会对个人的现金流以及财富水平造成影响。

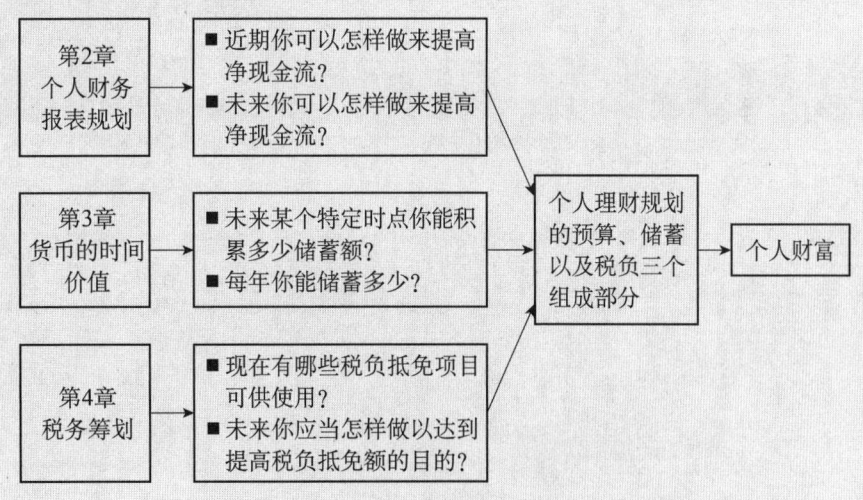

第2章 个人财务 报表规划	■ 近期你可以怎样做来提高净现金流? ■ 未来你可以怎样做来提高净现金流?		
第3章 货币的时间 价值	■ 未来某个特定时点你能积累多少储蓄额? ■ 每年你能储蓄多少?	个人理财规划的预算、储蓄以及税负三个组成部分	个人财富
第4章 税务筹划	■ 现在有哪些税负抵免项目可供使用? ■ 未来你应当怎样做以达到提高税负抵免额的目的?		

第 2 章
个人财务报表规划

章前引例

钱都花到哪里了？有些人好像总是还没等到下个月发薪水，这个月的薪水就全花光了。他们的衣服口袋好像被钱烧出个破洞，他们就这样稀里糊涂地花光了口袋里的钱，可是还不相信自己的生活真的有点奢侈挥霍。上个月，你曾暗暗对自己发誓，这个月的开支一定要降下来。然而，年复一年，月复一月，每个月的支出额都是那么高。钱总是被花得干干净净。是否有什么方法能把口袋里的破洞堵上呢？

你有哪些开支项目？对很多人来说，第一个困难在于不能准确地评估自己的实际支出。每笔支出看上去都是合理的、有价值的，但是加在一起的威力就像是一群食人鱼聚集在一起，把你还不算多的收入啃得一干二净。你应当怎样做才能重新赢得对个人财务状况的控制权呢？

在这一章，你将学会如何有效地掌控自己的财务状况。不过，这项任务并不简单，因为它要求你具有较强的自律精神，而且一时半会儿看不到回报。这有些像减肥：开始总是很容易，但是很难坚持下去。

你要用到的工具包括个人资产负债表、个人现金流量表以及预算表。这三种个人财务报表能够告诉大家目前的个人财务状况，预测三个月后或一年后的个人财务状况，并帮助你控制各种支出项目。潜在的好处是减少消费支出，增加储蓄与投资，以及"一切尽在手中"的掌控感所带来的内心宁静。

本章的学习目标

- 解释如何编制个人现金流量表；
- 指出影响个人现金流的主要因素；
- 说明如何基于个人的预期现金流来编制预算表；
- 说明如何编制个人资产负债表；
- 解释预算如何匹配你的个人理财计划。

个人现金流量表

你可能经常会问自己是否有能力买得起一台新电视、一辆新车、继续接受教育一年或者是去度假一次。只有清楚地了解自己的财务状况，你才能得到上述问题的答案。尤其值得一提的是，你要在了解自己的收入以及消费习惯的基础上去预测在本周末、本季度末或本年末自己能获得多少现金流。一旦算出了估计值，你便能决定是否可以采用某些方法来提高收入或降低消费支出，以便获得更多的现金流。

评估个人财务状况带来的心理因素方面的影响可能会严重挫伤个人的积极性，因为他们担心这样的评估会让他们做出此刻不需要购买任何特殊商品的判断。延期评估自己的财务状况会让他们在购买的时候没有负罪感。很显然，每个消费者都希望自己所做出的财务决策（包括购买决定）都有支撑。在朋友们的怂恿下做出来的购买决策会给自己带来快感，特别是朋友们跟自己一样，做出超越自己承受能力的购买时，这种快乐会更明显。

不过，评估你自己的财务状况并没有想象中那么痛苦。它要求你现阶段必须强制储蓄一部分钱，目的是使你在将来能够在不需要借钱的情况下就可以购买你想要的商品。这样的分析会帮助你认识到储蓄会给你带来丰厚的回报，从而鼓励你构建一个详细的储蓄计划。

正如第 1 章所述，预算的编制过程就是要对未来的支出与储蓄做出预测。在制定预算规划时，第一步是编制个人现金流量表，它主要记录的是个人的现金流入与现金流出情况。将个人的现金流入与现金流出相对比，这样便于监控个人的消费支出情况，并能计算出你可以将多少资金用于储蓄或其他用途。

现金流入

对于有工作的人来说，工资收入是现金流入的主要来源，但是除此以外，还有其他一些重要的收入来源。各种类型的储蓄存款能够以利息收益的形式产生现金流入。还有一些股票每个季度会向股东发放股息，这也会形成现金流入。

现金流出

现金流出包括个人的所有支出项目，这主要取决于个人的消费决策。支出项目的金额有大（例如每月的房租）有小（例如干洗费）。虽然没必要把每笔支出都记录下来，但是你应当搞清楚自己的大部分收入都花在了哪些方面。

追踪现金流出最简单的方法就是在自己的智能手机上安装一个 App。很多 App 都有这个功能，而且不断有新的 App 问世。这些 App 能够很好地记录你的收入和支出（甚至还可以通过不同的颜色来标注不同类型的支出项目，比如日用品、娱乐和汽油等），这样可以帮助你更好地做预算，在你的支出超过预算的时候向你发出警报，提醒你按时支付账单，帮助你随时查看银行余额和信用卡余额并检查你的信用评分，还可以显示你为某个目标（如度假）储蓄的进展。有些 App 还会把每周的总结发给你，这样你就可以知道这一周的现金流入流出明细。并不是所有的 App 都有这样的功能，但是你可以在网上搜索"记录消费习惯 App"，然后选择最适合你的一款 App。当然，你要是从自动取款机（ATM）取款购买某些商品，App 就无法记录你的这些购买行为。但用信用卡或借记卡购买，或者用绑定这些银行卡的智能手机支付系统购买，跟你开出支票购买一样，购买行为都会被 App 记录下来的。如果你不想用此类功能的 App，你可以使用银行账户对账单和信用卡对账单来了解自己的消费习惯以及钱都用在了哪里。很多软件程序都可以用来记录并监督现金流出情况。

编制个人现金流量表

认真记录一段时间内个人的现金收入情况以及现金支出情况，然后你便可以根据这些信息来编制个人现金流量表。

> **案例**
>
> 斯蒂芬妮·斯普拉特尝试过努力控制大学就读期间的开销，但是从未编制过个人现金流量表。现在她已经开始上班工作，有工资收入了，因此她想好好监控自己每个月的消费支出情况。她决定为上个月编制一份个人现金流量表。
>
> **斯蒂芬妮每个月的现金流入额。** 目前斯蒂芬妮每年的可支配收入（税后）为36 000美元，也就是每个月的可支配收入为3 000美元。
>
> 于是，斯蒂芬妮开始考虑其他的现金流入来源。她没有从股票投资那里获得股息收益，也没有把钱存入任何可提供利息收益的存款账户。因此，她每个月的现金流入只来源于工资收入。于是，斯蒂芬妮断定每个月的3 000美元税后工资收入就是她的每月现金流入总额。
>
> **斯蒂芬妮每个月的现金流出额。** 斯蒂芬妮用一款App记录了她上个月用支票和信用卡的开支项目。上个月斯蒂芬妮的支出情况如下所示：
> - 房租1 000美元；
> - 学生贷款100美元；
> - 网络使用费50美元；
> - 电费与水费合计100美元；
> - 电话使用费50美元；
> - 生活用品300美元；
> - 雇主提供的医疗保健计划费用100美元。
>
> 接下来，斯蒂芬妮又查看了自己的账户来估计其他几个支出项目平摊到每个月的开销额：
> - 大概100美元的服装购置费用；
> - 大概200美元的汽车使用费用（保险费、维修费与汽油费）；
> - 大概600美元的娱乐费用（包括到餐馆就餐以及加入健身俱乐部的会员费）。
>
> 斯蒂芬妮使用上述现金流出信息进一步完善个人现金流量表，如图表2.1所示。上个月，她的现金流出总额为2 600美元。
>
> **斯蒂芬妮的净现金流。** 将每个月的现金流入额与现金流出额相减，便能求出净现金流的值，净现金流可以帮助我们对每个月的现金流入和现金流出进行比较分析。斯蒂芬妮计算了自己的净现金流，看一看每个月的收入能否轻松地覆盖各个支出项目，了解一下自己还能有多少剩余资金可用于储蓄或其他用途。上个月斯蒂芬妮的净现金流等于：
>
> 净现金流＝现金流入额－现金流出额
> 　　　　＝3 000－2 600
> 　　　　＝400（美元）

斯蒂芬妮将计算结果填入了个人现金流量表的最后一行。斯蒂芬妮的个人现金流量表见图表2.1。

图表2.1 斯蒂芬妮·斯普拉特的个人现金流量表　　　　单位：美元

	上个月的实际值
现金流入	
可支配收入（税后）	3 000
存款利息	0
股息收益	0
现金流入总额	3 000
现金流出	
房租	1 000
学生贷款	100
网络使用费	50
电费与水费	100
电话使用费	50
生活用品	300
医疗保险和费用	100
服装购置费用	100
汽车使用费用（保险费、维修费与汽油费）	200
娱乐费用	600
现金流出总额	2 600
净现金流	400

现金流的影响因素

为了提高个人财富水平，你希望能够实现现金流入的最大化与现金流出的最小化。多种因素会对个人现金流入与现金流出造成影响，我们接下来就要探讨这个问题。

现金流入的影响因素

影响个人收入水平的因素也会对现金流入带来重大影响。我们要考虑的主要影响因素包括个人在职业发展道路上所处的阶段以及工作技能。

个人在职业发展道路上所处的阶段。 个人在职业发展道路上所处的阶段之所以会对现金流入额造成影响，是因为这个因素很影响个人的工资收入水平。对于那些还在读大学或刚刚工作的人（就像斯蒂芬妮·斯普拉特）来说，现金流入通常比较低。随着工作经验越来越丰富，个人在行业内所处的位置越来越高，工资收入也会越来越多。

个人所处的职业阶段与个人在生命周期中所处的阶段密切相关。年轻人往往处在职业发展的初期阶段，而年长者具有更丰富的工作经验，因此在职业发展道路上走得更远。所以，年轻人的现金流入相对较低，而年逾五十的长者的现金流入则要高得多。

不过，这种普遍趋势也有一些例外情况。一些年长者的转行行为意味着他们在职业发展道路上有所后退。还有一些人从需求较低的行业转换到了需求较高的行业，结果收入水平直线上升。很多女性为了抚养子女不得不暂时退出职场几年，等孩子长大以后再重返职场。

生命周期的最后一个阶段就是退休。退休以后，来源于工资收入的现金流将会中断。退休后，个人要依赖于社保金以及投资的利息或股息收益来维持生活。于是，退休人员的现金流入一般要比工作时的现金流入略低一些。退休后的现金流入主要来源于投资收益以及个人参与的退休计划提款额。图表2.2总结了不同的年龄段对现金流入额的影响。请注意，图表中涵盖了截然不同的三个阶段。

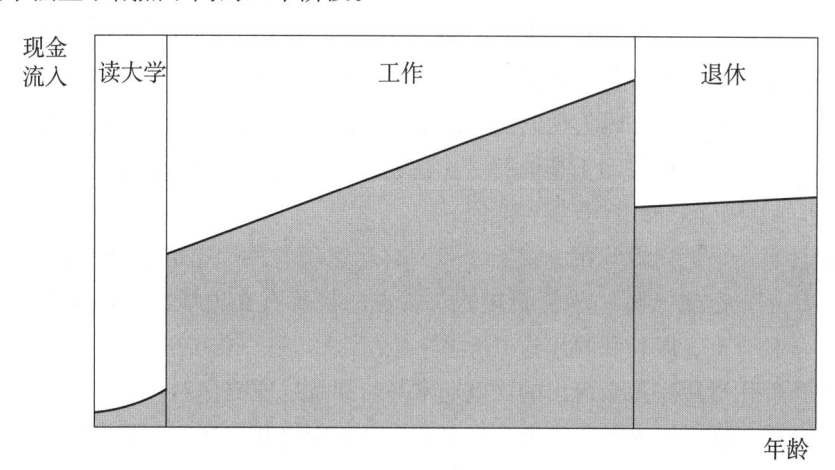

图表 2.2 现金流入额与年龄的关系

工作类型。 不同工作类型的收入水平存在较大差异。要求掌握专业技能的工作往往要比那些能轻易上手、技能简单的工作薪酬水平更高一些。专业技能岗位的收入水平还要受到该种技能市场需求量的影响。近些年来，市场对拥有护士资格证的护理人员需求量非常大，因此医院不得不向护士支付高额薪水，以防止其他医院出高价挖墙脚。反过来，市场对拥有历史学位或英国文学学位的人员需求量较少，因为这些专业的毕业生数量超过了可提供的岗位数量。

家庭内部有收入者的人数。 如果你是家里唯一有收入的人，那么你的家庭现金流入通常要比那些家里不止一个人工作的家庭低一些。现在，很多家庭内部都有两个有收入者，这使得家庭的总体现金流入大幅度增加。

现金流出的影响因素

现金流出的主要影响因素包括家庭状况、年龄以及个人消费行为。

家庭状况。 负责供养家庭的个人，其支出额一般要比不需要抚养他人的单身者更高一些。家庭成员人数越多，则消费支出额就越高，于是现金流出额也就越高。拥有多位受抚养人的家庭，食品、服装、日间照顾以及学费开支都要更多一些。

年龄。 随着年龄的增大，人们倾向于在房产、汽车以及度假等方面增加开支。这种消费模式的调整可能源于个人在职业发展道路上的进步而导致的收入水平的上升。

个人消费行为。 绝大多数人的消费行为要受到个人收入水平的影响。例如，如果家里有两个人上班赚钱，而且两个人都是全职工作者，那么这个家庭的消费支出会更高一些。不过，人们的消费习惯千差万别。一种极端情况是不管工资收入有多高，在发工资后几天内都把所有的收入花光。虽然对于很多工资水平极低的人来说，这种行为易于理解，但是某些收入水平极高的人往往也会采取同样的做法。另一种极端情况是某些人"非常能存钱"，他们把消费支出降到最低，关注的是为未来准备更多的存款。

一些消费者为了获得即时满足感而过度消费，从未尝试过为自己的财务未来做一做规划。他们的种种消费行为可能只是为了向同伴看齐。他们努力使自己购买的汽车或房屋的价值不低于同伴购买的车、房的价值。对于一些现金流入低于同伴的消费者来说，这种行为会导致其陷入财务困境，因为他们的收入水平支撑不了这样的生活方式。他们有可能模仿同伴入不敷出的生活模式，于是他们（甚至包括他们的同伴）需要为了维持过度消费而不停地借钱，最终必然导致没有能力偿债。

你可以计算一下近期内（比方说上个月）自己用于各种用途的现金流出所占的比例，以此来评估一下自己属于哪一种消费模式。首先，将所有支出项目分门别类，划分为汽车、房租、学校开支、服装和娱乐这几大类；然后计算每一类支出项目占现金流出的比重。如果汽车使用费用占现金流出的比重非常高，那么这说明你对汽车的使用程度超出了你能承受的范围，因为它导致你没有多少多余的钱来应付其他开支项目。你还可以计算一下每一类支出项目占收入总额的比重，这能帮助你搞清楚自己的大部分收入都花到了哪里。

估算你的现金流

预算过程的下一步便是编制个人预算表。你可以预测下个人现金流量表内每个项目的现金流入与现金流出，然后算出净现金流的值。我们将基于未来现金流预测值而编制的现金流量表叫做预算表。例如，你可以通过编制预算表判断一下未来自己的现金流入是否足以应付现金流出的需求。如果你预计自己的现金流入大于现金流出，那么你可以使用预算表计算一下余下的资金额是多少，你可以用这笔余钱投资于更多的资产或者是加快偿还债务，从而降低个人的负债水平。

案例

斯蒂芬妮·斯普拉特想要计算一下这个月自己是否拥有足够多的现金流入。她使用上个月编制的个人现金流量表来预测本月的现金流入与现金流出。不过,她按照下列几项额外的预期支出项目对上个月的现金流量表进行了调整:

1. 这个月的医疗费用支出额预计为400美元(比正常的月份要多300美元),因为近来斯蒂芬妮接受了一个小治疗,而这种治疗不属于医疗保险的承保范围。

2. 这个月的汽车维修费预计为500美元(比正常的月份要多300美元),主要是由于汽车维修。

斯蒂芬妮对上个月的个人现金流量表进行了修改,以反映本月出现的新变化,于是本月的预期现金流量表如图表2.3所示。括号里面的数字表明这个月由于特殊情况的出现而发生的现金流调整。

图表2.4对斯蒂芬妮这个月预期现金流的变化做了一个总结说明。请注意,本月的预期现金流出总额为3 200美元,要比普通月份的现金流出总额高出600美元。因此,本月的预期净现金流如下:

$$预期净现金流 = 预期现金流入额 - 预期现金流出额$$
$$= 3\ 000 - 3\ 200$$
$$= -200(美元)$$

整个预算过程提醒斯蒂芬妮本月可能出现200美元的收入缺口。它要求斯蒂芬妮应该考虑如何弥补这一赤字。

图表2.3 斯蒂芬妮·斯普拉特修改后的个人现金流量表 单位:美元

	上个月的实际值	本月的预期值
现金流入		
可支配收入(税后)	3 000	3 000
存款利息	0	0
股息收益	0	0
现金流入总额	3 000	3 000
现金流出		
房租	1 000	1 000
学生贷款	100	100
网络使用费	50	50
电费与水费	100	100
电话使用费	50	50
生活用品	300	300
医疗保险和费用	100	[400]
服装购置费用	100	100
汽车使用费用(保险费、维修费与汽油费)	200	[500]
娱乐费用	600	600
现金流出总额	2 600	3 200
净现金流	400	-200

图表 2.4 斯蒂芬妮·斯普拉特修改后的现金流量表总结			单位：美元
	上个月的现金流	预计本月现金流的变化	本月预期的现金流
现金流入	3 000	0	3 000
现金流出	2 600	600	3 200
净现金流	400	−600	−200

预先估算现金流是否短缺

如果某个月刚好有一笔意料之外的大笔支出，那么当月的现金流入可能会小于现金流出。如果现金流缺口较小，那么你可以直接从支票账户里提现来补上这个缺口。如果你估计下个月的现金流缺口比较大，那么一时之间有可能找不到合适的资金来源来补上这个大缺口。预算能够提前向你发出预警，于是你可以早早做好准备，想好弥补缺口的对策。你应当在储蓄账户里多存一些钱，那么一旦现金流出现短缺情况，这笔钱可以被当做应急资金来使用。

在现实生活中，意料之外的支出和花费经常会发生，因为会出现各种各样的意外情况，比如车辆维修。尽管你不能每次准确地预测到高于正常支出的意外花费，但你可以为这些意外支出做好预算。你或许并不清楚具体的花费是多少，但你可以每个月预留 30 美元作为意外支出备用金。这样的预算会更加贴近现实，对每个月的支出预算预估也会更加准确，从而可以更加准确地估算每个月可以储蓄多少钱。这样的预算策略看上去有些痛苦，因为它带来的结果是你预期的储蓄变得更少。不过，从某种意义上讲，这样的预算能够更精准地估计你的储蓄，它可以更好地帮助你实现预算中的储蓄目标。

评估预算表的准确性

个人应当定期将最近一段时间内（比方说上个月）的实际现金流情况与预算表的预测现金流情况相对比，以此来判断预测与实际情况是否相符。很多人都对未来的现金流预测表现得过于乐观。他们高估了自己的现金流入，同时低估了自己的现金流出。于是，他们实际获得的净现金流低于预期值。通过查找类似的预测失误，你可以采取一定的措施提高个人预算表的准确程度。你可以限制自己的消费支出，使得总支出不超过预算的现金流出。或者你可以不改变自己的消费习惯，而是选择提高现金流出的预测值，使其反映真实情况。通过提高预算表的准确性，你将更有可能提前发现未来有可能出现的现金流缺口，因此可以预先做好应对的准备。

> **案例**
> 前面我们已经讲过，斯蒂芬妮估计了自己下个月的现金流状况。现在这个月快要结束了，斯蒂芬妮要评估一下自己的预期是否准确。她对现金流的预期值被列在图表2.5的第二

列。她将现金流的实际发生值（第三列）与自己的预期值相对比，然后计算两者之间的差值（第四列）。第二列与第三列的差值被称为预测误差（forecasting error）。差值为正意味着现金流的实际发生值低于预期值，而差值为负则意味着现金流的实际发生值高于预期值。

仔细研究一下图表2.5的第四列，斯蒂芬妮注意到现金流出总额要比预期值高出100美元。因此，实际的净现金流等于—300美元（即存在300美元的现金流缺口），而预期的净现金流等于—200美元，这说明实际情况要比预期值更糟糕。斯蒂芬妮仔细地分析了现金流出情况，想要找出哪一个支出项目被低估了。虽然生活用品实际支出额要略低于预期值，但是服装购置费用与娱乐费用的实际支出额要高于预期值。她认为这些费用只是在这个月有些过高，但应属于例外情况，所以她相信对于绝大多数月份来说，自己的现金流预算表还是较为准确的。

图表 2.5　斯蒂芬妮·斯普拉特本月的现金流预期值与实际发生值的对比分析 单位：美元

	预期值（在月初得到的估计值）	实际发生值（在月末得到的计算值）	预测误差
现金流入			
可支配收入（税后）	3 000	3 000	0
存款利息	0	0	0
股息收益	0	0	0
现金流入总额	3 000	3 000	0
现金流出			
房租	1 000	1 000	0
学生贷款	100	100	0
网络使用费	50	50	0
电费与水费	100	100	0
电话使用费	50	50	0
生活用品	300	280	+20
医疗保险和费用	400	400	0
服装购置费用	100	170	—70
汽车使用费用（保险费、维修费与汽油费）	500	500	0
娱乐费用	600	650	—50
现金流出总额	3 200	3 300	—100
净现金流	—200	—300	—100

预测未来几个月的净现金流

为了预测未来几个月的个人现金流状况，你应采用与估计上个月现金流同样的预测方法。如果你预测某些类型的现金流应当符合正常情况，那么便可以按照前几个月的正常水平来估计这些现金流的值。如果你认为某些类型的现金流在某个特定月份会有些不同寻常，那么可以适当地加以调整。表格中斯蒂芬妮本月的医疗支出就比平常要高，那是因为这个月她需要进行一个小手术，从而费用增加了。

医疗保健、汽车维修以及房屋维修等开销往往是意料之外的支出项目。虽然我们往往不能提前预期到这些支出项目，但是你还是应当定期对其做出预算规划。你应当假定在连续几个月内，自己很有可能会产生医疗保健、汽车维修或房屋维修等方面的费用。因此，虽然在某个特定月份，自己的预算表可能不是十分准确，但是若从几个月的时间跨度来看，预算表的整体准确程度还是比较高的。如果你没有将这些费用支出考虑进去，那么在一段较长的时间内，你将很有可能会时不时地遭遇到净现金流出现缺口的局面。

编制年度预算表

如果你很好奇，想知道下一年自己能存多少钱，那么你可以将预算表的编制周期再拉长一些。你可以先编制一份年度预算表，然后再进行调整以反映预期可能发生的大笔现金流。

案例

斯蒂芬妮·斯普拉特相信上个月自己的预算表（除了意料之外的医疗费用与汽车维修费以外）很具有代表性。她想拉长这个预算表的预算周期，估计一下下一年自己能存多少钱。她的现金流入情况可被预测，因为她已经知道下一年自己能拿到多少年薪。某些每个月份都会发生的现金流出（例如房租与网络使用费）始终保持不变。因此，在估计下一年这些类型的现金流出时，她直接用每月的现金流出乘以12（一年中12个月都要发生这笔费用），就得到了整个一年的费用估计值，具体可参考图表2.6的第三列。

还有一些费用项目每个月的实际发生额不尽相同，但斯蒂芬妮知道每个项目的月现金流出通常是多少。她把每个月的常规现金流出乘以12，就可以合理地估算未来12个月的现金流出。在接下来的12个月里，斯蒂芬妮估计现金流出总额等于31 200美元。由于她知道自己未来一年里的现金流入（可支配收入）为36 000美元，她预期自己这一年的净现金流将会为4 800（=36 000−31 200）美元。因此，她为自己设定的下一年储蓄目标就是4 800美元。

图表 2.6　斯蒂芬妮·斯普拉特的年度预算表　　　　　　　　　　　　　　　单位：美元

	普通月份的现金流	今年的现金流（＝普通月份的现金流×12）
现金流入		
可支配收入（税后）	3 000	36 000

续表

	普通月份的现金流	今年的现金流（＝普通月份的现金流×12）
存款利息	0	0
股息收益	0	0
现金流入总额	3 000	36 000
现金流出		
房租	1 000	12 000
学生贷款	100	1 200
网络使用费	50	600
电费与水费	100	1 200
电话使用费	50	600
生活用品	300	3 600
医疗保险和费用	100	1 200
服装购置费用	100	1 200
汽车使用费用（保险费、维修费与汽油费）	200	2 400
娱乐费用	600	7 200
现金流出总额	2 600	31 200
净现金流	400	4 800（现金流入与现金流出之差）

改善预算情况

随着时间的流逝，你应当时不时地回顾一下预算表，看看自己是否正朝向理财目标前进。为了增加个人储蓄或更快地偿还债务以便能尽快实现个人的理财目标，你应当找出预算表内哪些项目可以被进一步改善或提高，从而使整个预算能变得更好。

案例

前面我们讲过，斯蒂芬妮·斯普拉特预计每个月的支出金额为2 600美元，可以剩下400美元。她打算再多存一些钱，将来准备买辆新车或买房，于是她想好好研究一下如何提高自己的净现金流。

斯蒂芬妮认真查看预算表中的每个现金流出项目，看了看哪些消费支出项目可以被削减。在每个月2 600美元的消费支出中，她认为大概有2 000美元是必要开支（例如房租和电费与水费）。余下的支出部分（大概为600美元）主要花在娱乐方面，斯蒂芬妮意识到必须大力削减娱乐方面的开支，这样才能有效减少现金流出。

健身俱乐部的会员费以及外出就餐构成了斯蒂芬妮绝大部分娱乐方面的开支。她认为自己可以做到一方面仍能享受健身与美食的乐趣，另一方面还能减少支出，尤其是她注意到自己参加的健身俱乐部是迎合高层次消费者的，价格偏高。她可以选择另一家只提供基本服务的健身俱乐部，使得每个月的健身俱乐部会员费减少60美元。她还决定将每个月外出就餐的费用缩减40美元。按照上述方式调整个人消费行为，可以帮助斯蒂芬妮每个月多节省100美元的现金流出。总结如下：

单位：美元

	上个月的现金流	计划的现金流
每个月的现金流入	3 000	3 000
每个月的现金流出	2 600	2 500
每个月的净现金流	400	500
年度净现金流	4 800	6 000

消费支出的减少可以使每个月的净现金流由原来的400美元水平增加至500美元的新水平。如果她能够一直维持这个净现金流水平，那么，在一年内，斯蒂芬妮的净现金流将会达到6 000美元，会让她的储蓄水平有所提高。虽然斯蒂芬妮希望找到一种方法能够极大地提高个人的净现金流，目前这种做法还达不到这一目的，但是她相信这是一个良好的开始。更重要的是，她编制的预算表符合现实情况。

个人资产负债表

预算的下一个步骤是编制个人资产负债表。预算表能够追踪个人在一段时间内的现金流状况，而个人资产负债表能够说明某个特定时刻个人资产与负债的总体情况。个人资产负债表对个人资产（你拥有的东西）、个人负债（你拖欠他人的东西）以及个人净资产（资产减去负债）状况进行了总结。

资产

资产负债表上的资产项目可以被细分为流动性资产、家庭资产以及投资性资产。

流动性资产。流动性资产是指能够被轻易售出且价值不会遭受损失的金融资产。这些资产特别适合于应付一些必要开支。常见的流动性资产包括现金、支票账户以及储蓄账户。现金是最适合用于应对小额购买的流动性资产，而支票账户往往被用于购买大件商品的付款。储蓄账户很有吸引力，因为它们能够向储户提供存款利息收益。例如，如果储蓄账户的利率水平为4%，那么你每向储蓄账户存入100美元，每年就能获得4美元的利息收益。我们将在本书的第二部分讨论如何管理流动性资产以应对日常的交易需求。

家庭资产。 家庭资产一般是指家庭拥有的资产，例如房屋、汽车以及家具。我们将在本书的第三部分讨论如何针对购买大额家庭资产的目标来制订个人理财计划。家庭资产占个人资产的比重要比流动性资产高一些。

在编制个人资产负债表时，你需要评估一下家庭资产的价值。资产的市场价值等于当前在市场上售出该资产所能获得的现金。例如，假设你去年花 20 000 美元买了一辆汽车，现在这辆汽车的市场价值为 14 000 美元，这意味着你可以按照 14 000 美元的价格把这辆汽车卖给别人。我们可以在互联网上很容易地查到汽车的市场价格，例如 kbb.com 网站 (Kelley 蓝皮书)。虽然某些资产的准确市场价值较难确定，例如房屋，但是你可以用附近其他类似房屋最近的出售价格作为合理的估计值。

投资性资产。 一些常见的投资性资产包括债券、股票以及出租物业等。

债券是指借款人（通常是企业以及政府机构）发行的融资凭证。个人购买了刚刚发行的面值为 1 000 美元的债券，就意味着向债券发行人提供了 1 000 美元的贷款。将债券持有一定期限，你能获得利息收益。（我们将在第 16 章进一步讨论债券产品。）

股票是指代表对企业拥有部分所有权的凭证。企业发行股票筹集到的资金可以用于多种用途，例如购买新的机器设备或建造新厂房。很多企业拥有数以百万计的股东，他们都持有企业发行的股票。

购买股票的投资者叫做股东。如果你手上有多余资金，可以考虑购买股票。当你需要资金时，还可以将自己手上持有的一部分股票卖掉。

股票的市场价值每天都在发生变化。你可以在很多网站上查到当前的股票市场价格，例如 Yahoo.com 的金融板块。如果股票慢慢升值，则股票投资者可以获得投资收益。如果企业向股东支付股息，则股东还可以获得股息收益。

类似于股票这样的投资性资产往往不被视为流动性资产，因为如果投资者急于卖出的话，常常会遭受损失。股票通常被视为长期投资性资产，因此不能被用于应付日常开支。（我们将在第 15 章详细讨论股票这种产品。）

共同基金向投资者发售基金份额，然后将筹集到的资金投资于由多种投资产品（例如股票或债券）构成的资产组合。基金由专门的组合经理负责管理，由他们决定买入哪些股票，投资者不用自己做出投资决策。不同的基金产品，最低投资额的标准也不尽相同，但是大多介于 500~3 000 美元之间。我们可以在很多金融期刊或多家网站上查到各种基金产品的基金单位价值。我们将在第 17 章详细讨论共同基金这种投资产品。

不动产包括出租物业与土地。出租物业是指出租给他人使用的商业物业。有些人买了第二套房，将其出租给他人来获得额外收入。还有一些人购买公寓楼，目的也是获取出租收入。此外，还有人买下土地作为投资。

负债

负债项目包括流动性负债与长期负债。

流动性负债。 流动性负债是指近期（一年内）你要偿还的债务。近期要偿还的信用卡债务是最常见的流动性负债。信用卡公司每个月会向持卡人寄送信用卡账单，上面列出了上个月持卡人使用信用卡进行的每一笔交易。如果你在收到信用卡账单后偿还了全部信用卡欠款，那么信用卡公司不会向你收取利息，这笔负债就算还清了，直到你收到下个月的账单为止。

当我们讨论个人预算问题时，信用卡值得特别关注。虽然信用卡能够方便快捷地向人们提供资金，但是它们也给很多人带来了难以解决的信用问题。有些人用信用卡购买自己根本不需要或无力承担的商品或服务。两种心理因素导致了这种行为的发生。首先，某些人之所以会使用信用卡购买自己不需要且负担不起的商品，是因为他们想要获得即时满足感，或者是为了不落后于同伴。其次，某些人在使用信用卡购物时特别容易过度消费，这是因为刷卡消费不会用到现金。这意味着他们以为自己的购买行为只是创造出了新的流动性负债，并没有消耗资产（现金）。使用现金让他们感到更加痛苦，因此在用现金购物付款时，他们会表现得更加自律一些。他们知道，从钱包里拿出 50 美元付款意味着现金减少了 50 美元。但是，当他们使用信用卡而非现金付款时，他们感觉好像是免费获得了这些商品或服务。由于此时他们主要关注的是通过购物来获得即时满足感，所以他们根本没有考虑到将来很快就要偿还这笔信用卡债务。这种行为有可能会导致流动性负债越积越多，从而引发信用问题。

长期负债。长期负债是指偿还期限在一年以上的债务。学生贷款是常见的长期负债，学生应当在毕业后一段时间内向贷款机构还清该贷款。这种负债要求借款人定期支付利息。一旦你还清了贷款，就可以把这笔负债从资产负债表上划掉，也就不需要再支付任何利息成本了。一般来说，你应当限制自己的负债金额，从而达到控制利息成本的目的。

其他常见的长期负债还包括汽车贷款与房屋抵押贷款。汽车贷款一般期限为 5～6 年，而房屋抵押贷款的期限大多为 15～30 年。两种类型的贷款均可以在到期前提前偿还。

净资产

个人净资产等于个人资产与个人负债的差额。

净资产＝资产总额－负债总额

换言之，如果你将一部分个人资产出售，然后将所得现金用于偿还所有债务，那么你的个人净资产就等于个人余下的资产总额。个人净资产是衡量个人财富水平的指标，因为它能说明扣除所有债务以后，个人还剩下多少资产。

有些人在评价自己的个人财富水平时只看资产，没有考虑负债。在心理上，他们只看到了自己拥有新车、住房或其他资产，没有想到自己还有那么多负债。这种心态甚至会促使他们进一步超出自身可承受范围去过度消费，只要他们能借到贷款。为了说明这一点，我们假设一个学生上个月买入了一辆价格为 20 000 美元的新车，钱全部是借来的。如果现在他把这辆车卖掉，则大概能卖 16 000 美元，因为新车一旦被买进，其市场价值立即下跌 20% 左右（我们会在第 9 章解释这个问题）。该学生的负债为 20 000 美元。如果他没有其他资产或债务，那么他的个人净资产就等于：

资产	16 000 美元
－负债	20 000 美元
＝净资产	－4 000 美元

如果资产小于负债，则个人净资产就等于负数。很多严重依赖信用卡的持卡人没有还清每个月的信用卡欠款，因此他们的个人净资产都是负数。这意味着即使他们将自己持有的所有资产全部用来还债，也无法还清所拖欠的债务。这种情况可能会导致破产。

编制个人资产负债表

你应当编制一份个人资产负债表来评估自己的净资产。定期更新该资产负债表,以便了解个人的财富水平随时间发生了怎样的变化。

案例

斯蒂芬妮·斯普拉特想通过编制个人资产负债表来确认自己拥有哪些资产与负债项目,从而算出她个人的净资产。

斯蒂芬妮的资产。 斯蒂芬妮拥有:

- 500美元现金;
- 支票账户存款3 500美元;
- 公寓中价值约为1 000美元的家具;
- 一辆价值约为1 000美元的汽车;

斯蒂芬妮利用这些信息来编制个人资产负债表,具体可参考图表2.7。她将每一种资产分别归为流动性资产、家庭资产以及投资性资产这三种类型。

斯蒂芬妮的负债。 斯蒂芬妮的学生贷款为10 000美元。此外,她没有其他债务。

斯蒂芬妮的个人净资产。 斯蒂芬妮用自己的资产总额减去负债总额,求出了个人净资产额。根据她编制的个人资产负债表,资产总额为6 000美元,负债总额为10 000美元。因此,她的个人净资产等于:

净资产=资产总额-负债总额
　　　=6 000-10 000
　　　=-4 000(美元)

图表2.7　斯蒂芬妮·斯普拉特的个人资产负债表　　　　单位:美元

资产	
流动性资产	
现金	500
支票账户存款	3 500
储蓄账户存款	0
流动性资产总额	4 000
家庭资产	
房屋	0
汽车	1 000
家具	1 000
家庭资产总额	2 000
投资性资产	
股票	0
其他投资	0
投资性资产总额	0

续表

资产总额	6 000
负债与净资产	
流动性负债	
信用卡欠款余额	0
流动性负债总额	0
长期负债	
抵押贷款	0
汽车贷款	0
学生贷款	10 000
长期负债总额	10 000
负债总额	10 000
净资产	−4 000

个人资产负债表的变化

如果这个月你拿到了一笔新收入，但却把这笔钱全部花在房租、食品以及音乐会门票等非资产类项目上，那么新增收入不会使你的个人净资产增加。如果你将这笔新增收入投资于资产，那么你的个人资产负债表将会发生变化。在某些情况下，例如买房时，在个人资产增加的同时，个人负债也会相应增加，例如获得了房屋抵押贷款。无论如何，除非个人资产的增加额大于个人负债的增加额，否则个人净资产不会增加。

案例

斯蒂芬妮·斯普拉特正在考虑买入一辆价格为 20 000 美元的新车。为了买车，斯蒂芬妮应当做下列几件事：

- 她要把现在这辆旧车卖掉，旧车的市场价值大概为 1 000 美元；
- 她要签发一张金额为 3 000 美元的支票作为买车的首付款；
- 她要获得一笔期限为 5 年、金额为 16 000 美元的汽车贷款，将其作为买车的尾款支付给汽车经销商。

于是，她的个人资产负债表将会受到影响，具体可见图表 2.8 以及下面的解释。

斯蒂芬妮资产额的变化。斯蒂芬妮拥有的资产将会发生下列变化：

- 她拥有的汽车的市场价值变为 20 000 美元（刚购买时候的价值，随后会发生折旧），而非原来的 1 000 美元。
- 她的支票账户存款将会由原来的 3 500 美元下降至 500 美元。

所以她的资产总额增加了 16 000 美元（新车的价值比旧车的价值高出 19 000 美元，但是支票账户存款减少了 3 000 美元）。

斯蒂芬妮应偿还的债务额的变化。斯蒂芬妮应偿还的债务额也将发生变化：

- 她现在要偿还一笔金额为 16 000 美元的汽车贷款，这是一笔长期债务。

因此，买车后，她的负债总额将增加16 000美元。

斯蒂芬妮个人净资产的变化。 如果斯蒂芬妮买了新车，则她的个人净资产将会变成：

净资产＝资产总额－负债总额
　　　＝22 000－26 000
　　　＝－4 000（美元）

买车后斯蒂芬妮的个人净资产将保持不变。但实际上，如果她认为自己在付完车款之后，汽车的价值就发生贬值，不足20 000美元，那她的个人净资产将会有所下降。

斯蒂芬妮的决定。 因为买车不会使自己的净资产增加，所以斯蒂芬妮决定目前暂时不买车。不过，考虑到将来这辆旧车的维修费会很高，斯蒂芬妮决定只要自己的财务状况有所改善，便在未来几个月内买辆新车。

图表2.8　购买新车后斯蒂芬妮·斯普拉特的个人资产负债表　　　　单位：美元

	目前状况	如果买了新车
资产		
流动性资产		
现金	500	500
支票账户存款	3 500	500
储蓄账户存款	0	0
流动性资产总额	4 000	1 000
家庭资产		
房屋	0	0
汽车	1 000	20 000
家具	1 000	1 000
家庭资产总额	2 000	21 000
投资性资产		
股票	0	0
其他投资	0	0
投资性资产总额	0	0
资产总额	6 000	22 000
负债与净资产		
流动性负债		
信用卡欠款余额	0	0
流动性负债总额	0	0
长期负债		
抵押贷款	0	0
汽车贷款	0	16 000
学生贷款	10 000	10 000
长期负债总额	10 000	26 000
负债总额	10 000	26 000
净资产	－4 000	－4 000

现金流对个人资产负债表的影响

图表 2.9 揭示了个人现金流量表与个人资产负债表的关系。这种关系能够说明在一段较长时间内个人净资产慢慢累积的过程。如果你将净现金流投资于更多的资产，那么就可以做到在增加资产的同时并未增加负债。因此，个人净资产随之增加。你还可以使用净现金流来减少个人负债，这样也可以使个人净资产增加。你把越多的收入用于投资资产或减少债务，你将建立更多的财富。

即使个人净现金流等于零，个人净资产也有可能发生变化。例如，如果个人拥有的汽车的市场价值慢慢下跌，那么这就意味着汽车这项资产的价值缩水了，于是个人净资产也会有所下降。反过来，如果个人持有的股票的市场价值上涨，那么个人资产总额也随之上涨，当然个人净资产也会增加。

```
   个人的现金流入
 - 个人的现金流出
 ─────────────────     用来投资于更多的资产
 = 个人的净现金流 ┄┄┄┄                          → 个人资产价值
                       或者是用来偿还债务         - 个人负债价值
                                              ─────────────────
                                              = 个人净资产额(财富)
```

图表 2.9　如何使用净现金流来增加个人净资产

经济环境对个人资产负债表的影响

经济环境会对个人现金流状况造成影响，因此也会连带影响到个人资产负债表，具体可见图表 2.10。强劲的经济环境能够增加就业机会，从而使个人收入也水涨船高。反过来，疲软的经济环境导致就业岗位数量减少，一部分人群的收入水平降低。

经济环境还会影响个人持有资产的价值。强劲的经济环境会使房屋市场需求旺盛，从而导致房屋价值上涨。此外，当经济环境较为繁荣时，股票的市场价格往往会上涨，因为企业提供的产品或服务的销量大增。反过来，疲软的经济环境会降低资产的市场价值。随着房屋市场需求的萎缩，房屋价值不断下跌。由于众多企业的产品销量不断下滑，因此股票的市场价格也应声而落。在经济环境较为萧条时，很多人持有的资产的价值都遭遇了大幅度缩水。对某些人来说，资产价值甚至跌到了低于负债价值的地步。这意味着这些人的个人净资产变成了负数。

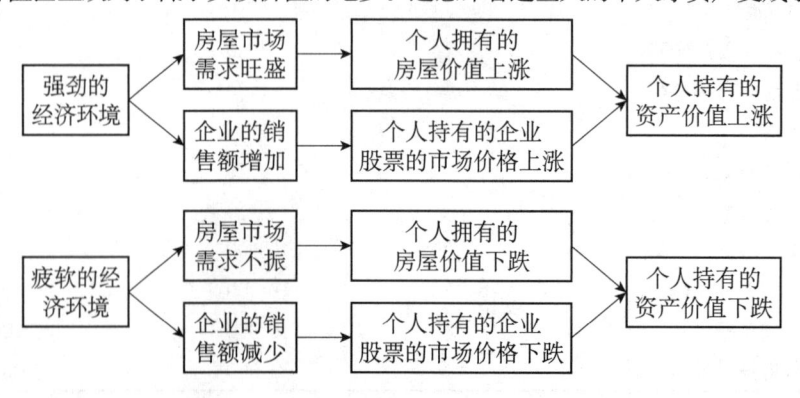

```
强劲的       →  房屋市场       →  个人拥有的
经济环境        需求旺盛           房屋价值上涨    →  个人持有的
            →  企业的         →  个人持有的企业      资产价值上涨
               销售额增加         股票的市场价格上涨

疲软的       →  房屋市场       →  个人拥有的
经济环境        需求不振           房屋价值下跌    →  个人持有的
            →  企业的         →  个人持有的企业      资产价值下跌
               销售额减少         股票的市场价格下跌
```

图表 2.10　经济环境对个人资产负债表的影响

分析个人资产负债表

预算过程可以帮助你监督自己的现金流状况并计算个人净资产。此外,分析个人资产负债表以及现金流量表的某些特征还能够帮助你了解并管理个人的流动性、债务余额以及储蓄能力。

流动性。 我们前面曾经讲过,流动性是指个人迅速获得资金以弥补短期现金缺口的能力。你要注意观察自己的流动性状况,以确保当需要时自己有能力拿出足够多的现金。我们可以用流动性比率这个指标来评价个人的流动性状况。这个指标的计算公式如下所示:

流动性比率=流动性资产/流动性负债

流动性比率指标的值越高,说明个人的流动性越好。例如,流动性比率为3.0意味着对应近期你要偿还的每一美元债务,你持有3美元的流动性资产。因此,你能轻松地还清短期债务。

流动性比率小于1.0则意味着你没有足够多的流动性资产可用于偿还短期债务。在这种情况下,你可能需要去借钱。

案例

斯蒂芬妮并没有任何短期负债。她习惯用信用卡付款,虽然没有用现金那么方便,但她每个月都会偿还贷款余额,这样的话,每个月末她都没有信用卡欠款。她只有在知道自己有足够的流动性资产(支票账户)来支付贷款余额时才会进行信用卡消费。总之,斯蒂芬妮能够持续确保自己拥有充足的流动性。

债务水平。 你还可以监控一下自己的债务水平,以确保个人债务额不会太高以至于自己没有能力偿还。对于拥有价值为100 000美元资产的人来说,债务余额为20 000美元可能并不算太高,但是对于几乎不拥有什么资产的人来说,同样的债务余额将会导致严重的债务危机。所以,个人的债务水平要与个人持有的资产额相对比,计算公式如下所示:

债务-资产比率=债务总额/资产总额

较高的债务-资产比率意味着债务额过高,应当想办法减少债务,以避免出现偿债困难等问题。当遇到此类问题时,个人应当好好研究一下自己的现金流状况,实现现金流入额的最大化以及现金流出额的最小化。

案例

根据个人资产负债表提供的信息,斯蒂芬妮计算了她个人的债务-资产比率:

债务-资产比率=债务总额/资产总额
=10 000/6 000
=166.7%

债务-资产比率有点高,但斯蒂芬妮已经大学毕业,并且找到了一份全职工作,马上就会上班,所以她不担心,她有能力还清债务。

储蓄率。为了计算个人将多大比例的可支配收入用来储蓄，我们可以将一段时间内的储蓄额与该时段的可支配收入额（税收收入）相除，来计算储蓄率这个指标。计算公式如下所示：

$$储蓄率 = 一段时间内的储蓄额 / 该时段的可支配收入额$$

案例

根据个人现金流量表，斯蒂芬妮某个月的收入为3 000美元，预计可获得400美元的净现金流用于投资或储蓄。斯蒂芬妮计算了自己这个月的储蓄率：

$$储蓄率 = 一段时间内的储蓄额 / 该时段的可支配收入额$$
$$= 400/3\ 000$$
$$= 13.33\%$$

因此，斯蒂芬妮将个人可支配收入的13.33%用于储蓄。如果她每个月都能够实现自己的500美元储蓄目标（如前文所述），那么，她的储蓄率将会是16.7%（=500/3 000）。

预算与个人理财计划的匹配程度

在制订个人理财计划时，最关键的预算决策包括：
- 近期我可以怎样做来提高个人的净现金流？
- 未来我可以怎样做来提高个人的净现金流？

这些决策要求你对个人的现金流入与现金流出状况进行估计，然后再评价一下自己可以怎样调整或改变消费行为以便达到改善预算的效果。通过限制个人消费，你可以增加个人净现金流以及净资产。图表2.11提供了一个例子，它可以说明如何将预算应用于斯蒂芬妮·斯普拉特的个人理财计划。

图表2.11 预算与斯蒂芬妮·斯普拉特个人理财计划的匹配程度

预算规划
1. 判断近期我可以怎样做来提高个人的净现金流。
2. 判断未来我可以怎样做来提高个人的净现金流。

分析
现状：
现金流入＝每个月3 000美元
现金流出＝每个月2 600美元
净现金流＝每个月400美元
预计每年的储蓄额＝4 800美元（每个月400美元×12个月）

可以通过下列渠道来增加个人净现金流：
增加薪水？（找个新工作？）　　不。我喜欢现在的工作，不打算再去找其他的工作，即使新工作的薪水更高。

可以通过下列方式来减少个人现金流出：
减少家庭支出？　不。

续表

减少娱乐支出？　　是的（每个月减少 100 美元）。
减少其他支出？　　不。
总而言之，我确定只有一个预算项目需要调整，这可以使每个月的净现金流增加 100 美元。

决定

增加近期个人净现金流的决定：

一开始时我的预算规划是每年储蓄 4 800 美元。下一年，我努力尝试将每个月的娱乐支出减少 100 美元，这样可以相应地将每个月的储蓄额增加 100 美元。如果现金流出减少，那么有望增加储蓄额。通过将每个月的现金流出减少 100 美元，个人每个月的储蓄额由原来的 400 美元增加至 500 美元。

增加未来个人净现金流的决定：

如果工资水平提高的话，我的个人现金流入也将相应增加。如果现金流出保持不变，那么净现金流就会（当然储蓄额也会）增加。如果我购买了新车或房屋，那么由于每个月要偿还汽车贷款或住房贷款，则每个月的现金流出将会上升。所以若我打算买车或买房的话，就要限制自己的消费支出（当然这样做有助于降低贷款额），使自己有足够多的现金流入来应对每个月的还款以及其他日常开支项目。

如果某一天我结婚了，我的丈夫也能为家庭带来现金流入，那么整个家庭的净现金流将会增加。我们可以存更多的钱，可能会考虑买房。如果我结婚了，那么我的目标将会变成比现在存更多的钱，以便将来为抚养子女做好准备。

讨论题

1. 如果斯蒂芬妮是一位拥有两个子女的单身母亲，那么她的预算决策会有什么不同？
2. 如果斯蒂芬妮现在 35 岁，那么她的预算决策会有什么不同？如果她现在 50 岁呢？

小结

个人现金流量表。 个人现金流量表主要记录的是一段时间内个人的现金流入、现金流出以及两者的差值（净现金流）。现金流入来源于个人的工资收入或投资收益。现金流出则来源于个人的消费支出。

现金流的影响因素。 个人现金流入主要受个人在职业发展道路上所处的阶段以及工作类型这两个因素的影响。个人现金流出主要受家庭状况、年龄以及个人消费行为这几个因素的影响。如果你拥有专业技能，那么可以找到一个相对高薪的工作，于是个人现金流入会增加。如果限制个人的消费支出，那么现金流出就会相应减少。这两种做法都能提高净现金流，从而使个人积累的财富值增加。

估算你的现金流。 你可以通过编制预算表来估计自己的净现金流。预算表的编制要求你预先估计一下近期个人的现金流入与现金流出状况。

将收入与支出的预期值以及实际发生值相比较，你可以判断出自己是否能够遵守预算决策。通过检查现金流的预期值与实际发生值之间的差值，你可以评估一下哪些预算项目需要进一步控制，或者是哪些预算项目的实际支出额低于预期。这种分析能够帮助你调整未来个人的消费模式，还可能有助于调整个人未来的预算规划。

个人资产负债表。个人资产负债表对个人资产、个人负债以及个人净资产的状况进行了总结。资产可以被划分为流动性资产、家庭资产以及投资性资产。负债可以被划分为流动性负债与长期负债。资产总额与负债总额之间的差值就等于净资产，能够反映个人的财富水平。

个人现金流量表上的净现金流与个人资产负债表上的净资产具有密切关系。如果一段时间内净现金流为正数，那么你可以将正的净现金流用于投资，从而使个人净资产额增加；或者是用净现金流偿还债务，这样也能增加个人的净资产额（财富水平）。

你的个人财务报表如何与个人理财计划相结合？你的个人财务报表将会帮助你在消费时做出正确的决策，从而可以影响你的个人理财计划，包括你的流动性、个人融资、财富保护、个人投资、退休计划以及遗产规划。

复习题

1. 个人财务报表。对于个人理财计划最为重要的两种个人财务报表分别是什么？
2. 现金流。定义一下什么叫做现金流入，什么叫做现金流出，并说明两者的来源。如何计算净现金流的值？
3. 改变个人的现金流。一般来说，为了提高个人的财富水平，你可以采用哪些方法改变自己的现金流状况？
4. 同伴压力和现金流出。同伴压力是如何影响你的现金流出的？
5. 影响现金流出的因素。列出你每个月的现金流出项目。每个人的现金流出项目都类似吗？
6. 学生贷款负债和现金流出。大学时代的学生贷款如何影响你的现金流出？在你毕业之后，学生贷款还会对你的现金流出有影响吗？
7. 年龄和现金流。现金流与你的年龄段或者年纪有什么关系？
8. 职业选择与现金流。你的职业选择将会如何影响你的现金流？
9. 预算的目的。什么叫做预算？预算的目的是什么？如果你打算预测一下是否存在现金缺口或现金盈余，那么预算表能发挥怎样的作用？
10. 预算的准确性。你怎样评价个人预算的准确程度？发现预测误差会对个人预算表起到怎样的改进作用？
11. 意外支出。意外支出与流动性有什么关联？
12. 编制年度预算表。描述一下编制年度预算表的步骤或程序。
13. 修改个人预算。假设你打算修改个人预算以达到增加个人储蓄的目的，你应当怎样做？
14. 现金缺口。你认为没有编制预算表的人会怎样应对现金缺口？这会对他们的人际关系造成怎样的影响？
15. 个人资产负债表。什么是个人资产负债表？
16. 资产类别。请列举出三种资产类别。简要定义一下每种资产类别，并给出几个例子。
17. 投资的种类。什么是债券？什么是股票？什么是共同基金？解释一下上述每一种投资能给你带来怎样的投资回报。
18. 不动产投资。说明不动产投资可以给投资者带来收益的两种方式。

19. 负债的类型。什么叫做负债？说明流动性负债与长期负债的定义。

20. 测度个人净资产。如何使用个人净资产评价个人拥有的财富水平？

21. 净资产的变化。什么时候个人净资产会增加？额外购买资产是否会导致个人净资产增加？为什么会？为什么不会？

22. 财务特征。在分析个人资产负债表时，应当注意哪三个财务特征？

23. 流动性比率。什么叫做流动性比率？这个指标能说明什么问题？债务-资产比率如何计算？较高的债务-资产比率意味着什么？储蓄率如何计算？它能说明什么问题？

24. 个人财务报表。在这一年里，贾斯汀的股票投资组合的价值增加了，他的抵押贷款余额减少了。在这一年里，他的净资产发生了什么变化？

25. 经济环境对资产价值的冲击作用。解释一下为什么当经济疲软时，房屋的市场价值以及股票的市场价格会下跌。这种变化如何影响你的净资产？

26. 信用卡与消费心理。解释一下使用信用卡会对个人的消费习惯带来哪些影响。

27. 资产和净资产的市场价值。3年前，希瑟花18 000美元买了一辆新车，并在她的个人资产负债表上将这辆新车记为一项资产。她有能力借来这18 000美元的购车款，所以，她同时将这18 000美元的汽车贷款记为负债。她刚刚还完最后一笔汽车贷款，这样的话，她的资产负债表上就不再有汽车贷款这一项负债。不过，她仍然把汽车的资产价值记为18 000美元。为了让她的个人资产负债表更加精准，希瑟应该对她的汽车价值做一些什么调整？

理财规划练习题

1. 估算可支配收入。安杰拉有一份全职工作，每个月的税前收入为2 170美元；她还有一份兼职工作，每个月的税前收入为900美元。她大概每个月要缴纳650美元的税金。安杰拉的可支配收入是多少美元？记录可支配收入为什么如此重要？

2. 估计净现金流的值。安杰拉（同上一题）检查了自己的支票簿与信用卡账单，发现她这个月的支出如下所示：

单位：美元

项目	现金流	项目	现金流
房租	600	生活用品支出	400
网络使用费	30	汽车费用	250
电费	110	医疗保险	180
水费	25	服装与个人用品支出	175
电话费	50	娱乐	300

安杰拉的净现金流为多少？

3. 对净现金流的影响。安杰拉按照自己的个人现金流量表编制了一份预算表。两个月后，她必须支付375美元的汽车使用费以及税费。这笔支出会对那月的个人净现金流造成多大影响？请为安杰拉提出几种应对这种状况的解决方案。

4. 估计储蓄额。根据第1题至第3题提供的信息，在未来12个月内，安杰拉预期能储蓄多少美元?

5. 储蓄额的变化。安杰拉分析了个人预算表,然后决定将每个月的娱乐支出减少80美元。那么每年的储蓄额能够增加多少?每年的储蓄额将变成多少美元?她还有其他的支出可以削减吗?

6. 储蓄率。如果安杰拉每个月储蓄380美元,那么她的储蓄率(即储蓄额占可支配收入的比重)等于多少?

7. 估算流动性。贾罗德是一名大学生。他的全部可支配收入都被用来支付上学的费用。虽然贾罗德没有债务(贾罗德获得了奖学金),但他确实有一张信用卡以备不时之需。他和他的朋友到纽约购物狂欢花掉了2 000美元,贾罗德刷信用卡才支付了这笔费用。贾罗德钱包里有20美元,但是他的银行账户空空如也。贾罗德的流动性比率等于多少?这个指标的值说明贾罗德的财务状况如何?

8. 估计债务额。贾罗德(同第7题)有一台价值约为100美元的旧电视。贾罗德持有的其他资产的总价值大约为150美元。贾罗德的债务-资产比率等于多少?这个指标的值说明贾罗德的财务状况如何?

9. 资产水平。瑞恩与妮科尔拥有的资产如下所示:

单位:美元

项目	公平市场价值	项目	公平市场价值
房屋	85 000	支票账户	1 200
汽车	22 000	债券	15 000
家具	14 000	现金	150
股票	10 000	共同基金	7 000
储蓄账户	5 000	土地	19 000

流动性资产的价值是多少?家庭资产的价值是多少?投资性资产的价值是多少?

10. 负债水平。瑞恩与妮科尔(同第9题)应偿还的债务如下所示:

单位:美元

项目	公平市场价值	项目	公平市场价值
抵押贷款	43 500	学生贷款	15 000
汽车贷款	2 750	家具贷款(六个月)	1 200
信用卡欠款	165		

流动性负债是多少?长期负债是多少?净资产是多少?

11. 大学选择对个人净资产的影响。当雷米和雷伊娜下个月大学毕业的时候,他们俩将同时从他们的祖父那里收到100 000美元的资助。雷米读的是公立大学,学生贷款总额为25 000美元。雷伊娜读的是私立大学,学生贷款总额为176 000美元。在他们俩获得家人的捐赠之后,比较一下他们的净资产价值。

12. 专业选择对未来净资产的影响。雷米在大学攻读的是电脑工程专业,毕业后找到的工作年薪是税后65 000美元。雷伊娜攻读的是政治学专业,毕业后的年薪是税后48 000美元。

假设雷米和雷伊娜毕业后生活在一起,两人每年平分的生活开支为50 000美元。结合这些信息以及第11题中的相关信息,两年后雷米的预期净资产将会是多少?如果雷伊娜每月偿还学生贷款650美元,那么,雷伊娜两年后的预期净资产又会是多少?

13. 流动性与负债。基于第9题与第10题提供的信息,瑞恩与妮科尔的流动性比率等于多少?债务-资产比率等于多少?评价一下每一种比率。

14. 道德困境。贾森与米娅二十多岁,他们已经结婚三年了。他们非常盼望买下人生中的第一套房子,但是没有足够多的钱支付首付款。米娅的叔叔克里斯同意把钱借给他们,让他们可以买下一套小房子。克里斯叔叔要求他们提供过去两年的个人资产负债表、现金流量表以及纳税申报单,以证明他们的收入水平以及判断他们是否有能力按月偿还贷款。

过去两年的现金流量表证明贾森与米娅完全有能力偿还贷款。然而,米娅刚刚失去了她的工作。没有她的收入,他们将无法负担房屋的付款。因为米娅相信她很快就会找到工作,所以他们决定对克里斯叔叔隐瞒这次失业。

a. 对米娅与贾森决定不提供关于米娅失业的信息的行为进行评价。他们的决定将会带来哪些潜在问题?

b. 讨论一下向亲戚借钱的不利之处。

个人理财的心理学:个人的现金流出

1. 查看一下去年自己最大的一笔现金流出项目是什么,然后再确认一下金额最高的一笔费用(例如房租、汽车贷款或学费)。你的大额支出行为是否受到了一些心理因素的影响,例如同伴压力?如果时光能够倒流,你愿意为了改善个人的财务状况而改变某些大额支出决定吗?

2. 将自己的所有消费支出项目分为几类,如汽车、房租、学校开支、服装和娱乐。看一看每一个支出类别占现金流出总额的比重。给出计算结果,并解释一下你是否已计划好改变自己的消费模式。

综合案例:桑普森一家

桑普森夫妇意识到,为了实现他们的理财目标,第一步是先编制一份能够反映他们家每个月的现金流入与现金流出状况的预算表。目前,戴夫和莎伦两个人的税后收入加在一起是5 000美元。

回顾一下上个月两个人的支票账户账单,戴夫和莎伦列出了以下几项月度家庭开支项目:
- 住房支出1 100美元(包含贷款还款额、住房保险与物业税);
- 网络使用费100美元;
- 电费与水费200美元;
- 电话费200美元;
- 生活用品支出800美元;
- 医疗费用200美元。

桑普森夫妇还查看了几张信用卡账单,以此来估算其他几笔常见的月度支出项目:
- 服装购置费用约为300美元;
- 汽车使用费用约为400美元(包括保险费、维修费与汽油费);
- 学校支出大约为200美元;
- 娱乐与孩子们的课余活动大致花费了900美元。

为了计算他们的个人净资产,桑普森夫妇还估计了一下自己的资产与负债状况,具体包括:
- 支票账户余额为2 000美元;
- 房屋价值为150 000美元;
- 家具价值为3 000美元;
- 莎伦的汽车——这辆车很快就会被换掉——市场价值大约为1 000美元,戴夫开的车目前市场价值接近8 000美元;
- 他们要偿还价值为130 000美元的房屋抵押贷款。

1. 使用案例提供的信息为桑普森夫妇编制一份个人现金流量表。
2. 桑普森夫妇希望每个月能够有1 000美元的净现金流,这样的话,他们就可以每个月增加1 000美元的储蓄。基于上个月他们的现金流量表信息,桑普森夫妇有能力实现储蓄1 000美元的目标吗?如果不能,你会建议他们如何调整个人的现金流量表来实现这一储蓄目标?有没有一些金额巨大的现金流出项目可以被削减?
3. 为桑普森夫妇编制个人资产负债表。
4. 桑普森夫妇的净资产有多少?基于第1题中所提供的个人现金流量表信息,你预计他们的净资产未来将会增加还是会减少?为什么?

术语解释

个人现金流量表(personal cash flow statement):它主要记录的是个人的现金流入与现金流出情况。

净现金流(net cash flows):现金流入额与现金流出额的差值。

预算表(budget):基于未来现金流预测值而编制的现金流量表。

个人资产负债表(personal balance sheet):对个人资产(你拥有的东西)、个人负债(你拖欠他人的东西)以及个人净资产(资产减去负债)状况的总结。

流动性资产(liquid assets):能够被轻易售出且价值不会遭受损失的金融资产。

家庭资产(household assets):家庭拥有的资产,例如房屋、汽车以及家具。

债券(bonds):借款人发行的融资凭证。

股票(stocks):代表对企业拥有部分所有权的凭证。

共同基金(mutual funds):向投资者发售基金份额,然后将筹集到的资金投资于由多种投资产品(例如股票或债券)构成的资产组合的投资公司。

不动产(real estate):包括出租物业与土地。

出租物业(rental property):出租给他人使用的商业物业。

流动性负债(current liabilities):近期(一年内)你要偿还的债务。

长期负债(long-term liabilities):偿还期限在一年以上的债务。

第3章
货币的时间价值

章前引例

斯科特·皮拉尔每天要抽两包烟。今天是他的18岁生日，他决定为了健康而戒烟。他没有意识到这也是一项重要的理财决定。如果斯科特在接下来的50年时间里能将原本用来买香烟的钱用来投资，那么他将成为百万富翁。

我们假设每包香烟的价钱为8美元，那么戒烟后，斯科特每天能省下16美元（每包8美元×2包），每年能省下5 840美元（16美元×365天）。如果斯科特能把省下来的这笔钱存入银行的存款账户，每年赚取5%的收益，那么50年后，这笔投资的累积价值将会达到1 222 592美元。本章我们要向大家介绍的就是如何在不到一分钟的时间里快速算出类似的投资累积价值。

由于货币具有时间价值，所以当我们把资金用于投资并获得收益时，投资的价值将会慢慢累积。在较长的一段时间内，由于存款本身在不断产生利息，再加上之前已经生成的利息又会再产生利息（俗称为"利滚利"），因此投资价值的增加幅度很大。我们得到的经验总结是在年轻的时候哪怕每个月或每年只储蓄一点点钱，那么随着时间一点一点过去，若干年后这笔投资也能给你带来不菲的收益。

本章介绍的概念能帮助读者计算若每个月或每年保持一定的储蓄额，那么若干年后累积的储蓄额应当是多少。你还可以计算一下为了在将来某个特定时间达到一定的储蓄额目标，从现在开始你应当每个月储蓄多少钱。于是，你便能具体地计算出为了在将来某个时候有能力支付买新车或买房的首付款，或者是支付其他大额款项，从现在开始你每个月或每年应储蓄多少钱。

本章的学习目标

- 解释货币的时间价值的重要性；
- 计算你今天省下的单笔现金流的终值；
- 计算未来收到的单笔现金流的现值；
- 计算年金的终值；
- 计算年金的现值；
- 解释如何运用货币的时间价值估算储蓄额；
- 解释如何运用货币的时间价值匹配你的个人理财计划。

货币的时间价值的重要性

收到货币的时间点对货币的价值具有影响。5年后收到1 000美元和1年后收到1 000美元,你更愿意接受哪一种方式?当然,1年后收到1 000美元更好一些,因为1年后收到这笔钱与5年后收到同样一笔钱相比,前者的价值更高。如果你打算把这笔钱花掉,那么现在用这笔钱能买到的东西肯定要比5年后钱到手时能买到的东西更多。一般来说,由于通货膨胀的关系,商品的价格会随时间的推移慢慢上涨。因此,1年后收到的1 000美元能买到的东西要比5年后收到的1 000美元能买到的东西更多一些。

如果你想把收到的钱存起来,把钱存到金融机构的账户里就可以赚取利息。如果你在1年后收到钱,你就可以在接下来的4年内赚取这笔钱的利息。它的价值会累积起来,它比再过4年收到的钱更有价值。因此,1年后收到的钱的价值将大于5年后收到的钱的价值。

现在收到1 000美元与1年后收到1 000美元,你更愿意接受哪一种方式?与前面的例子一样,当然是现在就能拿到钱更好一些,因为虽然两者金额相同,但是现在收到的1 000美元的价值要比1年后收到的1 000美元更高一些。如果你打算把这笔钱存起来,那么在接下来的1年时间里,这笔存款能给你带来利息收益。因此,现在收到的1 000美元的价值要比1年后收到的1 000美元的价值更高。

一般来说,对于一笔既定金额的资金,收到的时间越早,其价值越高。今天的1美元的价值要高于1年后收到的1美元的价值。1年后收到的1美元的价值要高于5年后收到的1美元的价值。5年后收到的1美元的价值要高于10年后收到的1美元的价值。

当我们计算在将来某个特定的时点你拥有多少资金时,货币的时间价值这一概念会变得格外重要。越早开始储蓄,储蓄存款产生利息的速度就越快,在将来某个特定时点你能获得的累积存款额就会越多。

货币的时间价值这一概念主要应用于两种类型的现金流:单笔现金流(也叫做一次性支付)与年金。年金是指间隔同样的时间长度收到或支付的多笔金额相等的现金流。例如,每个月月末时向银行存款账户存入50美元,这就构成了一个年金。电话费账单不是年金,因为每个月的付费金额并不相等。本章我们将要讨论单笔现金流和年金的终值与现值的计算问题。我们将向大家讲解如何使用时间价值表或财务计算器来计算终值或现值问题。

单笔现金流的终值

在你把钱存入银行的存款账户以后,由于银行会向你支付存款利息,因此存款账户的余额会缓慢增长。储户可以获得存款利息收益,该收益通常表示为存款金额的一定百分比,并且按月、按季或按年支付。

你可能想知道投资的增值速度,以便判断将来自己是否有经济能力买得起某种商品。例如,你可能想估计一下6个月后自己的银行账户存款余额会是多少美元,因为6个月后你要缴纳学费。再比如,你可能想计算一下1年后自己的银行账户存款余额将是多少美元,因为1年后你希望自己有能力支付新车的首付款。为了达到这一目的,你可以使用存款利率这一数据来计算一段时间以后的存款余额。

为了计算今天一笔存款的终值,你需要知道:
- 今天这笔存款(或其他投资)的金额;
- 存款的利率水平;
- 这笔钱投资的年份数。

> **案例**
>
> 如果你有 1 000 美元的银行存款,收益率为每年 4%,那么这笔存款的年利息额等于利率乘以存款额:
>
> $$4\% \times 1\,000 = 40\,(美元)$$
>
> 因此,1 年后,你的存款额应当增值为 1 040 美元。
>
> 到了下一年,不仅你的存款本金 1 000 美元能够获得 4% 的利息收益,而且上一年累积获得的利息也可以获得 4% 的利息收益。这种计息方式叫做复利。
>
> 假设第 2 年的利率水平仍然为 4%,此时存款账户余额为 1 040 美元,于是你可以获得 41.60 (=4%×1 040) 美元的利息。所以,到了第 2 年年末时,你的存款账户余额会变成 1 081.60 美元。
>
> 请注意,存款第 2 年获得的利息收益为 41.60 美元,这要高于第 1 年获得的 40 美元的利息收益,即使这两年的利率水平是相等的。这是因为虽然利率水平相同,但是第 2 年计息的基础——存款余额更高。
>
> 到了第 3 年,仍然是 4% 的利率,但是能产生 43.26 (=4%×1 081.60) 美元的利息收益。因此到了第 3 年年末,存款账户的余额将会变成 1 124.86 美元。

在某些情况下,你可能想知道在一段相当长的时间内,例如 20 年或 30 年,你的存款账户将会累积多少价值。使用终值利率因子(FVIF),你可以轻松地算出任何时期的终值。具体做法是用终值利率因子乘以现在的储蓄额,这样就能算出若干时间以后存款的累积额是多少。终值利率因子的大小取决于利率以及资金投资的年份数。用现在的存款额乘以终值利率因子就能求出若干年后存款的终值。

使用终值系数表

附录 C 提供的表 C.1 列出了对应各种利率水平(i)以及时间长度(n)的终值利率因子的值。每一列对应的是利率水平,每一行对应的是年份数。

> **案例**
>
> 假设你想知道如果自己现在投资 5 000 美元,年收益率为 4%,5 年后能获得多少本利和。初始投资额就是这笔投资的现值(PV),即 5 000 美元。利率水平为 4%、年份数为 5 年的终值利率因子等于 1.217(利率水平为 4% 的那一列与年份数为 5 年的那一行的交叉点)。因此,5 年后,5 000 美元的初始投资额的终值为:
>
> $$FV = PV \times FVIF_{i,n}$$
> $$FV = PV \times FVIF_{4\%,5}$$
> $$= 5\,000 \times 1.217$$
> $$= 6\,085\,(美元)$$

时间长度的影响

在观察附录 C 提供的终值系数表时，我们发现随着年份数的增加，终值利率因子的值也在不断变大。这意味着当利率水平保持不变时，投资的期限越长，将来投资者可以获得的本利和就越高。我们可以用下面这个例子来说明这种关系。

> **案例**
>
> 假设你要投资 20 年而非 5 年，那么 20 年后初始投资额将会增值为多少美元？假设利率水平仍然为每年 4%，则终值等于：
>
> $FV = PV \times FVIF_{i,n}$
> $FV = PV \times FVIF_{4\%,20}$
> $\quad = 5\,000 \times 2.191$
> $\quad = 10\,955$（美元）
>
> 计算结果证明，如果投资期限更长的话，最终获得的收益也将更高。

利率水平的影响

在观察附录 C 提供的终值系数表时，我们发现随着利率水平的上升，终值利率因子的值也在不断变大。这意味着当投资期限的长度保持不变时，投资的收益率（利率）越高，则将来投资者可以获得的本利和就越高。我们可以用下面这个例子来说明这种关系。

> **案例**
>
> 假设初始投资额 5 000 美元的年收益率为 9% 而非 4%，那么情况会有什么变化呢？假设投资期限仍然是 20 年（与上一个例子相同），则终值（FV）等于：
>
> $FV = PV \times FVIF_{i,n}$
> $FV = PV \times FVIF_{9\%,20}$
> $\quad = 5\,000 \times 5.604$
> $\quad = 28\,020$（美元）
>
> 所以说，如果投资收益率为 9% 的话，20 年后你能获得 28 020 美元的投资本利和。如果投资收益率仅为 4% 的话，20 年后你只能获得 10 955 美元的投资本利和。这一鲜明对比清楚地说明了利率水平的高低对投资终值的巨大影响。

使用财务计算器计算终值

你可以买一部财务计算器，这能极大地简化终值计算问题。常见的财务计算器能帮助你迅速计算出未来一段时间以后一笔初始投资额的增值情况。财务计算器上可用于计算终值的主要功能键如下所示：

N＝资金投资的年份数
I＝利率
PV＝现值（初始投资额）

FV＝初始投资额的终值

CPT＝计算函数（在你决定让财务计算器使用哪一种函数进行计算之前要先按下这个按键）

案例

我们这一次使用财务计算器而非终值系数表再计算一下利率水平为9%、投资期限为20年的终值等于多少美元。

具体步骤如下所示：
- 输入20，然后按下N键（投资的年份数）。
- 输入9，然后按下I键（利率）。
- 输入－5 000，然后按下PV键（投资额的现值）；负号代表这是一笔存款。
- 输入0，然后按下PMT键（这意味着这道题目不需要计算定期支付额）。
- 按下CPT键（计算函数），然后按下FV键（终值）。

于是，财务计算器就能显示出终值的计算结果为28 022美元。

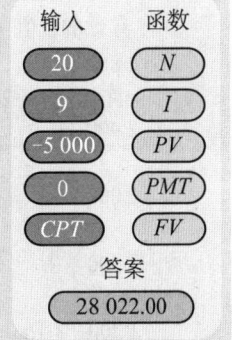

输入	函数
20	N
9	I
−5 000	PV
0	PMT
CPT	FV
答案	
28 022.00	

案例

假设你今天向股票市场投资了5 687美元。你打算长期投资，并仔细地挑选股票。你打算投资12年，预计年收益率为10%。虽然不同品牌的财务计算器输入键略有差异，但是绝大多数财务计算器都要求使用者像右侧图示那样输入数值。

使用财务计算器的步骤如下所示：
- 输入12，然后按下N键（投资的年份数）。
- 输入10，然后按下I键（利率）。
- 输入－5 687，然后按下PV键（投资额的现值，即今日的投资额）。
- 输入0，然后按下PMT键（这意味着这道题目不需要计算定期支付额）。

输入	函数
12	N
10	I
−5 687	PV
0	PMT
CPT	FV
答案	
17 848.24	

- 按下CPT键（计算函数），然后按下FV键（终值）。于是财务计算器便会进行计算并给出终值的计算结果。

在计算时，PV值是有负号的，这代表的是投资对应的资金流出。计算机算出的终值结果为17 848.24美元，这意味着如果你能实现年均10%的投资收益率，并持续12年的话，那么12年后5 687美元的初始投资额将会变成17 848.24美元。

使用财务计算器来计算一下初始投资额为5 000美元、利率水平为9%、投资期限为20年时终值是多少美元。（这与前面使用终值系数表计算终值的例题一样）。你得到的答案应当是28 022.05美元。四舍五入使得财务计算器得到的计算结果与使用终值系数表得到的计算结果稍有差别。

复利的力量

采用复利计息可以使存款余额快速增长。图表 3.1 能够说明 1 000 美元的初始存款额的增值情况。请注意，当我们采用复利方式计算利息时，在 7 年时间里，1 000 美元的初始存款额差不多翻了一番（除了初始存款额可以获得利息以外，后续逐渐累积的利息也可以获得利息收益）。当利率水平为 10% 时，如果只有初始存款额可以获得利息，后续逐渐累积的利息无法再获得利息收益，那么要等待 10 年才能将初始存款额翻一番。

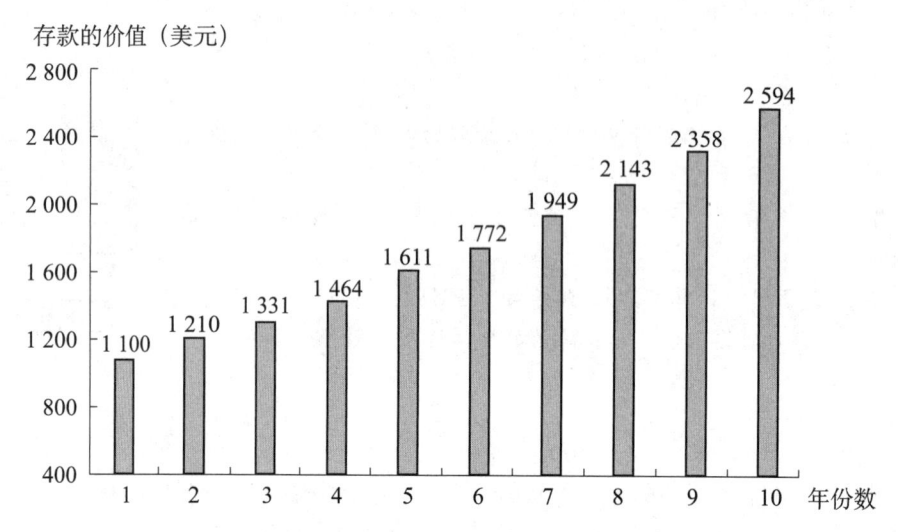

存款的价值（美元）

年份数	1	2	3	4	5	6	7	8	9	10
价值	1 100	1 210	1 331	1 464	1 611	1 772	1 949	2 143	2 358	2 594

图表 3.1　假设初始存款额为 1 000 美元，采用复利计息方式计算若干时间后的存款余额（假设年利率为 10%）

债务的终值

就像复利计息方式能够让你的存款额快速增长一样，复利也能让你的债务额快速增长。例如，假设今天你的负债额为 1 000 美元，每年要收取 10% 的利息，而你始终没有还清这笔债务，那么我们也可以使用图表 3.1 来说明随着时间的推移这笔债务的价值变化轨迹。请注意，之所以债务余额会不断增加，是因为你不仅要为初始债务额支付利息，还要为随时间不断累积的利息额支付利息。

延期支付学生贷款。很多学生在读书期间都是通过学生贷款完成学业的，在他们毕业之后，有时候偿还这些贷款仍然有不少困难，特别是那些可以延期一定时间才支付的贷款。部分类型的学生贷款在延期时间内是不需要支付利息的，但是大多数学生贷款在延期时间内依然要计息，而且这些利息会累积到债务总额中。例如，如果你延期 3 年支付 50 000 美元的学生贷款，年利率为 5%，那么，到第 3 年年末的时候，你所欠的学生贷款总金额为 57 881.25 美元，因为 7 881.25 美元的利息要计入你的债务中。在本书第 9 章我们将详细讨论学生贷款的相关内容。

对长期负债的扭曲逻辑

遗憾的是，一些消费者在评价其个人的长期负债时，逻辑是完全扭曲的。他们相信，尽可能地拖欠债务不偿还是对自己有利的做法，因为这样做可以让他们把钱用于其他各种消费支出，而不是用来还债。这种想法让他们获得了即时满足感，因为这暂时推迟了用收入偿还债务给他们带来的痛苦感。使用贷款来购买商品和服务与使用收入来还清债务相比，前者所带来的愉悦感要远远超过后者。因此，他们可以轻易地说服自己现在完全有理由过度消费，根本不考虑将来还债的困难到底有多大。他们没有意识到随着时间的推移，债务余额的不断累积会产生多么恐怖的效应。相反，长期债务让他们感觉很舒服，因为还有好长一段时间他们才需要不得不面对还清债务这个沉重的事实。

单笔现金流的现值

在很多情况下，你可能想知道为了在将来某个特定时间积累特定金额的资金现在应当储蓄或投资多少美元。这种计算现值的过程就叫做贴现。假设你要在 3 年后支付 20 000 美元的买房首付款。你想知道为了在 3 年后有能力拿出 20 000 美元，现在自己应当投资多少钱。也就是说，你想知道基于一定的收益率，3 年后 20 000 美元的现值等于多少。

为了计算未来一笔现金流的现值，你需要知道：
- 资金的终值；
- 存款额的利率水平；
- 投资的年份数。

我们可以使用现值利率因子（PVIF）来计算现金流的现值。具体计算方法是用现值利率因子乘以终值。现值利率因子的大小取决于投资的利率水平以及年份数。

使用现值系数表

附录 C 提供的表 C.2 给出了对应不同的利率水平（i）以及时间长度（n）的 PVIF 的值。每一列列出一个利率水平，每一行列出一个时间长度。

你可能已经注意到了，在现值系数表中，随着年份数的增加，每一列对应的 PVIF 不断变小。这意味着随着投资年限的延长，要达到特定终值目标所需的初始投资额会变得越来越小。

同样，对任何一行的观察都表明，随着投资收益率的提高，要达到特定终值目标所需的初始投资额也会变得越来越小。

> **案例**
>
> 你打算 5 年后积累 50 000 美元，准备今天开始投资。你相信自己的投资能够获得年均 7% 的收益率。为了实现这一目标，现在你应投资多少美元呢？
>
> 在本例中，PVIF 等于 0.713（见利率水平为 7% 的这一列与年份数为 5 年的这一行的交叉点）。使用现值系数表，现值等于：
>
> $PV = FV \times PVIF_{i,n}$
>
> $PV = FV \times PVIF_{7\%,5}$

= 50 000 × 0.713
= 35 650（美元）

因此，假设年收益率为 7% 并投资 5 年，现在你需要投资 35 650 美元才能在 5 年后获得 50 000 美元的终值。

使用财务计算器计算现值

使用财务计算器将所有已知变量的值输入，便可以迅速算出未知变量的计算结果。

案例

洛雷塔·卡拉汉打算等到 20 年后自己退休时能够积累 500 000 美元。如果她能获得 8.61% 的年收益率，那么从现在起，她应当投资多少钱才能在 20 年后获得 500 000 美元的终值？由于现值是本题的未知变量，因此财务计算器的输入情况如右图所示。

$N = 20$ 年
$I = 8.61\%$
$PV = $ 现值，即洛雷塔现在投资的金额
$FV = $ 未来某个时点希望获得的金额

输入	函数
20	N
8.61	I
500 000	FV
CPT	PV
答案 95 845.94	

因此，当年收益率为 8.61% 时，洛雷塔若想在 20 年后累积 500 000 美元，现在要投资 95 845.94 美元。

使用财务计算器计算一下假设投资的年收益率为 7%，5 年后 50 000 美元的现值等于多少美元。前面我们已经讲过如何使用现值系数表来计算这道题目。计算结果应当是 35 650 美元。由于存在四舍五入的误差，你的计算结果可能略有出入。

年金的终值

在本章的前面部分，你看到了你的资金如何从一笔存款中增长。普通年金是另外一种投资方式，它是指在每一期期末支付（或投资）的多笔等额现金流。例如你在每个月的月末储蓄 30 美元，坚持 100 个月，那么这就构成了一个普通年金。再比如，你在每一年的年末投资 1 000 美元，坚持 10 年，这也构成了一个普通年金。年金终值的计算有捷径可走。如果每笔现金流的金额不同，这就无法构成年金。当然，这样的多笔现金流虽然不能构成年金，但我们仍然可以计算其终值，只不过计算过程要更复杂一些。

除了普通年金以外，还有一种年金叫做期初年金，它是指发生在每一期期初的多笔等额现金流。因此，期初年金与普通年金的区别在于前者现金流的发生时间点是每一期的期初而非期末。

解释普通年金终值计算方法的最佳方式是使用时间轴，它能清楚地反映一段时间内收到或支付每一笔现金流的情况。

案例

你计划在接下来的三年时间里每一年年末投资 100 美元。你估计自己能够获得 10% 的年收益率。使用时间轴，这一年金的现金流状况如下所示：

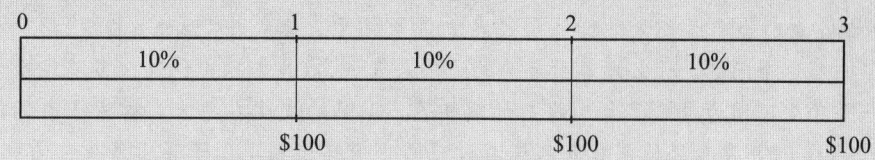

```
0           1           2           3
|    10%    |    10%    |    10%    |
           $100        $100        $100
```

你想知道到了第三年年末时你的投资账户累积余额应当是多少美元。这就是年金的终值。计算年金终值的第一步是将每一笔现金流都看作单笔现金流，然后分别计算每一笔单笔现金流的终值，最后将单笔现金流的终值加在一起，求出年金的终值。

由于第一笔现金流是在第一年年末时被投资，然后持续投资至第三年年末，因此第一笔现金流的投资期限为两年。而第二笔现金流是在第二年年末时被投资，然后持续投资至第三年年末，所以第二笔现金流的投资期限为一年。第三笔现金流是在第三年年末时被投资，刚好赶上我们计算年金终值的时间点。因此，第三笔现金流没有创造任何利息收益。使用附录 C 提供的表 C.1 终值系数表，我们可以查到 2 年、10% 对应的终值利率因子等于 1.21，1 年、10% 对应的终值利率因子等于 1.10，因此我们可以按照下面这种方式计算这一年金的终值：

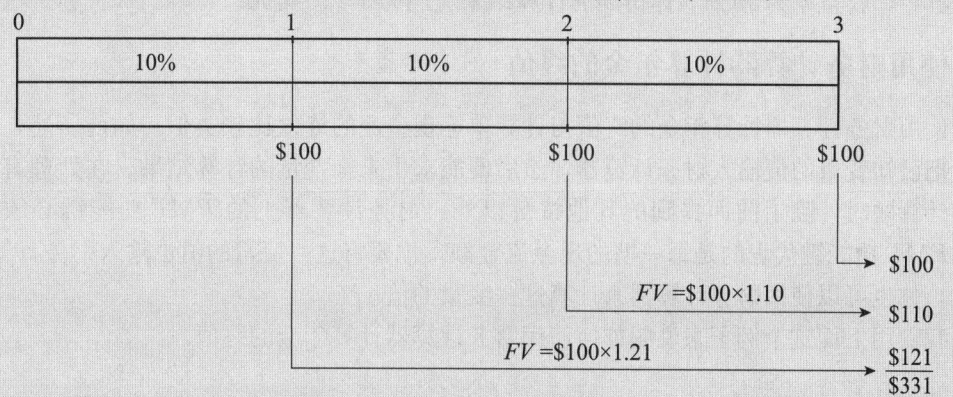

```
0           1           2           3
|    10%    |    10%    |    10%    |
           $100        $100        $100
                                     $100
                       FV=$100×1.10  $110
           FV=$100×1.21              $121
                                     $331
```

将每一笔单笔现金流的终值加在一起，我们求出该年金的终值等于 331 美元（也就是说，到了第三年年末，你的投资账户的累积余额等于 331 美元）。请注意，在这 331 美元当中，有 300 美元对应的是每一年年末投资的 100 美元。因此，余下的 31 美元是这三笔现金流获得的投资收益总和。

使用年金终值系数表

显然，通过先使用单笔现金流的终值系数表计算单笔现金流的终值然后再加总的方式来计算年金的终值太过麻烦。因此，附录 C 中的表 C.3 提供了对应不同的利率水平以及时间长度的年金终值系数，该表叫做年金终值系数表，其中每一个值叫做年金终值利率因子（$FVIFA_{i,n}$），i 代表的是每一期的利率水平，n 代表的是年金的支付次数（即年金包含的现金流笔数）。将年金每笔现金流的金额乘以 $FVIFA$，就能求出年金的终值（$FVA = PMT \times FVIFA$）。表中的每一列对应的是利率水平，每一行对应的是时间长度。

案例

假设你兼职做家庭教师,每年年末能够赚到 10 000 美元,这份兼职工作一直持续 20 年。每次只要你收到这笔钱,就立即将其存入投资账户,预期的年化投资收益率为 7%。20 年后,投资账户的余额将会变成多少美元?(假设在这 20 年当中,你从未从该账户提现。)

为了回答这个问题,你必须算出年金的终值是多少。(在本题中,这么多笔现金流确实构成了一个年金,因为每笔现金流的支付额相等,而且均发生在年末,这意味着间隔时间的长度相等。)使用年金终值系数表来查看对应的年金终值利率因子等于多少:看一看 $i=7\%$ 这一列与 $n=20$ 这一行的交叉点。查表可知,该年金终值利率因子等于 40.995。

$$\begin{aligned}FVA &= PMT \times FVIFA_{i,n} \\ &= PMT \times FVIFA_{7\%,20} \\ &= 10\,000 \times 40.995 \\ &= 409\,950\,(美元)\end{aligned}$$

因此,经过 20 年的不断投资,在收益率为 7% 的情况下,账户的累积余额应当达到 409 950 美元。

作为练习,使用年金终值系数表计算一下下列年金的终值:每年年末收到 172 美元,连续五年,收益率为 14%。你得到的计算结果应当为 1 137 美元。

使用财务计算器计算年金的终值

使用财务计算器计算年金的终值与计算单笔现金流的终值比较类似。如前所述,我们必须把已知变量的值输入财务计算器,然后便能求出未知变量的计算结果。在处理有关年金的计算题时,除了前面提到的其他按键以外,财务计算器上的 PMT 功能键必须被使用。PMT 功能键代表的是每一期的现金流金额。你要将这一变量的值也输入财务计算器。当然,你也可以使用财务计算器来计算这一变量的值。

我们用下面这个例子来说明如何使用财务计算器计算年金的终值。

案例

每次拿到薪水时,你都向自己的退休账户存入 80 美元。假设退休账户的年收益率为 5%,那么 30 年后,退休账户的累积余额等于多少美元?

这个问题与前面我们已讲过的所有问题都不一样,因为现金流是每个月(而非每年)发生一次。为了计算年金的终值,你要知道支付周期的个数、每个支付周期内的利率水平、现值以及每一次支付的金额。因为一年有 12 个月,因此支付周期的个数等于 $12 \times 30 = 360$。年利率为 5%,因此对应的月利率等于 $5\%/12 = 0.417\%$。此外请大家注意,在计算年金的终值时,绝大多数财务计算器要求现值的输入值为零。在本例中,每一次支付的金额等于 80 美元。

财务计算器的输入情况如右图所示。

输入	函数
360	N
0.417	I
0	PV
80	PMT
CPT	FV
答案	
66 630.00	

于是,等到 30 年后你退休时,退休账户的累积余额将会达到 66 630 美元。

年金的现值

和年金的终值计算方法一样(求出每一笔现金流的终值,然后再加总),我们在计算年金的现值时,也可以先求出每一笔现金流的现值,然后再加总。

还是使用我们前面给出的那个普通年金的例子,三笔现金流,每笔 100 美元,利率水平为 10%。我们用图形的形式来说明该年金的现金流状况。

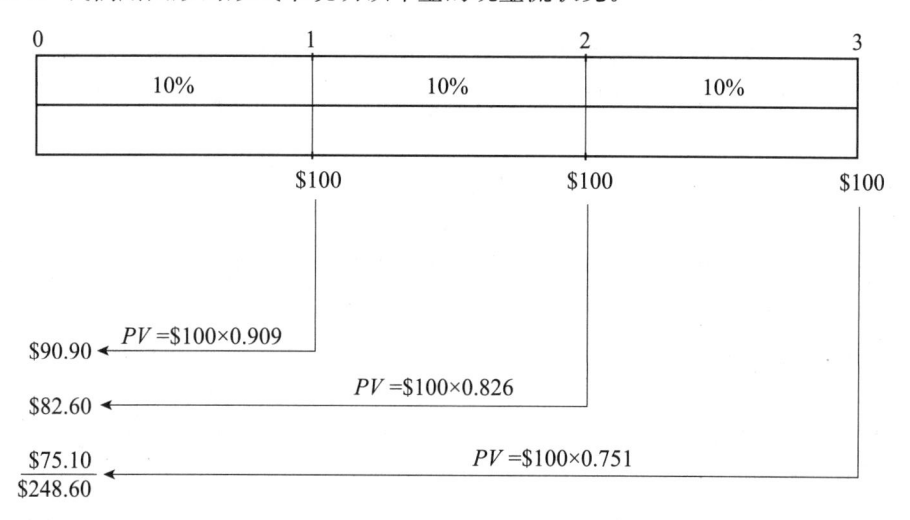

```
0              1              2              3
|    10%       |    10%       |    10%       |
              $100           $100           $100

$90.90 ← PV=$100×0.909
$82.60 ←────────── PV=$100×0.826
$75.10 ←─────────────────────── PV=$100×0.751
$248.60
```

将每笔现金流的现值加在一起可以求出年金的现值等于 248.60 美元。因此,若你可以获得 10% 的投资收益率,每年年末收到 100 美元并持续三年的年金的现值等于 248.60 美元。

使用年金现值系数表

附录 C 提供了年金现值系数表即表 C.4,表中的每一个数值代表的都是年金现值利率因子($PVIFA_{i,n}$),i 代表的是利率水平,n 代表的是年金的周期数。表中的每一列对应一个利率水平,每一行对应一个周期数。

案例

你开发了一款 App,你相信在接下来的 10 年时间里,这款 App 每年都会给你带来 6 000 美元的收入(税后),10 年之后,这款 App 将会失去价值。你若将收到的这些钱进行投资,预期每年的收益率为 5%。一家财务公司愿意以 50 000 美元的价格从你手里买断这款 App。你应该自己享有这款 App(目的是在接下来 10 年时间里获得收入)还是现在就将这款 App 出售以获得一大笔收入?

这个问题要求你计算出年金的现值。如果年金的现值高于财务公司承诺的一次性支付额,那么你就应当拒绝财务公司的提议。使用年金现值系数表来查找对应的年金现值利率因子:$i=5\%$ 这一行与 $n=10$ 这一列的交叉点。查表可知,对应的年金现值利率因子等于 7.722。

下一步是计算年金的现值：
$$PVA = PMT \times PVIFA_{i,n}$$
$$= PMT \times PVIFA_{5\%,10}$$
$$= 6\,000 \times 7.722$$
$$= 46\,332（美元）$$

使用财务计算器计算年金的现值

使用财务计算器计算年金现值的方法与使用财务计算器计算单笔现金流现值的方法较为相似。同样，将已知变量的值输入财务计算器便能求出未知变量的值。

案例

戴夫·巴兹近来刚刚退休，每个月可以领到600美元的养老金。这笔养老金可以领取20年。如果戴夫将这笔钱按照年均10%的收益率投资，那么现在一次性领取多少养老金可以使他获得与每月领取一次、持续20年的方式一样的满意度？

要解决这个问题，我们必须先求出多笔养老金构成的年金的现值是多少美元。20年共有12×20＝240个月，因此$n=240$。月利率等于10%/12＝0.833%。因此，$i=0.833$。将这些已知变量的值输入财务计算器，具体如右图所示。

现值计算结果为62 192美元。如果投资收益率为10%的话，那么若是可以一次性领取62 192美元的养老金，戴夫应当接受这一建议。

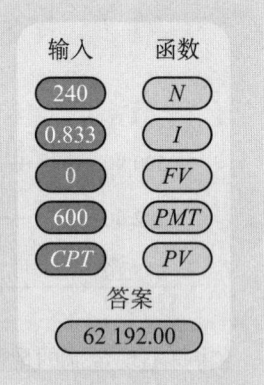

输入	函数
240	N
0.833	I
0	FV
600	PMT
CPT	PV
答案	
62 192.00	

运用货币的时间价值来估算储蓄额

现在相信大家已经掌握了多种货币的时间价值的计算公式，你可以使用这些概念与计算方法来进行理财规划。在编制个人理财计划时，最重要的时间价值应用要数估算每年储蓄额的终值，并计算为了实现在将来某个时点累积获得一定金额的储蓄存款的目标，你现在每年应当储蓄多少钱。

根据储蓄额估算终值

假设你每年都定期将一定的资金存入特定的账户，那么若想计算一段时间以后这能给你带来多少累积储蓄额，要用到年金终值的计算方式。当你为不久的将来的大笔购买（如房屋的首付款），甚至为遥远的将来的退休而储蓄时，你可以应用这个过程。

> **案例**
>
> 斯蒂芬妮·斯普拉特想知道如果在接下来的 30 年里,她能每年坚持储蓄 5 000 美元,投资收益率为 4%,那么 30 年后,她能获得多高的累积储蓄额。在这个案例里,年金每一笔现金流的价值为 5 000 美元。正如附录 C 里提供的表 C.3 所示,30 年和 4% 的利率对应的年金终值利率因子等于 56.084。因此,终值等于:
>
> 5 000×56.084=280 420(美元)
>
> 如果斯蒂芬妮每年能够多储蓄 1 000 美元,那么,30 年后的年金终值应当等于:
>
> 6 000×56.084=336 504(美元)

计算可实现未来理财目标的年度储蓄额

我们可以用年金终值系数表来计算为了在未来某个特定的时间点获得一定的储蓄额,从现在开始每年应当储蓄多少钱。也就是说,你可以用这个表格计算为了将来能够获得一定的储蓄额终值,年金的每期支付额应当是多少。因为 $FVA=PMT\times FVIFA$,因此,我们将上述公式稍加变形,可以得到:

$FVA/FVIFA=PMT$

> **案例**
>
> 斯蒂芬妮·斯普拉特现在想知道为了能在 30 年后获得 600 000 美元的储蓄累积额,从现在开始她每年必须储蓄多少钱。假设她储蓄的投资收益率为 6%。在这个例子里,终值等于 600 000 美元,年金终值利率因子等于 79.057,而年金每期的支付额是未知变量。
>
> $PMT=FVA/FVIFA$
> $\quad\quad\quad =600\ 000/79.057$
> $\quad\quad\quad =7\ 589\ (美元)$
>
> 因此,斯蒂芬妮每年要储蓄 7 589 美元,才能在 30 年后获得 600 000 美元的储蓄额。斯蒂芬妮意识到她每年 6% 的投资收益率可能比较难实现,于是,她重新估算了一下,如果投资收益率是 4%,她还想在 30 年后获得 600 000 美元的话,那她每年应该储蓄多少钱。
>
> $PMT=FVA/FVIFA$
> $\quad\quad\quad =600\ 000/56.084$
> $\quad\quad\quad =10\ 698\ (美元)$
>
> 因此,当年投资收益率为 4% 的时候,她每年需要储蓄 10 698 美元,才可能在 30 年后累积 600 000 美元的储蓄额。我们注意到,当投资收益率下降 2% 时,为了实现原定的储蓄目标,斯蒂芬妮每年就需要多储蓄 3 000 美元以上。
>
> 图表 3.2 说明了斯蒂芬妮·斯普拉特如何使用货币的时间价值这个工具去编制其个人理财计划。斯蒂芬妮拟定了一个试验性的储蓄计划——打算每年储蓄 5 000 美元。在使用货币的时间价值这个工具计算过后,她明白了她的储蓄额是如何累积出来的。她希望每年储蓄的金额能够超过 5 000 美元,特别是在她的收入随着时间的变化会越来越高的背景下,提高储蓄会变得更加容易。

货币的时间价值概念对储蓄的推动力

年金终值的计算结果可能会吓你一跳。随着时间的流逝，只要你坚持定期储蓄或投资，同时你的储蓄能够获得一定的利息收益，那么时间越长，这笔储蓄或投资的增值幅度就越大。计算年金的终值可能会激励你制订一个储蓄计划，因为你已经真真切切地看到了储蓄所能带来的好处。设想一下在接下来的 5 年时间里自己每年能储蓄多少钱，然后基于当前的利率水平估算一下这笔年金的终值会是多少美元。然后，再把考察期限延长至 10 年，甚至 20 年。请注意，10 年累积的储蓄额比 5 年累积的储蓄额的两倍还要多。同理，20 年累积的储蓄额比 10 年累积的储蓄额的两倍还要多。计算结果可能会说服你自己增加每年的储蓄额，这样有助于慢慢累积自己的储蓄以及提高财富水平，将来你可用于消费支出的资金额就会更多。

货币的时间价值与个人理财计划的匹配程度

在编制个人理财计划时，关键性的储蓄决策包括：
- 每个月或每年我应当储蓄多少钱？
- 到了未来某个特定时点，我应当累积多少储蓄额？

这两个决策都要求读者熟悉货币的时间价值这一概念。图表 3.2 说明了如何将这两个储蓄决策应用于斯蒂芬妮·斯普拉特的个人理财计划。

图表 3.2　货币的时间价值与斯蒂芬妮·斯普拉特个人理财计划的匹配程度

储蓄计划的目标
1. 建立一个确实可行的计划，目的是在一定时间内尽可能多地储蓄。
2. 为了在遥远的将来实现特定额度的储蓄，明确从现在开始我每年应该储蓄多少钱。

分析

预计每年的储蓄额＝5 000 美元
预计年收益率＝6％

储蓄累积的年数（年）	假设年收益率为 6％的储蓄额（美元）	假设年收益率为 4％的储蓄额（美元）
5	28 185	27 080
10	65 905	60 030
15	116 380	100 115
20	183 925	148 890
25	274 320	208 225
30	395 285	280 420

决策

关于年储蓄目标的决策：

如果我每年都能储蓄 5 000 美元，那么 5 年后，我能累积获得 28 185 美元的储蓄额，10 年后能获

续表

得 65 905 美元的储蓄额。这两个估计值建立在年收益率为 6% 这个假设条件的基础之上。即便年收益率只有 4%，我的年储蓄额也会随着时间的推移而大幅增长。这一分析给了我很大的动力，让我尝试每年至少储蓄 5 000 美元。

关于长期储蓄目标的决策：

我的分析表明在接下来的 15 年时间里，我应该有能力至少储蓄 100 000 美元。随着时间的推移，我的薪资收入也会上涨，从长期来看，我每年可以储蓄更多的钱。

讨论题

1. 如果斯蒂芬妮是一位拥有两个子女的单身母亲，那么她的储蓄决策会有什么不同？
2. 如果斯蒂芬妮现年 35 岁，那么她的储蓄决策会有什么不同？如果她今年 50 岁呢？

小结

货币的时间价值的重要性。今天的一美元比一年后收到的一美元价值更高。因此，很多有关未来储蓄的决策都受到货币的时间价值的影响。基于货币的时间价值的正确决策能够帮助你积累更多的财富。

单笔现金流的终值。你可以计算单笔现金流的终值，并用这种方法来估计银行存款或退休基金的终值。在计算过程中，我们要估计初始投资额产生的复利利息。读者可以使用终值系数表或财务计算器来计算单笔现金流的终值。

单笔现金流的现值。你可以计算单笔现金流的现值，并使用这种方法来估计未来某笔现金流在今天的价值。我们将未来收到的某笔现金流的终值进行贴现，就能求出其现值。读者可以使用现值系数表或财务计算器来计算单笔现金流的现值。

年金的终值。你可以计算年金的终值，并使用这种方法来估计一系列现金流在未来特定时点的终值。读者可以分别求出年金所包含的每一笔现金流的终值，年金终值系数表或财务计算器能够轻松地帮助读者完成这项工作。

年金的现值。你可以计算年金的现值，并使用这种方法来估计一系列现金流在今天的价值。读者可以分别求出年金所包含的每一笔现金流的现值，年金终值系数表或财务计算器能够帮助读者轻松地完成这项工作。

运用货币的时间价值估算储蓄额。货币的时间价值可以用于估算未来的储蓄额，它会帮助你正确地决定应该储蓄多少钱才能够实现你设定的储蓄目标。

货币的时间价值如何帮助你更好地实现你的个人理财计划？为了实现你的财务目标，你有必要进行储蓄。由于货币的时间价值可以帮助估算储蓄的金额，所以，对构建你的个人理财计划来说，这是一个非常重要的工具。

复习题

1. 货币的时间价值。什么是货币的时间价值？它与机会成本有什么关系？
2. 货币时间价值的重要性。列出一个理由说明为什么货币的时间价值是一个非常重要的概念。
3. 现金流的时间价值。货币的时间价值概念最常应用于哪种类型的现金流？
4. 年金。什么叫做年金？
5. 复利。给出复利的定义。如何在个人理财计划中应用复利概念？
6. 计算终值。我们可以使用哪两种方法计算终值？
7. 利率与终值。利率水平是如何影响终值的？
8. 时间和终值。时间刻度是如何影响终值的？
9. 终值公式。当我们使用终值系数表时，应使用哪个公式来计算单笔现金流的终值？为了找到正确的终值利率因子，我们必须了解哪些信息？
10. 贴现。什么叫贴现？
11. 债务终值。延迟偿还学生贷款将会如何影响你的债务终值？
12. 现值。给出几个例子说明为什么计算单笔现金流的现值是有用的。
13. 使用适当的表格。在问题 a~d 中，指出你应使用下列哪一种表格：单笔现金流的终值系数表、单笔现金流的现值系数表、年金终值系数表以及年金现值系数表。

   a. 你想知道为了在 5 年后获得 5 000 美元的存款，你现在应当储蓄多少美元。
   b. 你将会每个月向公司的退休账户缴纳 300 美元，你想知道退休后自己能拿到多少钱。
   c. 你拿到了 500 美元的毕业奖励，你想知道如果自己把这笔钱存到银行，那么 3 年后存款额会变成多少美元。
   d. 你要做出选择：一次性拿到一笔钱还是每年收到一笔钱并持续若干年。

14. 年金的现值。应当使用哪个公式来计算年金的现值？年金的现值能够说明什么？
15. 年金的终值。如果我们要计算为了在将来某个特定的时点实现一定储蓄额的目标则现在每个月应储蓄多少美元，那么要对年金的终值计算公式做出怎样的调整？
16. 支付期的个数。对于在接下来 5 年时间里每个月投资一笔钱所构成的年金，计算其终止时支付期的个数应当是多少。
17. 货币的时间价值和债务。拉克莎最近发现她的信用卡账单约是按照天而不是按照月计算复利。计息频率的变动将会如何影响她的信用卡余额规模？
18. 货币的时间价值和你的个人理财计划。杰瑞准备每个月存入固定金额的储蓄，一直到他 40 岁。他应该选择哪一种货币的时间价值概念来计算他那时的储蓄价值？
19. 货币的时间价值工具。韦斯顿将会在他 25 岁生日时收到 100 000 美元。你会用哪个货币的时间价值概念来计算他未来的遗产价值？
20. 时间价值和储蓄。对货币的时间价值的理解如何能促使你储蓄更多的钱？

理财规划练习题

1. 终值。凯尔高中毕业时从不同亲戚那里拿到了共 1 000 美元的奖励。他打算把这笔钱投资于存单，目的是 5 年后当他大学毕业时能够有足够多的钱支付买车的首付款。银行按复利对

5年期存单每年支付1.5%的利息。5年后,凯尔能拿到多少钱?

2. 终值。桑德拉想为她的儿子每年储蓄100美元。如果她把钱存入年收益率为5%的投资账户,那么20年后,储蓄账户的累积金额会达到多少美元?如果每年的收益率为8%呢?

3. 终值。路易斯在为3年后的伯利兹之行攒钱,他想知道如果现在自己将3 000美元存入银行,年收益率为2%,那么3年后自己能拿到多少钱。

4. 终值。如果你每个月投资75美元,年收益率为3%,那么36个月后你能获得多少本利和?

5. 用时间价值估算储蓄。德马库斯希望自己在60岁退休时能够有100万美元的储蓄。他现在18岁。假设他每年的投资收益率为10%,那么,在接下来的时间里,他每年需要储蓄多少钱?

6. 现值。谢里尔打算3年后去迪士尼乐园游玩,她要为此准备2 000美元。现在她必须储蓄多少美元才能在3年后攒够钱?假设年收益率为3%。

7. 现值。胡安想在自己新出生的孙子18岁生日时赠给他10 000美元。胡安预期每年能够获得8%的投资收益率。为了实现这个目标,现在胡安应当储蓄多少钱?

8. 现值。佐治亚州大乐透彩票的中奖者面临两种选择:奖金平分到未来20年,每年收到一笔奖金;一次性拿到一笔奖金。一次性奖金的金额相当于按照5%的年利率、20年的时间长度求出的奖金总额的现值。本周有人中了2 000万美元的大奖,那么一次性奖金的支付额应当是多少美元?

9. 年金的终值。米歇尔正在上大学,她做了一份兼职工作。等到大学毕业,米歇尔打算搬到大城市居住。她打算为将来独立生活而储蓄准备金。米歇尔编制了个人预算表,认为自己可以每个月储蓄50美元。银行账户的年收益率为3%。5年后,米歇尔银行账户的余额应当是多少美元?

10. 年金的终值。杰茜卡与乔舒亚是龙凤胎,现年25岁,他们已经大学毕业,开始在家庭经营的餐馆里工作。从第一年开始,杰茜卡每年向个人退休账户缴存2 000美元,并打算坚持10年。10年后,她不会再向该退休账户缴款,直到65岁退休。乔舒亚打算等到自己35岁时再向个人退休账户缴存,但是他打算每年缴存2 000美元,直到自己65岁退休为止。假设杰茜卡与乔舒亚都能获得10%的年收益率,那么杰茜卡退休时能拿到多少钱?她一共向个人退休账户缴存了多少钱?乔舒亚退休时能拿到多少钱?他一共向个人退休账户缴存了多少钱?

11. 计算年金的每期支付额。埃米与文斯打算存够7 000美元,这笔钱将被用于4年后的欧洲旅行。如果储蓄的年收益率为3%,按月计算复利,从现在开始,他们每个月必须储蓄多少钱才能在4年后存够钱实现欧洲旅行的目标?

12. 年金的终值。莉娜刚刚够资格参加公司的退休计划。她所在的公司不会配套缴款,但是退休计划的平均年收益率高达12%。莉娜现在40岁,她打算工作到65岁退休。如果她每个月缴款200美元,那么等到退休时,她的退休账户累积余额将会达到多少美元?

13. 年金的终值。斯泰茜希望自己退休时能有100万美元的存款。她能获得11%的年均投资收益率。如果她每个月向退休账户缴存300美元,那么等到30年后斯泰茜退休时是否能够实现自己的目标?

14. 年金的终值。杰西刚刚知道自己购买的州彩票中奖了。她现在要做出决定,是一次性拿到312 950美元的奖金,还是在接下来的20年时间里每年拿到50 000美元的奖金。如果选择一次性奖金,杰西可以获得8%的投资收益率;如果选择20年分期支付,杰西可以获得6%的投资收益率。20年后,哪一种方案能让杰西获得最大收益?

15. 年金的终值。珍每周花20美元来购买甜品和咖啡。如果她将这笔钱用来投资并坚持五年时间，假设投资收益率为4%，按周计算复利，五年后她能拿到多少钱？

16. 年金的终值。柯克拿到了1 000美元的所得税退税额，决定要么把这笔钱投资于收益率为3%的存单，按月计算复利，要么用这笔钱购买一套家庭娱乐系统，然后每个月向银行储蓄账户存入30美元，银行账户的年收益率为4%，按月计算复利。三年后，哪种方案能给柯克带来最大的收益？

17. 债务终值。吉姆从他叔叔库尔特那里获得了3 000美元的贷款。库尔特同意吉姆大学毕业2年后才还贷款。如果吉姆的叔叔要求他支付的利率水平是6%，且按年计算复利，那么，2年后吉姆应该偿还多少钱给他叔叔呢？

18. 债务终值。伊丽莎白从信用社借款1 000美元，期限为1年。她只需要在贷款到期后一次性偿还本利和就行。如果信用社要求的年利率是5%，那么，在贷款到期时，伊丽莎白的欠债总额是多少？

19. 终值和激励。莫妮卡准备每月投资400美元到她的退休账户。公司会进行配套投资。在年收益率为8%的情况下，40年后莫妮卡退休的时候，她的退休账户将会有多少钱？

20. 终值和激励。回到前面的第19题，假设莫妮卡的年收益率为12%，那么到她退休时，退休账户会有多少钱？比较这两个金额的差别。这个差别会影响莫妮卡对投资产品的选择吗？

21. 道德困境。辛迪与杰克一直有比较好的理财习惯，尤其是他们喜欢制定预算并严格地遵守。他们现在打算买辆新车，准备每个月存300美元专门用于偿还每月的汽车贷款。

在当地的汽车销售中心，推销员斯科特推荐了一款满足他们预算要求的新车。然后，斯科特坚持要他们再看看另一款价格贵得多的新车，他认为他们肯定会更喜欢这一款新车。价格较高的车型要求他们每个月偿还500美元的汽车贷款。

在讨论到底选择哪一种车型时，辛迪与杰克告诉斯科特，若是选择较贵的那一款，他们只好终止每个月向退休账户缴款200美元——他们刚刚开始向退休账户缴款。他们打算30年后退休。斯科特告诉他们只需要在接下来的5年时间里终止向退休账户缴款。也就是说，汽车贷款的期限为5年。斯科特计算了一下，未来5年内损失的12 000美元的退休账户缴款额可以在未来25年时间里得到弥补，只要将每个月的缴款额增加40美元即可。这样可以做到两全其美。

a. 评价一下推销员努力劝说客户超出预算购买更贵商品的做法是否符合职业道德。

b. 斯科特认为，辛迪与杰克只要在余下的25年内将每个月的缴款额提高40美元就能弥补5年贷款期内退休账户损失的金额，他的说法正确吗？（注意：假设辛迪与杰克能获得6%的年收益率，并假设他们每年投资一次。）

个人理财的心理学：现金流的终值

1. 本章我们向大家解释了存入银行账户的资金是如何慢慢增值的。有些人只有当储蓄账户提供较高收益率时才愿意储蓄。但是近年来，储蓄账户的收益率一直较低。这会影响你的储蓄意愿吗？如果利率水平更高一些，你愿意增加储蓄吗？

2. 本章我们也向大家解释了当利率水平较低时，个人未偿还的债务余额不会快速增长。既然近年来利率水平一直较低，你是否愿意借债？

综合案例：桑普森一家

戴夫与莎伦已经决定每个月储蓄300美元（即每年储蓄3 600美元）为孩子们上大学做好准备。他们的第一个孩子现在6岁，12年后读大学。他们决定在未来的12年内，每个月向储蓄账户投入300美元，预计年收益率约为2%。桑普森夫妇想知道如果储蓄账户的年收益率为5%而非2%，那么12年后累积储蓄额能增加多少美元。他们还想知道如果每个月储蓄400美元而非300美元（即每年储蓄4 800美元），那么12年后储蓄账户的累积余额会是多少美元。

1. 帮助桑普森夫妇计算一下当年收益率分别为2%和5%时，每年储蓄3 600美元并坚持12年最终能给他们带来多少累积储蓄额。然后，再计算一下当收益率分别为2%和5%时，每年储蓄4 800美元并坚持12年最终能给他们带来多少累积储蓄额。

未来12年内累积的储蓄额（计划每年储蓄3 600美元）

每年的储蓄额（美元）	3 600	3 600
利率水平（%）	2	5
年数（年）	12	12
储蓄的终值（美元）		

未来12年内累积的储蓄额（计划每年储蓄4 800美元）

每年的储蓄额（美元）	4 800	4 800
利率水平（%）	2	5
年数（年）	12	12
储蓄的终值（美元）		

2. 较高的利率水平5%（替换2%）对桑普森夫妇的累积储蓄额会造成什么影响？

3. 每年较高的储蓄额4 800美元（替换3 600美元）对桑普森夫妇的累积储蓄额会造成什么影响？

4. 如果桑普森夫妇的目标是在未来12年内为孩子积累70 000美元的教育资金，那么为了实现这一目标，你会用什么方法来计算每年必需的储蓄额？假设年收益率为5%，桑普森夫妇每年必须储蓄多少美元才能实现这一目标？

计算：每年必需的储蓄额

终值（美元）	70 000
利率水平（%）	5
年数（年）	12
每年必需的储蓄额（美元）	

术语解释

年金（annuity）：间隔同样的时间长度收到或支付的多笔金额相等的现金流。

复利（compounding）：一种计息方式。

终值利率因子（future value interest factor，*FVIF*）：用现在的存款额乘以终值利率因子就能求出若干年后存款的终值。

贴现（discounting）：计算现值的过程。

现值利率因子（present value interest factor，*PVIF*）：用以乘以终值来计算现金流的现值的因子。

期初年金（annuity due）：发生在每一期期初的多笔等额现金流。

时间轴（timelines）：用图表形式清楚地反映一段时间内收到或支付每一笔现金流的情况。

年金终值利率因子（future value interest factor for an annuity，*FVIFA*）：用这个因子乘以每一期储蓄额，就能求出一段时间后储蓄的累积金额。

年金现值利率因子（present value interest factor for an annuity，*PVIFA*）：用这个因子乘以定期储蓄额（年金），就能求出年金的现值。

第4章 税务筹划①

章前引例

当有人请你为慈善事业捐款时，常常会提醒你慈善捐款是可以抵税的，因为慈善组织属于非营利性机构。你可能还听说过这样的说法：应当买套房子，因为房屋抵押贷款的利息支出是可以抵税的。把衣服捐出去？这种捐赠形式也可以用于抵扣个人所得税。

你可能没有意识到，上面我们提到的都是可适用于逐项抵扣法的抵扣项目。如果所有的抵扣项目加起来的总额大于标准抵扣额，那么使用逐项抵扣法的好处就会凸显出来。本章我们会告诉大家，2018年单身纳税人适用的标准抵扣额为12 000美元，已婚纳税人适用的标准抵扣额为这一数值的两倍。因此，如果你买了房并支付了10 000美元的抵押贷款利息，那么除非你还能找到其他的抵扣项目，否则使用逐项抵扣法算出的抵扣额会低于标准抵扣额。不过，即便你没有使用逐项抵扣法，生活中还是有很多可以享受税收抵扣的情形，比如学生贷款的利息（金额不超过2 500美元），或者向退休账户增加投入。

很多纳税人对税收制度感到很困惑，他们一般都是聘请纳税专家帮他们处理和计算一年的纳税额。其实，这根本用不上，大多数纳税人只需要花一点时间就可以自己估算出应该纳税的金额。本章将会向你简要说明如何估算自己的纳税额。一旦你理解了其中的所有流程，你就会非常轻松地估算自己的纳税额。此外，你还应该了解哪些情形可以减少应纳税收入，这些情形都可以帮助你减少纳税金额。了解一些基本的税法可以帮助你提升理财规划的决策能力。

本章的学习目标

- 了解税收的基础知识；
- 解释如何计算你的应税收入；
- 解释如何采用标准抵扣法计算你的税负；
- 解释如何采用逐项抵扣法计算你的税负；
- 解释能够享受税收优惠的条件有哪些；
- 解释税务筹划如何更好地匹配你的个人理财计划。

---

① 读者可以登录美国国税局的网站在线获取2018年的纳税申报单。

税收基础知识

税收是美国联邦政府以及联邦政府机构的重要资金来源。政府使用税收收入支付各种各样的政府服务和项目，包括国防、社会保障、消防和警察保护以及教育体系。个人要在联邦政府、州政府、地方政府这三个层面上缴税。国会周期性地对联邦税法进行调整，税法对纳税人应该缴纳多少税收提供具体的指导，纳税多少取决于纳税人的收入和其他标准。2017 年 12 月，国会通过了《减税和就业法案》(Tax Cuts and Jobs Act，TCJA)，这一法律从 2018 年开始生效，构建了全新的纳税体系。

联邦税务体系由隶属于美国财政部的美国国税局（Internal Revenue Service，IRS）负责管理。国会通过了多项联邦税法，正是由国税局负责执行这些法律，确保纳税人如实纳税。纳税人缴纳联邦所得税的收入基础包括劳动收入和非劳动收入。劳动收入主要来自工作，包括工资、薪水和小费。非劳动收入来自投资，诸如股息和储蓄账户的利息收入。

预扣系统是美国国税局确保税收收入的方式之一，预扣是指雇主事先将你收入的应纳税额缴纳到国税局账户。如果没有预扣系统，你就必须自己负责记录每次工资支票并存钱缴税。你的雇主事先预扣的你工资收入的一部分就是预扣税，这部分预扣税是为了支付你的社会保险税、医疗保险税和个人所得税。

社会保险税与医疗保险税

个人的劳动收入需要缴纳联邦社会保险税（FICA taxes），为社会保险和医疗保险提供资金。美国社保管理局使用社会保险税向退休人员发放养老金（发放金额取决于退休人员的退休年龄以及其他规定）。联邦医疗保险是政府主导的医疗保险项目，向年龄达到或超过 65 岁的公民提供医疗保险。社会保险税相当于个人薪水的 6.2%，并规定了最高限额（2018 年社会保险税的最高限额为 128 400 美元），这个上限规定会随时间的推移发生变化。医疗保险税相当于个人薪水的 1.45%，不设工资上限要求。你的雇主每次向你发放薪水时会预扣联邦社会保险税，同时以你的名义缴纳联邦社会保险税。你不需要提交任何税表，或者自己缴纳社会保险税，但是，你至少应该关注一下，你的雇主每次都是从你的工资里面预扣多少钱替你缴税。因为缴纳联邦社会保险税的公式对每个人来说都是一样的，所以，你自己也可以计算每年应该缴纳多少联邦社会保险税。

> **案例**
>
> 斯蒂芬妮·斯普拉特最近开始了自己的全职工作生涯。她的年工资收入将有 43 000 美元。她要缴纳 7.65% 的联邦社会保险税，其中包括 6.20% 的社会保险税以及 1.45% 的医疗保险税。她想知道一整年她需要缴纳多少联邦社会保险税。她完成了以下表格：

	社会保险税	医疗保险税	联邦社会保险税总额
税率（%）	6.20	1.45	7.65
税额（美元）	6.2%×43 000＝2 666	1.45%×43 000＝623.50	7.65%×43 000＝3 289.50

因此，斯蒂芬妮整年应缴纳的联邦社会保险税总额为 3 289.50 美元，她的雇主会从她的工资里预扣。

个人所得税

个人收入还要缴纳个人所得税，这是以个人收入为税基的一种税种。你的雇主除了要帮你预扣联邦社会保险税，还要从你的工资收入中预扣个人所得税（有时候，它也被称为"联邦所得税"）。每个纳税人预扣的个人所得税比例是不一样的，这主要取决于你的薪资水平以及你需要抚养或赡养的人员数量。

每年你都需要填写美国国税局发布的纳税申报单，申报单里面披露的信息包括你的年收入以及当年需要用来计算你个人所得税总额的其他负债信息（有时候也可以称为"个人所得税负债"）。为了计算自然年度的个人所得税金额，各种数据统计的截止日期被定为当年的 12 月 31 日。你必须在下一年的 4 月 15 日之前完成纳税申报单的填写和提交工作。你可以通过本书提供的链接，找到美国国税局网站，下载这些纳税申报单表格。

当你填写个人所得税纳税申报单时，你应该将你的年度个人所得税负债（根据 IRS 提供的纳税表格计算）与你的雇主根据你的工资收入预扣的所得税金额进行对比，预扣所得税意味着你依据你的工资收入应该缴纳的年度所得税金额。你所预扣的收入可能跟你应该缴纳的个人所得税金额不完全匹配。例如，如果你从储蓄账户中获得利息收入，你必须将其作为个人所得在申报单上加以申报，但你的预扣所得税中并没有包含这一应税金额。因此，你的年度所得税负债可能会比你工资收入中预扣的所得税金额要高。在那种情况下，你有必要在填写纳税申报单的时候向 IRS 补交差额部分。反之亦然。如果你的年度个人所得税负债小于当年工资收入中预扣的所得税金额，IRS 将会返回你多交的所得税金额。

申报身份。为了计算你的个人所得税负债，你首先要明确自己的申报身份。各种申报身份如下所示：

- 单身。
- 已婚夫妇联合申报。
- 已婚夫妇分开申报。
- 户主。
- 有抚养义务的寡妇（鳏夫）。

申报身份的选择是非常重要的，因为它会影响你的个人所得税税率。已婚夫妇通常将收入合并在一起，选择联合申报方式。不过，在某些情况下，已婚夫妇也要每个人单独填写一份纳税申报单。家庭里至少有一个受抚养人的单身人士可以选择"户主"身份申报。选择这种身份或者选择有抚养义务的寡妇（鳏夫）身份报税，所适用的税率水平要比选择单身身份所适用的税率水平低得多。

计算你的应税收入

在你计算个人年度联邦所得税负债之前，你首先要通过下面三个步骤计算个人的应税收入：
- 确定总收入水平（来自各个渠道的应申报收入）。
- 扣除你的个人退休账户缴款和学生贷款（如果有的话）利息支出，确定你的调整后总收入水平。
- 选择适合你的抵扣方式（标准抵扣法还是逐项抵扣法）。

下文将详细介绍这几个步骤的内容。

总收入

首先，我们要确定你的总收入，它指的是个人通过各种渠道获得的应申报收入。总收入具体包括工资和薪水、利息收入、股息收入以及纳税年度当年收到的资本利得收益。此外，总收入还包括来自自己经营的企业的收入、小费、奖金、出租物业的租金收入以及超过学费与书本费的奖学金收入。某些形式的收入是不用缴税的，具体包括医疗与事故保险赔偿金、收到的子女抚养费、退伍军人抚恤金以及福利性收入。

工资和薪水。 如果你是全职工作者，那么薪水可能是个人总收入的主要来源。工资和薪水以及个人获得的所有奖金都要缴纳联邦收入所得税。向雇主发起的退休账户存入的缴款额，不管是雇员本人的缴款还是雇主的缴款，都不需要缴纳所得税，直到雇员从退休账户提取资金为止。因此，这样的缴款不需要立即缴税。很多雇员充分利用雇主发起的退休计划来减少当前的税负金额，从而使得退休账户的资金可以在延迟纳税的前提下更迅速地增值。

利息收入。 个人可以将钱存入金融机构提供的各种各样的储蓄账户或投资于存单，以此获得利息收入。他们还可以通过投资于债券的方式获取利息收入，例如购买国债或向其他个人提供贷款。

股息收入。 纳税人投资于股票或共同基金可以获得股息收入。一些企业每个季度向股东支付一次股息。还有一些企业选择不向股东支付股息，而是将所有的盈利或利润再投资于目前的生产经营活动。这种做法也能给股东带来好处，因为随着时间的推移，如果企业能够做到将所有的经营利润进行有效投资，那么公司的股价很有可能会升值。股息收入的税率通常比薪水或利息收入要更优惠一些，不过这个话题已经超越了本章的范畴。如果你有股息收入，应该向 IRS 咨询一下如何缴税，听从其指导。

资本利得收益。 你可以购买各种证券（也叫做金融资产），例如企业发行的用来融资的股票或债券。你还可以投资其他能够创造收益的资产，例如出租物业。当你按照高于当初的购买价的价格出售这些资产时，就获得了资本利得收益。如果资产的出售价格低于当初的购买价格，则这意味着你遭受了资本损失。资本利得收益的税率通常比薪水或利息收入的税率要更优惠一些，本章后面会对此加以分析。

计算总收入。把你的工资和薪水、利息收入、股息收入以及资本利得收益加在一起就能求出总收入。

> **案例**
>
> 斯蒂芬妮·斯普拉特有了一份全职工作,她想知道自己一整年应该缴纳多少个人所得税。她的年工资收入为 43 000 美元。此外,她没有获得任何利息、股息或短期资本利得收益。这一年斯蒂芬妮的总收入等于:
>
> 单位:美元
>
> | | |
> |---|---|
> | 工资和薪水 | 43 000 |
> | +利息收入 | 0 |
> | +股息收入 | 0 |
> | +资本利得收益 | 0 |
> | =总收入 | 43 000 |

调整后总收入

用总收入减去个人退休账户缴款额、学生贷款的利息支付额(上限为 2 500 美元)以及其他特殊的支出费用,就能算出个人的调整后总收入。

> **案例**
>
> 本年度,斯蒂芬妮·斯普拉特没有使用自己的工资收入向个人退休账户缴款。同时,她开始偿还自己的学生贷款。这一年她需要支付的学生贷款利息为 600 美元。因此,她的调整后总收入如下表所示:
>
> 单位:美元
>
> | | |
> |---|---|
> | 总收入 | 43 000 |
> | -个人退休账户缴款额 | -0 |
> | -学生贷款利息 | -600 |
> | =调整后总收入 | 42 400 |

标准抵扣法

当你计算自己的应税收入时,你可以从调整后总收入中扣除税收抵扣额。这个抵扣额是非常重要的,因为它可以减少你的应税收入,从而降低你的个人所得税负债。你可以从下面两种抵扣方法中选择最适合你的方法,从而让你的调整后总收入获得最优的税收抵扣。

1. 你可以选择标准抵扣法处理你的调整后总收入，从而确定应税收入。2017年12月通过的《减税和就业法案》规定单身纳税身份的标准抵扣额为12 000美元，已婚夫妇联合申报纳税身份的标准抵扣额为24 000美元。

2. 如果你当年有很多具体的支出满足逐项抵扣的标准（比如抵押贷款利息支出），你就可以选择逐项抵扣法，而不是标准抵扣法。本章后面将会对逐项抵扣法做更详细的介绍。

当逐项抵扣的总金额没有标准抵扣金额高时，纳税人将会选择使用标准抵扣法而不是逐项抵扣法进行纳税申报。对很多纳税人来说，选择标准抵扣法会降低要缴纳的个人所得税金额。

案例

斯蒂芬妮·斯普拉特的申报身份是单身。她目前还没有房屋抵押贷款，所以不能享受逐项抵扣带来的好处。前面提到她的调整后总收入为42 400美元。因此，她可以从调整后总收入当中减去12 000美元的标准抵扣额，这会让她的应税收入发生如下改变：

单位：美元

调整后总收入	42 400
−标准抵扣额	−12 000
＝应税收入	30 400

采用标准抵扣法计算你的税负

为了计算你应该缴纳的个人所得税金额，你必须选择适合你的特定税率标准。2017年12月通过的《减税和就业法案》详细规定了七档不同的纳税等级各自所对应的税率水平，详见图表4.1。A部分（表格上半部）针对的是单身纳税人，罗列了不同的收入等级以及各自对应的税率，而B部分针对的是联合申报纳税人，同样罗列了不同的收入等级以及各自对应的税率。

图表4.1　用来确定个人所得税税率的纳税等级

A部分：单身申报		
应税收入大于（美元）	上限（美元）	对应的税率（%）
0	9 525	10
9 525	38 700	12
38 700	82 500	22

续表

A 部分：单身申报		
应税收入大于（美元）	上限（美元）	对应的税率（%）
82 500	157 500	24
157 500	200 000	32
200 000	500 000	35
500 000		37

B 部分：联合申报		
应税收入大于（美元）	上限（美元）	对应的税率（%）
0	19 050	10
19 050	77 400	12
77 400	165 000	22
165 000	315 000	24
315 000	400 000	32
400 000	600 000	35
600 000		37

单身申报的个人所得税计算

重新审视一下图表4.1中A部分的相关数据，想一想A部分所罗列的收入等级将会如何帮你确定你的个人所得税税率。A部分表明如果纳税人是以单身身份申报的，当应税收入在9 525美元以内时，适用的是10%的税率（看第一档）；当应税收入超过9 525美元，但没有达到38 700美元时，适用的是12%的税率（看第二档）；当应税收入超过38 700美元，但没有达到82 500美元时，适用的是22%的税率（看第三档），以此类推。涵盖纳税人应税收入的最高税收等级被称为边际税收等级。因此，如果你是以单身身份申报纳税的，你的应税收入是30 000美元，你的边际税收等级将是第二档。在这种情况下，与第一档税率相匹配的收入（9 525美元）适用的是10%的税率，剩下的（边际）收入适用的是第二档税率，也就是12%的税率。在边际税收等级上所使用的税率就是我们所说的边际税率。它是对超过前一档应税收入上限的额外部分征税的税率。在本例中，边际税率为12%。

如果你的应税收入是50 000美元，这个收入水平位于第三档，这样的话，你的税率就是由前三档税率构成的。具体说来，第一档收入（9 525美元）对应的税率是10%，第二档收入（9 525~38 700美元）对应的税率是12%，剩余的收入都处于第三档，对应的税率是22%。你会发现，你的应税收入水平越高，与之对应的所得税税率也就越高。这样的结构安排目的是让应税收入比较高的纳税人缴纳更多的个人所得税。

现在你已经理解针对不同的收入等级适用不同的所得税税率的整个计算过程，你完全可以根据自己当年的具体应税收入，计算自己应缴纳的个人所得税。如果你是以单身身份申报纳税的，你当年的应税收入小于 9 525 美元（第一档的收入上限），那么你所有的应税收入对应的个人所得税税率就是 10%（因为你的收入完全处于第一档范围内）。不过，当你的应税收入超过 9 525 美元时，对于 9 525 美元，你需要缴纳 10% 的所得税（第一档），对于超过 9 525 美元的应税收入（第一档以上部分），对应的税率会更高，你需要缴纳更多的所得税。

例如，如果你的年应税收入为 20 000 美元，这个收入水平位于第二档边际税率范围内。你应该缴纳的所得税具体计算如下：

税率	应税收入	应缴所得税
10%	9 525 美元	10%×9 525＝953（美元）
12%	9 525～20 000 美元的剩余收入，金额为 10 475 美元	12%×10 475＝1 257（美元）
		纳税合计＝2 210（美元）

如果你当年的应税收入为 50 000 美元，你将会到达第三档税率区间。这样的话，你应该缴纳的所得税具体计算如下：

税率	应税收入	应缴所得税
10%	9 525 美元	10%×9 525＝953（美元）
12%	9 525～38 700 美元，金额为 29 175 美元	12%×29 175＝3 501（美元）
22%	38 700～50 000 美元的剩余收入，金额为 11 300 美元	22%×11 300＝2 486（美元）
		纳税合计＝6 940（美元）

如果你当年的应税收入超过 82 500 美元，但低于 157 500 美元，你将会到达第四档税率区间，这意味着在第四档区间的收入所缴纳的所得税取决于第四档税率。在顶部位置，当你的年应税收入超过 500 000 美元时，图表 4.1 中的 A 部分七档税率都会体现在你的个人所得税里，每一档收入所对应的所得税税率不同，从而所缴纳的所得税金额也不一样。

案例

斯蒂芬妮·斯普拉特今年的应税收入是 30 400 美元，位于第二档区间。因此，她所缴纳的个人所得税将由第一档（10%）和第二档（12%）税率决定，具体如下：

税率	应税收入	应缴所得税
10%	9 525 美元	10%×9 525＝953（美元）
12%	9 525～30 400 美元的剩余收入，金额为 20 875 美元	12%×20 875＝2 505（美元）
		纳税合计＝3 458（美元）

联合申报的个人所得税计算

图表4.1的B部分的数据向我们展示了联合申报个人所得税时所适应的税率情况，如果应税收入在19 050美元以内，适用第一档税率，为10%；当应税收入在19 050~77 400美元时，适用12%的税率；当应税收入在77 400~165 000美元时，适用22%的税率，以此类推。B部分每一档税率的应税收入上限都明显大于A部分对应的应税收入，这是因为B部分的应税收入针对的是已婚夫妇，而A部分的应税收入针对的是单身人士。我们发现，联合申报纳税人的应税收入越高，对应的所得税税率也就越高，这与前面分析的单身申报情况是一样的。

计算已婚夫妇联合申报个人所得税金额的流程与前面计算单身人士申报个人所得税金额的流程完全相同。

案例

如果一对已婚夫妇的年应税收入为90 000美元，他们需要支付的个人所得税金额计算过程如下：
- 19 050美元以内的应税收入适用10%的个人所得税税率（B部分第一档）；
- 19 050~77 400美元的应税收入适用12%的个人所得税税率（具体的应税收入为58 350美元，B部分第二档）；
- 77 400~90 000美元的应税收入适用22%的个人所得税税率（具体的应税收入为12 600美元，B部分第三档）。

这对夫妇的具体纳税金额如下：

税率	应税收入	应缴所得税
10%	19 050美元	10%×19 050＝1 905（美元）
12%	19 050~77 400美元，金额为58 350美元	12%×58 350＝7 002（美元）
22%	77 400~90 000美元的剩余收入，金额为12 600美元	22%×12 600＝2 772（美元）
		纳税合计＝11 679（美元）

图表4.2向我们演示了税收等级是如何被用来确定我们个人的税率的。图表4.2有7根柱子，每根柱子都代表一个特定的税收等级。你首先是从第一根柱子开始（最低应税收入档），然后逐步向右移动，直到抵达包含你年应税收入的档位。你经过的每一根柱子都是有意义的，因为你所缴纳的所得税金额都是柱子对应的税率乘以这个档位内的应税收入

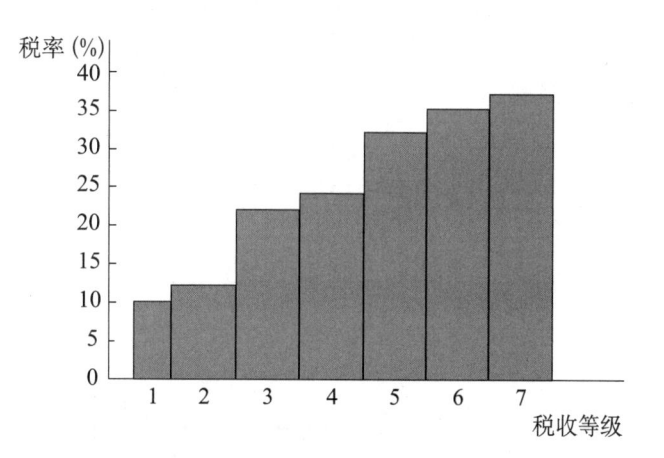

图表4.2　税收等级如何影响纳税税率

而获得的结果。需要特别强调的是，在图表4.2中，第一档应税收入（第一根柱子所示）对应的个人所得税税率是10%；第二档应税收入（第二根柱子所示）对应的个人所得税税率是12%，以此类推。

标准抵扣法下个人所得税计算的总结

总的来说，如果你选择的是标准抵扣法而不是逐项抵扣法，你可以根据下面的简单流程计算你的个人所得税（如果你有一些特殊情况存在，使你的个人所得税计算变得特别复杂，那就需要另当别论）：

1. 从薪水开始，加上利息收入等，确定你的总收入。
2. 从你的总收入中扣除个人退休账户缴款额和学生贷款利息（上限是2 500美元），确定你的调整后总收入。
3. 从调整后总收入中扣除你的标准抵扣额，确定你的应税收入。
4. 根据不同等级的应税收入，确定对应的所得税税率，计算你应该缴纳的所得税金额。

如果你有资格享有儿童税收抵免或其他税收抵免，那还需要进行第5步，关于抵免的相关内容，本章后面将会介绍。如果你掌握了所有的必备信息，你就可以在几分钟内计算出自己应该缴纳的所得税金额。

案例

回想一下斯蒂芬妮·斯普拉特是如何确定她当年的个人所得税的，前面已经讨论过具体的步骤。图表4.3对她的计算过程进行了概括总结。

图表4.3 斯蒂芬妮·斯普拉特计算个人所得税的总结　　　　单位：美元

工资和薪水		43 000
＋利息收入		0
＋股息收入		0
＋资本利得收益		0
＝总收入		43 000
－个人退休账户缴款额		－0
－学生贷款利息		－600
＝调整后总收入		＝42 400
－标准抵扣额		－12 000
＝应税收入		＝30 400
×税率	10%×9 525	＝953
	12%×20 875	＝2 505
＝个人所得税		3 458

采用逐项抵扣法计算你的税负

逐项抵扣法是指用调整后总收入减去某些特殊的支出抵扣项目从而求出应税收入的计算方法。国会已经批准将这些逐项抵扣项目作为税收优惠措施，目的是鼓励民众的某些行为，例如买房或者是向慈善机构捐款。要记住，当你计算自己的个人所得税时，你可以选择采用逐项抵扣法代替标准抵扣法。下面我们要详细介绍一下最常见的几种逐项抵扣项目。

抵押贷款利息费用

人们借钱买房时要支付贷款的利息成本。这种房屋贷款所产生的年利息费用就属于逐项抵扣项目之一。在适用新税法之前，房屋抵押贷款的前100万美元所产生的利息可以用于逐项抵扣。剩余的贷款产生的利息按照既定税率缴税。但对于新增的抵押贷款，只有前75万美元的贷款能够享受税收抵扣。汽车贷款与其他类型的消费贷款的利息支出不能用来抵扣税负。

州税和地方税

对于那些从本州雇主那里获得工资收入的纳税人，很多州要收取州所得税。大城市或县等地方的市政当局也可能征收所得税。住房或其他不动产的所有者要向不动产所在地的县缴纳不动产税。这些类型的州税和地方税是可以作为抵扣项目扣除的。然而，可以适用于所有州税和地方税的扣除额上限为1万美元。

医疗费用

纳税人的医疗费用如果超过调整后总收入的7.5%，超过部分可以申请逐项抵扣。需要注意的是，当医疗费用支出等于或者小于纳税人调整后总收入的7.5%时没有抵扣额。这项抵扣对那些某一年度医疗费用支出占收入比重非常高的纳税人来说尤其重要。2019年，抵扣标准增加到10%。

合理的医疗费用支出包括：诊断、治疗、缓解或预防疾病的费用；为医疗或长期护理保险支付的保费；处方药和胰岛素的费用。想要了解更详细的抵扣项目，可以参考国税局相关文件，代号为502，具体项目名称是医疗和牙科费用。只有那些未报销的医疗费用才可以抵扣。

慈善捐款

人们可以把自己向有资质的慈善机构捐赠的捐款作为一个逐项抵扣项目（捐款总额上限为捐款人调整后总收入的50%）。你必须记录好自己在一整年里的慈善捐款情况，捐款使用的是现金、支票还是信用卡。如果是大笔捐款，你需要从慈善机构那里拿到捐款的收据。很多慈善机构，例如教堂，会向所有捐款人寄送一份确认书，这种做法已经变成了既定的政策。捐赠给慈善机构的财产可被用于税收抵扣。如果被捐赠财产的价值较高，你必须请专业资产评估师来估值。

逐项抵扣法与标准抵扣法的比较分析

有部分纳税人没有自己的住房，或者向慈善机构捐款，或者有其他可以采用逐项抵扣法的特征。他们知道，在申报纳税，计算自己的个人所得税时，最佳选择就是采用标准抵扣法。不过，有部分纳税人拥有逐项抵扣的资格，可以通过逐项抵扣获得相应的好处。这些纳税人就需要比较，看看是不是逐项抵扣法优于标准抵扣法。如果情况果真如此，他们就可以通过逐项抵扣减少个人所得税的纳税额。

案例

伊万的年收入为 70 000 美元，这与他的调整后总收入是一样的，因为他没有向个人退休账户缴费，同时他也没有学生贷款利息支出。他将会以单身身份申报纳税，因此，他可以选择使用标准抵扣法核算自己的应税收入，在标准抵扣法中，他可以申请 12 000 美元的抵扣额。如果伊万选择使用逐项抵扣法，假定一年内他可以申请到如下的抵扣项目：

- 他欠了一笔巨额的房屋抵押贷款，这笔贷款的年利息支出为 20 000 美元。
- 他需要缴纳的财产税为 7 000 美元。

他还向慈善机构捐款 3 000 美元。我们注意到他的逐项抵扣金额加起来为 30 000 美元，已经明显超过标准抵扣法下的 12 000 美元。很显然，伊万采用逐项抵扣法享受到的税收优惠远远超过采用标准抵扣法享受到的税收优惠。图表 4.4 向我们详细展示了伊万采用标准抵扣法（第二列）和逐项抵扣法（第三列）在纳税方面的具体计算过程，两者对比结果一目了然。

图表 4.4 中的第二列表明，如果伊万采用标准抵扣法，他只能享受 12 000 美元的抵扣优惠，不能享受逐项抵扣法带来的好处。在这种情况下，他需要缴纳的个人所得税为 8 700 美元。与此相对应的是，图表 4.4 中的第三列采用的是逐项抵扣法，他可以享受 30 000 美元的抵扣优惠，而不是标准抵扣法下 12 000 美元的抵扣优惠。在这种情况下，伊万需要缴纳的个人所得税为 4 740 美元，比标准抵扣法下缴纳的 8 700 美元少了将近 4 000 美元。这个案例向我们展示了部分纳税人使用逐项抵扣法将会大幅降低他们所应该缴纳的个人所得税。

图表 4.4 纳税人计算个人所得税时采用标准抵扣法与逐项抵扣法的比较分析 单位：美元

	伊万采用标准抵扣法	伊万采用逐项抵扣法
调整后总收入	70 000	70 000
－标准抵扣额	－12 000	－0（无抵扣额）
－抵押贷款利息费用	－0（无抵扣额）	－20 000
－财产税	－0（无抵扣额）	－7 000
－慈善捐款	－0（无抵扣额）	－3 000
＝总抵扣额	－0	－30 000
＝应税收入	＝58 000	＝40 000
×税率	10％×9 525＝953	10％×9 525＝953

续表

	伊万采用标准抵扣法	伊万采用逐项抵扣法
	12%×9 525~38 700美元的收入 12%×29 175=3 501	12%×9 525~38 700美元的收入 12%×29 175=3 501
	22%×38 700~58 000美元的收入 22%×19 300=4 246	22%×38 700~40 000美元的收入 22%×1 300=286
=个人所得税	8 700	4 740

能够享受税收优惠的条件

不管你是采用标准抵扣法还是采用逐项抵扣法,在满足一定条件时,你都可以减少个人所得税的纳税金额。这些特殊的条件可以让你享受一定的所得税抵免额、抵扣额或者其他税收优惠。

儿童抵免额

儿童抵免额是指在年末时若家中有年龄小于17岁的孩子,则家长可以为每个孩子申请一份儿童抵免额。这条规定的前提条件是该儿童必须是美国公民或外籍居留者。当前的儿童抵免额标准为每个儿童享有2 000美元。儿童税收抵免不适用于特定收入水平以上的家庭,但不欠税的纳税人只要达到特定的最低收入水平,每个孩子仍可获得最高1 400美元的抵免。税收抵免额可以直接被用于冲抵税负,即用纳税额直接减去税收抵免额:1 000美元的税收抵免额可以让你的纳税额直接减少1 000美元。我们可以用1 000美元的税收抵扣额做一下对比。1 000美元的税收抵扣额可以让你的应税收入减少1 000美元,但是纳税额的减少额仅相当于1 000美元的一定百分比。基于这个原因,1美元的税收抵免额要比1美元的税收抵扣额更有价值。

大学费用抵免额和教育储蓄计划

大学费用抵免额可以通过支付大学学费帮助父母和学生降低个人所得税税负,而有些教育储蓄计划允许收入或来自投资的收益享受免税优惠。

案例

回想一下本章前面我们在举例时说到的那对已婚夫妇,他们的应税收入为90 000美元,应该缴纳的所得税是11 679美元。如果他们有一个小孩,且不超过17岁,他们就可以享受2 000美元的儿童抵免额,从而让他们应缴纳的所得税降低到9 679美元。如果他们有两个小孩,且都小于17岁,他们就可以享受2 000×2=4 000美元的税收抵免额,这样的话,他们需要缴纳的所得税就只有7 679美元。

美国机会抵免额。美国机会抵免额允许家长或学生在大学费用上花费的前 2 000 美元获得 100% 的税收抵免，并在四年期间每年对额外的 2 000 美元大学费用获得 25% 的税收抵免。

终身学习抵免额。终身学习抵免额允许学生或他们的父母申请每年前 10 000 美元大学费用的 20% 作为税收抵免。美国机会抵免额与终生学习抵免额均不适用于某些高收入人群。同一个学生不得在同一年度同时申请美国机会抵免额与终身学习抵免额。

Coverdell 储蓄账户。Coverdell 储蓄账户允许使用者每年最多向该账户缴款 2 000 美元。该储蓄账户可被广泛用于积累并支付读小学、中学和大学的各种费用，包括学费、杂费、课业辅导费、书本费、材料费和设备费。向该账户缴款不会享受税收减免，但当该账户中的钱用于投资且产生了收益，该收益用于支付适当的教育费用时，该收益的提取金额是免联邦税的。

529 号储蓄计划。父母将钱投资于 529 号储蓄计划，投资所获得的利息收入或资本利得收益不会被征收联邦税，前提条件是该账户内的资金最终被用于支付小学、中学或大学的各种费用。当使用者从 529 号储蓄计划里提取资金用于支付与教育相关的各种费用时，一些州可能要收取州税。所有的父母不管收入水平高低，都可以申请 529 号储蓄计划。如果父母决定不用这笔钱来支付某指定儿童的大学费用，他们也可以把钱从账户里提取出来，不过要缴纳非常高的罚金。

使用教育储蓄计划也会付出一些成本。帮助父母建立储蓄计划账户的咨询顾问以及负责管理账户的投资公司都要收取一定的费用。每个州都规定了本州指定的投资管理公司以及可投资的资产种类。父母可以要求本州指定的投资管理公司将账户内的资金投资于特定的资产组合。

劳动所得抵免额

劳动所得抵免额是专门为低收入纳税人准备的一种税收抵免项目，有助于降低低收入纳税人的税负。为了有资格申请这种抵免额，纳税人必须有工作，有工作收入，还可以有投资收入，但有一定的限额。它对调整后总收入也有特殊规定，这些规定也是随着时间的推移而动态调整的。

享受税收优惠的投资项目

有一些类型的投资可以享受税收优惠，优惠形式可以是所获得的收益享有免税资格或者对投资收益采用比较低的税率。

市政债券。投资市政债券所获得的收益（票息支付）通常可以免缴联邦所得税。我们将会在第 16 章详细分析这一部分的内容。

长期资本利得。长期资本利得指的是持有期超过 12 个月的资产所创造的收益。对年收入少于 38 700 美元、以单身身份申报的纳税人或者年收入少于 77 400 美元、以已婚夫妇身份联合申报的纳税人，长期资本利得不需要缴纳个人所得税，除此之外，对其他身份的纳税人来说，长期资本利得的税率为 15% 或 20%，具体采用哪一档税率取决于纳税人的收入水平。对任何纳税人来说，长期资本利得的税率通常情况下都要低于普通收入的税率水平。短期资本利得指的是持有期等于或小于 12 个月的资产所创造的收益，这类收益的纳税处理方式与普通收入没有区别，也就是说不会享有任何税收优惠。我们将会在第14章详细讨论相关内容。

如果你的投资收益丰厚，那么投资期限超过一年将会带来非常明显的税收优惠。不过，资本利得税收优惠只是你做投资决策时需要考虑的众多因素之一，而不是全部。

税务筹划如何更好地匹配你的个人理财计划

税务筹划需要纳税人在一整年的时间里采取相应的行动，以期实现在合法的范围内缴纳最低额度税金的目的。如果你所缴纳的所得税减少了，那么你的可支配收入就会增加，从而你的净资产就会增加。在编制个人理财计划时，最重要的税务筹划决策如下所示：

- 现在有哪些节税项目可以为你所用？
- 未来你可以将节税额提高到什么水平？
- 你应当保管好哪些记录或凭证？

图表4.5举例说明了斯蒂芬妮·斯普拉特如何将节税措施与个人理财计划相结合。

图表4.5　斯蒂芬妮个人理财计划中的税收优惠的运用情况

税务筹划的目标

将应税收入降低至美国国税局允许的程度（从而减少纳税额）。

分析

总收入＝43 000美元

个人退休账户：我没有向个人退休账户缴纳任何款项。

如果我每年向个人退休账户缴款3 000美元，且其他情况都保持不变，我的应税收入可以抵扣3 000美元，这样将会减少我的个人所得税，具体如下所示：

单位：美元

	没有向个人退休账户缴款	向个人退休账户缴款3 000美元
工资和薪水	43 000	43 000
＋利息收入	0	0
＋股息收入	0	0
＋资本利得收益	0	0
＝总收入	＝43 000	＝43 000
－个人退休账户缴款额	－0	－3 000
－学生贷款利息	－600	－600
＝调整后总收入	＝42 400	＝39 400
－标准抵扣额	－12 000	－12 000
＝应税收入	＝30 400	＝27 400
×税率	10%×9 525＝953	10%×9 525＝953
	12%×9 525～30 400美元的收入	12%×9 525～27 400美元的收入
	12%×20 875＝2 505	12%×17 875＝2 145
＝个人所得税	3 458	3 098

续表

因此，通过向我自己的个人退休账户缴款3 000美元，个人所得税的缴款金额可以减少360美元。有一个快捷公式可以直接算出相同的答案：

节税金额＝减少的应税收入×边际税率
＝3 000×0.12
＝360（美元）

这种节税策略的不利之处在于我不可能连续多年向我的个人退休账户缴款。

决定

我必须储蓄，我可以通过储蓄在未来买新车，还可以买新房子。在实现这些目标之后，我会认真考虑向个人退休账户多缴款。

讨论题

1. 如果斯蒂芬妮是拥有两个子女的单身母亲，那么她的节税计划会有哪些不同？
2. 如果斯蒂芬妮现在35岁，那么她的节税计划会有哪些不同？如果斯蒂芬妮现年50岁呢？

小结

税收基础知识。你所赚取的收入受联邦社会保险、美国社会保障局和个人所得税的综合影响。你的雇主会事先预扣一部分薪资用来支付你的联邦社会保险税，同时也会预扣一部分薪资用于缴纳你的个人所得税。

计算个人所得税的流程。为了计算个人所得税，你首先必须明确自己的总收入，这是你所有应该报告的收入；接下来，扣除个人退休账户缴款额和学生贷款利息，可计算出调整后总收入；然后看看有哪些抵扣项目，这些抵扣项目决定你是应该采用标准抵扣法还是逐项抵扣法。

采用逐项抵扣法计算个人所得税。你可以不采用标准抵扣法，你可以采用逐项抵扣法计算你的个人所得税。逐项抵扣的项目包括抵押贷款利息费用、州税和地方税、高于普通水平的医疗费用和慈善捐款。

享受税收优惠的条件。儿童抵免额可以直接用来减少你的税收负债。此外，大学费用抵免额可以为支付自己的学费或者其所抚养孩子的学费的个人所用。很多教育储蓄计划投资产生的收益可以免税。还有一些类型的投资可以提供税收优惠，优惠的形式可以是直接享受税收减免或者适用更低的税率。

在你的个人理财计划中进行税务筹划。有效的税务筹划可以帮助你减少税收负债。减少个人所得税会提高你的个人可支配收入，从而增加你的个人净资产规模。

复习题

1. 税负的影响。为什么弄清楚个人的理财决策所造成的税负影响十分重要？
2. 联邦社会保险税。什么是联邦社会保险税？说明联邦社会保险税的两个组成部分，并解释这两个部分的主要作用。谁要支付联邦社会保险税？

3. 联邦医疗保险。什么是联邦医疗保险？你需要支付多少联邦医疗保险税？

4. 税收预扣。什么是税收预扣？

5. 申报身份。共有哪五种申报身份？

6. 总收入。什么叫做总收入？列出几种包含在总收入里的收入类型。你收到的哪些类型的收入不能被计入总收入？

7. 资本利得收益。什么叫做资本利得收益？在什么情况下资本利得收益会被视为短期收益？在什么情况下它被视为长期收益？为什么这个差别很重要？

8. 调整后总收入。如何计算调整后总收入？

9. 标准抵扣法。什么叫做标准抵扣法？单身身份申报的标准抵扣额是多少？已婚夫妇联合申报的标准抵扣额是多少？

10. 逐项抵扣法。什么叫做逐项抵扣法？列举一些使用逐项抵扣法的例子。

11. 抵押贷款利息费用。抵押贷款利息费用是如何发挥税收优惠功能的？它与汽车贷款利息有什么区别？

12. 应税收入。如何计算应税收入？

13. 边际税率。什么叫做边际税率？为什么边际税率很重要？

14. 税收抵扣与税收抵免。税收抵扣与税收抵免之间有何差别？哪一个更有价值？

15. 税收抵免。列出几种常见的税收抵免项目。

16. 总收入。下列哪些类型的收入可被计入总收入？

薪水	小费
资本利得收益	福利金
退伍兵的安置费	股息收入
儿童抚养费	利息收入
奖金	

17. 利息收入与股息收入。说明一下利息收入与股息收入的主要异同点。从税务的角度来看，这两种收入的处理方式不同吗？

18. 医疗费用。你个人的全部医疗费用是否都可以用来抵扣税负？请解释说明一下。

19. 长期资本利得税。对于边际税率较低的纳税人与边际税率较高的纳税人来说，长期资本利得税给谁带来的好处更大？请解释一下。

20. 联邦税收体系。缴纳所得税的目的是什么？谁负责管理联邦税收体系？

21. Coverdell 储蓄账户。什么是 Coverdell 储蓄账户？列举一些可以用 Coverdell 储蓄账户支付的费用类型。

22. 劳动所得抵免额。什么是劳动所得抵免额？

23. 529 号储蓄计划。什么是 529 号储蓄计划？这一计划的优势有哪些？

24. 慈善捐款。慈善捐款是如何享受税收优惠的？

理财规划练习题

1. 纳税计算。阿丽莎每周的周薪为450美元。她每个月预扣的社会保险税是多少美元？医疗保险税是多少美元？联邦社会保险税总额是多少美元？

2. 联邦社会保险税缴款。布莱恩的年薪为27 000美元，预计他在2018年要缴纳多少美元的联邦社会保险税？他的雇主要缴纳多少美元的联邦社会保险税？

3. 资本利得税。2018年史蒂芬的工资收入为34 000美元。2018年，他卖掉了持有9个月的股票，获得了1 900美元的资本利得收益。他要为这笔资本利得收益支付多少税金？如果持有股票的时间为13个月，他要为这笔收益支付多少税金？

4. 税收抵扣。艾米丽和保罗是一对已婚夫妇，2018年他们俩决定联合报税。按照他们选择的申报身份，标准抵扣额为24 000美元。他们可使用下列逐项抵扣项目：

单位：美元

超过7.5%比例的医疗费用	400	州所得税	1 500
抵押贷款利息费用	3 500	慈善捐款	250

艾米丽和保罗应当选择逐项抵扣法还是标准抵扣法？

5. 逐项抵扣法。2018年爱玛的调整后总收入为24 200美元，她有一笔金额为1 800美元的未偿还医疗费用。爱玛可以将这笔医疗费用的多少金额作为逐项抵扣项目来处理？

6. 逐项抵扣法。2018年道恩的调整后总收入为16 700美元。道恩有一笔金额为1 800美元的未偿还医疗费用。道恩可以将这笔医疗费用的多少金额作为逐项抵扣项目来处理？

7. 应税收入。尼克和诺拉是已婚夫妇，并且以夫妻身份联合申报纳税。他们的调整后总收入为47 400美元。如果他们享有22 500美元的逐项抵扣额，那么他们的应税收入等于多少美元？

8. 应税收入的变化。使用第7题提供的信息，假设尼克和诺拉的逐项抵扣总额增加了4 000美元，那么他们的应税收入会受到怎样的影响？

9. 对税负的影响。丹尼尔适用的边际税率为24%。他突然意识到自己遗漏了一项金额为1 000美元的税收抵扣项目。这会对他的纳税额造成怎样的影响？

10. 对税负的影响。如果丹尼尔（见第9题）忘记申报一项金额为1 000美元的抵免项目（而不是1 000美元的税收抵扣项目），那么这会对他的纳税额造成怎样的影响？

11. 逐项抵扣法。特雷西目前单身，2018年她的调整后总收入为37 000美元。特雷西可使用下列逐项抵扣项目：

单位：美元

未偿还的医疗费用	3 000	不动产税	700
州所得税	1 850	利息费用——汽车贷款	550
抵押贷款利息费用	3 040	利息费用——信用卡	125
慈善捐款	300		

特雷西的哪些项目有资格享受逐项抵扣？

12. 联邦社会保险税和高收入。2018年乔娜的工资收入为178 400美元。这一年她的联邦社会保险税预扣金额为多少？

13. 税收负债。如果拉娜一年的工资收入为74 400美元，且她是单身，将采用标准抵扣法，那么请计算一下她的税负是多少。

14. 个人退休账户缴款。哈伦是单身，应税收入为104 300美元，其当年向个人退休账户的缴款额为4 200美元。哈伦向个人退休账户的缴款可以让他的税负降低多少？

15. 联邦社会保险。多丽达年收入为112 000美元。她需要缴纳多少联邦社会保险税？

16. 道德困境。当拉里填报纳税单时，他遗漏了一项金额为2 500美元的现金收入，这笔收入是他为朋友粉刷房子，朋友支付的工资。他在检查自己的支票账户记录时才注意到这笔现金收入，他意识到自己犯了一个错误。

　　a. 拉里应该无视他的错误还是再填报一下修正后的收入？为什么应该这样做？或者为什么不应该这样做？

　　b. 如果拉里无视这个错误，可能会带来什么样的后果？

个人理财的心理学：个人的税负

1. 本章我们解释了按照美国国税局的要求，雇主会在向雇员发放工资时预扣一定金额的所得税。到底预扣多少所得税，纳税人可享有一定的选择权利。"预扣税"在心理上有一个优势，那就是在纳税人收到工资之前先把税扣掉，就好像这部分收入从未属于过纳税人。显然，先收到了全部收入，然后再把一部分收入用于缴税的做法更让人感觉痛苦。如果你可以选择，你更愿意将所得税的预扣额定得高一些还是低一些？对你的选择做出解释。

2. 阅读一篇讲述心理因素如何对人们的纳税行为造成影响的实践性文章。使用"心理"以及"纳税"作为关键词，你可以轻轻松松在网络上搜索到多篇文章。对这篇文章的主要观点加以总结。

综合案例：桑普森一家

戴夫·桑普森和莎伦·桑普森想计算一下今年他们的纳税额。这一年他们的家庭收入为65 000美元。他们没有向个人退休账户缴款。桑普森夫妇选择使用已婚夫妇联合申报的身份报税。

1. 帮助桑普森一家估算一下联邦社会保险税，包括社会保险税和医疗保险税。2018年，年收入少于128 400美元的联邦社会保险税税率是7.65%。

总收入　　　　　_____
联邦社会保险税税率　_____
联邦社会保险税　　_____

2. 桑普森一家采用的是标准抵扣法而不是逐项抵扣法，享受24 000美元的抵扣额。帮助桑普森一家估算其应税收入，并填写下列各项。

总收入　　　　　_____
个人退休账户缴款额　_____

调整后总收入　　　　　_____
标准抵扣额　　　　　　_____
应税收入　　　　　　　_____

3. 桑普森一家的边际所得税税率是多少？

4. 帮助桑普森一家估算一下在考虑儿童抵免额之后其个人所得税是多少。他们家有两个孩子，每个孩子享有2 000美元的抵免额。

术语解释

劳动收入（earned income）：主要来自工作的收入，包括工资、薪水和小费。

预扣税（withholding tax）：你的雇主从你的工资收入中事先预扣的金额，这些预扣的钱被交给了美国国税局。

联邦社会保险税（Federal Insurance Contributions Act taxes，FICA taxes）：这笔税款为社会保险和医疗保险提供资金来源。

联邦医疗保险（Medicare）：政府主导的医疗保险项目，它通过向医疗保险提供者付款，向年龄达到或超过65岁的公民提供医疗保险。

个人所得税（personal income taxes）：个人所获得的收入要缴纳的税种。

总收入（gross income）：包括个人通过各种渠道获得的应申报收入。总收入具体包括工资和薪水、利息收入、股息收入以及纳税年度当年收到的资本利得收益。

利息收入（interest income）：个人可以将钱存入金融机构提供的各种各样的储蓄账户或投资于存单，以此获得利息收入。他们还可以通过投资于债券的方式获取利息收入，例如购买国债或向其他个人提供贷款。

股息收入（dividend income）：纳税人投资于股票或共同基金可以获得股息收入。

资本利得收益（capital gain）：当投资者按照高于当初的购买价的价格出售资产时，就获得了资本利得收益。

调整后总收入（adjusted gross income，AGI）：用总收入减去个人退休账户缴款额、学生贷款的利息支付额以及其他特殊的支出费用，就能算出个人的调整后总收入。

标准抵扣法（standard deduction）：用调整后总收入减去固定金额（即标准抵扣额）来计算应税总收入的方法。

边际税收等级（marginal tax bracket）：涵盖纳税人应税收入的最高税收等级。

边际税率（marginal tax rate）：增加单位收入所支付的额外税收。

逐项抵扣法（itemized deductions）：用调整后总收入减去某些特殊的支出抵扣项从而求出应税收入的计算方法。

州所得税（state income tax）：对于那些从本州雇主那里获得工资收入的纳税人，很多州要收取州所得税。

不动产税（real estate tax）：住房或其他不动产的所有者要向不动产所在地的县缴纳不动产税。

儿童抵免额（child tax credit）：每个孩子可以获得的抵免额。

税收抵免额（tax credit）：用于直接减免纳税义务的具体数额。

大学费用抵免额（college expense credit）：为受抚养人支付读大学费用的纳税人或自担读

大学费用的纳税人可以享受的一种抵免额。

Coverdell 储蓄账户（Coverdell Savings Accounts）：其资金可用于支付各种学校费用；账户内的投资所得收益可免交联邦税。

劳动所得抵免额（earned income credit）：专门为低收入纳税人准备的一种税收抵免项目，有助于降低低收入纳税人的税负。

长期资本利得（long-term capital gain）：持有期超过 12 个月的资产所创造的收益。

短期资本利得（short-term capital gain）：持有期等于或小于 12 个月的资产所创造的收益。

第二部分

管理个人流动性

　　第二部分包含的这几章重点是向读者介绍能够确保个人持有充足流动性的理财决策。第5章介绍的是如何挑选一家能满足个人理财需求的金融机构。第6章详细论述的是如何管理现金以便将来自己有能力支付账单。第7章分析的是个人如何评价自己的信用环境,而第8章讲述的是如何管理个人贷款。个人对金融机构、现金管理以及贷款管理的模式选择将会影响到个人的流动性状况,从而进一步影响到个人的现金流以及财富水平。

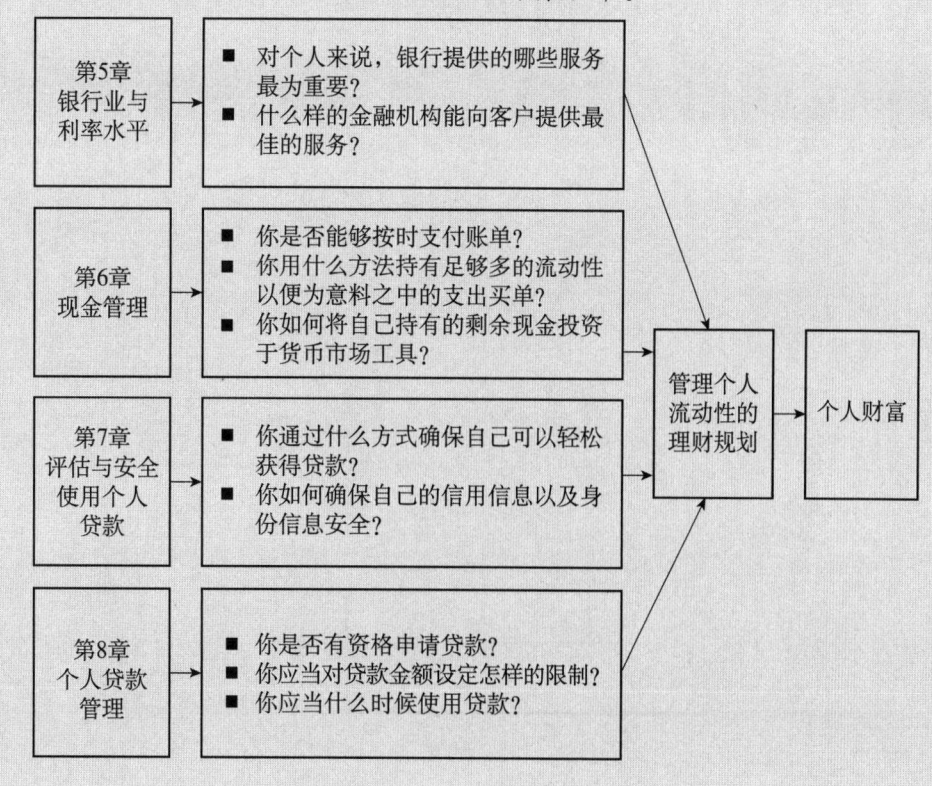

第5章 银行业与利率水平	■ 对个人来说,银行提供的哪些服务最为重要? ■ 什么样的金融机构能向客户提供最佳的服务?
第6章 现金管理	■ 你是否能够按时支付账单? ■ 你用什么方法持有足够多的流动性以便为意料之中的支出买单? ■ 你如何将自己持有的剩余现金投资于货币市场工具?
第7章 评估与安全使用个人贷款	■ 你通过什么方式确保自己可以轻松获得贷款? ■ 你如何确保自己的信用信息以及身份信息安全?
第8章 个人贷款管理	■ 你是否有资格申请贷款? ■ 你应当对贷款金额设定怎样的限制? ■ 你应当什么时候使用贷款?

→ 管理个人流动性的理财规划 → 个人财富

第5章
银行业与利率水平

章前引例

当肖娜作为大一新生刚刚进入大学校园时,她主要依靠自动取款机来获得现金,以便应付校园生活当中经常遇到的小额支付(例如餐饮、电影以及购买更多的食品方面的费用)。只有当周末回家时,肖娜才会检查一下最近的银行账单,慢慢地她意识到了问题的存在。肖娜的银行账单显示她因使用自动取款机共产生了39笔费用。每次她在自动取款机上跨行取款时,都要被收取1.0美元的手续费。此外,作为自动取款机的所有者,银行还要收取1.5美元的费用,因此每次在自动取款机上取现都要产生两笔费用。此外,肖娜还透露,她在"网络外"的自动取款机上进行了5次余额查询,她的银行对每次查询都收取0.5美元的费用。总的来说,在她17次使用自动取款机跨行取款和5次使用"网络外"的自动取款机进行余额查询的过程中,肖娜累积了42.5美元的自动取款机跨行取款费用和2.5美元的查询费用,总金额为45.0美元。令人震惊的是,肖娜发现一家银行提供了一个带有自动取款机定位器的移动应用程序,可以让她轻松找到不收费的自动取款机。这个移动应用程序还允许她随时检查她的账户余额,所以她会一直知道她是否被收取费用。

本章我们要讨论的是如何利用金融机构来管理个人每天的现金流。选择一家好银行是保持良好流动性的必要因素之一,不管你是打算将钱存入生息账户还是需要贷款。你可以选择商业银行、信用合作社或网上银行。不管选择哪一种,重要的是你要清楚地知道自己的资金是否安全。你还应当了解银行如何设定个人存款或贷款的利率水平。利率水平经常波动,受到多个因素的影响,本章我们也会谈及这一话题。

本章的学习目标

- 介绍金融机构的类型;
- 介绍金融机构提供的银行服务;
- 解释如何选择一家金融机构满足个人需要;
- 确定利率的组成;
- 解释为什么利率随时间变化;
- 解释银行服务如何匹配你的个人理财计划。

金融机构的类型

个人想投资或借钱时,都要寻求金融机构的帮助。本章我们将主要向大家介绍两种类型的金融机构：存款机构与非存款机构。

存款机构

存款机构是指向个人或企业提供传统的支票账户与储蓄账户服务并发放贷款的金融机构。存款机构向储蓄存款支付利息，同时要收取贷款利息。贷款的利率水平要高于存款的利率水平，这就形成了利差。存款机构利用存贷利差来支付各种经营成本，并为自己的股东创造收益。

存款机构非常善于评估潜在借款人偿还贷款的能力。这是其业务的核心组成部分，因为贷款产生的利息收益是存款机构的主要收入来源。

存款机构可细分为三种类型：商业银行、储蓄机构与信用合作社。

商业银行。商业银行是指吸收支票账户、储蓄账户存款，然后利用这些资金向企业或个人发放贷款的机构。一般来说，支票账户不支付利息。储蓄账户会付息，还有一些账户既能付息，又允许持有人签发支票。下一章我们将详细介绍这些银行账户产品。联邦存款保险公司（FDIC）——这是一家政府所有的保险机构，职能是确保银行存款的安全——为商业银行的每一位储户提供最高保额不超过 250 000 美元的保险。在 2008—2009 年金融危机爆发期间，由于大量的抵押贷款违约，好几家银行陷入了危机。只要储户购买了联邦存款保险公司的保险，其权益就会得到保障。没有存款保险，金融危机给个人带来的破坏力可能会更强大。

商业银行还可以为个人购买汽车等大件商品的行为提供贷款。它们还可以向买房者提供房屋抵押贷款。一些商业银行还拥有其他类型的金融机构（例如下面我们将要谈到的几种金融机构），这些机构能向个人客户提供其他服务。

储蓄机构。储蓄机构吸收存款，并向个人发放抵押贷款以及个人贷款。储蓄机构与商业银行的区别之处在于发放商业贷款并不是前者的重点业务。储蓄机构一般像商业银行一样提供支票账户与储蓄账户；每位储户同样可以获得联邦存款保险公司最高保额不超过 250 000 美元的保险。与商业银行类似，在金融危机爆发时，储蓄机构也遇到了一些问题，它们发放的许多抵押贷款也出现了违约的情况。不过，只要购买了存款保险，储蓄机构的储户基本上是安全的。

信用合作社。信用合作社是一种非营利存款机构，专门为具有共同关系（例如受雇于同一个老板或位于同一个社区）的会员提供服务。信用合作社的建立是为了服务特定医院、大学甚至一些公司的雇员。信用合作社向会员提供的存款账户与商业银行和储蓄机构提供的账户类似；同时，存款账户获得了国家信用合作社股份保险基金（National Credit Union Share Insurance Fund，NCUSIF）的保险，每个账户的最高保额不超过 250 000 美元。信用合作社还向会员提供抵押贷款以及个人贷款。它们甚至还能发行信用卡，而且这些卡的贷款利率水平有时甚至低于其他金融机构发行的信用卡。

非存款机构

非存款机构能提供各种各样的金融服务，但是其存款不能获得联邦保险的保护。可以向个人客户提供服务的非存款机构的主要类型包括金融公司、证券公司、保险公司以及投资公司。

金融公司。金融公司专门向个人客户提供个人贷款。这些贷款可被用于多种用途，例如买车或购买其他商品，或者是为住房添加一个房间。金融公司要收取较高的贷款利息，因为它们主要是向那些预期贷款违约风险较高的个人发放贷款。当经济衰退时，借款人会更难以偿还贷款，从而导致金融公司面临更为高企的贷款违约率。例如，在2008—2009年金融危机期间，很多人丢了工作，根本无力偿还个人贷款。因此，在那段时间，金融公司遇到了更多的个人贷款违约事件。

证券公司。证券公司通过提供投资银行服务以及经纪服务帮助企业或个人购买或卖出证券（例如股票或债券）。投资银行服务包括：（1）承销企业发行的证券，这意味着证券公司要帮助发行企业找到愿意购买这些证券的投资者；（2）为企业出售证券的行为提供咨询服务，包括确定证券的销售价格以及数量；（3）为打算并购的企业提供咨询服务，例如评估并购对象企业的价值、并购潜在对象或其他企业能带来哪些好处，以及并购案需要多少资金支持。

除了提供投资银行服务，证券公司还能提供经纪服务，帮助客户买卖证券。简单地说，这是指证券公司代表客户买卖证券。有的客户想买入某种证券，而另一个客户刚好想卖出这种证券。经纪公司通过实现自愿买家与卖家的匹配，为股票和债券创造出一个交易市场。

保险公司。保险公司属于非存款机构，为个人或企业因为遭遇不利情况而面临的损失提供保险服务。具体来说，人寿保险公司能够为个人的死亡提供保险。财产与意外保险公司能够为财产（包括汽车与住房）损坏提供保险。健康保险公司能够为特定类型的医疗费用提供保险。对个人来说，保险的作用可谓至关重要，因为一旦出现了对个人的财务状况破坏力极大的不利事件，保险公司能及时向投保人（或受益人）提供赔偿。我们将在第11~13章讨论保险产品。

投资公司。投资公司使用个人提供的资金投资证券，创立共同基金。个人投资共同基金的最低限额通常为500~3 000美元。投资公司将个人投资者提供的小额资金汇聚在一起，投资于证券组合，所有投资于共同基金的投资者都能按照一定比例享受该证券组合的部分所有权。因此，共同基金提供了一种渠道，使小额投资者也有机会投资于庞大的证券组合。对于个人投资者来说，市场上共有大概9 000种共同基金产品可供选择。有关共同基金更多更详细的信息，请读者参考本书的第17章。

金融集团

金融集团能够向个人或企业提供多种金融服务。比方说，花旗集团和美国银行都属于金融集团。除了吸收存款和发放个人贷款以外，金融集团还能发行信用卡。它可能拥有一个经纪子公司，能够帮助个人客户执行证券交易指令。它还可能拥有一个保险子公司，能够向客户提供保险服务。它甚至还可能拥有一个投资子公司，能够提供包含股票或债券的共同基金。图表5.1列出了常见的金融集团可以向个人客户提供的服务类型。通过全面提供各种类型的服务，金融集团致力于提供"一站式服务"，使客户可以进行所有的金融活动。

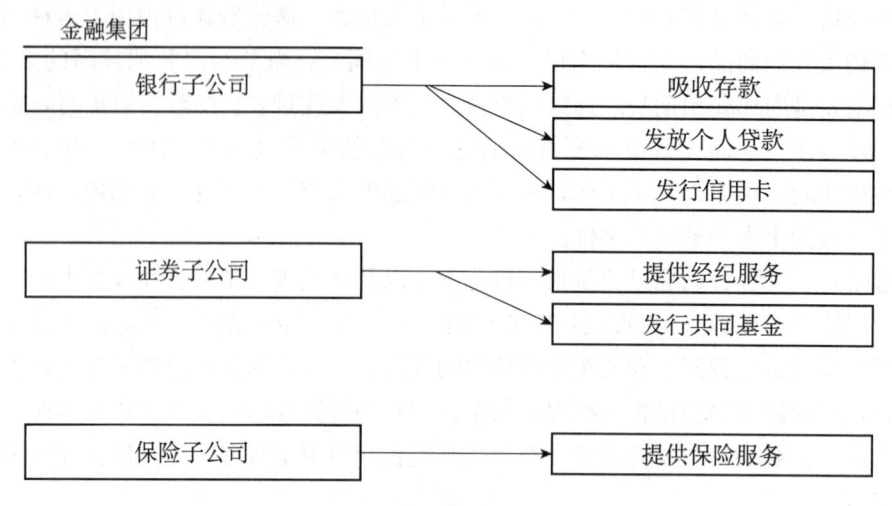

```
金融集团
┌─────────────────┐      ┌─────────────┐
│   银行子公司    │─────→│  吸收存款   │
└─────────────────┘  ╲   └─────────────┘
                      ╲  ┌─────────────┐
                       ─→│ 发放个人贷款│
                      ╱  └─────────────┘
                     ╱   ┌─────────────┐
                       ─→│ 发行信用卡  │
                         └─────────────┘

┌─────────────────┐      ┌─────────────┐
│   证券子公司    │─────→│ 提供经纪服务│
└─────────────────┘   ╲  └─────────────┘
                       ─→┌─────────────┐
                         │ 发行共同基金│
                         └─────────────┘

┌─────────────────┐      ┌─────────────┐
│   保险子公司    │─────→│ 提供保险服务│
└─────────────────┘      └─────────────┘
```

图表 5.1　金融集团如何向个人客户提供服务

金融机构提供的银行服务

存款机构能向个人客户提供多种银行服务，而非存款机构不能提供银行服务，但是它可能拥有一个也许能向客户提供银行服务的子公司。接下来我们要向大家介绍几种对个人客户来说比较重要的银行服务。

支票服务

你在拥有支票账户时，可以通过签发支票的方式提取该账户的资金，也可以通过借记卡、在线支付提取资金。很多人都开立了支票账户用于支付账单，这样当购物时就不需要携带太多的现金。尽管今天人们使用借记卡、在线支付或者手机 App 完成支付的次数在不断增加，但支票仍然被广泛运用，尤其是在大额交易活动中。为了向大家说明支票账户的工作原理，我们假设今天你要向学校支付 1 500 美元的学费。学校将你的支票存在它在银行开立的账户里。开户行以电子方式将学校的账户余额增加了 1 500 美元。与此同时，如果你的支票账户也在同一家银行，那么银行会将你的账户余额减少 1 500 美元。如果你的支票账户在另外一家银行，收到支票的银行会向你的开户行发出电子指令，要求其将你的账户余额减少 1 500 美元。

借记卡。 借记卡是一张支付卡，可以用来购买商品，款项由持卡人的支票账户支付。这意味着在付款的时候，资金会直接从支票账户转出。如果你使用借记卡向修车店支付 100 美元的修车费，那么你的支票账户余额会立即减少 100 美元，而修车店的账户余额则增加 100 美元。因此，使用借记卡的效果与使用支票账户签发支票一样。大多数人都喜欢使用借记卡，因为对这些客户来说，使用借记卡付款要比随身携带支票簿方便得多。很多商家也更愿意接受客户使用借记卡付款。有一些商家更愿意客户使用借记卡而非支票来付款，因为它们担心支票可能会跳票。尽管借记卡看上去与信用卡类似，但借记卡的目的是方便使用，它不提供信用。使用借记卡购买商品不会产生任何负债，因为客户是直接使用支票账户内的资金付款的。与之相反，信用卡允许个人透支，即便支票账户余额不够，信用卡也可以消费，但由此产生的负债，信用卡持卡人必须偿还。

尽管借记卡使用起来很方便，但它依然存在一些弊端。如果你的借记卡被盗，窃贼们可能通过在线购买的方式，在很短的时间里将你的支票账户盗空。如果你立即将借记卡被盗的信息告知开户行，那么借记卡被盗的金额就不需要你来承担。但即便如此，你也需要等上很长一段时间，银行才会将被盗的金额转回到你的账户。如果你在收到银行对账单后60个自然日内没有向银行报告你的借记卡被盗信息，那么所有的损失都得由你自己承担。如果你的借记卡被盗，立即跟银行打电话报备，随后发一封函给银行。为了防止小偷用你的借记卡在ATM取钱，千万不要把你的个人识别码（PIN）与银行卡捆绑在一起。

使用借记卡的另外一个弊端是如果你刷卡次数太多，你可能会忘记将所有的消费记录下来。这样的话，你账户里面的钱可能要比你想象中的少，这样的话，你可能会透支，从而产生一些额外的费用。

手机银行。很多金融机构现在都提供手机App，这样的话，你可以在智能手机上完成相关交易。通过手机端，你能够查询账户余额，查看近期交易。如果你经常使用借记卡，但又不想自己记录所有的交易活动，这些App可以帮助你避免透支。有些App还会在你的账户余额低于某个标准时向你发出警告。这些App在你给汽车加油时显得格外有用。你必须在加油前先刷卡，而支付系统不能在你完成加油后立刻扣除你购买的确切费用，相反，支付系统可能会事先冻结一部分资金，足够你支付25加仑或更多的汽油，尽管你可能只买了5加仑的汽油。冻结时间可能会持续一天，这样的话，你的账户大概会冻结50美元或者100美元，这种支付系统可能会导致你的账户出现透支，除非你知道账户的可用余额。

绝大多数金融机构的App还允许你用自己的智能手机将自己所收到的支票储蓄起来。你只需要在支票背面背书，给支票正面和背面拍照，用手机将你的照片传送给银行。App还可以在你需要取现时帮助你找到离你最近的ATM。

你还可以直接用智能手机代替借记卡。苹果系统和安卓系统的手机支付软件可以帮助你完成支付活动，不需要你刷卡。越来越多的商户愿意接受这种形式的支付。

按时支付账单。支票账户为你提供了一种快速、便捷的账单支付方式。人们支付账单的行为会受到心理因素的影响。对任何人来说，支付账单都不是一件让人感到高兴的事情，不过每个人对这件事的处理方式不同。有些人故意"忘掉"账单的存在，尝试逃避支付账单所带来的压力或紧张感。不过债权人通常都记得谁欠他的钱，如果你没有在截止日期前还钱，你可能会收到逾期通知，还有可能被罚款。

如果你经常产生滞纳金，那么可以考虑在日历本上记下各种账单的最后到期日。通过规避各种滞纳金，你能节省下更多的资金用于其他用途。你可以在银行网站上设置一个在线还款系统，这样就不会出现还款滞后的情况。在线还款系统可以确保你的支票账户每个月在最后还款日自动扣款。自动扣款方式对每个月都要缴纳的网络使用费或者有线电视费非常适用，因为这些费用每个月都是固定的。如果账单金额每个月变化幅度很大，比如公寓取暖费，你可能不想通过自动扣款方式还款。与之对应的是，你可以设置在线还款系统，输入每个月你需要支付的确切金额。

支票账户费。绝大多数金融机构会对支票账户收取月费，但有很多方法可以避免缴费或者大幅降低缴费金额。因为这些费用每年很容易超过100美元，所以用户们规避缴费的愿望还是非常强烈的。只要你的账户余额维持在最低标准以上，大多数银行都会放弃收取月费。尽管有些银行要求账户最低余额为1 500美元甚至更高，但也有很多银行只要求100美元的最低余额。因此，在你挑选金融机构的时候，花点时间比较一些不同金融机构的最低余额标准还是值得的。

如果你每个月都授权直接存款到支票账户，有些银行也会免收或者少收服务费。很多公司都会选择直接存款方式发放工资，所以问问你的雇主是否可以这样安排。如果你很习惯网上银行或者手机银行，你会发现，当你通过网络或者ATM开展业务活动时，很多银行都不会收取任何费用，因为这样的业务对银行来说，与在支行安排员工进行服务相比，成本很低。最后，有些银行会为学生或退伍军人提供免费支票账户服务，不过，这些账户每月享受的支票服务次数有限。

关注个人账户的余额。在签发支票时，你应当在自己的支票簿上做好记录，这样做便于你随时了解支票账户的余额。随时了解自己的账户余额能帮助你在签发支票时确定自己没有透支。这一点非常重要，因为一旦你签发的支票跳票，银行就要向你收取一笔费用，或者，当你的账户自动扣款时，资金可能会出现余额不足的情况。如果你的支票账户余额没有保持在最低标准以上，你也会被银行收取月费。绝大多数金融机构允许你在线查询账户余额，不过，你自己也应该记录一下自己所有的交易事项，这样的话，你就可以确保自己在金融机构的账户余额数字是准确的。

核对你的账户余额。金融机构通常每个月会向客户寄送一份账单。如果你开通了网络银行业务，那么你的邮箱会收到这份账单。当你收到银行寄来的账单时，你应当确保账单上所列的交易内容与你在支票簿上记录的交易内容一致。确保所有的储蓄都被列在账单上，不管这些储蓄是通过直接存款、智能手机，还是在ATM或银行支行进行的。将账单上的数字与你的支票簿进行对比。将账单上注明已经结算完毕的支票在支票簿上划掉（已经从你的支票账户扣除的部分）。接下来，将你的电子交易、借记卡消费以及ATM上的提现与账单进行比较。调整支票簿和账单上的余额，扣除还未使用的支票，或者账单上还未结算的交易。确保支票簿上的余额与账单上的余额是一致的。

> **案例**
>
> 　　上个月，你的支票账户余额为800美元。这个月你向账户内存入100美元。你签发的两张支票已经被结算完毕，总额为200美元。你用借记卡刷卡消费三次，总额为300美元。你没有从支票账户里提现。这个月也没有产生其他费用。因此，本月你的支票账户的余额应当等于：
>
> 单元：美元
>
> | | |
> |---|---|
> | 上个月的余额 | 800 |
> | ＋存款额 | ＋100 |

续表	
一被结算的支票金额	－200
一借记卡消费	－300
＝新余额	＝400

> 如果在某个月你没有产生任何费用，也没有提现，则只要你签发的所有支票均已被结算完毕，那么银行账单上显示的余额就应当与你在支票簿上记录的余额一致。但是，如果有一张支票尚未被结算，那么银行账单上显示的余额就要高于支票簿上记录的余额，超出的部分刚好等于尚未被结算的支票金额。如果你又签发了一张100美元的支票，你可以在支付之后立刻在支票簿上记录下来。不过，支票账单上的余额可能并没有包含这次支付，直到支票被结算完毕。这可能会让某些人误认为自己还有很多钱在账上，可以用来消费，但实际上的余额并没有他们自己想象中那么多。正因如此，你不应当依赖于每个月的银行账单来管理个人的每日余额。

很多银行可以向客户提供一个账单表，用于核对你的账户余额。图表5.2给出了一个核对案例。你可以把账户余额与银行寄来的账单上显示的余额进行对比。如果两者不一致，那么要么是你计算的余额有错误，要么就是银行的账单有错误。第一步是重新验证一下自己按照支票簿计算时是否存在计算错误，然后再检查一下银行账单的计算是否有错误。如果你仍然无法解决这个问题，下一步可以联系银行。

图表5.2 使用账单核对支票账户余额的案例　　单元：美元

期初余额			＝1 500
存款	100		
	400		
	500	→	＋500
提现额	50		
	150		
	200	→	－200
已完成结算的支票金额	700		
	100		
	800	→	－800
借记卡交易事项	25		
	50		
	125		
	200	→	－200

续表

自动付款账单	100		
	100		
	200	→	−200
银行收取的费用	0		−0
银行账单上显示的账户余额			**600**
尚未被结算的支票金额	100		
	100		
	200	→	−200
调整后的银行账户余额（你自己算出的银行账户余额）			**400**

你可能会觉得核对自己的账户余额纯属浪费时间，因为你可以很轻易地在网上核对余额，查询自己的交易。但核对还是非常有必要的，这主要有以下几个原因：第一，虽然银行犯错误的概率非常低，但错误依然有可能出现，所以你还是需要自己核对一下账户。第二，你应该核对一下借记卡的所有交易事项，确保这些交易都是有效的，没有不经你允许就对借记卡进行扣款的项目。第三，回顾一下你每个月的交易事项可以帮助你更好地了解自己的钱都用在了哪些地方。当你意识到上个月你日常买卡布奇诺咖啡的费用超过 100 美元时，你可能会重新考虑一下喝咖啡的习惯。

> **案例**
>
> 最近你收到的银行账单显示，支票账户的余额为 500 美元。不过，昨天你刚刚签发了一张金额为 300 美元的支票来支付账单。在这张支票结算完毕后，你的支票账户余额应当是 200 美元。今天，你收到了金额为 250 美元的信用卡账单。尽管这个金额低于最近你收到的银行账单上显示的账户余额，但是事实上支票账户里的实际余额根本不足以支付这张账单。
>
> 如果你签发了一张支票来支付这张信用卡账单，那么支票将会被退回，因为支票账户的实际余额仅为 200 美元。保管好自己的每一笔支票签发记录，这样你才能清楚地了解支票账户的实际余额。

支票浮存

在你签发了一张支票以后，支票账户的余额不会立即减少，直到这张支票被收款人兑现且完成结算才会减少。从你签发支票到你的支票账户余额相应减少，这个过程中会出现浮存。这是因为收存支票的银行要花时间向支票签发人的开户行传递信息。一些人在签发支票时其支票账户余额不足，他们这么做就是已经估计到支票浮存要花几天的时间。这给他们留出了缓冲的时间，让他们有机会在支票被结算之前向支票账户存入充足的资金。

不过，2004 年 10 月，《21 世纪支票清算法案》（The Check Clearing for the 21st Century Act，简称 Check 21）正式实施。这部法案允许银行传递支票的电子图像。因此，如果你使用支票向个人或公司付款，那么有可能这种支票当天就能被结算完毕。支票浮存几乎消失了，这意味着你应当确保在自己签发支票之前支票账户拥有足够多的资金。

《21世纪支票清算法案》的另一影响是你可能无法收回自己签发的已作废的支票，因为收到这种支票的银行已经将支票的电子图像传给了你的开户行，你能收到一份电子图像的副本（它被叫做替代支票），而不是你签发的原始支票。

电子支票可以阻止欺诈。当你在零售商店用支票付款买东西时，资金会通过电子转账系统立即从你的账户转账到零售商店的账户。商店的收银员会在支票的背面盖章，然后将支票还给你，这意味着瞬间完成了支票的结算程序。这种做法大大降低了欺诈事件发生的概率，因为收款人明确地知道购买商品的客户银行账户里有充足的资金。如果资金不足，电子转账程序将无法完成，那么支票签发人就不能用支票来付款，从而完成购买商品的整个流程。减少欺诈不仅能够帮助零售商店节省资金成本，而且还能让它们变得更加愿意接受支票这种付款形式。

储蓄账户

除支票账户外，金融机构还为客户提供储蓄账户，你可以将不打算用于日常开支的钱存在储蓄账户里。与大多数支票账户类似，储蓄账户里面的资金也可以获得利息，不过，最近几年的利率水平比较低。通常情况下，你不能用储蓄账户里面的钱开支票或者支付借记卡的消费。不过，你可以将钱从储蓄账户转到支票账户。很多金融机构通过ATM、网络银行、自助电话系统实现转账服务。一个月里享受免费转账服务的次数是有限的。因此，要确保你转账的金额能够覆盖你每月的开支，这样的话，你就不需要为额外的转账支付费用。

信用卡贷款

个人可以使用信用卡通过贷款的方式购买商品或服务。在每一个记账周期期末，客户可以从信用卡公司那里获得这个记账周期的账单。万事达卡与维萨卡允许客户通过各种各样的金融机构来获取贷款购买商品。因此，如果你只能按照银行卡的最低余额来付款，那就意味着余下的金额由金融机构通过贷款形式帮你支付，然后金融机构会向你收取这部分贷款的利息费用。

保险箱

很多金融机构可以提供保险箱服务，客户可以在保险箱内存放重要文件、证书、珠宝或其他物品。客户要为使用保险箱支付年费。

自动取款机

银行的客户可以在自动取款机（ATM）上使用他们持有的银行卡，通过输入个人识别码登录账户，从而完成存款与提现的操作。银行通常会在多个便利的地点放置自动取款机，客户可以全年365天、每天24小时地使用这些机器。有些金融机构在美国国内外都设置了自动取款机。通常，你还可以使用开户行以外的其他金融机构设置的自动取款机，但是使用这样的自动取款机会被收取一定的费用，通常每笔交易会被收取至少1美元的手续费。现在有些银行提供智能手机应用程序，允许客户用智能手机而不是银行卡在 ATM 上完成储蓄和提现服务。通过智能手机而不是银行卡在 ATM 上完成相关业务会更安全，因为很多窃贼可以在 ATM 上安装非常微小（通常看不见）的装置获取银行卡和 PIN 信息。如果信息被盗取，窃贼就可以利用这些信息登录账户。窃贼通常会找人流量少的 ATM 下手，因为他们可以更容易地将设备安装在机器上而不被发现。

本票

本票是指某人签发的授权将金融机构账户内的资金转账给特定收款人的支票。当收款人担心个人支票有可能会被跳票时，付款人便可以使用这种本票来支付。

> **案例**
>
> 你打算从罗德那里买入一辆价格为 2 000 美元的二手车。不过，罗德担心你的账户余额不足以付款。于是，你找到自己支票账户的开户行——Lakeside 银行。你从银行那里拿到了一张本票，将其支付给罗德。在确认了你的账户余额以后，银行同意了你的请求，在提供本票的同时将你的支票账户余额减少 2 000 美元。银行有可能会为这项服务向你收取 10 美元或 15 美元的服务费。罗德接受了你的本票，因为他知道这种支票已经得到了 Lakeside 银行的担保，肯定不会跳票。

汇票

汇票是一种以个人名义签发的、预先支付一定金额的支票。美国邮局和一些金融机构可以提供此类收费服务。当个人客户需要汇寄资金时，使用汇票要比直接邮寄现金好得多。

旅行支票

旅行支票是一种个人签发的支票，由世界知名的大银行或信用卡发卡公司的账户负责付款。旅行支票与本票较为类似，不过旅行支票并没有指定收款人。旅行支票可在全球范围内使用。如果被盗，发行人一般可以在不收费的情况下免费置换新支票。各家金融机构提供旅行支票时收取的费用不尽相同。越来越多的旅行者使用信用卡代替旅行支票。一些发行人，包括万事达公司，开始发行预付卡代替旅行支票，因为预付卡更加安全，即便被偷或者遗失，补卡时都不会收取费用。

挑选一家金融机构

由于金融机构能提供很多有价值的服务，因此你应当挑选一家能够满足你所有需求的金融机构。选择合适的金融机构有助于节省你的时间与金钱。

挑选金融机构的法则

个人客户在挑选金融机构时要考虑的因素包括便利性、在线支付账单、存款利率与存款保险以及费用。

便利性。金融机构的地理位置应当临近个人客户的住所或工作地点，方便客户存款或提取现金。如果金融机构在较为方便的地点设置了自动取款机，那么客户使用起来会更加便利。此外，金融机构还应当提供客户所需要的绝大多数或全部服务项目。很多金融机构提供网络银行服务，客户可以在线查看存款账户，甚至还能申请贷款。你还可以使用网络银行在线将资金由同一家银行的某个账户转移到另一个账户。为了让消费者使用起来更方便，很多金融机构都提供了手机应用程序，客户可以在手机上存款、对账和转账。

在线支付账单。很多金融机构都允许个人客户在线支付账单，不需要签发和邮寄支票。你可以建立一个在线账户，将其与你的支票账户绑定。然后，你需要登录账户，确认收款人的姓名并提供收款人的地址。对每个收款人，你要确认自己的转账金额。金融机构会相应地调低你的账户余额——调低额就等于你的转账金额，同时调高收款人的账户余额。

通过在线支付账单，你可以避免签发并邮寄支票的麻烦。你还可以设定自动付款，这样就不用担心会漏掉哪一笔账单。在线账户会自动保存收款人名单，便于账户所有者能迅速快捷地支付每个月的常规账单，不需要每次付款时都输入收款人的信息。你还可以追踪付款的情况，并监督所有在线支付的历史数据。你还可以查看每一位收款人的历史收款数据。

一些基于网络的金融机构没有设置实体的分支机构。例如，Ally 银行（www.ally.com）就是一家彻彻底底的网络银行。由于这种网络银行只允许客户在线查看存款账户或对账户进行操作，因此对那些更喜欢直接到分支机构存款的客户来说，这种类型的金融机构不太适合。对于那些既喜欢直接到分支机构存款，又希望能在线查看账户信息的客户来说，最适合他们的是那些既设立了大量的实体分支机构，又提供网上银行服务的金融机构。

存款利率与存款保险。各家金融机构的存款利率存在较大的差异。你应当货比三家，多了解几家金融机构的存款利率水平。各家金融机构对账户的可允许最低余额的规定也不尽相同。当然，储蓄账户的可允许最低余额越低，对个人客户来说越有好处，因为不需要把那么多钱绑定在这个账户上，客户可以获得更大的灵活度。确保所有的储蓄存款账户都得到了联邦存款保险公司或国家信用合作社股份保险基金的保护。

与具有多家实体分支机构的传统金融机构相比，基于网络的金融机构更倾向于提供更高的存款利率，因为网络金融机构的运营成本更低，能够负担得起更高的存款利率。不过，一方面是存款利率较高，另一方面是缺乏实体机构，客户必须在这两者之间做出取舍。更喜欢通过电子邮件方式存款的客户更看重较高的存款利率，可能会选择网络金融机构。

费用。很多金融机构在向客户提供多种服务时要收取一定的费用。了解一下签发支票或使用自动取款机要支付多高的费用。有些金融机构对个人客户经常使用的服务项目收取较高的费用，不要选择这样的机构，即使它们能够提供相对较高的存款利率。

对于那些希望以低价或免费获得基本银行服务的人来说，另一个选择是在沃尔玛设立账户。沃尔玛虽然不是银行，也不能发放贷款，但是它与 Green Dot 银行合作，提供低成本的支票账户（如果你设置了每月至少 500 美元的直接存款，则不收费）、借记卡、42 000

台自动取款机、在线支付账单服务和手机应用程序。这些账户是由联邦存款保险公司承保的。

存款利率与贷款利率

将钱存入金融机构获得的存款利息收益与申请贷款要支付的利息成本取决于利率水平的高低。因此，个人的现金流入与现金流出要受到个人与金融机构交易时的市场利率水平的影响。

绝大多数存款机构都会发行定期存单。定期存单会注明最低投资额、利率水平以及到期日。例如，银行可能会要求其提供的所有存单最低投资额为500美元。期限包括一个月、三个月、六个月、一年以及五年。存入特定存单的资金只能在到期时提取，提前提取要缴纳罚息。

定期存单的期限不同，利率水平也不相同。定期存单的利率一般表示为年收益率的形式，便于各种存款产品彼此之间横向比较。存款的年收益率为6%意味着在一年后，你收到的利息等于初始存款额的6%。

无风险利率

无风险利率是指一段时间内肯定能获得的投资收益率。例如，你可以投资于商业银行发行的定期存单，并使得定期存单的期限与你的目标投资期限一致。当你投资于期限为一年的定期存单时，银行担保你能获得定期存单注明的利息收益。即使银行破产，定期存单已经获得了全额保险——每位客户都能得到联邦政府提供的保额不超过250 000美元的存款保险，等到定期存单到期时，客户仍然能够拿回全部存款。

风险溢价

除了投资于获得联邦政府担保的无风险存款以外，你还可以投资于某些金融机构提供的存款产品，这种产品的特征是利率水平较高。有时人们把这样的存款产品也叫做"存单"（certificate），但是注意不要把它与获得联邦政府担保的定期存单相混淆。这些存款产品具有一定的违约风险，这意味着一旦金融机构破产，客户收回的存款额可能会低于预期。事实上，你甚至有可能损失全部投资额。一般来说，我们经常可以在报纸上看到此类存款产品的广告。在投资任何此类存款产品之前，你可以仔细阅读一下这些广告，判断一下它们是否获得了联邦政府的担保。

如果你刚刚积累起少量存款，应当把所有的储蓄存款存放在已获得联邦政府担保的金融机构里。在这种时候，为了稍高一点点的存款利率就去冒风险并不值得，因为你很有可能会失去大部分甚至全部存款。

不过，如果你有很多存款，那么你可以考虑将一部分存款投资于风险较高的存款产品，但是高风险必须对应着高收益。你的潜在收益必须包含风险溢价，即要高于已获得联邦政府担保的存款的无风险收益率。投资的潜在违约风险越高，则投资者预期的风险溢价也就越高。

如果某种没有获得联邦政府担保的存款产品在一段时间内的收益率为 R，同时你又知道由联邦政府提供担保的存款产品的无风险收益率为 R_f，那么你就能算出高风险存款产品的风险溢价（RP）为：

$$RP = R - R_f$$

> **案例**
>
> 今天，一家本地商业银行正在发行利率水平为3％的一年期定期存单，这说明目前的一年期无风险利率为3％。你注意到 Metallica 金融公司发行了另一款利率水平为7％的一年期存单产品。这种存单产品的风险溢价为：
>
> $$\begin{aligned} RP &= R - R_f \\ &= 7\% - 3\% \\ &= 4\% \end{aligned}$$
>
> 你需要判断一下年收益率高出4个百分点是否值得你冒更大的风险。因为你累积的存款额算是中等水平，所以你认为不值得冒这个风险。

经济环境的变化对风险溢价的影响。 随着经济环境的变化，各类投资产品的风险溢价水平也会发生变化。当经济形势陷入衰退时，发行各类债务工具的企业为了能把债券销售出去，不得不支付更高的风险溢价。此时投资者也开始更加关注哪些企业可能会破产从而导致无力偿还债务。因此，当经济形势不好的时候，只有当风险溢价大到足以弥补越来越高的违约风险时，你或其他的个人投资者才会考虑投资于此类债券。反过来，当经济形势好转时，企业的财务状况更加健康，破产的概率变小，于是，此时投资者更愿意投资于企业发行的债券，而且风险溢价水平也较低。

对风险溢价的错误观念。 当经济陷入衰退时，风险溢价高企（原因前面已经讲过），一些投资者被某些投资产品所吸引，但是被吸引的原因是错误的。在经济形势不佳时，这些投资者决定要获取更高的风险溢价，目的是弥补有限的收入。不过，他们的这种逻辑是不理性的。当经济环境萎靡不振时，较高的风险溢价是对投资者接受更高风险水平的一种补偿。投资者不应当把追逐更高的投资风险作为对工作机会有限的一种补偿。事实上，如果经济形势不好导致你的收入水平下降，那么一个更为理性的做法应当是将注意力集中在安全的投资产品上，即使它们的投资收益率较低。只有这样才能确保你在需要收回投资的时候不会遭遇损失。

比较利率与风险水平

在考虑具有不同程度风险的投资时，你的最终决定主要取决于个人的风险承受能力。如果你打算一年后将所有的投资资金用来购买生活必需品，那么就要做到彻底消除所有的投资风险。在这种情况下，你应当选择无风险的投资项目，因为其他投资项目有可能会在一年后贬值。当然，无风险对应的便是相对较低的投资收益率。

如果在投资到期后你只需要动用一部分投资资金，那么你可以适度提高风险水平。在这种情况下，你可能更青睐于那些收益率高于无风险利率的投资项目，但是这样的投资项目存在一定的亏损概率。你有能力承担一定程度的风险，因为即使投资失败造成损失，你还留有足够多的钱可用于购买生活必需品。不过，只有当投资项目的风险溢价足以补偿高风险时，你才应当考虑选择这样的投资项目。

对于所有投资者来说，并不存在一个单一的最优决策，因为每个投资者的状况不同，承受风险的能力也不同，因此对每个个体来说，所谓的最优投资决策往往存在很大的差别。一些投资者比其他人更愿意冒险。投资决策取决于投资者的风险承受能力，而风险承受能力反过来会受到个人财务状况的影响。

利率的期限结构

如果你打算投资于银行存款产品或其他债务性工具，那么必须首先确定自己的投资期限。投资者向金融市场提供资金时，投资期限与投资利率之间的关系叫做利率的期限结构。利率的期限结构通常建立在不同期限的国债（美国财政部发行的债券）收益率的基础之上。在任意给定时点，期限相同的国债与定期存单的利率非常接近，因此国债利率的期限结构与金融机构的存款利率的期限结构非常相似。对于投资者和借款人来说，利率的期限结构非常重要，这是因为它确定了投资者对应不同的投资期限所能获得的无风险收益率。

案例

你正考虑向金融机构存入 500 美元。你预计未来三年内都不会动用这笔投资。你想了解一下利率的期限结构，从而确定不同的投资期限所能获得的利率水平。金融机构的存款年利率如图表 5.3 所示。

图表 5.3　不同期限的存款产品所提供的年利率

期限	年利率（%）
1 个月	1.1
3 个月	1.3
6 个月	1.4
1 年	1.6
2 年	1.8
3 年	1.9
4 年	2.0
5 年	2.1
10 年	2.4

图表 5.3 所揭示的期限与年利率之间的关系也可以用曲线的形式来反映，具体如图表 5.4 所示。从利率的期限结构曲线可以看出，投资期限较长的投资项目的年利率更高一些。因此，你选择的投资期限越长，能获得的年利率也就越高。

如果你选择投资于银行定期存单，那么不要选择期限超过 3 年的存款产品，因为 3 年后你有可能要动用这笔资金，到时候你会因提前取款而被银行收取罚息。

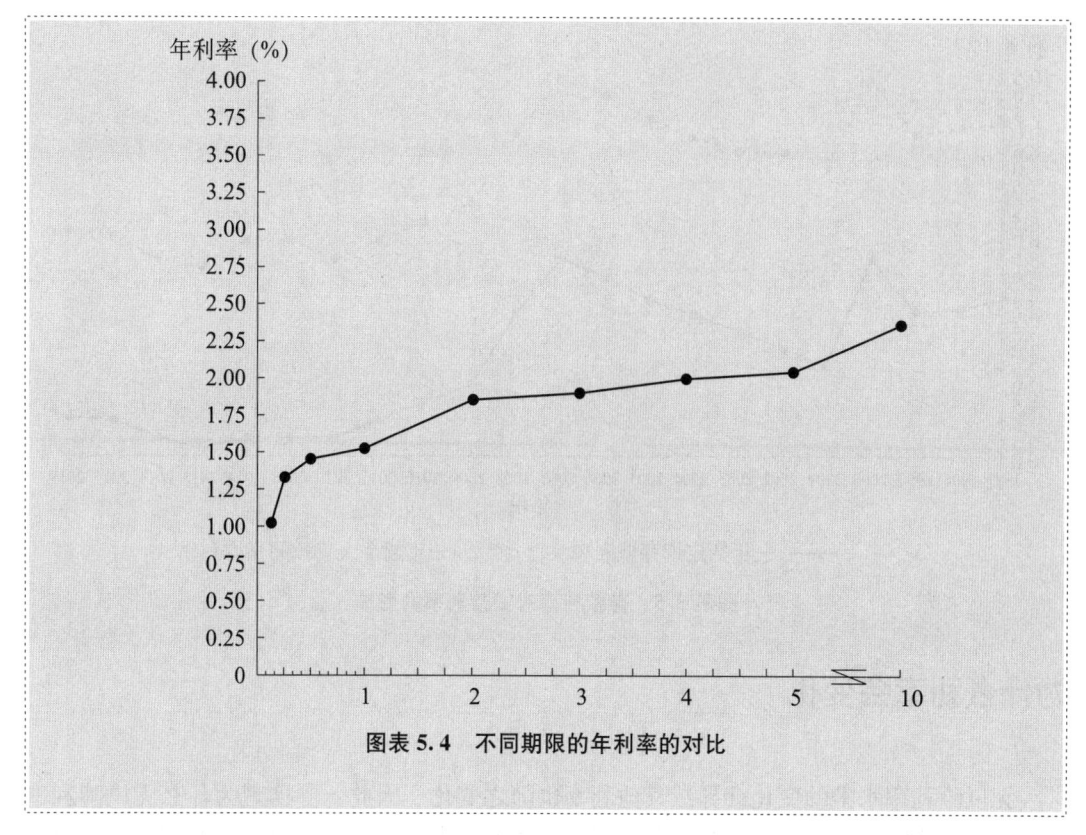

图表 5.4 不同期限的年利率的对比

收益率曲线的移动。 你可以在《华尔街日报》上查看到每天基于国债年收益率绘制的收益率曲线。你可以把今天的收益率曲线与 1 周前或 4 周前的收益率曲线相对比，由此你能轻松地发现不同期限债券的投资收益率随着时间的推移慢慢发生变化的规律。

贷款利率

金融机构通过吸收个人存款来获得资金来源。随后，它们会利用这些资金向个人以及企业发放贷款。投资者通过存款的形式向金融机构提供信用。金融机构收取的贷款利率必须高于其支付的存款利率，这样才能确保收入大于支出，从而获得经营利润。因此，要想借到钱，你支付的贷款利率水平必须高于存款的利率水平。对个人来说，贷款的年利率通常要比存款的年利率高出 3～7 个百分点。例如，若目前的存款年利率为 2%，则个人贷款的年利率大致为 5%～9%。

图表 5.5 给出了一年期定期存单利率与一年期个人贷款的平均利率之间的关系曲线。请注意，当金融机构提高了定期存单利率时，贷款利率也会相应地水涨船高。

面对不同的个人客户，金融机构收取的个人贷款利率也会有所不同。个人客户的违约风险越高，则金融机构收取的贷款利率水平也就越高。因此，信用记录较差或收入较低的个人客户很有可能要支付更高的贷款利率。

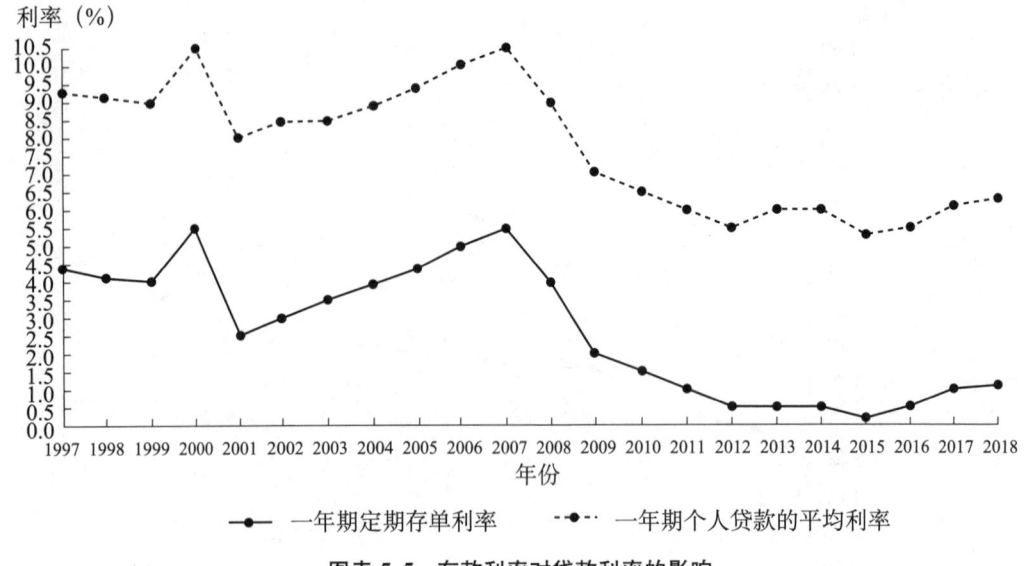

图表 5.5　存款利率对贷款利率的影响

为什么利率会变化

无风险利率水平的变化会导致其他利率也随之变化。因此，弄清楚为什么无风险利率会发生变化能够帮助读者了解其他利率指标变化的原因。因为利率水平要受到资金供求状况的影响，因此一旦资金的供给或需求出现变化，利率水平必将随之发生变化。

货币政策的转变

货币供给包括公众持有的活期存款（支票账户）与通货。货币供给量通常被投资者视为能反映金融机构可向消费者或企业提供多少贷款的指标。

美国联邦储备系统，简称美联储，是美国的中央银行，控制着美国全国的货币供给量。调控货币供给量的政策叫做货币政策。美联储的货币政策能够影响货币供给量，从而间接影响市场的利率水平。

联邦储备银行拥有的资金不存放在任何商业银行或其他金融机构。美联储通常会通过公开市场操作来执行货币政策，即在公开市场上买入或卖出政府债券（美国财政部发行的债券）。

当美联储想降低市场利率时，它就使用自己持有的储备资金从投资者那里买入国债，从而增加商业银行的存款资金数量。投资者卖出债券后手中持有的资金增加，于是他们会将多余的资金存入银行，使得银行的储蓄余额相应增加。于是，市场上资金的供给量增加。资金的供给量增加使得银行的可贷放资金量也随之增加，于是对均衡利率水平造成了向下的压力。结果，美联储的货币政策促使利率水平下降（请参考图表 5.6）。

在 2008—2009 年金融危机期间，经济环境不景气，美联储采取了下调市场利率的措施。在 2010—2014 年间，由于宏观经济持续不景气，美联储一直保持低利率政策。美联储的目标是鼓励企业与个人敢于借钱、敢于消费，以此来促进经济增长。一般来说，当利

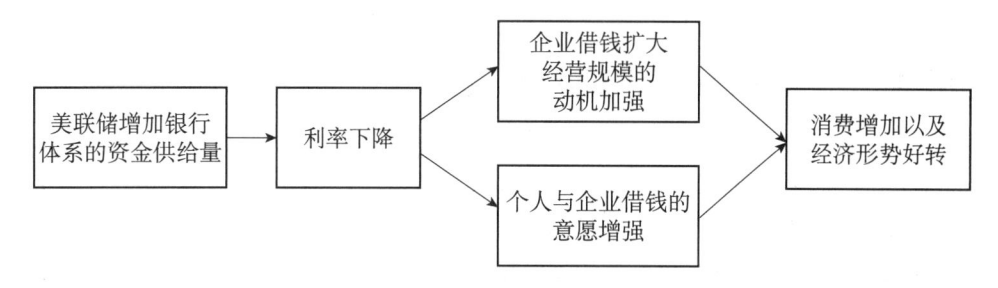

```
美联储增加银行     →  利率下降  →  企业借钱扩大
体系的资金供给量                   经营规模的     →  消费增加以及
                                  动机加强          经济形势好转
                              →  个人与企业借钱的
                                  意愿增强
```

图表 5.6 美联储刺激经济的手段

率水平较低时，企业或个人更愿意借钱消费，因为这时借钱的成本相对较低。

当美联储打算提高利率水平时，它可以将之前买入的一部分国债再出售给投资者。投资者买下债券，将钱付给美联储，这使得投资者的储蓄余额减少。于是，商业银行的资金供给量也随之减少，这意味着银行的可贷资金也将变少，所以导致贷款的利率水平升高。

政府资金需求的变化

美国政府经常要靠大量借债来维持生计。因此，政府借债行为的改变会影响资金的总体需求，从而进一步影响到利率水平。

如果政府减少借款额，则在原来的利率水平下将会出现资金供给量过剩，这将导致利率水平降低。

> **案例**
> 假设美国政府突然需要借入比往常更多的资金。也就是说，资金的总需求量变得更多，这会使得原来的利率水平所对应的资金供给量出现缺口。于是，这给利率造成了向上的压力。

企业资金需求的变化

当经济形势发生变化时，企业会重新审视自己的消费计划并调整资金的需求量。企业资金需求的变化会对市场利率造成影响。

在 2008—2009 年金融危机期间，经济形势一蹶不振。很多企业暂停了规模扩张计划，这意味着它们不再需要借入那么多资金。于是，企业的整体资金需求量有所减少，导致市场利率水平下降。

反之，良好的经济发展态势会产生截然相反的影响。

> **案例**
> 假设企业对经济形势比较乐观，预期消费者对企业产品的需求量会进一步增加。于是，企业愿意扩大生产规模，那就必须借入更多的资金来完成这一目标。企业的行为使得资金的总体需求量上升，这与政府借款增加所产生的效应比较类似。这种需求的变化将同样导致利率水平上升。

银行服务与个人理财计划的匹配程度

在制订个人理财计划时,最关键的银行服务决策包括:
- 银行服务的哪些特征对你来说最为重要?
- 哪些金融机构能向你提供最佳的银行服务特征?

例如,图表 5.7 举例说明了银行服务与斯蒂芬妮的个人理财计划的匹配程度。

图表 5.7 银行服务与斯蒂芬妮的个人理财计划的匹配程度

银行服务的目标
1. 确定哪些服务是最为重要的银行服务。
2. 判断哪些金融机构能向我提供最好的银行服务。

分析

特征	对我的影响
存款利率	这将影响到我能获得多少存款利息收益。
抵押贷款利率水平	如果将来买房的话,我可以使用同一家金融机构提供的贷款。
个人贷款利率水平	如果将来申请个人贷款的话,我可以使用同一家金融机构提供的贷款。
支票账户收取的费用	如果我能够确保账户的最低余额标准,我就不需要缴纳支票账户的任何费用。
地点	理想的金融机构应当在我的住所或工作地点附近设有分支机构。
可获得的在线服务	这有助于我更方便地使用银行服务。
ATM	检查安置地点是否便于使用,以及使用 ATM 是否收费。

决定

有关金融机构哪些服务特征最为重要的决定:

对我而言,最重要的银行服务是支票账户,因为每个月我都要签发很多张支票。我更倾向于选择不收取支票签发费用的银行。另外,使用方便这一特征对我来说也很重要,我会按照金融机构分支机构的地理位置及其提供的在线服务来评判其使用的方便性。当然,我也很看重金融机构对存款账户提供的利率的高低,但是对我来说,使用的便利性要比存款利率更重要。

有关最优金融机构的决定:

在按照自己的标准筛选过各家金融机构以后,我发现有三家金融机构符合要求。最后我选中的是 Quality 储蓄银行,因为如果我能够确保满足账户的最低余额标准,它不对签发支票收取任何费用,在方便的地点设有分支机构,同时还能提供在线银行服务。另外,该银行还能提供相对较高的存款利率以及相对较低的贷款利率(相对于其他金融机构)。我打算将来某一天等自己买房时也在这家银行申请抵押贷款,因为它的抵押贷款利率水平与其他银行相比也具有一定的优势。

讨论题

1. 如果斯蒂芬妮是一位拥有两个孩子的单身母亲,那么她的选择会有哪些不同?
2. 如果斯蒂芬妮现年 35 岁,那么她的选择会有哪些不同?如果她现年 50 岁呢?

小结

金融机构的类型。存款机构（商业银行、储蓄机构与信用合作社）吸收存款并发放贷款。非存款机构包括金融公司（提供个人贷款）、证券公司（提供投资银行服务以及经纪服务）、保险公司（提供保险产品）以及投资公司（提供共同基金等产品）。金融集团可以同时提供多种服务，使个人可以直接从一家金融机构获得所有所需的金融服务。

银行服务。金融机构提供的主要服务包括支票和借记卡服务、储蓄账户、信用卡贷款、自动取款机、手机银行服务、本票和汇票等。

选择一家金融机构。各种不同类型的金融机构提供的服务不一样，提供的存贷款利率水平也不一样，服务收费也存在差别。你应该对金融机构提供的金融服务、利率水平和收取的费用做全方位的比较分析，确保你所选择的金融机构最适合你，为你提供最方便的服务。

利率的构成。利率由无风险利率以及风险溢价构成。无风险利率是指一段特定投资期限内无风险投资（例如已获得政府担保的银行存款）所能获得的收益率。风险溢价则是风险较高的投资项目的收益率超过无风险利率的部分。投资项目的风险水平越高，则为了吸引投资者，它提供的风险溢价也就越高。

为什么利率水平会发生变化？利率水平随货币政策发生变化。当美联储向银行体系投放更多的货币量时，这相当于增加了货币供给量，于是利率水平便会降低。当然，美联储也可以将资金抽离银行体系，所产生的效果刚好相反。当联邦政府或企业增加借款金额时，这会给市场利率带来向上的压力；反之，当政府或企业减少借款额时，这会给市场利率带来向下的压力。

银行服务如何更好地匹配你的个人理财计划？银行服务能够帮助你更有效地实现诸如支票付款、储蓄和借贷等金融交易。因此，它们能够帮助你更好地实现自己的理财规划目标。

复习题

1. 存款机构的类型。描述并对比分析三种类型的存款机构。
2. 非存款机构的类型。列出并说明非存款机构的四种主要类型。
3. 金融集团。什么是金融集团？列出金融集团所提供的服务种类。举出几个金融集团的例子。
4. 银行服务。列出并描述几项金融机构提供的银行服务。
5. 联邦存款保险公司。联邦存款保险公司是什么？为什么联邦存款保险公司的保险如此重要？
6. 借记卡与信用卡。借记卡与信用卡之间有什么区别？
7. 特殊服务。列举出几项银行提供的特殊服务。你可以怎样利用这些服务项目？
8. 挑选一家银行。史蒂夫刚刚收到第一张薪水支票，他打算开立一个支票账户。在他的家乡共有5家银行。在挑选银行时，史蒂夫应当考虑哪些因素？
9. 利率的影响。在挑选银行时，为什么你应当考虑当前的利率水平？
10. 无风险利率。什么叫做无风险利率？举例说明能获得无风险利率的投资项目。为什么它们没有风险？

11. 核对你的账户余额。"核对你的账户余额"意味着什么？为什么定期进行该项活动非常重要？

12. 计算风险溢价。什么叫做风险溢价？如何计算风险溢价？

13. 利率。为了发放贷款，金融机构可以从哪里获得资金？贷款的利率水平是如何决定的？所有借款人的贷款利率是否全都相同？为什么相同或为什么不相同？

14. 利率变化的影响。作为一位储蓄者或借款人，当前利率水平的变化会对你造成怎样的影响？

15. 利率的期限结构。什么叫做利率的期限结构？为什么这个概念对投资者来说很重要？

16. 货币政策。什么叫做货币政策？在美国，哪个机构负责控制货币政策？

17. 利率的变化。简要讨论一下哪些情况会导致资金需求以及利率水平发生变化。

18. 经济形势对风险溢价的影响。解释一下为什么经济环境疲软可能会导致风险溢价上升。

19. 投资者要求获得的风险溢价。为什么较高的风险溢价能给投资者带来好处？为什么较低的风险溢价能给投资者带来好处？

20. 存款的风险溢价。本地银行提供的储蓄利率是4%。如果银行破产，政府为银行储蓄提供担保。这种储蓄存款的风险溢价是多少？

21. 检查支票浮存。什么是支票浮存？电子银行业务的扩张是如何影响支票浮存的？

22. 银行本票和汇票。银行本票和汇票之间的差别是什么？

23. 在线支付账单。罗列一下在线支付账单的优点有哪些。

24. Metallica公司所提供的两年期定期存单的利率水平是12%，考虑到联邦存款保险公司所提供的保险的存款利率是5%，那么该公司产品的风险溢价是多少？为什么Metallica公司愿意提供更高水平的利率？

25. 政府借款与利率。政府借款的增加可能会对市场利率水平带来什么样的影响？

26. 风险与收益。为什么在经济处于下行状态，投资者收入减少的时候，部分投资者还要追求高风险的投资？这样的投资策略有什么问题？

理财规划练习题

在回答第1~4题时请参考下列表格：

	Hillsboro银行	First National银行	South Trust银行	Sun Coast银行
ATM收费：				
开户行	免费	免费	免费	免费
其他银行	前4次免费，以后每次使用收取1美元的费用	1.25美元	1.25美元	1.25美元
支票账户：				
最低存款额	100美元	25美元	1美元	1美元
可规避月费的账户最低余额*	不适用	不适用	500美元	不适用

续表

	Hillsboro 银行	First National 银行	South Trust 银行	Sun Coast 银行
月费	6 美元	7 美元	11 美元	2.50 美元
签发支票收取的费用	最初签发的 12 张支票可以免费，但接下来每签发一张支票要收取 1 美元的费用	最初签发的 7 张支票可以免费，但接下来每签发一张支票要收取 1 美元的费用	无限制	每张支票收取 50 美分的费用

* "不适用"意味着不管账户余额是多少，都要缴纳月费。

1. 挑选银行。贾森打算开立一个支票账户并存入 100 美元的存款。贾森认为自己每个月大概要签发 15 张支票，使用其他银行的 ATM 的次数约为 8 次。他没办法按照银行的要求保持账户的最低余额。贾森应当选择哪一家银行？

2. 挑选银行。朱莉打算开立一个支票账户并存入 75 美元的存款。朱莉估计自己每个月大概要签发 20 张支票，并使用开户行提供的 ATM 卡。她可以做到始终保持账户的最低余额不少于 200 美元。朱莉应当选择哪一家银行？

3. 挑选银行。韦罗妮卡计划开立一个支票账户，并将退税所得的 1 200 美元存入该账户。她估计自己能够确保账户的余额不低于 500 美元。她预测自己每个月要签发 10 张支票，而且使用其他银行的 ATM 的次数大概为 15 次。韦罗妮卡应当选择哪家银行？

4. 签发支票的费用。兰迪是一名学生，他在新开立的支票账户里存入 500 美元，不过兰迪知道自己没有能力保持账户的最低余额。他不打算使用 ATM 卡，不过要签发多张支票。一方面是 South Trust 银行不管客户签发多少张支票都不收费，另一方面是 Sun Coast 银行对每张支票只收取较低的费用，兰迪要在两者之间做出选择。如果 South Trust 银行对兰迪来说是更好的选择，那这意味着兰迪每个月要签发多少张支票？

5. 支票账户余额。保罗在 St. Jerome 银行开有账户。他没有在支票登记簿上详细记录支票账户的余额。昨天晚上，他邮寄了两张面额分别为 156.66 美元以及 238.94 美元的支票。保罗在线查看了自己的账户，发现账户余额为 568.40 美元。除了昨天刚刚寄出的两张支票以外，之前签发的所有支票均已被结算。按照当前的账户余额，保罗又签发了一张金额为 241.00 美元的支票用于购买新的立体声音响。保罗近期没有储蓄的打算。保罗上述这一系列行为的后果将是什么？

6. 银行账户调整余额。玛丽上个月的银行账单显示月末余额为 168.51 美元。这个月，她向账户内存入 600.00 美元，共提现 239.00 美元。此外，玛丽共签发了 5 张支票，其中有两张支票已经被结算完毕。这两张已完成结算的支票金额总共为 143.00 美元。另外三张支票的总金额为 106.09 美元。玛丽没有向自己的开户行支付其他费用。在这个月的银行账单上，玛丽的账户余额会显示为多少美元？调整后的银行账户余额将是多少美元？

7. 挑选定期存单。凯西投资 1 000 美元购买银行发行的定期存单产品。本地银行发行的 12 个月定期存单的收益率为 2.5%，同时还能获得联邦存款保险公司的保险；另外一家非金融机构提供的 12 个月定期存单的收益率为 5.2%。风险溢价有多高？当在这两种定期存单产品之间做出选择时，凯西还必须考虑哪些其他因素？

8. 风险溢价。斯宾塞准备将 5 000 美元投资于 10 年期、年收益率为 7% 的高风险债券。假设一年期定期存单的收益率是 2.5%，那么这项投资的风险溢价是多少？这项投资的风险溢价规模给你带来了什么启示?

9. 道德困境。吉尔刚刚完成核对账户余额的工作,她发现银行账单与她记录的账单存在567美元的出入。她再次核对了一遍,确定是银行方面出了问题,并不是她自己算错了。吉尔知道这个数额对银行来说微小到无足轻重,但这可以帮助她支付这个月的应付账单。她应该耐心等到银行发现问题时再改正吗?或者,她应该现在就向银行报告她所发现的问题吗?

    a. 在吉尔发现问题之后,她应该如何做?
    b. 为什么将发现的错误及时告知对方是非常重要的?

个人理财的心理学:支付个人账单

1. 有些人总是故意忘记账单的存在,把支付账单的念头抛在脑后,以便减轻付账单所带来的潜在压力。有些人总是立即支付账单,因为他们担心自己会忘记付账单。个人支付账单的行为受哪些心理因素的驱使?

2. 阅读一篇讨论心理因素对个人支付账单行为的影响的文章。你可以使用"心理"和"支付账单"关键词在网络上在线搜索,轻松找到多篇此类文章。总结一下这篇文章的主要观点。

综合案例:桑普森一家

桑普森夫妇决定每个月储蓄1 000美元。他们注意到当地银行正在发行下列表格中的几种定期存单产品。他们现在需要判断一下,如果他们选择投资定期存单,哪一种定期存单产品更符合他们的储蓄目标。桑普森夫妇希望通过储蓄实现在一年内存够买新车的首付款的目标。此外,他们还希望通过每个月储蓄,为12年后孩子们读大学准备好资金。

期限	年收益率(%)
1个月	1.0
3个月	1.2
6个月	1.6
1年	2.0
3年	2.5
5年	2.8
7年	3.0
10年	3.2

1. 如果桑普森夫妇准备投资定期存单以便支付买汽车的首付款,那你会建议他们投资什么期限的定期存单产品?分析一下你建议的这个定期存单产品对他们支付新车首付款有哪些优势和劣势。

2. 如果桑普森夫妇准备投资定期存单以便满足他们孩子的教育需求，那你会建议他们投资什么期限的定期存单产品？分析一下你建议的这个定期存单产品对他们支付孩子们的教育费用有哪些优势和劣势。

3. 如果你认为未来几个月里利率水平将会上升，这会对你为桑普森夫妇提出的短期和长期定期存单产品投资建议有什么样的影响？

术语解释

存款机构（depository institutions）：从个人那里吸收存款（这些存款可以获得不超过最高保额的保险）并发放贷款的金融机构。

商业银行（commercial banks）：吸收存款，然后将这些资金用于向企业或个人发放贷款的机构。

储蓄机构［savings institutions，也可以叫做储蓄所（thrift institutions）］：吸收存款，并向个人发放抵押贷款和个人贷款的机构。

信用合作社（credit unions）：一种非营利存款机构，专门为具有共同关系（例如受雇于同一个老板或位于同一个社区）的会员提供服务。

非存款机构（nondepository institutions）：能提供各种各样的金融服务，但是其存款不能获得联邦保险保护的金融机构。

金融公司（finance companies）：专门向个人客户提供个人贷款的非存款机构。

证券公司（securities firms）：通过提供投资银行服务以及经纪服务帮助企业或个人购买或卖出证券（例如股票或债券）的非存款机构。

保险公司（insurance companies）：为保护个人或企业免受可能发生的不利事件的财务影响提供保险的非存款机构。

投资公司（investment companies）：向个人投资者出售股份，然后使用募集到的资金投资于证券，从而创立共同基金的非存款机构。

金融集团（financial conglomerates）：能够向个人或企业提供多种金融服务的金融机构。

借记卡（debit card）：一张可用于购物的卡，用它购物时资金会直接从支票账户转出。

保险箱（safety deposit box）：客户可以在金融机构存放重要文件、证书、珠宝或其他物品的一个箱子。

自动取款机（automated teller machine，ATM）：银行的客户可以在一天中的任何时间进行存款与提现操作的机器。

本票（cashier's check）：某人签发的授权将金融机构账户内的资金转账给特定收款人的支票。

汇票（money order）：一种以个人名义签发的、预先支付一定金额的支票。

旅行支票（traveler's check）：一种个人签发的支票，由世界知名的大银行或信用卡发卡公司的账户负责付款。

定期存单（certificate of deposit，CD）：由存款机构发行的金融工具，注明了最低投资额、利率水平以及到期日。

无风险利率（risk-free rate）：一段时间内肯定能获得的投资收益率。

风险溢价（risk premium）：高于已获得联邦政府担保的存款的无风险收益率的额外收益。

利率的期限结构（term structure of interest rates）：无风险债权证券的期限与这些证券的年收益率之间的关系。

货币供给（money supply）：公众持有的活期存款（支票账户）与通货。

货币政策（monetary policy）：美联储为了调控货币供给量所采取的各项措施。

公开市场操作（open market operations）：美联储在公开市场上买入或卖出美国国债的行为。

第6章 现金管理

章前引例

贾里德是典型的月光族。他的支票簿显示,支票账户余额为110美元,于是他用借记卡完成5笔交易,花费30美元,用支票账户偿还信用卡欠款20美元,设置支票账户自动支付两笔水电费,金额为50美元。遗憾的是,贾里德漏记了3笔借记卡交易。因此,他的支票账户余额并不是110美元,实际余额应当是35美元。这样的话,信用卡的支票还款被退回,自动支付也无法进行。因为没有按时还款,对于每笔欠款,贾里德要缴纳15美元的滞纳金。此外,银行还要收取35美元的费用,因为支票账户余额不足,无法完成自动扣款。所以,加上罚金,贾里德一共欠款150美元。

对贾里德来说,如果他事先申请了透支保护,那么本可以避免付出这种昂贵的代价。透支保护可以帮他节省一大笔罚款,尽管他仍然不得不支付透支费和可能的透支贷款的利息。尽管大多数银行都为客户提供手机应用程序或者其他方式来方便大家轻松核对账户余额,但一些人在签发支票时还是从来不关注自己的支票账户余额有多少,因此很有可能导致支票的签发金额超过了账户余额。于是,银行要向这些人收取罚款。

本章我们主要向大家介绍的是支票账户的管理技巧。我们还会讲到各种各样的货币市场投资工具,并解释如何使用现金管理技巧来改善个人的流动性状况。

本章的学习目标

- 介绍现金管理的背景知识;
- 介绍最受欢迎的货币市场投资工具;
- 识别与货币市场投资相关的风险;
- 解释如何管理货币市场投资的风险;
- 解释现金管理如何匹配你的个人理财计划。

现金管理的背景知识

现金管理是指个人在短期内就现金流入与现金流出所做出的决策。它与长期投资(例如几年)或长期借款有明显区别。不过,现金管理关注的是如何管理短期投资以便同时达到确保流动性与获得较高的投资收益这两个目标。接下来我们将展开分析。

流动性

正如我们在第1章里讲过的那样,流动性是指个人弥补短期现金不足的能力。请大家回忆一下,个人现金流量表可以确定一个周期期末时(比方说一个月后)个人拥有多少多余的现金或存在多大的现金缺口。现金管理与个人现金流量表有一定的关系,因为现金管理要管的就是如何使用多余的现金,或者是一旦现金流入不足如何获得额外的资金支持。你应当将足够多的资金投资于高流动性资产,例如支票账户或储蓄账户,这样每当你的现金流出额大于现金流入额时,你便可以从上述账户里提款来弥补缺口。通过这种方式,你能时刻持有充足的流动性。

流动性是很有必要的,因为个人总会时不时地遇到现金流入额小于现金流出额的情况。但是,持有过多的流动性也会给个人带来机会成本。你本应当将多余的流动资金投资于流动性较差但收益率较高的资产,这种资产可以获得比储蓄账户更高的收益。一般来说,投资工具的流动性越好,其收益率就越低,这意味着你在获得较高的流动性的同时放弃了较高的收益率。

> **案例**
>
> 　　斯蒂芬妮·斯普拉特每个月的税后现金流入额为3 000美元。通常,她每个月的现金流出额为2 600美元,于是每个月的多余现金为400美元。这个月她预计自己要多支出600美元。因此,这个月的现金流出额要比现金流入额高出200美元。她需要获得其他资金支持来弥补这笔额外的支出项目。

使用信用卡获得流动性。 一些人将信用卡(我们将在第8章里详细讨论信用卡)当作流动性来源而非流动性投资工具来使用。很多信用卡能够向消费者提供临时性的免费贷款,贷款期限从消费者刷卡购买日开始一直到还款日为止。当信用卡账单到期时,如果你没有充足的资金还清信用卡的全部欠款,那么只能先偿还一部分欠款,余下的部分继续申请贷款。信用卡贷款的利率水平通常比较高,可达到8%~20%。持有在需要时便于使用的流动性资产可以帮助你避免使用信用卡来获得贷款,从而也规避了信用卡贷款的高额费用。

很多消费者最初申请信用卡是为了满足流动性的需求,但是在实际使用时偏离了这个初衷。一些消费者使用信用卡购物。虽然他们的计划一直是每个月还清所有的信用卡欠款,但是如果刷卡购物的消费额过高,他们根本就没有能力还清信用卡的全部欠款。只按照最低还款额来偿还信用卡欠款似乎看上去痛苦指数不高,因为绝大多数的欠账被推迟到未来偿还。一些消费者很享受推迟还款带来的愉悦感,根本忽略了将来总有一天他们要还清所有信用卡债务,而且还要支付利息。虽然信用卡可以被当作一种获取流动性的绝佳渠道,但是这样做的风险是把信用卡作为一个永久性的融资来源,这可能会导致消费者无力偿还逐渐累积的高额信用卡债务。

足够高的投资收益

当你持有短期投资工具时,你应当尽可能地获得最高收益率。短期投资的收益率主要取决于当前的无风险利率以及个人投资者能够承受的风险水平。某些资产能够满足个人投资者的流动性需求，但是不能实现投资者的预期收益。例如，你可以在钱包里存放大量现钞，以此作为自己的流动性资源，但是现钞的投资收益率为零。有一些投资性资产能给投资者带来很不错的投资收益，但是流动性欠佳。为了同时实现流动性与高收益两个目标，你应当考虑同时投资多种流动性与收益率不尽相同的货币市场投资工具。

货币市场投资工具

适合短期资金的常见货币市场投资工具主要包括以下几种：
- 支票账户；
- 可转让支付命令账户；
- 储蓄存款；
- 定期存单；
- 货币市场存款账户；
- 国库券；
- 货币市场基金；
- 资产管理账户。

在上述投资工具当中，除了国库券与货币市场基金以外，其他产品均由存款机构提供，而且一旦存款机构破产或违约，均可以获得不超过250 000美元的保险理赔。在本节，我们将按照顺序向大家一一介绍上述投资工具，重点关注它们的流动性及收益状况。

支票账户

个人可以先将资金存放在存款机构的支票账户里，然后签发支票或使用借记卡刷卡购买各种商品或服务。支票账户是一种流动性非常好的投资工具，因为使用者可以随时动用账户内的资金（可以提现或签发支票）。

透支保护。 一些存款机构可以向客户提供透支保护服务，当客户签发支票或者刷借记卡的金额大于支票账户的实际余额时，透支保护能够保障客户的权益。这种透支保护本质上就是一种短期贷款。例如，假设你签发了一张金额为300美元的支票，但是支票账户的余额仅为100美元，则存款机构向你提供的透支保护便是提供200美元的短期贷款以弥补两者之间的差额。存款机构会向你收取透支费。若没有透支保护，账户余额不足的支票将会被退回，这意味着存款机构不承兑这张支票。此外，一旦客户签发的支票被退回，则金融机构可能还要向客户收取罚金。透支保护的成本是透支费和短期贷款收取的较高利息。你可以记下所有的交易，并定期检查自己的账户余额，这样的话，就可以避免透支保护带来的成本。

止付。 如果你签发了一张支票，但认为这张支票可能已被偷或不可能被收款人拿到，你可以向金融机构申请止付，这意味着如果有人试图兑现支票的话，金融机构会拒绝兑付。在某些情况下，客户甚至可以通过止付命令来阻止收款人将支票兑现。例如，假设你为了支付房屋维修的费用而签发了一张支票，但是维修的工作并未完成，那么你可以决定止付这张支票。一般来说，止付服务是要收费的。

如果你安排账单可以从你的账户自动扣款，你同样可以运用止付服务避免一次性支付。如果你想停止对某家公司的所有未来自动支付服务，你可以打电话或者书面告知银行，申请撤销对该公司的自动支付授权。一些金融机构在它们的网站上提供在线申请表，这样你就可以在网上填写申请表以撤销自动支付服务。请注意，申请撤销对某家公司的自动支付服务并没有终止你与这家公司的协议。例如，如果你一直都是通过自动支付方式交纳有线电视费，使用一次止付服务或者撤销自动支付授权并不影响你和有线电视公司之间的服务协议。你可以直接跟该公司联系，取消这项服务。

直接存款。 你可以选择直接存款服务，这样每个月雇主支付给你的薪水支票就能直接存入你设立在金融机构的存款账户。因此，你不需要亲自跑到银行将支票存入账户。事实上，很多雇主都只通过直接存款的方式发放员工工资。直接存款有很多优点。它非常安全，因为不存在遗失支票夹的情况。它不仅安全，还能够帮助你实现强制储蓄。如果你每个月至少使用一次直接存款服务，银行通常都会免除你的支票账户费。此外，有些雇主还同意你将工资一分为二，分别存入支票账户和储蓄账户。如果每个月都有一笔钱直接存入你的储蓄账户，那么，储蓄就会变得容易许多。

某些人发现直接存款服务能帮助他们节省成本，因为如果直接将薪水支票兑现的话，他们可能会立即拿着现金去大肆购物。如果薪水支票被直接存入账户，他们手上没有多余的现金，自然也就限制了他们的消费行为。另外，购物时使用支票付款能让他们更好地了解自己是怎样花钱的。

有些金融机构还提供直接储蓄透支服务，允许你从下一笔直接储蓄中透支一定金额（通常是500美元）。当下一笔直接储蓄到账时，银行会先扣除你之前透支的金额和相应的费用，然后再将剩余的钱存入你的账户。你为这一服务所支付的费用一般要低于透支保护的费用，具体取决于金融机构。不管怎么样，收费都是额外的成本，所以，只有在特别紧急的情况下，才能动用直接储蓄透支服务。

费用。 存款机构提供支票服务时可能要收取一定的月费，例如每个月15美元，除非存款人能够在支票账户里保持最低余额，或者存款人能够确保设立在同一家存款机构的其他所有账户的总余额不低于某个标准，或者存款机构可以收到直接存款。一些金融机构规定每签发一张支票就收取一笔费用，而没有采用月费的形式。各家金融机构的费用结构以及免除费用的相关规定往往差异较大，因此在你决定在某家金融机构开立支票账户之前，你必须先好好地了解并比较一下各家机构的收费标准。

没有利息收益。 将资金存入支票账户的不足之处在于不能获得利息收益。基于这个原因，你应当确保自己的支票账户余额刚刚好足够用来支付各种开销以及一些意料之外的小额支出项目。不要向支票账户内存入超出需求量的过多资金，因为你完全可以把多余的资金投资于其他货币市场工具来获取收益。

可转让支付命令账户

存款机构提供的另一种存款产品叫做"可转让支付命令账户"（NOW 账户）。与传统的支票账户相比，NOW 账户的一大优势在于支付利息，只不过与其他很多银行存款产品相比，NOW 账户的利息收益相对较低。金融机构要求存款人必须确保 NOW 账户的余额不低于最低余额标准，因此 NOW 账户的流动性不如传统的支票账户。

储蓄存款

存款机构提供的传统储蓄存款产品支付的利率水平要比 NOW 账户更高一些。此外，一般来说，储蓄账户内的资金可以随时提取。储蓄账户不提供支票服务。所以，储蓄账户的流动性要比支票账户或 NOW 账户差一些，因为你不能使用这种账户来签发支票或者通过借记卡购物。但是，如果你的支票账户借记卡与你的储蓄账户相关联，你就可以在 ATM 上从储蓄账户取款。你还可以在 ATM 上或者通过手机应用程序轻松地将资金从储蓄账户转到支票账户。各家金融机构支付的储蓄存款利率并不相同。很多金融机构会在官方网站上公布储蓄存款的利率水平。

自动转账。你还可以考虑在自己的开户行申请自动转账服务，即自动将资金由一个账户转入另一个账户。例如，你可以要求自己的开户行每两个星期自动将 50 美元由支票账户转入你的储蓄账户。这种服务可以帮助你自动累积储蓄账户的存款余额，而且不需要你花费时间来完成转账程序。但是，在选择这项服务之前，你必须先确保自己的支票账户里有足够多的资金能应付得了各种消费需求，然后才能向金融机构申请这种自动转账服务。

自动转账服务不仅方便，而且能确保每个月你都能将一部分薪水存起来。如果不是自动转账的话，你可能常常会忘记将一部分资金由支票账户转入储蓄账户。因此，支票账户的余额越积越多，这也许会刺激你的消费行为。自动将一部分资金由支票账户转入储蓄账户以后，支票账户的余额会相应减少，当你购物并用支票付款时，你就会意识到支票账户的余额并不多。

定期存单

正如我们在第 5 章里讲过的那样，金融机构提供的定期存单产品规定了最低投资额、存款到期的具体日期以及年收益率。定期存单的常见期限为 1 个月、3 个月、6 个月、1 年、3 年和 5 年。一些金融机构在定期存单到期的时候会自动转存或者重新延续相同的期限。在到期日前，金融机构有义务邮寄书面账单告知你存单即将到期，并询问你是否同意自动转存（除非你明确拒绝，否则都会自动转存）。企业或个人均可以购买定期存单。有时候，面额较小的定期存单（例如面额为 5 000 美元或 10 000 美元）也可以被称为零售定期存单，因为相对于企业来说，这种小面额定期存单对个人投资者的吸引力更大。

收益率。存款机构提供的定期存单的收益率要比储蓄存款更高一些。较高的收益率事实上是对投资者愿意持有定期存单直到到期的一种补偿。利率被表示为年收益率的形式。因此，定期存单投资所能获得的利息收益主要取决于年利率以及到期期限的长度。各家金融机构规定的定期存单收益率各不相同。

流动性。将资金提前从定期存单里提取出来要被罚息，因此这种存款的流动性要比存放在储蓄账户里的储蓄存款差一些。只有当你确定在定期存单到期之前自己不需要动用这笔资金的时候，才可考虑把钱存入定期存单。你可以将自己的一部分资金存入定期存单，将另一部分资金投资于其他更具流动性的资产。

> **案例**
>
> 3个月（90天）定期存单的年收益率为3%，最低存款额为5 000美元。你想计算一下若投资5 000美元的话能获得多少利息收益。因为3%是年收益率，所以你实际获得的利息收益仅相当于存款额乘以3%的一部分，这是因为投资期限不足一年，只有90天，计算过程如下：
>
> 利息收益＝存款额×利率×投资期限调整项
> ＝5 000×0.03×90/365
>
> 请大家注意，年收益率对应的是365天，而定期存单的实际期限只有90天，所以我们给出了上面这个计算公式。对于期限为90天的定期存单来说，年收益率的适用期限大概相当于1/4（≈90/365）年，因此若直接计算利息收益的话，适用的利率应当等于：
>
> 利率＝0.03×90/365＝0.007 4 或 0.74%
>
> 因此，投资的实际收益率就等于0.74%。
>
> 现在，我们可以使用这一利率水平与存款额直接计算利息收益：
>
> 利息收益＝存款额×利率
> ＝5 000×0.007 4
> ＝37（美元）

定期存单期限的选择。 期限较长的定期存单的年收益率也相对较高。不过，期限较长的定期存单捆绑资金的时间也比较长，因此流动性较差。在选择定期存单的期限长度时，你应当充分考虑自己对流动性的要求。例如，假如你知道自己要在4个月后用钱，那么你可以选择投资于期限为3个月的定期存单，等定期存单到期后，再将赎回的资金投资于其他更具有流动性的短期资产（例如支票账户或储蓄账户）。如果你估计未来一年内都不需要动用这笔钱，那么可以考虑选择一年期定期存单。

货币市场存款账户

货币市场存款账户（MMDA）是存款机构提供的一种存款账户，该账户有最低余额要求，没有到期日，支付利息，每个月允许签发有限数量的支票。各家金融机构提供的货币市场存款账户的具体规定各不相同。例如，某些货币市场存款账户要求月均最低余额为2 500美元，一旦账户余额低于这个标准，则金融机构要收取15美元的月费。联邦政府法规要求，每个月以支票、借记卡购买或者电子转账的方式从账户提取资金的次数不能多于6次，但是通过ATM取款或者亲自去银行网点提取现金不受限制。

货币市场存款账户与NOW账户的区别在于前者只提供有限的支票和借记卡服务，不过利率水平高于NOW账户。很多个人客户使用支票账户或NOW账户来完成绝大多数的日常交易，同时使用货币市场存款账户来获得高额利息收益。因此，他们会向货币市场存款账户内存入大笔资金，然后使用这一账户签发大额支票来应付一些意料之外的支出项目，或者通过借记卡实现大额购买。货币市场存款账户的流动性不如支票账户，因为它对客户通过签发支票或借记卡的方式取钱有所限制。

国库券

正如我们在第 5 章里讲过的那样,国债指的就是美国财政部发行的债券。当美国政府的支出大于税收收入时,它就要通过发行国债的方式来借钱。个人可以通过证券经纪公司来购买国债。国债的期限多种多样,例如 1 个月、3 个月、6 个月、1 年、10 年以及 30 年。从现金管理的角度来看,个人主要关注的是国库券,它是指期限为一年或不足一年的短期国债。国库券在到期时的最低价值(叫做面值)为 100 美元,在此基础上,最小增幅为 100 美元,还可以依次累积(你可以在 www.treasurydirect.gov 网站直接购买国库券,这个网站是美国财政部负责运营的)。很多投资者购买国库券都是 10 000 美元起步的。

投资收益。 当投资者购买国库券时,国库券价格低于其面值。如果你投资了国库券并持有至到期,那么就可以获得资本利得收益,相当于国库券到期时的面值减去当初购买国库券时支付价格的差额。因此,国库券的投资收益率等于资本利得收益与初始投资额的比率。

当我们计算投资收益率时,应当将所有的收益率都转换为年收益率,这样才便于横向比较不同期限的投资选择的收益率。期限为 1 个月的投资项目所获得的投资收益,从金额上看,可能小于 1 年期投资项目所获得的投资收益。因此,若想比较期限为 1 个月的投资项目与 1 年期投资项目的收益孰高孰低,你必须算出年收益率(或百分比收益率)。

> **案例**
> 一位投资者支付了 9 700 美元购买了一份面值为 10 000 美元、期限为 1 年的国库券。国库券到期后,她拿到了 10 000 美元。该国库券的投资收益率等于:
>
> $$\text{投资收益率} = \frac{10\,000 - 9\,700}{9\,700} = 3.09\%$$

对于期限为 3 个月(1/4 年)的投资选择,直接乘以 4 就能算出年收益率。对于期限为 6 个月(1/2 年)的投资选择,直接乘以 2 就能算出年收益率。计算年收益率最准确的做法是将收益率乘以 $365/N$,N 代表的是投资项目持续的天数。

> **案例**
> 一位投资者支付 9 850 美元购买了一份面值为 10 000 美元、期限为 182 天的国库券。该国库券的年收益率等于:
>
> $$\text{投资收益率} = \frac{10\,000 - 9\,850}{9\,850} \times \frac{365}{182}$$
> $$= 3.05\%$$

二级市场。 在二级市场上,在经纪公司的帮助下,未到期的国库券可以提前出售。二级市场还允许个人投资者彼此之间转售国库券。国库券的收益率通常要比相同期限的定期存单略低一些,但是国库券的流动性更好一些,这是因为国库券拥有二级市场,而定期存单必须持有至到期日。如果你在二级市场上出售国库券,那么所获得的资本利得收益就等于国库券的出售价格减去当初的购买价格,收益率就等于资本利得收益与初始投资额的比率。

报价。 金融报纸以及金融网站均能提供各种国库券的价格以及持有至到期日的收益率。

> **案例**
> 一位投资者按照 9 700 美元的价格买入了一份国库券,持有 60 天后在二级市场上按照 9 750 美元的价格将其卖出,则年收益率等于:
>
> $$投资收益率 = \frac{9\ 750 - 9\ 700}{9\ 700} \times \frac{365}{60}$$
> $$= 3.14\%$$

货币市场基金

货币市场基金(MMFs)从个人投资者那里吸收小额资金,汇聚在一起以后投资于短期证券,例如期限为一年或不足一年的证券。事实上,货币市场基金持有的债券的期限往往小于 90 天。很多货币市场基金投资于短期国债或批发性的定期存单(面值为 100 000 美元甚至更高)。投资者可以将支票寄给货币市场基金,支票金额就是他们打算投资的金额。一些货币市场基金主要投资于商业票据——这是大企业发行的短期债务工具。商业票据的利率水平通常会略高于国库券的利率水平。货币市场基金没有购买保险,但是绝大多数货币市场基金会投资于非常安全的短期资产,因此违约风险非常低。

货币市场基金也能提供一定程度的流动性,它允许个人投资者每个月凭借自己的基金账户进行借记卡购物,或者签发支票,不过对使用的次数有所限制。通常,交易的金额必须大于最低标准(例如 250 美元)。个人可以使用与货币市场基金相关联的支票账户来支付大笔费用,同时使用另一个常用的支票账户进行小额交易。很多个人投资者将闲散资金投资于货币市场基金,这样便可以在资金被使用之前获得一笔利息收益。一些货币市场基金与其他账户相关联,那么存放在基金池里的资金在被转入其他账户之前,还可以获得一笔利息收益。例如,很多经纪账户允许投资者将未使用的资金存放在货币市场基金账户内,直到投资者使用这笔资金购买股票为止。

货币市场基金的报价。 金融网站和《华尔街日报》等金融报纸通常会刊登各种各样的货币市场基金的收益率数据。图表 6.1 就给出了一个货币市场基金的报价实例。第一列标注的是货币市场基金的名称;第二列反映的是该基金的平均投资期限;第三列是该基金的七日年化收益率;第四列是基金的规模(单位为百万美元)。仔细看一下图表 6.1 中 Star 基金的报价信息,该基金主要投资于短期政府债券并持有至到期。该基金的平均投资期限为 43 天。该基金为投资者创造的七日年化收益率为 3.28%。该基金管理的资产总额为 4.96 亿美元。

图表 6.1 每周货币市场基金的收益率数据

基金名称	平均投资期限(天)	七日年化收益率(%)	资产(百万美元)
Star 基金	43	3.28	496

资产管理账户

资产管理账户可以将存款账户与用来买卖股票的经纪账户的功能合并到一起。资产管理账户的优势在于它能提供一份合并账单,上面显示出所有账户的期末余额以及交易项目。某些存款机构以及经纪公司可以向客户提供资产管理账户。提供此类账户的金融机构要求资产管理账户项下的所有账户的总余额必须超过某一最低余额标准,例如15 000美元。流动账户是一种特殊的资产管理账户,它可以在每一个营业日结束后将经纪账户内所有未使用的资金自动投资于货币市场。未使用的资金可以获得利息收益,同时还可用于签发支票。通常情况下,资产管理账户需要交纳月费,除非账户余额超过一定标准,比如100 000美元。

货币市场投资工具的对比分析

图表6.2对比分析了各种各样的货币市场投资工具。请注意,能提供较高收益率的货币市场投资工具往往流动性较差。

图表6.3用图形的形式形象地说明了货币市场投资工具的收益率与流动性之间的关系。支票账户的流动性最好,但是不能创造任何投资收益。在另一个极端,1年期定期存单的收益率最高,但是其流动性要逊色于其他所有货币市场投资工具。

图表6.2 货币市场投资工具的对比

货币市场投资工具	优势	劣势
支票账户	流动性非常好	没有利息收益
NOW账户	流动性非常好	利率较低,有最低余额要求
货币市场存款账户	流动性较好	利率较低
储蓄账户	流动性较好	利率较低
定期存单	利率相对较高	流动性较差
国库券	利率相对较高	最低购买额较高
货币市场基金	流动性较好	流动性不如支票账户或NOW账户
资产管理账户	方便	最低余额要求较高

图表6.3 货币市场投资工具的流动性与收益率的对比

货币市场投资工具的风险

在考虑将短期资金投资于各种各样的货币市场投资工具之前,你必须先考虑一下风险的大小,即潜在收益的不确定性。货币市场投资工具主要面临以下三种风险:(1)信用风险;(2)利率风险;(3)流动性风险。

信用风险

投资于货币市场证券要面临信用风险(也称违约风险),这是指借款人没有按时还款所带来的风险。借款人可能会推迟还款甚至干脆违约不还款。在这种情况下,投资者只能收回一部分投资本金(甚至一分钱也收不回来)。国债能获得美国联邦政府的担保,但是绝大多数其他类型的货币市场投资工具都存在着一定程度的违约风险。虽然对某些类型的货币市场投资工具来说,违约风险非常小,但是你仍然要记住,在投资于货币市场投资工具之前必须先评估一下风险水平。

利率风险

利率风险是指利率的变化可能会导致投资工具贬值的风险。投资者若想缩小利率风险敞口,则可以投资于债券,并做到债券的期限与自己的投资期限(投资期限的长短取决于投资者何时要使用资金)一致。比方说,如果你在3个月后要使用这笔钱,那么你可以考虑选择期限为3个月的投资产品,这样的话就不用担心利率的波动会对自己不利。下面这个例子能够说明利率的波动会对投资工具的价值造成怎样的影响。

> **案例**
>
> 假设3个月前你购买了一份年收益率为3%的1年期国库券。近来市场利率水平上升,你很失望,因为你把自己的投资收益率锁定为3%,可是最近发行的投资产品(包括1年期国库券)的年收益率大概为4%。你可以在二级市场上卖掉自己的国库券,但是买家支付的价格肯定会偏低一些,这是因为他们完全可以选择购买那些年收益率为4%的新发行的债券。这个例子能够说明为什么当利率水平上升时债券的市场价格会相应下跌。
>
> 如果不想低价卖掉自己持有的国库券,你可以持有至到期。不过,在整个1年的持有期内,你的投资收益率仅为3%,低于近来发行的新债券的收益率。所以说,这两种选择都不太好。

流动性风险

前面我们讲过,流动性代表的是投资者弥补任何短期资金缺口的能力。投资工具的流动性较好意味着它能轻易地兑现。流动性风险是指投资工具兑现时发生潜在损失的可能性。例如,零售定期存单就具有一定程度的流动性风险,因为它不能在二级市场上转售。如果你打算在到期之前将定期存单提交给发行机构要求赎回,那么很可能要支付一定金额的罚息。

投资工具的流动性受到其二级市场发展状况的影响。如果某种债券拥有非常强大的二级市场，那么与另一种二级市场发育不良的债券相比，前者可以被迅速卖出，而且价格折扣肯定会小于后者。例如，你可以轻轻松松地将国库券在二级市场上卖出，这就是我们说国库券的流动性要好于定期存单的原因。

经济前景对流动性需求的影响。如图表 6.4 所示，当经济环境萎靡不振时，可能会产生一些流动性方面的问题。例如，在 2008—2009 年金融危机期间，很多人失业了。还有些人虽然找到了工作，但是低于其预期，因此工资收入也低于其预期。很多退休人员依赖于投资收入，但是在金融危机期间，投资产品的收益状况十分糟糕，这也使得实际的投资收入远远低于预期。因此，退休人员的现金流入不足以弥补其现金流出。

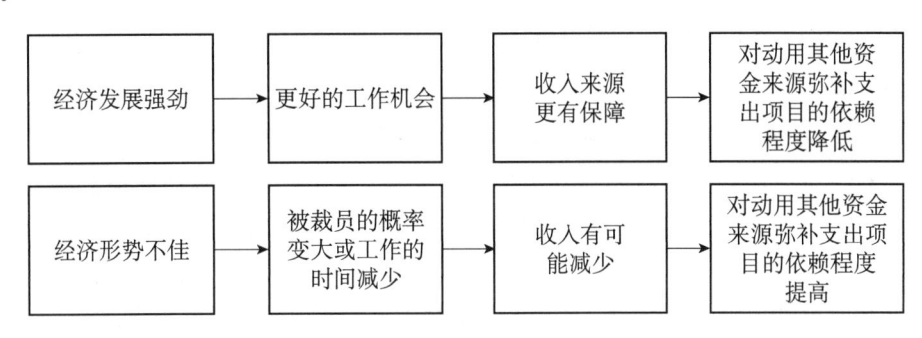

```
经济发展强劲 → 更好的工作机会 → 收入来源更有保障 → 对动用其他资金来源弥补支出项目的依赖程度降低

经济形势不佳 → 被裁员的概率变大或工作的时间减少 → 收入有可能减少 → 对动用其他资金来源弥补支出项目的依赖程度提高
```

图表 6.4　经济前景对流动性需求的影响

如果你怀疑未来的经济形势有可能恶化，导致你从雇主手里拿到的收入减少或自己的投资收益减少，那么就要确保自己持有更多的流动性。你应当将更多的资金投资于高流动性的货币市场投资工具，减少对其他类型投资产品的投资金额。通过这种方式，一旦经济形势真的恶化并导致你的现金流入额减少，那么你就可以依靠货币市场证券来获取流动性。

风险管理

货币市场投资的风险管理包括：(1) 评估投资的风险水平；(2) 按照风险评估结果以及你个人的财务状况来判断短期资金在各种货币市场投资工具之间的分配比例。

货币市场投资的风险评估

在做出投资决策之前，你必须好好考虑一下风险与收益的权衡关系。本章我们向大家介绍的货币市场投资工具往往能避免信用风险，因为它们有政府的保险或支持。国债与小额银行存款几乎没有信用风险。投资于商业票据的货币市场基金是一个例外。如果货币市场基金持有的商业票据违约，则货币市场基金的收益状况将会受到负面影响，于是投资者的收益状况也会受到负面影响。

正如前面所述，货币市场投资工具的期限较短，利率风险较小。此外，投资于货币市场基金所面临的流动性风险往往最小，尤其是当货币市场基金主要投资于下个月就到期的短期工具时。同理，下个月就到期的国债的流动性风险也非常小。

为了吸引投资者，风险较高的证券要比风险较低的证券提供更高的收益率。投资者承担了更高的投资风险，理应获得更高的收益率作为补偿。某些货币市场基金主要投资于具有一定信用风险以及利率风险的证券，这样的基金能给投资者创造更高的投资收益。我们曾经讲过，期限较短的债券的年收益率也偏低。期限为3个月的债券的年收益率要略低于1年期债券。不过，期限较长的债券的市场价格更容易受到市场利率波动的影响。

流动性风险较高的证券的收益率也相对较高。零售定期存单的收益率必须比相同期限的国债收益率高出一些，这是因为国债的流动性更好。

货币市场投资的最优分配方案

一般来说，个人现金管理要遵循下列步骤：

1. 预测未来将收到的账单，确保自己的支票账户里有充足的资金。
2. 估计一下近期自己还需要准备多少额外资金，并考虑将这笔额外资金投资于某种流动性非常好的金融工具（例如货币市场基金）。为了应付意外支出，你可以多预留一部分现金。
3. 根据自己的风险承受能力，使用剩余资金为自己获得较高的投资收益。

每个人的情况不同，因此最优分配方案也不相同。如果未来你的净现金流远远低于支出额，那么你需要将大部分资金投资于高流动性的金融产品（例如支票账户或NOW账户）。若另一位投资者拥有充足的现金流，足以应付未来的支出项目，那么他就不需要持有太多的流动性。图表6.5说明了这种差别。即使两个人的净现金流一模一样，也有可能其中一个人必须持有的流动性大于另一个人必须持有的流动性。

在决定如何投资短期资金时（先计算一下个人支票账户内要存放多少资金），你必须充分考虑自己对风险的承受能力。如果你希望实现各种风险的最小化，那么可以直接将所有的资金投资于只关注1个月内到期的国库券的货币市场基金。不过，如果你愿意承受一定水平的风险，那么可以获得更多的投资收益。

例如，如果你知道未来至少6个月内不会用到这笔钱，而且预期这段时间内利率水平不会大幅度上升，那么你可以考虑把资金投资于6个月期零售定期存单。一种较为中庸的做法是将一部分短期资金投资于6个月期零售定期存单，余下资金投资于只投资短期国债的货币市场基金。定期存单的预期收益率高一些（但是流动性比较差），而货币市场基金能在需要时立即向你提供流动性。

近些年来，所有货币市场投资工具的利率水平都很低，这意味着投资于这些金融工具只能获得很低的收益率。这使得投资者倾向于减少此类投资产品的持有比例，转而选择更有吸引力的投资工具，例如有可能获得超高收益的股票。不过，请大家记住，货币市场投资工具具有一个特殊用途，那就是它们能够创造流动性，使得投资者可以轻松获得流动性。然而，股票无法提供这样的流动性。

较高的流动性需求

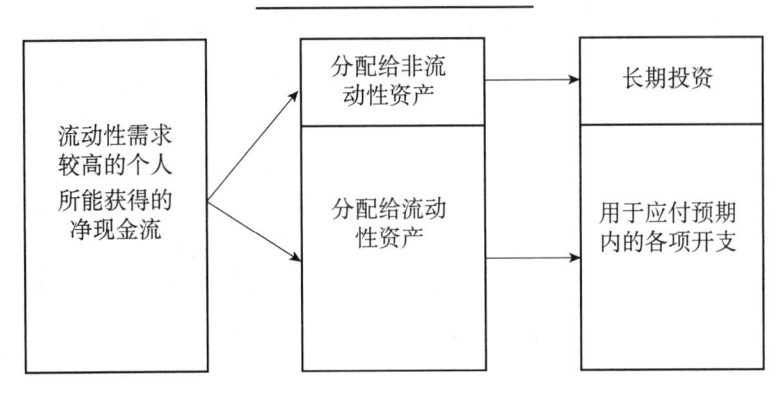

```
流动性需求      分配给非流       长期投资
较高的个人      动性资产
所能获得的
净现金流        分配给流        用于应付预期
               动性资产         内的各项开支
```

较低的流动性需求

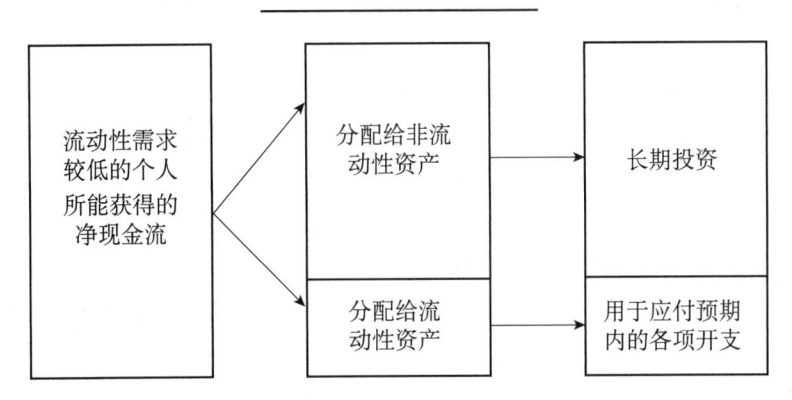

```
流动性需求      分配给非流       长期投资
较低的个人      动性资产
所能获得的
净现金流        分配给流        用于应付预期
               动性资产         内的各项开支
```

图表 6.5　预期支出对流动性的影响

案例

斯蒂芬妮·斯普拉特手上有 2 000 美元的闲置资金，她打算投资于货币市场投资工具。她知道自己要在下个星期支付 400 美元的账单，未来 1 个月内还要花 600 美元修理汽车的发动机。她预计未来 6 个月内，除了上述两笔费用以外，应该没有其他开支项目了。她选择的金融机构提供了以下各种货币市场投资工具的年收益率：

货币市场投资工具	年收益率（%）
支票账户	0
储蓄存款	1.2
货币市场存款账户（最低余额为 2 500 美元）	2.0
货币市场基金（最低余额为 300 美元）	1.5
1 个月期定期存单	2.5
6 个月期定期存单	2.7
1 年期定期存单	3.0

> 目前，斯蒂芬妮的支票账户的余额接近于零。她持有的货币市场基金的余额为300美元，为了满足最低余额要求，她必须保持账户余额不低于这一标准。她首先关注的是如何满足自己的流动性需求，然后再考虑如何投资余下的资金。她决定向支票账户内存入400美元，这样便于自己签发支票支付接下来即将收到的几张账单。支票账户是唯一允许她签发小额支票的投资工具。
>
> 她知道在不远的将来需要支付600美元的汽车维修费，但是她想在动用这笔钱之前，利用中间的空闲时间尽可能地赚点小钱。她立即把货币市场存款账户从待选方案里剔除了，因为这种账户要求最低余额不少于2 500美元。她最终决定向货币市场基金投资600美元。她可以使用基金账户签发支票来支付汽车的维修费。与此同时，投资于货币市场基金的资金还能获得1.5%的年收益率。
>
> 斯蒂芬妮手上还剩下1 000美元的闲置资金，她估计至少在未来的1个月内暂时用不到这笔钱。她不打算把这笔钱投资于6个月期定期存单或1年期定期存单，因为虽然这些定期存单的收益率要高于1个月期定期存单，但她有可能会在1个月后使用这笔钱。她决定将这1 000美元投资于1个月期定期存单，因为在同期的投资产品中，这个选择能获得最稳妥且相对较高的收益率。
>
> 斯蒂芬妮意识到其他的投资选择，比如股票，可能会带来更高的收益率，但也可能出现亏损的情形。她也不考虑将自己的2 000美元购买股票，因为在不远的将来，她会用到这笔钱。尽管她可以随时卖掉股票，但如果在卖掉股票的时候股票处于亏损状态，那她就不得不承担这个亏损。她希望将钱用在其他流动性较强的产品上，比如货币市场基金，这样的话，她未来可以轻松地变现以偿还债务。

现金管理与个人理财计划的匹配程度

下面我们列出了必须包含在个人理财计划之内的现金管理的关键性决策：
- 如何确保你能够按时支付预期账单？
- 如何确保你持有足够的流动性以便应付意料之外的支出项目？
- 你应当将剩余资金投资于哪些货币市场投资工具？

通过做出正确的决定，你可以尽可能少地使用贷款，并实现流动性资产的收益最大化。图表6.6以案例的形式展示了货币市场投资决策与斯蒂芬妮·斯普拉特个人理财计划的匹配情况。

图表 6.6　现金管理与斯蒂芬妮·斯普拉特个人理财计划的匹配程度

现金管理的目标
1. 持有足够的流动性以确保能够按时支付所有的预期账单。
2. 保持充足的流动性以备不时之需。
3. 将多余的闲置资金投资于收益率最高而且能够确保充足流动性的存款产品。

续表

分析

	金额（美元）	支付方式
每月的现金流入额	3 000	直接存入支票账户
通常情况下每月的支出额	2 600	支付各种账单

决定

有关"持有足够的流动性以确保能够按时支付所有的预期账单"的决定：

每个月我收到两张薪水支票，税后总额共计3 000美元，这笔钱会直接存入我的支票账户。我可以用这个账户通过电子转账或者支票支付的方式，偿还每个月2 600美元的日常开支。我要努力做到在支票账户里预留400美元的额外资金，因为每个月的支出项目总是有这样那样的变化。

有关"保持充足的流动性以备不时之需"的决定：

我还要努力做到在货币市场基金内预留大概2 500美元的资金以备不时之需。这笔钱能够给我带来投资收益，同时还能确保流动性。

有关"将多余的闲置资金投资于收益率最高而且能够确保充足流动性的存款产品"的决定：

随着储蓄额累积得越来越多，我要投资短期的定期存单（例如1个月期定期存单）。定期存单的流动性不如货币市场基金，但是等定期存单到期时，我便可以收回资金。定期存单的收益率要高于货币市场基金。

讨论题

1. 如果斯蒂芬妮是一位拥有两个孩子的单身母亲，那她的现金管理决策会有哪些不同？
2. 如果斯蒂芬妮现年35岁，那她的现金管理决策会有哪些不同？如果她现年50岁呢？

小结

现金管理。 现金管理包括挑选既满足个人流动性需求同时又能提供较高收益的短期投资工具。这项工作很具有挑战性，因为收益较高的短期投资工具往往流动性比较差。

常见的货币市场投资工具。 可用于现金管理的常见的短期投资工具包括支票账户、NOW账户、储蓄存款、定期存单、货币市场存款账户、国库券、货币市场基金以及资产管理账户。支票账户与NOW账户的流动性最好。定期存单与国库券的收益率最高。

货币市场投资工具的风险。 货币市场投资工具面临的主要风险包括信用风险（违约风险）、利率风险以及流动性风险。存款机构提供的货币市场投资工具获得了联邦存款保险公司提供的保险，基本上消除了信用风险。国库券也没有信用风险，因为它们已经获得了联邦政府的担保。货币市场证券面临较低水平的利率风险，因为它们的到期期限很短。同时，货币市场证券面临较低水平的流动性风险，原因仍然是期限较短。

货币市场管理。 在进行现金管理时，你首先应当估计一下自己下个月的支出额大概是多少，然后确保支票账户里有足够多的资金可用于应付这些支出项目。此外，你还要估计一下额外支出的金额（例如有可能产生的汽车修理费），并通过持有短期投资工具（例如货币市场基金）来确保自己随时可以获得流动性来支付这些额外费用。最后，针对个人的风险承受能力，你应将余下的资金投资出去以获得较高的投资收益。

如何提升现金管理与你的个人理财计划的匹配程度？现金管理决策能够确保你按时偿还预期的账单，并且可以保有充分的流动性来应对任何意外的支出。

复习题

1. 现金管理。给出现金管理的定义。它与长期投资或长期借款决策有哪些不同？
2. 流动性。什么是流动性？如何使用个人现金流量表来帮助管理个人的流动性？现金管理与现金流量表有什么关系？
3. 现金流缺口。列举个人解决现金流缺口问题的几种方法。哪种方法更好？为什么？
4. 信用卡和流动性。将信用卡当成流动性来源的风险是什么？
5. 流动性较好的投资工具。影响短期投资收益率的两个因素是什么？为了确保流动性和获得较高的投资收益，你应当考虑哪些投资产品？
6. 支票账户。为什么个人要使用支票账户？将资金存入支票账户有哪些劣势？解释一下什么叫做透支保护与止付。所有银行的费率结构都相同吗？
7. 直接存款。使用直接存款的优点有哪些？
8. NOW账户。什么叫做NOW账户？它与普通的支票账户有何区别？储蓄账户与NOW账户有何异同？
9. 自动转账。自动转账如何帮助你实现储蓄目标？
10. 定期存单。金融机构为定期存单产品设定了哪些特殊条款？为什么定期存单的利率水平要高于储蓄账户？在选择定期存单的期限时，哪些因素会对你的决定带来最显著的影响？
11. 货币市场存款账户。货币市场存款账户与NOW账户有何区别？储户在何种情况下会使用货币市场存款账户？
12. 国债。什么叫做国债？什么叫做国库券？国库券的面额是多少美元？国库券的投资收益用什么方式体现？如何计算投资收益？
13. 货币市场基金。什么叫做货币市场基金？它们主要投资于哪些类型的证券？什么叫做商业票据？货币市场基金是不是有风险的投资选择？货币市场基金的流动性好不好？
14. 资产管理账户。什么叫做资产管理账户？讨论一下这类账户的优势所在及其要求。
15. 货币市场投资工具。比较一下各种货币市场投资工具的收益率与流动性。给出几个具体的例子。
16. 货币市场投资工具的风险水平。影响货币市场投资工具的三种风险分别是什么？
17. 货币市场投资工具。在决定货币市场投资工具的最佳配置时，你应当遵循哪些步骤？在决定自己的资产组合构成时，你应当考虑哪些因素？
18. 经济疲软时的流动性需求。为什么在经济疲软时拥有充足的流动性十分重要？
19. 高流动性的劣势。保持非常高的流动性有哪些劣势？
20. 经济环境对流动性需求的影响。假设在未来3年内，你每个月的支出额始终保持不变，但是你预期1年后经济形势将会陷入衰退。解释一下在这种情况下，为什么即使每月支出额保持不变，你仍然需要持有更多的流动性。
21. 持有更多流动性的成本。解释一下当经济环境不佳时持有更多流动性会带来哪些成本。

22. 借记卡。借记卡交易与支票支付有什么不同？
23. 透支保护。透支保护将会如何影响支票退回？如果你的银行提供透支保护，你应该利用这一方式给你带来的好处吗？
24. 风险容忍度。你的风险容忍度将会如何影响你的现金管理？
25. 股票和流动性。解释一下，如果你在不远的将来需要资金，你为什么不选择在股票市场上进行投资。股票没有流动性吗？
26. 流动性风险。流动性风险如何影响现金管理？

理财规划练习题

1. 利息收益。特雷莎刚刚开立了一个利率水平为 1.5% 的 NOW 账户。如果在接下来的 12 个月里，她能一直保持 500 美元的最低余额，那么她能获得多少利息收益？
2. 利息收益。莉萨向期限为 6 个月、利率水平为 1.75% 的定期存单产品投资了 2 500 美元。如果她一直持有至到期，则她能获得多少利息收益？
3. 定期存单的价值。特拉维斯向期限为 3 个月、利率水平为 1.25% 的定期存单投资了 3 000 美元。等到定期存单到期时，特拉维斯能收回多少美元？
4. 利息收益。克莱尔向期限为 18 个月、利率水平为 2.25% 的定期存单投资了 10 000 美元。在到期时，克莱尔能获得多少美元的利息收益？
5. 国库券的收益。特洛伊花 9 800 美元购买了一份面额为 10 000 美元的国库券。如果特洛伊将其持有至到期日，他的投资收益是多少美元？
6. 货币市场基金的价值。巴特是一名大学生，他从未投资过基金。他已经存了 1 000 美元，决定把这笔钱投资于预期收益率为 2.0% 的货币市场基金。巴特预计要在一年后用钱。巴特赎回基金时，货币市场基金要收取 20 美元的费用。那么一年后，巴特赎回基金结束投资时能拿回多少钱？
7. 国库券的收益。戴夫手上有 20 000 美元的闲置资金准备投资。他可以按照 19 800 美元的价格购买一份面值为 20 000 美元的国库券，或者是按照每份 9 850 美元的价格购买两份面值为 10 000 美元的国库券。这两种方案哪一种收益更高？
8. 国库券的收益。劳伦按照 39 200 美元的价格购买了一份面值为 40 000 美元的国库券。几个月后，劳伦按照 39 700 美元的价格出售了这份国库券。国库券给劳伦创造了多少投资收益？
9. 国库券的年收益率。布伦达按照 29 850 美元的价格购买了一份面值为 30 000 美元、期限为 90 天的国库券。到国库券到期时，布伦达能获得多少美元的投资收益？他的年收益率有多高？
10. 利息收益。在 6 月 1 日，米娅向货币市场存款账户存入了 4 000 美元，利率水平为 2%。到了 10 月 31 日，米娅向利率水平为 1.75% 的 3 个月期定期存单投资了 2 000 美元。等到年末，假设米娅从未动用过货币市场存款账户里的资金，那么她能获得多少利息收益？
11. 投资收益。托马斯可以按照 9 775 美元的价格购买一份面值为 10 000 美元的 1 年期国库券，或者是向期限为 12 个月、利率水平为 2.5% 的定期存单投资 10 000 美元。哪一种投资选择的收益率更高？除了收益以外，在做出投资决定时，托马斯还应当考虑哪些因素？
12. 一年以内投资期限的收益。吉尔将 10 000 美元投资于年收益率为 1.2% 的 90 天定期存单。投资该产品将会给她带来多少收益?

13. 道德困境。贾森现在50多岁,他的父母都经历过大萧条。因此,他非常厌恶风险。近来,他拿到了一大笔钱,想寻找一个安全的投资工具,不过该工具也要能创造一定的投资收益。他的开户行告诉他可以把这笔钱投资于5年期定期存单。贾森问这种投资是否会有损失,对方回答说联邦政府会向存款提供保险,而且定期存单的收益率要高于储蓄账户。贾森购买了定期存单,然后高高兴兴地回家了,以为自己的钱非常安全,而且还可以随时提取。

4个月后,贾森家谷仓的屋顶坏了,他要用钱维修屋顶。但是他突然发现,如果要把钱提取出来,他必须支付一大笔罚息。

a. 银行并没有向贾森全面说明长期定期存单面临的所有风险,评价一下银行的这种做法是否符合职业道德。

b. 贾森认为自己能找到完全无风险的投资工具的想法正确吗?

个人理财的心理学:强制储蓄

1. 一些客户每个月都将一部分工资收入存入储蓄账户,通过这种方式强迫自己储蓄。他们将余下的工资收入存入支票账户,并约束自己只能花支票账户里的钱。还有一些人设立了特殊账户以鼓励自己储蓄,这些账户是为了实现某个具体的目标而设立的,例如度假。如果储蓄行为将来能给他们带来某种形式的收益,那么他们的储蓄意愿将会大大提高。你用什么方式来激励自己储蓄?

2. 阅读一篇讨论心理因素对储蓄行为的影响的文章。你可以使用关键词"心理"和"储蓄"在线搜索出很多类似的文章。总结一下这篇文章的主要观点。

综合案例:桑普森一家

桑普森夫妇刚刚开始每个月储蓄800美元。每个月这笔储蓄会被投资于定期存单(第5章中提到的他们选择的某种定期存单产品)。这些储蓄将来会被用于支付新车的首付款以及供孩子们上大学,但是要等到定期存单到期以后才能拿到现金。

1. 桑普森夫妇开始储蓄,但他们并没有做出有关投资定期存单的任何决定。当前他们考虑的是为莎伦的车准备一些可能需要花费的维修基金。他们同时希望能够拥有足够的流动性,这样的话,当为莎伦买新车时,他们能够在不提前兑现定期存单的情况下出得起首付款(提前兑现定期存单会面临惩罚)。为了增强流动性,他们应该如何调整自己的定期存单投资策略?

2. 如果辛普森夫妇希望能够拥有足够的流动性,在货币市场投资方面,请给他们提供一些有价值的投资建议。

术语解释

现金管理(money management):个人在短期内就现金流入与现金流出所做出的决策。

流动性（liquidity）：个人弥补短期现金不足的能力。

透支保护（overdraft protection）：一些存款机构向客户提供的一种服务，当客户签发的支票金额大于支票账户的实际余额时，透支保护能够保障客户的权益。这种透支保护本质上就是一种短期贷款。

止付（stop payment）：金融机构得到的通知，若有人试图兑现支票，金融机构必须拒绝兑现。止付通常是应支票签发人的要求所采取的措施。

可转让支付命令账户（negotiable order of withdrawal account，NOW account）：存款机构提供的一种存款产品，既能提供支票服务，同时又支付利息。

零售定期存单（retail CDs）：面额较小的定期存单（例如面额为5 000美元或10 000美元）。

货币市场存款账户（money market deposit account，MMDA）：存款机构提供的一种存款账户，该账户有最低余额要求，没有到期日，支付利息，每个月允许签发有限数量的支票。

国债（Treasury securities）：美国财政部发行的债券。

国库券（Treasury bills，T-bills）：期限为一年或不足一年的短期国债。

二级市场（secondary market）：一个可以买卖已售出的证券（例如国库券）的市场。

货币市场基金（money market funds，MMFs）：从个人投资者那里吸收小额资金，汇聚在一起以后投资于短期证券（例如期限为一年或不足一年的证券）的账户。

商业票据（commercial paper）：大企业发行的短期债务工具，其利率水平通常会略高于国库券的利率水平。

资产管理账户（asset management account）：一种将存款账户与经纪账户的功能合并到一起，并提供一份合并账单的账户。

流动账户（sweep account）：一种特殊的资产管理账户，它可以在每一个营业日结束后将经纪账户内所有未使用的资金自动投资于货币市场。

信用风险（credit risk）：借款人没有按时还款所带来的风险。

违约风险（default risk）：借款人没有按时还款所带来的风险。

利率风险（interest rate risk）：利率的变化可能会导致投资工具贬值的风险。

流动性风险（liquidity risk）：投资工具兑现时发生潜在损失的可能性。

第7章
评估与安全使用个人贷款

章前引例

　　金总是避免使用贷款。她总是用现金付款，包括以前购买的两辆汽车也是如此。等到买第三辆车时，金想要贷款购买。在申请了贷款以后，她才如梦方醒。财务公司使用的是三等级信用评级体系。A 等级是最高的信用等级，贷款利率水平为 7%；B 等级的贷款利率为 9%；金只能申请 C 等级的贷款，贷款利率水平为 11%。她吓了一跳。金从未推迟过支付账单，为什么她的信用等级会这么低呢？

　　事实上，在征信机构眼中，没有贷款记录就等同于信用记录糟糕。你可能以为没有贷款记录应当能说明申请人对自己的财务状况十分负责。可是，征信机构并不这样看。

　　本章的第一部分将重点讲述如何获得贷款。你会发现正确使用并管理好贷款能够为你建立良好的信用记录，根本不使用贷款无法做到这一点。本章的第二部分主要讨论身份盗用问题：它会对个人的信用评级造成怎样的影响，以及个人可以采取哪些措施保护自己避免受到侵害。

本章的学习目标

- 了解个人贷款的基础知识；
- 介绍征信机构的作用；
- 介绍身份盗用的相关信息；
- 解释如何防范身份盗用；
- 讨论发现身份被盗用以后如何处理该问题；
- 解释信用评估和信息安全如何匹配你的个人理财计划。

贷款的基础知识

　　贷款是指债权人把钱借给借款人，约定借款人将来要偿还本金以及利息。最初借给借款人的那笔钱叫做本金，所以我们把贷款的偿还划分为本金偿还额与利息支付额两个组成部分。债权人把钱借给借款人的同时会约定一些条款，例如贷款的金额、贷款的到期日等。对于绝大多数贷款来说，借款人通常要定期支付利息（例如每个季度或每年支付一次），贷款到期时一次性偿还本金。

贷款的类型

贷款的主要类型包括非分期偿还贷款、分期偿还贷款或循环使用的开放式贷款。

非分期偿还贷款。 非分期偿还贷款一般期限很短，例如 30 天甚至更短。一些百货商店可以向消费者提供这种类型的贷款。消费者今天购买商品，但要获得较短期限的贷款，消费者拿到贷款后直接购买商品，并且很快就会偿还这笔贷款。非分期偿还贷款对于那些预期很快就能拿到一大笔收入的消费者来说很有用，近期即将得到的收入使他们有能力迅速还清贷款。

分期偿还贷款。 借款人也可以使用分期偿还贷款来购买某些特定的商品，但是还款的期限很长。这种贷款要收取贷款利息，借款人必须每个月偿还一部分本金以及利息。还有一种做法是贷款到期之前，借款人每个月只支付贷款利息；等到贷款到期后再偿还本金。

循环使用的开放式贷款。 循环使用的开放式贷款，例如信用卡，允许借款人使用贷款且贷款金额不超过某一上限（例如 1 000 美元或 10 000 美元）。贷款上限取决于借款人的收入水平、负债水平以及贷款偿还记录。消费者可以在每个月的月末还清全部贷款或者只偿还一部分贷款，那么余下的未偿还部分将会产生利息成本。一般来说，每个月至少要按照最低还款额还款。

你应当使用贷款吗？下面我们讨论一下使用贷款的好处与坏处。

使用贷款的好处

正确地使用贷款能够帮助你建立良好的信用记录。只有通过合理明智地使用贷款，你才能慢慢培养自己的偿债能力，将来购买大件商品时（例如买房或买车），才能有渠道申请到贷款。偿债能力使得个人或家庭可以不必等到储蓄额达到大件商品的价格就能提前购买商品。另一好处是既然使用了贷款，便不需要再使用现金或签发支票，从而降低了个人身份被盗用的可能性。

使用贷款的坏处

贷款的使用成本很高。使用贷款的弊端还体现在它有可能会导致：
- 过度消费；
- 累积大量债务。

过度消费。 一些消费者在用信用卡付款时，他们的消费行为与用现金付款时的消费行为完全不同。信用卡给他们带来一种自由的感觉，就好像不用花任何成本就能把东西买回家。

案例

今天在商场，莉萨看中了一双意大利生产的皮鞋。这双鞋子的标价是 300 美元，而且没有任何折扣。莉萨身上没有带现金，于是她使用信用卡付款买下了这双鞋子。莉萨并不需要买鞋,但是只是因为她在整个商场内没有看中其他更喜欢的商品,于是就买了这双鞋。在买鞋之前,莉萨用智能手机在网上查询了一下,知道自己本可以上网购买这双鞋子,价格至少要比商场的售价低 100 美元,但需要等几天才能拿到,而她现在就想穿上这双鞋。她还知道商场经常定期举行促销活动,促销折扣至少相当于平时价格的 40% 以上。如果她有耐心等一等,本可以按照促销价买下这双鞋子。莉萨的消费决定受到了想要获得即时满足的心态的影响。她知道自己应该一直等到这双鞋子打折促销,但是今天她去商场之前就已打定主意一定要买点什么。莉萨的购物决策太过轻率,因为她付款时使用的是信用卡而非现金。因此,即使是在买下了这双鞋子以后,莉萨身上仍然有足够多的现金用于购买其他商品。

现在我们假设莉萨过去两周只获得了 300 美元现金的工资收入,而且身上根本没有信用卡,然后再看看她会做出怎样的消费决策。她可以从钱包里掏出 300 美元付款买下这双鞋。但是,她不太愿意花光过去两周赚到的现金收入来买一双现在她根本不需要的鞋子。她要努力工作赚钱,希望将来自己的收入能够买得起更贵的商品。只有当这双鞋子打折时,她才会考虑用现金买下它,但是即使是这样,她也有可能决定用现金购买其他商品。

这个例子想说明的是一些消费者在使用信用卡购物时不能控制自己的购物欲望。他们倾向于买下那些自己根本不需要的商品从而导致过度消费,因为刷信用卡让他们感觉似乎根本没有真的付钱。反过来,如果使用现金而非信用卡来购物,心理上的痛苦指数会更高,即使支付金额是相同的。因此,当使用现金购物时,消费者会更加慎重地做出消费决策。他们会提醒自己现金是自己辛辛苦苦赚回来的,数额有限,如果用现金买了某种商品,那就意味着可能无法再用这些现金购买其他商品了。因此,使用现金付款限制了他们的消费金额。

贷款还会影响消费者的购买类型。当消费者使用信用卡而非现金付款时,他们总是倾向于选择价格更贵的商品。

债务的累积。 信用卡的另一弊端是可能会导致某些消费者累积过多的负债。一些消费者经常使用信用卡购物,每个月只按照最低还款额来还款。结果,他们的累积债务额越来越高。由于未偿还的信用卡贷款余额要收取高昂的利息费用,这使得他们的财务状况雪上加霜。

很多年以前,大学生们收到了可以免费使用信用卡的邀请,很多学生开始大量使用信用卡,等到他们毕业的时候,信用卡上的债务累计超过好几千美元。《2009 年信用卡问责、责任与信息披露法案》(The Credit Card Accountability, Responsibility, and Disclosure Act of 2009,简称《信用卡法案》)于 2010 年生效,此后大学生轻松获得和使用信用卡的状况才有所改变。现在,年纪不到 21 岁的学生如果想申请信用卡,要么提供收入证明,要么有父母或者其他成人联名签署申请书,愿意共同承担连带责任。此外,信用卡公司不再像之前那样为申请信用卡的学生提供礼物,比如 T 恤衫或者其他能够促使学生申请信用卡的礼物。同时,政府鼓励学院和大学严格限制在校园内开展信用卡宣传营销活动,很多学校已经这样行动了。

经过这一系列改革,如今只有 40% 的大学生拥有信用卡,包括那些余额为零的账户在内，所有人的平均债务余额大约为 650 美元。但不管怎么样，仍然有一些学生的信用卡余额累积得比较多。这些学生每个月累积的信用卡余额平均有 1 100 美元，而且他们中的很多人每个月都选择只还最低还款额。很多学生在读书时只按照最低还款额还款，寄希望于将来一旦毕业开始全职工作便能迅速还清所有贷款。但是，不断累积的高额利息让很多人大吃一惊，于是，个人越来越难以管理自己的债务状况。如果你无力偿还贷款，那么下一次将无法获得贷款，或者是只能以极高的利率水平获得贷款。

今天你的消费决策将会影响你所需要的贷款金额，因此会影响到将来你要偿还的债务金额。同理，未来你的储蓄能力也要受到贷款还款额的影响，具体可参考图表 7.1。如果你的消费额以及信用卡刷卡额超过了自己的净现金流，那么你将不得不从储蓄账户内提现来弥补缺口。

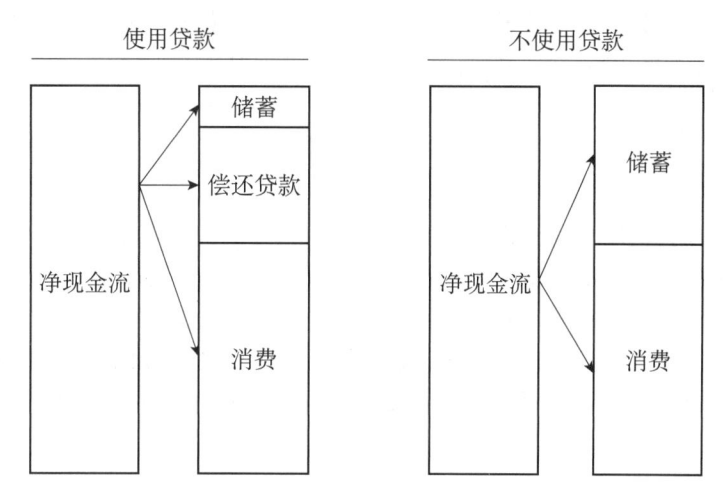

图表 7.1 偿还贷款对储蓄的影响

沃伦·巴菲特是一位成功的亿万富翁，他给学生提供了几条理财建议。他告诉他们如果总是按照 18％的利率水平（这是信用卡最常见的利率水平）借款，那就永远无法改善自己的财务状况。近些年来，每年美国国内申请破产的人数超过了 70 万人。这些破产案例给我们的主要教训是个人实际获得的贷款超过了他们的偿还能力。即使以较高的利率获得贷款不会导致个人破产，它也严重限制了个人财富的潜在增长。

信用权

《平等信用机会法案》（Equal Credit Opportunity Act）禁止贷款机构因为性别、年龄、种族、出身、宗教或婚姻状况而拒绝向借款人发放贷款。该法案要求贷款机构在借款人提出贷款申请后的 30 天内通知借款人他们是否能够获得贷款。如果拒绝贷款，贷款机构必须说明拒绝的原因。

《2010 年金融改革法案》（Financial Reform Act of 2010，也叫做《多德-弗兰克华尔街改革与消费者保护法案》）建立了消费者金融保护局（Consumer Financial Protection Bureau，CFPB），负责监管金融机构向消费者提供的特定金融服务，具体包括在线支票账户、信用卡以及学生贷款。消费者金融保护局制定了一系列规则以确保特定金融产品的信息披露是准确无误的，防止出现欺诈行为。消费者金融保护局还负责监管各个征信机构（下一节就会讲到）。

信用记录

你的信用记录指的是你使用信用的所有记录，包括那些你未能按时还款的记录。如果你有信用卡，或者向银行申请贷款购买汽车，你还款的金额和时间都会记录在你的信用记录中。

即便你从来没有使用过信用卡或者银行贷款，不用担心，你只要租过房子，你就会有信用记录。当你使用各种公共设施时，例如水、电以及电话服务等，你相当于获得了贷款。公共事业公司通过提供服务的形式向个人发放了贷款，然后在周期期末时（例如月末）把账单寄给个人。这种收费形式相当于公共事业公司向个人提供了短期贷款。为了获得这种贷款，通常个人必须在开立账户时向账户内预存一部分款项。于是，当你在公共事业公司建立了账户以后，你便开始有了信用记录，记载每一次你是否按时支付了账单。按时支付或提前支付公共事业费能够帮助你建立良好的信用记录。这样做相当于告诉其他贷款公司你可能也会按时偿还其他贷款。同样地，每个月按时支付租金，你的信用记录就会有正的加分。

信用保险

因为当今的社会信用活动变得特别普遍，所以有些消费者通过购买信用保险，确保自己即使是在不利局面下也有能力偿还贷款（从而保住自己的信用等级）。有了信用保险，一旦出现不利条件，例如疾病或者失业，导致他们没有能力继续偿还贷款，保险公司就会代其偿还贷款。例如，一旦客户因为事故或疾病无法工作从而导致无力偿还贷款，则事故与医疗保险公司能够代其履行每月的还款义务。而提供失业保险的保险公司可以在客户失业期间代其履行每月的还款义务。

征信机构

征信机构可以提供记录个人贷款偿还历史记录的信用报告。个人信用报告的内容包括个人申请的每一笔贷款，是否按时偿还了贷款，个人的信用账户是否存在未偿还的贷款余额，个人是否支付过滞纳金。它还可能包括一些公共信息，例如破产记录或法庭判决，以及公司或潜在雇主对雇员个人信用信息的查阅情况。三大主要的征信机构包括艾可菲公司（Equifax）、益博睿（Experian）以及环联公司（TransUnion）。（三家机构的联系方式可参考本章后面提供的图表 7.4。）

个人信用报告非常重要，因为它将决定你是否能获得贷款。它还有可能会影响你的贷款利率。个人信用记录越好，贷款利率水平就越低，于是偿还贷款时支付的利息金额也就越少。由于较好的个人信用记录能够有效地降低个人的借款成本，因此你可以将更高比例的收入用于其他目的。你的信用报告同样能够影响你生活中的其他方面。当你提出公寓租赁申请时，房东也可能会查看你的信用报告；当你为自己的汽车投保时，保险公司通常也会核对你的信用报告；当你为自己的智能手机开通某些业务，跟电信公司签订服务合同时，电信公司也可能查看你的信用报告。个人信用记录比较差就会面临更高的费率。此外，个人求职时，雇主也能获得个人的信用报告，所以说信用报告甚至会影响到你的职业发展。

正是因为信用报告如此重要,所以你应该知道你的信用报告里有什么。了解信用评分的计算过程能够帮助你掌握实现个人信用评分最大化的方法。所有的美国消费者均可以获得免费的信用报告。你可以每12个月从每一家全国性的征信机构那里免费获得一份个人信用报告的复印件。你必须提供自己的姓名、住址、社保号码以及出生日期。(出于安全原因,你可能被要求提供额外的个人信息。)你可以在线提出申请,便可立即获得自己的个人信用报告。你还可以通过电话或邮件申请,征信机构会在接到电话或邮件的15天内将信用报告邮寄给你。当你在网站上申请免费的信用报告时,你可能还会获得各种各样的其他信用产品和服务,例如信用得分和信用监控;一定要小心谨慎地处理这些产品和服务,因为它们通常都很贵,只不过一开始这个成本不那么明显。

还有很多各种各样的网站宣传说可以提供免费的个人信用报告。不过,只有在你订阅了它们提供的各种信贷服务以后(这些服务很有可能是要收费的),它们才会向你提供信用报告。

征信机构提供的个人信用报告

图表7.2提供了一份个人信用报告的样本,里面罗列了各种信息。对于不同的征信机构,个人信用报告的准确样式可能有所不同。此外,各家征信机构提供的信用报告所包含的个人信息也可能并不相同,不过三家最主要的征信机构倾向于关注同种类型的个人信息。仔细查看一下图表7.2,注意下列六个组成部分:

1. 报告的编号与日期是区分不同信用报告的主要标志。

2. 针对这一部分,你需要确认一下个人的主要信息,例如姓名、配偶的姓名、出生日期、社保号码、现在的地址以及以前的地址、职业、现在或以前的雇主等。

3. 这部分提供的是个人信用报告中来源于公共记录的潜在负面信息,例如破产申请与税收抵押。

4. 若个人有任何未偿还的债务被移交给专业的讨债公司,那么这些债务信息将会被列在这一部分。请注意,有关债务最终解决方案的信息也会被归入这一部分。

5. 个人所有的账户,包括正在使用的账户以及已关闭的账户。信用报告会详细说明账户开立的时间、账户开立后使用了多长时间、金融机构向个人收取的最高费用以及每个账户目前的使用状况。这一部分还能提供个人延迟还款的次数以及延迟了多久等方面的信息。

6. 查询部分会标记出哪些公司曾经查询过你的个人信用报告。

修正个人信用报告的错误

如果你发现自己的信用报告里面的信息有不对的地方,你可以给发布信用报告的征信机构写信。在写信的时候,用"要求回执"的形式寄出信件,确保公司在收到信件时给你发一封"来信收到"的回执。核实你认为不对的信息。向征信机构解释为什么这些信息是不对的。你可以利用收据的复印件来佐证你的申诉。例如,如果你的信用报告认为你没有支付某一特定账单,你可以用支付凭证复印件来证明自己已经支付过账单。

征信机构有必要在 30 天内调查你提出来的请求。它需要将你提供的信息向最开始提供该信息的消费者报告公司进行核实。征信机构将会复核你的请求，并向消费者报告公司反馈是否同意你的请求。然后，征信机构将会决定是否认可你的请求是合理的。如果征信机构接受你的请求，它将会把错误的信息从你的信用报告中去掉，然后再免费给你发一份修正过的信用报告。此外，你还可以要求征信机构将修正后的信用报告发给那些要求你在 6 个月里发送信用报告的人或公司。如果在规定时间里，你的请求没有被解决，你可以要求将你的请求包括在信用报告里。本章前面所提到的消费者金融保护局负责监管征信机构。正是因为有消费者金融保护局的监管，才可以确保信用报告里面出现的错误得到快速修正。

Credit Bureau ①
Report Number 716-80
04/27/19

Please address all future correspondence to:
Credit Bureau
P.O. Box 0000
City, State, Zip Code
(888) 000–0000

Personal Information
Cynthia Zubicki ②
120 Greenmeadow Drive
Durham, NC 27704

Social Security Number: 000-00-0000

Previous Addresses:
264 Concord Road
Gilbert, AZ 85296

Last Reported Employment: Architect

401 Brownell Road
Chandler, AZ 85226

Public Record Information ③
Bankruptcy filed 04/12; Durham District Court; Case Number 873JM34; Liabilities: $56,987; Assets: $672

Collection Agency Account Information ④
North Shore Collection Agency (888) 000–0000
Collection Reported 11/12; Assigned 1/12 to North Shore Collection Agency; Client: Gilbert Medical Center; Amount: $1,267; Paid Collection Account

Credit Account Information ⑤

Company Name Reported	Account Number	Date Opened	Individual or Joint	Months Review	Date of Last Activity	High Credit	Terms	Balance	Past Due	Status	Date Reported
Durham Savings Bank	8762096	02/15	I	6	11/14	$4,897		$2,958		Paid as Agreed	04/19
Macy's	109–82-43176	06/15	I	36	01/15	$2,000		$0		Paid as Agreed	02/19
Chester Auto Finance	873092851	03/15	I	27	02/15	$2,400	$50	$300	$200	Paid 120 days past due date	03/19

Previous Payment History: 2 times 30 days late; 2 times 60 days late

Inquiries ⑥
01/13/19 Quality Bank; 02/03/19 Modern Clothing Store; 03/11/19 Crater Appliance Store

图表 7.2　个人信用报告样本

信用评分

除了提供信用报告,每家征信机构还进行信用评分。信用评分能够反映个人的可信赖程度。贷款机构可以根据个人的信用评分评价借款人按时偿还贷款的可能性。

> **案例**
>
> 上个月,斯蒂芬妮·斯普拉特行使自己的权利,要求每家征信机构向她发一份信用报告。她非常惊讶地发现这些报告竟然都有区别。其中一家征信机构记录她9个月前延迟支付了公用事业公司的账单。这一延迟支付记录并没有严重影响她的信用评级,但是斯蒂芬妮并不想它出现在自己的信用报告里,因为她总是准时支付账单。她向这家征信机构发了一份邮件,附上支票复印件,证明她向这家公用事业公司的支付并没有延迟。这家征信机构将她的这条信息从信用报告中删除了,她的信用评分稍微上涨了一些。从这件事中,斯蒂芬妮学会了经常周期性地核对一下自己的信用评分,因为信用评分会影响她获得贷款的可能性以及在申请贷款时的利率水平。

贷款机构在决定是否向借款人发放个人贷款时,通常会先评价一下一家或多家征信机构提供的个人信用报告。例如,当金融机构审查是否应向你发放信用卡、发放汽车贷款或房屋抵押贷款时,它就会查看这些相关信息。个人信用评分还能影响个人的贷款利率水平。较高的信用评分能够较大程度地降低个人贷款的利率水平,于是慢慢地你能省下成千上万美元的利息成本。贷款机构用来评估个人信用状况的信用评分就是我们所熟悉的FICO得分,这个得分是费埃哲公司(Fair Isaac Corporation,FICO)通过其发明的信用评分模型计算出来的个人信用评分。三家征信机构都依赖FICO模型计算出来的信用得分。

FICO得分要基于多个因子进行计算。在计算个人的FICO得分时,每个因子的准确权重会随被评估人的变化而变化,主要取决于被评估人的信用历史。此外,即使是对同一个人,每个因子的权重也有可能会随时间的推移而发生变化,以此来反映个人信用报告的相应变化。不过,我们可以向大家简要介绍一下决定个人FICO得分的主要因子。

贷款偿还记录。FICO信用评分系统最重要的因子就是个人的贷款偿还记录,大概占到总得分的35%。如果你在过去7年间能够按时支付账单,那么这个因子就能拿到高分。对个人贷款偿还记录的评估可能包括检查个人是否按时还清贷款、任意一笔过期未按时偿还的债务的金额、拖欠还款的时间长度以及过期未及时偿还的贷款项目目前的状况如何(是否已经还清)。并不是所有的账单都被包含在FICO模型的支付历史记录中。信用卡、分期付款、抵押贷款和零售商店支付都被包括在内,但向公用事业公司的付款一般不被包括在内,除非这些账单由于延期支付,被公用事业公司转交给专门的收款公司。所有的破产和止赎(丧失抵押品赎回权)都被记录在内。注销账户并不会从你的信用支付历史中消除相关记录,所以,如果你经常拖欠偿还信用卡账单,简单地将信用卡注销,拖欠记录并不会立即从你的信用历史记录中消失。

贷款的使用情况。贷款的使用情况主要评价的是目前你每个月使用的贷款金额,平均占总得分的30%。如果一直以来你始终严重依赖贷款来过日子,那么这一项的得分会比较低。

例如，如果你的信用卡额度是 1 000 美元，你经常刷卡到 900 美元，而且每月都只按照最低还款额进行还款，那么你就利用了 9% 的可用信用。与之相反，如果你的信用卡额度是 1 000 美元，但你每个月的使用额度仅为 200 美元，而且都是按时全额偿还欠款，那么你就没有使用太多的信用，你的信用得分就会比较高。这种情况说明你有能力获得贷款，但是你有足够的自律性不去轻易地使用贷款。不过，需要注意的是，即便你每个月都全额还款，信用报告里面还是会记录你的欠款余额，因为信用卡公司会在你偿还欠款之前将相关数据上报给征信机构。因此，如果你每个月都使用了大部分的信用，即便你全额还款，你的信用得分也会稍微偏低。

贷款记录。贷款记录平均占总得分的 15%。评估个人的贷款记录可能包括账户被开立后的使用时间以及你与贷款机构打交道的时间长度。一般来说，个人与贷款机构建立关系的时间越长越好。

新贷款。一般来说，新贷款项目的信息占 FICO 得分的 10%。对新贷款的评估要素包括近来借款人新开立的账户数量，新账户相对于老账户的比例，近来收到信用卡公司和其他贷款机构查询的次数（有可能是信用卡公司为了回应申请人的申请而进行的查询），以及这些新账户开立的时间长度。一般来说，新开立的账户数量越多，收到的查询次数越多，则得分就越低，因为这表明你之所以需要额外的贷款，很可能是因为你的财务状况出了问题。有些人在申请抵押贷款或者汽车贷款时会向很多家贷款机构同时申请，目的是获得最低的利率水平，FICO 模型会将这些情况考虑在内。因此，在同一时间段内，出于获得最低利率水平的多方贷款申请并不会影响你的评分。不过，如果你是初次申请贷款（比如大学毕业，刚开始工作），你一次性申请多张信用卡，这样的情况就会降低你的信用评分。为了核对信息的准确性而申请自己的信用报告并不会影响你的信用评分。

不同类型的贷款。不同类型的贷款的使用平均占 FICO 得分的 10%。贷款的类型包括信用卡贷款、零售贷款、分期偿还贷款、抵押贷款以及金融公司贷款。这一因素的重要性比较低，尽管那些没有信用卡和很少有贷款的人通常会被认为他们面临的风险比那些有好几种贷款类型并合理使用这些贷款的人要高。

总的来说，如果你能按时偿还贷款，确保个人债务余额处于较低的水平，而且能够证明自己具有长期按时偿还贷款的能力，那么就有可能拿到一个很高的分数。监管部门要求信用评分不受申请人的性别、种族、宗教、出身或婚姻状况的影响。

不同的个人信用评分

尽管人们习惯谈论"信用评分"，不过在实际生活中，一个人的信用评分可能有 60 种或者更多。前面我们提到的三家征信机构都使用 FICO 模型计算个人信用评分，但是针对同一个贷款申请人，三家征信机构给出的信用评分计算结果可能并不相同。出现这种情况的主要原因在于每一家征信机构搜集到的个人信息并不完全相同。假设艾可菲公司刚刚从家具城那里获得信息，你有两笔付款延迟了，但是益博睿公司和环联公司尚未获知这一信息。在这种情况下，艾可菲公司提供的个人信用评分计算结果就有可能低于益博睿公司与环联公司的评分计算结果。此外，不同的贷款人向征信机构报告信息的时间不同，征信机构将这些信息记入信用报告的时间也不同。这样的话，被一家征信机构用来计算你信用得分的信息再被另一家征信机构采用，可能已经是一个星期之后的事情。

各家征信机构提供的评分计算结果不同可能会导致下列情况发生：个人按照某家征信

机构提供的相对较高的个人信用评分结果能够在金融机构获得贷款，然而若是按照另一家征信机构提供的相对最低的个人信用评分结果来申请贷款的话，是无法获得贷款的。不过，你要记住，某些金融机构会同时使用三家征信机构提供的评分数据对贷款申请人进行评估，因此如果三家征信机构当中某一家提供的信用评分计算结果较低，那么贷款机构在发放贷款时会更加谨慎一些。这也是你要定期查看不同征信机构给出的信用报告的原因所在，你要确保它们所搜集的关于你的信息都是正确的。

除了提供一般用途的信用评分，每家征信机构还用 FICO 模型作为基础，计算服务于特殊类型借贷的、更加专业的信用评分。例如，抵押贷款、汽车贷款以及其他类型的贷款都有专门独立的信用评分。比如，在计算汽车贷款的信用评分时，征信机构会特别重视个人之前的汽车贷款是否存在延期或者汽车是否被收回，会对该类指标赋予更高的权重。同样地，在计算抵押贷款评分时，征信机构会对个人抵押贷款偿还历史记录赋予更高的权重。

有利分数。2006 年，另一种个人信用评分系统——有利分数（VantageScore）模型——正式诞生，这是 FICO 评分系统的替代品。VantageScore 评分系统的得分范围为 501~990 分。和 FICO 评分系统一样，VantageScore 评分系统也旨在评估贷款申请人按时偿还贷款的可能性。VantageScore 评分系统的考察要素与 FICO 评分系统相同，例如贷款的使用情况以及贷款的历史信息等，但两者还是有很多差异的。VantageScore 评分系统在抵押贷款偿还方面赋予的权重要高于 FICO 评分系统，在处理移交给专门的收债机构的医疗账单方面显得更加宽松，对那些由自然灾害引发的信用问题都会特殊考虑，酌情给予补偿。它同时还会考虑公用事业、租金和电话费用的支付情况，将这些作为个人信用历史记录的一部分，而 FICO 评分系统并不包括这些支付。这样的话，对那些刚刚开始建立信用记录的个人以及因为生病或自然灾害而延期支付或未支付账单的个人来说，其 VantageScore 得分均比 FICO 得分要高。尽管美国国会积极鼓励抵押贷款机构在发放贷款时同时重视使用 VantageScore 评分系统和 FICO 评分系统，但 2018 年大多数贷款机构在评估抵押贷款和其他类型的贷款时，都依赖 FICO 评分系统。不过，对很多人来说，VantageScore 评分系统和 FICO 评分系统的评分差别并不是很明显。如果贷款申请人的 FICO 得分很高，那么通常他的 VantageScore 得分也会很高；同理，如果贷款申请人的 FICO 得分很低，那么他的 VantageScore 得分也会比较低。

查看个人信用得分

正如前面我们所说的那样，每年你都有权从三大征信机构那里分别获得一份免费的信用报告，但征信机构并没有义务为你提供免费的信用评分。你也可以通过付费的方式从三大征信机构那里获得你的 FICO 信用评分（2018 年每家征信机构的费用大约为 20 美元）。你也可以从其他渠道获得免费的 FICO 信用评分。一些银行和信用卡公司会为你提供免费的 FICO 信用评分。一些汽车贷款公司也允许你查看自己的 FICO 信用评分，有些类型的学生贷款会为你提供信用评分。一些银行、信用卡公司和其他贷款人可能会为你提供信用评分，但这些信用评分都是为特定的贷款人所用。这些特定类型的信用评分可能会围绕主要的 FICO 信用评分上下浮动。

有些网站宣传可以提供免费的信用评分，但实际上是试图说服同意并签署一些昂贵服务的协议。如果网站要求你只有输入你的信用卡号码才能获得免费的信用评分，这个信用评分很可能不是免费的。一些网站确实提供免费的信用评分，但这个评分是 VantageScore 评分，不是 FICO 评分。最著名的免费网站之一是 Credit Karma 公司网站。Credit Karma 公司并不要求你提供信用卡卡号，但要求你提供一些个人信息，包括个人社保号码。每次你登录 Credit Karma 公司网站时，你都会看到最近更新的 VantageScore 评分，这个评分源于三家征信机构提供的信息。Credit Karma 公司一直监控你的信用报告，以便为你提供最新的信用评分，当你的信用报告出现变动时，它同时还为你提供免费预警，这些变动包括新的贷款人查询你的信息或者用你的名字新开立账户。当你为这些服务付费时，Credit Karma 公司将会为你推荐一些信用卡，这些信用卡都是跟你的信用得分一样的人能够成功申请到的。如果你也申请其中的某个推荐信用卡，Credit Karma 公司就可以从信用卡公司获得相应的佣金。

尽管 Credit Karma 公司提供的免费 VantageScore 评分和一些贷款人提供的免费特定信用评分与征信机构提供的 FICO 评分并不完全一样，但这些评分依然是有用的，因为它们变动的方向与 FICO 评分变动的方向是一致的。如果你的免费信用评分逐月下降，那么你的 FICO 评分很有可能也是在逐月下降，你应该采取措施，提高你的信用评分。

对信用评分的解释

图表 7.3 展示了每个信用评分区间的人口数占总人口数的比例。得分范围为 300～850 分（全新的 FICO 评分系统——FICO 下一代——得分上限已经扩展到 950 分，但这个系统还没有得到广泛使用）。在 2017 年，美国消费者的平均得分是 700 分。如果你的得分能够达到 800 分，那么这不仅仅意味着你能轻轻松松地获得贷款，而且还可能意味着你也许能按照最低利率获得贷款。740～799 分被认为是非常优秀的分数，而 670～739 分是良好的分数。这个得分区间的贷款申请人在申请贷款时，就要比得分最高的人承担更多的利息成本。不过你要记住，每家金融机构都会使用自己的标准来评价是否应当发放贷款。一些金融机构可能要求贷款申请人的信用评分至少在 580 分以上，而另一些金融机构可能要求贷款申请人的信用评分至少不低于 620 分。如果你的信用评分为 570～600 分，那么某些金融机构可能会拒绝你的贷款申请。有些金融机构可能会同意向这个区间段的申请人发放贷款，但是也许会收取较高的贷款利率。

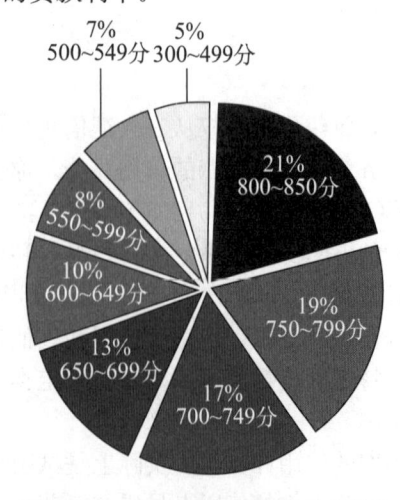

图表 7.3　FICO 评分的国民分布状况

不同类型的贷款（信用卡贷款、汽车贷款、住房贷款等）对应的可接受的个人信用评分标准也不尽相同。虽然贷款机构通常要依赖于征信机构提供的个人信用评分以及贷款信息来评价贷款申请人的可信赖程度，但是它们往往还要考虑不属于征信机构提供范围的其他信息。例如，某家征信机构对某个收入相对较低的人的信用评分非常高，但是这个人在申请某种特定的贷款时遭到了拒绝，原因便是这种贷款要求借款人每个月偿还的金额非常高。

提高个人的信用评分

一般来说，较低的信用评分往往是源于忘记及时付款，或是负债金额过高，或是这两种情况同时出现。不良信用记录将会在个人信用报告里保留 7 年的时间；而申请破产的相关信息将会在个人信用报告里保留 10 年的时间。

你可以立即开始改善你的信用评分，方法是从现在开始，将那些延迟缴纳的账单全部付清，至少按照最低还款额来按时还款，以及降低个人的负债水平。你还可以考虑采取下列措施：

- 好好检查一下家庭预算规划，削减不必要的开支项目。
- 将信用卡彻底弄坏，这样你就不会受到诱惑而导致个人的债务额继续增加。继续使用个人的贷款账户，因为一部分个人信用评分取决于个人拥有的贷款金额以及贷款的使用比例。如果你通过注销某些账户减少你的信用总额度，但依然维持过去的债务规模，你的贷款使用率将会上升，它会降低你的信用评分。
- 如果你无法按时偿还贷款，立即给贷款机构打电话。如果你之前错过了贷款偿还日期，但你现在有能力偿还贷款，问问你的贷款机构，看看它是否愿意将你的账户按照"同意支付"的方式上报给征信机构。

随着个人逐渐展现出具有按时还款的能力以及以负责任的态度管理贷款的姿态，个人的信用评分将会逐渐上升。不过，个人往往要花上几年的时间才能完成个人信用的彻底重建过程。很多公司宣称它们能帮助个人提高信用评分。但是，这些公司不能将个人信用报告内的任何真实的负面信息删除。如果你的个人信用报告包含不真实的信息，那么你根本不需要雇用这样的公司便能将其删除。

市场上的一些信用咨询机构能够帮助你提高你的个人信用评分。它们能帮助你拟定计划，将现有的债务慢慢还清。它们还能帮你编制预算，为将来拟定一份详细的理财方案。尽管部分信用咨询机构名声不错且能够帮你很多，但联邦贸易委员会还是发出警告，认为有些信用咨询机构（有些甚至宣传自己是非营利机构）收费昂贵，且作用微乎其微。你可以通过全国信贷咨询基金会找到哪些机构是非营利咨询机构，但是，在你选择咨询机构之前，建议你通过州律师协会和州消费者保护机构调查一下咨询机构的声誉如何。消费者金融保护局为信用咨询提供相关信息，并且为你选择信用咨询机构提供相关建议。

身份盗用：对个人信用记录的威胁

身份盗用是指未经本人允许，他人擅自使用个人的身份信息，例如社保号码、驾驶证号码、信用卡账号、银行账户或其他证明个人身份的特殊信息，包括姓名、出生日期等来牟取私利的行为。犯罪分子会盗窃你的银行账户，转走里面所有的钱，或者盗用你的信用卡刷卡消费。他们还会利用盗用的个人信息，用你的名字来开立账户。如果你是身份盗用的受害者，犯罪分子用你的名字开立账户并购物，于是债务都会记在你的名下。如果这些债务没有被偿还，那么拖欠不还的账户信息将会被计入你的个人信用报告。与此同时，你可能根本不知道这个账户的存在。你的信用评分不断降低，以至于你将无法继续获得贷款。

在某些情况下，犯罪分子的意图并不是谋财、获取商品或服务。他们的目标是获得一些特殊的文件，例如驾驶证、出生证明、社保卡、护照、签证以及其他官方证明文件。他们可以使用这些官方证明文件重新编造一个新的身份，便于其从事犯罪活动。比方说，被警方监控的毒品贩子使用此类文件伪造了一个新的身份，从而在出入境时避开警方的监控。虽然对于受害者而言，这样的举动并未造成经济损失，但他会发现，当他出国旅游时必须携带大量的政府文件，以证明自己并不是那个盗用其身份信息的毒品贩子。

按照联邦贸易委员会的统计，在美国境内每年大概有1 500万人会遭受身份盗用的威胁，估计损失额超过160亿美元。不同年龄段、不同社会经济层次的人群都要受到这种犯罪形式的威胁或影响。看一看下列案例：

- 益博睿征信公司披露说黑客已经窃取了公司的数据库，获得了1.43亿美国人的相关信息，这些信息包括姓名、社保号码、地址以及其他身份信息。这些信息可以被用于以受害者的名义开立新的信用账户。此外，黑客还获得了29万消费者的信用卡号码。
- 当黑客入侵塔吉特（Target）公司和家得宝（Home Depot）公司的数据库时，塔吉特公司4 000万消费者的信用卡号码和家得宝公司5 600万消费者的信用卡号码均受到连累。这些信用卡在网上被兜售。尽管被盗信用卡产生的购买记录都不需要持有人负责，但消费者不得不申请新的信用卡，这两家公司也不得不花费巨资升级它们的系统，重拾消费者的信心。
- 得克萨斯州发生过一起盗贼盗用身份信息盗窃个人所得税资金的案件。
- 身份窃贼偷了凤凰城一家为五角大楼提供医疗服务的公司的笔记本电脑以及电脑硬盘。大概562 000名军人、家属以及退休人员的个人信息——包括姓名、住址、电话号码、出生日期以及社保号码——被泄露。
- 纽约州、新泽西州以及康涅狄格州的多个盗贼在大卖场、鞋店和其他零售商店当收银员或店员时盗用了成千上万个购物者的信用卡账号信息。这些盗贼使用信用卡信息来制造伪造的信用卡卡片。
- 据称一名HR布洛克（H&R Block）公司的前雇员至少盗用了27位顾客的个人信息来申请信用卡，他使用这些信用卡在ATM上取现数千美元，同时还在多家商场刷卡消费。

在上述案例中，上百万民众的生活被身份盗用案件所影响，他们当中的有些受害者还要蒙受经济上的损失。

身份盗用的成本

身份盗用的个人成本难以衡量，但是我们可以想象一下，首先受害者会有一种被侵害的感觉，从而产生不安全感。在求职时，由于公司在进行背景调查时发现了一些不准确的信息，身份盗用的受害者往往会被拒绝。他们经常被要求返还自己根本没有收到的退税额，以及因为没有按时偿还盗贼申请的抵押贷款或学生贷款而被移交给讨债公司。他们原本能够成功申请贷款，现在却遭到了拒绝，他们的驾驶证因为自己根本没有犯下的罪行而被取消，他们的名字还被列入申请福利救济的人员名单。某个身份盗用的受害者的名字甚至在出生证明上被登记为一个婴儿的母亲，然而这个孩子根本不是她生的。

根据联邦贸易委员会的统计，由身份盗用产生的人均经济损失超过 1 000 美元。他们还要承担时间成本。近些年的调查研究显示，为了控制身份盗用所引发的严重后果与经济损失，每位受害者平均要花上 200 个小时处理相关事项。

辨别身份盗用的伎俩

除了黑客入侵数据库之外，最常见的身份盗用的伎俩是偷钱包，这会导致个人信息泄露。不过，除此以外，犯罪分子还可以使用其他很多手段获取你的个人信息。

肩窥。 在公共场合，紧挨着你的其他人可以轻易地看到或听到你的私人信息，这就是肩窥。例如，在酒店或其他商务场合，某人站在你身边，如果你把信用卡长时间地放在柜台上，他或她就能轻易地偷窥到信用卡的卡号。

垃圾搜寻。 顾名思义，垃圾搜寻是指盗贼通过搜寻个人的生活垃圾来盗取个人信息。身份窃贼会努力寻找例如信用卡收据或者是预先批准信用卡申请表等这样的东西，因为上面记载着你的信用卡卡号。盗贼会给信用卡公司打电话更改地址，然后就能用你的名字获得一张信用卡。他们寻找的其他目标还包括一些被丢弃的文件，上面记录着你的个人社保号码或银行账号。

垃圾搜寻者还会在客户与商家达成交易的地方搜寻垃圾，意图获取类似的个人信息。例如，你刚刚在当地一家商店填好一份信用卡申请表。如果这份信用卡申请表——上面包含你的个人信息以及财务信息——被丢入商店的垃圾桶，那么这些申请表就有可能被垃圾搜寻者寻获。垃圾搜寻者还可能在其他一些场所寻找顾客的个人信息，例如医疗机构、经纪商、会计师事务所甚至银行。

复制磁条。 复制磁条是指身份窃贼通过复制借记卡或信用卡的磁条信息来盗用借记卡或信用卡。通常，这种类型的身份窃贼大多是商店或餐厅的雇员，他们趁客户不注意的时候私自将客户的银行卡插入读卡机，从而读取并储存银行卡磁条上存储的数据信息。这种身份窃贼还会在 ATM 上安装读卡器，于是当客户将银行卡插入 ATM 使用时，读卡器便同时读取了银行卡上的信息，身份窃贼便利用这些信息制造伪造的借记卡或信用卡。

随着 EMV 技术的引入，信用卡由原来的磁条卡进化到芯片卡，复制磁条的盗窃案件直线下降。芯片卡在支付时或在 ATM 上使用时，里面的芯片会产生唯一的交易代码，这个代码是不可能被复制的。这样的话，即便盗贼或者黑客试图从某一次交易中获得芯片信息，这些信息也无法用在其他交易活动中，或者复制出另外一张假卡。因此，EMV 技术显著降低了与信用卡和借记卡相关的欺诈案件。然而，盗贼们还是发明了一套名为侧录的新技术。他们将一个名为"微光"（shimmer）且肉眼看不见的装置插入 ATM 的卡槽或者读卡器中。"微光"能够读取插入卡槽的信用卡的信息，尽管 EMV 技术能够阻止盗贼克隆真实芯片卡里面的信息，但盗贼依然可以制造出与真实芯片卡非常接近的假卡，如果不是严格检查，这样复制出来的假卡可以欺骗银行或商户。

假托、网络钓鱼与网络嫁接。 假托是获取个人信息的一种方式，是指犯罪分子以虚假的借口套取个人的私人信息。很多时候，犯罪分子会先通过垃圾搜寻获取与个人达成交易的公司的相关信息。然后，他们会伪装成调研人员、金融机构雇员、保险公司雇员或受害者设有账户的其他公司的员工。他们会向受害者询问其社保号码、驾照号码、银行账号、经纪账户或信用卡卡号。骗子会让这个信息套取过程听上去就像正常的商业调查，比方说完善客户的个人信息资料，或者其他常规的商业活动。随后，犯罪分子会利用这些信息盗用个人身份或将其出售给他人非法使用。

发生在互联网上的假托行为叫做网络钓鱼。钓鱼者会发送一封宣称来自合法机构的电子邮件，要求收信人登录某个网站。这个网站往往会要求收信人更新账户信息，例如密码、信用卡卡号、银行账号以及社保号码。当然，事实上，这个网站是一个虚假网站。

网络嫁接的伎俩与网络钓鱼比较类似，只不过前者的目标人数更多。通过操控电子邮件病毒与主文件，犯罪分子会在用户不知情的情况下将合法的网站链接重新指向另一个虚假网站，而且这个虚假网站看上去和真的一模一样。当用户在虚假网站上使用用户名和密码登录时，犯罪分子便会趁机搜集数据。

滥用查询记录的合法渠道。 犯罪分子还可以通过买通个人工作的企业、银行、医生以及商店的雇员来非法获取个人信息。在很多情况下，这些雇员可以很轻易地通过合法渠道接触到你的个人信息，因此犯罪分子可以利用这一点来盗用身份。

对于离婚人士来说，绝大多数人的个人财务信息，包括社保号码，都被记录在法庭记录里。在很多州，这样的信息被视为公共记录的一部分。

犯罪团伙。 某些时候，一些身份窃贼是有组织犯罪团伙的成员，他们有组织地渗入企业与金融机构，唯一的目的便是盗取个人信息，便于组织实施大规模的身份盗用行为。

侵入个人邮箱。 最后一个值得一提的个人信息来源便是你的个人邮箱。来来往往的各种邮件为犯罪分子盗用身份提供了便利。个人要寄出的邮件可能会包含信用卡以及银行账户的相关信息，有些人会直接把这样的邮件放入邮箱等待邮差取走。个人收到的邮件也可能会包含信用卡账号、银行账户信息、驾照号码以及社保号码等私人信息。

防范身份盗用

你可以用多种方式来保护自己的个人信息，使犯罪分子很难盗用你的身份。绝大多数防范措施都很简单，而且成本很低。

在家中保管好所有的个人信息

你可以采用下列措施保护好个人信息：

● 好好检查一下自己的钱包或皮夹，把所有包含个人社保号码的物品清除出去，包括你的社保卡。除非极特殊情况，否则不应放在钱包内的其他物品包括护照、出生证明以及较少使用的信用卡。还要确认一件事，你的钱包里没有携带任何账户密码或个人识别码。将钱包或皮夹内的所有文件物品复印一遍（包括文件的正面与反面），然后将这些复印件保存在安全的地方，例如银行的保险箱或具有防火性能的保险柜。

- 记录并保管好银行账户的相关信息。对于你拥有的所有信用卡，不管你是否将其放在钱包里，都要记录其发卡行的名称、信用卡卡号以及免费电话，然后将这份名单保存在安全场所。将银行账户、经纪账户的账号以及对应的 800 服务电话号码以清单的形式记录下来，保存在安全场所。
- 买台碎纸机并使用它。当你收到信用卡公司发来的预先批准信用卡申请表时，记得一定要用碎纸机粉碎它。当你处置一些过期的信用卡收据时，也应使用碎纸机。至于哪些东西需要用碎纸机来处理，我们有一个经验法则——如果不能肯定，那就用碎纸机粉碎它。用不了 100 美元，你就能买到一部不错的碎纸机；高负荷的碎纸机的市场价格大致为 150～200 美元。你可以考虑购买一台能交叉切割纸张的碎纸机，有些碎纸机甚至能够切碎信用卡。
- 不要把你的社保号码印刷在支票上。
- 将你的姓名与地址从本地的电话簿中删除，并将电话簿的排列顺序颠倒过来（电话簿按数字顺序列出附有姓名和地址的电话号码）。
- 安装一个带锁的邮箱，或者是租用一个邮局信箱，到邮局去查收邮件。
- 只有当确认网站是一个安全网站时，才在上面在线购物。网址（https://）中的"s"和/或挂锁图标表示这是一个安全的网站。
- 对于任何打电话声称要核对或更新个人信息的来访者保持高度警惕。如果有怀疑，告诉打电话的人你迟一些再回电。获取律师的姓名以及电话号码，给他打电话确认一下来访者的身份。
- 考虑使用在线支票支付系统。如果你坚持使用邮寄方式，在邮寄所有汇款存根包含账户信息的账单时，都要使用美国邮局提供的存托邮箱服务。不要把这样的邮件放在自己的邮箱里，哪怕邮箱是带锁的。一些专家甚至建议此类敏感信息应当只通过邮局来邮寄。
- 定期核查自己的账户，留意可疑行为。你可以在线检查或者用手机 App 核对自己常用的账户。专家建议你一周至少核对两次。在收到银行账单以及信用卡账单的当天就应仔细地查看每张账单，不管是线下还是线上。越早发现身份被盗用的迹象，修复个人信用记录所花费的成本就越小。
- 使用智能手机订购商品时要小心谨慎。这样的手机订购往往要求消费者提供信用卡账号来付款。现在有一种设备可以让犯罪分子扫描并锁定手机信号，从你的订单中盗取相关信息。
- 考虑用专门的电脑或设备来进行网上购物和处理网络银行业务，用另外一台电脑或设备来浏览网页、发邮件、参与社交活动和玩游戏，因为这些活动更容易受到攻击，危险系数比较高。
- 如果使用笔记本电脑或智能手机处理网络银行业务或进行网上购物，避免链接公共场所中的无线网络，这些公共场所包括咖啡馆、宾馆或机场等。你的设备在使用公共场所的无线网络时很容易被入侵，从而导致个人信息被盗。
- 设置你的手机或其他移动设备，以便在其丢失或被盗时，你可以远程删除其中的数据。你可以激活手机的自动锁定功能，以便如果你的手机在几分钟内没有被使用，它可以保护你的手机。
- 注意交货时间。如果你预计自己将要收到一件货物，不管是一张新的信用卡还是你用信用卡购买的某件商品,如果货物没有按照预定时间到达,你应联系信用卡发卡公司或商家了解情况。你还可以在线追踪货物的运输状况。

- 不要将自己订购的支票寄到家中。相反,你应当要求金融机构将支票寄到你的邮局信箱,或者是自己直接到金融机构领取支票。一些专家建议,个人支票的使用仅限于通过美国邮政系统支付账单。日常交易不要使用个人支票来付款,因为支票上包含个人账号、姓名、地址以及电话号码等私人信息。一些商家还要求消费者使用支票付款时提供驾照号码。记住,这些支票要经过很多双手。

- 小心你在社交媒体上留有的各类照片。很多盗贼能够从你活跃的社交媒体上搜集大量的信息。当盗贼伪造支票被捕时,他们会说他们是从他人分享的照片中获得的信息。年轻人在获得第一份工资时喜欢将自己拿着支票的照片分享在社交媒体上。通过这些照片,盗贼可以获得姓名、地址、付款人账号以及相应的银行账号。有了这些信息,他们就可以伪造支票。如果你要分享那些可以查询到你的生日或大学毕业的年份或其他信息的资料,你应该使用隐私设置功能,避免这些信息被他人获得。通过搜集这些信息,盗贼有时候可以创建一个新的身份。

- 在家用电脑上安装防火墙和防病毒软件并保持及时更新,防止黑客或蠕虫病毒入侵你的电脑。不要下载陌生人发给你的程序或点击其发送的超链接。另外,你还要注意用密码保护敏感的个人数据。当你准备更换电脑时,必须使用"强力卸载软件"将旧电脑内存储的所有个人信息、财务信息或其他敏感信息全部彻底删除。"Delete"删除键无法完成这项功能。

- 当你度假时,将度假期间的邮件存放在邮局。同时,尽可能地保管好家中所有的个人信息;当你准备上路时,不要将信用卡刷卡凭证、个人识别码或其他敏感信息遗留在人去楼空的酒店房间里。

- 尽可能早一点填写个人所得税申报表格——不要等到 4 月 15 日的截止日期才填写。最近几年,退税身份欺诈案呈显著上升趋势。掌握你的社保号码、生日和其他个人信息的身份窃贼可以用你的名字填写一个假的所得税申报表格,从而申请退税。当你之后填写表格申请退税时,美国国税局会给你发函,告知你已经完成了税收申报和退税工作。尽管美国国税局会纠正这些错误,但这要耗时几个月,这会影响你的正常生活,特别是当你还指望通过退税维持生活时,麻烦会很大。

在工作场所保护好个人信息

你可以采用下列措施在工作场所保护好自己的个人信息:

- 如果你的雇主要求你佩戴有照片的证件,那么一定要确保证件不会显示你的社保号码。如果证件真的包含社保号码这样的敏感信息,你可以建议雇主使用其他方式编排员工证件号码。

- 看看你的支票是否直接存入你的银行账户。如果你的雇主用的是纸质支票,检查你的薪水支票以及存根。如果上面标识了你的社保号码信息,那么你可以联系公司的财务部门,要求其删除这一信息。

- 检查你的医疗服务卡片。如果该卡片使用你的社保号码为身份认证号码,那么你可以与公司的人力资源部门讨论一下是否可以用其他号码替代社保号码。

- 与公司的人力资源部门讨论一下可以采取哪些安全措施保管好你的个人档案。你可以提出下列问题：
  1. 哪些个人信息数据会被存储在互联网上？
  2. 哪些人有权查看个人档案？
  3. 个人档案的复印件被保管在哪里？
  4. 个人档案的存放地点安全性如何？
  5. 人力资源部门是否雇用了临时工？如果确实雇用了临时工，那么如何监管这些人，他们是否能够接触到员工的隐私信息？
  6. 人力资源部门是否记录了查看过员工个人档案的人员名单？

另外，你需要确认一下你的医疗服务供应商是否安全保管了你的个人信息。你就个人档案的保管状况与公司人力资源部门所讨论的问题，同样也可以直接拿来向医疗服务供应商提问。除了要确保信用卡发卡公司与银行能够安全保管个人信息以外，你还要确保医疗服务供应商也能做到这一点。

身份盗用保险

身份盗用保险可以作为业主保险或租客保险的一个组成部分，或者你也可以单独购买身份盗用保险。一些信用卡发卡公司可以免费向持卡人提供身份盗用保险，以此作为面向持卡人的优惠项目。

当你挑选身份盗用保险产品时，较低的免赔额、工资损失的赔偿额、法律诉讼费用的赔偿额以及贷款被拒绝所导致的成本等是你应重点考虑的项目。一些身份盗用保险产品的批评者指出，身份盗用所造成的损失一般都不会太大，然而通常来说我们正是为了规避大额损失才会购买保险产品。不过，每年只需要花上25～60美元（保额为10 000～15 000美元的身份盗用保险每年的保费），个人在处理身份盗用所产生的成本方面便不用再担惊受怕了。

身份被盗用后的处理方法

如果你是身份盗用的受害者，你必须立即采取行动，消除身份盗用对个人信用记录的不良影响。联邦贸易委员会专门开通了一个网站，网址是 www.identitytheft.gov，帮助你了解处理整个事件的流程。在具体处理过程中，你必须保持一份记录，记录你与谁交谈和通信，他们所属的组织，交谈或通信的日期，电话号码和/或地址。如果是口头谈话，那么你还要记录下谈话的主要内容。如果是通过邮件、传真或电子邮件与其联系，那么应保管好这些通信内容的复印件。如果你采用挂号信的方式与对方联系，那么还应附上挂号信的确认收据凭证。此外，你还要保管好自己收到的所有报告（信用报告、警方通报）的复印件。你要与很多人联系，为了加快处理进程，你往往需要提及上一次谈话或通信的内容。因此，在整个协调处理过程当中，做好日志记录将会很有帮助。

联系警察

联系当地警察局,并要求它必须把你的报警内容记录下来。确保自己能够从警方那里拿到这份记录的复印件。

联系联邦贸易委员会

1998年的《身份盗用与假冒防范法案》(Identity Theft and Assumption Deterrence Act)授权联邦贸易委员会作为处理所有身份盗用申诉的中央机构。2003年12月通过的《公平与准确信用交易法案》(Fair and Accurate Credit Transactions Act,FACTA)要求联邦贸易委员会发布标准表格与处理程序,以便消费者在通知贷款机构与征信机构自己是身份盗用受害者的时候使用。你可以登录 www.identitytheft.gov 网站,获得这些信息。当你登录网站时,你首先被要求填写一份表格,描述你遭遇的身份盗用的类型。然后,联邦贸易委员会将建议你接下来如何处理。

联系信用报告公司

通知信用报告公司,要求其在你的信用报告内加入"欺诈警示"。第一份"欺诈警示"会在你的个人信用报告里保留90天的时间。如果你能向征信机构提供身份被盗用的证明文件,那么"欺诈警示"将会在你的个人信用报告里保留长达7年的时间。你的个人信用报告会包括一份当地司法机构提交的档案,证明一开始你向司法机构报告身份被盗用的申诉情况以及能够证明个人身份、满足征信机构要求的其他相关文件资料。一旦有人试图用你的名字来骗取贷款,那么"欺诈警示"会提醒贷款机构联系你本人。你还可以要求获得一份个人信用报告用于自查。

你同时还可以要求实施信用冻结(也就是我们所熟悉的安全冻结),信用冻结会让你获得自己的信用报告变得更加严格。信用冻结会让窃贼更难盗用你的身份开立新账户,因为贷款人在授信之前会要求查看你的信用报告。你的信用报告仍然会向你现有的债权人公布。如果你是身份盗用的受害者,信用冻结不会收费,但如果是其他情况,你申请信用冻结需要向每家征信机构支付5~10美元不等的费用。在申请信用冻结之后,你将会收到一个个人识别码,这样的话,只有你才有资格解冻。如果你想申请新的信贷,你将不得不暂时解冻你的信用报告,只有这样,潜在的贷款人才能查看你的信用报告。

征信机构和其他公司同样可以提供信用监控服务,虽然这不能阻止身份盗用,但可以帮助提醒你关注账户里发生的可疑行为。征信机构和大多数其他提供信用监控服务的公司都会收取月费(Credit Karma公司提供信用监控服务,但不收取费用)。如果你使用免费的欺诈警报和可能的信用冻结,你需要经常查看自己的账户,定期关注自己的信用评分(VantageScore 或其他免费信用评分),在没有支付任何费用的情况下,你会享受到信用监控带来的绝大多数好处。

联系贷款机构

联系所有的债权人以及用你的名义开立了未经授权的账户的贷款机构。很多债权人可能会要求你提供一份从当地执法机构获得的警方报告的复印件。然后,联系你的信用卡发卡公司以及金融机构，要求修改所有密码。不要使用你母亲的娘家姓、个人社保号码的最后四位数字、生日、街道地址、结婚纪念日或其他身份窃贼较容易获得的信息作为新密码。

联系其他机构

如果身份窃贼侵入了你的银行账户或用你的名字开立了一个新账户，你还应当联系支票验证公司。这些公司负责保管的数据库记录了哪些人曾经签发过空头支票，以及哪些支票账户曾有过多交易或异常交易。

如果你相信身份窃贼可能是通过美国的邮政体系非法获取并使用你的个人信息的，那么你应当联系当地邮局，与邮政监察局约谈。如果身份窃贼获取了你的社保号码，那么应立即联系社保管理局。要求社保管理局发放给你一个全新的社保号码可能是有必要的。

由于身份被盗用，你可能被通知自己已经成为一桩尚未裁决的诉讼案的被告方。如果出现这样的情况，立即寻求律师的帮助。对于某些身份盗用案件，受害者还应当通知联邦调查局与特勤局。至于你的案子是否需要惊动上述两家机构，当地的执法机构应当向你提出建议。

我们前面列出的应通知的机构名单并不算详尽。一些身份盗用案件还要求通知到受害者所在公司的人力资源部门，还有一些案件会涉及受害者的医疗服务供应商与医疗保险公司。对于持有大量股票、债券与共同基金的受害者来说，还应当通知股票经纪人、共同基金公司以及401（k）管理机构。

图表7.4列出了一些重要的联系信息，你可以使用这些信息防范身份盗用，报告身份盗用或其他相关的犯罪活动。

案例

近来，斯蒂芬妮·斯普拉特惊讶地发现，她收到的一份账单显示她的信用卡累积刷卡额已经达到了卡片的最高限额——5 000美元。账单显示，共有18笔未经授权的刷卡购买记录，总额为4 906美元，所有交易都是集中在两天时间内完成的。斯蒂芬妮马上查看钱包，结果发现信用卡还在原来的位置。

斯蒂芬妮记录了自己拥有的所有信用卡的卡号以及信用卡公司的免费电话，她将这份名单保管在防火的盒子里。她根据这些信息给信用卡公司的客服部打电话，报告那些未经授权的刷卡交易，然后申请关闭该账户，并申请获得一张新卡。由于窃贼盗用了斯蒂芬妮的信用卡卡号，因此对于未经授权使用的部分，斯蒂芬妮一分钱也不用承担。

斯蒂芬妮松了一口气，她不需要承担这笔盗刷的金额，但是她很疑惑窃贼是怎样拿到她的信用卡卡号的。此外，她还担心窃贼已经窃取了其他个人信息。她想起最近自己收到了一封来自知名网店的电子邮件，通知斯蒂芬妮如果她不及时更新信用卡信息的话，账户将会被关闭。于是，斯蒂芬妮马上给该网店发了一封邮件，确认近期该网店根本没有发送过类似邮件——显然，斯蒂芬妮是一个网络钓鱼诈骗案的受害者。

斯蒂芬妮只能回想起她向网络钓鱼骗子提供了自己的信用卡卡号、姓名和住址。为了确保安全，斯蒂芬妮下一步将向征信机构申请将个人信用报告加入"欺诈警示"。她决定下个月再查看一下自己的个人信用报告，如果仍然存在错误信息，她将要求改正这些错误信息，并填写一份身份盗用报告。

图表 7.4　防范身份盗用的有用信息资源

支票验证公司

    ChexSystems　　　　　　　　　　　　　　　　　　　　　（800）428-9623

    Certigy　　　　　　　　　　　　　　　　　　　　　　　（800）237-3826

    National Processing　　　　　　　　　　　　　　　　　　（800）720-3323

    Telecheck　　　　　　　　　　　　　　　　　　　　　　（800）710-9898

联邦贸易委员会
    网站地址：www.ftc.gov 和 www.identitytheft.gov

艾可菲公司
    网站地址：www.equifax.com
    电话：(888) 548-7878

益博睿公司
    网站地址：www.experian.com
    电话：(888) 397-3742

环联公司
    网站地址：www.transunion.com/
    电话：(800) 916-8800

美国国税局
    网站地址：www.irs.gov

美国社会保障局
    网站地址：www.ssa.gov

美国国务院
    护照欺诈：访问网站 www.state.gov，并输入"护照欺诈"（"passport fraud"）进行搜索

信用评估和信息安全与个人理财计划的匹配程度

你的个人理财计划必须包括下列几项有关信用评估和信息安全的决策：
1. 你的个人信用等级是否足以让你获得并使用贷款？
2. 你的贷款信息以及个人身份信息是否安全？

通过做出正确的决策，你可以确保自己拥有足够高的信用等级来获得贷款，防止其他人盗用你的贷款信息或身份信息。图表 7.5 说明了信用评估和信息安全与斯蒂芬妮·斯普拉特个人理财计划的匹配程度。

图表 7.5　信用评估和信息安全与斯蒂芬妮·斯普拉特个人理财计划的匹配程度

目标
1. 确保我总能较为容易地获得信贷，以便我在需要的时候可以随时获得个人贷款或使用信用卡。
2. 确保我的贷款信息与身份信息是安全的。

决定

有关个人信用报告的决定：
　　联系征信机构要求获得个人信用报告的复印件，确保个人信用报告的准确性。如果个人信用报告包含一些错误信息，则应及时进行纠正，确保将来我能方便地申请贷款。

信用评估和信息安全
　　将绝大多数的个人信息文件放在家里。只携带维萨卡或万事达卡以及驾照。将所有包含个人信息并准备扔掉的文件放入碎纸机内粉碎。

讨论题

1. 如果斯蒂芬妮是一位拥有两个孩子的单身母亲，那她的信贷需求会有哪些不同？
2. 如果斯蒂芬妮现年35岁，那她的信贷需求会有哪些不同？如果她现年50岁呢？

小结

　　贷款的基础知识。 贷款是指贷款人提供给借款人使用、借款人承诺将来要偿还的金额。它既有优势，又有劣势。优势在于贷款便于完成日常交易，消费者无须随身携带大量现金。劣势在于如果不能正确使用，贷款有可能会导致个人破产。

　　征信机构。 征信机构负责保管个人信用交易的完整记录，它们还负责计算个人的信用评分，并向有需要的机构或组织提供这一信息。

　　在决定是否向借款人发放贷款时，贷款人通常会评估一下一家或几家征信机构提交的借款人贷款偿还历史记录。你可以从三大征信机构当中的任意一家免费获得一份个人信用报告，目的是确保信用报告的内容准确无误。信用报告可能包含了一些来源于公共记录的潜在负面信息，例如破产申请。它还能提供诸如延迟付款、状况良好的账户、个人信用历史的查询情况以及个人信息等方面的信息。

　　身份盗用。 身份盗用是指在未经个人许可的前提下擅自使用其个人身份信息的行为，是美国国内快速发展的一种犯罪形式。身份窃贼可能会使用你的个人信息购买商品或服务、取现或创造一个新身份。上述所有行为都将会对你的信用历史造成负面影响。

　　常见的身份盗用伎俩包括肩窥、垃圾搜寻、复制磁条、侧录、假托、网络钓鱼与网络嫁接等。

　　防范身份盗用。 你可以采取下列措施防范身份盗用：使用碎纸机粉碎所有包含个人财务信息的文件，例如银行账单和信用卡账单；定期检查账户；使用在线支付；确保智能手机的安全；在线购物时格外谨慎；等等。在工作场所（例如银行与医疗服务机构）采取一定的防范措施。要求医疗服务卡片、员工证件以及薪水支票不要显示个人的社保号码，以便有效地防范身份盗用行为。

每年至少两次要求获得个人信用报告的复印件。仔细检查自己的信用报告，查看是否存在异常的账户交易行为，以及是否存在一些自己根本不知道的新账户。

身份被盗用后的处理方法。一旦你的身份被盗用，你应该首先通知警方并要求其提供书面报告，然后通知联邦贸易委员会、征信机构、信用卡发卡公司、金融机构，并在适当的时候通知美国联邦调查局与特勤局。

提升信用评估和信息安全与个人理财计划的匹配程度。获得贷款可以帮助你在没有足够现金和支票账户余额的情况下提前实现购物愿望。因此，如果你维持良好的信用状态，你可以更容易地实现自己的财务计划，增加自己的资产（买车或买房）。然而，你应该采取措施保护自己的身份信息不被盗用，这样的话，你就可以继续有资格获得信贷支持。

复习题

1. 贷款的类型。解释一下贷款的三种类型。在何种条件下，消费者会使用上述三种类型的贷款？
2. 使用贷款。使用贷款的优势与劣势分别是什么？
3. 现金与贷款。为什么有些人喜欢用现金而不是贷款来购物？
4. 贷款权利。《平等信用机会法案》禁止贷款机构基于哪些原因拒绝发放贷款？如果你的贷款申请被拒绝，你是否有权利弄清楚贷款机构拒绝你的原因？
5. 信用报告的影响。解释一下一份糟糕的个人信用报告会对你造成哪些影响。
6. 征信机构。列举出三大征信机构的公司名称。它们如何计算个人的信用评分？三大征信机构算出的个人信用评分是否完全相同？
7. 信用报告。个人信用报告主要包含哪六大方面的个人信息？
8. 信用评分。个人信用评分的决定因素有哪些？在计算FICO得分时，如何分配每个因素的权重？
9. VantageScore评分。VantageScore评分与FICO评分有什么不同？
10. 提高个人信用评分。你可以采用哪些方法提高自己的信用评分？消除不良的信用记录要花多少时间？
11. 检查自己的信用得分。你通常多长时间从三大征信机构中的每一家申请获得一份自己的信用报告并详加检查？为什么这种做法是有好处的？
12. 纠正信用报告里面的错误。解释如何纠正你信用报告里面出现的错误信息。
13. 信用的一般类型。常见的信用类型都有哪些？
14. 身份盗用。身份盗用的主要形式包括哪些？
15. 身份盗用。犯罪分子盗用身份的目的是否只是获取钱财、购买商品或服务？
16. 身份盗用的影响。除了经济损失以外，身份盗用的受害者还会遭受哪些负面影响？
17. 身份盗用的伎俩。列举并解释身份窃贼为了获取个人信息而采取的至少三种伎俩。
18. 身份盗用。犯罪分子是否可以通过合法渠道获取你的个人信息以实施身份盗用行为？请详加解释。
19. 保管个人信息。讨论一下你可以采取哪些措施保管好自己的个人信息。

20. 发现身份被盗用后应采取的行动。如果你发现自己成为身份盗用的受害者，应当采取哪些措施保护自己的权益？
21. 《信用卡法案》。《信用卡法案》是如何改变21岁以下的学生的信用卡使用权的？为什么这一改变是必要的？
22. 信用历史。什么是你的信用历史？它将会如何影响你的借款能力？
23. 信用评分和开设账户。解释一下信用卡销户会对你的信用评分产生什么样的负面影响。
24. 检查信用得分。为什么在免费网站上查询自己的信用得分要格外小心？
25. 信用咨询。解释一下向信用咨询机构进行咨询有哪些优点和不足。
26. EMV技术。EMV技术如何帮助降低身份盗用案件的发生频率？
27. 社交媒体和身份盗用。考虑到身份盗用的可能性，我们在使用社交媒体时要考虑哪些因素？

理财规划练习题

道德困境。丽塔是一家拥有三名医生的诊所的办公室经理。她的弟弟胡安刚刚大学毕业，最近开始在一家专门销售医疗保险产品的大型保险公司上班。为了建立客户基础，胡安问丽塔是否可以向他提供一份所有医生名下尚未购买医疗保险的患者的名单。丽塔很想帮助自己的弟弟扩展事业，于是她列好了名单，包括患者的姓名、地址、电话号码、社保号码以及简单的病史。

1. 丽塔的做法符合职业道德吗？请加以解释。
2. 丽塔的行为会给患者带来哪些困扰？

个人理财的心理学：还清信用卡债务

1. 一些消费者喜欢拖欠信用卡债务，他们根本就不愿去想将来除了偿还债务，还要支付利息。而另一种极端做法是还清每个月的全部信用卡债务，因为这些消费者不喜欢负债的感觉。在使用信用卡时，哪种心理因素在驱使着你的行为？
2. 阅读一篇讲述心理因素对信用卡还款行为的影响的分析文章。使用"心理"与"信用卡债务"之类的关键词在线搜索，你能轻而易举地找到多篇研究文章。总结一下这篇文章的主要观点。

综合案例：桑普森一家

桑普森夫妇信用卡的最高刷卡限额为10 000美元。桑普森夫妇刚刚收到信用卡公司的一封邮件，称可以将信用卡的最高刷卡限额提高至20 000美元。桑普森夫妇也曾读到过几篇介绍身份盗用的文章，他们希望自己能够避开这种越来越蔓延的犯罪形式的威胁。近来，他们使用自家设在路边的邮箱接收邮件，然后直接将垃圾邮件随生活垃圾一起丢弃。

  1. 即便桑普森夫妇预期用不上这个额度，他们也应该接受信用卡刷卡额度的提升吗？

  2. 为了减少身份盗用的可能性，为桑普森夫妇提供一些建议。

术语解释

  贷款（credit）：是指债权人把钱借给借款人，约定借款人将来要偿还本金以及利息。

  非分期偿还贷款（noninstallment credit）：这是一种短期贷款。一些百货商店可以向消费者提供这种类型的贷款。

  分期偿还贷款（installment credit）：用于购买某些特定商品的贷款，要收取贷款利息。

  循环使用的开放式贷款（revolving open-end credit）：在贷款金额不超过上限的前提下可以循环使用；贷款上限金额取决于借款人的收入水平以及贷款偿还记录；每个月未偿还的贷款余额要收取利息。

  信用报告（credit report）：征信机构提供的报告，记录了个人的贷款偿还历史。

  身份盗用（identity theft）：未经本人允许，他人擅自使用个人的身份信息为自己谋取私利的行为。

  肩窥（shoulder surfing）：在公共场合，在你办理业务时，身份盗贼紧挨着你以读取你的信用卡卡号时使用的手法。

  垃圾搜寻（dumpster diving）：盗贼通过搜寻个人的生活垃圾来盗取个人信息。

  复制磁条（skimming）：身份窃贼通过复制借记卡或信用卡的磁条信息来盗用借记卡或信用卡。

  侧录（shimming）：盗贼将一个名为"微光"且肉眼看不见的装置插入ATM的卡槽或者读卡器中，用微光读取插入卡槽的信用卡的信息，制造出与真实芯片卡非常接近的假卡，用以欺骗银行或商户。

  假托（pretexting）：获取个人信息的一种方式，是指犯罪分子以虚假的借口套取个人的私人信息。

  网络钓鱼（phishing）：发生在互联网上的假托行为。

  网络嫁接（pharming）：做法与网络钓鱼比较类似，只不过前者的目标人数更多。犯罪分子通过某种手段在用户不知情的情况下将合法的网站链接重新指向另一个虚假网站，从而达到搜集个人信息的目的。

第8章
个人贷款管理

章前引例

塔拉已经大学毕业,有了一份全职工作,但她手头依然比较紧张。她决定,如果她限制自己的消费,她的工资就能应付她的日常开支,还能让她攒钱买一辆车。塔拉决定申请一张信用卡,这样的话在必要时,她便可以使用信用卡购买一些急用的物品。申请过程很简单,在学生会设点办卡的信用卡公司向每一位填写了信用卡申请表的同学赠送了一份小礼物。塔拉收到了一张信用额度为4 000美元的信用卡,她向自己承诺她只会在未领到兼职薪水时使用这种信用卡购买一些急用物品,而且每个月她会还清全部的信用卡欠款。但是六个月后,她的朋友建议他们一起去夏威夷旅行。塔拉没有足够的现金支付这次旅行的费用,所以她用信用卡刷了3 800美元。她无法支付信用卡的全部余额,但她没觉得这是一个问题,因为她收到了另一张信用卡的办卡邀请,如果她把余额转到该信用卡上,就不需要支付利息。但她没有读卡上的那些小字,上面写着六个月后利率将上升到18.5%。两年过去了,塔拉又申请了另外三张信用卡,最后塔拉的信用卡欠款总额为11 500美元。她经常使用信用卡购买一些非必需的商品。她相信只要自己每个月能按时偿还一部分信用卡债务,那么即使很快就刷卡消费到最高信用额度也不会有什么问题,因为她总能换张新卡,然后进行余额转账。每次她都会告诉自己,她要在零利率到期前还清余额,但每次她都发现只支付最低还款额更容易,她没有意识到信用卡的债务余额要被收取18.5%的高额利息。用信用卡预借现金不仅要支付手续费,而且利率也非常高。塔拉每次逾期付款都会被收取35美元的费用。不合理地使用信用卡会带来非常严重的问题。现在,塔拉的信用等级很低,这将影响她未来购买大件商品(例如买车)时获得贷款的能力。另外,塔拉要花上几年的时间才能还清全部的信用卡欠款。

本章我们着重研究如何有效地使用个人贷款。读者将会了解如何通过合理使用并控制个人贷款而非滥用贷款来建立良好的信用记录。

本章的学习目标

- 了解信用卡的背景知识;
- 解释信用卡还款;
- 介绍如何核对信用卡账单;
- 说明对信用卡的监管;
- 提供信用卡的使用小贴士;

- 解释如何管理你的贷款来匹配你的个人理财计划。

信用卡的背景知识

建立个人信用记录的最简单方法便是申请一张信用卡，你可以在任何可使用信用卡付款的商店刷卡购买商品。每个月信用卡公司会寄给你一张信用卡账单，上面详细列出了在这段时间内你使用信用卡购买商品的所有交易记录。正常情况下，信用卡不能被用于购买金额巨大的大件商品，例如买房或买车，但是使用信用卡购买小件商品十分便利，例如在餐馆就餐、给汽车加油、买衣服、进行汽车维修甚至购买一些生活用品。

消费者很容易就能获得一张信用卡，也许有些太过容易了。信用卡公司经常用小礼物来吸引潜在消费者申请办理信用卡。通常这些信用卡是被预先批准的。在美国，超过70%的家庭至少拥有一张信用卡，许多人有两张或者更多的信用卡。大概40%的大学生拥有信用卡。美国共计发行了4.5亿多张信用卡，每年有超过300亿次的信用卡交易发生。

信用卡的好处

信用卡具有三大好处。首先，你可以不携带大量现金或支票便能通过刷卡的方式购买商品或服务。其次，只要每个月你能还清全部的信用卡欠款，你就能在信用卡账单的最后还款日到来之前享受免费的贷款服务。最后，你每个月能收到一张信用卡账单，上面详细介绍了过去这个月你使用信用卡购买商品的所有交易记录，便于你了解自己的消费情况。在某些情况下，你还有可能收到一张年度账单，上面按照不同类别详细列出了信用卡的各种消费项目，你可以使用这些信息填写自己的所得税纳税申报表。

信用卡的弊端

信用卡的主要弊端在于它有可能会诱使你购买一些自己无力承担甚至根本不应当购买的商品。信用卡给消费者创造了超出支付能力的消费机会。

案例

米娅注意到一台新的55英寸电视机具有很多有趣的新功能，市场价格为2 000美元。她刚刚买了一台不错的电视机，但是功能不如这台新电视机多。她身上没有那么多现金，但是商店发给她一张信用卡，而且承诺一年内不需要米娅支付任何费用。米娅每个月要支付1.5%的月利率。在米娅看来，1.5%近似等于零，因此她非常愿意使用信用卡来购买这台新电视机。她没有花时间认真阅读申请表，上面写着年利率是18%。

图表8.1能够说明在头10个月内，购买电视机给米娅带来的债务将会逐渐累积到多少美元。到第10个月月末，米娅应偿还的债务余额累积达到了2 321美元，比当初购买电视机的价格高出了321美元。如果她能推迟一年再购买新电视机，那么完全可以用现金直接付款，节省这笔钱。此外，随着新产品被不断地引入市场，电视机的市场价格（就像很多高科技产品一样）会慢慢下降，因此如果米娅能等上一年的话，也许只需要1 500美元就能买

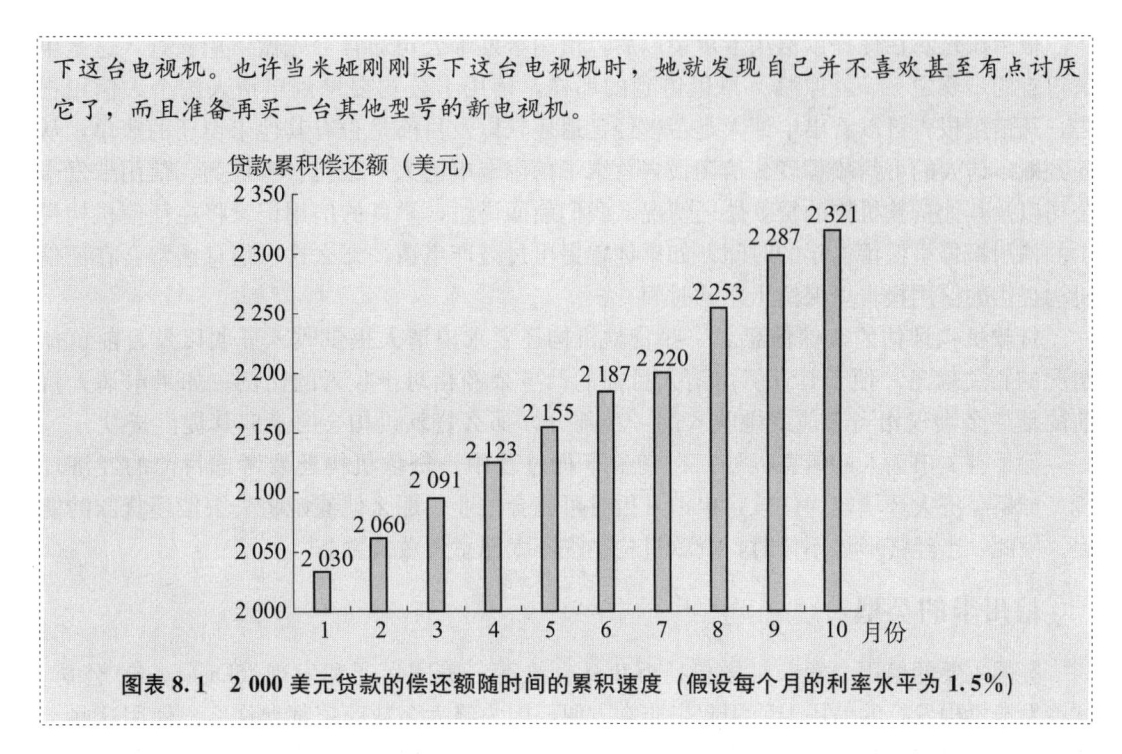

下这台电视机。也许当米娅刚刚买下这台电视机时，她就发现自己并不喜欢甚至有点讨厌它了，而且准备再买一台其他型号的新电视机。

图表 8.1　2 000 美元贷款的偿还额随时间的累积速度（假设每个月的利率水平为 1.5%）

使用信用卡甚至会加大过度消费的可能性，因为消费者可以轻易地获得贷款。只要你每个月只按照最低还款额偿还信用卡欠款，那么过度消费的行为模式就将一直持续下去。一些消费者累积了巨额的信用卡债务，最终不得不申请破产。

申请信用卡

当你申请信用卡时，贷款机构要从你那里以及征信机构处获取信息，然后评估你是否有能力偿还贷款。

个人信息。 当你申请信用卡时，发卡机构要求你填写申请表，通常这样的申请表上包含下列信息：

- 现金流入情况：每个月的收入是多少美元？
- 现金流出情况：每个月的支出是多少美元？
- 信用历史：过去你是否借入过贷款？你是否及时地偿还了这些贷款？
- 资本：你是否持有储蓄或股票投资？未来在必要时你可以将上述资产用于偿还债务吗？
- 抵押品：你是否拥有任何可被用作贷款抵押品的资产？（如果你不能偿还债务，那么可以将这些资产出售变现，将所得资金用于偿还贷款。）

贷款机构通常希望借款人拥有较高的现金流入额，较低的现金流出额，同时还持有价值较高的资本以及抵押品，并具有良好的信用历史。这样的借款人很受贷款机构的青睐。不过，它们通常也会向不完全具有上述特征的借款人发放贷款。例如，虽然贷款机构意识到大学生毕业后第一份工作收入不会很高，但是如果它们相信大学毕业生有可能会偿还贷款，那么贷款机构还是会向他们提供有限额度的贷款。一些贷款机构也可以按照更高的利率水平向违约风险较高的个人发放贷款。

信用核查。 在你提出信用卡申请以后,信用卡发卡公司通常会先做信用核查,这是申请审查的步骤之一。就像第 7 章里讲到的那样,信用卡公司要拿到申请人的个人信用报告,从信用报告可以看出申请人是否曾经延迟还款以及目前是否有其他未偿还的账单,从而判断申请人的可信赖程度。信用报告总结了信用卡申请人对银行、零售商、信用卡发卡公司以及其他贷款机构的贷款偿还情况。我们前面讲过,不良的信用记录将在征信机构提供的信用报告里保留七年的时间。如果你曾提出过破产申请,那么这一信息通常会在征信机构提供的信用报告里保留十年的时间。

贷款机构评估的其他信息。 一些贷款机构还要求申请人提供收入证明以及目前负债情况的相关信息,便于其计算申请人目前的债务余额相对于收入的比例。如果申请人目前的债务余额仅相当于他或她收入的一小部分,那么贷款机构会愿意向其提供贷款。

除了有关申请人的信息以外,在贷款审批过程中,贷款机构还要考虑目前的经济环境。如果经济大环境较为疲软,申请人很有可能会失业,那么他或她将失去偿还贷款的能力。因此,当经济形势不佳时,贷款机构往往不太愿意发放贷款。

信用卡的类型

美国主要的信用卡发卡机构包括万事达、维萨、美国运通和发现(Discover)公司。这些发卡机构发行的信用卡使用起来非常方便,因为绝大多数商家都允许客户使用这些卡片付款。商家之所以愿意接受信用卡付款,是因为它们意识到只有当它们允许消费者使用信用卡付款购买商品时,很多消费者才会下决心购买。客户使用信用卡付款后,商家要将付款额的一定比例(通常为 2%~4%)返还给信用卡发卡机构。例如,你使用自己的万事达卡在壳牌加油站刷卡支付了 100 美元的汽车修理费,则壳牌公司要将按付款额的一定比例计算的金额返还给万事达公司,大概为 3 美元。

很多金融机构可以向个人发行万事达卡与维萨卡。至于贷款的收回以及必要时如何提供贷款等问题,每家金融机构均与信用卡公司做了自己的安排。如果个人在收到信用卡账单时决定不全额偿还所有欠款,那么这相当于金融机构向个人客户提供了贷款。金融机构之所以愿意以这种形式提供贷款,是因为它们要对拖欠未还的贷款部分收取高额的利息费用。一些大学与慈善组织也发行了万事达卡与维萨卡,在必要时提供贷款。

从定义上讲,信用卡可以扩展信用额度,并允许你支付费用。另一种卡是签账卡,它不提供信用额度,要求每个月全额支付余额。虽然有些人使用签账卡,但它们更多还是被企业使用,因为它们提供了一种追踪旅行和其他费用的简便方法。美国运通、大来卡公司(Diner's Club)和一些金融机构都发行签账卡。

信用卡有两种。一种是无担保信用卡,即在获得卡之前不要求你存入现金作为抵押;另一种是担保信用卡,即需要缴纳保证金。更受欢迎的无担保信用卡包括零售信用卡、奖励信用卡、余额转账信用卡和医疗信用卡。

零售信用卡。 零售(或专有)信用卡由特定的零售商发行。例如,很多零售商店(例如美国塔吉特公司与梅西百货公司)和加油站(例如壳牌加油站与埃克森美孚加油站)都发行了自己的信用卡。如果你使用壳牌加油站的信用卡在壳牌加油站付款加油,那么壳牌公司就不用向万事达公司或其他任何一家信用卡公司返还费用。你通常可以在购买商品或服务时拿到一张零售信用卡的申请表。一旦填好这份申请表,你便可以立即获得贷款。绝大多数零售信用卡都允许使用者每个月仅按照很低的比例偿还一小部分贷款余额，这意味着商店在向零售信用卡的使用者提供贷款。零售信用卡的贷款利率通常为18%甚至更高。最初，零售信用卡是封闭循环卡，只能在发行该信用卡的零售商的网点使用。现在封闭式的零售信用卡已经不那么常见了，因为许多零售商已经与信用卡公司建立了合作关系，发行带有商店名称的联名卡或附属卡，这些都是开放式的零售信用卡，也就是说，它们可以像标准信用卡一样在其他商家使用。

封闭式的零售信用卡的缺陷在于它只能在一家商店购物使用。不过，你也许会发现，如果你正在努力限制自己对信用卡的使用，那么这个缺陷反而会变成优点，能帮助你摆脱入不敷出的生活状态。例如，你可以使用壳牌信用卡支付汽油费与汽车修理费，但是不能用它来购买电子产品、服装以及很多其他商品。零售信用卡的另一缺陷表现为同时使用多张零售信用卡意味着每个月你要同时支付多张信用卡账单；若是使用一张信用卡购买所有的商品，那么每个月你只需要签发一张支票便能完成所有的信用卡还款任务。此外，如果只使用一张信用卡，那么追踪消费记录就会简单许多。

奖励信用卡。 一些信用卡为经常使用信用卡的持卡人提供奖励。有几种不同类型的奖励可供选择。每天长途开车上下班的人，或优步和来福车等服务机构的签约司机，可能会从汽油奖励卡中受益，这种卡在你每个月支付一定数额的汽油费后会返还现金。其他信用卡在你每个月达到特定的消费限额后，对符合条件的购物提供一定比例的现金返还。旅行奖励卡提供的积分可以兑换与旅行相关的购买，如机票或酒店住宿。如果你在一年内购买了2万美元的旅行相关产品，并在所有这些产品上都使用了旅行奖励卡积累积分，那么到年底，你就有可能积累足够的积分，从而获得乘坐指定航空公司飞往美国任何目的地的免费往返机票。一些航空公司发行自己的信用卡，提供类似的好处。

至享卡提供更多的好处，适用于高收入和有特殊信用记录的个人。这类信用卡的年费可能高达数百美元，可以提供诸如优先使用私人飞机和豪华酒店的礼宾服务等奖励。

余额转账信用卡。 余额转账信用卡与奖励信用卡相关，因为它们可以帮助你省钱。余额转账信用卡允许消费者将现有信用卡上的欠款转账到新卡上，以节省利息。有些卡允许你转移其他债务，如分期付款债务，甚至汽车贷款。通常，余额转账信用卡在开始阶段的利率为零，或者在特定时期（如六个月或一年）的转账利率非常低。有时信用卡也为购买提供零利率。如果使用得当，余额转账信用卡可以帮你省钱，但你必须确保在初始的零利率期间还清余额，因为利率会在该时期结束后上升到一个比较高的水平。此外，如果信用卡对余额转账和新购买都提供零利率或较低的利率，那么这个期限可能会变得更短。

不要认为你可以通过不断地从一张卡转到另一张卡来避免支付信用卡余额的利息。当你获得一张新卡并转移你的余额时，你就获得了新的信用，这将对你的信用评分产生负面影响。一次转账只会稍微降低你的分数，但多次转账可能会对你的分数有很大的影响。此外，信用卡公司将停止你的余额转账权限，因为这些卡通常只对信用评分良好的消费者可用。最后，余额转账通常不是免费的。在通常情况下，信用卡公司会收取余额3%~5%的手续费。

医疗信用卡。 许多医疗专业人员，如医生、牙医和兽医，最近开始向使用他们服务的人提供医疗信用卡。这种卡的申请通常可以在医务室进行。这些信用卡由主要的信用卡公司发行，这些公司支付病人的医疗账单，然后每月从病人那里回收信用卡欠款。医疗机构得到的好处是可以立即得到付款，而且如果病人不付款，也不用担心回收欠款。该卡可用于该医疗机构提供的所有服务。

医疗信用卡之所以有用，是因为它能让消费者在几个月的时间里还清一大笔医疗费，而不用支付利息。一般来说，如果能够在一定的期限内（如6个月、12个月或18个月）全额付清账单，消费者就不必付利息。但如果在此期间没有全额支付，所有的递延利息将加到到期金额中。

担保信用卡与预付卡。如果你的信用记录很差，你很难获得标准的无担保信用卡，你可以通过获得担保信用卡来改善你的信用记录，用来担保的资金就是你的存款。你可以向为你服务的金融机构申请担保信用卡，金融机构会要求你向一个特定账户存款。你存入的金额就是你的信用额度，如果你存入500美元，你的信用额度就是500美元。每月你都会收到一份费用清单，并被要求支付最低费用。通过按时还款，你可以证明自己能够明智地使用信用卡，从而修复你受损的信用记录，最终可以有资格申请一张标准信用卡。

与担保信用卡不一样，预付卡或借记卡不会改善你的信用记录。预付卡并不是真正意义上的信用卡，因为没有信用活动产生。这张卡可以用来花费你账户里的资金。

在许多零售商店甚至加油站都可以买到预付卡。没有申请程序——你只需向商店出纳付款，资金就会进入预付卡账户。即使你用完了所有的钱，还可以重新充值。尽管你可以在花钱购物的时候查看自己的消费记录，但通常还有一个网站可以让你在线查询余额。有些卡允许你有一个个人识别码，这将使你能够使用该卡从自动取款机提取现金。

预付卡的优点是对没有银行账户的人来说很方便。不过，预付卡的一个主要缺点是收费。你可能需要支付激活费、充值费、从自动取款机取款费、不经常使用卡的不活跃费，甚至还要支付在线查看余额的费用。它的另一个缺点是，如果你的预付卡丢失或被盗，你得到的保护通常比普通信用卡要少。不同发卡机构的费用和防盗措施差别很大，所以一定要仔细阅读预付卡的合同条款。

近年来，许多雇主已经开始用预付卡支付雇员的工资，因为发卡比发工资支票便宜得多。虽然这种做法对没有银行账户的员工来说很方便，但由于与卡相关的费用，这种做法已经引起了争议。在收到很多这方面的投诉之后，消费者金融保护局给全国的雇主发出通知，提醒他们不能要求员工只能接受预付卡，还必须为员工至少提供一个其他选择来领取工资，如支票或直接存款到银行账户。员工还有权收到一份与其他卡相关的所有费用和其他保护措施的书面解释。

信用额度

信用卡公司会设定信用额度，这也就是允许消费者刷卡消费的最高限额。每个用卡客户的信用额度不尽相同。对于收入水平较低的客户，其信用额度也会比较低（例如300美元）。如果个人能够通过每次及时偿还信用卡债务的实际行动证明自己值得信赖，那么信用额度会被进一步提高。一些信用卡公司还可能为家庭客户设定较高的信用额度（例如10 000美元甚至更高），这样的家庭客户一直以来能够按时偿还贷款，而且收入水平较高。

有时候非常高的信用额度根本是不必要的，因为这也许会诱使你过度消费。你只需要确保信用卡的信用额度足以应付你每个月的必要购物支出，但是不要太高，以免诱惑你盲目消费，使你的消费超出你的可承受范围。

虽然信用卡公司可能不会收取不活跃费，但如果你在一段特定的时间内（比如一年）没有使用信用卡，它们可能会取消你的信用卡。此外，信用卡的年费可能与消费水平有关。如果你花得少，你支付的年费就多。有些奖励项目也可能要求你在既定时间内消费达到一定的规模。

透支保护

一些信用卡能提供透支保护，这项保护允许客户超过既定的信用额度进行消费。这与某些金融机构提供的支票账户的透支保护——即使支票账户内资金不足，金融机构也仍然能确保客户签发的支票能够被顺利结算——比较类似。信用卡的透支保护可以避免出现这样的情况：你试图使用信用卡付款，但是你的累积刷卡额已经超过了信用额度，从而导致信用卡付款被拒绝。

不过，信用卡公司只要向客户提供了透支保护，就必然要为此收取费用。不同的信用卡公司收费的标准也不太相同，但是每次当客户使用透支保护时，信用卡公司都可以收取39美元甚至更高的费用。除非持卡人特别要求保护，发卡机构不得收取保护费。即使持卡人要求这种保护，发卡机构也不能在任何一份账单上收取超过一笔的透支保护费。由于这些规定于2010年生效，现在只有一小部分信用卡还存在透支保护费。一些发卡机构会为那些有长期付款历史的消费者处理一些透支交易，而其他发卡机构面对消费者透支交易时，则会直接拒绝提供服务。

年费

很多信用卡公司会向客户收取年费。根据信用卡的不同奖励计划，年费可能从40美元到500美元不等。如果信用卡客户频繁地使用信用卡，并且能够按时偿还信用卡账单，则信用卡公司可能会取消年费。你可以在几个网站上查询一些信用卡的详细信息。通过查看可选信用卡列表，你可能会发现一些适合你且不收费的信用卡。

免息期

一般来说，信用卡能向持卡人提供免息期，在这段时间内，信用卡公司不会收取贷款利息。如果允许有免息期，发卡机构必须确保账单至少在最后还款日前21天邮寄或送达。从你刷卡消费购买商品之日开始，一直到账单的最后还款日，在此期间信用卡公司一直在向你提供免费的贷款。

案例

6月1日这一天，斯蒂芬妮·斯普拉特使用她的信用卡支付了200美元的汽车修理费。6月份的账单日为6月20日。信用卡公司会按时寄出账单以确保斯蒂芬妮在6月30日能够收到账单，因为信用卡账单的最后还款日为7月21日。在这种情况下，斯蒂芬妮相当于获得了51天的免费贷款。在6月19日，她用信用卡刷卡购买了几件衣服。这笔消费额应被计入6月份的账单，斯蒂芬妮相当于获得了40天的免费贷款。在7月10日这一天，斯蒂芬妮用信用卡购买了音乐会的门票。这笔消费额发生在账单日之后，因此将会被计入下个月的账单，其最后还款日为8月21日。对于这笔消费，斯蒂芬妮获得了41天的免费贷款。

滞纳金。在2009年颁布的《信用卡法案》于2010年生效之前，发卡机构经常对仅迟付一天甚至几个小时的还款收取高额滞纳金。根据该法案，信用卡账单必须在每个月的同一天到期，而且在到期日的下午5时之前收到的还款都不算违约。滞纳金必须是"合理的"，也就是说，第一次违规的滞纳金不得超过25美元，在接下来的6个月内，如果出现第二次违规，滞纳金也不得超过35美元。滞纳金不得超过最低还款额。在这些规定生效后的前6个月，消费者支付的滞纳金减少了50%以上。

利率

如果你接受了信用卡公司提供的贷款，同时又没能在最后还款日来临时还清全部欠款，那么你就要按照信用卡公司规定的利率水平对拖欠的贷款部分支付利息。大概有38%的美国家庭有尚未还清的信用卡欠款，这意味着每个月它们都没有全部还清购物所产生的信用卡欠款。信用卡贷款的年利率水平大多为15%～20%，而且一般变动不大。虽然对那些资金不足的个人来说，使用信用卡获取贷款的方式很方便，但是成本相对高昂，应当尽可能地规避。

信用卡利率的不同类型。信用卡收取的利率可以是固定利率、可变利率或分层利率。即使市场利率不断发生变化，固定利率也不会发生变化。发放信用卡的金融机构可以对信用卡贷款收取固定利率，但是一旦金融机构打算改变这种做法，它必须预先通知客户。

可变利率往往会随某一特定的市场利率指标的变化——例如一年期国债利率——而相应地进行调整。比方说，某种信用卡的利率水平被设定为等于一年期国债利率再加上6%。监管部门要求金融机构必须告知客户可变利率的计算方式。

金融机构还可以采用分层利率的形式，比方说当持卡人的信用卡欠款余额低于某一标准时，金融机构收取相对较低的利率水平；当持卡人的信用卡欠款余额高于某一标准时，则金融机构就会收取相对较高的利率水平。如果持卡人没有按时还款，则发卡机构还可以进一步提高贷款的利率水平作为惩罚。

对利率水平的监管。对于那些使用信用卡的个人客户来说，2010年生效的监管法规提供了更清楚、更有利的贷款规则。尤其值得一提的是，如果持卡人错过了偿还某张信用卡的欠款的时间，信用卡公司不得以此为由提高另一张信用卡的利率水平。此外，如果信用卡公司想要提高客户所持信用卡的利率水平，必须提前45天通知个人客户。除非个人客户逾期超过60天，否则信用卡公司不得提高目前信用卡贷款所适用的利率水平。

预借现金

很多信用卡还能提供在ATM上预借现金的功能。由于预借现金也代表着ATM所隶属的金融机构提供了贷款，因此客户肯定要为这样的交易支付利息。此外，客户还要支付相当于预借现金额的1%或2%的交易手续费。信用卡公司还可以提供支票，你可以用支票购买那些不允许用信用卡付款的商品。信用卡预借现金的利率水平通常要高于信用卡购物所形成的贷款的利率水平。这一利率适用于预借现金的整个周期；使用信用卡购物时所能享受的免息期并不同样适用于预借现金。因此,虽然预借现金很方便,但是其成本非常高昂。

信用卡还款

财务成本是指你因使用信贷而必须支付的利息。由于存在免息期,因此当我们计算财务成本时,在账单日以后产生的购物款项通常不会被考虑进去,因为它们会被计入下个月的账单。只有在当前这个记账周期的最后还款日到来之前未全部还清的贷款余额才会产生财务成本。

以下三种方法通常用于计算未偿还的信用卡欠款余额的财务成本。

日平均余额法

日平均余额法是最为常见的计算方法。对于记账周期内的每一天,信用卡公司会用当天的初始欠款余额减去当天客户的还款金额,从而算出当天结束时的欠款余额。于是,信用卡公司就会用这种方法算出记账周期内每一天结束时的欠款余额。这种计算方法充分考虑到了客户偿还一部分欠款的不同时间点。因此,如果在一个记账周期内,你偿还了一部分信用卡欠款,那么使用日平均余额法算出的财务成本就会低于上期账单余额法(下面马上就要讲到)的计算结果。日平均余额法可以做一些调整,例如将新的购买交易全部剔除,或者是计算两个记账周期而非一个记账周期的平均余额。

上期账单余额法

上期账单余额法的原理是直接按照新的记账周期的期初欠款余额来计算财务成本。对于持卡人来说,这是三种计息方法当中最不利的一种方法,因为即使持卡人在本记账周期内偿还了一部分信用卡欠款,在计算财务成本时,仍然要按照期初的欠款余额来计算。

调整余额法

调整余额法的原理是按照新的记账周期的期末欠款余额来计算财务成本。对于持卡人来说,这是三种计息方法当中最有利的一种方法,因为它只要求持卡人对记账周期期末时未偿还的欠款余额部分支付利息。

下面这个例子说明了如何使用上述三种方法计算财务成本。

> **案例**
>
> 假设截至 6 月 10 日,在过去的一个月里,你因购物而产生的信用卡累积欠款余额为 700 美元。下一个记账周期从 6 月 11 日开始。假设在这个新记账周期的前 15 天内(自 6 月 11 日至 6 月 25 日),信用卡的累积欠款余额一直为 700 美元。然后,在 6 月 25 日这一天,金融机构收到了你支付的 200 美元,于是信用卡欠款余额下降至 500 美元。在新记账周期接下来的 15 天里,信用卡的欠款余额一直保持为 500 美元不变。
>
> ● 日平均余额法。当使用这种方法计算财务成本时,月利率适用于每日的平均欠款余

额。由于在记账周期的前15天内,每天信用卡的欠款余额均为700美元,而在记账周期的后15天内,每天信用卡的欠款余额均为500美元,因此在为期30天的记账周期内,你的日均欠款余额就等于600美元。月利率为1.5%,因此你的财务成本等于:

$$600 \times 0.015 = 9.00 \text{(美元)}$$

- 上期账单余额法。当我们使用这种方法计算你的财务成本时,要用月利率乘以新记账周期期初的信用卡累积欠款余额,在本例中即为700美元。月利率为1.5%,因此你的财务成本应当等于:

$$700 \times 0.015 = 10.50 \text{(美元)}$$

- 调整余额法。当我们使用这种方法计算你的财务成本时,要用月利率乘以新记账周期期末的信用卡累积欠款余额,在本例中即为500美元。月利率为1.5%,因此你的财务成本应当等于:

$$500 \times 0.015 = 7.50 \text{(美元)}$$

从这个例子可以看出,如果信用卡公司使用调整余额法,那么持卡人的财务成本会更低一些。因此,这种计息方法能够帮助频繁使用信用卡的持卡人在一段时间内节省一大笔利息成本。不过,降低财务成本的最佳方法仍然是坚持每个月在最后还款日到来之前还清全部的信用卡欠款。

估算信用卡还款额

信用卡贷款所产生的年利息额可以使用单利公式来计算。

案例

假设你借入了 10 000 美元的贷款,单利利率为 12%,因此每年你要支付的利息额应当等于:

$$\begin{aligned}\text{利息额} &= \text{贷款额} \times \text{单利} \\ &= 10\ 000 \times 0.12 \\ &= 1\ 200 \text{(美元)}\end{aligned}$$

贷款的年度百分率(APR)是贷款机构为贷款设定的单利利率,包含了其他所有费用(例如申请审批费用)。年度百分率很有用,因为使用这个指标可以轻松地对比不同贷款机构的融资成本。

利率对借款人应偿还金额的影响。 当你使用信用卡消费时,利率水平对你应偿还的信用卡欠款金额有很大的影响。利率较高的信用卡将会导致更高的利息成本。

案例

你计划申请一张 X 信用卡,因为它不收取年费,而 Y 信用卡要收取 30 美元的年费。一般情况下,每个月你的信用卡欠款余额大致为 3 000 美元。X 信用卡按照 18% 的年利率收取欠款余额的利息费用,而 Y 信用卡则按照 12% 的年利率收取欠款余额的利息费用。两张信用卡的相关费用的差异如下:

	X信用卡	Y信用卡
平均每月欠款余额（美元）	3 000	3 000
年利率（%）	18	12
年度利息费用（美元）	18%×3 000＝540	12%×3 000＝360
年费（美元）	0	30
年度费用总额（美元）	540	390

如果我们知道一年内每个月的平均欠款余额，那么就能求出一年的利息成本。每个月的平均欠款余额越高，则利息成本就越高，因为持卡人要为信用卡的欠款余额支付利息。

我们发现，X信用卡的年度利息费用为540美元，要比Y信用卡的年度利息费用高出180美元。因此，虽然X信用卡不收取年费，但是使用X信用卡的利息成本非常高。较高的利息成本足以抵消免年费的优势。

如果你一直以来每个月都还清所有的信用卡欠款，那么可能不用支付任何利息费用。在这种情况下，信用卡的利率是高还是低并不重要，所以你可能更喜欢X信用卡，因为它不收取年费。也就是说，你可以一方面享受免年费所带来的好处，另一方面又不会受到高利率的不利影响。

图表8.2给出了对应不同的单利利率，10 000美元的贷款每年要支付多少利息，以及四年间一共要支付多少利息。请大家注意看一看当利率水平相对较高时借款人支付的利息会有多大。当你挑选贷款产品时，寻求尽可能低的利率是很重要的。

单利利率（%）	每年的单利利息支付额（美元）	四年间的单利利息支付总额（美元）
6	600	2 400
8	800	3 200
10	1 000	4 000
12	1 200	4 800
14	1 400	5 600
16	1 600	6 400
18	1 800	7 200
20	2 000	8 000

图表8.2 利率对利息支付额的影响

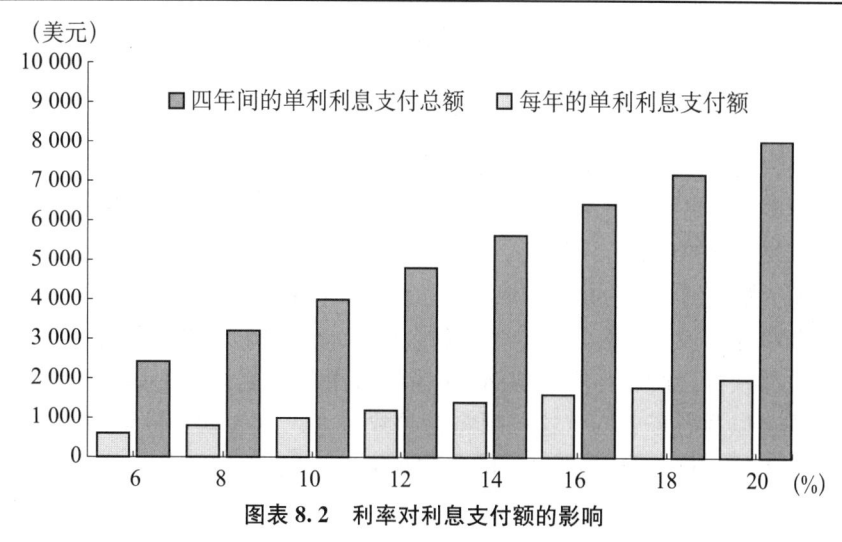

融资期限对贷款偿还额的影响。 信用卡欠款余额要支付的利息成本还取决于融资期限的长短。假设你借入了 10 000 美元，每个月只支付贷款的利息，到期时一次性偿还贷款本金。看一下图表 8.2，比较一下对应每一种利率水平，融资期限为一年与融资期限为四年相比，两者产生的利息成本分别是多少。如果你在一年后还清所有贷款，那么就只需要支付一次年利息，因此你支付的利息总额就等于图表 8.2 的表格中第二列的数值。不过，如果你要花四年时间才能还清贷款，那么就要支付四次年利息。于是，你应支付的利息总额就等于图表 8.2 的表格中第三列的数值。请注意观察一下若你只能在四年时间里还清全部贷款则要多支付多少美元的利息成本。

使用计算器计算还款额。 如果你每月只支付最低还款额，你的账单会显示你需要多少个月（或几年）才能还清余额。这份账单还会告诉你，如果你每个月只支付最低还款额，你需要支付的总金额是多少，包括本金和利息。此外，账单必须显示，为了在三年内付清余额，你每月需要支付多少，以及这种还款方式的总成本与只支付最低还款额相比会节省多少钱。如果你想知道更多有关余额偿还的安排，比如你每个月支付 85 美元，需要偿还多长时间，你可以去各种网站，如 www.creditcards.com，网站会帮助你计算若你想在指定月份内还清贷款余额，你每个月应该还款的规模。这些计算器非常有用，因为它们能帮助你实现在一段时间内还清全部信用卡欠款的目标。

核对信用卡账单

持卡人往往会在记账周期期末收到信用卡账单。这张账单列出了本记账周期内持卡人使用信用卡完成的所有消费交易以及上个记账周期结转下来的欠款额。

信用卡账单能够提供下列信息：

- 上一期的余额：上一个信用卡记账周期结转下来的欠款余额。
- 购物消费额：本月使用信用卡购物消费的金额。
- 预借现金额：本月使用信用卡签发支票或在 ATM 上提取现金的总额。
- 还款额：本记账周期内持卡人向信用卡的主办行还款的金额。
- 财务成本：所有免息期结束后尚未偿还的欠款额以及预借现金所产生的融资成本。
- 新余额：迄今为止你拖欠金融机构的金额。
- 最低还款额：持卡人必须偿还的最低金额。
- 还清余额：如果只支付最低还款额，需要多长时间还清余额；如果想在三年内还清余额，每月需要还款的金额。
- 利息和费用：到今年为止已收取的利息总额以及估算的费用总额。

信用卡账单详细说明了为什么本期的新余额与上个记账周期的余额有所不同。上个记账周期的欠款余额之所以与本周期的欠款余额不相同，是因为本周期产生了新的购买行为、预借现金以及财务成本（这三项将会导致持卡人的欠款余额增加），或是持卡人偿还了一部分欠款（这将导致持卡人的欠款余额减少）。账单还会说明财务成本的计算方式。

案例

假设现在你的信用卡欠款余额为 700 美元，主要源于上个月的购物开销，你没有付清欠款。在那个记账周期内，你偿还了 200 美元，同时还使用信用卡购买了价格为 100 美元的商品。由于上个月的账单余额还拖欠了 500 美元没有偿还，因此你要支付一定金额的利息。假设金融机构按照 1.5% 的月利率收取利息，使用调整余额法计算财务成本（可以算出财务成本等于 7.50 美元），于是你的信用卡账单应如下所示：

单位：美元

上一期的余额	700.00
＋新的购物消费额	100.00
＋预借现金额	0
－还款额	200.00
＋财务成本	7.50
＝新余额	607.50

如果在账单记账周期内你全额还清了上一期的欠款余额（700 美元），则这一期的信用卡账单应当如下所示：

单位：美元

上一期的余额	700.00
＋新的购物消费额	100.00
＋预借现金额	0
－还款额	700.00
＋财务成本	0
＝新余额	100.00

因此，如果还款额为 700 美元而非 200 美元，你根本就没有使用信用卡的发卡机构提供的贷款，因此也就不用支付任何融资成本。本记账周期的信用卡欠款余额就直接等于本记账周期内新的购物消费额。

你在收到信用卡账单时，必须仔细检查一下是否存在错误，比方说有可能存在计算错误，或者是一笔消费计算了两遍，或者是存在其他人使用你的信用卡所产生的费用，或者是某笔购物消费额不正确。按照消费者权益保护法案，你有权利对可能存在的错误提出申诉。

你可以打电话给发卡机构，但为了保护你的权利，你还必须在费用出现在你月账单上的 60 天内发出书面通知。为了查询账单上出现的费用，将你的信以挂号信的方式寄到指定的地址。不要把信寄到付款的地址。向发卡机构详细说明你的问题，并附上相关收据的复印件。发卡机构必须在 30 天内确认收到你的来信。发卡机构有 90 天的时间来调查这个问题。在此期间，你不必支付有争议的费用，但你仍然必须支付账单上无任何争议的费用。如果发卡机构发现有错误，费用将从你的账单中扣除。如果调查表明账单是正确的，发卡机构必须给你一份书面解释。

对信用卡的监管

过去，一些信用卡公司收取了过高的费用，或者是根本没有向客户充分说明哪些情况会导致费用的产生。目前，相应的监管机构已经建立，目的是确保消费者获得更好的待遇以及信用卡使用协议中的各项条款公开透明。

《信用卡法案》

美国国会通过了《信用卡法案》，旨在确保使用信用卡的消费者能够得到公平待遇，并且可以获得有关信用卡使用协议中的各个条款以及信用卡费用构成的完整信息。该法案于 2010 年生效，能够向消费者提供更好的保护。本章已经提到了其中一些条款，但下面的条款是最重要的。

可以收取费用的情况。 信用卡公司必须向潜在持卡人明确说明在哪些情况下信用卡公司可能会收取费用。如果信用卡公司更改了费用结构，那么必须提前 45 天公开披露这一信息。费用总额不得超过初始信用额度的 25%。对交易不活跃的信用卡所收取的费用已被取消。

利率调整必须提前通知。 信用卡公司不得对过去因购物而形成的信用卡贷款提高利率水平。例如，假设持卡人去年使用信用卡购买了多件商品，现在仍然有一大笔欠款尚未偿还，那么信用卡公司不得提高适用于这部分欠款的利率水平。如果信用卡公司决定提高利率，那么首先必须提前 45 天通知持卡人，然后较高的利率水平仅适用于后来新产生的购物消费额，并不适用于过去购物形成的信用卡欠款额。

促销性的利率宣传指导原则。 旨在吸引潜在客户的促销性的利率广告必须清楚地披露所有合同细节。此外，促销性的低利率必须至少持续 6 个月。

还款期。 信用卡公司至少要给予持卡人不少于 21 天的还款期，自账单寄送日开始计算。

信用额度。 持卡人不会因超过信用额度而被收取透支保护费，除非持卡人特别要求参加发卡机构的透支保护计划。这种做法避免了持卡人在自己根本没有意识到信用额度已经用完的情况下超额刷卡而被信用卡公司收取费用的情形发生。

详细说明持卡人还清目前所有欠款所需的时间。 定期寄送给持卡人的信用卡账单必须详细说明若持卡人每个月只按照最低还款额还款则需要多长时间才能还清目前所有的信用卡欠款。

对年龄小于 21 周岁的持卡人的限制规定。 年龄小于 21 周岁的持卡人必须能证明自己拥有收入，或者是能找到一位成年人共同署名。这种安排是为了确保年轻的消费者所能享受的信用额度与其经济能力一致。同时，监管部门还限制信用卡公司向申请信用卡的大学生提供免费赠品。

法案条款的总结。 《信用卡法案》对持卡人和信用卡公司均产生了巨大的影响。总的来说，该法案（1）确保更完整的信息披露，以便持卡人清楚地了解各种用卡情况；（2）减少持卡人要支付的费用；（3）限制信用卡公司提高贷款利率的频率。

消费者金融保护局

在2008—2009年金融危机爆发期间，一些申请贷款（抵押贷款、信用卡贷款以及其他形式的贷款）的消费者在贷款协议的具体条款方面受到了金融机构的误导。《2010年金融改革法案》旨在遏制贷款发放过程中出现的欺骗性行为。消费者金融保护局成立于2010年，是《2010年金融改革法案》的产物。这个机构的主要目标是执行消费者金融法案（例如前面提到的《信用卡法案》）以确保需要获得金融服务的消费者能够得到公平待遇。

消费者金融保护局还要努力确保消费者在制定金融决策时掌握了充分的信息。该机构有权颁布各项法令法规以确保消费者都能获得公平待遇，并阻止金融机构采取一些欺骗性行为。

信用卡的使用小贴士

因为每个人都有可能拥有一张或几张信用卡，所以下面我们要介绍一些信用卡的使用小贴士，让大家既能享受到使用信用卡的便利，又能规避过多的费用成本。

只有当你有能力还款时才使用信用卡

把信用卡看作是能带来便利的付款工具，而非资金来源。只有当你估计未来自己收到信用卡账单时会有足够多的现金还款时才使用信用卡。图表8.3说明了如何使用这种自我约束性的信用额度。你未来的预期现金流入额与你通过在线支付、支票支付（比如租金）或现金支付方式支付的预期消费额之间的差额便是你能使用的最高信用额度。你要确保自己有能力偿还信用卡的全部欠款余额。

设定严格的信用额度限制

你可以考虑设定一个严格的信用额度限制，以此作为个人预算的一部分，从而确保你每个月都能储蓄或投资一定的金额。图表8.4对此进行了说明。你必须先计算一下自己通过在线支付、支票支付或现金支付方式将消费多少金额以及自己打算一个月储蓄多少金额，然后便能算出个人可以使用的最高信用额度。

你还可以要求你的信用卡公司降低你的信用额度，以此来限制自己的消费。你甚至还可以考虑只使用那些出售生活必需品的公司发行的信用卡，例如加油站或家居维修商店发行的信用卡。你还可以将那些不限制消费用途的信用卡注销。记住，如果你有任何债务，减少你可用的信用额度会降低你的信用评分，因为你的债务信用比率会增大。剪掉你的卡片，这样你就不能使用它们了，这比取消它们要好得多，前提是不会下单更换新卡。

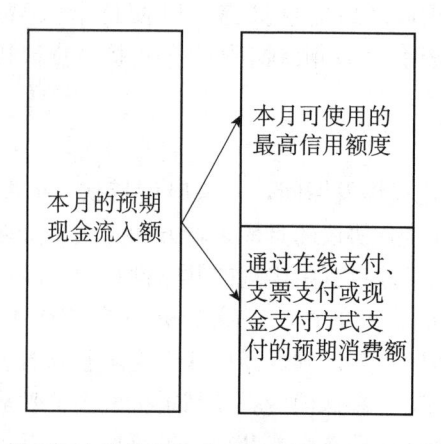

图表 8.3 基于每个月的现金流入额计算自我约束性的信用额度

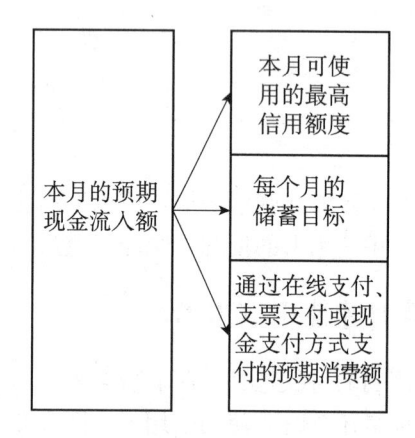

图表 8.4 基于每个月的现金流入额以及每个月的储蓄目标确定自我约束性的信用额度

当经济形势不景气时降低信用额度

当经济形势不景气时，你的现金流入额可能会减少。你的雇主也许会缩短你的工作时间，从而调低你的工资收入。在 2008—2009 年金融危机期间，很多人丢掉了工作。结果，他们不仅需要更多地依赖信用卡，而且他们也没有赚取偿还信用卡所需的收入。此外，在此期间，他们的投资收入也在不断减少。

显然，我们应从金融危机中吸取的教训是降低自己对信用卡的依赖程度，以便在经济环境恶化时，个人的财务状况不会恶化到无法控制的地步。通过降低信用额度，你可以为将来有可能出现的收入减少状况预先做好准备。这样的话，即使将来你的收入水平有所降低，你仍有能力按时偿还信用卡欠款。

另一种极端策略是取消使用所有信用卡，转而使用在线支付、支票支付或现金支付方式来支付所有费用。当使用现金付款时，一些人会对自己的消费更加节制，因为他们意识到消费代表着放弃手中持有的现金。当他们使用信用卡付款时，他们并没有感受到放弃现金所带来的痛苦感，因为他们只需要在一张薄薄的小纸片上签字就可以完成交易。再次强调一下，考虑剪掉你的信用卡而不是取消它们，这样的话，你的信用评分就不会受到负面影响。

在投资之前先还清信用卡欠款

如果你的信用卡还有余额没有还清，那么这笔贷款所带来的融资成本要远远高于你持有的任何货币市场投资工具所产生的投资收益。不管你要做什么投资，必须在投资之前先把所有的信用卡欠款还清。

一般来说，如果你身上有足够多的资金可用于还清信用卡欠款，那么最好先把它还清。你从投资中可能获得的收益率通常比你延迟全额支付信用卡账单时的融资利率要低。借记卡是替代信用卡的另一种好工具，因为它们也能提供无须携带现金的便利性。

一些个人将钱投资于高风险的投资工具（例如股票），而不愿意用这笔钱偿还信用卡欠款。显然，他们相信自己的投资收入肯定会高于信用卡的融资成本。尽管在某些特殊的年份，一些投资产品的收益率确实很高，但是我们很难确保投资收入能一直高于信用卡的融资成本。如果投资的高收益率让你产生了推迟偿还信用卡欠款的念头，那么最好先考虑以下逻辑。如果你立即用钱偿还信用卡欠款，那就意味着你规避了高达20%的利息成本。因此，这就相当于用这笔钱偿还信用卡欠款给你节省了20%的资金。

> **案例**
>
> 斯蒂芬妮·斯普拉特刚刚收到信用卡账单，上面显示欠款余额为700美元。信用卡的发卡机构要对信用卡的未偿还欠款部分收取20%的利息。斯蒂芬妮的支票账户里有足够多的资金可用于还清这笔欠款，但是她正在考虑不还清全部欠款。如果她只偿还100美元，将余下的600美元留到下一年慢慢偿还——这相当于信用卡发卡机构向斯蒂芬妮提供了600美元的贷款，那么她要支付的利息成本等于：
>
> 利息＝贷款金额×利率
> 　　＝600×0.20
> 　　＝120（美元）
>
> 她打算用这600美元投资于储蓄账户而不是还清信用卡欠款。一年以后，储蓄账户里的600美元增值为618美元（年利率为3%），存款的利息收益的计算过程如下所示：
>
> 存款的利息收益＝初始存款额×利率
> 　　　　　　＝600×0.03
> 　　　　　　＝18（美元）
>
> 于是，我们发现，斯蒂芬妮信用卡欠款的利息费用（120美元）要比一年后储蓄存款所产生的利息收益（18美元）高出102美元。斯蒂芬妮决定她最好还是先用这笔钱把信用卡的欠款全部还清。虽然用这笔钱还信用卡的欠款会让斯蒂芬妮失去3%的投资收入，但是她节省了利率高达20%的信用卡贷款利息。因此，使用这笔钱先还清信用卡的欠款而不是拿钱去投资能让斯蒂芬妮的个人财富增加102美元。尽管她也可以用这笔钱投资于或许能带来高收益的高风险产品，但是还清全部的信用卡欠款能够让她彻底节省利率高达20%的信用卡贷款利息成本。

如果你的现金流入额不足以偿还信用卡欠款,那么你应当从储蓄账户内提取资金(如果这样做不会导致罚息的话)来弥补缺口。

在偿还其他债务之前先还清信用卡欠款

如果你每个月无法用收入或储蓄还清所有的信用卡欠款,那么至少要尽可能地多还一点,同时缩减自己的消费支出。如果你还有其他债务尚未偿还,那么先还清信用卡欠款再说(假设信用卡贷款的利率水平相对更高一些)。即使你没有能力还清所有欠款,至少也应当尽最大努力多还一些,从而实现融资成本最小化的目标。

如果可能的话,你甚至可以考虑用住房净值贷款(我们将在第9章介绍这种贷款)来偿还信用卡账单,从而避免支付高昂的贷款利息。只有当你的信用卡累积余额相对较高(例如好几千美元),而且住房净值贷款的利率水平低于信用卡贷款的利率水平时,这种策略才是有意义的。

避免使用信用修复服务

有些提供信用修复服务的公司声称它们能帮助你解决信用问题。例如,它们也许能帮助你发现个人信用报告里的错误。不过,你完全可以自己做这件事,根本不需要付钱让别人来做。如果你没有及时偿还信用卡的欠款或者是发生了贷款违约行为,那么信用修复服务也不能帮你把这样的负面信息从个人信用报告里删除。

信用卡累积余额过高的解决方法

如果你发现自己的信用卡累积余额过高,那么你可以采取几个步骤解决这一问题。首先,尽可能地少消费。其次,思考一下自己可以从哪里获得资金来应付每个月的还款义务或者是还清所有的信用卡欠款。如果你目前没有工作的话就赶快去找一个,或者是延长自己的工作时间。不过,对学生来说,额外的兼职工作可能会打乱他们的学习计划。

另一种解决方法是从家庭成员那里借钱。这样的话,欠信用卡公司的钱就变成了欠某位家庭成员的钱,以后你要每月还钱给他,不过偿还的金额可能更低一些。再一种可能是从金融机构获得债务合并贷款。这种重新安排的一段时间内的贷款偿还计划能够让你变得更加自律,而不是像以前那样只按照信用卡的最低还款额来还款。如果你选择不申请这样的贷款,那么也应当尽可能地使自己每月的还款额超过最低还款额。

你甚至可以考虑卖掉一些资产来套现,例如卖掉一辆较新的汽车再买一辆旧车使用。你还可以想办法降低自己的日常开支。例如,如果你每个月的手机话费比较多,那么可以考虑选择比较便宜的套餐。如果你有自己的公寓,那么可以考虑再找一个室友。

另一种选择是打电话给信用卡公司,说明你的情况。信用卡公司几乎不会完全免除债务,但如果问题是由持卡人无法控制的原因造成的,如重病或失业,信用卡公司可能会允许你在一段时间内减少最低还款额,甚至可能免除你的少量债务。不过,如果你的大量债务只是源于你的过度消费,信用卡公司还是会要求你全额支付。

与催收机构合作。如果你未能支付信用卡的欠款余额,并且没有与信用卡公司就还款事宜达成协议,信用卡公司可能会把你的债务转给催收机构。如果催收机构与你联系,根据法律,你有一定的权利。任何就债务问题与你联系的收债人必须在第一次联系时或在五天内给你提供某些信息。你会被告知债权人的名字、债务的数额,以及你有权对债务进行抗辩。如果你不确定你是否欠某笔债务或认为金额不正确,你有权要求书面核实。一定要确定债务存续的时间有多长。如果是几年前的债务,你可能需要咨询律师,了解你所在州对这类债务的诉讼时效。诉讼时效规定了你因债务而被起诉的期限。例如,如果信用卡债务的诉讼时效为 5 年,那么若债务超过 5 年,信用卡公司就不能起诉你追讨债务。不过,诉讼时效可以因各种原因而延长,所以明智的做法是咨询律师并解释你的情况。

一旦你确定你欠了债且诉讼时效不适用,你可以尝试与催收机构谈判,以较小的金额和解或适当延长还款时间。非营利咨询机构的信用顾问可能会帮助你谈判,但在选择顾问之前,你要先与州总检察长办公室确认咨询机构的声誉。如果你和催收机构达成了协议,一定要把整个协议写成书面形式,这样你就能准确地记录你承诺要做的事情。与催收机构达成协议并不会从你的信用报告中删除坏账。它将在你的报告上保留七年。此外,无论债务规模大小如何,它对你的 FICO 评分的负面影响都是一样的。

申请个人破产。如果所有方法都不起作用,你可能需要申请个人破产。破产规则的设计不仅是为了免除你的债务,而且还帮助你避免在未来积累过多的债务。因此,法律规定你在申请破产前 180 天内必须接受政府批准的机构的信用咨询。咨询可以通过面对面、电话或在线的方式进行。咨询费用大约为 50 美元,但对那些付不起的人免收。在这个过程中,信用顾问会评估你的情况,并讨论各种替代方法。此外,在你申请破产后,你需要参加债务人教育课程,然后你的债务才会被免除。这个课程将提供有关预算、现金管理和合理使用信贷的相关信息。该课程的学费为 50~100 美元,但如果你负担不起学费,学费可以免收。

个人破产有两种类型,一种叫做第 7 章破产,另一种叫做第 13 章破产。第 7 章破产(又被称为直接破产)允许免除破产者的几乎所有债务,但是申请人也需要上交一些资产来帮助偿债。一些资产,比如与工作相关的工具,是免税的,不需要上交。如果你目前的收入高于某一水平(各州的情况各不相同),你将没有资格申请第 7 章破产,而必须申请第 13 章破产。根据第 13 章破产,你可以保留根据第 7 章破产必须交还的财产,但你必须与法院合作制订一项还款计划,根据该计划,你将在 3~5 年的期限内偿还尽可能多的债务。一旦偿还期结束,任何剩余债务都将被免除。在还款期间,你无须支付任何利息。第 13 章破产的记录将在你的信用报告上保留 7 年,而第 7 章破产的记录将在你的信用报告上保留 10 年。只有在没有其他选择的情况下,你才应该考虑破产。

贷款管理与个人理财计划的匹配程度

图表 8.5 举例说明了斯蒂芬妮·斯普拉特的贷款管理与其个人理财计划的匹配程度。

图表8.5 斯蒂芬妮·斯普拉特的贷款管理与个人理财计划的匹配程度

个人贷款管理的目标

1. 设定自己的信用卡消费额度,以确保自己总是能在同一个月内,或者最多两个月,具有还清信用卡全部欠款的能力。
2. 执行约束性计划,避免支付过高的信用卡利息费用。

分析

每个月的现金流入额	3 000 美元
一一般情况下每个月的支出额(用支票的形式支付)	−2 500 美元
=可用资金额	500 美元

流动性资产	余额(美元)	年利率(%)
现金	100	0
支票账户余额	800	0
货币市场基金	400	1.5
1个月定期存单	1 200	2.5
信用卡欠款余额	600	20.0

决定

有关信用额度的决定:

鉴于扣除每个月的平均支出额(用支票支付)以后,我每个月还能剩下500美元,因此我可以在必要的时候将这500美元用于信用卡的刷卡消费。我将信用卡的最高消费额度设定为1 000美元,我可以在两个月的时间内付清。随着工资水平的不断上涨,我可以考虑提高这一信用额度。

有关还清信用卡全部欠款的决定:

在比较了存款账户的投资收益率与信用卡贷款要收取的高利率后,我决定每个月都要还清全部的信用卡欠款,即使我必须从储蓄账户里提取资金来这样做。

贷款管理的计划

评估用其他信用额度偿还现有学生贷款的选择。

分析

- 将工资直接存入我的支票账户。我总是用这个账户支付所有的费用。
- 为了方便,我定期使用信用卡,但总是每个月付清余额,所以我没有信用卡债务。
- 现有学生贷款的大部分余额(1万美元)我还没有偿还,贷款利率为6%(贷款期限为11年)。
- 有几家信用卡公司向我提供前三个月贷款利率为0的信用卡。

我希望我能尽快还清我的学生贷款。但是,使用信用卡来偿还学生贷款是不可行的,因为三个月后,信用卡公司将会收取很高的融资费用(比如20%)。从本质上说,这其实是用利率水平为20%的信用卡债务取代利率水平为6%的学生贷款债务。

决策

随着时间的推移,我的储蓄在增加。不过,我还不能考虑提前偿还学生贷款,哪怕是一部分，因为在不久的将来，我需要支付一辆新车的首付款。同时，我还想开始存钱，在不久的将来，能够为一个小房子付首付款。我的学生贷款利率是6%，这是合理的。我能付得起每月100美元的小额贷款。然而，如果我能在买了一辆新车和一个小房子之后积累足够的储蓄，我可能会尝试提前还清学生贷款。储蓄的收益率很可能比我的学生贷款的利率要低，所以一旦将来我有了储蓄，又没有其他必要的开支，我就会偿还学生贷款。

讨论题

1. 如果斯蒂芬妮是一位拥有两个孩子的单身母亲，那么她的贷款管理决策是否会有什么不同？

2. 如果斯蒂芬妮现年35岁，那么她的贷款管理决策是否会有什么不同？如果她现年50岁呢？

小结

信用卡。 信用卡的优势在于它能让你获得自己目前尚无经济能力承担的商品或服务。信用卡的劣势在于持卡人很容易便能获得信用卡贷款，但是偿还起来比较困难。一些个人客户使用了太多的信用卡贷款，根本无力偿还，这使他们将来也许无法再次获得贷款。当个人申请贷款时，他们要提供有关自己的现金流入情况（收入）、现金流出情况（消费习惯）以及抵押品情况的说明。贷款机构还会评估借款人的信用报告，这个报告包含了征信机构搜集的有关个人信用历史的众多信息。

信用卡是由主要的信用卡公司（如维萨、万事达、美国运通）、自营商户（如梅西百货）或其他发卡机构发行的。信用卡的类型有很多，包括奖励信用卡、余额转账信用卡和担保信用卡等。信用卡的其他特征还包括信用额度、年费、最后还款日来临前未偿还的信用卡贷款所适用的利率水平以及是否提供预借现金服务。

信用卡还款。 通过计算信用卡的还款额，你会发现较高的利率水平会对还款额造成严重影响。此外，延迟还款的时间越长，信用卡贷款的总还款额就会增长得越多。

信用卡账单。 信用卡账单提供了上一期的余额、本期的购物消费额和预借现金额、近来持卡人的还款额、财务成本（如果有的话）、当前信用卡的新余额、信用卡公司要求的最低还款额、每月只支付最低还款额情况下还清余额所需时间和三年内还清余额情况下的每月还款额以及利息和费用等信息。

对信用卡的监管。《信用卡法案》旨在确保消费者在使用信用卡时能够得到公平待遇，并且能够获得有关信用卡的各项费用以及信用卡其他合同条款的充分信息。

信用卡的使用小贴士。 持卡人在使用信用卡时必须遵守纪律。你应当设定自己的信用额度，不要按照信用卡公司向你提供的信用额度去刷卡消费。你应当尽可能地避免支付任何财务成本，你可以用收入或在必要时动用储蓄资金来还清所有的信用卡欠款。

贷款管理如何匹配你的个人理财计划？ 尽管使用信用卡有很多好处，但你需要通过增加一些限制条件来约束你的信用卡使用。通过这种方式，你将来会有更多的机会获得信贷，这可以帮助你实现你的财务目标。

复习题

1. 信用卡。使用信用卡的三大优势分别是什么？你能谈一谈使用信用卡的劣势吗？
2. 申请贷款。你在申请贷款时需要提供哪些信息？贷款机构更偏爱借款人所具有的哪些特征？你是否需要具备上述提到的全部特征才能获得贷款？
3. 零售信用卡。解释一下万事达卡与维萨卡这样的信用卡与零售信用卡的区别。普通信用卡与零售信用卡通过什么方式产生收入？零售信用卡的最大缺陷是什么？
4. 信用额度。什么是信用额度？你可以通过哪些方法提高自己的信用额度？
5. 信用卡费用。常见的信用卡费用有哪些？
6. 信用卡的激励措施。讨论一下信用卡通过哪些方式激励消费者使用这些卡片。信用卡公司通过哪些方式向那些信用等级非常高的持卡客户提供福利待遇？
7. 免息期。什么叫做免息期？你应如何充分利用免息期？
8. 财务成本。使用信用卡购物消费会带来哪些财务成本？信用卡贷款的利率水平通常位于什么区间？
9. 预借现金。什么叫做预借现金？通常怎样获得这种服务？讨论一下预借现金的利率水平以及免息期的安排。
10. 单利利率。单利利率会对持卡人的信用卡还款额带来什么影响？单利利率的含义是什么？年度百分率的含义是什么？什么时候要用到这一指标？
11. 信用卡账单。列出几项会出现在信用卡账单上的项目。哪些项目会导致上一期的信用卡欠款余额与本期的信用卡欠款余额不同？
12. 《信用卡法案》。《信用卡法案》的三大影响是什么？
13. 比较不同的信用卡。当你比较不同的信用卡时，应当考虑哪些因素？
14. 奖励信用卡。列举一些发放给持卡人的奖励信用卡。
15. 余额转账信用卡。余额转账信用卡是如何帮你省钱的？
16. 使用信用卡。列出明智使用信用卡的五个小窍门。
17. 将信用卡视为资金的来源。是否应当把信用卡看作资金的来源？为什么可以？为什么不可以？为什么持卡人要自行设定一个严格的信用额度？
18. 信用卡的欠款余额。为什么还清全部的信用卡欠款是如此重要？如果你无法彻底还清信用卡欠款，那么应当怎样做？具体解释一下。
19. 信用管理决策。哪些信用管理决策应当被包含在个人理财计划之内？
20. 信用卡的使用。讨论一下用信用卡大额消费会对个人理财计划造成怎样的影响。
21. 信用卡的财务成本。金融机构可以使用哪三种方法计算信用卡未偿还余额的财务成本？简要说明一下每种计算方法如何计算贷款利息。
22. 信用卡的利率。比较一下常见的货币市场工具的投资收益率与信用卡的贷款利率。
23. 处理过高的信用卡欠款余额。列出几种有助于减少信用卡欠款余额的解决方法。
24. 信用修复服务。解释为什么不建议使用信用修复服务。

25. 消费者金融保护局。介绍一下消费者金融保护局的主要职能。
26. 担保信用卡。担保信用卡与无担保信用卡有何不同？在什么情况下你需要一张担保信用卡？
27. 预付卡。什么是预付卡？它与担保信用卡有何不同？
28. 透支保护。什么是透支保护？解释一下为什么消费者应该少用这个功能。
29. 滞纳金。解释一下《信用卡法案》如何改变了信用卡公司评估滞纳金的方式。
30. 预借现金。解释一下为什么用信用卡预借现金是一种成本很高的融资方式。
31. 核查账单。为什么在付账前要查看你的信用卡账单？如果发现错误，你应该采取什么步骤？
32. 持卡人的限制。对21岁以下的人有哪些信用限制？

理财规划练习题

1. 利息额。你刚刚借入了5 500美元，这笔贷款的单利利率水平为9%。每年你要支付多少美元的贷款利息？
2. 信用卡的使用费用与融资成本。贾罗德要在两种信用卡之间挑选出满足自己需求的卡片。信用卡A的年度百分率为21%，而信用卡B的年度百分率为14%，但是此外还要收取25美元的年费。贾罗德打算每个月不将信用卡的欠款余额全部还清，即每个月大概会留下400美元的负债结转到下个月。在这种情况下，贾罗德应当选择哪一种信用卡？
3. 信用卡的还款条件。保罗的信用卡本月的账单日为3日，最后还款日为本月的30日。如果保罗在6月12日花300美元买了一台立体声音响，那么他能享受到多少天的免息期？若想规避财务成本，保罗必须在什么时间之前全额偿还购买立体声音响所形成的信用卡债务？
4. 信用卡融资。克丽茜近来申请到了一张年度百分率为15%的信用卡。通常情况下，她会将这张信用卡的欠款余额保持在500美元左右。克丽茜每年要为这张信用卡支付多少利息费用？
5. 信用卡的利率水平。玛吉这个月手头很紧。首先，她支付了看牙医的700美元费用。其次，她更换了汽车的变速器，花了1 400美元。她使用信用卡支付了这些意料之外的开支。如果她在最后还款日到来之前不能还清信用卡的全部欠款，那么就要按照21%的年利率支付利息。玛吉的货币市场存款账户存款额为15 000美元，投资收益率为3%。如果玛吉没有还清信用卡的欠款余额，那么她要支付多少美元的利息（换算为年利息额）？如果她用货币市场存款账户签发支票来偿还信用卡的债务，她会损失多少利息收益？她是否应当用支票来偿还信用卡的债务？
6. 信用卡的财务成本。特洛伊的信用卡要对未偿还的欠款余额以及预借现金额收取18%的年利率。信用卡的记账日为每个月的第一天。上个月，特洛伊的信用卡还有200美元的债务并未偿还。这个月特洛伊预借了150美元的现金，同时购物消费了325美元。特洛伊支付了220美元的款项。考虑到财务成本，下一份信用卡账单上特洛伊的最新信用卡欠款余额将会变成多少美元？
7. 信用卡欠款余额。艾琳是一名大学生，她一直把信用卡看作资金来源。她的信用卡累积欠款余额已经达到了最高信用额度——6 000美元。艾琳不打算让自己的信用卡欠款余额进一步增加,但是由于个人债务额较高,艾琳为买辆新车提出的贷款申请被拒绝了。这张信用卡每年要向未偿还的欠款余额收取20%的利息。如果艾琳不降低信用卡债务,那么每年要向信用卡公司支付多少美元的利息?

8. 信用卡的利息。艾琳(见第7题)打算买一辆价格为7 000美元的汽车。如果艾琳没有拖欠任何信用卡债务并且把原本要支付的信用卡利息全部节省下来,那么在不借助贷款的情况下,艾琳要花多长时间才能攒够买车的钱?假设艾琳将这笔钱投资于收益率为4%的账户。(第8题需要使用财务计算器。)

9. 道德困境。陈刚刚大学毕业,到新城市开始工作。新公寓的装修费用超出了他的预期。为了方便自己购买各种装修物品,他申请并获得了一张信用额度为5 000美元的信用卡。陈计划在未来6个月里还清所有的信用卡欠款。

6个月过后,陈发现由于刚刚开始工作,其他一些开支迫使自己只能按照最低还款额去还款。不仅如此,陈的信用卡累积欠款余额已经达到了最高信用额度。今天下班以后,陈收到了一封信用卡公司的信件,信中说由于陈是一个好客户,从未推迟过还款,因此信用卡公司可以将他的信用额度提升至10 000美元。

a. 讨论一下信用卡公司主动向那些每个月只按照最低还款额还款且用光最高信用额度的持卡人建议提升信用额度的做法是否符合职业道德。
b. 陈是否应当接受信用卡公司的提议?
c. 陈应如何用余额转账信用卡解决这一难题?

个人理财的心理学:使用你自己的信用卡

对很多人来说,使用信用卡购物不会像使用现金购物那么痛苦,即使两者的消费金额相等。使用信用卡付款就好像没有花钱一样,但是使用现金付款则意味着手上可用于购买其他商品的现金变少了。因此,人们在使用现金付款时,往往会更谨慎地做出消费决策。

1. 说明一下你对这个问题的看法。你认为使用信用卡购物不会像使用现金那么痛苦吗?当你使用现金而非信用卡购物时,是否会更加谨慎地做出消费决策?
2. 阅读一篇研究心理因素对信用卡使用情况的影响的文章。你可以使用关键词"心理"与"使用信用卡"在互联网上轻易查到多篇此类文章。总结一下这篇文章的主要观点。

综合案例:桑普森一家

这个月,桑普森夫妇的存款增加了3 000美元,因为他们的大部分开支都是用信用卡支付的。然而,他们的信用卡现在有大约2 000美元的欠款余额。他们可能会从储蓄中获得大约2%的收益。同时,他们的信用卡公司将对信用卡欠款余额收取18%的利息。

1. 为桑普森夫妇提供建议,告诉他们是应该继续支付信用卡的最低还款额,还是用他们的存款来偿清信用卡欠款余额。
2. 桑普森夫妇担心用存款偿还信用卡债务会使他们的资产与净资产减少。向桑普森夫妇解释使用存款消除信用卡债务会如何影响他们的总资产、总负债和净资产,以及随着时间的推移,这样做将如何改善他们的净现金流。

综合案例:布拉德·布鲁克斯

你的朋友布拉德·布鲁克斯打电话给你,请求你提供额外的指导,帮他处理大约8 000美元的信用卡欠款余额。

1. 布拉德对他高额的信用卡欠款余额(18%的利率)感到沮丧。他想推迟支付他的信用卡,这样他就可以把现金用于其他用途。你同意布拉德的想法吗?解释一下。

2. 布拉德拥有价值约4 000美元的股票。自从他几年前购买以来,它们的价值并没有太大的变化。布拉德想买更多的股票,但这样做会限制他用于其他用途的现金数量,并将迫使他用信用卡支付其他购买花费。一位股票经纪人告诉布拉德,这些股票每年可以获得8%的收益率,布拉德想获得这种高收益率,即使这意味着他必须增加信用卡的欠款余额来购买股票。你同意布拉德的想法吗?解释一下。

3. 除了信用卡债务,布拉德还有一笔汽车贷款,他要支付7%的利息。如果布拉德能在不久的将来存一些钱,他想先还清汽车贷款,然后他会集中精力还清信用卡债务。你同意布拉德的想法吗?解释一下。

4. 布拉德应该卖掉他目前拥有的股票来偿还他的信用卡债务吗?

术语解释

零售信用卡(retail credit card):这种信用卡又称专有信用卡(proprietary credit card),只能在特定的零售商的网点使用。封闭式的零售信用卡只能在特定机构的网点使用;开放式的零售信用卡可以在其他商家使用。

至享卡(prestige cards):金融机构向具有特殊信用状况的个人发放的信用卡。

财务成本(finance charge):你因使用信贷而必须支付的利息。

单利(simple interest rate):每年必须作为利息支付的信贷百分比。

年度百分率(annual percentage rate,APR):贷款机构为贷款设定的单利,包含了其他所有费用。

个人破产(personal bankruptcy):申请人向法庭提交的一份计划,其中你至少要偿还一部分债务,同时还要支付律师费和申请费。

第三部分

个人融资决策

本部分的各章内容将向大家解释如何使用贷款来获得消费所需的资金。第9章介绍的是利用个人贷款购买大件商品（例如买车）以及考虑个人贷款时你需要做出哪些决策。第10章我们要讨论的是如何申请抵押贷款以及在考虑申请抵押贷款时你需要做出哪些决策。是否应当申请贷款，申请多少贷款都会影响你的个人现金流和财富净值。

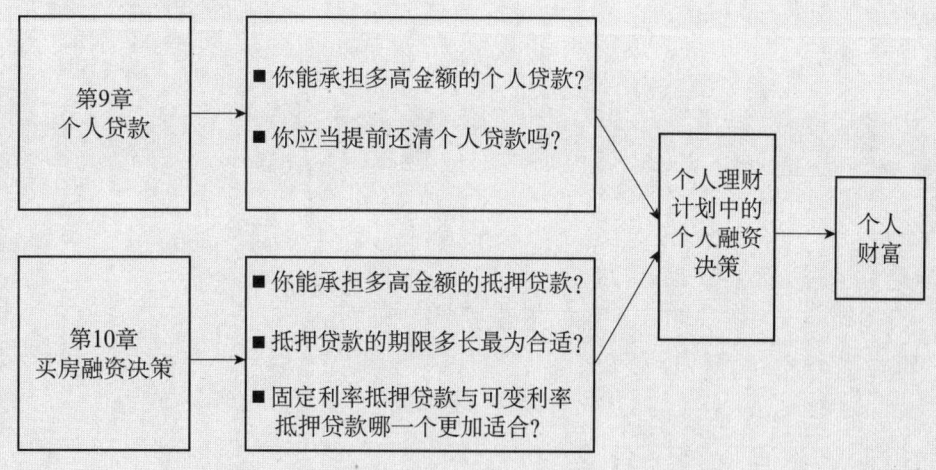

第9章 个人贷款
- 你能承担多高金额的个人贷款？
- 你应当提前还清个人贷款吗？

第10章 买房融资决策
- 你能承担多高金额的抵押贷款？
- 抵押贷款的期限多长最为合适？
- 固定利率抵押贷款与可变利率抵押贷款哪一个更加适合？

→ 个人理财计划中的个人融资决策 → 个人财富

第9章 个人贷款

章前引例

卡伦（Karen）自己的汽车需要大修，她决定租一辆新车使用。每月的租金为499.35美元，每年可行驶的里程数为15 000英里，如果实际里程数超过这一标准，则超过的里程部分要按照0.25美元/英里的价格收费。不过，18个月后，卡伦厌倦了每个月大笔的租车费。她找到租车商试图提前解除租车合约。租车商告诉她，若想提前解除租车合约，她必须支付7 350美元。现在卡伦只有两个选择：一是直接买下这辆车；二是继续租用这辆车，直到三年租期期满为止。显然，提前解除租车合约在经济上并不合算。

将来你也有可能会面临这样的局面。在决定签订租车合约之前或者是在决定买车之前，人们总是要在租车还是买车之间做出选择。一旦下定决心做出了选择，那么基本上就没有回头路可以走了。

本章我们要介绍的是如何使用个人贷款为购买大件商品提供资金。是否应当申请个人贷款，应该从哪里获得个人贷款，要借入多少贷款以及贷款的期限应当为多长时间，等等，这些决策将会对你的个人财务状况造成重大影响。

本章的学习目标

- 介绍个人贷款的基本知识；
- 概述个人贷款的利率类型；
- 讨论购买汽车的融资问题；
- 解释如何在贷款买车与租车之间做出决定；
- 介绍学生贷款的主要特征；
- 介绍住房净值贷款；
- 介绍发薪日贷款；
- 介绍个人贷款决策如何匹配你的个人理财计划。

个人贷款的基本知识

在购买大件商品时，例如买车或进行房屋修缮工作时，消费者往往要借助个人贷款来提供必要的资金。个人贷款与信用卡贷款的主要区别在于个人贷款通常被用于购买大件商品，而且具有约定好的偿还时间表。当消费者决定购买大件商品时，贷款机构向其发放贷款，于是这笔贷款再加上消费者的现金首付款就等于大件商品的实际售价。你可以采用分期还款的方式偿还个人贷款，例如在未来48个月内每月还款一次。

个人贷款的来源

获得个人贷款的第一步是确定有哪些贷款资源可以利用，然后评估一下各种贷款产品的贷款条件。常见的个人贷款来源是金融机构、家庭成员或朋友以及点对点网络借贷（P2P借贷）。在你试图获得任何类型的贷款之前，你应该检查你的信用报告，以确保它不包含任何错误的信息。

金融机构。 最为常见的个人贷款来源便是到金融机构申请贷款。商业银行、储蓄机构以及信贷协会都能提供个人贷款。它们将自己吸收的储户存款集中在一起，向借款人发放贷款。

金融公司也能提供个人贷款。一些金融公司本身就是汽车制造商的附属机构，它们可以向买车的客户直接提供汽车贷款。

家庭成员或朋友。 另一种贷款来源是一个或多个家庭成员或朋友。如果他们相信你能按时并全额偿还借款，那么他们可能愿意向你提供贷款，贷款的利率水平相当于其储蓄账户的存款利率。你还可以提出贷款利率可在储蓄账户存款利率的基础之上再加上几个百分点。从家庭成员或朋友那里借钱，贷款条件通常要比金融机构更加优惠。要准备一份书面的正式贷款合约，所有当事人都要签字，以防发生误解或纠纷。

P2P借贷。 另一种融资来源是通过网络平台进行的P2P借贷，尤其是对那些拥有良好信用记录的人来说，这种方式很受欢迎。其中最重要的两家机构是Lending Club和Prosper，这两家机构每年提供的贷款总额超过10亿美元。在P2P借贷中，资金由个人投资者提供，而不是由金融机构提供。个人贷款金额从1 000美元到35 000美元或40 000美元不等，利率可能低于金融机构的水平。虽然借款人必须支付贷款启动费用，但该费用也可能比金融机构收取的费用低。贷款期限为3年或5年，并要求按月还款。

要获得贷款，你可以在P2P借贷网站上申请，这种网站将获得你的信用报告和FICO评分。你的FICO评分将在很大程度上决定你将获得的金额和你将被收取的利率。P2P借款人的平均FICO分数约为700分。大多数P2P借款人使用他们的贷款来偿还其他贷款人的现有贷款或偿还信用卡债务。

规避骗局。 个人贷款领域对行骗的人很有吸引力，因为骗子们知道潜在客户可能会担心自己的财务状况，在申请贷款时可能不会像他们应该表现得那样谨慎。网上有很多诈骗。你应该远离那些还没有查看你的申请就承诺绝对给你贷款的人，或者在广告上发布诸如"我们不在乎你的过去"或"不良信用记录？没问题！"等宣传内容的人。合法的贷款人在审核你的申请之前是不会答应给你贷款的。任何这样做的人都可能是身份窃贼，他只是想让你填写一份带有个人信息的申请表，以此获得你的个人信息，比如你的社保号码。一旦你完成了申请，你可能就不会再听到这个骗子的消息了。或者，骗子可能会要求你支付一笔预付费用，这可能被称为申请费或文件费或其他名称。合法的贷款机构可能会收取一笔启动费用，但在你的申请得到处理并获得贷款批准之前，你不会被要求支付这笔费用。然后，费用一般会从你收到的金额中扣除。骗子可能会在你申请时要求你支付费用，并可能坚持要求你用预付卡、电汇或汇票支付。当你用这些方式付款时，几乎不可能拿回你的钱。另一个骗局是告诉你你已经获准贷款，但你必须用电汇支付保险，然后才能收到贷款金额。不用说，一旦你用电汇支付，你肯定不会收到贷款。

为了避免诈骗，你可以向商业改进局、州总检察长办公室或消费者保护机构核实贷款人的声誉。如果你正在网上寻找个人贷款，确保你浏览的网站是有信誉的。通常，诈骗者会建立一个与合法网站名称非常相似的网站。

判断一下申请贷款是否明智

你在考虑申请贷款之前，首先应思考一下选择贷款是不是明智的决定。即使你能获得贷款，贷款也不一定是一个好主意。贷款要求借款人在一段相当长的时间内定期还款。设想一下，将来你每个月都要将自己的一部分收入用于偿还贷款而非其他用途，这意味着你要做出一定的牺牲。例如，申请2 000美元的贷款购买一辆二手车，以方便上下班或上下学的通勤，这也许是一个明智的决定。不过，申请30 000美元的贷款购买一辆拥有强劲发动机的新车来通勤，这个决定就值得怀疑了。这样的大笔贷款要求借款人每个月的还款额也很高，再除去购买生活必需品——例如食品或房租——的支出，你的收入可能所剩无几。

如果你偿还贷款的收入来源有问题，那么就不应当申请贷款。当经济形势不景气时，失业是常有的事。想想看如果自己失业了又找不到新工作，那么个人贷款会让自己陷入怎样的困境之中。你怎样偿还这些贷款呢？你是否还能找到其他的资金来源来偿还贷款？

债务重组。有些人申请个人贷款的原因之一是为了重组他们的债务。一些无担保贷款，如信用卡债务、医疗账单，甚至未偿还的个人贷款，都可以进行债务重组与合并。债务重组可以简化你的财务状况和记录，因为你每个月可以把好几个账单整合为一个账单，而且以单一的利率支付账单，这个利率水平可能比你之前好几个账单的利率水平要低，从而实现了降低成本的目标。获得个人贷款是重组债务的一种流行方式，但也有其他几种方式，如将债务转移到零利率或低利率的信用卡上或获得住房净值贷款（在本章后面讨论）。金融机构和金融公司提供债务重组贷款。然而，在获得债务重组贷款之前，要确保它真的能改善你的财务状况。有时，金融机构提供的低利率是只能持续一段特定时间的"引诱利率"。如果你没有在这段时间内还清贷款，最终你承担的利率水平可能会比你在获得贷款之前所支付的债务利率水平还要高。此外，你可能要支付启动费和其他费用，这将增加贷款的成本。最后，请注意，尽管债务重组贷款可能会让你的月供更少，因为还款期限越长，你的月供可能就会越低，但你的总成本可能会比你简单地付清未重组债务的成本更高。

要警惕所谓的债务重组公司。它们有些是合法的金融公司，提供基本的债务重组贷款，但有些是声称会与你的债权人谈判，并说服其免除你的部分或全部债务的债务清算公司。这些公司会收取高额的预付费用，但你通常可以通过自己打电话给你的债权人来实现尽可能多的目标。有时，这些公司会让你停止还债，让你把钱存入一个特殊的账户，用来和你的债权人谈判。不要相信这样的忠告。你可能会被收取账户管理费，而你的债权人会向你收取滞纳金和罚款。

个人贷款的申请流程

向金融机构申请个人贷款的流程包括填写贷款申请表、协商贷款合同、协商利率水平三个步骤。图表 9.1 提供了一份贷款申请表的模板。

贷款申请表
1. 关于申请贷款的信息
贷款目的：_____
贷款金额：_____
贷款期限（年或月）：_____
2. 关于申请人的信息
姓名：_____
地址：_____
手机号码：_____
社保号码：_____
3. 申请人的财务信息
主要银行：_____
职业：_____
月收入：_____
单位名称：_____
单位地址：_____

资产	美元价值
_____	_____
_____	_____
_____	_____
_____	_____
_____	_____
总资产价值：_____	
负债	**美元价值**
_____	_____
_____	_____
_____	_____
_____	_____
_____	_____
总负债价值：_____	

图表 9.1 贷款申请表的模板

申请过程。 在申请贷款时，你需要提供一些个人资产负债表与现金流量表所包含的信息，以证明自己具有偿还贷款的能力。

- 个人资产负债表。我们在第 2 章曾经讲过，个人资产负债表能够从某个侧面反映你的个人财务状况。个人资产负债表能够说明在特定时间点个人所拥有的资产、负债以及净资产的金额。资产与申请贷款具有一定的关系，因为它们有可能会成为贷款的抵押品。负债也是相关的，因为它们代表了个人目前的债务水平。

- 个人现金流量表。就像第 2 章谈到的那样，个人现金流量表也能反映个人的财务状况，它能反映个人的现金流入额与现金流出额，从而可以算出一段时间内个人的自由现金流是多少。贷款机构会使用这些现金流信息判断申请人是否有资格获得贷款；如果有资格的话，则贷款机构会确定申请人能获得的贷款最高金额是多少美元。如果申请人目前有其他未还清的贷款或信用卡债务，那么他有可能没有充足的现金流来偿还另一笔新申请的贷款。

对于潜在借款人来说，个人现金流量表能提供的关键信息便是借款人的收入水平。贷款机构要求申请人提供收入证明，例如 W-2 表格，该表格可以从你的雇主那里获得，它能够表明你的年收入；或工资单，它可以表明你的近期收入水平。

贷款合同。 如果贷款机构同意了你的贷款申请，那么接下来便是双方协商贷款合同，贷款合同详细说明了借贷双方达成一致意见的各项贷款条款。尤其值得一提的是，贷款合同会详细说明贷款金额、借款利率、贷款的还款安排、贷款期限以及抵押品。

- 贷款金额。贷款机构会根据借款人将来有能力偿还的金额来确定贷款金额。个人申请的贷款金额应当相当于所需资金的一部分，因为如果你按照自己所需的全部资金来申请贷款，那么利息成本可能会比较高。

- 贷款利率。贷款利率至关重要，因为它决定了个人贷款的成本。贷款合同必须详细注明贷款的利率水平。有关贷款利率的更多内容请参考本章后面的内容。

- 贷款的还款安排。个人贷款通常采用分期还款的方式偿还，这意味着借款人会在一段时间内通过连续等额还款来偿还贷款的本金（即初始的贷款金额）。每一笔还款额都包括一部分本金还款额以及一部分利息支付额。随着未偿还的本金余额越来越少，利息的支付额也将随之减少，于是在每月还款额中，偿还贷款本金的部分所占的比重将会越来越大。

- 贷款期限。贷款合同详细说明了贷款期限。贷款期限越长，则每月的还款额就越少，因此借款人可以更容易地履行每月的还款义务。例如，本金额为 16 000 美元的贷款，如果贷款期限是 5 年，则每月的还款额要比 4 年期贷款（贷款本金额相同）的月还款额少大约 100 美元。不过，选择 5 年期贷款意味着还款的时间多出一年，而这会使你支付的利息总额高于 4 年期贷款的利息总额。总的来说，在确定个人贷款的期限时，你应当尽可能地选择期限较短的贷款，前提条件是确保自己拥有充足的流动性。如果在贷款还款期间你还持有多余的资金，那么基于以下两个理由，你可以考虑提前还款。首先，提早还清贷款将有助于减少借款人支付的利息总额；其次，你可以节省原本用于偿还贷款的资金。然而，在你提前还清贷款之前，你应该检查贷款合同，以确保它没有强加提前还款罚款条款。如果提前偿还贷款，贷款人有时会收取罚款，因为其得到的利息变少了。当你获得贷款时，你应该经常询问是否有提前还款罚款条款。如果有的话，你可能想试着通过谈判取消它或寻找其他贷款人。

- 抵押品。抵押品是指借款人提供的资产，将来一旦借款人违约不偿还贷款，则贷人可以收回抵押品。由抵押品提供担保的贷款叫做担保贷款；没有抵押品的贷款叫做无担保贷款。总的来说，担保贷款的贷款条件会更优惠一些（例如利率水平更低一些），因为即使借款人违约不偿还贷款，贷款机构的损失也很有限。

如果是担保贷款，则贷款合同会详细说明抵押品是什么。当借款人使用贷款购买某种资产时，通常这项资产会被当做贷款的抵押品。例如，你打算贷款购买一艘小船，那么就可以把这艘小船作为贷款的抵押品。也就是说，如果你不能按时偿还贷款，则贷款机构就要获得这艘小船的所有权。有些贷款的抵押品并不是使用贷款所购买的商品。例如，同样还是用贷款购买小船，你完全可以用自己持有的股票而非小船本身作为贷款的抵押品。

一些个人贷款还可以使用借款人的住房净值作为担保，这样的贷款通常被称为住房净值贷款。这种类型的贷款不限用途。我们将在本章稍后一点的地方介绍住房净值贷款。

联合署名。 一些借款人只有找到另一位信用等级较高的联合署名人才能获得贷款。如果借款人没有偿还贷款，则联合署名人要负责还清贷款的未偿还余额。如果借款人违约，而联合署名人也没有偿还贷款，那么贷款机构有权起诉联合署名人，或者是试图扣押联合署名人名下的资产，就好像联合署名人自己是这笔贷款的借款人一样。这样的话，联合署名人的信用将会受到负面影响。此外，联合署名贷款还会对联合署名人能够申请到的贷款金额起到限制作用。因此，你只有在很信任借款人并且最近自己不需要申请贷款的时候，才能去做别人申请贷款的联合署名人。

当你申请贷款时，可以采用一些措施保护自己的权益。要警惕一些贷款机构使用高压手段来逼迫借款人。短期贷款与预先支付的贷款申请费用都意味着这家贷款机构不靠谱。此外，还要确保自己在签署任何贷款合约之前对合约上的所有条款都一清二楚。如果你无法获得合理的贷款条件，那么就要好好想一想现在是否真的需要贷款。

个人贷款的利率

金融机构评价个人贷款利率水平的三种最常见的利率指标分别叫做年度百分率、单利与追加利息。

年度百分率

按照1969年颁布的《诚实借贷法》（Truth-in-Lending Act），贷款机构必须披露标准贷款的利率水平，从而可以让借款人直接比较贷款期限内的利息成本。这使得借款人能够更容易地对比不同贷款机构提供的多种贷款产品，并从中选出最佳的贷款产品。年度百分率（APR）测算的是贷款的年度融资成本（包括利息成本及其他所有费用）。

> **案例**
>
> 　　假设你可以从A银行、B银行或C银行获得期限为一年的2 000美元贷款。A银行的贷款利率为10%。B银行的贷款利率为8%，但是发放贷款时要收取100美元的手续费。C银行的贷款利率为6%，但是发放贷款时要收取200美元的手续费。图表9.2分别计算了这三家银行贷款的年度百分率。

在本例中，A银行一年期贷款的年度百分率最低。虽然它的贷款利率水平相对较高，但是由于A银行没有收取任何手续费，所以其贷款的总成本要低于另外两家银行。也就是说，A银行的贷款年度百分率就等于贷款的利率水平。与之相比，B银行与C银行的贷款年度百分率都远远高于其贷款利率，因为这两家银行还要收取其他费用。

图表9.2 年度百分率的计算

	利息成本（美元）	其他融资成本（美元）	融资总成本（美元）	年数（年）	年均融资成本（美元）	年度百分率（APR）*
A	200	0	200	1	200	200/2 000＝10％
B	160	100	260	1	260	260/2 000＝13％
C	120	200	320	1	320	320/2 000＝16％

* APR的计算方法是用年均融资成本除以年均贷款余额。

单利

单利是指以当前贷款额（或本金）的百分比计算的利息。我们可以用贷款本金、适用于贷款本金的利率以及贷款期限（单位是年）来计算单利。然后，我们可以使用计算机、计算器甚至很多网站提供的工具确定贷款的偿还计划。如果你输入贷款本金、利率水平以及贷款期限，则贷款的偿还计划就会向你提供下列信息：

- 每月还款额；
- 每月还款额当中用于支付利息费用的金额；
- 每月还款额当中用于偿还贷款本金的金额；
- 每月完成还款后贷款的未偿还余额。

每月还款额的多少主要取决于贷款本金、贷款利率以及贷款期限。贷款本金越多，则每月还款额就越多。利率水平越高，则每月还款额就越多。当贷款本金与利率水平给定时，贷款期限越长（例如36个月与24个月相比），则每月还款额就越少。不过，如前所述，贷款期限越长，则借款人支付的利息总额就越高。

案例

你获得了一笔金额为2 000美元的贷款，采用单利方式计息，年利率为12％（即月利率为1％），在未来12个月内每月等额还款。根据上述信息，计算机给出了如图表9.3所示的贷款的偿还计划。请注意，该表的标题已经说明每月还款额为177.70美元。每月还款额既包含一部分贷款利息，又包含一部分本金偿还额。在第一个月月末，我们可以根据1％的月利率、2 000美元的未偿还的贷款余额计算此时产生的利息费用：

利息费用＝未偿还的贷款余额×利率
　　　　＝2 000×0.01
　　　　＝20（美元）

由于每月还款额为177.70美元，因此若利息费用为20美元，则每月还款额中余下的部分（157.70美元）是被用于偿还贷款的本金。一个月后，未偿还的贷款余额变成：

未偿还的贷款余额＝上一期的未偿还的贷款余额－本期的本金偿还额
＝2 000－157.70
＝1 842.30（美元）

到了第二个月月末，我们还是用1%的月利率与未偿还的贷款余额计算此时产生的利息费用：

利息费用＝1 842.30×0.01
＝18.42（美元）

以此类推，我们可以求出每个月的利息支付额。每月还款额减去每个月的利息支付额，余下的部分就是每个月的本金偿还额。随着每个月的过去，未偿还的贷款余额不断减少，于是下个月的利息支付额也会相应变少。所有月份的每月还款额保持不变，因此这意味着本金偿还额在不断增加。

图表9.3　贷款的偿还计划：一年期贷款，年利率为12%（每月还款额＝177.70美元）

月份（月）	利息支付额（美元）	本金偿还额（美元）	未偿还的贷款余额（美元）
			2 000.00
1	20.00	157.70	1 842.30
2	18.42	159.28	1 683.02
3	16.83	160.87	1 522.16
4	15.22	162.48	1 359.68
5	13.60	164.10	1 195.58
6	11.96	165.74	1 029.84
7	10.30	167.40	862.44
8	8.63	169.07	693.37
9	6.94	170.76	522.61
10	5.23	172.47	350.13
11	3.50	174.20	175.94
12	1.76	175.94	0

追加利息

在使用追加利息法时，先根据贷款本金计算利息支付额，然后求出利息与本金之和，再除以还款次数，便能求出每月还款额。

案例

再看一下前面那个案例，仍然是一年期贷款，本金为2 000美元，不过这一次我们假设使用追加利息法计算每月还款额，年利率仍然为12%不变。首先我们要使用年利率与贷款本金计算利息支付额：

利息支付额＝2 000×0.12
＝240（美元）

然后，再求出利息与本金之和，这就是还款总额：

还款总额＝2 000＋240

＝2 240（美元）

最后，用还款总额除以还款次数，就能求出每月还款额：

每月还款额＝2 240/12

＝186.67（美元）

请注意，使用追加利息法算出来的每月还款额要比使用单利法得到的计算结果多出9美元左右。即使两种计算方法使用的利率数值相同，追加利息法的计算结果也要偏高一些。这是因为追加利息法的利息支付额并没有随着未偿还的贷款本金的不断减少而相应减少。

汽车贷款

汽车贷款是一种常见的个人贷款类型。买车这个行为往往涉及多个决策：要花多少钱买车？买哪种型号的汽车？如何争取到最优惠的价格？是贷款买车还是用现金全额付款买车？买车还是租车？本节我们要讨论上述每一个问题。首先，我们看一看应该花多少钱买车，因为这一决定将会影响到买车过程中接下来的每一项决策。

应当花多少钱买车？

你关于应当花多少钱买车的决定很重要，因为它能影响到个人整体的预算安排以及生活方式。当你做出决定时，一定要认真思考一下这个决定会对你的其他消费选择以及个人生活方式造成怎样的影响。

案例

埃文刚刚开始上大学，住在校园里。他大部分的时间都是在校园以及附近的大学城里度过的，但是他需要弄辆车方便自己做兼职工作。埃文的兼职工作每个月能赚到大约500美元，他希望能靠这部分收入应付未来大学四年间的各种支出。汽车经销商建议说，由于埃文每个月有500美元的收入，他完全可以买一辆价格为22 000美元的新车，只需要申请一笔期限为四年的汽车贷款就可以了，每个月只需要偿还500美元。埃文听到这一建议感到很兴奋。不过，买新车会让他花光每个月500美元的兼职收入。那就意味着他手上再也没有多余的钱用于应付其他开支了，而且他做兼职工作的初衷就是赚取收入以弥补日常支出。埃文意识到买辆新车的想法不理智。如果买车要让他花掉兼职工作所创造的所有收入，那么兼职工作相当于白干了，他还不如不去做兼职工作。他决定如果他能买到一辆价格低于4 000美元的汽车，他就继续做这份兼职工作并开车上下班。价格低于4 000美元的汽车要求埃文在四年的贷款期限内每个月还款100美元左右，那么埃文每个月的兼职收入还余下400美元可被用于其他用途。

很多像埃文这样的大学生总是被引诱在汽车上花费比他们所需要的多得多的钱，其中一个最常见的原因便是他们非常容易就能获得贷款。一些学生在做出消费决策时并不是从需求出发，而是考虑每个月的支出额自己是否有能力负担。买辆新车可以给他们带来即时满足感，但是直到买了车以后，他们才开始意识到要偿还那么一大笔汽车贷款是一件多么痛苦的事情。他们还面临着同伴压力，因为周围的朋友都买了新车，所以他们也要买辆新车，根本没有想过每个月的汽车贷款还款额会用光自己的所有预算金额。在做出消费决策时，很多大学生或消费者总是先要考虑一下自己的同伴都买了什么，这种思路是很常见的。如果你身边所有朋友都借一大笔钱买了豪车，你可能也会说服自己借一大笔钱买车是很正常的事情，并没有意识到这种行为会对其他消费支出带来多么大的限制。

思考一下你的决定会对自己的个人预算带来多大影响。在准备买辆全新的豪车之前，你应当先思考一下每个月的巨额汽车贷款还款额会对你的个人现金流量表（请参考第2章的内容）带来多大的影响。如果你尚未为买车存钱，每个月的汽车贷款还款额为500美元，那么确认一下按照你的日常每月开支情况，每月还了贷款以后有哪些东西你再也没能力购买了。你可能需要取消春游计划，不再外出到餐馆用餐，也不能再看电影；或者是，你必须搬进一个面积更小的公寓，降低每个月的房租，这样才能省下钱支付每个月的汽车贷款还款。一想到买新车需要做出的种种牺牲，也许你就会决定不买新车了，转而把省下来的钱购买其他商品以享受人生。

信用卡负债与汽车贷款的叠加效应。一些消费者可能打算用汽车贷款买辆新车，同时使用信用卡购买其他商品，然后每个月按照最低还款额向信用卡公司还款，这样的话就避免了每月汽车贷款的还贷会对其他消费支出带来限制作用。这种解决方案也能给消费者带来即时满足感，因为既可以让他们买到新车，同时又能让他们继续享受入不敷出的奢侈生活。不过，这种做法的代价是牺牲未来，将来总有一天他们会债台高筑，他们将面临偿还巨额债务的痛苦与折磨。在未来四年的时间里，他们不仅要承担每个月偿还汽车贷款的重任，而且还要偿还信用卡的大笔欠款。此外，他们还将不得不支付信用卡债务的高额利息。

很多年轻时不能合理安排消费预算的消费者等到年长以后偿还债务时都感觉难以适应。他们已经习惯了年轻时支大于收的日子，他们不想牺牲现在的生活来为年轻时过度消费所欠下的大笔债务买单。因此，缺乏自律将使得他们长期遵循着过度消费的生活模式，最终将会导致信用卡发卡公司彻底收回他们的信用卡。如果他们愿意在年轻的时候做出点牺牲，好好遵守预算规划，买辆便宜的二手车，那么就能避免债务越积越多。

一些买车支出过多的消费者相信，如果他们发现自己没有能力承担每个月的汽车贷款还款，那么只需要把车卖掉就能改变这种境况。不过，这种解决方法的效用是有限的。新车只要从汽车销售商的展厅里开出来买回家，其价值至少就会贬值10%，有时候还会贬值20%。我们再来看一下在上一个例子中埃文如果购买了价格为22 000美元的新车则情况会发生怎样的变化。如果埃文买了这辆新车并打算在一个月后卖掉它，估计它的售价只有18 000美元，即要比新车的原始售价低4 000美元。换言之，新车刚刚使用了一个月，它的市场价值就下跌了4 000美元。所以，我们的结论是消费者在购买新车之前必须认真考虑一下自己是否有经济能力负担得起。

无债务的解决方案。一些消费者为了避免前面提到的种种债务问题，他们决定限制自己买车（或者是购买其他商品）的花销，只购买那些自己有能力全款付现金的汽车。年轻时，这样的策略使得他们只能购买那些非常便宜的二手车，因为他们只能负担得起这么多。除了规避债务以外,这种方法还能帮助他们将大部分收入节省下来,因为用现金付款买车意味着每个月不用偿还汽车贷款,于是这笔钱就被省下来了。这样,日积月累,他们慢慢地存够了钱,可以直接付现金买下一辆新车。若他们意识到这种做法能允许自己将来消费更多的钱,则他们在年轻时便更容易接受"不超出预算"的生活方式。

有限债务的解决方案。 无债务的解决方案有许多变种,其中一些方法没有那么极端,但是效果也很显著。一些消费者可能会用现金付款购买二手车,然后使用信用卡购买其他商品,但是在使用信用卡消费时,他们会有所节制,并确保将来自己每个月收到信用卡账单时有足够多的钱偿还债务。通过这种方式,他们避免了债务的不断累积。另一种做法是一些消费者为了买车愿意申请贷款,但是会巧妙安排以确保短期内便能还清全部贷款。短期贷款(例如一年期汽车贷款)的每月还款额要比四年期汽车贷款的每月还款额高得多,因此这将迫使他们选择总价不太高的车型。不过,这种限制也有好处,能避免他们花太多的钱买车。

一旦你决定了花多少钱买车,那么接下来便要继续关注其他决策,这也是下面我们要讨论的重点。

选车

在挑选车辆时应考虑以下因素:

个人偏好。 判断一下哪些车型满足自己的需求。你需要一款车型小巧、耗油量低的汽车,还是能接送孩子并装下其运动设备的休闲旅游车?如果你关心环境,你可能会考虑一辆电动汽车或一辆结合了汽油发动机和电动电池的混合动力车。虽然电动汽车和混合动力车的成本通常高于同类的汽油发动机车型,但你的汽油成本将会节省不少。联邦税收抵免可能是可用的,许多州还提出了降低成本的激励计划。在确定名单后,你可以进一步搜索,决定发动机的排量。

价格。 虽然你已经决定了要花多少钱买车,但还是应当比较一下在预算区间内符合个人偏好的多款汽车的市场价格。可能会有多款车型的价格在你的预算区间内,同时也满足你的个人偏好与需求,其中某款车型的市场价格可能更低一些,因为汽车经销商的该车的库存量很大,更愿意以更低的价格出售。

车况。 在购买二手车时,一定要好好检查一下车况,先从外观开始。油漆是否已经剥落破损?轮胎性能是否良好?一侧的轮胎是否已经磨损?(这意味着需要进行车轮定位。)接下来,检查一下内饰。座椅是否已经磨损?电动设备是否运行良好?然后打开引擎盖,汽车是否有漏油的迹象?如果你仍然担心,可以要求车主提供汽车的维修保养记录。一直以来,这辆车是否得到了适当的维修保养?它是否定期更换机油?大多数二手车经销商都订阅了记录汽车历史服务状况的报告,如 CARFAX 或 Autocheck,这些报告会告诉你一辆汽车是否发生过重大事故并得到了修理。让经销商查看这辆车的历史。你也可以自己获取这辆车的历史记录,但你需要支付一定的费用。

上述所有检查项目能够帮助你评价一辆二手车的车况如何,但是没人能像专业的汽车修理技师那样懂行。雇用一位汽车修理技师帮你评估二手车的车况是值得的,因为这能帮助你避免买到那种修理费用高昂的二手车。

你还应该检查一辆汽车是否有任何未修复的情况,是否需要召回。例如,近年来,许多品牌和型号的汽车因安全气囊有缺陷而被召回，如果不更换，安全气囊可能会造成危险。进入www.safercar.gov，输入车辆识别码（VIN），就可以知道车辆是否被召回。如果有召回通知，请汽车修理技师确定情况是否已经修复。

另一个要考虑的因素是汽车是否被水泡过。在灾难性的水灾发生后，被洪水淹没的汽车通常会被很快清理干净，然后运往其他州出售，在那里，买家可能不会考虑询问车辆是否泡过水，因为这可能需要昂贵的维修费用。你可以在国家保险犯罪局（National Insurance Crime Bureau）维护的数据库中搜索车辆识别码，该数据库会列出所有支付过洪水损害保险索赔的汽车。但是，如果汽车没有投保，它将不在数据库中。在购买任何一辆汽车时，你都应该寻找泡水损坏的迹象或用于对抗霉菌的消毒剂的气味。汽车修理技师可以检查是否有水进入车内的各种液体中或损坏电气系统的迹象。

联邦贸易委员会的二手车规则要求经销商在出售的每一辆二手车上都张贴一份买家指南（一些州要求有自己的类似指南）。该指南必须告诉你，汽车是"按现状"销售还是有保修，如果有保修，经销商将支付多少维修费用。如果买家指南指出有保修，经销商必须给你一份书面保修单，说明保修范围。有时，买家指南会指出汽车是"按现状"销售的，但经销商会口头承诺修理车辆，或者如果你对汽车不满意，你可以不买。不要相信口头承诺；要坚持让经销商把承诺写在买家指南上。

保险。某些汽车的保险费用特别高，因为这些汽车一旦发生事故，维修的难度很大，修理费用更高，或者这些汽车是常见的盗窃目标。在决定购买之前，先估计一下汽车保险的费用。请注意，想通过贷款购买汽车，你必须有保险为汽车提供保障。如果你的保险失效，贷款人有权替你的车购买保险并向你收取费用。这被称为强制保险，它通常比你自己购买的保险贵得多。

转售价值。某些车型的转售价值要高于其他车型。例如，讴歌的转售价值一般高于现代。尽管你不能准确预测某款车型未来的转售价值，但是你可以查看一下目前类似车型二手车的转售价值。很多网站可以提供二手车的市场价值信息，例如www.edmunds.com，你可以使用这些网站提供的信息计算一下二手车的转售价值相当于原始售价的百分比。

维修费用。某些车型的维修费用要高于其他车型。若想比较不同车型的维修费用，各位读者可以查看《消费者报告》（Consumer Reports）杂志，它会提供各种车型的平均维修费用之类的信息。

贷款利率。如果你计划在汽车经销商那里申请贷款来买车，那就必须比较一下各个经销商承诺的贷款利率的高低。汽车经销商有时候会降低汽车的售价，但是同时提高汽车贷款的利率水平。还有一些汽车经销商虽然贷款的利率水平不高，但是汽车的整体售价偏高。若你打算从经销商那里申请汽车贷款，一定要警惕经销商们虚抬价格的小花招，即一些汽车经销商从别的机构那里获得贷款以后，在贷款机构的利率水平之上又叠加了几个百分点，而且还向消费者隐瞒这一信息。比方说，经销商为这辆车申请到了利率水平为10%的贷款，但是向你收取12%的贷款利息。如果你是从金融机构而非汽车经销商那里申请贷款，就能在互联网上很容易地比较各家金融机构汽车贷款的利率水平。

在某些情况下，在决定购买哪款汽车之前，你可能希望先估算一下自己能获得多少汽车贷款。你可以使用各种汽车贷款网站，根据自己提供的贷款信息来估算自己能获得的最大贷款额。

修改汽车贷款合同。一些汽车经销商允许客户用支票支付首付款，然后填写汽车贷款申请表,接下来就可以把汽车开回家了。如果贷款申请没有被批准,则买家就要按照更高的利率水平重新申请汽车贷款。此时,除了接受贷款机构不太优惠的贷款条件以外,买家通常没有太多的选择余地。

案例

回想一下,在第1章中,斯蒂芬妮·斯普拉特大学毕业,开始了她的全职工作。自从她开始做那份工作到现在已经有一年了,她已经存了足够的钱付一辆新车的首付款。在考虑买哪种车型时,她遵循了以下标准:

● 价格。斯蒂芬妮最喜欢的车型标价为35 000~45 000美元,但是她并不想借入太多钱。她希望几年后买房(需要申请房屋贷款),因此现在的汽车贷款金额要有所限制。

她决定用卖二手车获得的1 000美元来付首付款。

斯蒂芬妮想借不超过17 000美元的钱买车,所以她认为汽车的价格应为16 000~20 000美元。她确定了这一范围内的8款车,但她不喜欢其中的3款车,因此专注于剩下的5款车。接下来,她在网上获得了这5款车的更详细的价格信息。

● 转售价值、维修费用与保险。斯蒂芬妮还上网查询了这5款车型的转售价值、维修费用与保险的相关信息。她发现,一些汽车经销商为了吸引消费者,宣称可以提供利率水平非常低的汽车贷款,但是与此同时汽车的售价高于市场平均价格,以此来弥补低利率所造成的损失。斯蒂芬妮不愿意与这样的汽车经销商打交道,于是她计划在汽车贷款网站申请贷款。她在线输入了自己的收入以及贷款历史记录等信息,很快就查到了自己要支付多高的汽车贷款利率。

通过使用互联网,斯蒂芬妮很容易地获得了图表9.4中所列的信息。A款车型两年后的预期转售价值相对较低。D款车型的维修费用相对较高。A款车型与C款车型的保险费率相对较高。因此,她排除了A款、C款与D款车型。她要在B款与E款车型之间做出选择。

图表9.4 斯蒂芬妮·斯普拉特的车型分析

汽车	两年后的预期转售价值 (表示为原始售价的百分比)	维修费用	保险费率
A款	较低	中等	较高
B款	中等	较低	较低
C款	中等	中等	较高
D款	中等	较高	中等
E款	中等	较低	中等

协商价格

选好车型后,接下来你要决定在哪个汽车经销商那里购买——有些经销商可以与客户协商价格,有些经销商面对所有客户都是一口价。同意议价的经销商会故意把汽车的售价报得远高于自己愿意出售的价格。例如,一开始时经销商的报价可能代表的是生产商的建议零售价(MSRP)。这一价格也叫做标签价。某些经销商的策略是一开始报高价,然后通过议价过程让客户感觉优惠幅度很大。如果客户傻到直接按照标签价付款,那么汽车经销商肯定赚得盆满钵满，吃亏的只会是客户。

那些汽车销售人员都经过专业训练，当双方议价时，若价格下调了5%～20%，他们就会表现得好像是把汽车白送给客户一样。在议价过程中，他们还会说必须和销售经理商量一下客户报出的买价。其实，他们早已知道可以按照多高的价格把汽车卖给客户，但是故意表现为好像要去恳求销售经理一样。在议价过程中，经销商可能会提出向客户"免费"提供防锈剂、DVD系统、真皮座椅或其他小物件。这些小物件的标价都很高，这样做的目的也是让客户感觉这笔交易真的很合算。

如果你打算购买一辆新车，但在经销商的停车场找不到你想要的车，你可以考虑订购。停车场上的车可能有很多你不想要的功能。因此，它们的价格会更高。然而，有时经销商希望出售现有库存，为新车型腾出空间，在这种情况下，你可能有机会与经销商谈判，从而获得一个更好的价格。

通过电话协商价格。在购买新车时，通过电话协商价格是有好处的。在决定了打算购买哪款车型以后，你可以给经销商打电话说明自己想买哪款车型以及对配置的要求。你可以说明一下你还打算给本地的其他汽车经销商打电话，然后选择报价最低的经销商与之成交。你还可以强调一下你只会给每个汽车经销商打一次电话。

一些经销商手上的汽车库存并不一定刚好满足你的配置要求，因此你还要进一步具体比较。例如，某个经销商的报价要比第二低的报价少200美元，但是该车没有你想要的特定颜色。但是，这里我们介绍的通过电话协商价格至少能够帮助你尽可能地节省时间。

以旧换新的小窍门。如果打算以旧换新，一些经销商可能愿意以较高的价格回收你的旧车，但是新车的售价也比较高。例如，它们回收旧车的价格可能要比市场价格高出500美元，但是新车的售价至少要比不采用以旧换新策略、直接购买新车的售价高出500美元。你可以先与经销商协商新车的购买价格，然后再提及自己想把手上的旧车卖掉。

如果你从汽车经销商那里购买了汽车，很多销售人员会像你中了彩票一样热情地祝贺你。这也是他们的销售策略之一，目的是让你感觉这笔交易很划算。

一口价的经销商。一些汽车经销商开始采取一口价的策略。从这样的经销商手里买车不仅没有议价的压力，而且很节省时间。经销商为每一款车型设定了一个统一价格，因此客户根本无须浪费口舌与之议价。不过，也有一些宣称一口价的经销商实际上允许客户议价，所以在你准备买车之前，应当先确认一下其报价不高于其他经销商的报价。

信息的价值。一些汽车经销商试图从那些不太了解汽车价格行情的客户身上榨取到更高的利润。买车时为了避免自己被别人当成冤大头，一种办法就是先充分地了解相关信息。货比三家，确保自己掌握了所买车型的市场报价信息。你还可以通过《消费者报告》或各种网站获取你中意的车型和配置的价格信息。一些网站也能根据你选定的车型以及配置提供汽车的报价信息。你可以在电脑或智能手机上完成所有的询价工作。例如，你可以查到经销商的发票价格信息，这个价格就是经销商付给汽车生产厂家的购买价格。于是，经销商的报价与发票价格之间的差额就是经销商的利润。要注意，汽车生产厂家经常会给经销商回扣，但是经销商通常不会向客户提供这方面的信息。经销商的报价可能只比发票价格高出200美元，然而实际上它从汽车生产厂家那里获得了800美元的回扣，因此它的利润空间实际为1 000美元。

在线购买汽车。你还可以在线直接从汽车生产厂家或汽车咨询服务公司（例如Autobytel 公司）那里购买汽车。汽车咨询服务公司能把客户的报价转交给特定的汽车经销商，然后再把经销商的报价告诉客户。CarsDirect 公司（官方网站：www.carsdirect.com）能够根据它与多个汽车经销商的成交数据向客户提供报价。也就是说，它从经销商那里获得了多款车型的担保价。当客户要求报价时，汽车咨询服务公司会相应地提出一个报价，这个报价包含了服务公司收取的服务费用。换言之，汽车咨询服务公司充当了客户与汽车经销商之间的中间人。如果客户对报价表示满意，那么汽车咨询服务公司就会通过某个汽车经销商交车。

在线购买汽车并不像在线预订机票或买书那么高效率。因为汽车不像图书那样标准化，而且个人的不同要求会使在线产品的匹配更加困难。在汽车经销商处，客户可以亲眼看到某品牌汽车两款不同车型的设计到底有哪些不同。可是，在网站上看照片想找出两款车型的区别之处却不是那么容易。与网站不同，汽车经销商能事先估计到客户会提出哪些问题，而且还能安排试驾。此外，客户很难强制性要求在线汽车卖家履行之前的交车承诺。例如，一家在线汽车卖家可能曾经向你承诺过某款车型的特定价格，但是交车日期并不确定。在这种情况下，消费者推动交易继续进行下去的能力十分有限，毕竟你只能通过语音邮件或电子邮件与在线汽车卖家联系。反之，你可以通过频频现身并表达自己的关切向本地的实体经销商施加更多压力，迫使其履行承诺。

你还可以在 eBay 上在线购买二手车。不过，在线购买二手车面临着与在线购买新车同样的局限性。鉴于在线购买汽车的种种局限性，很多消费者还是喜欢到实体经销商处购买汽车。

> **案例**
>
> 斯蒂芬妮·斯普拉特决定利用网络货比三家。一些网站提供了她看中的两款新车的价格（就是前面例子中我们提到的 B 款与 E 款）。她仔细查看了一下每款车型的详细信息，包括性价比、配置、可选择的颜色以及交车时间。她相信虽然 B 款车型更便宜一些，但是其市场价值的折旧速度要比 E 款车型更快。此外，对于 E 款车型，她能得到符合自己要求的配置以及想要的颜色，而且还能很快提车。于是，她几乎决定了要买 E 款车型，其含税价格为 18 000 美元。但是在此之前，斯蒂芬妮要计算一下每个月的贷款成本，看一看到底应该买车还是租车。

贷款决策

当你考虑买辆新车并计划申请汽车贷款时，你应当估算一下汽车贷款的每月还款额。根据你的每月现金流入额以及现金流出额，你能判断出自己是否有能力承担汽车贷款的每月还款额。在货比三家之前就应当先估计贷款的成本，只有这样你才能事先知道自己能负担得起多高的贷款。也就是说，每个月偿还的汽车贷款额越高，用于储蓄或其他投资的资金就会越少。

> **案例**
>
> 斯蒂芬妮·斯普拉特想比较一下买车时申请 15 000 美元的汽车贷款与申请 17 000 美元的汽车贷款的每月还款额分别是多少。她还必须决定贷款的期限是 3 年、4 年还是 5 年。首付款越多，需要贷款的金额就越少。不过，她想把一部分储蓄作为流动性储备暂不动用，为将来支付买房的首付款做准备。

斯蒂芬妮登录了汽车贷款网站，输入了贷款的大概金额。随后，网站提供了可选择的贷款利率，并给出了每一种贷款组合（贷款金额与贷款期限的组合）的每月还款额，具体请参考图表9.5。标题处列出的利率7.6%是斯蒂芬妮在贷款期限锁定的固定利率。后两列顶端列出的是可能选择的贷款金额，每一行对应的是不同的贷款期限。

请注意观察当斯蒂芬妮延长贷款期限时每月还款额的减少趋势。如果斯蒂芬妮要申请17 000美元的贷款，那么若贷款期限为3年，则每月还款额为530美元；若贷款期限为4年，则每月还款额为412美元；若贷款期限为5年，则每月还款额为341美元。另一种做法是将贷款的本金由原来的17 000美元减少至15 000美元。

斯蒂芬妮选择了17 000美元的4年期贷款，每月还款额为412美元。4年的贷款期限比较合适，因为3年期贷款的每月还款额超出了斯蒂芬妮的许可范围。由于E款车型的售价为18 000美元，因此斯蒂芬妮要按照1 000美元的价格卖掉旧车，然后用这笔钱支付首付款。

图表9.5　斯蒂芬妮·斯普拉特可选贷款的每月还款额（利率水平为7.6%）

贷款期限	贷款金额（美元）	
	15 000	17 000
36个月（3年）	467	530
48个月（4年）	363	412
60个月（5年）	301	341

一些汽车经销商能够提供最长期限为7年的汽车贷款。这种期限较长的汽车贷款所具有的优势是当贷款金额一定时，每月还款额会更低一些。不过，这么长的贷款期限也意味着等到贷款全部还清时，汽车可能已经一文不值了。即使几年后你把车卖掉，售价也很可能会低于你尚未偿还的贷款余额。反过来，如果你在较短时间内就还清了汽车贷款，则随后便不用再为每个月的还款操心，直到你买下一辆车为止。

买车与租车的决定

相对于买车，另一种颇受欢迎的选择是租车。租车的好处在于你根本不需要支付一大笔首付款。此外，当租期结束时，你可以直接把汽车还给租车商，不用担心能否为这辆车找到买主。另外，你还可以经常驾驶比较新的车。

不过，租车也有不足之处。由于你不拥有车辆的所有权，因此你对这辆车没有任何权益投资，即使它还具有一定的市场价值。租车期间发生的维修费用要租车人自己掏腰包。要记住，在租车期间车辆若发生了任何损坏，租车人都要为此支付赔偿。还要注意的是，如果你总是在租期结束时租另一辆车，那么你将无限期地支付租赁费用，永远也不会真正拥有一辆车。经常租一辆车几乎总是比买一辆车贵。除了每月的租金以外，一些租车商还要向租车人收取额外的费用。如果租车人行驶的里程数超过了租车合同里明确规定的最高里程数，则租车商有可能会额外收费。如果租车合同尚未到期，而租车人要求提前解除租车合同，则租车商也有可能会额外收费。除了已购买的保险以外，租车人可能还需要购买更多的汽车保险。此外，还有一些费用可能会隐藏在租车合同里。成千上万的租车客户提出了法律诉讼，他们表示自己在租车时并未被告知所有可能的收费项目。如果你正认真地考虑租车，那么一定要确保自己认真阅读并读懂了整个租车合同。

> **案例**
>
> 斯蒂芬妮·斯普拉特正在考虑是租用那辆自己看中的新车，还是花 18 000 美元把它买下来。如果决定买车的话，她要支付 1 000 美元的首付款，余下的 17 000 美元需要贷款。在未来 4 年间，她每个月要支付 412 美元的贷款还款额。她估计，等到 4 年结束后，这辆车的市场价值大概为 10 000 美元。买车与租车相比，斯蒂芬妮放弃了未来 4 年间 1 000 美元首付款的利息收益。如果她把这笔钱存入银行，扣除利息税以后，斯蒂芬妮相信她能够获得 4% 的年收益率。
>
> 另一种选择是在未来 4 年间按照每个月 300 美元的租金价格租用这辆车。租车合同要求斯蒂芬妮缴纳 800 美元的押金，4 年后租期结束时这笔钱会返还给斯蒂芬妮。不过，她要放弃这 800 美元押金在未来 4 年间的利息收益。而且，当租车合同结束时，斯蒂芬妮既没有累积权益投资，也没有获得汽车的所有权。
>
> 图表 9.6 提供了斯蒂芬妮对租车与买车成本的比较分析。斯蒂芬妮估计，在接下来的 4 年时间里，买车的总成本为 10 936 美元，而租车的总成本为 14 528 美元。因此，她决定买车。

图表 9.6　斯蒂芬妮·斯普拉特对租车与买车成本的比较分析　　　　单位：美元

	成本
买车的成本	
1. 首付款	1 000
2. 1 000 美元首付款损失的利息收益：	
每年损失的利息收益＝首付款×年利率	
＝1 000×0.04	
＝40	
4 年间损失的利息收益总额＝40×4＝160	160
3. 每月还款总额：	
每月还款总额＝每月还款额×月份数	
＝412×48	
＝19 776	19 776
合计	20 936
减去：4 年后将汽车出售预计收回的金额	10 000
总成本	10 936
4 年租车的成本	
	成本
1. 800 美元押金损失的利息收益（虽然 4 年后斯蒂芬妮能够拿回这 800 美元的押金）：	
每年损失的利息收益＝押金×年利率	
＝800×0.04	
＝32	
4 年间损失的利息收益总额＝32×4＝128	128
2. 每月还款总额：	
每月还款总额＝每月还款额×月份数	
＝300×48	
＝14 400	14 400
总成本	14 528

买车还是租车，这个决定主要依赖于租期结束后汽车的预期市场价值。在前面这个例子中，如果4年后汽车的预期价值为6 000美元而非10 000美元，则买车的总成本就要增加4 000美元。将图表9.6中表示4年后将汽车出售预计收回的金额10 000美元替换为6 000美元，重新计算一下买车的成本证实一下。当4年后汽车的预期市场价值为6 000美元时，买车的总成本就会高于租车的总成本，那么此时租车便成了更好的选择。

记住，一些租车商可能会收取额外的租车费用，例如当行驶里程数超过了合同规定的最高里程数时的收费。在计算租车成本时，必须将所有可能存在的租车费用都计算在内。

学生贷款

对学生来说，学生贷款是金额最大的个人贷款，它是指面向攻读学士或研究生学位的学生、为其提供求学资金的贷款。大约70%的学生在毕业时至少背负着一些学生贷款债务。获得学士学位的学生的债务中值约为2.5万美元。贷款通常是一揽子学生经济援助的一部分，援助包括奖学金、助学金、贷款和勤工俭学等项目。经济援助计划的组成部分可能因学校的不同而有很大的不同，这就很难确定哪个计划是最好的。消费者金融保护局作为参考，可以帮助你比较多种金融援助。

学生贷款的类型

学生贷款有两种类型，即由美国政府提供的联邦学生贷款和由金融机构提供的私人学生贷款。联邦学生贷款主要有四种类型：

- 直接补贴贷款，它基于财务需求；
- 直接无补贴贷款，它不基于财务需求，每个人都有资格申请；
- 直接加贷款，这是为研究生和本科生的父母提供的，帮助其支付其他经济援助不能涵盖的费用；
- 直接合并贷款，允许你将所有的联邦学生贷款合并为一笔贷款。

补贴贷款与无补贴贷款的一个重要区别是对于补贴贷款，政府会在你上学的时候替你支付利息，而对于无补贴贷款，在你上学期间会收取利息，利息会被计算到你的贷款余额中。对于大多数学生来说，联邦学生贷款比私人学生贷款更有优势，因为其利率通常较低，而且是固定的，而不是可变的。此外，联邦学生贷款允许你根据你的收入制订还款计划，私人学生贷款则没有这个选项。如果你在公共服务部门工作了10年，比如教书，对于联邦学生贷款你也可能有资格申请贷款减免计划。然而，通过政府贷款可获得的资金是有限的，许多学生发现他们还需要申请私人学生贷款。

你可以通过私人学生贷款借到比联邦学生贷款更多的钱，但私人学生贷款通常也更贵。私人学生贷款通常比联邦学生贷款收取更高的利率，而且在你上学期间也要计算利息，就像联邦无补贴贷款一样。此外，这些贷款的利率通常是可变的，所以如果市场利率上升，你的月供可能会随着时间的推移而增加。相反，如果你有未偿还的固定利率的联邦学生贷款，而利率下降，私人学生贷款的可变利率可能会低于你的联邦学生贷款利率。在这种情况下，你可能会考虑将你的联邦学生贷款转换为私人学生贷款。不过，转成私人学生贷款时要小心，因为利率可能会再次上升。此外，私人学生贷款不符合贷款减免和其他有利的贷款偿还计划的要求。当你考虑申请私人学生贷款时，你应该多方了解，多掌握营销信息，因为不同的贷款人提供的私人学生贷款存在相当大的差异。大多数贷款机构要求本科生有一个贷款联合签署人。

学生贷款的偿还

即使你没有完成学业，你仍然有义务偿还学生贷款。如果违约不偿还学生贷款，这将会对你的信用记录造成负面影响。贷款的利息费用可用于抵扣税负，最高抵扣额不超过2 500美元，这进一步降低了学生贷款的利息成本。那些身处较高税率等级的个人将无法享受这一税收优惠待遇。

如果你发现自己处于无法偿还贷款的情况中，你可以向你的贷款人要求延期或宽限，这意味着你的付款可以暂时延迟。延期和宽限是相似的，不过延期通常更受欢迎，因为它的时间会更长，而且你的直接补贴贷款不会收取利息。延期通常适用于以下情况，如现役军人、重新入学或失业。对于医疗问题或暂时的经济困难，可以给予宽限。尽管有些机构会提供延期和宽限的选择，但绝大多数私人贷款机构不会提供。在延期和宽限期间，私人学生贷款和直接无补贴贷款将继续收取利息。这些利息都会算进你的本金中，所以长时间的延期或宽限可能会大大增加你最终必须偿还的金额。

如果你的联邦学生贷款还款相对于你的收入来说非常高，你可以申请收入导向还款（IBR）[也被称为收入驱动还款（IDR）]。该计划提供四种还款期限为20~25年的方案。根据你的收入和家庭规模，你的月供被设定在你能承受的范围内。如果你的收入和/或家庭规模发生变化，你的还款也会调整。到还款期结束时，任何剩余的贷款余额都将被免除。你可能要为被免除的那部分支付所得税。虽然IBR降低了你的月供，但支付期限延长了，所以按照这个计划还款，你通常要支付更多的利息。

当你申请学生贷款时，你应该意识到，与其他类型的债务不同，除非在非常罕见的情况下，学生贷款在破产时是不能免除的。因此，除非你符合少数例外情形，否则，你将不得不偿还所借的全部本金和利息。请注意，如果你的学生贷款没有获得延期或宽限，你又不能按时偿还，那么，所有贷款金额都变成了应付债务。

学生贷款项目可能非常复杂，因为贷款和还款计划的类型非常多。在贷款之前，你应该详细了解这些选择。你学校的财务援助办公室是一个很好的信息来源。几个美国政府网站也可以提供相应的帮助：教育部 www.ed.gov 和 studentloans.gov 网站以及消费者金融保护局的 www.consumerfinance.gov 网站。

住房净值贷款

住房净值贷款是最受欢迎的个人贷款类型之一，这种贷款允许房屋所有者凭借房屋累积的净值获得贷款，房屋则成为此类贷款的抵押品。借入的贷款可用于任何用途，包括度假、支付学费、支付医疗保健费用以及债务重组。

住房净值等于房屋的市场价值减去贷款金额的差值。如果一套房屋的市场价值为

100 000 美元，房主未偿还的房屋抵押贷款（下一章会讲到这种贷款）余额为 60 000 美元，则住房净值就等于 40 000 美元。

有两种以住房净值为抵押借款的方式。一种是简单的住房净值贷款方式，即一次性获得一笔金额较大的贷款。贷款通常实行固定利率。另一种是住房净值信用额度（HELOC）方式，贷方为你提供一个信用额度，你可以在一段时间内提取，比如 10 年。也就是说，HELOC 允许你在特定的信用额度内借入各种金额。有些计划要求你每次借款都满足最低额度，比如 300 美元，或保持一定规模的未偿余额。当设立 HELOC 时，你也可能被要求进行首次提款。HELOC 通常实行可变利率，但你只需要支付你所借资金的利息。通常情况下，你可以每月支付借款金额的利息，然后在指定的到期日偿还本金。你也可以在 HELOC 的期限结束前还清本金，如果将来需要的话，你仍然可以使用这笔资金。

确定任何一种类型的住房净值贷款都需要支付除利息以外的费用。这些费用可能包括评估费，以便贷款人可以明确房屋的价值；申请费，即便你的贷款请求被拒绝，它也可能不会退还；预付费用，可能达到信用额度的 2% 或 3% 或更多；包括律师费和产权调查费在内的成交费用。此外，一些 HELOC 计划会在你提取信用额度时收取年维护费或交易费。

住房净值贷款的最高贷款额度

金融机构最高可以按照住房净值的 80%（在某些情况下，这一比例可能更高）提供住房净值贷款。

金融机构将借款人拥有的住房净值定义为房屋的市场价值减去未偿还的房屋抵押贷款余额。因此，当房屋的市场价值上涨时，金融机构愿意提供更多的贷款额度。

如果借款人违约不按时偿还住房净值贷款，则贷款机构就要拿到房屋的所有权，将房屋拍卖后用一部分资金偿还房屋本身未还清的房屋抵押贷款余额，余下的部分用来偿还住房净值贷款。如果房屋的市场价值下跌，则房主投资的住房净值也会随之减小。基于这个原因，贷款机构在发放住房净值贷款时不愿意按照住房净值的 100% 来发放贷款。

下面这个例子说明了如何计算住房净值贷款所能提供的最高贷款额度。

案例

假设你拥有一套 4 年前购入的、市场价值为 100 000 美元的房屋。当初买房时，你支付了 20 000 美元的首付款，申请了金额为 80 000 美元的房屋抵押贷款。在过去 4 年间，你的累积还款额使得住房的累积净值增加了 10 000 美元。也就是说，你对这套房屋投资了 30 000 美元，其中包括 20 000 美元的首付款。假设这套房屋的市场价值没有发生变化。再假设贷款机构愿意按照住房净值的 70% 向你提供住房净值贷款。在本例中，住房净值的市场价值就等于你向这套房屋投资的净值。

$$最高贷款额度 = 住房净值的市场价值 \times 0.70$$
$$= 30\,000 \times 0.70$$
$$= 21\,000（美元）$$

> **案例**
>
> 使用上例提供的信息，现在我们假设自从购买了这套房屋以后，其市场价值由原来的100 000美元增长到120 000美元。前面已经说过，你总共借入了80 000美元的房屋抵押贷款，目前共偿还了10 000美元的贷款，因此房屋抵押贷款的未偿还余额为70 000美元。住房净值的市场价值等于：
>
> 住房净值的市场价值＝房屋的市场价值－房屋抵押贷款的未偿还余额
> ＝120 000－70 000
> ＝50 000（美元）
>
> 住房净值的市场价值为50 000美元，你向这套房屋投资的净值为30 000美元。这两者之间的差额——20 000美元——源于自买房后房屋市场价值的上涨。因此，基于住房净值的市场价值确定的最高贷款额度就等于：
>
> 最高贷款额度＝住房净值的市场价值×0.70
> ＝50 000×0.70
> ＝35 000（美元）

经济环境对最高贷款额度的影响。当经济形势好转时，就业机会增加，消费者的收入水平上升，于是他们对房屋的需求量也开始增加。面对强劲的需求，房屋的市场价值开始上涨。随着房屋市场价值的上涨，房屋抵押贷款的未偿还余额仍然保持不变，因此住房净值也会相应地增加。

不过，当经济形势恶化时，就业机会减少，消费者的收入水平下跌，他们对房屋的需求也随之下降。由于需求不振，房屋的市场价值自然也会下跌。随着房屋市场价值的缩水，同时房屋抵押贷款的未偿还余额保持不变，这就意味着住房净值会下降。在很多情况下，房屋的市场价值甚至会跌到低于房屋抵押贷款的未偿还余额的地步，这意味着这套房屋的净值等于零。于是，不能再用房屋作为贷款的抵押品，在这种情况下，房主不能再去申请住房净值贷款。

利率

住房净值贷款一般会采用可变利率的形式，贷款的利率水平与某个特定的利率指标绑定，定期调整变化（例如每6个月调整一次）。贷款合同详细说明了贷款的利率水平如何确定。例如，贷款的利率水平可能会被设定为等于指定区域内多家金融机构存款利率的平均值再加上3个百分点。因为房屋是住房净值贷款的抵押品，因此与无担保贷款相比，贷款机构在提供住房净值贷款时面临的风险也比较小，所以利率水平通常会低一些。

发薪日贷款

发薪日贷款（又称现金预支贷款）是一种短期贷款，是借款人在收到薪水支票前申请的一种贷款。为了获得发薪日贷款，你要向贷款人签发一张支票，支票的金额等于贷款金额加上利息。支票的兑现日期便是将来你领到薪水支票的日期。发薪日贷款机构会一直持有这张支票，直到约定的兑现日期为止，随后便将支票兑现，因为此时你的支票账户里肯定有充足的资金。在借款人把支票签发给发薪日贷款机构以后，发薪日贷款机构便可以通过现金或把资金转入借款人支票账户的方式发放贷款。你也可以在网上获得发薪日贷款。你不需要给贷款人提供一张远期支票，只需要允许贷款人有权限从你的银行账户中电子提款。

> **案例**
>
> 　　假设你需要400美元应急，但是现在手上没钱，你还有一个星期才能领到自己的薪水。于是，你签发了一张支票交给发薪日贷款机构，支票的兑现日期为一周后。请大家注意，类似于Cash King、Cash One、CheckMate以及EZLoans之类的发薪日贷款机构都要收取高额利息。比方说，贷款本金为400美元，发薪日贷款机构可能会要求借款人偿还440美元，其中40美元就是利息与/或贷款的费用。借款人的还款额比贷款额多出了40美元，这相当于贷款金额的10%。发薪日贷款的融资成本等于：
>
> 　　　　融资成本=10%×（一年的天数/贷款的天数）=10%×（365/7）=521%
>
> 　　这个计算结果可不是笔误。发薪日贷款的常见利率水平就有这么高。

尽管各州的高利贷法律都对贷款机构可以收取的最高利率设置了上限，但是发薪日贷款公司通过把利息叫做贷款费用的方式绕开了这些法律的约束。一些州意识到这些贷款费用实际上就是利息，所以禁止发薪日贷款公司开业经营。不过，在法律允许的州，我们仍然可以看到发薪日贷款公司的身影，而且它们还可以通过互联网向位于任何地点的美国民众推销贷款。

避开发薪日贷款的原因

基于以下原因，你应当尽可能地避开发薪日贷款。首先，使用即将获得的薪水支票偿还贷款会使你接下来没有足够多的现金购买生活必需品。于是，你需要再申请一笔贷款来满足自己的日常开支。于是，这形成了一个闭合循环：你总是要用薪水支票来偿还短期贷款。

其次，正如前面所示，发薪日贷款的融资成本非常高。想想看，如果你能申请到一笔金额为400美元的贷款，假设年利率比较合理，比方说10%，计算一下贷款的利息成本：

　　　　7天内的利率水平=10%×（7/365）=0.192%

　　　　应支付的利息额=400×0.192%=0.76（美元）

也就是说，如果贷款的年利率为10%，那么7天贷款的利息额不足1美元。这要远远低于发薪日贷款机构收取的利息。发薪日贷款机构之所以能收取这么高的贷款利息，是因为很多急需用钱的人信用等级不高，因此他们很难从其他渠道获得贷款；或者一部分借款人从发薪日贷款机构借款时没有意识到贷款成本竟然有这么高。

消费者金融保护局的一项研究发现，超过80%的发薪日贷款会在两周内续期。此外，大多数发薪日贷款的借款人续借了很多次贷款，最终他们所欠的费用比他们最初借的金额还要多。2017年，消费者金融保护局发布限制发薪日贷款的新法规，要求贷款人检查借款人的收入和负债，以确保他们能够偿还贷款，并阻止有负债的借款人持续续借贷款。然而，这些规定到2019年才生效，发薪日贷款行业在努力削弱这些规定的效果。

发薪日贷款的替代品

最简单的解决方案便是不要借钱，等你手上有钱了再去消费。但是如果你不得不借钱，也有一些贷款的融资成本没有那么高昂。例如，或许你可以从家人或朋友那里借钱熬过一周的时间，或者你可以依靠信用卡应付开支。虽然我们并不推荐大家依赖信用卡满足日常的支出项目，但是使用信用卡总还是比发薪日贷款明智得多。为了说明问题，我们假设你使用信用卡购买了价格为 400 美元的商品。然后，我们再假设信用卡的年利率为 18%，即月利率为 1.5%。在这种情况下，你的融资成本等于 400×1.5%＝6 美元。显然，使用信用卡获得一个月贷款的利息成本要比发薪日贷款低得多，而且在本例中，信用卡贷款的期限为一个月，要比发薪日贷款的期限多出三个星期。

个人贷款决策与个人理财计划的匹配程度

下面我们列出的具有关键意义的个人贷款决策必须被包含在个人理财计划当中：
1. 你能负担得起多高金额的个人贷款？
2. 如果你获得了个人贷款，是否应当提前还款？

通过做出明智的决策，你可以避免债务的过度累积。图表 9.7 提供了一个案例，说明了斯蒂芬妮·斯普拉特的个人贷款决策与个人理财计划的匹配程度。该图表详细说明了斯蒂芬妮如何根据日常每月的现金流状况来估算自己是否有能力负担得起每个月的贷款还款额。

图表 9.7　斯蒂芬妮·斯普拉特的个人贷款决策与个人理财计划的匹配程度

个人理财的目标
1. 确保我能够管理与个人贷款相关的融资费用。
2. 考虑提前偿还贷款的计划。

分析

每月的现金流入额	3 000 美元
－最近每月的支出额	－2 500 美元
＝最近每月的净现金流	＝500 美元
－每月的汽车贷款还款额	－412 美元
＝可用资金的金额	＝88 美元

最近几个月，我每个月都能存下大约 500 美元。由于买了一辆车，每个月我将有 412 美元的汽车贷款支付。

我应该能按月付款，但目前的工作还不能获得较高的薪水，我每个月无法存下很多钱。

由于有了一辆新车，我的汽车修理费应该会下降。

我还有一笔 1 万美元的学生贷款没还清，大部分的贷款余额还没有还，但这些贷款是分 11 年偿还的，所以我每个月的贷款还款额只有 100 美元。

决定

关于汽车贷款的决定：
我有能力购买新车，我决定申请 4 年期的汽车贷款。

关于还清个人贷款余额的决定：
如果可能的话，我想尽早还清汽车贷款和学生贷款。我有一些存款，但我不能用这些钱来偿还部分贷款。我想增加储蓄，以便在不久的将来付得起一套小房子的首付款。如果我将来能买房子，那么我的下一个目标就是增加储蓄，以偿还个人贷款。我的储蓄的收益率很可能比我的汽车贷款和学生贷款的利率要低，所以，一旦我有了储蓄且没有其他消费，我就会偿还贷款。汽车贷款的成本比学生贷款的成本更高，所以当我有额外的存款可以用来偿还个人贷款时，我会首先还清汽车贷款。

讨论题

1. 如果斯蒂芬妮是一位拥有两个孩子的单身母亲，则她的个人贷款决策会有哪些不同？
2. 如果斯蒂芬妮现年 35 岁，那么她的个人贷款决策会有哪些不同？如果她现年 50 岁呢？

小结

个人贷款。当你准备申请个人贷款时，需要提供个人资产负债表与现金流量表，便于贷款机构评价你的贷款偿还能力。贷款合同详细说明了贷款金额、贷款利率、贷款的还款安排、贷款期限以及抵押品。

个人贷款的利率。个人贷款的常见利率指标包括年度百分率、单利与追加利息。年度百分率表示为年利息与其他费用相对于贷款本金额的百分比。单利则是以当前贷款额的百分比计算的利息。追加利息法是先算出贷款的利息，然后将利息与贷款本金相加，再除以还款次数，求出每月还款额。

汽车贷款。买车可能需要贷款。如果首付款多一些，那么每个月的汽车贷款还款额就会少一些，但是这样做可能会降低你的个人流动性。另一种方式是延长贷款的期限，从而达到降低每月还款额的目的。

贷款买车与租车。利用汽车贷款买车还是租车，这个决定要求你分别计算一下两种方式的总成本。买车的总成本包括首付款、首付款放弃的利息收益以及每月还款的总额。租车的总成本包括押金放弃的利息收益以及每月租金的总额。

学生贷款。联邦政府以及参与学生贷款项目的各家金融机构可以提供学生贷款。

住房净值贷款。住房净值贷款的贷款条件通常要比其他类型的个人贷款更优惠一些。因为有抵押品（房屋）作为贷款的担保，所以这种贷款的利率水平通常相对较低一些。此外，这种贷款的利息支出可以被用来抵扣税负，并有最高抵扣额的限制。

发薪日贷款。发薪日贷款是一种短期贷款，可以在借款人收到薪水支票之前向其提供资金。一般来说，发薪日贷款的利率水平非常高。因此，在申请发薪日贷款之前，建议大家最好先考虑一下通过其他渠道借钱。

个人贷款决策如何匹配你的个人理财计划？个人贷款可以让你在没有融资渠道时得到无法获得的资产。它们能让你实现你的财务目标，比如买车或买房。

复习题

1. 个人贷款的来源。列出几个个人贷款的可能来源。向家庭成员或朋友借钱要准备哪些预防措施？
2. 规避骗局。列出一些有关网络借贷值得警惕的事情。

3. 债务重组。解释债务重组贷款。什么时候使用债务重组贷款是明智的？
4. 个人贷款流程。个人贷款流程包含哪几个步骤？
5. 分期偿还贷款。"贷款是分期偿还的"意味着什么？每笔还款额代表着什么？
6. 贷款申请流程。借款人在贷款的申请流程中必须向贷款机构提供哪些信息？为什么这些信息对贷款机构很重要？
7. 贷款合同。贷款合同包含哪些信息？贷款金额如何确定？
8. 抵押品。解释一下抵押品如何发挥作用。所有的贷款都具有抵押品吗？抵押品与贷款利率之间具有怎样的关系？
9. 担保贷款和无担保贷款。担保贷款和无担保贷款的区别是什么？
10. 贷款期限。贷款期限会对每月还款额造成怎样的影响？当选定贷款期限时，你应当考虑哪些因素？
11. 贷款的联合署名。如果你与他人联合署名了一笔贷款，你要承担什么责任？若未能履行作为贷款联合署名人应尽的义务，这会给你带来什么后果？
12. 年度百分率。测量年度百分率这个指标的目的是什么？利率水平相同的贷款机构是否会算出不同的年度百分率？
13. 单利。什么叫做单利？计算单利需要哪些信息？贷款的偿还计划包含哪些信息？
14. 追加利息。追加利息法如何计算贷款还款额？
15. 单利法与追加利息法。为什么用单利法算出的贷款还款额通常要低于用追加利息法算出的贷款还款额？
16. 选车。列出你准备购买汽车时需要考虑的因素。简单讨论一下。
17. 债务解决方案。关于买车，无债务的解决方案是什么？什么是有限债务的解决方案？
18. 在线购买汽车。为什么在线购买汽车不如在实体经销商那里买车有效率？
19. 汽车销售的伎俩。解释一下汽车销售人员在与客户协商汽车的交易价格时会使用哪些销售伎俩。对于宣称"一口价"的汽车经销商，你应当注意些什么？
20. 汽车贷款。当你准备为买车而申请汽车贷款时，第一步应当做什么？除了利率以外，还有哪两个因素会对你的每月还款额造成重大影响？
21. 租车。租车的优势与弊端分别是什么？向准备租车的消费者提出几条建议。
22. 学生贷款。哪些机构可以发放学生贷款？学生贷款的特征是什么？
23. 补贴贷款和无补贴贷款。补贴贷款和无补贴贷款的区别是什么？
24. 住房净值。什么叫做住房净值？解释一下住房净值贷款是怎样运作的。
25. 最高贷款额度。讨论一下金融机构会使用哪两种方式计算住房净值并据此设定最高贷款额度。如果借款人违约未按时偿还住房净值贷款，那会怎么样？
26. 经济环境对住房净值贷款的影响。为什么疲软的经济环境会导致借款人申请的住房净值贷款的最高贷款额度被下调？为什么繁荣的经济环境会导致借款人申请的住房净值贷款的最高贷款额度被上调？
27. P2P贷款。什么是P2P贷款？P2P贷款有什么优点？
28. 提前还款惩罚。提前还款惩罚会如何影响你的提前还款计划？
29. 新车。解释一下购买一辆新车而不是二手车有哪些优点和缺点。
30. 学生贷款延期。什么时候你会考虑使用学生贷款延期？学生贷款延期有哪些缺点？
31. 发薪日贷款。什么是发薪日贷款？为什么你要避免将发薪日贷款作为一种融资方式？

32. 发薪日贷款的替代品。发薪日贷款有哪些替代选择？

理财规划练习题

1. 贷款启动费。杰克需要贷款1 000美元，期限为一年。South银行可以按照9%的利率水平向他提供这笔贷款。Sun Coast银行可以按照7%的利率水平提供贷款，但是要收取50美元的贷款发放费。First National银行可以按照6%的利率水平提供贷款，但是要收取25美元的贷款发放费。计算一下在上述三种情况下杰克要支付的利息与贷款手续费的总额。杰克应当选择哪一种贷款？

2. 分期偿还。贝丝刚刚借入了本金为5 000美元的4年期贷款，利率水平为8%，采用单利计息方式。填写下面这个分期偿还计划表，算出最初5个月的每月还款额。

还款次数	期初贷款余额（美元）	还款额（美元）	利息支付额（美元）	本金偿还额（美元）	贷款的最新余额（美元）
1	5 000.00	122	33.33	88.67	4 911.33
2	a	122	32.74	b	4 822.07
3	4 822.07	c	d	89.85	4 732.22
4	4 732.22	122	e	90.45	f
5	4 641.77	122	30.95	g	h

3. 追加利息法。还是与上一道题目相同的贷款，只不过计息方式改用追加利息法，那么情况会有哪些变化？贝丝的每月还款额会有什么不同？为什么会有差异？

4. 贷款的每月还款额。特蕾西借入了本金为8 000美元的6年期贷款，利率水平为11%，采用追加利息法计息。特蕾西的每月还款额是多少美元？

5. 贷款利息。莎伦正在考虑买车。在支付了首付款以后，她要申请15 500美元的贷款。贷款的期限有三种选择。4年期贷款要求莎伦每月还款371.17美元。5年期贷款要求莎伦每月还款306.99美元。6年期贷款要求莎伦每月还款264.26美元。莎伦首先排除了4年期贷款，因为这已经超出了她的预算。如果选择5年期贷款，莎伦一共要支付多少利息？6年期贷款呢？如果莎伦只根据利息支付额的高低来选择，那么她应当选择哪一种贷款？

6. 贷款的利息。已知条件与第5题相同。如果莎伦能够负担得起4年期贷款，那么与5年期贷款相比，4年期贷款能让莎伦节省多少利息成本？

7. 首付款和贷款偿还。卢卡斯想买一辆价值5 500美元的二手车。如果他的首付款为2 500美元，其余的按5%的利率支付两年，那么他每月应该还多少钱？

8. 财务成本。比尔打算买入一辆价格为45 000美元的新车。比尔没有储蓄，于是他要按照新车的售价全额申请贷款。在没有首付款的情况下，贷款的利率水平为13%，期限为6年。比尔的每月还款额为903.33美元。比尔每月的净现金流为583.00美元。比尔还有一张信用卡，信用额度为10 000美元，利率水平为18%。如果比尔将自己每月的净现金流全部用来偿还汽车贷款，那么每个月他的信用卡欠款余额会增加多少？在贷款后的头两个月，比尔持有的信用卡的财务成本会有多高？（假设比尔没有偿还信用卡欠款。）

9. 贷款限额。玛丽和马蒂对住房净值贷款很感兴趣。他们是5年前买房的，当时成交价为125 000美元，现在这套房屋的市场价值为156 000美元。当初成交时，玛丽和马蒂支付了25 000美元的买房首付款，并获得了100 000美元的抵押贷款。目前，这笔抵押贷款的未偿还余额为72 000美元。银行将住房净值的70%设定为最高贷款额度。如果银行按照这套住房净值的70%向他们发放住房净值贷款，那么他们的信用额度会是多少美元呢？

10. 最高贷款额度。已知条件与第9题相同。如果银行按照住房净值的市场价值确定最高贷款额度，并按照住房净值的70%向他们提供贷款，那么玛丽和马蒂的最高贷款额度是多少美元？

11. 道德困境。弗里茨和海尔格在当地一家制造公司工作。自从5年前两人结婚开始，他们一直在加班加点地工作，包括周日和假期。加班带来了不少额外收入，而弗里茨与海尔格也已经适应了这种生活方式。近来，公司失去了两个重要合同，因此取消了所有加班。结果，弗里茨与海尔格发现他们的收入不足以支付账单。几个月之前，他们开始向当地的发薪日贷款公司申请贷款以便按时支付账单。第一周他们只借了一点点钱用于支付过期账单。不过到了第二周，在偿还了贷款的本金与利息以后，他们手上只剩下很少的一点钱，于是他们不得不再去借一笔金额更高的发薪日贷款。在还清了第二周借入的发薪日贷款以后，他们手里剩下的钱更少了。这种恶性循环会一直持续下去，直到他们再也借不到钱，因为贷款的本金与利息总额已经超过了他们的薪水总和。现在，弗里茨与海尔格的汽车被收回，住房被抵债，他们准备申请破产。

a. 发薪日贷款公司每周不断地向弗里茨与海尔格夫妇提供金额越来越高的发薪日贷款，这种做法符合职业道德吗？

b. 为了避免陷入最终的财务绝境，弗里茨与海尔格本应当怎样做？

个人理财的心理学：你的汽车贷款

1. 人们总是被引诱着花了太多的钱来买车，因为他们总是能非常容易地获得汽车贷款。一些学生在买车时只考虑自己是否能够负担得起每月还款额，根本不从实际需求出发。描述一下你自己在贷款买车时的行为模式。

2. 一些消费者正在考虑买辆新车（使用汽车贷款），然后使用信用卡购买其他商品，每个月只按照最低还款额向信用卡公司偿还信用卡债务。你对这种做法有什么看法？

综合案例：桑普森一家

回想上一章，桑普森夫妇有3 000美元的储蓄和2 000美元的信用卡债务。假设他们现在已经还清了信用卡债务，并且积攒了5 000美元的储蓄，他们将这些钱用作购买新车的首付款。莎伦的新车价格为25 000美元，外加5%的销售税。她会拿到1 000美元的旧车折价，并支付5 000美元的新车首付款。桑普森夫妇计划每月最多用500美元来偿还莎伦新车的贷款。目前汽车贷款的年利率为7%。他们希望贷款期限相对较短，但每月又无法负担超过500美元的还款额。

1. 就可能的贷款期限向桑普森夫妇提供建议。使用在线贷款支付计算器。输入信息以确定在3年（36个月）、4年（48个月）和5年（60个月）的还款期下，每月需要支付的汽车贷款额。将结果输入下表中：

	3年（36个月）	4年（48个月）	5年（60个月）
利率	7%	7%	7%
月还款额			
总融资成本			
总成本（含首付款和旧车折旧）			

2. 三种不同的贷款期限之间的权衡是什么？

3. 根据你从贷款还款网站搜索到的还款信息，为桑普森夫妇提供满足其需求的最佳贷款期限建议。

4. 桑普森夫妇希望在考虑支付新的汽车贷款之前净现金流达到1 000美元左右。桑普森夫妇不希望每月汽车贷款还款额超过500美元的主要原因是，他们还想为孩子们上大学存钱。对于他们是否应该用一部分本来为孩子们上大学而储蓄的钱来偿还汽车贷款，从而可以更快地还清汽车贷款，提出你的意见。

术语解释

贷款合同（loan contract）：详细说明借贷双方达成一致意见的各项贷款条款的合约。

分期还款（amortize）：借款人会在一段时间内通过连续的等额还款来偿还贷款的本金（即初始的贷款金额）的还款方式。

贷款期限（maturity of a loan）：贷款的时间长度。

抵押品（collateral）：借款人提供的资产，将来一旦借款人违约不偿还贷款，则贷款人可以收回抵押品。

担保贷款（secured loan）：由抵押品提供担保的贷款。

无担保贷款（unsecured loan）：没有抵押品的贷款。

年度百分率（annual percentage rate，APR）：测算贷款的年度融资成本（包括利息成本及其他所有费用）的利率。

单利（simple interest）：以当前贷款额（即本金）的百分比计算的利息。

追加利息法（add-on interest method）：先根据贷款本金计算利息支付额，然后求出利息与本金之和，再除以还款次数，求出每月还款额的一种方法。

学生贷款（student loan）：面向学生、为其提供求学资金的贷款。

住房净值贷款（home equity loan）：以房屋累积的净值作为贷款抵押品的贷款。

住房净值（equity of a home）：房屋的市场价值减去贷款金额的差值。

发薪日贷款（payday loan）：借款人在收到薪水支票前申请的一种短期贷款。

第10章
买房融资决策

章前引例

两年前,布赖恩·门克买了一套经济负担不重的小房子,位置就在他工作的公司附近。他的同事蒂姆·雷明顿也买了一套房子。与布赖恩不同的是,蒂姆要用每个月的大部分收入偿还抵押贷款以及房屋的其他费用,但是他始终认为买下这套房子是一笔不错的投资。

由于每个月的抵押贷款还款额较少,因此布赖恩明年能存下一笔钱。但是,蒂姆没有任何存款,而且当利率水平上升时,他的抵押贷款还款额也随之增加了。蒂姆突然意识到他没有能力继续供房了。由于住房市场的需求在不断减弱,住房价格也在持续走低。蒂姆卖掉了这套房子,但是售价比当初他买房时的价格低了20 000美元。他还要向房产经纪人支付16 000美元的佣金。因此,蒂姆卖房所得的收入比去年他买房时支付的价格低了36 000美元。

到了下一年,经济开始复苏,住房价格逐渐回升。现在布赖恩的房子的市场价格要比当初的买入价高出12 000美元。但是经济复苏也帮不了蒂姆,因为他已经卖掉了房子。

理财规划正是两个人境遇不同的原因。布赖恩的策略更为保守,他充分考虑了经济环境与市场环境出现暂时萎缩或衰退的可能性。与之相反,蒂姆并没有想到抵押贷款的每月还款额竟然会增加,而且错误地以为房价永远不会下跌。

购买人生当中的第一套住房是一项非常重要的个人理财决定,因为这是一项长期投资,而且金额巨大。买多高价格的房子,要使用多少贷款,这些决定将会影响到买房人此后若干年的现金流状况。本章我们要向大家介绍买房的基础知识,帮助各位读者更好地买下人生当中的第一套住房。

本章的学习目标

- 介绍买房时决定你所能负担的最高价格的因素;
- 解释如何挑选房屋;
- 解释如何评估房屋的价值;
- 介绍买房的各种交易成本;
- 说明固定利率抵押贷款的主要特征;

- 说明可变利率抵押贷款的主要特征；
- 展示如何对买房与租房的成本加以比较；
- 介绍抵押贷款的特殊类型；
- 解释抵押贷款再融资策略；
- 解释抵押贷款如何匹配你的个人理财计划。

你能负担得起多高的价格

对大多数人来说，买房可能是你最重要的个人财务决定，因为随着时间的推移，它会对你的净资产产生重大影响。聪明的购房决策可能会让你生活在一个舒适的环境中，也会让你的财富随着房屋市场价值的增加而增加。此外，你偿还抵押贷款的过程相当于你在增加房屋权益投资。然而，糟糕的购房决策可能是毁灭性的，因为房价可能下跌，甚至可能导致破产。认识到买房对你财富的潜在影响，这应该会激励你去了解买房和融资的过程。

买房的一种选择是购买公寓。在公寓中，个人拥有一个住宅小区的房间，但共同拥有周围的土地、公共区域（如停车场）和设施（如游泳池）。公寓的好处与独栋房屋的好处有些不同。独栋房屋是独立的，但公寓的房间通常是相连的，所以没有多少隐私。与公共区域和公共设施相关的公寓费用由房间所有者共同分担，但独栋房屋的所有者要自己支付所有费用。不管怎么样，在选择独栋房屋或为独栋房屋融资时要考虑的因素在购买公寓时也是要考虑的，因为这些因素基本都是相同的。因此，下面的讨论也适用于公寓。

在你准备买房之前，你首先要确定一下根据目前自己的经济状况，你最多能负担得起多高的价格。这能帮助你节省不少时间，因为你根本就不需要花时间去考虑那些价格超过预算的房屋。

很多人用贷款的方式买房：先支付首付款（大概相当于买房总价格的10%~20%），然后余下部分用抵押贷款支付。房屋抵押贷款很有可能是你这一辈子金额最大的一笔贷款。在贷款有效期内，你每个月都要偿还一部分贷款。抵押贷款的合同条款往往存在很多差异。你需要决定是选择固定利率抵押贷款还是可变利率抵押贷款，以及贷款的期限应当设定为多长时间。一般来说，抵押贷款大多是固定利率，期限多为30年，但现在抵押贷款的期限从15年到40年都有。提供抵押贷款的贷款机构根据借款人的财务状况以及信用记录判断可以向其提供多少金额的贷款。很多网站就能根据你的财务状况（例如收入水平以及个人净资产）帮你估算有经济能力负担的最高买房预算。

理财规划师建议，房屋价格不应当超过家庭年均总收入的2.5倍，每月的抵押贷款还款额（包括抵押贷款、房产税以及保险）不要超过家庭每月总收入的28%，他们还建议，家庭每月的负债总额（包括抵押贷款）不应当超过每月总收入的40%。不过，这条规则并不一定适合每个人，因为我们还需要考虑房主的财务状况以及消费习惯。

负担得起的首付金额

估算一下你愿意卖掉套现的资产的市场价值，然后你便能计算出自己能负担得起的最高首付金额以及获得抵押贷款的交易成本（例如结算成本）。注意，一定要预留一部分资金作为流动性储备，以备不时之需。

负担得起的每月还款额

你能负担得起多高的每月还款额？使用你的个人现金流量表计算一下每个月你有多少净现金流可被用于偿还抵押贷款。如果你买了一套房子，那么就不用再支付房租，于是这笔费用就可以被用于支付一部分贷款还款。不过，你还要注意一点，拥有一套房子意味着定期会产生一些费用（例如房产税、房主保险以及房屋的维修费用）。在计划买房时，注意不要让买房计划吸干了目前个人拥有的所有多余的现金流入额。抵押贷款的每月还款额越高，用于储蓄或其他投资用途的资金就会越少。

吸取他人的经验教训。 一旦某些买房人算出了自己能负担得起的最高金额，他们就会把这一数值当做自己可以花费的标准，这样的话，他们再也没有多余资金应付有可能产生的意料之外的支出项目。

事实上，买房人的另一种行为特征是最终他们选定的房屋的价格往往超出了当初他们的预算金额。这是因为当他们开始搜索待售房屋时，通常更注意那些价格超过预算金额但是某些特征十分吸引人的房子。他们会以下面的各种说法为理由说服自己用超过预算的价格去购买所谓非常值得的房子：

- 如果他们愿意申请金额更高的抵押贷款，价格更高的房子可能并不需要支付更高的首付款。
- 他们可以再找第二份工作，这样就能负担得起每月更多的抵押贷款还款额。
- 价钱更贵的房子也能给他们带来好处，一旦将来房屋价格上涨，价格更贵的房子的升值幅度也会更大。

上面列出的每一个理由的正确性都值得怀疑。首先，他们可以申请金额更高的抵押贷款，但是这意味着负债金额更高，他们每个月要支付更多的贷款还款额。其次，再找一份工作就能负担得起每月更高的抵押贷款还款额，但是这意味着在这套房子里享受生活的时间要被大大缩短。最后，房屋的市场价值可能会随时间的推移逐渐上涨，但是也有可能会下跌，如果价格下跌，则价格较高的房屋的贬值幅度有可能更大一些。

与很多消费决策一样，买房行为提供了一种即时满足感，随后买房人才会慢慢地感受到买房行为所带来的痛苦。因此，买房人会找到种种理由或借口说服自己用超出自己经济能力的大价钱买下一套房子。等到买房人感受到偿还买房欠下的债务是多么令人痛苦的时候，想要改变决定已经太晚了。一般来说，买房人很难把自己刚刚买到手的房子轻易地卖掉，即使能卖掉，交易成本（本章的后面内容会讨论交易成本的问题）也非常高。因此，买房人应当认真评估一下自己能负担得起多高价钱的房子，在搜索待售房屋时，必须将这个价格作为自己的买房最高预算来彻底执行。

> **案例**
> 斯蒂芬妮·斯普拉特从大学毕业并开始全职工作已经过去两年时间了（在第1章中我们曾经提到过）。在她毕业一年之后，她准备买一辆新车（借助贷款），我们在第9章中也提到

了这个事情。因为工作时间有两年了，所以，斯普拉特现在有10 000美元的存款。此外，她的老板还给她发了额外的10 000美元奖金，而且她获得了升职。现在她的税后收入每月有3 500美元，比刚开始工作时的工资高了500美元。与此同时，她每月的现金支出相对比较稳定，除了买新车后，每个月要多付一些汽车贷款外，其他没有变化。她认为自己现在每月有足够的净现金流，可以考虑买房这件事了。如果买房的话，那么自己每个月可以省下1 000美元的租金。她开始寻找总价为120 000～150 000美元的房子。考虑到自己现有的奖金和储蓄，她认为自己能够支付15 000美元的首付款。一旦她找到了自己心仪的房子，她就要开始估算首付款、交易成本以及每个月抵押贷款还款的具体金额。

当你计算自己能负担得起多高价格的房子时，必须充分考虑整个经济环境与个人工作的稳定性。如果经济形势变差，你的工作是否会受到影响？抵押贷款的偿还要经历很长一段时间，因此你必须好好思考一下在抵押贷款偿还期这么长的时间里，你能否做到每个月都赚到足够多的收入，能够履行每个月的还款义务。尽管你被解雇以后还能找到另一份工作，但是新工作的收入可能达不到原来的工资水平。因此，当你计算自己能负担得起多高的每月还款额时，要保守一点估计未来自己的收入水平，要确保即使经济环境恶化，你依然有能力支付每个月的抵押贷款还款额。

挑选房屋

挑选房屋的第一步是要明确你想在哪个地方安家生活。接下来，在你的目标区域内搜寻所有待售房屋，了解一般的房屋价格区间以及特征。一旦你确定了一个理想的价格区间，那么便可以对照着去寻找让人满意的房屋。你可以比较一下买房的成本与租房的成本。这种方式可以让你权衡一下买房产生的成本与拥有房屋所有权所带来的潜在收益哪一个更高。

依靠房地产中介

当你打算开始看房，决定是否要买房或者是判断该买哪一套房子的时候，你就可以听一听房地产中介提供的建议。当然，不要完全依赖于房地产中介的建议，因为这中间存在着利益冲突：如果你通过他们买了房，他们就能获得佣金收入。你可以听取一下他们的建议，但是在做决定时要满足自己的个人需求与偏好。一个不错的房地产中介会询问客户的个人偏好，然后再推荐适合的房子。

使用在线房地产经纪服务

现在，越来越多的人使用在线房地产经纪服务来买房。类似于www.ziprealty.com这样的网站允许卖家提交所售房屋的详细信息，这些信息汇聚成数据库，可供潜在买家搜索查看。这样的网站有时仅限于某些特定的城市。作为网站的主办方，房地产公司可以提供一些类似于拟定购房合同之类的服务，使用在线房地产经纪服务应支付的佣金要低于传统的房地产经纪人收取的佣金。

其他一些在线房地产经纪网站允许卖家提交所售房屋的详细信息，但是不提供其他与房地产交易有关的服务。卖家与买家要在没有房地产经纪人帮助的情况下独立拟定售房合同。这种服务方式的优势在于佣金费率低于传统的提供全面服务的房地产经纪公司。一些在线房地产经纪服务公司本质上就是那些提供全面服务的传统房地产经纪公司的附属机构。

选房的标准

下面我们列出了选房时应考虑的最主要的因素：

- 价格与预算的比较。价格要在你的预算范围之内。不要购买超出个人经济能力的房屋。即使你看中的房子拥有宽敞的空间和一个很大的院子，也不值得为了一套房子长时间承担沉重的贷款还款压力。

  如果你的信用评级较差，在买房前你应该仔细考虑。即使你有能力申请抵押贷款，但你最好还是先偿还那些导致你信用评级不佳的债务。然后，在你还清了债务，攒够了更多金额的首付款后，你就可以考虑买房了。

- 地理位置便利。关注那些地理位置便利的住宅，这样你可以尽可能地减少上下班通勤时间或到其他地方办事在路上所花的时间。你一周大概可以节省 10 个小时乃至更多的时间，同时你还能省下不少油钱。

- 维护。一些房屋是由著名的建筑公司负责建造的，其维护费用会更低一些。此外，新房要比老房的维护费用低一些。拥有一个大院子的住宅需要房主支付更多的维护费用。

  对于分套出售的公寓来说，住户共享公共区域的所有权，例如游泳池或网球场。一般来说，住户每个月支付一笔固定的费用，用于这些公共区域的维护保养。此外，住户还要再额外支付一笔用于维护整幢公寓大厦的费用，例如换个新屋顶或其他的维修工作。

- 学区。如果你有孩子，那么住宅所在的学区非常重要。即使现在你还没有小孩，但是一个好学区也能让你的房子卖个好价钱。

- 保险。买房后，你需要购买房主保险，以此防范住宅被盗或被毁坏的风险。不同的住宅，保险费用也不尽相同。房屋的市场价值越高，所在区域的风险越大（例如处在洪水多发地带），则房主保险的费用就越高，因为保险公司要为受损的房屋更换零部件支付更高的赔偿金。

- 房产税。住宅要缴纳房产税，这部分税金用于支持当地服务性机构（例如学校与公园）的正常运营。不同地区的房产税的税率差别较大。一般来说，每年缴纳的房产税差不多相当于房产市场价值的 1%～2%。

- 业主协会。一些住宅的住户联合起来组织了业主协会，该协会为本地区的住宅建造提供指导意见，甚至还负责评估应当出多少钱雇用保安来维护本地区公共场所的秩序。某些业主协会收取的月费非常高，所以在买房时一定要考虑到这一点。

- 转售价值。住宅的转售价值高度依赖于地理位置。绝大多数位于同一个街区或区域、格局相似的住宅，其市场价格都位于同一个价格区间内。尽管在给定区域内，所有住宅的市场价格倾向于向同一个方向变化，但是不同的住宅，有时候价格的波动幅度相差很大。例如，某套住宅距离学校很近，步行即可到达，那么它的市场价格就要比另一套距离学校好几英里的住宅高一些。

你不能准确地预测未来房屋的转售价格，但是你可以估算一下同一个地段几年前卖出的房屋目前的转售价格。很多网站都能提供住房的交易价格信息。不过要注意的是，我们不能用前几年住房价格的上涨比率来估计未来住房价格的变化趋势。

记住，当你使用房地产经纪人出售住房时（很多人都这样做），通常你要按照房屋出售价格的 6% 左右向房地产经纪人支付佣金。所以，如果你按照 100 000 美元的价格转手卖掉了房子，那么可能要向房地产经纪人支付 6 000 美元的佣金，于是自己只剩下 94 000 美元。住房的买家不需要支付佣金。

- 个人偏好。除了前面列出的常见选房原则以外，你对房屋的格局往往会有个人的偏好，例如有几间卧室、厨房的大小以及院子的大小等。

房屋的估值

你应当使用前面介绍的标准考察你看中的住宅，然后多花点时间分析 3~4 套你最喜欢的住宅到底有哪些优势与劣势。你可能会发现某些住宅能够满足所有的评价标准，但是价格太高，所以即使它非常好，也不能考虑买入这样的住宅。

市场分析

你还可以进行市场分析，根据同一地区相似住宅的市场价格来评估某套住宅的价值。你可以用住宅的平方英尺数乘以本地区相似住宅的每平方英尺的平均价格，这样便能计算出该住宅的市场估值。房地产经纪人或评估师也可以向你提供估值信息。

> **案例**
>
> 斯蒂芬妮·斯普拉特找到一栋她有兴趣购买的房子。她找到了同一地区刚刚售出的另外三套房子的售价，这些房子的面积类似，与她正在考虑的那套房子的房龄大致相同。图表 10.1 的第二列提供的便是这三套住宅的价格。
>
> 她发现，该地区的住宅由于面积有大有小，因此市场价格相差较大。她用每套住宅的市场价格除以住宅面积（单位为平方英尺），算出了每平方英尺的价格，列在图表 10.1 的第三列。然后，她算出这三套住宅每平方英尺的平均价格为 100 美元，列在图表 10.1 的最后一行。
>
> **图表 10.1 买房时进行的市场分析**
>
> | 住宅面积 | 价格 | 每平方英尺的价格 |
> | --- | --- | --- |
> | 1 400 平方英尺 | 142 800 美元 | 102 美元 |
> | 1 600 平方英尺 | 160 000 美元 | 100 美元 |
> | 1 500 平方英尺 | 147 000 美元 | 98 美元 |
> | 每平方英尺的平均价格=（102+100+98）/3=100（美元） | | |

> 由于斯蒂芬妮打算购买的住宅建筑面积为 1 500 平方英尺，因此她估算了一下这套住宅的市场价值大概为：
>
> 住宅的市场价值＝每平方英尺的平均价格×住宅的平方英尺数
> ＝100×1 500
> ＝150 000（美元）
>
> 计算结果显示，这套住宅的市场估值为 150 000 美元。尽管斯蒂芬妮还要考虑其他因素，但是这种简单分析能让她对这套住宅的市场价值有一个直观浅显的认识。斯蒂芬妮决定，她愿意以 14.5 万美元的价格购买这套住宅，并计划对这套住宅提出 14.5 万美元的报价。但在与卖家谈判价格之前，她需要确定购买房子会产生的所有成本。

经济环境对房屋价值的影响

经济环境会对房屋的市场估值造成影响。当经济形势好转时，人们更加相信未来自己的收入水平将会保持稳定或逐步增长，于是更愿意买房。随着房屋的市场需求不断增加，房屋的市场价格开始上涨，每平方英尺的平均价格也相应上涨，于是房屋的市场估值也会水涨船高。反过来，当经济形势恶化时，人们开始相信自己的收入水平有可能会下降甚至变成零（被解雇）。此时他们不太愿意买房，于是房屋需求的减少将导致房屋的市场价格下跌。接下来，房屋每平方英尺的平均价格也逐渐回落，所以房屋的市场估值也会缩水。

图表 10.2 阐释了经济环境对房屋市场价值的影响。最初的苗头是当经济发展态势强劲时，收入水平的上升鼓励一些租客开始买房。此外，强劲的经济势头还能让人们相信自己的收入很稳定，使人们愿意在很长一段时间内偿还抵押贷款。在这种背景下，买房人能更容易地获得房屋抵押贷款，因为金融机构更愿意提供抵押贷款，它们相信借款人能够赚到足够多的收入偿还抵押贷款。买房的强烈意愿导致房屋的总需求数量超过了待售房屋的总供给数量。在市场普遍看涨的情况下，房主不太愿意卖房，因为他们仍然相信自己有能力负担房屋的抵押贷款还款义务。愿意出售房屋的房主可能会提出较高的要价，而且还不一定真的会把房子卖掉。

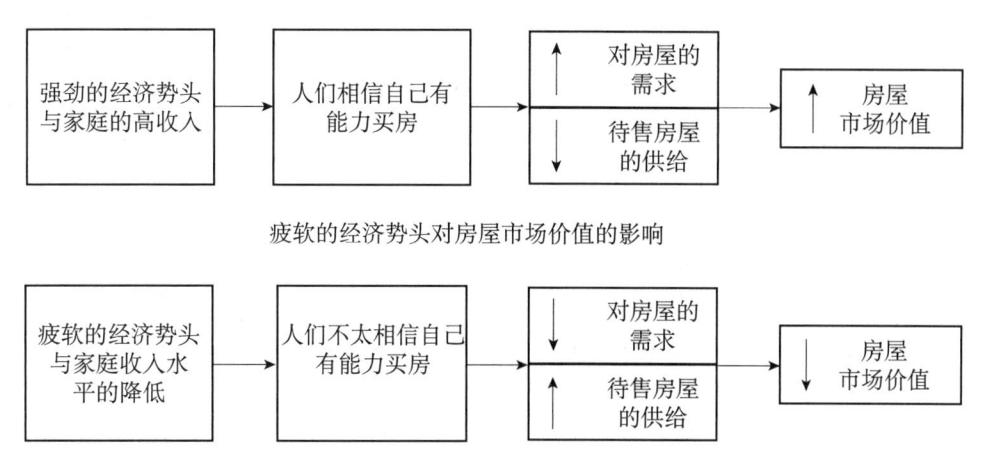

图表 10.2　经济环境对房屋市场价值的影响

在经济形势不景气的时期,情况刚好相反。最初的苗头是由于经济疲软,人们的收入水平开始下降,这迫使人们不得不更保守地消费。在这种条件下,租客们不考虑买房,因为当经济环境不佳时,失业是常有的事。既然工作变得不那么稳定了,那么人们自然不敢确信自己是否有能力在那么长的时间内负担抵押贷款的还款义务。金融机构也不太愿意发放抵押贷款,因为它们不太相信借款人能赚到足够多的收入以在较长时间内履行抵押贷款的还款义务。一部分房主需要卖掉自己的房屋,因为他们的收入水平降低了或他们被解雇了。

金融危机对房屋价值的影响

在 2003—2006 年间,经济环境良好,房屋建造商新建了很多新房屋。抵押贷款机构积极地为这些新建房屋寻找买主,因为它们不仅能通过提供房屋抵押贷款的方式赚取利息收益,还能通过抵押贷款的申请流程获得手续费收入。一些抵押贷款机构开始提供次级抵押贷款,这种贷款面向的借款人大多收入水平较低,或者是首付款太少,没有资格申请优质抵押贷款。抵押贷款机构之所以愿意向这样的借款人提供抵押贷款,是因为它们能收取更高的贷款利息以及额外的预付费用,以此来弥补自身承担的更高风险。如果借款人违约未按时偿还抵押贷款,那么抵押贷款机构便可以获得房屋的所有权。抵押贷款机构很乐观,它们认为房价肯定会上涨,至少不会下跌,因此即使借款人对贷款违约,房屋也能成为足值的抵押品。于是,它们愿意承担发放次级抵押贷款的风险。

抵押贷款违约。在 2007—2008 年间,利率上升,这增加了许多房主需要支付的抵押贷款。因此,一些房主无法再及时支付他们的抵押贷款。还有一些买房人虽然已经从私营保险公司那里购买了抵押贷款的违约保险,但抵押贷款机构依然收不回贷款违约所造成的损失,因为提供违约保险的保险公司没有足够多的资金支付违约赔偿。截至 2009 年 1 月,大概有 10% 的房主未能按时偿还抵押贷款或者是干脆违约了。在所有未偿还的次级抵押贷款中,大概有 25% 的房主推迟至少 30 天才还款。很多金融机构都提供了大量的次级抵押贷款,它们无一例外地遭受了巨额损失甚至破产。

对房屋价格的冲击。前面我们描述的情形就是 2008—2009 年爆发的金融危机。很多房主无力负担自己居住的房屋,只好将房子卖掉。在某些情况下,提供抵押贷款的金融机构获得了房屋的所有权,因为房主不再继续偿还抵押贷款。不过,这些贷款机构很难把自己收回的房屋在市场上卖掉。当时,市场上待售房屋的供给非常多,但是需求十分低迷。结果,为了卖掉房子,房主不得不把价格一降再降,以便能够找到感兴趣的买家。于是,这种情况导致房屋的市场价格大幅度下降。在某些地区,房屋价格的下跌幅度甚至超过了 50%。

不过,房屋价格下跌幅度越大,越难吸引到潜在的买家。因为经济环境恶化,很多有能力买得起房的人担心接下来房屋价格还要进一步下跌,或者担心自己会失业。房地产市场的不景气导致新建房屋开工数量随之减少,于是市场对很多相关行业的产品需求量也大大减少,例如水暖、空调、屋顶和景观设计等行业。所以,很多在上述行业工作的劳动者失业了,这导致实体经济滑向更黑暗的深渊。

危机的解决措施。为了刺激房屋市场与抵押贷款市场,2008 年美国国会通过的《住房和经济复苏法案》(Housing and Economic Recovery Act) 允许一部分房主避免进入丧失抵押品赎回权的拍卖程序。一些金融机构自愿加入了一个项目，帮助那些正面临着房屋即将被取消抵押品赎回权风险的房主摆脱困境。

在某些情况下，金融机构会接受"卖空"安排——出售房屋所得的款项不足以支付抵押贷款未偿还的余额，而房屋的卖主没有能力将差额部分支付给金融机构。也就是说，金融机构没有拿到全部未偿还贷款余额。不过，一些金融机构愿意接受这样的"卖空"安排，因为一旦房屋被取消抵押品赎回权，贷款机构就要收回房屋并负责将其出售。金融机构收回作为贷款抵押品的房屋并将其出售的交易成本有可能高于接受"卖空"安排所产生的损失额。美国政府也推出了几个项目，旨在帮助那些由于大量的抵押贷款违约而遭受严重损失的金融机构。

次贷危机的教训。总的来看，第一，这场次贷危机证明允许不具备申请抵押贷款资格的借款人获得抵押贷款，最终必将毁掉整个抵押贷款市场。第二，这场危机还说明拥有房屋所有权也是一件有风险的事情，因为房地产价格在某些情况下会大幅度下跌。第三，这场危机还证明了经济环境对房屋需求具有重要的影响，从而间接地影响了房屋的价格。第四，它证明房地产市场的交易状况对经济发展也有重要的影响，因为很多工作或岗位与新建房屋的开工建设具有密切关系。

纠正抵押贷款的申请程序。为了稳定抵押贷款市场，美国政府开始执行《2010年金融改革法案》。该法案的条款之一是要求发放抵押贷款的金融机构在批准借款人的抵押贷款申请之前，必须核实借款人的收入状况、工作情况以及信用记录。这一规定旨在确保在贷款机构批准贷款之前，抵押贷款申请人能够提供充足的证据证明自己有资格申请抵押贷款。

2014年，消费者金融保护局发布了新规则，以加强2010年法案的规定。这些规则定义了一种新的抵押贷款类别，即合格抵押贷款。与金融危机前发放的许多贷款相比，合格抵押贷款的设计更安全，也更容易理解。为了发放合格抵押贷款，贷款人必须评估借款人偿还贷款的能力，并必须确保借款人每月总债务（包括抵押贷款还款）收入的比不高于43%。合格抵押贷款不能有只付利息等风险特征（这类贷款在金融危机之前很常见）。这些规则还限制了贷款机构对合格抵押贷款收取的费用。此外，这些规则为拖欠抵押贷款付款的借款人提供了更多的保障。贷款人有动机发放符合合格抵押贷款要求的贷款，因为如果借款人未能偿还贷款，他们会得到某些法律保护。

商业活动与分区法的影响

房屋的市场价值还取决于本地区房屋的市场需求状况，而由于本地区商业活动的活跃程度以及分区法的影响，不同地区房屋的市场需求状况往往大相径庭。

附近的商业活动。在一家大型企业进驻某个地区以后，该企业的员工会在附近寻找房屋。因此，该地区的房屋需求量将会增加，房屋的市场价格也有可能上涨。反过来，当一家大型企业关闭工厂时，在工厂工作的本地房主有可能会卖掉当地的房子，从而使本地房屋的市场价格下跌。面对一定的市场需求，大量的房屋市场供给会促使房主降低待售房屋的售价，以便吸引潜在的买家。

分区法。不同区域的土地会被定性为工业用地或住宅用地。若某片区域的使用性质发生了变化，那么市场对该区域房屋的市场需求状况也将随之发生改变。被划分为工业用地的区域附近的房屋将会变得不那么受欢迎。因此，这些地区房屋的市场需求量将会减少，从而导致房屋的市场价格下跌。

分区法还会改变学区的分配。居民子女公立学校学区的重新划设也会导致地区房屋价格的剧烈波动。距离学校较近的房屋将会升值，距离学校较远的房屋将会贬值。

获得其他的估值建议

如果你的估值结果让你相信某套住宅被低估了，那么在你准备买下这套住宅之前，最好先去咨询一下他人的建议。如果你雇用了房地产中介帮你寻找合适的住房，那么中介可以帮你评估一下这套住房的价值，然后就你可以提出的开价提供建议。不过要注意的是，尽管房地产中介很善于评估住宅的市场价值，但是一些中介在估值时故意偏向卖家而非买家。在这种情况下，房地产中介会故意高估住宅的市场价值，让买家以为这套房子很值得购买。房地产中介有时会用这种策略确保房子能卖出去，于是它们便可以获得佣金收入。尽管很多房地产中介都很诚实，愿意提供公平的房屋估值建议，但是你还是应当自己做一下估值，然后认真考虑一下中介提供的估值结果。

协商价格

一旦你完成了估值工作，确信这套住宅非常值得购买，那么接下来你要向房主开个价，并与房主协商最终的成交价。一些住房最初开出的售价高于卖家愿意接受的成交价。和其他投资一样，在买房时，你要确保自己没有支付过高的价格，没有成为冤大头。

在出价时，你还可以考虑一下房地产中介提出的价格建议。绝大多数卖家愿意接受比初始卖出价更低一些的成交价。一旦你决定开价，就要以购房合同的形式书面提出购买价格，卖家必须对这一价格表示赞同，交易才能达成。房地产中介会把购买合同转交给卖家，并在你与卖家的议价过程中充当中间人的角色。

卖家可能会接受你报出的买入价，也可能会拒绝或讨价还价。如果卖家的报价是100 000美元，而你的报价是90 000美元，那么卖家有可能会拒绝你的报价，同时还价为96 000美元。然后，决定权又到了你的手中。你可以同意或拒绝这个报价，或者是再一次修改购房合同。例如，你可以还价到94 000美元。议价过程会反反复复经过好几轮，直到卖家与买家要么达成一致意见，要么认定双方分歧太大，不值得花费时间为达成交易而努力。购房合同不仅会明确注明购房价格，还会写明买家提出的其他要求，例如卖家要做好哪些维修工作以及买家可以搬进这套住房的确切时间。

报价通常取决于对房屋的检查。你应该经常让人查验房子，即使是新建的房子也需要查验。验房员将检查管道、电气、冷却和供暖系统、屋顶、壁板和房子的其他方面，可能还需要进行白蚁和其他害虫的检查。如果检查发现一些重大问题，你可能想收回你的报价或协商一个更低的价格，目的是支付维修费用。贷款人在发放贷款前可能会要求出具验房证明。

买房的交易成本

一旦你向卖家提出了报价，那么就应当立即开始向金融机构申请抵押贷款，或者你甚至可以在向卖家报价之前就先去申请抵押贷款，这样可以提前确定肯定能获得房屋抵押贷款。贷款申请流程要求你提供自己的财务信息，包括收入状况、个人资产以及负债情况。你还需要提供收入证明，例如最近的工资单或银行账单。贷款机构会联系你的雇主确认你的工作情况并了解目前你的薪资水平，通过这种方式来核查你提交的个人财务信息的真实性。

除了申请抵押贷款以外，你还需要计划一下如何支付买房的交易成本。这包括首付款与结算成本。

抵押贷款的资格预审和预先批准

你可能会发现，在开始找房子之前，事先获得抵押贷款的资格预审或预先批准是很有用的。一般来说，资格预审指的是一个比预先批准更为非正式的过程，不过有些贷款机构可以互换使用这两个术语。要想获得抵押贷款预审资格，你必须通过面谈、电话或网上沟通的方式与金融机构联系，陈述你的收入、资产和负债情况。贷款机构会告诉你你大概会获得多少规模的抵押贷款，但贷款机构不会检查你的财务状况，也不承诺这个抵押贷款金额一定会获得批准。尽管如此，如果你不确定自己能承担多少钱的房子，资格预审可以帮助你做出这个决定。

为了获得预先批准，你要提供申请抵押贷款所需的所有文件，金融机构将会审查它，并检查你的信用报告。这个过程可能需要2～4周的时间，贷款机构可能会收取申请费。如果你被预先批准可以获得抵押贷款，贷款机构会给你一封信，说明它愿意出借的金额。这在一定期限内有效，通常是90天。获得抵押贷款的预先批准是非常有好处的，尤其是在房屋需求旺盛的时期。你不仅会知道你可以获得多大规模的抵押贷款，而且如果你中意的房子有几个其他报价，卖方可能更偏向你的报价，因为你的抵押贷款预先获得了批准，不需要等待，卖家很愿意看到潜在买家已经获得了预先批准的抵押贷款。此外，贷款机构可能愿意锁定它将收取的利率，如果你预期利率未来可能会上涨，对你来说，这是非常有利的事情。预先批准流程还可以让你了解自己的信用报告或信用历史是否有任何问题，从而让你在出价买房之前采取措施解决问题。

首付款

在买房时，你要用自己的钱支付首付款，余下的款项使用抵押贷款支付。首付款代表着你对这套住房的权益投资。

对于传统的抵押贷款来说，贷款机构通常会要求买房人按照房屋出售价格的10%～20%支付首付款。贷款机构预期买房人能够用自己的资产支付一部分买房款，因为这套住房将会成为贷款的担保品。贷款机构要承担买房人违约不偿还抵押贷款的风险。如果买房人没有能力偿还抵押贷款，那么贷款机构就将获得房屋的所有权，然后将其出售，卖房所得的款项用于抵消买房人拖欠未还的抵押贷款。

但是，如果房屋的市场价值逐渐下跌，那么贷款机构可能无法收回当初贷放出去的贷款全额。一旦房屋的市场价格下跌，买房人支付的首付款就能起到一定的缓冲作用。贷款机构可以把房子卖掉，即使出售价格低于当初的购买价格，但是仍有可能可以抵销抵押贷款全额。

在政府担保抵押贷款的方式下，传统的贷款机构负责发放贷款，但是由政府为贷款的违约风险提供担保。政府担保抵押贷款要求的首付比例可能相对更低一些，而且贷款的利率水平也许也要比传统的抵押贷款略低一些。政府担保抵押贷款通常由联邦住房管理局（FHA）或退伍军人管理局（VA）负责提供担保。若想具备申请政府担保抵押贷款的资格，借款人必须满足担保机构提出的多项要求。FHA 贷款可以让低收入与中等收入个人获得抵押贷款。VA 贷款主要向退伍军人发放。一旦当初有资格申请 FHA 贷款或 VA 贷款的原房主决定卖掉房子，这套房子附带的 FHA 贷款或 VA 贷款就可以被转嫁给买家。

当借款人的首付款仅为购房价格的 3.5% 时，FHA 会为这样的贷款提供担保。它还将为 FICO 评分低于 580 分的借款人提供担保，尽管需要更多的首付款。如果没有 FHA 的担保，借款人可能会被要求 FICO 评分至少达到 620 分，这取决于借款人的其他特征和借款金额。即使 FHA 为 FICO 评分较低的借款人提供贷款担保，是否延长贷款最终还是由贷款人来决定。FHA 为其担保的抵押贷款设定了最高金额，而且金额因县而异。你可以在美国住房和城市发展部的网站上找到你所在县的最高限额。

如果你获得了 FHA 贷款或 VA 贷款，那么需要设立一个第三方托管账户。每个月的抵押贷款还款额还包括房主保险以及财产税这两笔费用。负责收取每月抵押贷款还款额的贷款机构会把这两笔额外的费用存放在你的托管账户里，用于每年缴纳一次房主保险以及财产税。

抵押贷款保险。 如果你的首付款低于房屋售价的 20%，贷方很可能会要求你购买抵押贷款保险，以防借款人（房主）不偿还贷款。因此，抵押贷款保险保护的是贷款人，而不是借款人。如果你从金融机构获得非 FHA 担保的抵押贷款，保险将由私人公司提供，因此被称为私人抵押贷款保险（PMI）。FHA 总是要求政府为由其担保的首付比例低于 20% 的贷款提供抵押贷款保险。抵押贷款保险可以大大增加抵押贷款的成本。它的成本通常占贷款总额的 0.3%~1.5%，也就是说，对于一笔 10 万美元的抵押贷款，年成本通常为 300~1 500 美元。FHA 经常修改其担保的贷款的抵押贷款保险费率，因此，如果你正在考虑申请 FHA 担保的贷款，请查看当前费率。FHA 最近的 FHA 费率规定是贷款金额的 0.85% 作为年度保险费，再加上贷款金额的 1.75% 作为预付费用。因此，一个申请 10 万美元抵押贷款的人实际上需要偿还的金额是本金加上 1 750 美元的预付费用，即 101 750 美元，以及每年约 850 美元的保险费（每月 71 美元）。房主的抵押贷款保险费在某些时期是可以减税的，如果国会延用该法律，未来也可以减税。

如果你有一笔非 FHA 担保的抵押贷款，当你的抵押贷款本金余额已经减少到原始贷款的 80%（相当于支付了 20% 的首付款）时，你可以要求贷款人取消抵押贷款保险。当本金余额达到原贷款的 78% 时，贷款人必须取消抵押贷款保险。如果你的房子在你购买后的几年里大幅升值，基于你房子的新评估价值，你可以终止抵押贷款保险。如果你以较低的利率为你的贷款进行再融资，你也可以缩短需要支付抵押贷款保险的时间。然而，对于 FHA 担保的抵押贷款，在整个贷款期间都需要购买抵押贷款保险。

当你考虑买房时，如果你的首付款低于房屋售价的 20%，你应该在计算中包括抵押贷款保险。你可能会决定削减你的假期计划或其他可自由支配的开支，这样你就可以支付更多的首付款。

在某些情况下，提供抵押贷款的金融机构将自己承担私人抵押贷款保险费，而不是向房主收取费用。作为补偿，该机构可能会对抵押贷款收取略高的利率。因此，如果一个金融机构在覆盖私人抵押贷款保险费时提供5%的抵押贷款利率，则在房主自己支付私人抵押贷款保险费的情况下，抵押贷款利率可能会比5%略低。

结算成本

借款人在完成抵押贷款的申请流程过程中要支付多笔费用。这些费用通常被统称为结算成本。这里我们向大家简要介绍一下最重要的几笔费用。根据消费者金融保护局的规定，一笔超过10万美元的贷款，如果相关费用超过贷款金额的3%，就不能成为合格抵押贷款。

贷款申请费。当借款人申请抵押贷款时，贷款机构要收取一笔贷款申请费。一般来说，这笔费用大致为100~500美元。

点数。贷款方有时会收取一笔费用，通常被称为折扣点或点数，以降低贷款的利率。你支付的点数越多，贷款利率就越低。点数以贷款金额的百分比表示。如果你在获得150 000美元的抵押贷款时被收取一个点，那么在贷款发放时你会被收取1 500（＝1%×150 000）美元的费用。点数可以减税。并不是所有的贷款人都收取点数，所以你应该货比三家，看看能否找到一个提供类似利率而不收取点数的贷款人。

贷款发放费。贷款机构还要收取贷款发放费，价格从750美元到1 000美元不等。很多贷款机构允许买房人自己选择采用哪一种费率结构，因此若买房人愿意接受略高的贷款利率，则贷款机构收取的贷款发放费就会相对低一些。一些贷款机构不收取贷款发放费，但是它们发放抵押贷款时收取的利率水平偏高。

评估费。贷款机构要对房屋的市场价值进行评估，以此来保护自己的利益。如果借款人不能履行每月的还款义务，那么金融机构可以卖掉房屋，用所得款项清偿拖欠贷款。评估费一般为300~500美元。

律师费。购买房屋的借款人要聘请律师审查房屋的销售合同，以确保合同措辞合理。房地产经纪人可能有一份专门从事这类工作的律师的名单。

检查费。购买房屋的借款人雇用一名有执照的检查员来评估房屋的现状。

产权调查费与产权保险费。从原房主手中买房（与从开发商手上购买新房不同）还要支付产权调查费与产权保险费。抵押贷款公司要进行产权调查，以确保卖家确实拥有房屋或财产的所有权。而产权保险的作用是一旦除卖家以外的第三人出示证据证明其拥有该房产的真实产权证，那么产权保险可以保护买房人（即借款人）的权益不受侵害。而且，一旦该房屋还涉及产权调查过程中未发现的其他债务纠纷，则产权保险也可以向买房人提供保护。

结算成本与首付款都要在结算时一次性付清。结算成本可以被计入抵押贷款。在结算时，住宅的所有权被过户给买家，卖家得到全额付款，买家可以占有该住宅。

> **案例**
> 我们前面提到过，斯蒂芬妮·斯普拉特正在考虑出价14.5万美元买下一套住宅。她想计算一下结算成本。斯蒂芬妮打算支付15 000美元的首付款，申请130 000美元的抵押贷款。她给约克金融机构打电话，咨询了一下抵押贷款的申请事宜。她得知，如果她要申请130 000美元的抵押贷款，她将不得不支付以下费用：

- 一个点的点数；
- 贷款发放费 700 美元；
- 评估费 300 美元；
- 贷款申请费 200 美元；
- 律师费 500 美元；
- 检查费 300 美元；
- 产权调查费与产权保险费 500 美元；
- 其他费用 200 美元。

约克金融机构表示它愿意承担私人抵押贷款保险费。

基于上面的明细，斯普拉特的结算成本总额计算如下：

项目	金额（美元）
点数	1 300（贷款总额的 1%）
贷款发放费	700
评估费	300
贷款申请费	200
律师费	500
检查费	300
产权调查费与产权保险费	500
其他费用	200
总计	4 000

斯蒂芬妮要支付 15 000 美元的首付款与 4 000 美元的结算成本。

使用固定利率抵押贷款融资

固定利率抵押贷款的特点是在抵押贷款有效期内利率水平始终保持不变。当买房人预测未来市场利率水平将要上升时，他们更愿意使用固定利率抵押贷款，因为固定利率抵押贷款的每月还款额将不会随利率水平的上升而增加。虽然目前市面上还有其他种类的抵押贷款可供选择，但是传统的 30 年期固定利率抵押贷款仍然很受欢迎。在抵押贷款确立时，30 年期固定利率抵押贷款的利率通常与其他长期利率（如 30 年期国债利率）相关。你可以登录多家网站查询目前抵押贷款市场利率的相关数据，不过每家金融机构提供的抵押贷款的利率水平往往存在着较大差异。如果你在还清抵押贷款之前卖掉了房子，那么可以使用卖房所得款项还清抵押贷款。另一种做法是在某些条件下，由买家来承担房屋抵押贷款未偿还余额的还款义务。

分期偿还时间表

借款人要根据分期偿还时间表来计算固定利率抵押贷款的每月还款额。这个时间表根据特定的抵押贷款金额、固定利率水平以及贷款期限计算出了每月还款额。

抵押贷款每月还款额的分配。 每个月的抵押贷款还款额都包含两部分：一部分用于偿还贷款本金，这相当于对房屋进行权益投资；另一部分用于支付贷款利息。

案例

斯蒂芬妮·斯普拉特准备申请130 000美元的抵押贷款买房，她决定查看几个抵押贷款网站，计算一下自己每个月的还款额。其中一个网站让她输入自己打算申请的贷款金额以及30年期抵押贷款的预期利率水平。于是，她输入了130 000美元作为贷款金额，5%作为利率。然后，网站便列出了分期偿还时间表，具体请参考图表10.3。该表显示她每个月的还款额是698美元，同时该表还清楚地说明了斯蒂芬妮每个月的还款额当中有多少用于偿还贷款本金，有多少用于支付贷款利息。请注意，贷款初期每个月的还款额主要用于支付贷款利息，只有一小部分用于偿还贷款本金。例如，对于第2个月，月还款额中的157美元用于偿还贷款本金，而余下的541美元都是用来支付贷款利息的。在刚开始还款时，由于贷款本金的未偿还余额较高，因此每月还款额中的很大一部分是用来支付贷款利息的。随着时间的推移，用来偿还贷款本金的金额占每月还款额的比重越来越高。

还要注意一点，在第25个月，斯蒂芬妮的未偿还贷款余额为125 893美元。这意味着经过25个月的还款，斯蒂芬妮只偿还了贷款本金总额130 000美元中的4 107美元。200个月后，斯蒂芬妮的未偿还贷款余额为81 377美元，此时，抵押贷款的还款期已经超过了一半（总共360个月），而她只偿还了抵押贷款本金的37%。

图表10.4显示了斯蒂芬妮每年的抵押贷款还款额当中用于偿还抵押贷款的本金和利息的金额。第1年，她只偿还1 918美元的本金，剩下的钱（6 456美元）都用于支付利息。斯蒂芬妮看到这一信息感到非常吃惊，于是她准备好好了解一下抵押贷款的相关信息，看一看能否采用什么方法加快抵押贷款本金的偿还速度。

图表10.3　30年（360个月）期固定利率抵押贷款的分期偿还时间表
（贷款金额为130 000美元，利率为5%）

月	每月还款额（美元）	本金偿还额（美元）	利息支付额（美元）	未偿还贷款余额（美元）
1	698	156	542	129 844
2	698	157	541	129 687
⋮				
10	698	162	536	128 400
⋮				
25	698	173	525	125 893
⋮				
49	698	191	507	121 528
⋮				
100	698	236	462	100 677
⋮				
200	698	357	341	81 377
⋮				
360	698	694	4	0
所有月份总额	251 231	130 000	121 231	

注：表中数值四舍五入后取整数值。

图表 10.4 130 000 美元的 30 年期抵押贷款的每年还款额在贷款本金偿还额与利息支付额之间的分配

年	本年度的贷款本金偿还额（美元）	本年度的利息支付额（美元）
1	1 918	6 456
2	2 016	6 358
3	2 119	6 255
4	2 227	6 146
6	2 461	5 912
8	2 720	5 655
10	3 005	5 369
12	3 321	5 054
15	3 857	4 518
17	4 262	4 113
20	4 950	3 425
22	5 469	2 905
26	6 677	1 697
28	7 377	997
30	8 150	222

抵押贷款金额对每月还款额的影响

抵押贷款金额越高，则当利率水平与贷款期限一定时，借款人的每月还款额就会越高。图表 10.5 提供了当抵押贷款期限为 30 年、贷款利率为 5% 时不同抵押贷款金额对应的每月还款额数据。请大家注意观察随着抵押贷款金额的增加每月还款额的变化趋势。例如，80 000 美元的抵押贷款的每月还款额为 429 美元，而 120 000 美元的抵押贷款的每月还款额为 644 美元。

图表 10.5 不同抵押贷款金额对应的每月还款额
(30 年期固定利率抵押贷款，年利率为 5%) 单位：美元

抵押贷款金额	每月还款额
80 000	429
100 000	537
120 000	644
130 000	698
140 000	751
160 000	859
180 000	966
200 000	1 073

利率水平对每月还款额的影响

由于房屋抵押贷款的金额往往很高，所以你要竭尽全力地争取较低的抵押贷款利率。抵押贷款的利率水平越低，则每月还款额就越少。即使利率水平只是略微升高一点（比方说 0.5%），每月还款额就会明显增加。

抵押贷款期限对每月还款额的影响

抵押贷款期限代表的是借款人要在多长时间内履行还款义务并还清抵押贷款全额。到那时，借款人就将拥有房屋的所有权益。除了 30 年期抵押贷款以外，15 年期抵押贷款也很受欢迎。15 年期抵押贷款的优势在于 15 年后你就还清了所有的抵押贷款，而 30 年期抵押贷款则意味着在接下来的 15 年时间里，你还要继续偿还抵押贷款。15 年期抵押贷款的每月还款额一般更高一些，但是在整个贷款期限内，借款人的利息支付额更少，能以更快的速度累积权益投资。通过更快地获得权益，你也可以更快地终止每月的抵押贷款保险费。

30 年期抵押贷款的优势在于当贷款金额相同时，30 年期抵押贷款的每月还款额要比 15 年期抵押贷款的每月还款额更少一些。于是，借款人更能负担得起，能持有更多的流动性。在一些住房非常昂贵的地区，贷款人提供超过 30 年的抵押贷款，因为许多购房者无法负担短期抵押贷款的月供。然而，超过 30 年的抵押贷款不能成为合格抵押贷款。

估算抵押贷款的每月还款额

你可以使用各种抵押贷款网站基于特定的抵押贷款金额与期限来估算每个月的抵押贷款还款额。

> **案例**
> 斯蒂芬妮·斯普拉特想估算一下在不同利率条件下，130 000 美元的固定利率抵押贷款在期限分别为 15 年与 30 年时每个月的还款额各是多少美元。估算结果如图表 10.6 所示。当利率水平为 5% 时，30 年期抵押贷款的每月还款额为 698 美元。当利率水平为 6% 时，30 年期抵押贷款的每月还款额为 779 美元，增加了 81 美元。然后，斯蒂芬妮又估算了一下当贷款期限为 15 年时的每月还款额。她相信对这两种贷款期限，自己都能争取到 5% 的贷款利率，所以她主要关注的是 5% 的利率水平对应的每月还款额数据。

图表 10.6 基于不同的利率水平比较一下贷款总额为 130 000 美元的 30 年期抵押贷款与 15 年期抵押贷款的每月还款额

利率水平（%）	每月还款额（美元）	
	30 年期抵押贷款	15 年期抵押贷款
3	548	898
4	620	962
5	698	1 028
6	779	1 097
7	865	1 168
8	954	1 242

注：每月还款额为计算结果四舍五入后最接近的整数。

当利率水平为 5% 时，15 年期抵押贷款的每月还款额为 1 028 美元，比 30 年期抵押贷款 698 美元的每月还款额多出 330 美元。显然，这就是 15 年期抵押贷款不如 30 年期抵押贷款的劣势所在。然而，这个每月还款额只比斯蒂芬妮当前的每月房租贵 28 美元。

15 年期抵押贷款的优势表现在斯蒂芬妮可以更快地还清抵押贷款，这意味着她能更迅速地累积房屋的权益投资净值。为了更多地了解这方面的信息，斯蒂芬妮登录某个网站对比了一下这两种期限的贷款每年年末时的未偿还贷款余额。图表 10.7 给出了对比分析的结果。请注意，6 年以后，30 年期抵押贷款的未偿还贷款余额还剩下 116 916 美元，而 15 年期抵押贷款的未偿还贷款余额只有 89 260 美元。在这个时点，30 年期的未偿还贷款余额要比 15 年期的未偿还贷款余额多 27 656 美元。10 年后，30 年期抵押贷款的未偿还贷款余额要比 15 年期抵押贷款的未偿还贷款余额多出大概 51 000 美元。15 年以后，30 年期抵押贷款的未偿还贷款余额竟然还剩下大概 88 000 美元（占贷款总额 130 000 美元的三分之二），可是 15 年期抵押贷款已经全部还清。

图表 10.7 30 年期抵押贷款与 15 年期抵押贷款年末未偿还贷款余额的对比
（初始抵押贷款本金为 130 000 美元；年利率为 5%） 单位：美元

年末	30 年期抵押贷款的未偿还贷款余额	15 年期抵押贷款的未偿还贷款余额
1	128 082	124 028
2	126 067	117 750
3	123 947	111 152
4	121 719	104 216
5	119 377	96 924
6	116 916	89 260
7	114 328	81 240
8	111 609	72 735
9	108 750	63 834
10	105 744	54 476
11	102 585	44 641
12	99 265	34 301
13	95 774	23 433
14	92 105	12 009
15	88 249	0

注：未偿还贷款余额为计算结果四舍五入后最接近的整数。

该网站还提供了这两种贷款的总还款额，假设条件是借款人没有提前还款。

单位：美元

	30年期抵押贷款	15年期抵押贷款
本金还款总额	130 000	130 000
利息支付总额	121 231	55 045
总还款额	251 231	185 045

若选择30年期抵押贷款，则斯蒂芬妮要支付的利息总额比15年期抵押贷款多出66 186美元。30年期抵押贷款的总还款额比15年期抵押贷款的总还款额大得多。

斯蒂芬妮意识到15年期抵押贷款让她每个月存不下多少钱，因为她的月供更高了。然而，大部分额外的付款是用来支付她的抵押贷款的，因此增加了她在房子上的权益投资。在权衡15年期抵押贷款所具有的优势与每月多还款330美元的劣势后，斯蒂芬妮决定选择15年期抵押贷款。如果她一直住在这个房子里面，15年后她就没有任何抵押贷款了。即使她决定在还清15年期抵押贷款之前卖掉房子，估计那时也已经偿还了大部分抵押贷款。由于15年期抵押贷款能帮助斯蒂芬妮迅速积累起更多的房屋权益投资（因为能更快地还清贷款本金），所以她的个人净资产也会增长得更快。

使用可变利率抵押贷款融资

除了固定利率抵押贷款以外，另一种选择是可变利率抵押贷款（ARM），这种贷款的利率水平在贷款有效期内会随某种市场利率指标的变化而变化。当然，我们要对可变利率抵押贷款与固定利率抵押贷款进行对比分析。与固定利率抵押贷款一样，可变利率抵押贷款的期限也可分为15年与30年两种情况。可变利率抵押贷款还有很多具体的特征，必须在抵押贷款合同中详细注明。

可变利率抵押贷款的优势表现为当市场利率下降时，借款人支付的抵押贷款利率也将随之下降。这将减少借款人每个月的抵押贷款还款额。因此，借款人可以将更多的钱用于消费或投资。可变利率抵押贷款的劣势在于当市场利率上升时，则借款人支付的抵押贷款利率也将随之上升，于是，借款人每个月支付的还款额就会增加，而用于消费或投资的资金将相应减少。事实上，当市场利率上升时，一些房主会选择贷款违约，因为每月还款额的增加让他们根本无力承担。

初始利率

很多可变利率抵押贷款在还款期的头一年设定了相对较低的初始抵押贷款利率。这一初始利率对房主有很多好处，可以降低头一年每个月的抵押贷款还款额。不过，你要记住，这个初始利率只是暂时性的，因为抵押贷款的利率水平是可变的。根据消费者金额保护局的规定，在确定借款人偿还贷款的能力时，贷款人通常需要根据抵押贷款合同可以收取的最高利率来考虑应付的款项。

利率指标

一段时间以后（例如一年后），初始利率将会与特定的利率指标相挂钩，同步发生变化。抵押贷款合同必须明确说明抵押贷款利率与哪一种特定的利率指标相挂钩。很多可变利率抵押贷款使用金融机构的平均存款利率作为参考利率指标。例如，可变利率抵押贷款的利率水平可能会被设定为等于金融机构的平均存款利率再加上3个百分点。因此，如果某个年度金融机构的平均存款利率为4%，则可变利率抵押贷款的利率水平就为7%（即4%+3%）。如果在下一次抵押贷款利率调整之前，利率指标上升至5%，那么新的抵押贷款利率就会变成8%（即5%+3%）。

利率调整的频率

抵押贷款合同还要特别注明抵押贷款利率的调整频率。很多可变利率抵押贷款要求每年调整一次贷款利率。因此，抵押贷款利率按照某一利率指标确定后，在接下来的12个月里保持不变。等到12个月周期结束时，贷款机构会按照当前利率指标的值调整抵押贷款的利率水平，并在下一个12个月周期内保持不变。

某些抵押贷款允许较低的利率调整频率，例如每3年或每5年调整一次。还有一些30年期抵押贷款仅在第5年年末调整一次利率，随后在接下来的25年时间里一直保持这一利率水平不变。在利率调整之前，消费者金融保护局要求贷款人给予借款人足够的通知，以便借款人可以尝试用另一种更可取的抵押贷款进行再融资。

某些可变利率抵押贷款产品还可实施下列安排：
- 在头三年时间里利率保持不变，但是在三年后变成可变利率抵押贷款（从此利率水平每年调整一次）；
- 在头五年时间里利率保持不变，但是在五年后变成可变利率抵押贷款（从此利率水平每年调整一次）；
- 在头五年时间里，贷款的利率水平可以多次调整，随后在接下来的25年时间里一直保持不变（基于第五年年末时的利率指标）。

由于有这么多选择，你能轻松地挑选出满足个人偏好的抵押贷款产品。例如，如果你预测市场利率水平将会持续走低，那么你可能更偏向于选择每年调整一次利率的可变利率抵押贷款产品。如果你的判断是正确的，那么随着市场利率的下降，你的抵押贷款的利率水平也将持续下降。不过，人们很难准确预测利率的未来走势，这意味着将来抵押贷款的每月还款额是不确定的。当你考察某种可变利率抵押贷款产品时，一定要估算一下若市场利率大幅度上升则每月还款额将会增加到多少美元，确保自己有能力在利率上升时负担得起每月还款额。

可变利率抵押贷款利率的上限

可变利率抵押贷款合同通常还会详细注明利率的上限，即利率的最大波动幅度。比方说，某种可变利率抵押贷款利率的上限为每年2%，那么这就意味着与调整前的利率水平相比，每年抵押贷款利率上调的幅度不得超过2个百分点。假设在一年的时间里，市场利率指标上升了3个百分点。若是不存在利率的上限的话，则可变利率抵押贷款的利率水平也将上调 3 个百分点。不过，由于利率的上限被设定为 2 个百分点，因此该年度可变利率抵押贷款的利率水平只能上调 2 个百分点。这种利率上限的安排很有用，因为它限制了抵押贷款每月还款额因利率上升而增加的幅度。

除了对抵押贷款利率水平的每年上调幅度有限制以外，一般还要设定一个终生利率上限，即在抵押贷款整个还款期内贷款利率上调的最大幅度。一般终生利率上限多被设定为 5%。因此，如果可变利率抵押贷款的初始利率水平为 7%，终生利率上限为 5%，则在抵押贷款的整个有效期内，最高抵押贷款利率就等于 12%。

固定利率抵押贷款与可变利率抵押贷款的对比分析

在买房时，是选择固定利率抵押贷款还是可变利率抵押贷款来融资，取决于借款人对未来利率走势的判断。可变利率抵押贷款的主要优势在于其初始利率水平要比固定利率抵押贷款更低一些。不过，如果将来利率水平上升，可变利率抵押贷款的利率水平可能就要超过固定利率抵押贷款的利率水平，这意味着借款人要支付更多的贷款利息成本。

> **案例**
> 斯蒂芬妮·斯普拉特已经决定如果自己选择 15 年期固定利率抵押贷款，则一定要争取到 5% 的贷款利率。另一种方案是选择初始利率为 4% 的可变利率抵押贷款，这种贷款的利率水平每年调整一次，在银行平均存款利率的基础上再加 3 个百分点。
>
> 斯蒂芬妮注意到，财经专家预测近来市场利率水平很有可能上升。由于事先无法准确预测可变利率抵押贷款的利率水平及其对每月还款额的影响，斯蒂芬妮感到很不安。虽然可变利率抵押贷款在头一年的每月还款额较低，但是一旦市场利率水平上升，下一年的每月还款额就要相应增加。因此，斯蒂芬妮决定还是选择固定利率抵押贷款，放弃可变利率抵押贷款。

买房还是租房

在考虑买房时，你应当对比一下买房的成本与租房的成本哪一个更高。由于受到主观偏好的影响，人们对买房与租房所具有的优势或劣势具有不同的评价。某些人很看重买房后房屋的私密性，还有些人更看重租住公寓的灵活性，他们可以不花费太多成本就轻松入住。买房与租房的经济成本对比分析是较为客观的。一旦完成了经济成本对比分析，接下来就要考虑个人的偏好。

估算租房与买房的总成本

租房的主要成本是每月的房租。另外就是押金被房东扣留所产生的机会成本。如果不当作押金使用的话，这笔钱原本可以被用于投资。租房可能产生的另一种成本是购买租客保险的费用。

买房的主要成本是首付款以及抵押贷款的每月还款额。首付款是有机会成本的，因为如果不是买房，这笔钱原本可以被用于投资并获取收益。买房时还会产生结算成本，不过这部分成本是可以抵扣税负的。买房还会带来其他一些附加成本，例如维护费用。另外，房产税每年缴纳一次，会按照房屋市场价值的一定百分比收取。房主保险每年支付一次，其金额主要依据房屋的市场价值确定。

案例

斯蒂芬妮·斯普拉特找到了一处自己喜欢的住房，并且已经获得了贷款。在做出最终决定之前，斯蒂芬妮想比较一下买房的成本与继续租用目前这套公寓的成本哪一个更高。虽然她更喜欢独栋住宅，但是她还是想比较一下购买独栋住宅与租用公寓相比，到底成本会高出多少。如果她买下这栋住宅，估计至少会住三年时间。因此，她决定比较一下未来三年内买房与租房的成本。首先，斯蒂芬妮计算了一下租房总成本：

- 租金。如图表10.8所示，斯蒂芬妮现在每个月的租金为1 000美元，因此一年的租金为12 000（＝1 000×12）美元。她估计在未来三年内租金不太可能上涨，因此三年时间产生的租金总成本就等于36 000（＝12 000×3）美元。（如果斯蒂芬妮估计未来三年内租金会上涨，那么直接把上涨的租金成本加入这一计算值即可。）
- 租客保险。现在斯蒂芬妮并没有购买租客保险，因为她的家庭资产的价值很低。
- 押金的机会成本。斯蒂芬妮向公寓大厦缴纳了2 000美元的押金。她估计等自己退租时，就可以把这笔押金收回来，但是押金在被扣留期间还是产生了机会成本，因为斯蒂芬妮原本可以用这笔钱投资于年收益率为2%的免税型货币市场共同基金，本可以每年创造40（＝2 000×0.02）美元的投资收益。三年时间共产生120（＝40×3）美元的机会成本。
- 租房总成本。斯蒂芬妮算出每年的租房总成本等于12 040美元，则未来三年内租房总成本等于36 120美元，具体请参考图表10.8。

图表10.8　三年内租房总成本与买房总成本的对比分析　　　　单位：美元

	每年的成本	未来三年内的总成本
租房成本		
租金（每个月1 000美元）	12 000	36 000
租客保险	0	0
押金的机会成本	40	120
租房总成本	12 040	36 120
买房成本		
抵押贷款还款额	1 028×12＝12 336	37 008
首付款	15 000（仅第一年）	15 000（仅第一年）
首付款的机会成本	300	900
房产税	3 000	9 000
房主保险	1 000	3 000
结算成本	4 000（仅第一年）	4 000（仅第一年）
维护费用	1 000	3 000
税收优惠前的总成本		71 908
－节税额		－0
－权益净值		－34 000
买房总成本		37 908

斯蒂芬妮又计算了一下买房总成本：将买房的所有费用加在一起，减去节税额，再减去权益净值：

- **抵押贷款还款额。** 买房的最主要成本就是每个月的抵押贷款还款额。斯蒂芬妮估计其每个月的抵押贷款还款额为1 028美元，因此一年的还款额为12 336美元（不包括房产税和房主保险等费用）。
- **首付款。** 斯蒂芬妮打算支付15 000美元的首付款。
- **首付款的机会成本。** 如果斯蒂芬妮没有买房，她可以将这15 000美元的首付款投资于免税证券，每年获得2%的收益。因此，每年首付款的机会成本（是指如果将这笔钱用于投资所能产生的收益）为300（=15 000×0.02）美元。
- **房产税。** 按照去年住房的原房主缴纳的房产税金额来估计，斯蒂芬妮认为每年要缴纳的房产税大致为3 000美元。这样的话，在接下来的三年时间，她一共需要缴纳的房产税为9 000（=3 000×3）美元。
- **房主保险**（包括抵押贷款保险）。这栋住宅每年购买保险的成本大概为1 000美元（三年为3 000美元）。
- **结算成本。** 虽然买房的结算成本（交易成本）只会在买房的第一年产生，但也必须被计入买房总成本。如前所述，斯蒂芬妮估计结算成本大致为4 000美元。
- **维护费用。** 斯蒂芬妮估计这栋住宅每年的维护费用大概为1 000美元。
- **公共事业费。** 如果买房的话，斯蒂芬妮要支付各种公共事业费，例如水费、电费以及有线电视费。在租住公寓期间，她已经支付了类似的费用，因此她不打算把这类费用列入计算名单。
- **节税额。** 斯蒂芬妮还必须考虑一下买房能发挥的节税效应。她认为自己未来的收入将会被征收12%的个人所得税。由于房屋抵押贷款的利息支出是可以抵扣税负的（她采用逐项抵扣法），因此斯蒂芬妮估计节税额应当相当于应税收入减少额的12%。由于抵押贷款的利息支付额每年都在发生变化，所以节税额也将随之发生变化。她可以使用分期偿还时间表——根据一定的抵押贷款金额、贷款期限以及贷款利率编制该表——来估计未来三年内的利息支付额。最终，斯蒂芬妮估计未来三年内应支付的贷款利息总额约为18 000美元。

请注意，房产税也能给斯蒂芬妮带来节税效应，因为房产税也具有税负抵扣作用。由于前面斯蒂芬妮估算每年的房产税约为3 000美元，因此三年内房产税的总支出金额就等于9 000美元。结算成本的组成部分之一——点数（1 300美元的一次性费用）也能给斯蒂芬妮带来节税效应，原因是在逐项抵扣法下，点数也可被用于抵扣税负。

使用逐项抵扣法计算出的未来三年内买房的逐项抵扣总额如下：

单位：美元

	抵扣额
利息支出	18 000
房产税	9 000
点数	1 300
合计	28 300

这意味着，如果斯蒂芬妮列出她的抵扣项目，在未来三年她可以减少28 300美元的应税收入。然而，如果她采用逐项抵扣法，如第4章所述，她将不能使用标准抵扣法。如果斯蒂芬妮不选择逐项抵扣法，而是选择标准抵扣法，那她可以每年扣除1.2万美元，三年累计抵扣额为3.6万美元。因此，即使斯蒂芬妮买了房子，她从标准抵扣法中获得的好处也比她从逐项抵扣法中获得的好处更多（除非她会有一些与买房无关的主要逐项抵扣）。出于这个原因，斯蒂芬妮从买房中省下的税在图表10.8中显示为零。

- 权益净值。买房的另一个好处在于斯蒂芬妮可以拥有房屋的权益净值。她的首付款为15 000美元，如果贷款期限是15年，那在未来三年内，斯蒂芬妮要偿还大约19 000美元的抵押贷款本金。如果斯蒂芬妮认为这栋住宅的市场价值未来不会发生太大变化，那么三年内她获得的房屋权益净值就等于34 000（=15 000+19 000）美元。如果三年内房屋的市场价值上涨，则她还能获得更多的房屋权益净值。
- 买房总成本。三年内买房总成本是由购买房子的所有费用相加，减去购买房子的节税额（在斯蒂芬妮的例子中是零），然后减去权益净值得到的。如图表10.8所示，斯蒂芬妮在三年内买这栋住宅的总成本估计为37 908美元。

与租房相比，未来三年内的买房总成本要多出1 788（=37 908－36 120）美元。鉴于三年内买房和租房的成本相差如此之小，斯蒂芬妮决定要买房，这主要是因为她更愿意住在独栋住宅而非公寓里。她还相信住宅的市场价值会慢慢上升，而在她的分析过程中并未考虑这一因素。如果住宅的市场价值每年上涨1%，那么斯蒂芬妮买下的这栋住宅的权益净值在三年内将会增加3 000多美元。考虑到这个假设条件，在未来三年时间里，买房的成本比租房的成本还要低。

现在，斯蒂芬妮已经决定要买房，而且按经济能力他也负担得起，于是她开始跟卖方协商，并最终报价14.5万美元，卖家表示接受。

抵押贷款的特殊类型

在某些情况下，潜在的买房者不够资格申请传统的固定利率抵押贷款或可变利率抵押贷款。此时，他们可以选择特殊类型的抵押贷款产品，让买房更具有经济可行性。

递增还款式抵押贷款

递增还款式抵押贷款在借款人刚刚开始偿还贷款时每月还款额相对较少，在贷款初期五年左右的时间里，每月还款额逐渐递增。过了这段时间以后，每月还款额开始保持不变。这种类型的抵押贷款很适合那些收入水平逐年增加的借款人，因为随着借款人的收入水平上升，抵押贷款的每月还款额也开始逐渐增加。对于那些不确定未来收入是否会逐年增加的借款人来说，递增还款式抵押贷款并不适用。

期末大额偿还式抵押贷款

期末大额偿还式抵押贷款（也称气球型抵押贷款）的每月还款额相对较低，但是一段特定时间过后（例如五年），它要求借款人一次性还清抵押贷款的所有未偿还余额（这最后一笔还款就叫做期末大额还款）。有时候，期末大额偿还式抵押贷款是由卖房人向买房人提供的，尤其是当买房人无力承担相对较高的每月还款额并且不够资格申请传统抵押贷款的时候。在这种情况下，卖房人可以提供期限为五年的抵押贷款。卖房人预期未来买房人的收入水平将会上升，使其有资格在五年贷款期结束之前从金融机构那里获得传统的抵押贷款。随后，买房人便可以获得充足的资金，向卖房人用最后一笔大额还款还清所有的抵押贷款余额。根据消费者金融保护局的规定，除非贷款人符合"小债权人"的资格（房屋的卖方很可能符合资格）和其他条件，否则期末大额偿还式抵押贷款通常不能成为合格抵押贷款。

只支付利息的抵押贷款

只支付利息的抵押贷款本质上是一种可变利率抵押贷款，允许买房人在还款期的最初几年内每个月只支付贷款利息。这种抵押贷款在金融危机前非常受欢迎，因为在还款初期，借款人每个月只需要支付贷款利息，不用偿还贷款本金，因此很多人都有经济能力负担。不过，这种贷款产品的劣势在于一旦买房人必须开始偿还贷款本金，其每月还款额便会突然大幅度增加。这时，抵押贷款的每月支付往往会比之前增加30%左右，由于每月支付增加的幅度比较大，一部分借款人可能无力承担。根据消费者金融保护局的规定，只支付利息的抵押贷款不属于合格抵押贷款，而且现在很少有人提供这种贷款。

抵押贷款再融资

抵押贷款再融资是指按照更低的利率水平再申请一笔新的抵押贷款，用新贷款偿还之前借入的抵押贷款。当市场利率下降时（抵押贷款利率也随之下降），你可以通过抵押贷款再融资这种方式获得一笔新的抵押贷款。抵押贷款再融资的弊端是借款人还要再支付一次结算成本。不过即使如此，再融资模式可能仍然具有优势，因为每个月抵押贷款还款额的减少金额（甚至在考虑税收方面的影响之后）也许会大于新贷款的结算成本。当目前市场上的抵押贷款利率水平明显低于原有抵押贷款的利率水平时，抵押贷款再融资的价值可能会更高。若买房人预期自己会在这栋住宅里居住很长一段时间，那么一旦抵押贷款再融资降低了每个月的抵押贷款还款额，则买房人就能从中获得更大的好处，所以抵押贷款再融资很值得一试。如果你有联邦住房管理局担保的抵押贷款，你可能有资格申请联邦住房管理局的"简化再融资"计划，这对一些借款人来说是一种更快、更便宜的再融资方式。

利率调整

当市场利率水平下降时，一些抵押贷款机构可能会同意固定利率抵押贷款的持有者进行"利率调整"。抵押贷款机构可能会收取一次性费用，通常为500～1 500美元。已发放的固定利率抵押贷款的利率水平将会被调低以反映当前市场上较低的抵押贷款利率水平。借款人当然能获得好处，因为贷款的利率水平被调低了。于是，他们不需要再寻找另一家抵押贷款机构申请再融资，也不需要支付新抵押贷款的申请费用。一些抵押贷款机构之所以愿意同意调低已发放的固定利率抵押贷款的利率水平，是因为它们意识到如果自己不愿意向借款人提供这个降低贷款利率的机会，那么借款人很有可能会到其他贷款机构再申请一笔新贷款，然后用所得资金还清这笔老贷款。在这种情况下，借款人同样可以做到不再按照较高的利率水平支付贷款利息，同时起初提供抵押贷款的金融机构还失去了一个客户。若是同意按照目前向新客户提供抵押贷款的利率水平调低老客户的贷款利率，则原抵押贷款机构既可以留住老客户，又可以借助利率调整之机向老客户收取一次性费用。

再融资分析

若想知道自己是否应该申请再融资，你可以比较一下每月节省的利息金额与再融资的结算成本哪一个更高。如果每月节省的利息金额大于再融资的结算成本，那么这说明再融资是可行的。

再融资的优势（降低利息金额）每年都能体现出来，可是其劣势（结算成本）只会在申请再融资时出现。因此，若房主计划长期持有房产，那么再融资能带来更大的好处。在抵押贷款尚未还清时，每一年房主都能享受到利息金额减少所带来的好处。如果纳税人不选择个人所得税标准抵扣法，而是选择逐项抵扣法，则应考虑到，由于抵押贷款再融资支付的利息较少，逐项抵扣法的税收优惠可能会减少。另外，2017 年，《减税和就业法案》大幅提高了标准抵扣额，因此，大部分纳税人将不再使用逐项抵扣法，而是使用标准抵扣法。

抵押贷款与个人理财计划的匹配程度

下面列出的这几项关键性的抵押贷款融资决策必须被包含在个人理财计划当中：
- 你能负担得起多高金额的抵押贷款？
- 你应当选择多长的抵押贷款期限？
- 你应当选择固定利率抵押贷款还是可变利率抵押贷款？

明智地做出决策可以帮助你避免累积过多债务。图表 10.9 对斯蒂芬妮的抵押贷款与个人理财计划的匹配程度进行了总结。

图表 10.9　斯蒂芬妮的抵押贷款与个人理财计划的匹配程度

抵押贷款融资决策的目标
1. 限制抵押贷款的融资金额，让自己有足够的经济能力承担。
2. 只要自己负担得起每月还款额，就尽可能地选择较短的贷款期限。
3. 选择利息金额更低的抵押贷款类型（固定利率抵押贷款或可变利率抵押贷款）。

分析

	30 年期抵押贷款（年利率为 5%）	15 年期抵押贷款（年利率为 5%）
每月还款额	698 美元	1 028 美元

续表

	30 年期抵押贷款（年利率为 5%）	15 年期抵押贷款（年利率为 5%）
月抵押贷款还款额与月租金之差	698－1 000＝－302（美元）	1 028－1 000＝28（美元）
利息支付总额	121 231 美元	55 045 美元
13 万美元抵押贷款 5 年后偿还的金额（和比例）	10 623 美元（初始抵押贷款余额的 8%）已经还清	33 076 美元（初始抵押贷款余额的 25%）已经还清
优势	每月还款额更低	更高的月供几乎就像储蓄，因为每个月它被用来偿还更多的抵押贷款本金

决定

有关可承受的抵押贷款金额的决定：

　　我能买得起我想买的房子。我每月用来偿还抵押贷款的现金流出只比我的房租多 28 美元。为了准备购房，我已经减少了一些费用。我不期待在每月支付其他账单和抵押贷款后还能存很多钱，但我的抵押贷款还款的很大一部分是用于偿还贷款本金，这意味着我每个月能够迅速增加对房子的权益投资。

有关抵押贷款期限的决定：

　　我更喜欢 15 年期抵押贷款，因为每年偿还的贷款本金额更高一些，这个还款能够帮助我快速减少抵押贷款余额，随着时间的推移，我对房子的权益投资在不断增加。

有关抵押贷款类型的决定：

　　我更喜欢固定利率抵押贷款，因为我事先能够准确地知道每月还款额不会发生变化。

讨论题

1. 如果斯蒂芬妮是一位拥有两个孩子的单身母亲，那么她的抵押贷款融资决策会有哪些不同？

2. 如果斯蒂芬妮现年 35 岁，那么她的抵押贷款融资决策会有哪些不同？如果她现年 50 岁呢？

小结

　　买得起房。当你考虑是否买房时，必须先评估一下自己的财务状况，看一看自己能负担得起多高价格的房子。为了计算买房时自己能负担得起多高价格的房子，先查看一下自己能拿得出多少首付款。此外，你还要思考一下每个月要从自己的工资收入里拿出多少钱来偿还房屋抵押贷款。

　　挑选房屋。当你到处查看待售房屋时，在挑选过程中要用到的关键性标准包括价格与预算的比较、地理位置便利、维护、学区、保险、房产税、业主协会、转售价值和个人偏好等。

　　房屋的估值。你可以通过市场分析评估房屋的价值。你可以利用同一区域内近来刚刚出售的房屋的成交价来计算每平方英尺的平均价格。然后，再用算出的每平方英尺的平均价格乘以你准备购买的房屋的面积，就能算出房屋的估值。

　　交易成本。买房的交易成本包括首付款以及结算成本。结算成本的主要构成部分包括贷款申请费、点数、贷款发放费、评估费、产权调查费与产权保险费等。

使用固定利率抵押贷款融资。在整个贷款期间，固定利率抵押贷款的利率水平始终保持不变。在30年期贷款的还款初期，每月还款额的绝大部分被用来支付贷款利息，因此在这段时间内，贷款本金的偿还额相对较少。相对于30年期抵押贷款，15年期固定利率抵押贷款是另一种颇受欢迎的抵押贷款产品。这种贷款的每月还款额更高一些，但是在还款初期，每月还款额当中用于偿还贷款本金的部分所占比例更高一些。

使用可变利率抵押贷款融资。可变利率抵押贷款的利率水平与某种利率指标相挂钩，因此一段时间以后，当利率指标发生变化时，抵押贷款的利率水平也将随之发生变化。预期未来市场利率水平将会下降的买房人非常有可能选择可变利率抵押贷款。

买房还是租房？在最终决定买房之前，你要比较一下一段特定时间内的买房总成本与租房总成本哪一个更高，从而判断哪一种选择有助于改善个人的财务状况。在计算买房总成本时，你要把买房的所有相关费用加在一起，减去买房所带来的节税额，然后再减去期末时房屋的预期权益净值。

特殊类型的抵押贷款。当潜在的购房者没有资格申请传统的抵押贷款时，他们可能会考虑一些特殊类型的抵押贷款，比如递增还款式抵押贷款、期末大额偿还式抵押贷款和只支付利息的抵押贷款，这些抵押贷款可以使住房成本变得更容易负担。

抵押贷款再融资。当新的抵押贷款的利率报价降低时，你可以考虑进行抵押贷款再融资。再融资会产生结算成本。因此，只有当再融资所带来的好处（一段时间内贷款利息成本的减少）大于结算成本时，你才应当考虑再融资方案。

抵押贷款如何匹配你的个人理财计划？抵押贷款可以让你获得一个家，因此抵押贷款融资决策必须被包含在个人理财计划当中。

复习题

1. 买房的步骤。当你考虑买房时，第一个步骤是什么？为什么这一步骤很重要？房地产中介能提供什么帮助？

2. 买房。在买房之前，你必须考虑哪两个财务要素？为什么必须考虑这两个要素？

3. 负担得起的每月还款额。当你计算自己能负担得起多高的买房首付款与抵押贷款的每月还款额时，应当考虑哪些影响因素？

4. 经济状况和工作稳定性。经济状况和工作稳定性如何影响你的购房决定？

5. 选房标准。列出选房时自己应当使用的评判标准。

6. 选房标准。价格、地理位置的便利性以及维护费用会对你的买房决策造成怎样的影响？

7. 房地产中介。房地产中介能够为你提供什么服务？

8. 学区的影响。为什么你打算购买的房屋所在学区的好坏十分重要？

9. 房主保险与房产税。为什么不同住房的保险费与房产税的差别较大？

10. 房屋转售价值。决定房屋转售价值的主要因素是什么？你应如何估计房屋的未来转售价值？当房屋被出售时，谁负责向经纪人支付佣金？

11. 市场分析。如果你在三四套较为喜欢的住宅当中选中了最喜欢的一套，那么接下来的步骤是什么？你是否应当接受卖房人的开价？描述一下你应当如何对住房进行市场分析。

12. 房屋的需求。为什么房屋市场价值取决于房屋的需求？哪些因素会影响房屋的需求？

13. 经济形势。较好的经济形势如何影响房屋市场价值？较差的经济形势如何影响房屋市场价值？
14. 抵押贷款违约。解释一下抵押贷款违约意味着什么？房屋市场价值的改变会如何影响抵押贷款违约？
15. 贷款项目。贷款机构用什么方法保护自己对房屋拥有的权益？介绍一下两种政府提供担保的住房贷款项目。
16. 结算成本。什么是结算成本？列出并简要介绍借款人申请抵押贷款时要支付哪几种结算成本。
17. 固定利率抵押贷款。说明固定利率抵押贷款的特征。相对于可变利率抵押贷款，为什么某些房主更喜欢固定利率抵押贷款？
18. 分期偿还时间表。什么叫做分期偿还时间表？每一笔抵押贷款还款额都包含哪几个组成部分？
19. 每月还款额。列举每月还款额的三个决定因素。解释一下每一个因素对每月还款额的影响。
20. 可变利率抵押贷款。讨论一下可变利率抵押贷款的特点。对于选择固定利率抵押贷款还是可变利率抵押贷款，你的决定会受到哪些因素的影响？
21. 抵押贷款的预先批准。抵押贷款的预先批准是什么意思？为什么预先批准抵押贷款是有好处的？
22. 租房成本。租房成本包含哪几个组成部分？
23. 买房成本。说明一下买房成本的构成。买房能否带来某些潜在的节税效应？
24. 特殊类型抵押贷款的特点。说明递增还款式抵押贷款与期末大额偿还式抵押贷款的特点。
25. 抵押贷款再融资。什么叫做抵押贷款再融资？再融资有哪些劣势？
26. 抵押贷款保险。什么是抵押贷款保险？它如何影响你的抵押贷款成本？
27. 购房风险。购房有哪些风险？
28. 合格抵押贷款。什么是合格抵押贷款？
29. 房屋检查。什么是房屋检查？为什么对你来说在购房前进行房屋检查很重要？
30. FHA贷款。什么是FHA贷款？FHA或VA如何帮助低收入个人购买住房？
31. 第三方托管账户。什么是第三方托管账户？第三方托管账户如何帮助保护贷款人？
32. 期末大额偿还式抵押贷款。什么是期末大额偿还式抵押贷款？这种类型的抵押贷款什么时候有用？

理财规划练习题

1. 抵押贷款还款。多萝西和马特准备买自己的第一套房子。目前他们每个月的现金流入额为4 900美元，现金流出额为3 650美元。每月的房租为650美元。他们要将10%的现金流入额存起来，还要向支票账户存入200美元以备不时之需。在这种条件下，他们能够负担得起多高的抵押贷款每月还款额？

2. 房屋报价。丹尼丝和肯尼准备对一栋面积为1 800平方英尺的住房报个价，目前这栋住房的

售价为 135 000 美元。他们调查了周边地区面积相似的其他住房的市场价格,获得了下列信息:
- 一栋 2 400 平方英尺的住房售价为 168 000 美元;
- 一栋 1 500 平方英尺的住房售价为 106 500 美元;
- 一栋 1 100 平方英尺的住房售价为 79 000 美元。

他们应该为这栋住房报多高的价格?

3. 结算成本。拉里和劳里看中了一套房子,他们报价 125 000 美元,卖家接受了这一价格。他们支付了 10% 的首付款。银行要收取相当于贷款额 1% 的贷款发放费,点数为贷款额的 1.5%。其他费用还包括 25 美元的贷款申请费、250 美元的评估费以及 350 美元的产权调查费与产权保险费。在结算时,拉里和劳里要支付多高的结算成本?

4. 利息支付总额。劳埃德和琼正在考虑买房,需要获得 75 000 美元的抵押贷款。若贷款的期限为 30 年,则每月还款额为 498.97 美元。若贷款的期限为 15 年,则每月还款额为 674.12 美元。这两种不同的贷款期限对应的利息支付总额相差多少美元?

5. 节税额。这个月你支付了 700 美元的抵押贷款还款额,其中利息支付额为 600 美元,贷款本金偿还额为 100 美元。你适用的边际所得税税率为 24%。那么这笔还款能帮助你节省多少美元的所得税?

6. 年租金成本。特雷莎每个月要支付 850 美元的公寓租金,不包含水电费。当初她搬进来时,用自己储蓄账户里的钱——储蓄账户的收益率为 3%——缴纳了 700 美元的押金。此外,特雷莎每年还要花费 80 美元购买租客保险。特雷莎每年租房的总成本是多少美元?

7. 购买公寓的成本。马特在自己喜欢的区域看中了一套公寓。若想买下这套公寓,他要用自己的积蓄支付 5 000 美元的首付款,此外还要支付 2 500 美元的结算成本。买房后,马特的每月偿还额为 520 美元,这笔费用已经包括了房产税以及房主保险费用。公寓的业主协会每年要收取 400 美元的维护费。计算一下马特买房后第一年的总成本是多少美元,假设目前这笔 5 000 美元的首付款可以投资于收益率为 5% 的账户。

8. 节税额。马特(见第 7 题)在买房后的第一年总共支付了 4 330 美元的抵押贷款利息。房产税为 600 美元,房主保险费用为 460 美元。如果马特适用的边际所得税税率为 24%,则买房后第一年马特总共节省了多少税金?

9. 再融资。道格和林恩三年前买了房。他们的每月还款额为 601.69 美元。近来,市场利率水平有所下降,如果两人决定再融资的话,则每月还款额可以降低至 491.31 美元。如果他们决定再融资的话,则他们每年能节省多少美元?他们适用的边际所得税税率为 12%。(提示:要计算节税额减少了多少。)

10. 再融资。如果再融资的成本为 3 860 美元,那么为了弥补这个成本,道格和林恩(见第 9 题)要在这栋住宅里居住多长时间?(在回答本题时,不考虑储蓄所产生的利息收益。)

11. 积累首付款。保罗想买房。近来他住在一套公寓里,房租由他的父母支付。保罗的父母告诉他,不会帮他支付抵押贷款的每月还款额。保罗没有任何积蓄,但是从现在开始,每个月他可以存 400 美元。他打算买下的那栋住房价格为 100 000 美元,房地产经纪人告诉他,要按照房价的 20% 支付买房的首付款。如果保罗的储蓄能够获得 4% 的收益率,那么他需要等待多长时间才能存够买房的首付款?

12. 抵押贷款的可负担性。保罗(见第 11 题)为了无限美好的未来,愿意从现在开始每个月节省 400 美元。如果保罗用利率水平为 5% 的 30 年期抵押贷款来支付买房的余下成本(扣除

20 000美元的首付款),那么每月还款额将会是多少美元?他能负担得起吗?

13. 抵押贷款保险。贾斯汀的联邦住房管理局新抵押贷款为13.15万美元。如果预付1.5%的费用,他的抵押贷款总额会增加多少?加上预付的抵押贷款保险费用,他的抵押贷款总额是多少?贾斯汀会一直为这笔贷款支付抵押贷款保险费用吗?

14. 计算按揭付款。赵先生刚买了一套13.5万美元的房子。他付了10%的首付款,剩下的买房成本以4.8%的利率贷款30年支付。他每个月要付多少本息?

15. 道德困境。米娅看中了一套房子,打算买下它,而且知道自己的经济条件完全负担得起这套房子,但是她的收入水平刚好略微低于申请抵押贷款的收入标准。她是一名女服务员,大部分收入来源于小费,她可以适当夸大一下自己的预期收入。在填写抵押贷款申请表时,她是否应当把预期收入水平写高一些?

个人理财的心理学:买房

1. 买房人总是倾向于比当初的计划花更多的钱来买房。这是因为当他们开始寻找待售房屋时,往往会额外注意那些具有颇为吸引人的特征但标价高于买房预算的房子。描述一下如果你打算买房的话会有怎样的行为。你的行为是否会反映出我们前面所描述的行为模式?你会表现得更为自律一些吗?

2. 阅读一篇讨论心理因素对买房决策的影响的文章。你可以轻松使用类似于"心理学"与"买房"的关键词在线搜索到多篇此类文章。对这篇文章的主要观点加以总结。

综合案例:桑普森一家

当桑普森夫妇买房时,他们获得了一笔30年期抵押贷款,固定利率为6%。他们的每月还款额(不包括房产税和保险)大约是780美元。桑普森夫妇目前仍欠约130 000美元的抵押贷款。如今,他们可以按5%的利率获得30年期的130 000美元抵押贷款。戴夫和莎伦想知道通过再融资他们可以减少多少月供。如果他们为自己的房子再融资,在考虑所有税收影响后,他们将要承担3 500美元的交易费。在计算个人所得税时,桑普森夫妇采用的是标准抵扣法,因此他们支付的抵押贷款利息不能减税。

1. 如果桑普森夫妇以5%的利率获得了一笔为期30年的新抵押贷款,使用网站或财务计算器计算一笔130 000美元的抵押贷款的月供(不包括房产税和保险费)。

抵押贷款	130 000美元
利率	5%
年数	30年
每月还款额	

2. 桑普森夫妇预计他们至少在三年内不会搬家。通过比较再融资省下的钱和成本,为桑普森夫妇是否应该再融资提供建议。

目前的抵押贷款支付	780美元
5%年利率下的按揭还款	
每月储蓄	
每年节省	
在再融资后的年数	3年
总储蓄	

3. 为什么桑普森夫妇从抵押贷款再融资中获得的潜在收益会受到再融资后他们在房子里所住年数的影响？

术语解释

点数（points）：贷款机构在提供贷款时为降低利率而收取的一笔费用，通常以贷款金额的一定百分比表示。

固定利率抵押贷款（fixed-rate mortgage）：在抵押贷款有效期内利率水平始终保持不变的贷款。

可变利率抵押贷款（adjustable-rate mortgage，ARM，也称 variable-rate mortgage）：利率水平在贷款有效期内会随某种市场利率指标的变化而变化的贷款。

上限（caps）：可变利率抵押贷款利率的最大波动幅度。

递增还款式抵押贷款（graduated payment mortgage）：在借款人刚刚开始偿还贷款时每月还款额相对较少，一段时间过后每月还款额逐渐递增的一种抵押贷款。

期末大额偿还式抵押贷款（balloon payment mortgage）：每月还款额相对较低，但是一段特定时间过后，要求借款人一次性还清抵押贷款的所有未偿还余额的一种抵押贷款。

抵押贷款再融资（mortgage refinancing）：按照更低的利率水平再申请一笔新的抵押贷款，用新贷款偿还之前借入的抵押贷款。

第四部分

保护个人财富

第四部分包含三章内容,主要研究保险问题,保险对于保护个人权益、规避个人财产因损毁或承担责任而产生的损失至关重要。第11章重点研究汽车保险与房主保险。第12章探讨的是健康保险与残疾收入保险。第13章介绍的是人寿保险。

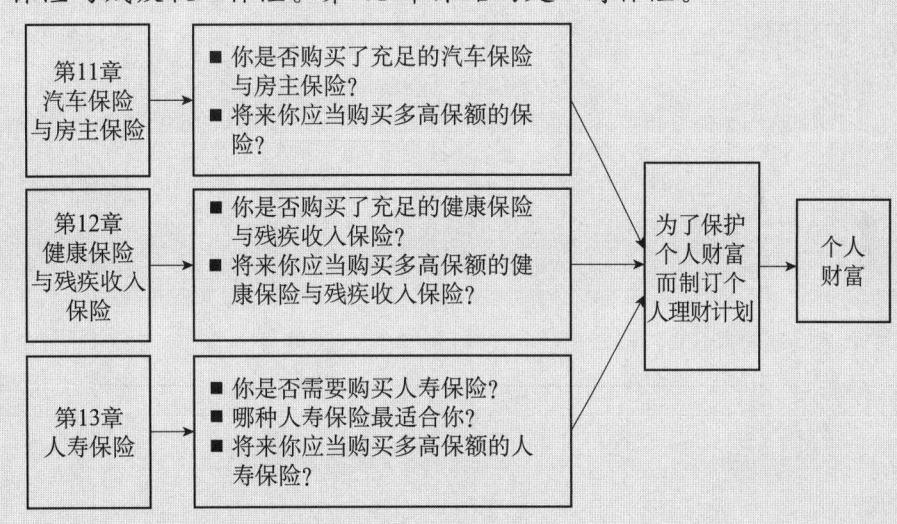

第11章 汽车保险与房主保险	■ 你是否购买了充足的汽车保险与房主保险? ■ 将来你应当购买多高保额的保险?		
第12章 健康保险与残疾收入保险	■ 你是否购买了充足的健康保险与残疾收入保险? ■ 将来你应当购买多高保额的健康保险与残疾收入保险?	为了保护个人财富而制订个人理财计划	个人财富
第13章 人寿保险	■ 你是否需要购买人寿保险? ■ 哪种人寿保险最适合你? ■ 将来你应当购买多高保额的人寿保险?		

第11章 汽车保险与房主保险

章前引例

马特最近遭遇了一次严重的交通事故，这导致他驾驶了八年的小轿车损毁严重。马特的保险公司让马特估算一下汽车的维修成本，于是他把汽车交给了一家颇具名望的修理厂。该修理厂修理费的报价是5 250美元。

马特打算自己支付250美元的免赔额，余下部分由保险公司承担。因为这种品牌与型号的汽车即使车况良好，账面价值也仅有3 240美元，所以保险公司声称只会按照汽车的账面价值向马特赔偿。马特面临两个选择，要么修车，用保险公司支付的赔偿金再加上自己掏腰包的2 000多美元来支付修理费，要么干脆自认倒霉，再买一辆新车。

当你决定自己需要购买哪一种类型的保险产品以及保额大小时，充分了解自己的保险需求是十分重要的，这能帮助你更好地规避经济损失以及免除责任。

本章的学习目标

- 介绍保险和风险管理；
- 介绍保险公司的作用；
- 介绍汽车保险方面的背景知识；
- 确定影响你的汽车保险的保费的因素；
- 说明如果你遇到车祸该如何应对；
- 描述房主保险的关键合同条款；
- 描述影响房主保险保费的因素；
- 描述租客保险的运用；
- 描述伞式个人责任保险的运用；
- 解释保险如何匹配你的个人理财计划。

保险和风险管理

财产保险能够为个人拥有的汽车以及住房因损毁而造成的损失提供保障，还能为个人财产因连带责任而产生的经济损失提供保障。在保险业，"责任"这个词是指若你导致其他人受伤或遭受损失，你可能被要求向其支付赔偿。健康保险能够确保个人的绝大多数医疗费用能得到赔偿，因此也能起到保护个人财产、不必因承担责任而赔偿损失的作用。人寿保险能够在投保人去世后，向投保人的受抚养人、其他人或慈善机构提供经济支持。

保险的主要功能是帮助个人防范意外事件所导致的潜在经济损失或责任。一旦事故或疾病导致个人无法再继续工作，那么保险可以帮助你继续获得收入，或者是阻止其他人夺走你的个人财产。

即使你尚未从保险公司获得任何赔偿，汽车保险也能给你带来一些好处，这是因为买了保险以后，你获得了心灵上的宁静，知道一旦发生了碰撞事故，自己的财产能够得到保护。保险的成本不菲，但是它能保护你的个人财富不被他人剥夺，所以这笔钱花得值得。不过，我们也没必要过度保险从而浪费金钱。所以说，你必须认真地评估一下自己可能会遭遇到哪些潜在损失，然后有针对性地购买那些能够帮助你规避这些潜在损失的保险产品。这一点很重要。

在保险业，"风险"这个词可以被定义为"可以导致经济损失的、遭遇某些事件或危险的可能性"。风险管理研究的就是是否需要以及如何规避风险。风险管理的第一步是确认自己会面临哪些风险。然后，你必须做出决定——是否需要防范这些风险。在做出决定时，你面临的选择是规避风险、降低风险以及使用保险产品来防范风险。如果你决定使用保险产品来防范风险，那么接下来要好好研究一下购买多高的保额以及保险合同的详细条款。

规避风险

思考一下你的哪些行为可能会导致经济损失。如果个人财产被损毁，那么财产的所有者必将面临经济损失。当然，你可以选择不拥有任何财产的所有权，这样便可以规避财产损毁的风险。但是，即使不拥有任何财产的所有权，你也不能完全规避这种风险。假设你租了一辆汽车，一旦这辆车发生了交通事故，那么你就要承担相应的责任以及相应的经济损失。其他类型的风险与财产无关。例如，如果你需要医疗护理或因故残疾，那么你将面临经济损失。

降低风险

管理风险的一种方式是降低你的经济损失。例如，你可以选择购买一套小房子而非大房子，目的是降低因财产损毁而造成的最大经济损失。你可以买辆便宜的小汽车，同样也可以降低因财产损毁而造成的最大经济损失。你可以在家中安装火警警报器或烟雾探测器，从而减少因火灾造成房屋损失的风险。你还可以定期参加健康检查，从而减少疾病或残疾给自己带来的风险。

不过，上述几个步骤并不能完全消除个人的经济风险敞口。如果你开车发生事故，你在事故中需要承担责任，那么你不仅面临财产损毁的风险，还面临承担责任的风险。即使你驾驶的汽车价值很低，你面临的经济损失也有可能很高。

接受风险

管理风险的第三种方式是接受风险，不对自己的经济风险敞口加以限制。如果某一事件导致经济损失的可能性非常低，而且该事件所导致的经济损失金额很少，那么这种方式是可行的。例如，假设你所在的城市交通通畅，车流量不大，而你又很少开车，那么发生交通事故的概率相对较低。如果事件所导致的潜在经济损失很有限，那么你也可以考虑直接接受风险。例如，假设你驾驶着一辆廉价的旧车，那么你也许愿意接受财产损毁所带来的经济损失。不过，你还面临责任风险，这有可能会让你的所有个人财产都处在危险当中。

接受风险行为背后的心理因素。很多人倾向于接受风险，而不是购买保险，这是因为买保险并没有让他们获得满足感。他们付了钱，但是感觉什么也没获得。买保险与购买其他商品或服务有一个最明显的区别，那就是购买商品或服务能够立刻带来好处，而买保险做不到这一点。事实上，一些人甚至认为，只有在一种情况下，保险才能带来好处——不幸的事件发生了，人们需要保险来提供保障。除此以外，他们认为买保险就是浪费金钱。不过，这些人应当好好思考一下一旦不利事件发生而他们又没有购买保险，那么自己要承担多大的责任。在很多情况下，人们在盲目接受风险时并没有好好地了解详细信息，只是推迟了购买保险的决定，因为他们不想花这笔钱，或者他们可能具有这样一种心态：自己会非常小心，因此完全可以避免那些需要保险提供保障的不利事件。

不过，对危险的事件是否发生，人们并没有完全的掌控能力。小心谨慎的司机也有可能会遭遇到严重的交通事故。精明审慎的房主也有可能因为天气的影响而陷入房屋严重受损的困境。健康饮食的人也有可能会患上重病。不利事件所导致的成本能够轻轻松松地耗尽一个人的全部积蓄。

用保险来防范风险

最后一种方法是用保险来防范风险。如果你不能规避某种特殊类型的风险，而且也无法降低该风险，同时你又不希望这种风险会给自己造成经济损失，那么就应当考虑用保险来防范风险。

在决定是否购买保险时，你要比较一下购买保险的成本与收益。保费就是购买保险的成本，通常投保人每年支付一次保费。而购买保险的收益是保护个人财产或收入，避免不利事件给投保人造成经济损失。因此，你既可以保护目前自己拥有的净资产，又可以提高未来个人净资产继续增加的可能性。若你没有购买保险，一旦你卷入了某起事故，要支付一大笔汽车修理费或责任赔偿金，那么你可能会失去个人的全部财产。

你不能用保险规避所有类型的风险，因为某些类型的保险产品要么无处可买，要么成本非常高昂。在管理个人风险时，你要判断一下自己需要防范哪些类型的风险。如果某种事件导致经济损失的可能性比较高，而且所造成的经济损失金额巨大，那么你就应当考虑购买相应的保险产品。你可以选择接受那些只会造成小额经济损失的风险。在本章以及接下来的两章里，本书将向读者详细介绍汽车保险、房主保险、健康保险、残疾收入保险以及人寿保险的合同条款。在掌握了这些基础知识以后，你可以制订适合个人情况的风险管理计划。

个人的风险管理决策还受到个人风险承受能力的影响。例如，你和你的邻居财务状况差不多，同样面临着各种各样的风险。但是，你购买的保险要多于你的邻居，因为你更担心风险会导致潜在损失。虽然每年的保费支出增加了你的生活成本，但是一旦被承保的风险发生并导致经济损失，则损失会由保险公司承担。

经济环境对个人保险决策的影响

经济环境也会对个人保险决策造成一定的影响。当经济形势较好时,个人的收入水平更高,人们愿意购买保险或提高保额。当经济形势不景气时,人们倾向于减少保险的购买额,因为他们要把钱用于其他用途。不过,大家应当仔细思考一下在市场疲软的情况下,减少保险的购买额会带来哪些潜在的危险。除了保险以外,你可能再也找不到弥补意外支出的其他方式,尤其是当未来的收入水平不确定时。不要把保险看作是一种可买可不买的东西,一旦自己的收入水平降低就立即停止购买保险。一定保额的保险是必需品,就像食物与避难所一样。保险能够帮助你支付特定事件(例如交通事故或医疗问题)所导致的巨额支出,否则你很有可能会陷入财务困境。

保险公司的作用

保险公司提供各种各样帮助客户规避经济损失的保险产品。保险公司提供保险产品的收益是客户缴纳的保费。

由于很多各种各样不同的风险都能造成经济损失,因此市场上自然也存在着各种各样的保险产品能够帮助客户规避这些风险。图表11.1列出了会导致经济损失的常见事件以及能帮助投保人规避此类风险损失的对应保险产品。对个人来说,最受欢迎的保险产品包括财产保险、意外保险、人寿保险以及健康保险。财产保险与意外保险被用于保护个人财产,主要包括汽车保险与房主保险。一些保险公司专门经营某些特定种类的保险产品,而另外一些保险公司则可以向个人客户提供所有类型的保险产品。提供同一种类型保险产品的多家保险公司,其保险合同的具体条款往往存在着较大的差别。

部分保险公司是独立经营的,但其他保险公司则与商业银行、储蓄银行、证券公司等金融机构有关联。一些金融机构在其分支机构内设有保险中心,使客户在接受其他金融服务时可以满足其保险需求。

图表11.1 导致经济损失的常见事件

事件	经济损失	保险产品
驾车发生交通事故,使得自己的汽车受损	汽车修理费	汽车保险
驾车发生交通事故,使得车内的其他人受伤	医疗费用以及责任赔偿	汽车保险
驾车发生交通事故,使得另一驾驶员车内的某位乘客受伤	医疗费用以及责任赔偿	汽车保险
住房因火灾而受损	房屋维修费	房主保险
邻居在你的住所内受伤	医疗费用以及责任赔偿	房主保险
投保人生病了,需要治疗	医疗费用	健康保险
投保人生病了,需要长期护理	医疗费用	长期护理保险
残疾	失去收入	残疾收入保险
投保人去世了,但是家庭成员以投保人的收入作为主要经济来源	失去收入	人寿保险

保险公司的经营模式

当保险公司向客户出售保险产品时，它的责任是按照保险合同规定的条款向投保人支付赔偿金。例如，假设你为自己的汽车购买了汽车保险，那么一旦汽车因发生事故而受损，保险公司就要为你的经济损失买单。如果发生交通事故，保险公司会负责支付驾驶员以及乘客的责任赔偿金（赔偿金额取决于保险合同的具体条款），并为事故导致的财产损坏（汽车修理费）买单。

一般来说，保险公司的收入来源于投保人缴纳的保费，它们会把这些保费收入投资出去以赚取收益，直到需要支付赔偿金为止。向客户支付的赔偿金是保险公司经营成本的主要组成部分。大多数投保人在保险期间不需要提出索赔申请。当保险公司支付赔偿金时，赔偿金往往会大于投保人每年缴纳的保费。例如，假设一位投保人当年支付了 1 000 美元的汽车保险保费。假设发生了交通事故，保险公司一共支付了 20 000 美元的责任赔偿金以及汽车修理费。保险公司的赔偿金相当于保费的 20 倍。也就是说，保险公司要用 20 份汽车保险的保费收入来弥补一起保险索赔案所引起的赔偿金。

你买保险是想依靠保险公司在未来向你提供充足的保障。不过，一些管理不善的保险公司也许会遭遇巨额亏损，甚至无法满足你的赔偿要求。此外，客户很有可能拿不回来之前已缴纳的保费。因此，在挑选保险公司时一定要选择财力雄厚的大公司，这一点很重要。多家市场服务机构对保险公司的资金实力进行了评定，例如贝氏评级公司、Demotech 公司、穆迪投资者服务公司以及标准普尔公司。这些机构提供的评级信息能够说明保险公司的财务状况是否良好，将来是否有能力在投保人提出索赔申请时及时支付赔偿金。

保险公司的赔偿金与保费之间的关系。 由于保险公司主要依靠保费收入向投保人支付赔偿金，因此保险公司对保险产品的定价反映了保险索赔发生的概率以及索赔金额的大小。对于某些发生概率极小、导致较小损失的事件，保费通常也比较低。对于发生概率较大、可能会导致严重损失的事件，则保费一般也比较高。

核保人。 保险公司要依靠核保人来计算特定保险产品的风险水平，决定出售哪些保险产品以及收取多高的保费。核保人清楚地知道，保险公司必须让收入大于理赔支出才能获得利润，因此他们在确定保费时，保费与预期的理赔率是紧密相关的。

向企业提供团体保险产品的保险公司。 保险公司通常会向企业提供团体保险产品，企业的雇员可以获得一定程度的保费优惠，尤其是健康保险与残疾收入保险。问问你的老板，看一看是否可以直接从他那里获得你想要的保险。在绝大多数情况下，员工参与雇主提供的保险计划所缴纳的保费要比自己直接单独购买保险所缴纳的保费低一些。

保险经纪人与保险中介的作用。 当你想投保时，你很有可能是在与保险经纪人或保险中介打交道。保险经纪人代表一家或多家保险公司，可以向客户推荐最满足其需求的保险产品。独家保险经纪人只为一家保险公司工作，而独立保险经纪人同时代表多家不同的保险公司。他们通过互联网与保险公司取得联系，能够迅速获得各种保险产品的报价信息。除了帮助客户挑选各种保险产品以外，保险经纪人还能提供理财规划建议，例如退休计划与遗产规划建议。一些保险经纪人还有资格充当共同基金或其他金融产品的经纪人。

最好的保险公司能够提供最迅速、最彻底的理赔服务。有关保险公司服务水平的信息，读者可以利用商业改进局、《消费者报告》以及各州的保险代理机构查询。

汽车保险

汽车保险可以为被保车辆的损毁以及交通事故所产生的费用提供赔偿。因此，汽车保险不仅保护了投保人的大件资产（汽车），而且还限制了投保人的潜在责任（事故所导致的其他费用）。如果你拥有一辆汽车或自己驾车，那么确实需要购买汽车保险。投保人可以找到提供财产险与意外险产品的保险公司购买期限为一年或六个月的汽车保险。保单会详细说明各种情况——投保人要为人身伤害承担责任，或投保人或投保人车上的乘客因事故产生了医疗费用，或投保人的车辆因事故或其他事件（例如树木倒下正好砸到汽车）而遭到毁损，等等——的最高赔偿金。

正如图表11.2所示，在过去几年间，汽车保险的保费小幅上涨。汽车保险提高保费的原因之一是汽车保险诈骗案件越来越多——人们提交虚假的理赔申请，骗取保险公司的赔偿金。常见的汽车保险欺诈形式包括伪造交通事故、伪装受伤、伪装被盗甚至纵火，以达到骗取赔偿金的目的。研究表明，近25%的交通事故造成的人身伤害索赔是虚假的或夸大的，10%的财产索赔也是虚假的。据估计，虚假索赔每年给汽车保险公司造成的损失超过250亿美元，而这些损失必然会引发汽车保费的上涨。由于欺诈，个人每年要多支付200~300美元的保费。

保险欺诈有多种形式。有些人对事故发生前就存在的损害提出索赔；有些人故意把车丢在某个地方，或者把车扔进湖里，然后声称车被偷了。有些时候，不诚信的维修店对维修收费过高或使用劣质材料。有些欺诈是由有组织的犯罪集团实施的。他们可能会上演一场事故，比如故意突然停在另一辆车的前面，使司机无法避免撞到前面的车。然后，受损车辆上的人去一家诊所，该诊所的经理是该计划的参与者。他们声称背部或颈部受伤（这很难反驳），并向保险公司索要巨额医疗费用。与此同时，一家不诚信的修理店也参与了该计划，对受损车辆的维修收取过高的费用。

一些保险的滥用源于律师积极地寻找任何一个发生过事故的人。人身伤害律师可能会鼓励事故受害者粉饰他们的情况，以创造诉讼的理由，因为律师可以获得三分之一或更多的赔偿。法院对"痛苦和伤害"判定的赔偿加上律师费，使保险公司从它们收取的保费中花费了大量的资金。一些州开始实施无过失保险项目，不再要求必须让某一个特定的驾驶员承担事故责任。这样做的目的是避免陷入旷日持久的法庭舌战——每位驾驶员总是试图把责任推到另一方身上。在每个实施无过失保险项目的州，无过失保险项目的具体安排往往有所不同。一般来说，这些州的保险公司会向投保人支付赔偿金（不超过一定限额），赔偿投保人由于身体受伤、医疗费用、失去工作能力而形成的收入损失以及丧葬费用等直接成本。不过，保险公司不会支付其他间接费用，例如车祸造成的精神痛苦与伤害。

然而，无过失保险项目并没有阻止欺诈行为。新泽西州经历了如此多的欺诈性索赔，以至于它对赔偿金额设置了上限，而纽约州则颁布了新的规定，试图对该项目进行改革。密歇根州近年来在其无过失保险项目下经历了太多的欺诈，以至于该州的保费在美国名列前茅。那里有组织的犯罪集团有时会付钱给司机，让他们撞到树上或伪造其他某种虚假事故，然后提交欺诈性的汽车维修和医疗费用索赔。

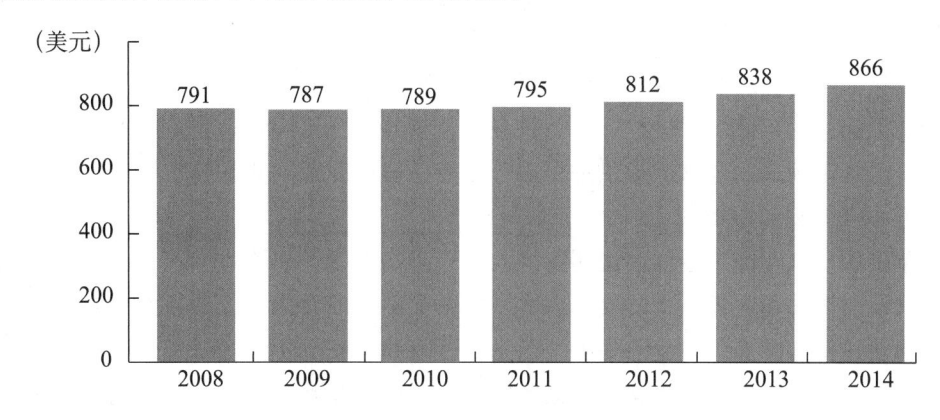

图表 11.2 汽车保险的平均保费

年份	保费（美元）
2008	791
2009	787
2010	789
2011	795
2012	812
2013	838
2014	866

资料来源：保险信息协会。

汽车保险合同条款

保单是指保险公司与投保人之间签订的保险合同。汽车保单详细说明了保险公司向特定投保人以及车辆提供的保险服务（包括最高保额）。保险合同还会注明投保人以及同时使用该被保险车辆的投保人的其他家人均可获得保险保障。投保人在驾驶车辆时，应当随身携带保险信息，例如保单号码、保险公司联系人的姓名等。如果出了事故，投保人应与另一位驾驶员交换彼此的保险信息，然后填写警方报告。

每份汽车保单都会详细说明承保范围。在我们介绍汽车保险合同条款的时候，你可以找出自己的汽车保单并对照着仔细阅读，这能帮助你更好地了解汽车保险的承保范围。

承保范围 A：责任保险

责任保险包括两个主要的组成部分：（1）人身伤害责任保险；（2）财产损坏责任保险。人身伤害责任保险保护投保人免受与自己（或保单上明确列出的投保人的家人）造成的伤害相关的责任。当你经他人允许驾驶他人车辆发生交通事故从而导致他人受伤时，你或你的家人也能得到责任保险的保护。人身伤害的赔偿费用包括医疗费用以及因投保人导致的事故而损失的工资收入。一旦投保人导致事故发生，而另一辆车的驾驶员对投保人提起诉讼，那么这种责任保险能够保护投保人的权益。

鉴于美国在诉讼中授予的高额赔偿，驾驶员必须购买足额的责任保险。当你计算购买多高保额的责任保险时，不需要考虑保险公司帮你应诉打官司要支付多少费用。例如，假设某个人起诉了你，要求获得的赔偿金低于汽车保险合同中约定的责任保险的保额，那么保险公司会负责向其支付赔偿金，你不用管保险公司到底一共付了多少钱。如果诉讼判决的赔偿金超过了汽车保险的责任保险保额，那么差额部分要由投保人支付，因此你有可能会因此失去某些个人资产。至少，你要为单个乘客购买 50 000 美元的人身伤害责任保险，为覆盖所有伤者购买总额为 100 000 美元的人身伤害责任保险。在最常见的情况下，更常见的建议是为单个乘客购买 100 000 美元的人身伤害责任保险，为覆盖所有伤者购买总额为 300 000~400 000 美元的人身伤害责任保险。

当投保人用自己的车辆损坏了他人财产时，财产损坏责任保险可以帮助投保人避免损失。例如投保人驾车撞坏了栅栏、路灯柱或建筑物等情况。注意，财产损坏责任保险不为投保人自己的车辆或其他财产提供承保服务。在一般情况下，我们建议财产损坏责任保险的保额为 40 000~50 000 美元。

保单限额。 汽车保单会详细说明每个人的人身伤害责任保险、所有伤者的人身伤害责任保险以及财产损坏责任保险的最高保额。保单限额一般会用三个数字来表示，这三个数字之间用斜线分隔开来，对应每一种情况责任保险的保额。例如，责任保险的保额表示为 100/300/50，这意味着当发生交通事故时，每个人的人身伤害责任保险保额为 100 000 美元，所有伤者的人身伤害责任保险总保额为 300 000 美元，汽车或其他财产的财产损坏责任保险保额为 50 000 美元。如果某个人在事故中受伤，投保人要向其支付 80 000 美元的人身伤害赔偿金，则保险公司负责向其支付全部赔偿金。如果某个人在事故中受伤，投保人要向其支付 120 000 美元的人身伤害赔偿金，则保险公司只会按照最高保额——100 000 美元——支付赔偿金。如果事故中共有 4 个人受伤，赔偿金共计 400 000 美元，则保险公司负责赔偿其中的 300 000 美元。

几乎所有的州都实施了经济责任法律，要求驾驶车辆的个人购买的责任保险必须达到最低保额。不要求责任保险的州可能会要求你证明你可以赔偿你造成的损害。州政府认为，如果某位没有购买汽车保险的驾驶员导致事故发生，那么他有可能无法履行对事故受伤人员的赔偿责任。这些重要的州法律倾向于设定非常低的责任保险保额，然而在很多情况下，交通事故所导致的责任保险赔偿金远远超过这一最低保额。

经济责任法律分为两种类型。第一种类型要求驾驶员在注册申请汽车牌照时出示证据，证明自己已经购买了汽车保险。这项法律的实施效果有时候并不太好，因为一些驾驶员先购买汽车保险，等到领到牌照以后就取消了汽车保险。第二种类型的经济责任法律要求驾驶员在发生交通事故时出示证件，证明自己已经购买了汽车保险。如果被发现没有购买汽车保险，那么驾驶员的驾照将会被吊销。不过，没有购买汽车保险的驾驶员仍然有可能逃脱自己应承担的赔偿责任，而事故中的受伤人员得不到任何赔偿。

最低责任保险保额因州而异，但是通常每个人的人身伤害责任保险保额至少为 10 000 美元，所有伤者的人身伤害责任保险保额至少为 30 000 美元，汽车所造成的财产损坏责任保险保额至少为 10 000 美元。图表 11.3 列出了美国各地规定的最低责任保险保额。认真了解一下你所在的地区的最低责任保险保额规定。因为你所在的地区总是会有一些驾驶员购买的汽车保险保额不足，因此你需要购买充足的汽车保险，以防与其他驾驶员发生事故时发现对方只购买了最低保额的保险，即使他才是导致事故发生的那个人。

图表 11.3　美国各地规定的最低责任保险保额

地区	责任保险保额	地区	责任保险保额	地区	责任保险保额
亚拉巴马州	25/50/25	肯塔基州	25/50/25	北达科他州	25/50/25
阿拉斯加州	50/100/25	路易斯安那州	15/30/25	俄亥俄州	25/50/25
亚利桑那州	15/30/10	缅因州	50/100/25	俄克拉何马州	25/50/25
阿肯色州	25/50/25	马里兰州	30/60/15	俄勒冈州	25/50/20
加利福尼亚州	15/30/5	马萨诸塞州	20/40/5	宾夕法尼亚州	15/30/5
科罗拉多州	25/50/15	密歇根州	20/40/10	罗得岛州	25/50/25
康涅狄格州	25/50/20	明尼苏达州	30/60/10	南卡罗来纳州	25/50/25
特拉华州	15/50/10	密西西比州	25/50/25	南达科他州	25/50/25
哥伦比亚特区	25/50/10	密苏里州	25/50/20	田纳西州	25/50/15
佛罗里达州	10/20/10	蒙大拿州	25/50/20	得克萨斯州	30/60/25
佐治亚州	25/50/25	内布拉斯加州	25/50/25	犹他州	25/65/15
夏威夷州	20/40/10	内华达州	25/50/20	佛蒙特州	25/50/10
爱达荷州	25/50/15	新罕布什尔州	25/50/25	弗吉尼亚州	25/50/20
伊利诺伊州	20/50/20	新泽西州	15/30/5	华盛顿州	25/50/10
印第安纳州	25/50/25	新墨西哥州	25/50/10	西弗吉尼亚州	25/50/25
艾奥瓦州	20/40/15	纽约州	25/50/10	威斯康星州	25/50/10
堪萨斯州	25/50/25	北卡罗来纳州	30/60/25	怀俄明州	25/50/20

资料来源：保险信息协会。

承保范围 B：医疗费用保险

如果警察判定投保人要承担事故的主要责任，则医疗费用保险能向投保人以及车内其他乘客赔偿医疗费用。医疗费用保险只适用于被保险车辆。如果你驾驶的是别人的车辆，那么这辆汽车的车主要负责为车上的乘客提供医疗保障。如果你乘坐的汽车是由另一位没有购买保险的司机负责驾驶的，那么你购买了医疗费用保险以后，坐车时若因事故而受伤，也能得到保险公司的赔偿。

一些理财顾问可能会建议你购买最低保额的医疗费用保险，前提是如果你已经参加了一个很不错的健康保险计划。不过，即使你已经购买了健康保险，医疗费用保险也很有用处，因为一旦你驾驶的车辆上的乘客不是家人并且因事故受伤，那么健康保险是不会向其支付赔偿金的。医疗费用保险甚至还能支付丧葬费用。

如果警察判定事故中另一辆汽车的驾驶员应承担事故责任，那么医疗费用应由该驾驶员购买的汽车保险支付。不过如果这位驾驶员购买的汽车保险保额不足，那么你自己购买的汽车保险便能及时派上用场。一些州要求驾驶员购买的医疗费用保险保额至少要达到一个最低标准，例如人均 1 000 美元。不过，保险专家建议应当选择更高的保额，例如人均 10 000 美元。

承保范围 C：无保险或保额不足的驾驶员保险

如果另一位没有购买保险的驾驶员导致事故发生，则无保险的驾驶员保险能够支付人身伤害赔偿金。鉴于目前没有购买保险的驾驶员数量众多，所以购买这种保险是很有必要的。

如果你遭遇了交通事故，而应承担事故责任的对方驾驶员肇事后逃逸或者其购买保险的保险公司已经破产，那么这种保险也能向你支付赔偿金。承保范围A的责任保险只会在投保人是事故责任方的情况下支付人身伤害赔偿金，若投保人不是事故的责任方，那么此时这种保险便能发挥作用，及时向投保人支付人身伤害赔偿金。与承保范围A的责任保险类似，投保人必须明确指定投保金额，例如每人保额为100 000美元，所有人的总保额为300 000美元。保额越高，则投保人支付的保费就越多。至少你应当确保每起事故的最低保额要达到40 000美元。一些理财规划师建议每起事故的保额最好能达到300 000美元。

你还可以购买保额不足的驾驶员保险。一旦发生事故，对方驾驶员购买的保险保额不足，那么这种保险可以向你支付人身伤害赔偿金。假设保额不足的驾驶员是事故的责任方，投保人在事故中遭受了人身伤害，如果人身伤害的赔偿额为40 000美元，而保额不足的驾驶员购买的保险产品最高保额仅为30 000美元，那么投保人投保的保险公司可以负责支付差额部分，即10 000美元。

承保范围D：碰撞保险与综合保险

碰撞保险与综合保险防范的是车辆的损毁风险。如果投保人的车辆因事故而遭到损毁，而且投保人是事故的责任方，那么碰撞保险可以向投保人支付修车费用。若车辆因洪水、盗窃、火灾、冰雹、爆炸、骚乱、故意破坏或其他各种各样的事件而遭到损毁，那么综合保险可以向投保人支付一定金额的赔偿金。

碰撞保险与综合保险是可选的。不过，提供汽车贷款的机构可能会要求借款人必须购买可以赔偿汽车财产损失的保险产品，这样做的目的是一旦汽车所有者发生事故并停止偿还汽车贷款，那么此类保险能够保护贷款机构的权益。充当汽车贷款抵押品的汽车一旦在事故中受损，那么很有可能会变得毫无价值。在购买汽车保险的人群中，超过70%的投保人购买了碰撞保险与综合保险。

如果投保人买的是新车，那么车辆损坏后投保人很有可能会去修理，此时碰撞保险与综合保险会显得格外有用。如果投保人驾驶的是二手车，那么这两种保险可能就会显得用处不大了，因为只要车子还能开，投保人也许就会认为暂时不用修理。请注意，这两种保险只承保汽车的现金价值。例如，如果事故发生前你的汽车价值为2 000美元，事故发生后汽车价值变成1 200美元，那么保险公司支付的赔偿金不会超过800美元。保险公司不会向基本没价值的汽车支付非常高昂的修理费用。

即使你不相信自己会成为交通事故的责任方，碰撞保险也很有用处。如果另一位驾驶员坚称你才是事故的责任方，那么你和你的保险公司可能需要向法庭提起诉讼。与此同时，你可以使用碰撞保险支付汽车维修的费用。如果你的保险公司胜诉了，那么另一位驾驶员的保险公司必须向你支付汽车维修的相关费用。

碰撞保险只对被保险车辆的损毁提供赔偿，车内的其他物品不属于承保范围。例如，假设事故发生时你的汽车正在运输一台新电脑，那么这台电脑的损毁不属于碰撞保险的承保范围。

免赔额。免赔额是指在保险公司支付赔偿金之前，投保人自己承担的损失金额。例如，免赔额为250美元意味着投保人必须负责承担事故所导致的头250美元的损失。超过免赔额的损失由保险公司负责赔偿。免赔额一般为250~1 000美元。

其他条款

你还可以选择购买其他未包含在标准汽车保单里的险种。担保汽车保护（GAP）保险涵盖了你欠汽车贷款的金额和如果你的汽车被偷、损坏或全损，保险公司将赔偿你的金额之间的差额。当你买车时，你可能会获得 GAP 保险，但你很少被要求购买它。如果贷款人告诉你 GAP 保险是必需的，请查看销售合同中要求提供 GAP 保险的相关条款。

其他规定可能与租车有关。保单可以在你的汽车发生事故后修理时支付租车的费用。你也可以选择投保拖曳险，即使这些问题不是事故造成的。因为有这些条款，所以保费将略有增加。投保人还可以要求自己的汽车保单加入这样的条款：任何投保人租用的车辆都属于承保范围。如果没有加入这样的条款，那么租车公司一般会主动向租车人出售汽车碰撞保险、责任保险、医疗费用保险甚至针对车内个人财物被盗风险的保险。如果保单里未包含租车保险的相关条款，那么当投保人使用某些信用卡支付租车费用时，信用卡发卡公司可以向投保人提供碰撞保险与综合保险。

汽车保单还会详细说明免责条款与承保范围。例如，如果投保人有意毁坏车辆，则这种行为所致的损失不属于承保范围。如果投保人未经车主许可驾驶他人的车辆，抑或是投保人驾驶的是自己的车辆，但这辆车并未被列入汽车保单，那么这两种情况都不属于承保范围。保单还会具体说明投保人一旦发生交通事故应遵循怎样的处理程序。

汽车保险合同条款的总结

前面我们向大家介绍的最重要的汽车保险合同条款均被包括在标准的汽车保单里。图表 11.4 对这些条款进行了总结。请注意，该图表将可能产生的经济损失划分为以下几种类型：（1）与投标人的车辆遭遇事故有关的经济损失；（2）与遭遇事故的其他车辆或财产有关的经济损失；（3）与未遭遇事故的投保人的车辆有关的经济损失。

图表 11.4　汽车保险合同条款的总结

	汽车保险合同条款
与投保人的车辆遭遇事故有关的经济损失	
投保人是事故责任方，对车内的乘客应承担的赔偿责任	人身伤害责任保险
投保人不是事故责任方，但是另一辆车的驾驶员没有购买保险或购买的保额不足，此时投保人应对车内乘客承担的赔偿责任	无保险或保额不足的驾驶员保险
投保人自己的车辆发生损毁	碰撞保险
对投保人车内驾驶员以及乘客的医疗处置	医疗费用保险
与遭遇事故的其他车辆或财产有关的经济损失	
对另一辆车内的乘客应承担的赔偿责任	人身伤害责任保险
对另一辆车的损毁应承担的赔偿责任	财产损坏责任保险
对其他财产的损毁应承担的赔偿责任	财产损坏责任保险
与未遭遇事故的投保人的车辆有关的经济损失	
投保人的车辆因被盗、火灾、故意破坏或其他非事故性的事件而受损	综合保险

一般来说，责任保险的保费最贵，平均占到汽车保险总保费的60%左右。请注意，人身伤害责任保险的保额要指明。碰撞保险与综合保险的保费一般占总保费的30%左右，但是对于不同的投保车辆，这一比例也会有所变化。通常情况下，新车的碰撞保险保费占总保费的比例要高于旧车。

汽车保险的保费

汽车保险的保费主要取决于投保人向保险公司提出理赔申请的概率以及保险公司支付赔偿金的成本。如前所述，如果投保人购买的责任保险保额较高，而且免赔额较低，那么这种汽车保险的保费肯定要更高一些。不过，除了这个因素，汽车保险保费的高低还要受制于其他因素。

投保人车辆的特征

投保人驾驶车辆的类型以及汽车保单的承保金额会影响到投保人支付的保费。某些车辆每年的保费支付额大概为1 000美元，然而也有一些车辆每年的保费支付额高达3 500美元。如此大的差别应当会促使你在决定购买某款特定车型之前，先找到保险公司询问一下汽车保险的保费价格。

汽车的价值。 若潜在的经济损失较大，则汽车保险的保费也会相应较高。新车的碰撞保险与综合保险的保费都比较高。此外，使用年限相同的豪车与经济轿车的保费也存在差异——前者往往高于后者。一台全新的梅赛德斯轿车的保费要高于一辆全新的福特嘉年华轿车的保费。若想了解更多信息，你可以在线搜索一下哪款汽车的保费最高或哪款汽车的保费最低。很多网站都能提供这方面的信息。

投保人车辆的维修记录。 在受到相同程度的损毁时，一些车型需要花费更多的维修工时。例如，更换丰田轿车的车门要比其他车辆更容易一些，这就降低了修车的费用。如果某款车型的维修较为简单且成本较低，那么其保费肯定也会更低一些。

投保人的个人特征

投保人的个人特征也会对汽车保险的保费造成影响。

投保人的年龄。 保险公司通常会根据投保人的个人背景来确定保费金额，年龄是其中一个非常重要的个人特征。年轻的驾驶员更容易发生事故，因此他们要支付更高的保费。尤其值得一提的是，对于年龄为16~25岁的驾驶员，他们被认为发生交通事故的风险很高，保险公司要支付更多的赔偿金，因此保险公司必须通过收取更多的保费来弥补这些费用。性别是另一个重要的个人特征。男性驾驶员比女性驾驶员更容易发生事故。基于上述原因，年轻男子要缴纳的汽车保费金额非常高。

投保人的行驶里程。 行驶里程越多，则投保人发生事故的可能性就越大。因此，保险公司确定的保费标准就越高。很多保险公司将驾驶员分成两个或多个行驶里程组。例如，假设你每年的行驶里程少于10 000英里，那么你就有资格加入低里程组，从而可以享受到更低廉的保费待遇。

投保人的驾驶记录。如果投保人的驾驶记录非常好，包括在一年或更长时间内从未发生过事故，或者从未收到过罚单，那么保险公司向该投保人收取的保费可能会低于其他投保人。没人会有意创造一个糟糕的驾驶记录，但是一些驾驶员没有意识到如果自己的驾驶记录很差劲，那么这将直接导致保费水平的上升。由于绝大多数保险公司都在努力避开那些事故频发的驾驶员，不愿意向其出售保险产品，因此这些驾驶员根本没办法做到有效地"货比三家"。只要有保险公司愿意为他们的车辆提供保险，不管保费有多高，他们都只能被动接受。一旦驾驶员被贴上了"高风险"的标签，接下来往往要经历几年的安全驾驶才能证明自己已经改正了驾驶习惯。也就是说，在这几年时间里，他们都要支付相对较高的汽车保费。

投保人所在的地区。一般来说，大城市的汽车保费相对要贵一些，因为大城市里发生交通事故的概率更高一些。在同一个年份，不同的州保费水平也往往有高有低，具体请参考图表11.5。一些人口密集、城市较多的州，例如加利福尼亚州、康涅狄格州与纽约州，保费水平更高一些，这是因为人多意味着交通繁忙，发生事故的可能性更大。而那些人口数量较少、农村地域比较广的州，例如艾奥瓦州、堪萨斯州、缅因州与佛蒙特州，保费水平较低一些。即使是在同一个州内，各地汽车保险的保费高低也不一样。例如，同样是在加利福尼亚州，洛杉矶地区的汽车保费远远高于其他地区的汽车保费。

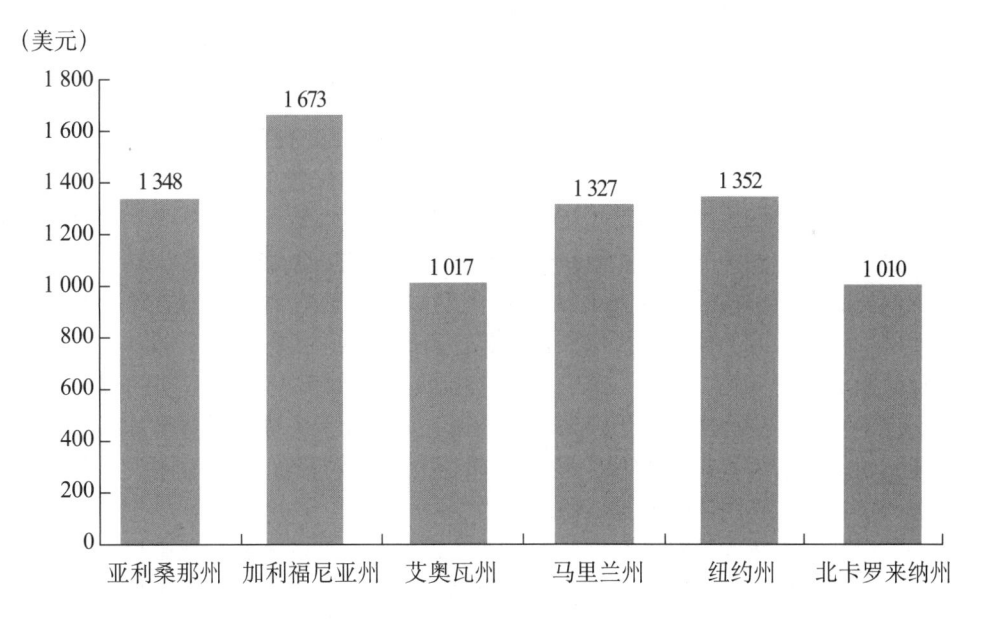

图表 11.5　各州平均每年保费金额的对比

资料来源：*Car Insurance Guidebook*，2017.

投保人的驾驶训练。保险公司认为驾驶员接受的驾驶训练能够提高其驾驶技能，从而降低他未来发生交通事故的可能性。保险公司鼓励投保人接受驾驶训练。如果投保人完成了驾驶训练，那么他就有资格申请保费折扣。

投保人在学校的表现。保险公司认为好学生往往也会是好司机。因此，它们可能会给予好学生较为优惠的保费待遇。

你的信用记录。 保险公司发现，有不良信用记录的人往往会提出更多的保险索赔。因此，保险公司可能会查看你的信用记录，如果你的信用记录很差，你的信用评级很低，保险公司可能会收取更高的保费。有几个州不允许保险公司根据投保人的信用记录来确定保费，但在大多数州，这已经成为一种普遍做法。

投保人选择的保险公司

影响保费水平的最后一个因素便是投保人选择的保险公司。能够提供汽车保险服务的规模较大的保险公司有 Allstate、Farmers、GEICO、Progressive 和 State Farm 等。在美国，这五家大型保险公司占据着汽车保险产品一半以上的市场份额。

各家保险公司收取的汽车保费金额相差较大，因此在你选择保险公司之前一定要尽可能地多了解一些报价信息。一些网站可以在线提供汽车保险的报价信息。还有一些网站甚至允许用户在线购买汽车保险。

如果你对承保条款有些疑问，想与保险推销员谈一谈，那么可以直接给保险公司打电话。在线比较各家保险公司的保费报价至少可以帮助你判断一下应当给哪几家保险公司打电话咨询更详细的保险信息。另一种方式是给独立保险经纪人打电话，他们能帮助你从某一家保险公司购买到满足要求的汽车保险产品。

当你比较价格时，要记住不同类型的保单的价格对比情况也会有所不同。比方说，同样是一份包含较高保额人身伤害责任保险的汽车保单，某家保险公司的保费报价可能会比其他竞争对手更低一些，但是该公司对另一份包含碰撞保险的汽车保单开出的保费报价却高于其他保险公司。因此，你不要只凭朋友或家人的建议来选择保险公司。如果他们选择的保单与你需要的不同，那么很有可能另一家保险公司的保费更优惠。此外，保险公司可能会每隔一段时间对保费进行调整，所以有时候保险公司收取的保费水平可能偏低，但是一段时间过后，还是同样的保单，但是保费水平也许会明显上涨。

续保时比较一下价格。 一旦汽车保险保单已生效 60 天，那么只有在下列情况下，保险公司才能取消投保人的保单：投保人在购买保险时提供了虚假信息；投保人的驾照被吊销；投保人没有支付保费。不过，当汽车保险到期时，如果投保人近期的驾驶记录很糟糕，那么保险公司可能会决定拒绝续保。比方说，如果投保人酒驾并导致事故发生，那么保险公司不可能同意为投保人续保。联邦法律还允许公司在你的信用评级下降时拒绝续保，不过州法律可能会限制公司这样做的能力。

如果保险公司愿意为投保人续保，那么即使投保人近期的驾驶记录良好，保险公司仍然有可能会在续保时提高保费标准。如果保单到期时你对现在这家保险公司不满意，或者认为保费太高了，那么完全可以再寻找另一家适合的保险公司。在续保之前，你应当好好比较一下各家保险公司出售的汽车保险产品。不过，要记住驾驶记录将一直伴随着你。如果近期由于你的缘故发生了一起或多起事故，那么不管你决定在目前这家保险公司续保还是转投另一家保险公司的怀抱，保费金额肯定都要上涨。

案例

斯蒂芬妮·斯普拉特正在考虑汽车保险的续保问题。她看中了两种保单。A 保单的保额标准是 100/300/50，这意味着事故中受伤的每位乘客最高可获得 100 000 美元的赔偿金，每起事故的最高赔偿金为 300 000 美元,其他车辆或财产的损失的最高赔偿金为 50 000 美元。这份保单还提供碰撞保险与综合保险,免赔额为 200 美元。这份保单每年的保费为 1 240 美元。B 保单的保额标准为 60/100/20,每年的保费为 800 美元。斯蒂芬妮更喜欢 A 保单,因为 B 保单会让她承担更大的责任风险。尽管 B 保单的保费更少一些,但是节省的保险成本抵不过责任保险保额不足所带来的额外风险。

斯蒂芬妮的保险经纪人告诉她,如果她的免赔额从 200 美元增加到 400 美元,她的保费将下降到 1 100 美元,这比 200 美元免赔额保单的 1 240 美元的保费少 140 美元。斯蒂芬妮决定提高免赔额,这样每年的保费就能减少 140 美元。图表 11.6 展示了斯蒂芬妮选择的这份保单。

图表 11.6　斯蒂芬妮·斯普拉特的汽车保单

投保人:	斯蒂芬妮·斯普拉特	驾照号码:	ZZ QQZZ
保单编号:	WW77-QG22-999	保费:	1 100 美元
保险生效日:	4 月 6 日,期限为一年	家庭中驾驶本车的驾驶人:	一位驾驶人,25 岁
被保险车辆:	本田思域	汽车的常规使用状况:	每年行驶里程少于 10 000 英里
到期日:	4 月 6 日		

承保范围	美元
责任	
人身伤害责任保险(保额为 100 000 美元/300 000 美元)	
财产损坏责任保险(保额为 50 000 美元)	
责任保险保费总额	480
医疗费用与收入损失	170
无保险或保额不足的驾驶员保险(保额为 100 000 美元/300 000 美元)	210
碰撞保险(免赔额为 400 美元)	270
综合保险(免赔额为 400 美元)	86
应急道路服务费	4
共计	1 220
保费折扣	
防抱死制动系统	30
过去七年间没有发生交通事故	90
折扣总额	120
应付保费总额	**1 100**

如果投保人遭遇了交通事故

如果你遭遇了交通事故,那么应当立即报警。询问事故中另一位或几位驾驶员的相关信息,包括他们的保险信息。你还可以争取获得目击证人的联络信息(包括车牌号码),以防他们在警察到来之前离开。确保自己能够证实其他驾驶员提供的信息的真假。一些驾驶员知道自己是事故的责任方,但是由于没有购买保险,他们可能会给你一个假名字,在警察到来之前赶快走掉。将所有能够证明你不是事故责任方的证据拍照留存。趁自己还记得清楚,赶快用书面形式写下事故发生的具体细节。要求获得警方报告的复印件。

立即向你的保险公司提出理赔申请。保险公司会查看警方报告,可能还会联系目击证人。你还要核实一下自己的汽车保单仍然是有效的,并判断一下汽车的修理费用以及医疗处置费用是否属于这份保单的承保范围。保单通常会详细列出修车的指导意见,比方说在修车之前,你应当先获得至少两家修车厂的维修报价。保险公司雇用的理赔人员会去调查事故的详细信息,然后判断你是否应当获得赔偿。

一旦你自己支付了一些费用,例如汽车修理费或医疗费用,那么应尽快将这些信息告知保险公司,并将收据寄给保险公司。随后,保险公司会向你支付属于保单承保范围内的费用。保险公司有可能支付全额或部分赔偿金。另一种可能是保险公司声称,你已支付的一部分或全部费用不属于保单的承保范围。

如果你的保险公司相信另一位驾驶员是事故的责任方,那么它应当从另一位驾驶员的保险公司那里获得损失赔偿金。如果另一位驾驶员没有购买保险,而你购买了无保险或保额不足的驾驶员保险,那么你的保险公司会向你支付赔偿金。如果你的理赔申请被保险公司拒绝,而你仍然相信另一位驾驶员才是事故的责任方,那么你需要向另一位驾驶员或其保险公司提出理赔申请。若事故中受到人身伤害的当事人要求获得的赔偿金额大于他的保单所能提供的赔偿金额,则也应采取同样的处理方式。

房主保险合同条款

与房屋所有权有关的财产损毁、被盗或个人责任可以通过房主保险来获得保障。这种保险不仅能够为绝大多数人的高价值资产提供保护,还能帮他们分担与住房有关的潜在责任(费用)。房主保险一般要求投保人每年支付一次保费,或者是将保费加入每个月的抵押贷款还款额当中。

各种各样的不利事件会导致与房屋所有权相关的经济损失,例如洪水和入室盗窃。火灾、雷电、大风、冰雹以及水灾所导致的保险理赔几乎占到了房主保险公司经营成本的一半。

房主保险有不同的形式,每种保险的承保范围均不相同。在选择了自己看中的房主保险产品以后,你还可以要求在保单内加入其他特定条款以满足自己的特殊需求。图表11.7总结了8种不同的房主保险产品。请大家注意,HO-1、HO-2、HO-3、HO-5以及HO-8主要关注的是对房屋的保险。序号越大,承保范围越广,保费也就越高。另外两种房主保险产品即HO-4与HO-6分别提供租客保险(即承租人保险)与共有人保险。HO-7主要为移动房屋或房车提供保险。

图表11.7 房主保险承保的风险类别

HO-1	火灾、闪电、爆炸、冰雹、暴乱、车辆、飞机、烟雾、故意破坏、盗窃、故意损害他人财产以及玻璃破损。
HO-2	除了承保HO-1里提到的各种危险以外,还包括空中坠物、冰雪或冻雨的自身重量对房屋造成的破坏、建筑物的倒塌、洪水或蒸汽的溢出、电涌、蒸汽或热水系统爆炸、水管冻裂,以及暖气装置、空调系统和家用电器的损坏。

续表

HO-3	可以承保房屋以及其他连带建筑物可能遭受的所有风险事件,除非保险合同中明确说明某些损失不属于承保范围。一般来说,不属于此类保险承保范围的危险事件包括地震、洪水、白蚁、战争以及核事故。投保人可以购买其他保险来防范地震与洪水风险。这种保险还能保护个人资产避免因HO-2所列的种种危险事件而遭受损失。
HO-4	保护承租人的个人财产不因盗窃、火灾、故意破坏以及烟雾而遭受损失。
HO-5	承保房屋、其他连带建筑物以及个人财产可能遭受的所有风险事件,除非保险合同中明确说明某些损失不属于承保范围。这种保险对房屋的承保范围与HO-3类似,但是对个人财产的承保范围略大一些。
HO-6	专为共有公寓所有者设计的房主保险。承保的危险事件包括盗窃、火灾、故意破坏以及烟雾(投保人应认真查看保单条款,以确定哪些危险事件属于该保险的承保范围)。
HO-7	主要为移动房屋或房车提供保险。
HO-8	对房屋的可承保危险事件与HO-1相同,但是只按照现金价值而非重置成本支付赔偿金。

房主保险产品通常会对财产损毁以及个人责任提供保险。正如图表11.7所示,各种不同的房主保险产品,其具体的承保安排往往会有所差别。绝大多数房主保险产品主要关注以下几种承保类型。

财产损毁

房主保险可以为房屋的损毁进行赔偿。保单的特定条款会详细说明承保的范围。现金价值保险会按照扣除折旧以外的财产损毁价值向投保人支付赔偿金。重置成本保险则会按照被损毁的财产的重置价值向投保人支付赔偿金。重置成本保险更好一些,因为被损毁财产的重置成本通常会高于该财产的评估价值。例如,假设一套住房彻底被毁,而就在被毁之前该房屋的评估价值为90 000美元。现金价值保险会向投保人支付90 000美元的赔偿金,即使重建房屋的成本(重置成本)可能要100 000美元甚至更多。与之相比,重置成本保险能够涵盖房屋的整个重置成本,因此可以向投保人支付相当于房屋整个重置成本的赔偿金。当然,赔偿金最多不会超过保单的最高保额。保单一般会详细注明免赔额是多少美元,即在保险公司向投保人支付赔偿金之前,投保人自己必须先承担多少美元的损失额。

最低保额。很多保险公司要求房主保险的保额至少要达到房屋完全重置成本的80%。向个人提供房屋抵押贷款的金融机构可能会要求房主保险的保额至少能够还清个人申请的抵押贷款金额。在绝大多数情况下,你需要购买的保额应大于抵押贷款机构要求的最低保额。投保人应当购买充足的房主保险,这不仅是为了有能力还清抵押贷款余额,而且还为了确保房主保险的赔偿金能够完全弥补房产以及所有个人财产的损失额。

其他连带建筑物

房主保险还会详细说明其他独立的建筑物——例如车库、棚屋或游泳池——是否属于承保范围以及最高保额。树木与灌木的受损额一般也会被列入最高保额之内。连带建筑物的保险赔付也采用免赔额制度。

个人财产

房主保险通常也承保个人财产，例如家具、电脑或服装，赔偿金额不超过最高保额。例如，某种保险明确说明所有的个人财产（例如家具与服装）均属于承保范围，最高保额为 40 000 美元。一般来说，在标准的房主保险中，个人财产的保险范围不会超过房屋保险范围的一半。个人财产的理赔同样采用免赔额制度。

家庭物品清单记录了提出保险理赔申请时可能会用到的个人财产的详细信息。将你的所有个人财产列成表格，估计一下每一项财产的市场价值。用摄影机拍下房屋内所有的个人财产，以证明这些财产是真实存在的。将财产列表与视频录像保管在房屋以外的安全场所，即使房子被毁，你还是能拿到这些证据。

个人财产重置成本保险。很多房主保险只按照现金价值向个人财产提供承保。例如，假设投保人三年前花了 2 500 美元购买了一套家庭娱乐系统，估计该系统的使用寿命一共是五年。也就是说，现在这套娱乐系统已经用掉了五分之三的使用寿命。保险公司会根据这一信息计算折旧成本，然后向投保人支付 1 000 美元的赔偿金。但是，如果这套家庭娱乐系统在火灾中被毁，投保人可能需要花 3 000 美元才能买到一套全新的家庭娱乐系统。

就像房屋可以按照重置成本而非现金价值承保一样，个人财产也是如此。这一条款会让投保人支付的保费略微有所增加，但是若投保人的某些个人财产重置成本很高，那么加上这一条款还是很值得的。

个人移动财产保险。一些个人财产市场价值很高，单纯依靠房主保险无法为其提供充足全面的保障。投保人可能需要进一步购买个人移动财产保险，这相当于房主保险的扩展，允许投保人逐条列出价值较高的个人财产。例如，假设家中存放着非常昂贵的电脑设备或珠宝，那么投保人可以考虑额外购买保险来保护这些特殊的个人财产。另一种可供选择的保险产品叫做计划外的个人移动财产保险，它能为投保人的所有个人财产提供保护。

家庭办公室条款。家庭办公室内的资产，例如个人电脑，往往不属于标准房主保险的承保范围。你可以要求加入家庭办公室条款，这会让你支付的保费有所增加。另一种做法是干脆再购买一份单独的保险，专门用来保障家庭办公室内的资产。

责任保险

房主保险会明确说明责任保险的承保范围。一旦在投保人的房屋内或其他不动产内发生了某起事件，而这起事件又导致了投保人被起诉，那么此时责任保险便可以派上用场。一般来说，任何人在投保人的不动产内受伤，投保人都应为此负责。例如，假设一位邻居在你的房子的台阶上摔倒了，随后他起诉了你，那么你购买的责任保险可以向其支付赔偿金。个人的责任风险与房屋的价值并无关系。即使投保人的住房面积很小，市场价值也不高，也要注意防范责任风险。一些保险公司可以提供最低保额为 100 000 美元的责任保险。不过，一般我们建议大家选择更高的保额，例如 300 000 美元。承保范围包括法庭诉讼费用以及法庭判决投保人应向起诉人支付的赔偿金。

其他类型的合同条款

还有很多其他类型的合同条款可以被加入房主保险合同，从而为各种各样的情况提供保险。比方说，如果某一事件，例如火灾，迫使投保人不得不离开自己的住所转而到其他地方居住，那么就要产生额外的住宿费用。丧失使用价值条款会详细说明投保人购买的房主保险是否会支付这笔费用以及最高保额是多少美元。

房主保险的保费

近些年来，房主保险的保费已经上涨不少。本节我们要讨论一下房主保险保费的影响因素，分析可采用哪些方法降低保费。

影响房主保险保费的因素

投保人向保险公司提出理赔申请的可能性以及保险公司支付赔偿金的成本均会对投保人支付的保费造成影响。房主保险的保费主要受到下列几种因素的影响：

- 被保险房屋的价值。保费能够反映被保险房屋的市场价值，因此房屋的市场价值越高，则保费就越高。
- 免赔额。较高的免赔额有助于降低保险公司支付的赔偿金，因此能起到降低保费的作用。
- 地点。在某些地区，天气因素导致房屋受损的可能性更大一些，因此保费也会更高一些。例如，与内陆40英里处的房屋相比，墨西哥湾沿岸地区的住房更有可能因受到飓风的攻击而遭受损毁。因此，沿岸地区的住房要支付更高的房主保险保费。同样，龙卷风、洪水或地震频发地区的房屋也要支付较高的保费。图表11.8对几个州的平均保费数据进行了总结。请注意，靠近海边的州（佛罗里达州和得克萨斯州）最容易受到飓风的侵袭，还有一些州特别容易受到龙卷风的袭击（俄克拉何马州），因此平均保费费率要高于其他州。
- 保障的程度。如果你想为加利福尼亚州的房屋购买能防范地震风险的房主保险，那么必须支付更高的保费。如果你想防范洪水对该地区房屋带来的风险，那么应当再购买一份其他保险产品。
- 折扣。在住房内安装烟雾探测器、一次性支付一大笔费用或者是从同一家保险公司那里购买多种类型的保险产品（例如汽车保险、健康保险以及人寿保险），上述这几种做法能够帮助投保人争取到保费的折扣。

降低房主保险的保费

下列措施可以帮助投保人有效降低房主保险的保费。

提高免赔额。 如果你愿意支付更高的免赔额，那么保费便会相应下调。例如，假设你愿意接受1 000美元而非100美元的免赔额，那么保费可以下调20%甚至更多。

改善房屋的保护措施。 如果你能进一步改善房屋的保护措施，那么保费也能有所减少。例如你安装了一个防范恶劣天气的防风盖或者是防止小偷侵入的安保系统。

在同一家保险公司购买所有类型的保险。 某些保险公司可以向同时购买多种保险产品的客户提供一定程度的保费优惠。

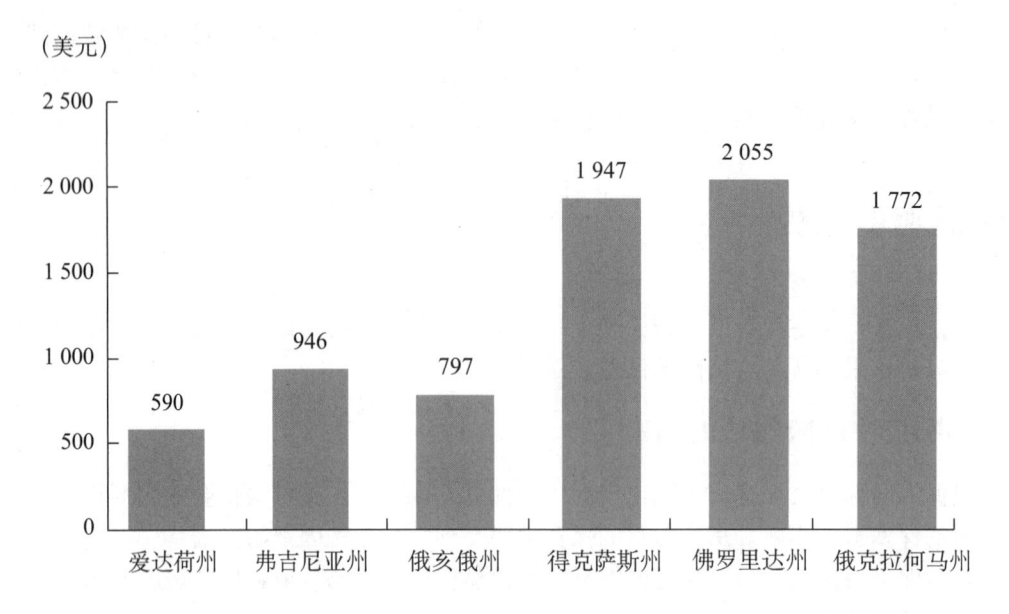

图表 11.8 不同州房主保险平均保费的对比分析

爱达荷州 590
弗吉尼亚州 946
俄亥俄州 797
得克萨斯州 1 947
佛罗里达州 2 055
俄克拉何马州 1 772

资料来源：保险信息协会。

一直在同一家保险公司购买保险。 如果你能做到一直在同一家保险公司购买保险，那么往往能获得保费折扣的优惠待遇。

货比三家。 与汽车保险一样，为了降低房主保险的保费，你应当多多打听各家保险公司的报价信息。各家保险公司的保费报价往往存在较大的差别。

> **案例**
>
> 斯蒂芬妮·斯普拉特正在研究房主保险合同，具体如图表 11.9 所示。她要决定的是等到目前这份合同到期以后自己是不是应该更换一份房主保险。她可能会考虑提高她的免赔额，因为这将会降低保费水平。当她的房主保险合同接近到期时，她准备向她的汽车保险公司咨询一下房主保险报价，因为该公司也提供房主保险。她希望如果她从一家保险公司同时购买两种保险，她能享受到折扣。
>
> **图表 11.9 斯蒂芬妮·斯普拉特的房主保险合同**
>
> | 承保范围与保额 | |
> | --- | --- |
> | 住房 | 110 000 美元 |
> | 个人财产（1 000 美元的免赔额） | 25 000 美元 |
> | 个人责任 | 100 000 美元 |
> | 对其他财产造成的损失 | 500 美元 |
> | 向他人支付的医疗费用（每人） | 1 000 美元 |
> | 折扣 | 因为安装了房屋报警器而享受 25 美元的保费优惠 |
> | 每年的保费 | 1 000 美元 |

提出理赔申请

如果你的财产遭受了损失,那么应当立即联系保险公司。保险公司派来的理赔人员负责评估财产损失的价值。将家庭物品清单交给理赔人员。理赔人员的评估结果包括房屋损毁部分的修理费用以及被损坏财产的赔偿金。保险公司会开张支票,你可以雇人来完成维修工作。你应当考虑一下找到另一位独立评估师评估一下修理费用,以确保保险公司支付的赔偿金足以支撑完成所有的维修工作。如果保险公司的评估值太低,你可以提出上诉。

租客保险

租客保险(也叫承租人保险)为租客放置在租用的独栋住宅、共有公寓(condo)以及出租公寓(apartment)内的个人财产提供保障。这种保险不承保建筑物,因为这是只供租客使用的保险产品,面向的不是不动产的所有者。属于承保范围的个人财产包括家具、电视、电脑设备以及音响设备。所有因天气因素或被盗而产生的个人财产损失均能得到保险公司的赔偿。此外,这种保险还能向投保人支付所租房屋物业维修期间的生活费用。若是投保人的朋友或邻居在所租房屋内受伤,则租客保险还能提供责任赔偿金。

拥有具有较高市场价值的个人财产的租客需要购买租客保险来保护这些财产。即使租客本人没有价值较高的个人财产,但是为了规避责任风险,我们仍然建议他们购买租客保险。

租客保险合同条款

租客保险合同会明确说明对个人财产的最高承保金额。合同还会明确说明对某些特定物品的最高承保金额,例如珠宝。保费主要取决于投保人选择的保额。租客保险还可以提供责任保险,一旦某人在租客所租房屋内受伤,保险公司会支付责任赔偿金。例如,假设你的宠物在你家院子里弄伤了邻居,若你购买了租客保险,则保险公司会支付不超过一定金额的责任赔偿金。因为各家保险公司的租客保险合同总是有这样那样的差别,所以你应当仔细查看保单条款,弄清楚这份保单能不能满足自己的需求。

伞式个人责任保险

除了汽车保险与房主保险以外,你还可以购买伞式个人责任保险作为补充。这种产品能够提供额外的个人责任保险。

伞式个人责任保险的目的是为其他保险提供补充,而不是取代其他保险产品。事实上,除非投保人出示证据证明自己已购买了哪些保险产品,否则保险公司不会向投保人出售伞式个人责任保险。当投保人拥有的个人财产不只包括汽车和住房,而且投保人希望能够规避其他个人财产所带来的责任风险时，伞式个人责任保险非常有用。伞式个人责任保险每年的保费大约为 200 美元，承保额为 100 万美元。

保险与个人理财计划的匹配程度

下面列出的有关汽车保险与房主保险的关键决策应被包含在个人理财计划当中：
- 你是否购买了充足的保险来保护个人财富？
- 你在未来应该购买多高保额的保险？

图表 11.10 举例说明了汽车保险和房主保险决策与斯蒂芬妮·斯普拉特个人理财计划的匹配程度。

图表 11.10　汽车保险和房主保险决策与斯蒂芬妮·斯普拉特个人理财计划的匹配程度

汽车保险与房主保险的规划目标
1. 为自己的汽车与住房购买足额的保险。
2. 判断一下将来是否需要提高汽车保险与房主保险的保额。

分析

保险类别	保障程度	现状
汽车保险	保护汽车这一重要的个人资产，帮助个人分担责任风险	已经购买了保险，但我正在考虑增加保额
房主保险	保护住房这项价值最高的个人资产，帮助个人分担责任风险	最近因买房而购买了房主保险

决定

关于目前已购买的保险保额是否充足的判断结果：

我可以提高我的汽车保险保额，虽然成本更高，但增加的责任保险可能是值得的。我也会考虑提高我的免赔额，这样可以减少保费。

当前我已经购买了充足的房主保险，但是将来我考虑等手头这份房主保险合同到期时，转到目前我购买汽车保险的公司那里购买下一年的房主保险。在同一家保险公司购买多种保险产品能让我享受到更优惠的保费折扣。与此同时，我准备编制一份家庭物品清单。我可能还会考虑提高我的住房免赔额，以支付较低的保费。

关于未来选择多高保额的决定：

如果将来我买了一辆价格很贵的新车，那么可能需要购买更高保额的汽车保险。不过，近期我没有购买新车的计划。如果将来我买了价格更高的房屋或目前这套房子的市场价值大幅度上涨，那就有必要提高房主保险的保额。

讨论题

1. 如果斯蒂芬妮是一位拥有两个孩子的单身母亲，那么她购买汽车保险与房主保险的决策会有哪些不同？

2. 如果斯蒂芬妮现年 35 岁，那么她购买汽车保险与房主保险的决策会有哪些不同？如果她现年 50 岁呢？

小结

风险管理。风险表示可以导致经济损失的、遭遇某些事件或危险的可能性。个人的风险管理决策直接决定了是否需要防范风险以及如何防范风险。个人面临的几大选择是规避风险、降低风险、接受风险或用保险来防范风险。某些种类的风险难以规避,而且无法接受。对于这些类型的风险,个人需要购买保险。一旦你决定了自己是否需要购买某种特定类型的保险,那么接下来要思考的便是购买多高的保额以及在哪家保险公司购买保险。

保险公司的作用。保险公司提供的保险可以保护你免受重大经济损失。财产保险和意外保险被用于保护个人财产,主要包括汽车保险和房主保险。一些保险公司专门经营某一种保险,而另一些保险公司则为个人提供所有类型的保险。

汽车保险。汽车保险能够为汽车的损毁以及事故的相关费用提供保障。汽车保险包括责任保险、医疗费用保险、无保险或保额不足的驾驶员保险、碰撞保险与综合保险(承保汽车的损毁风险)。

汽车保险的保费。投保的汽车价值越高,免赔额越低,则汽车保险的保费越高。另外,一些投保人的个人特征,例如较小的年龄、较多的行驶里程、投保人所在的地区拥有大量人口以及较差的信用记录等特征都将导致汽车保险的保费增加。

如果发生车祸。如果你遇到车祸,应立即与警方联系,并从其他司机那里获取保险信息。你应要求获得警方报告的复印件。你应立即向保险公司提出索赔。

房主保险。房主保险可以对财产损毁以及个人责任提供保险。保单会明确说明是基于现金价值还是置换成本提供财产承保服务,以及构建在财产之上的其他建筑物是否属于保单的承保范围。

房主保险的保费。房主保险的保费大小取决于房屋的价值、免赔额以及房屋遭到损毁的可能性。一般来说,房屋的价值越高,投保人的免赔额越低,则房主保险的保费就会越高。

租客保险。租客保险为你所租的独栋住宅、共有公寓以及出租公寓内的个人财产提供保障。它涵盖个人财产,并保护个人财产免受恶劣天气造成的损失或盗窃带来的损失的影响。

伞式个人责任保险。你可以通过伞式个人责任保险补充汽车保险和房主保险,它提供额外的个人责任保障。当你除了汽车和房屋之外,还有其他需要保护的个人资产时,伞式个人责任保险特别有用。

保险如何匹配你的个人理财计划?许多人认为房子和汽车是他们个人理财计划中最重要的购买项目。你需要保险来保护这些资产免受可能发生的重大损失的影响,这样你才能最终完成你的个人理财计划,实现你的财务目标。

复习题

1. 保险的目的。保险的目的是什么?"责任"这个词的含义是什么?保险可以给个人带来什么好处?

2. 风险管理。什么是风险?什么是风险管理?保险决策与风险管理如何匹配?

3. 风险规避。什么是风险规避？你如何将这些知识应用到你的个人情况中？
4. 保费。什么是保费？保费为何各不相同？
5. 保险公司的运营。向投保人出售保单的保险公司应承担哪些责任？保险公司支付的赔偿金与投保人支付的保费之间有何关系？
6. 核保人。核保人能起到什么作用？保险经纪人的作用是什么？罗列两种不同类型的保险经纪人。
7. 保险经纪人。什么是保险经纪人？独家保险经纪人与独立保险经纪人的区别是什么？
8. 责任保险。定义一下汽车保险保单中责任保险的两个组成部分。
9. 保额。保额为25/50/25的含义是什么？你认为你所在的州规定的最低责任保险保额是否适合于所有的驾驶人？对你的回答加以解释。
10. 无过失保险项目。什么是无过失保险项目？无过失保险项目如何影响人身伤害诉讼？
11. 医疗费用保险。汽车保险保单包含的医疗费用保险如何运作？为什么即使你已经参加了非常棒的健康保险计划，仍然需要购买汽车保险附加的医疗费用保险？
12. 汽车保险的承保范围。说明一下碰撞保险与综合保险的承保范围。绝大多数州是否要求投保人必须购买这种类型的保险？哪些人需要购买此类保险？
13. 汽车保险的保费。列出并简要讨论影响汽车保险保费的几大因素。
14. 交通事故。如果你遭遇了交通事故，那么应当采取哪些措施？
15. 无保险的驾驶员保险。什么是无保险的驾驶员保险？为什么这种保险是必要的？
16. 房主保险。什么叫做房主保险？投保人一般如何支付保费？
17. 房主保险的类型。列出并简要说明各种关注承保房屋的房主保险的产品类型。
18. 现金价值保险与重置成本保险。什么叫做现金价值保险？什么叫做重置成本保险？
19. 个人财产保险。房主保险一般会承保个人财产吗？如果承保，那么对个人财产的承保范围以及保额有哪些规定？什么是家庭物品清单？
20. 个人移动财产保险。什么是个人移动财产保险？房主在投保时通常会增加哪些移动财产？
21. 房主保险的保费。列出并简要说明影响房主保险保费水平的因素。
22. 降低房主保险的保费。你可以采取哪些措施降低房主保险的保费？
23. 提出理赔申请。说明投保人提出房主保险理赔申请的步骤。
24. 租客保险。租客保险与房主保险有哪些区别？哪些人应当考虑购买租客保险？简要介绍一下租客保险合同的几项条款。
25. 伞式个人责任保险。伞式个人责任保险的主要目的是什么？哪些人需要购买这种保险？
26. 保险公司的经济实力。你怎样判断一家保险公司的经济实力？对消费者来说，为什么这一点很重要？
27. 降低风险。列出一些可以降低风险和减少损失的方法。
28. 心理学和风险。为什么有些人选择接受风险而不购买保险？为什么这种心态有问题？
29. 地理位置和保费。为什么你的地理位置会影响房主保险的保费？为什么它会影响你的汽车保险成本？
30. 信用记录和保险。你的信用记录会如何影响你的保费？
31. 家庭物品清单。为什么在你的家外面存放一个详细的家庭物品清单是重要的？

32. 保险覆盖范围。为什么仔细检查你的房主保险涵盖的风险类型是重要的?有哪些常见的风险没有被大多数房主保险覆盖?

33. 道德困境。你在当地一所社区学院教授个人理财课程。你所在的州要求你在更新汽车牌照时必须出示证据证明你已购买了责任保险。

在班上讨论这个话题时,几个学生承认他们在即将更新汽车牌照时购买了责任保险,一旦完成了汽车牌照更新,他们马上取消了这项保险。他们之所以这样做,是因为他们知道本州并没有哪个系统能够监控牌照发放后责任保险的撤销情况。这些学生——其中一部分人因为本地工厂关闭而失去了工作——认为他们负担不起保费,但是为了出行方便,必须想办法开得了车。

a. 讨论一下这些学生的行为是否道德。

b. 这些学生的行为会对班级里已经为自己的汽车购买了责任保险的其他学生带来哪些潜在影响?

个人理财的心理学:汽车保险

1. 在购买汽车保险时,消费者往往会很关注保险的价格。买保险支付的保费越少,他们感觉越开心。不过,这种策略往往会带来事与愿违的结果,因为保险的保障效果与保费的高低是一一对应的。描述一下在购买汽车保险时你自己的行为特征。你是否会要求获得某些特定的保险产品或者感觉保费越低越好?

2. 阅读一篇关于心理学对个人购买汽车保险的决策有何影响的文章。你可以使用类似于"心理学""购买汽车保险"的关键词在线搜索到很多此类文章。总结一下这篇文章的主要观点。

综合案例——桑普森一家

作为审查财务状况的下一步,桑普森夫妇正在评估与汽车和房屋有关的保险需求。他们在第2章编制的个人资产负债表上列出了购买保险的开支。

现在他们拥有的两辆车均已购买了保险。每份汽车保险的免赔额为1 000美元,保额规定为100/200/20(即事故受伤人员每人最高赔偿金为100 000美元,所有受伤人员最高总赔偿金为200 000美元,汽车或其他财产损失的最高赔偿金为20 000美元)。戴夫与莎伦所在的州并没有无过失保险项目。

他们的房主保险主要为住房的市场价值提供保障,免赔额为10 000美元。这份保单不承保洪水所造成的损失,虽然他们居住的地区时不时地会发生洪水灾害,但他们的房子还没有被洪水淹过。因此,戴夫和莎伦并不担心。

1. 建议桑普森夫妇购买汽车保险。他们有足够的保险吗?他们的保险太多了吗?他们怎样才能降低保费呢?

2. 考虑一下桑普森夫妇的房主保险。他们有足够的保险吗?他们的保险太多了吗?他们应该提高免赔额吗?

术语解释

责任（liability）：若你导致其他人受伤或遭受损失，你可能被要求向其支付赔偿。

风险（risk）：可以导致经济损失的、遭遇某些事件或危险的可能性。

风险管理（risk management）：有关是否需要以及如何规避风险的决定。

保费（premium）：购买保险的成本。

核保人（underwriter）：从保险公司的角度来看，它们雇用核保人来计算特定保险产品的风险水平，决定可以出售哪些保险产品以及收取多高的保费。

保险经纪人（insurance agent）：代表一家或多家保险公司，可以向客户推荐最满足其需求的保险产品。

独家保险经纪人（captive insurance agent 或 exclusive insurance agent）：只为一家特定的保险公司工作。

独立保险经纪人（independent insurance agent，也叫做 insurance broker）：同时代表多家不同的保险公司。

无过失保险项目（no-fault insurance programs）：不再要求必须让某一个特定的驾驶员承担事故责任。

保单（insurance policy）：保险公司与投保人之间签订的保险合同。

汽车保单（auto insurance policy）：详细说明保险公司向特定投保人以及车辆提供的保险服务的保险合同。

人身伤害责任保险（bodily injury liability coverage）：保护投保人免受与自己（或保单上明确列出的投保人的家人）造成的伤害相关的责任的保险。

财产损坏责任保险（property damage liability coverage）：当投保人用自己的车辆损坏了他人财产时，可以帮助投保人避免损失的保险。

经济责任法律（financial responsibility laws）：要求驾驶车辆的个人购买的责任保险必须达到最低保额的法律。

医疗费用保险（medical payments coverage）：如果警察判定投保人要承担事故的主要责任，则医疗费用保险能向投保人以及车内其他乘客赔偿医疗费用。

无保险的驾驶员保险（uninsured motorist coverage）：如果另一位没有购买保险的驾驶员导致事故发生，则无保险的驾驶员保险能够支付人身伤害赔偿金。

保额不足的驾驶员保险（underinsured motorist coverage）：一旦发生事故时对方驾驶员购买的保险保额不足，那么这种保险可以向投保人支付人身伤害赔偿金。

碰撞保险（collision insurance）：如果投保人的车辆因事故而遭到损毁，而且投保人是事故的责任方，那么碰撞保险可以向投保人支付修车费用。

综合保险（comprehensive insurance）：若车辆因洪水、盗窃、火灾、冰雹、爆炸、骚乱、故意破坏或其他各种各样的事件而遭到损毁，那么综合保险可以向投保人支付一定金额的赔偿金。

免赔额（deductible）：在保险公司支付赔偿金之前，投保人自己承担的损失金额。

房主保险（homeowner's insurance）：与房屋所有权有关的财产损毁、被盗或个人责任可以通过房主保险获得保障。

现金价值保险（cash value policy）：按照扣除折旧以外的财产损毁价值向投保人支付赔偿金。

重置成本保险（replacement cost policy）：按照被损毁的财产的重置价值向投保人支付赔偿金。

家庭物品清单（home inventory）：记录了提出保险理赔申请时可能会用到的个人财产的详细信息。

个人移动财产保险（personal property floater）：相当于房主保险的扩展，允许投保人逐条列出价值较高的个人财产。

租客保险（renter's insurance，也叫承租人保险）：为承租人放置在租用的独栋住宅、共有公寓以及出租公寓内的个人财产提供保障的保险。

伞式个人责任保险（umbrella personal liability policy）：除了汽车保险与房主保险以外，你还可以购买伞式个人责任保险作为补充。这种产品能够提供额外的个人责任保险。

第12章 健康保险与残疾收入保险

章前引例

在出城的时候,鲁比感觉有些胸痛,于是她到最近的一家医院看病,医生要求她当晚留院做检查。一周后,鲁比收到了医院寄来的 15 000 美元的账单。虽然鲁比购买了医疗保险,但是仍然要自掏腰包承担 5 000 美元的费用。当然,如果鲁比没有购买医疗保险的话,情况会变得更糟糕——整个 15 000 美元的医疗费用都要她自己承担。

医疗保健费用非常高昂。你选择的医疗保险产品决定了哪些医疗保健费用可由保险公司来支付。正确的医疗保险购买决定能够有效地保护个人财富。

本章的学习目标

- 提供健康保险的基础知识;
- 比较私人健康保险的各种类型;
- 介绍医疗保健计划的主要内容;
- 介绍政府医疗保健计划;
- 介绍联邦政府在医疗保险行业的监管措施;
- 介绍长期护理保险;
- 解释残疾收入保险的用途;
- 解释健康保险和残疾收入保险如何匹配你的个人理财计划。

健康保险的基础知识

健康保险能够为投保人的医疗保健费用提供保险。它能分担投保人应承担的潜在责任,并确保投保人能获得必要的医疗救治。与汽车保险或房主保险相比,市场上可供选择的健康保险的种类更多。私人保险公司与政府都能提供健康保险产品。一些私人保险公司只提供健康保险产品,而其他一些私人保险公司除了出售健康保险以外,还经营其他保险产品。大多数美国人通过雇主从私人保险公司获得健康保险。超过 1.5 亿美国人拥有雇主提供的健康保险,约 7 600 万人通过联邦医疗补助获得政府提供的保险,5 500 万人参加了政府为 65 岁以上人群提供的联邦医疗保险。

美国最大的医疗保健保险公司有 UnitedHealth Group、Anthem、Aetna、Humana 和

Cigna，它们通过团体参与计划为许多雇主提供服务。每家保险公司都与医生和医院签约，确定其将承保的服务类型以及每种医疗服务的承保金额。于是，在公司购买健康保险的个人就能享受到每种医疗服务已商定的承保金额。

根据医疗保健提供者与保险公司之间签订的协议，医疗保健提供者可以知道费用的折扣、每日费率和个案费率。医疗保健提供者必须雇用理赔专员来确保自己向保险公司提出付款申请以后能及时准确地获得保险公司支付的相关款项。医疗保健提供者必须遵守复杂的收费开票程序，只有这样才能拿到因提供医疗保健服务而应得的收入。医院与内科诊所雇用医学编码员分析患者的账户，并将对应的计费编码附在账户上，然后提交账单要求付款。一般来说，编码决定了付款的金额。

投保人负责支付其保险公司和医疗机构之间约定的金额份额。例如，如果他们的保单要求共付 500 美元，并且保险公司同意为他们的住院费用支付总计 5 000 美元，那么保险公司将支付 4 500 美元，投保人负责支付 500 美元，无论总费用如何。医疗机构向保险公司或患者收取的费用不得超过合同金额，即使费用超过 5 000 美元。如果没有购买健康保险的话，高昂的医疗保健费用能迅速耗尽个人的绝大多数财富。因此，健康保险是个人理财计划的重要组成部分。

健康保险的成本

近些年来，人们对健康保险越来越关注，因为其成本越来越高。美国每年约有 3.4 万亿美元用于医疗护理。医疗保健成本的上升有多方面的原因。其中一个原因就是总人口的平均寿命在增加。由于年纪大的人需要更多的医疗保健服务，医疗保健成本自然会不断上涨。人们的寿命越来越长，一部分原因是现在的医疗保健水平越来越高，因此，人们需要医疗保健的时间也就越来越长。

医疗保健费用越来越高的另一个原因是新药和医疗程序的研发成本高昂。最近的例子包括基因检测的进步、更有效和更安全的新心血管药物，以及正在开发的针对患者的癌症治疗的精准肿瘤学。随着医疗保健成本的上升，健康保险的成本也上升了。2017 年，个人健康保险的平均年保费超过 4 500 美元。虽然健康保险很昂贵，但它是必要的，因为没有它，你可能会面临会迫使你破产的医疗账单。因此，有关健康保险的问题不是该不该购买的问题，而是购买哪种健康保险以及购买多少的问题。通过了解健康保险，你可以选择预算内的健康保险，为自己提供足够的保护。

私人健康保险

私人健康保险是指可以从私人保险公司那里购买的健康保险，这种保险可以为投保人支付医疗费用。你可以直接从私人保险公司那里或者通过你的雇主来购买这种保险产品。作为一种员工福利，绝大多数大型企业会向自己的雇员提供参与健康保险的机会。根据 2010 年的《患者保护与平价医疗法案》（简称《平价医疗法案》，ACA），有超过 50 名全职员工的雇主如果不为员工提供健康保险，则将面临处罚。2016 年，约 85% 的全职工人和 19% 的非全职工人获得了雇主提供的健康保险。一般情况下，雇主与雇员会共同承担购买健康保险的费用。雇员应缴纳的保费一部分会直接从其工资里扣除，余下的部分则由雇主负责支付。为了吸引并留住好员工，一些雇主决定自己承担大部分保费。雇主倾向于从同一家保险公司那里购买所有的健康保险产品。

通过参与雇主提供的健康保险的方式来购买私人健康保险能有效地降低被保险人支付的保费。有关私人健康保险保费的相关信息，大家可以登录 www.ehealthinsurance.com 网站查看。

私人健康保险的类型

最常见的私人健康保险可以被分为两种类型，第一种叫做付费医疗计划（有时也叫做定额理赔保险计划），第二种叫做管理医疗计划（健康维护组织与优先医疗服务组织）。这两种类型的私人健康保险均涵盖了常见的医疗保健费用，包括内科医生的门诊费、住院病人的住院费用、门诊病人的手术费和急救费以及其他门诊服务的费用，例如理疗费或检查费。不过，这两种类型的私人健康保险彼此之间存在着较大差别。为了更好地判断哪一种私人健康保险最能满足你的需求，你必须弄清楚两者之间的差别。

付费医疗计划。个人在接受医疗保健提供者（例如医生或医院）的治疗时，付费医疗计划可以替个人支付一部分或全部医疗费用。个人可以自由选择是到全科医生还是专科医生那里看病。医疗保健提供者会直接向患者开出医疗费用账单，然后个人必须填好相关的表格并将其提交给保险公司要求报销治疗费用或药费。很多付费医疗计划都设置了共同保险条款，其含义是保险公司只承担医疗费用的一定百分比。比方说，共同保险条款明确说明保险公司负责支付相当于账单金额 80% 的费用，余下的 20% 的费用则由投保人自己承担。等到投保人累计支付的医疗费用达到最高应付额以后，接下来凡是承保范围内的医疗费用都将由保险公司支付。

付费医疗计划的优势在于你可以自行选择医疗保健提供者。如果这种灵活性对你来说十分重要，那么付费医疗计划可能就是你的最佳选择。虽然付费医疗计划的灵活性要好于管理医疗计划，但是付费医疗计划的保费水平更高。一般情况下，虽然大部分医疗费用都能得到保险公司的报销，但是投保人必须支付一定金额的免赔额。

管理医疗计划。管理医疗计划要求个人在指定的医生或医院那里——这些医生或医院都是管理医疗计划或网络体系的参与者——接受医疗服务。你只需要对那些不在你的保险承保范围之内的服务付费。

管理医疗计划收取的保费水平低于付费医疗计划，但是该计划对个人可选择的医疗保健提供者（例如医生与医院）设定了更多的限制。管理医疗计划一般可分为两种形式：健康维护组织与优先医疗服务组织。

健康维护组织。每一个健康维护组织（HMO）均与选定的医疗保健提供者（例如医生或医院）签订了协议，要求被选定的医生或医院必须向健康维护组织的成员提供医疗服务。已签约的医疗保健提供者每个月可以收到一笔赔偿金，其金额事先已经约定好了。这笔赔偿金也叫做"每月每人"（per member per month，PMPM）赔偿金，意思是参加计划的每位患者每个月都对应一笔固定金额的赔偿金。虽然费用金额事先已经确定好了，但是随着医疗保健需求的变化，医疗保健提供者的运营成本也在不断波动。比方说，如果某个健康维护组织的患者只需要非常简单的医疗保健服务，那么医疗保健提供者治疗和护理这些患者的成本就会很低。如果另一个健康维护组织的患者需要获得大量复杂的医疗保健服务，那么随着患者数量的增多，医疗保健提供者的治疗成本就会越来越高。当健康维护组织的患者对医疗保健服务的需求相对较少时，医疗保健提供者的利润就会高一些，因为不管其一共治疗了多少位患者，每个月保险公司向其支付的赔偿金都是固定不变的。

参加健康维护组织的患者通常选择全科医生。他们在申请看专科医生或到其他医疗机构就诊之前，必须先去看指定的全科医生。健康维护组织的理念是全科医生能够把一些根本不需要看专科医生的患者先筛选掉，从而有助于降低整体的医疗保健成本。例如，一些患者感觉身体不舒服，以为自己心脏出了问题，要求找心脏病专家看病，结果自己只不过是得了流感而已。因此，健康维护组织要求患者在找专科医生看病之前必须先去看全科医生，从而避免了一开始就预约专科医生所导致的资源浪费。

健康维护组织的优势在于它们可以以较低的成本提供医疗保健服务。因为健康维护组织强调疾病的早期筛查与早期治疗，从而可以有效地将保费控制在较低的水平。个人每次去医生那里看病——当然，患者必须选择已参加健康维护组织的医生——或开处方药一般只需要支付很低的费用（例如 10 美元）。健康维护组织通常会承担一部分处方药的费用。

健康维护组织的不足之处在于个人必须在众多参与计划的全科医生和专科医生中挑选自己看中的医生。因此，他们不能选择未参加计划的其他医生。所以对于健康维护组织的成员来说，保费低的代价便是灵活性较差。

优先医疗服务组织。优先医疗服务组织（PPO）兼具了付费医疗计划与健康维护组织的双重特征。优先医疗服务组织允许个人挑选医疗保健提供者，同时又能报销大部分医疗费用。优先医疗服务组织也使用全科医生，但是与健康维护组织相比，对于每一个专科领域的医生可选择的范围要更大一些。优选医疗服务组织收取的保费以及其他费用要高于健康维护组织。例如，参加优先医疗服务组织的投保人接受医疗保健服务后要承担 20% 的医疗费用，然而同样的医疗保健服务，健康维护组织只会收取一笔较低的固定费用，例如 15 美元。患者仍然会得到网络内医疗保健提供者的列表，但在优先医疗服务组织中，他们也可以灵活地查看网络外的医疗保健提供者。如果他们选择了网络外的医疗保健提供者，他们可能会承担更高的自付成本，但在优先医疗服务组织中，他们有这种灵活性。

一般来说，医疗保健提供者与优先医疗服务组织之间会签订"折扣收费协议"，即优先医疗服务组织同意按照账单金额的一定百分比向医疗保健提供者付费。比方说，假设优先医疗服务组织与医疗保健提供者签订的折扣收费协议约定折扣率为 30%，那么若医疗保健提供者收费 1 000 美元，则优先医疗服务组织会向其支付 700 美元（1 000 美元的 70%，享受 30% 的折扣）。按照这一协议，医疗保健提供者的实际收费额要比正常收费额少 300 美元。至于向医疗保健提供者支付的 700 美元，其中一部分由患者承担，余下部分由优先医疗服务组织承担。患者与优先医疗服务组织各自分担的费用比例取决于二者签订的协议。

除了折扣收费协议以外，优先医疗服务组织与医疗保健提供者还可以选择签订另一种协议——"每日费用协议"。具体做法是患者每住院一日，则优先医疗服务组织就会向医疗保健提供者支付一笔固定费用。比方说，优先医疗服务组织设定的每日费用金额为 650 美元，而一般情况下医疗保健提供者要向住院一天的患者收取 1 000 美元的费用，那么按照协议，优先医疗服务组织向医疗保健提供者支付的费用为 650 美元。同理，患者自己要向医院支付多少费用取决于患者与优先医疗服务组织之间签订的协议。

患者与优先医疗服务组织之间签订的协议一般会详细说明优先医疗服务组织会负责支付应付医疗保健费用的 80%，余下的 20% 由患者本人承担。比方说应向医疗保健提供者支付的费用总计 700 美元，则优先医疗服务组织负责支付 700 美元的 80%，即 560 美元；患者负责支付 700 美元的 20%，即 140 美元。患者的支付额通常叫做共同支付额。在接受了医疗保健服务以后，患者会收到优先医疗服务组织寄来的"福利说明"（EOB）表格。该表格详细列出了所有应付费用以及哪些费用由优先医疗服务组织支付，哪些费用由患者自己承担。你一定要确认一下自己向医疗保健提供者实际支付的费用与 EOB 表格上显示的自己应承担的费用是否一致。

私人健康保险的保费

雇主可能会提供个人健康保险或家庭健康保险。家庭健康保险的保费水平更高一些。没有孩子的已婚夫妇应当好好比较一下两个人分别购买个人健康保险与一个人直接购买家庭健康保险哪一种做法的保费成本更高。有孩子或近期准备生孩子的个人或已婚夫妇需要购买家庭健康保险。

没有工作的个人、自由职业者或雇主并未提供健康保险的个人可以直接从私人保险公司购买管理医疗计划或其他类型的健康保险。不过，个人直接购买健康保险要支付的保费通常高于参加雇主发起的健康保险的应付保费。根据《平价医疗法案》，没有从雇主那里获得负担得起的健康保险的个人和家庭可能有资格获得补贴，以帮助他们负担保险，这些保险可以在政府管理的市场上购买。

你可以在线查询健康保险的报价信息以及申请流程。一些网站可以提供各家保险公司出售的健康保险的平均保费信息。报价信息还会明确说明免赔额的大小、共同保险费率以及患者看病时要支付的费用。如果你对某一种保险产品的报价特别感兴趣，则网站会提供链接，指向提供该报价信息的保险公司。当你在线提交保险申请时，在你提交了例如病史以及目前的健康状况等个人信息以后，初始的保费报价可能会发生变化。你可以在网站上（www.healthcare.gov）获取关于 ACA 补贴的信息，并了解如何在政府管理的市场申请保险。

根据《统一综合预算协调法案》（COBRA），在你停止为雇主工作的 18 个月内，你有权继续享受雇主的健康保险计划。COBRA 赋予你的权利适用于几乎所有情况，除非雇主有理由解雇你。如果你的家人参加了雇主的健康保险计划，你也可以继续为他们投保。不过，你的健康保险费用将会增加，因为你将不得不支付全部保费。根据 COBRA，雇主不需要为前雇员支付任何保费。尽管如此，继续投保前雇主的健康保险计划可能比自己购买健康保险更便宜。不过，如果你的收入大幅下降，你可能有资格根据 ACA 获得补贴。因此，如果你被解雇或自愿离职，你应该考虑所有的健康保险选择，包括 COBRA 保险和根据 ACA 购买保险。

私人健康保险计划的对比

图表 12.1 比较了多种私人健康保险计划。该表分析了个人在挑选医生方面的灵活性与保费高低之间的权衡。

第 12 章　健康保险与残疾收入保险

图表 12.1　私人健康保险计划的对比

私人健康保险计划的类型	保费水平	医生的选择
付费医疗计划	高	全科医生或专科医生的选择具有较大的灵活性
管理医疗计划：健康维护组织	相对较低	首先要到全科医生处就诊，全科医生认为必要时会把患者转诊给专科医生
管理医疗计划：优先医疗服务组织	较低，但一般会高于健康维护组织	优先医疗服务组织可供选择的医生数量多于健康维护组织可供选择的医生数量

健康维护组织与优先医疗服务组织都印发了很多宣传手册，在你决定选择哪一种私人健康保险计划之前，先好好看一看这些小册子，对比之后再做决定。图表 12.2 列出了在做出决定之前你应当提出的若干个问题。如果手册并未提供这些问题的答案，那么你应当尝试着联系一下能回答这些问题的保险代理。

图表 12.2　在考虑加入健康维护组织还是优先医疗服务组织时应当提出的问题

有关成本的问题
1. 每月的保费是多少？
2. 免赔额是多少？
3. 共同保险额/共同支付额是多少？
4. 最高保额是多少？
5. 每年患者自付的费用最大额是多少？

有关挑选医疗保健提供者的问题
1. 共有多少医生参与了该计划？
2. 参与该计划的医生是谁？
3. 哪些医生能接待新患者？
4. 若想到医生那里看门诊，患者必须提前多长时间预约？
5. 医生在哪里出诊？
6. 医生可以提供哪些医疗服务？
7. 哪些医院/实验室/诊断中心参与了该计划？

常见问题
1. 是不是必须先得到全科医生的转诊证明，然后才能找专科医生看病？
2. 如果患者接受了非常规的医疗服务（例如出门在外时突发急病被送急诊），那么健康保险计划对此能提供什么保障？
3. 如果到未参加健康保险计划的医生那里看病，费用能否被报销？

> **案例**
> 当斯蒂芬妮·斯普拉特刚开始为现在这个老板工作时，她可以选择参加健康维护组织或者是付费医疗计划，通过付费医疗计划，她有权利选择自己所需要的医疗保健提供者。现在她正在好好考虑应当选择哪一种计划。每个月付费医疗计划的保费比健康维护组织的保费高出 100 美元。她还有一个选择，那就是参加优先医疗服务组织，但是每个月的保费还是比健康维护组织高出 75 美元。与健康维护组织相比，优先医疗服务组织的优势在于在

> 每个专科领域可选择的医生数量更多,然而目前斯蒂芬妮尚不需要去看专科医生。她决定继续参加健康维护组织,因为她认为付费医疗计划或优先医疗服务组织的优势并不值得每个月支付更多的保费。

医疗保健计划的内容

医疗保健计划(保单)包含下列信息。

被保险人的身份确认

健康保险合同会明确说明被保险人的身份,如个人或家庭。

地点

一些美国保险公司只为美国境内的医疗服务提供保障,还有一些保险公司也可以为发生在美国境外的医疗服务提供保障。一般来说,受益人只能在自己所在地区内享受到全面的健康保险福利。一旦超出了这个区域,除非是急诊,否则受益人能享受到的健康保险福利将会有所减少或彻底消失。

保单取消与续保安排

健康保险合同应当明确说明保险公司能否随时取消保单,或者是否保证只要投保人按时缴纳保费,就能够续保。此外,保险合同还要明确说明投保人是否有权自行决定续保至指定的年龄水平。

其他承保项目

健康保险合同可以承保多种多样的医疗保健需求。保单会详细说明属于承保范围的医疗保健类型以及每种类型的最高承保金额。下面我们列出了通常属于健康保险合同承保范围的常见医疗保健类型。

复健。 健康保险合同可以为复健提供保障,包括物理治疗的疗程与指导。很多健康保险产品对物理治疗、作业治疗以及语言治疗的门诊次数做出了限制。当医生认为投保人经过治疗已经康复时,或者是投保人接受的疗程数量已经达到了健康保险合同规定的上限时,则保险公司不会再为接下来的复健支付费用。根据 ACA,政府市场平台提供的保险产品必须涵盖复健服务和设备。

精神健康。 如果保险公司承保精神健康和药物滥用的治疗,其承保范围必须至少与内科和外科治疗的承保范围相等。因此,公司不能要求更高的免赔额、共同保险额和共同支付额,也不能为精神健康保险设定比其他保险更低的限额。虽然不是所有的保单都要求涵盖精神健康,但在 ACA 管理下的政府市场平台提供的任何保单都必须涵盖精神健康和药物滥用的治疗。

怀孕。 自从 ACA 颁布以来，大多数政策都涵盖了怀孕的费用，包括产前护理、住院和医生的费用。在 ACA 下的政府市场平台提供的任何保单都必须提供这些福利。

牙科保险。 健康保险合同还能提供牙科保险，能够报销一部分或全部的牙科治疗费用，具体包括每年的常规检查、牙齿矫正以及口腔外科治疗费用。

视力保险。 一些健康保险合同还能提供视力保险，承保一部分或全部眼科治疗或配镜服务的费用，具体包括每年的常规检查、配镜、隐形眼镜以及手术费用。

未报销医疗费用的决定因素

对于某一种特定的医疗保健服务，保单会明确说明用哪一种规则来确定投保人必须自己负担的费用比例。接下来我们要讲到的免赔额、共同保险、止损条款、保险限额以及保险协调赔偿条款直接决定了投保人自付医疗费的多少。

免赔额。 免赔额是指被保险人要自己先承担一部分医疗费用，保单会明确说明免赔额是多少。假设保单注明某种医疗服务的免赔额为 500 美元，而产生的医疗费用为 475 美元，那么投保人就要负责支付全部费用。如果费用为 900 美元，则投保人负责支付头 500 美元，余下的 400 美元由保险公司支付。健康保险的免赔额规定与汽车保险的免赔额规定十分相似，目的都是减少保险公司的潜在责任。因此，免赔额越高，同一种保单收取的保费一般越低。

共同保险。 共同保险条款详细说明了保险公司负责支付的费用比例。例如，假设一笔 1 000 美元的医疗费用适用的共同保险比例为 20%，则投保人要自己承担其中的 200（=1 000×20%）美元。

止损条款。 止损条款为一种或多种医疗保健服务设定了个人负担的医疗费用的最高金额。

保险限额。 根据 ACA，许多福利的终身限制是被禁止的。以前，许多保单限制保险公司为特定医疗服务（如住院、手术、门诊服务和护理服务）提供的保险金额。因此，如果投保人要求的服务费用高于保单所确定的费用，他们就必须自己支付差额。对于那些不被认为是必要的医疗服务的支出，仍然可以进行限制，一些在 ACA 颁布之前就已经生效的保单也被允许保留其限制。因此，你应该仔细阅读自己的保单，以确定它是否含有任何保险限额。

保险协调赔偿条款。 保险协调赔偿条款的作用是使保单的报销金额取决于投保人拥有的其他保险产品支付的报销金额。多份保单提供的保险福利往往是重合的，但是这一条款能够确保投保人获得的费用报销总额不会超过医疗费用总额。这一条款对投保人也有好处，因为如果保险协调赔偿条款对多份保险的总赔偿额做出了限定，那么投保人支付的保费以及共同保险额会更低一些。

私人健康保险计划不承保的费用

虽然参加了私人健康保险计划，但是仍有可能某些医疗费用不属于承保范围。你应当事先为这些可能不属于承保范围的医疗费用做好预算。

弹性支出账户是由雇主建立的账户，雇员可以通过这一账户使用税前收入支付医疗费用。每次发薪水时，员工存入弹性支出账户内的收入不用缴纳联邦所得税、州所得税、地方所得税以及联邦社会保险税。2018年，你可以向弹性支出账户存入2 650美元。你的雇主不需要向你的账户缴款，但可以选择这样做。如果你要自己承担一部分不报销的医疗费用或牙科费用，那么可以从该账户内提款付费。通过使用这一账户，用来支付医疗费用的那部分收入事实上是免税的。最多500美元的未使用资金可以转到下一年，而其他年底未使用的资金就会损失。

另一个覆盖保险不承担的医疗费用的选择是建立一个健康储蓄账户（HSA）。这是一个储蓄账户，可以从你的税前收入中扣除，以支付未报销的医疗费用，比如免赔额和共同支付额。该账户中的资金所赚取的任何利息都是免税的，而且当你从该账户中提取资金时，只要你用这笔钱支付医疗费用，就不用交税。2018年，一个人可以向HSA缴纳3 450美元，一个家庭可以缴纳6 900美元。与弹性支出账户不同，HSA的所有资金都可以转到下一年。HSA只能在你有高免赔额健康计划（HDHP）的情况下使用。在2018年，HDHP的个人免赔额为3 450美元，家庭免赔额为6 900美元。因此，HSA可以帮助你降低健康保险成本，因为HDHP的保费比低免赔额的计划低。一些保险公司会帮助你建立HSA，雇主也会为其员工提供HSA。当然，你也可以选择自己在金融机构建立HSA。

政府医疗保健计划

政府主办的医疗保健计划主要包括联邦医疗保险与联邦医疗补助。

联邦医疗保险

回忆一下第4章讲过的内容，联邦医疗保险向年龄达到或超过65周岁、有资格领取社会保障金的或残疾的老人提供医疗保险。当被保险人生病接受治疗时，联邦医疗保险会向医疗服务机构付费。联邦医疗保险包含多个组成部分。A部分对应的是住院保险，承保的是患者住院治疗（包括手术）或使用护理设施的费用，同时还能报销家庭保健所产生的一部分费用。对于有资格申请联邦医疗保险的投保人来说，A部分不需要缴纳额外的保费，因为投保人（或其配偶）在工作期间已足额缴纳了医疗保险税。

B部分是可选择的医疗保险，对不属于A部分承保范围的部分医疗费用提供保障，例如门诊病人的住院治疗费用、物理治疗费以及某些家庭保健治疗费。投保人若想享受B部分，必须每个月支付保费。如果你正在领取社会保障福利，保费将从你的福利中扣除。

C部分是A部分与B部分的组合，由得到联邦医疗保险批准的私人保险公司提供。在很多情况下，C部分会明确说明投保人必须使用哪些指定医生或医院。

D部分为处方药提供保险。从涵盖的处方药的种类、每种药物的承保金额以及免赔额的规定等方面来看，不同的保险计划的D部分往往差别较大。为了有资格申请D部分，投保人必须先加入联邦医疗保险的A部分与B部分。

补充性医疗保险。 一些投保人想要在联邦医疗保险的基础之上获得其他补充性医疗保险。私人保险公司出售的补充性医疗保险可以为不属于联邦医疗保险承保范围的医疗费用提供承保服务。市面上有各种各样的补充性医疗保险。在绝大多数州，共有11种标准化的保险产品被划分为补充性医疗保险。这些保险在投保人支付的保费以及可享受的保险福利等方面存在着较大的差异。A 计划是最为基础的补充性医疗保险，可以为不属于联邦医疗保险承保范围的住院费用提供保障。其他一些补充性医疗保险提供 A 计划以外的其他不属于联邦医疗保险承保范围的医疗费用的保障，而且每种补充性医疗保险的保额均不相同。保险公司可以自行选择向客户出售哪些类型的补充性医疗保险产品。承保范围越广，则保费就越高。

联邦医疗保险处方药法案。 按照《2003 年联邦医疗保险处方药改善与现代化法案》（The Medicare Prescription Drug Improvement and Modernization Act of 2003），联邦医疗保险可以为老人以及残疾人提供处方药保险。目前，联邦医疗保险涵盖的处方药种类比以前更多，这些药物可以有效地预防某些疾病，从而降低了患者对其他高成本医疗服务的需求。

该法案允许老年人购买各种各样的处方药保险。此类处方药保险主要由私人保险公司负责出售，要么是私人保险公司直接出售，要么是作为管理医疗计划的一个组成部分。保费与免赔额经常会被调整，以反映成本的变化情况。

联邦医疗补助

联邦医疗补助主要向那些低收入者以及需要政府救助的人群提供医疗保险。该计划的目标是让老年人、盲人、残疾人以及要抚养孩子的贫困家庭也能获得必要的医疗服务。若想加入这一计划，个人必须满足联邦政府制定的多条标准，但是这个项目是由各州分开管理的。有资格申请联邦医疗保险的个人若需要申请政府救助金，那么可能也够资格申请联邦医疗补助。在这种情况下，他们能获得更多的医疗福利。

医疗保险行业的监管

联邦监管法规确保了个人能够获得持续的医疗保险，不管他们是否有工作。尤其值得一提的是，下面这几个法案发挥了非常重要的作用。

《统一综合预算协调法案》

按照 1986 年的《统一综合预算协调法案》的规定，在雇员停止为雇主工作后的 18 个月内，雇员仍然可以继续享受雇主发起的健康保险计划的保障。该法案适用于私营企业与州政府机构，但是不适用于联邦政府机构。如果员工退休了，那么按照该法案的规定，他也可以继续享有雇主提供的健康保险计划的保障（最长不超过 18 个月），直到退休员工有资格申请政府医疗保健计划为止。不过，正如前面提到的那样，你通常要承担全部保费，因为你的前雇主不再为你支付部分保费。

《健康保险精简与会计法案》

1996 年的《健康保险精简与会计法案》（Health Insurance Portability and Accountability Act，HIPAA）确保劳动者即使在换了工作以后也能继续享受健康保险的承保服务。尤其值得一提的是，该法案禁止保险公司基于申请人健康状况、病史、之前曾提出过健康保险索赔申请或残疾而拒绝向申请人出售健康保险。对于那些已患上某些慢性病的劳动者来说，这一法案尤为重要。例如，假设一位妇女受雇于堪萨斯州的某家企业，她患有某种慢性病。现在，这名妇女打算搬到达拉斯，在那里找个新工作。在 HIPAA 出台前，她可能根本无法在达拉斯买到健康保险，因为达拉斯当地的保险公司担心她因患有某种慢性病而多次提出保险理赔申请。不过，根据 HIPAA，只要她满足某些条件，保险公司就不能因为她先前存在的医疗问题而拒绝为她提供医疗保险。要申请 HIPAA 的保护，投保人必须有 12 个月的健康保险，且没有 63 天或以上的保险中断。因此，一个离开工作岗位或被解雇的人，如果在很长一段时间内没有找到另一份工作，可能不会受到 HIPAA 的保护。这些要求可能很复杂，所以如果你认为 HIPAA 可能适用于你，请查看具体条款。此外，如果新雇主的计划不包括任何人的某些健康状况，它就不必包括该人先前存在的健康状况，即使前雇主的计划涵盖了该健康状况。

HIPAA 还针对医疗信息的保护问题设计了国家标准。电脑与自动化设备的使用催生了越来越多的健康保险诈骗案件，直接威胁到了医疗服务接受者的个人隐私安全。因此，美国卫生与人类服务部发布了隐私条款，将其作为 HIPAA 的一部分，通过这种方式来保护患者的个人信息。隐私条款适用于以电子数据形式传输医疗信息的健康保险计划组织、医疗结算机构以及医疗服务机构。该条款可以保护上述机构持有或传输的所有可识别的个人医疗信息。这类信息被称为"被保护的医疗信息"（protected health information，PHI）。被保护的医疗信息包括所有过去的、现在的、未来的生理与心理医疗信息，向个人提供的医疗服务信息，以及个人为自己接受的医疗服务付费的信息。隐私条款的目的是明确并限制个人的被保护的医疗信息可被使用或披露给其他人。

《平价医疗法案》

《平价医疗法案》（ACA）也就是我们所熟悉的《患者保护与平价医疗法案》，于 2010 年被通过，但大部分条款直到 2014 年才生效。该法案有三个主要目标：

- 让更多的人获得平价健康保险。为此，ACA 为消费者提供补贴，降低收入在联邦贫困线 100%～400% 的家庭的健康保险成本。
- 扩大联邦医疗补助项目，使其覆盖所有收入远低于联邦贫困线的成年人。并不是所有的州都这样做了。
- 支持创新医疗保健供给系统，旨在降低医疗保健成本。

2010 年该法案通过时，美国约有 5 000 万人没有健康保险。到 2016 年，这一数字下降了近 50%，至 2 600 万人。

政府建立了一个在线市场（https://www.healthcare.gov），人们可以在那里获得健康保险。任何没有雇主提供的健康保险的人都可以通过市场获得保险。你不一定要满足低收入的要求。许多州都建立了自己的网站，但联邦市场和州网站的运作方式大致相同。在输入年龄和收入等个人信息后，你将了解你可能有资格获得的补贴，并将找到私人保险公司提供的健康保险计划信息。一般来说，有四个不同级别的健康保险计划——青铜、白银、黄金和白金。黄金和白金计划比青铜和白银计划收取更高的保费，提供更多的福利。你可以从中选择一个适合你具体情况的方案。所有在市场或州网站上提供的计划都必须提供十项基本的健康福利：

- 门诊医疗；
- 急救服务；
- 住院治疗，包括手术和隔夜留观；
- 怀孕、产妇和新生儿护理；
- 心理健康和药物滥用服务；
- 处方药；
- 康复服务；
- 实验室服务；
- 预防和健康服务以及慢性病管理；
- 儿科服务，包括牙科和视力护理（成人牙科和视力护理不是必需的，但有些计划可能提供这些福利）。

有些保单可能提供额外的好处。与其他健康保险产品一样，通过市场或州网站购买的保单有免赔额和共同支付要求。

ACA 涵盖了很多其他的健康保险问题。它允许已购买了联邦医疗保险的 B 部分或其他计划的个人接受免费的预防性医疗服务，例如每年的健康检查、乳腺 X 光检查以及高胆固醇、糖尿病和某些类型癌症的早期筛查。该法案还允许已购买联邦医疗保险的 D 部分的个人获得更高的处方药费用折扣。

该法案允许不能参加雇主健康保险计划的年轻人在满 26 周岁之前继续使用父母的健康保险。这要求保险公司至少要把自己收到的 8.5% 的大企业健康保险计划保费拿出来，用于提供医疗服务以及提升医疗服务的质量。该法案的意图是限制保险公司将过高比例的保费收入用于支付高管薪酬以及广告宣传费用。如果保险公司没有做到上述这几点要求，那么监管部门要求其必须向客户提供保费打折的优惠待遇。医疗保健提供者在为自己提供的医疗保健服务向保险公司索要费用之前，必须先满足一些特定的标准。制定这些标准的目的是防止健康保险欺诈，因为这个问题已日趋严重。一些医疗保健提供者为了拿到报销款而故意提供不必要的医疗保健服务，或者是干脆为没有提供过的医疗保健服务向保险公司收费。2009 年，美国政府大力打击欺诈，向联邦医疗保险的信托基金退回了超过 25 亿美元的已追回欺诈款项。该法案投资了一些新的医疗资源，并要求医疗保健提供者使用全新的疾病筛查程序，以减少联邦医疗保险以及联邦医疗补助的欺诈和浪费。

从 2014 年开始，保险公司不能再将投保人预先存在的条件作为拒绝向其出售健康保险的理由，例如疾病、残疾或其他在申请保险时存在的健康问题。

自颁布以来，ACA 一直备受争议。2017 年的《减税和就业法案》取消了一项名为"个人强制医保"的条款，该条款对没有购买医疗保险的人处以罚款。一些政客呼吁对 ACA 进行其他各种修改。

长期护理保险

很多年纪较大的老人或长期患有疾病的病人需要有人提供日常生活护理，例如协助进食或穿衣。还有一些人需要 24 小时的医疗照顾。有研究显示，50% 的年龄在 65 岁及以上的美国人需要住家护理、疗养院护理等某种类型的长期护理服务。不过长期护理服务的费用非常高昂。2016年，一名协助进食或穿衣的家庭健康助理的年度费用的中位数为46 332美元，而疗养院的半永久房间的费用为81 125美元。

政府医疗保健计划在这方面基本没有提供什么帮助。联邦医疗保险根本不承保长期护理费用。联邦医疗补助可以向满足要求的投保人报销一部分长期护理费用，但是对低收入人群来说，这个报销范围还是非常有限的。

长期护理保险可以报销长期健康状况导致的个人日常护理费用。很多私人保险公司正在出售长期护理保险，一般承保范围包括疗养院、辅助生活设施以及家中护理等方面的费用。不过，由于长期护理的费用非常高，因此长期护理保险的保费也非常高。一般常见的长期护理保险每年的保费至少达到3 000美元，对年龄超过60岁的老人来说，长期护理保险的保费会更高。

长期护理保险的合同条款

与其他保险合同一样，你要选择满足个人要求的长期护理保险产品。下面我们列出了常见的长期护理保险的合同条款。

报销范围。 该条款明确说明了投保人可以对哪些护理费用提供报销申请。例如，有些保单会注明长期护理仅限于医疗护理，还有一些保单灵活度更大，其他的护理项目，例如协助进食或穿衣，也属于报销范围。

服务种类。 长期护理保险的保单会明确说明属于承保范围的医疗护理服务类型。如果长期护理保险的承保范围包括疗养院以及辅助生活设施所产生的护理费用，那么保费金额通常也会更高一些。对于那些更看中保单灵活性的个人来说，某些长期护理保险能够为家庭医疗护理提供保障，但保费成本也更高。

报销金额。 保单还会明确说明每日报销金额限额。如果你想获得较高的每日报销金额，那么必须得支付高昂的保费。如果你只想获得较低的每日报销金额，那么保费成本也会随之降低一些。保额较低的长期护理保险也许不能完全覆盖投保人每日的护理费用。在这种情况下，投保人要自己支付一部分护理费用。

保单还包含共同保险条款，要求投保人自己承担一部分护理费用。例如，投保人购买的保险产品约定，对属于承保范围的护理费用，保险公司的支付比例为80%，余下20%的费用由投保人自己负担。共同保险条款降低了保险公司的潜在经营成本，因此保费也会减少一些。

拿到报销款项之前的等待期。 保单可能会注明在投保人有资格领到长期护理保险的报销款项之前要等待一段时间。一般来说，等待期的长度多为60~90天。在等待期结束之前，投保人要自己支付这段时间内产生的护理费用。如果投保人获得护理服务的时间长度少于等待期的天数要求，那么所产生的护理费用不属于长期护理保险的承保范围。

长期护理保险的最长承保期限。 你可以估计一下自己大概有多少年需要别人提供护理服务，即使这个期限长达30年或者更久，保险公司都可以向你提供对应年限的长期护理保险。如果你决定只购买一定年限的长期护理保险，那么保费也会低一些。比方说，长期护理保险的承保期限可以只有三年的时间。

持续承保。 保单可能会包括保费豁免条款，允许投保人一旦开始需要获得长期护理服务，便可立即停止缴纳保费。还有其他一些条款也可以在投保人已连续缴纳多年保费，但目前已不再缴纳任何保费的情况下继续提供有限保额的承保服务。一般来说，所有承诺将来可以向投保人提供额外福利的条款都要求投保人现在支付更多的保费。

通货膨胀调整。某些保单允许保额随每年的通货膨胀率进行调整。因此，最高保额每年都会随通货膨胀率而不断增长。包含此类条款的长期护理保险产品要求投保人支付更多的保费。

止损条款。长期护理保险合同还会注明止损条款，为投保人的医疗费用设定一个上限。再看一下前面那个例子——保险合同要求投保人自己承担与长期疾病有关的20%的费用。如果一段时间内产生的医疗费用共计600 000美元，则投保人要自己承担其中的120 000美元（600 000美元的20%）。不过，如果保单注明的止损条款明确说明投保人的最高自付额为30 000美元，则投保人最多只负担30 000美元。自付额越低，保费就越高。

长期护理保险保费高低的影响因素

长期护理保险的保费高低主要受制于保险公司支付赔偿金的可能性以及赔偿金的规模这两大因素。

保单条款。由于前面介绍过的保单条款会对索赔的概率以及赔偿金的多少造成影响，因此这些条款势必会影响到保费的高低。

年龄和性别。投保人的年龄越大，需要长期护理保险的可能性越高，则保费就越高。年满60岁或年纪更大的投保人在购买长期护理保险时支付的保费特别高。在通常情况下，女性比男性寿命要长，所以，女性的保费要比男性的保费更高一些。

健康状况。目前已患有长期疾病的个人更有可能提出理赔申请，因此他们的保费也会比较高。

降低个人的长期护理保险成本

在比较各家保险公司提供的长期护理保险产品时，你要记住，提供更全面保障的保单肯定会收取更高的保费。在挑选保险产品时，你可以选择那些只包含最重要条款的保单。例如，假设在保单正式生效之前，你能忍受更长的等待期，那么这就有助于降低保费。如果你认为持续承保或通货膨胀调整条款对你来说不太实用，那么就可以选择不包含这两项条款的保险合同。

不同的长期护理保险产品，各家保险公司收取的保费差别也较大。你应当货比三家，好好比较一下不同产品的费率水平。在互联网上查找报价信息是一个不错的主意。此外，你还可以研究一下一段较长时间内保险公司收取的保费水平的变化趋势，这有助于揭示未来保费标准的走势。

确定承保金额

为了判断你是否需要购买长期护理保险，你可以分析一下自己的家族病史。如果确实有长期疾病史，那么需要购买长期护理保险的概率明显增大。此外，再分析一下自己的财务状况。如果你能负担得起较高保额的长期护理保险，那么为自己买一份保险还是很值得的。年龄未满60岁、未患过重大疾病的个人能够以相对合理的价格买到长期护理保险产品。

残疾收入保险

一旦投保人残疾，则残疾收入保险可以向其赔偿收入。对于年龄不满40周岁的人来说，一年内残疾的概率小于4%；对于年龄不满50周岁的人来说，一年内残疾的概率小于8%。不过，60岁左右的老人一年内残疾的概率迅速上升至15%左右，而且以后随着年龄的不断增长，这一概率还将持续增大。因此，对于依靠工作收入生活的年长者来说，残疾收入保险特别重要。不过，年轻人也应当考虑购买残疾收入保险，因为它能给你带来心灵的宁静，而且保费也较低。残疾收入保险能够确保投保人即使变残疾了，仍然有能力自给自足并抚养家属。

残疾收入保险的最重要条款之一便是对残疾的定义。只有当投保人满足保单规定的残疾定义时，保险公司才会向投保人支付赔偿金。"个人岗位"定义是最宽松的残疾定义。某些残疾收入保险合同规定，一旦投保人没有能力履行个人岗位的职责，则保险公司就可以向其支付赔偿金。一个更为严格的残疾定义叫做"所有岗位"定义。只有当投保人不能履行与个人教育程度以及工作经验相符的所有岗位的职责时，保险公司才会向投保人支付赔偿金。由于这种残疾收入保险对残疾的定义更严格，因此保费水平要比采用"个人岗位"定义的残疾收入保险低一些。如果投保人在初期的一段较短时间内无法完成目前个人岗位的职责要求，比方说两年内，某些残疾收入保险产品可以向投保人支付赔偿金。过了这段时间后，只有当投保人无力完成所有与个人教育程度以及工作经验相符的岗位的职责时，保险公司才会向投保人支付赔偿金。只有当个人的残疾状况至少持续了5个月，而且预期这种身体残疾的状况还将持续至少12个月或有可能导致死亡时，社会保障局才会将其认定为残疾人。

残疾收入保险的来源

下面我们列出了残疾收入保险的一些常见来源。

个人残疾收入保险。你可以购买个人残疾收入保险，并指定自己想要的保额。保费会随个人的工作类型而变化。例如，在钢铁厂工作的工人要比在办公大楼里工作的白领面临更大的残疾风险。

雇主残疾收入保险。大概有一半的大中型企业能通过保险公司提供可选择的残疾收入保险计划。一些企业的员工要么免费参与这一保险计划，要么支付一定的保费参与这一保险计划。团体保险计划的保费水平一般来说都比较低。在通常情况下，雇主残疾收入保险支付的赔偿金相当于雇员工资额的60%左右。不同的残疾收入保险合同对残疾赔偿金的支付次数的规定差别也较大。

社会保障局提供的保险。如果你是残疾人，那么可以从社会保障局领取收入。收入的多少取决于长期以来你缴纳了多少社会保险税。从社会保障局领取残疾收入的资格限制十分严格，这意味着即使你认为自己已经变成残疾人了，也不一定够资格从社会保障局那里领取保障金。此外，社会保障局提供的残疾收入可能不足以满足你的生活要求。因此，你可能还需要购买额外的残疾收入保险，从而对社会保障局提供的残疾收入起到补充作用。

工伤赔偿。如果员工在工作场所致残，则可以通过所在州的工伤赔偿获得一定的收入。具体能拿到多少收入主要取决于员工当前的工资水平。除了工伤赔偿以外，残疾收入保险还能向员工提供补充性的收入来源。

残疾收入保险条款

各家保险公司的残疾收入保险产品往往具有不同的特征，接下来我们就向大家一一介绍。

保额。残疾收入保险合同明确说明了被保险人残疾后能获得多少收入。这个收入金额也许会表示为一个最高金额，也许会表示为残疾前被保险人所得工资收入的一定百分比。一般来说，短期保单的保额会达到你几个月到一年时间的工资水平的60%~70%。期限较长的保险会覆盖你工资收入的40%~60%。保额越高，则残疾收入保险的保费水平就越高。

你应当为自己购买足额的残疾收入保险，只有这样才能确保即使自己残疾了以后仍然能保持之前的生活水平并自给自足。你可以计算一下目前维持一定的生活水平并供养受抚养人需要多少可支配收入（税后收入）。

试用期。投保人要经历试用期，这是指从投保人的保险申请被批准到残疾收入保险正式生效所经历的时间段。试用期通常被设定为一个月。

等待期。残疾收入保险合同应当明确说明在投保人开始领取残疾收入保险收入之前是否要经历等待期（例如三个月或六个月）。只支付几个月赔偿的短期保单可能只需要等待两周左右的时间，而支付长期赔偿的保单可能需要三到六个月的等待期。在等待期内，投保人要自己承担所有的生活费用。例如，假设现在投保人残疾了，残疾收入保险合同明确要求等待期为三个月，那么只有当三个月等待期结束后投保人的残疾状况仍然存在时，投保人才能从保险公司那里领到残疾收入保险收入。设置等待期的原因之一是消除很多不必要的理赔申请——有些人只不过是脖子痛或背痛，持续时间仅为几天或数周，便以此为理由申请获得保险赔偿金。若没有等待期或等待期较短，则残疾收入保险的保费水平也会比较高。

领取残疾赔偿金的时间长度。残疾赔偿金的发放可能会持续几个月、一年或几年，也可能会一直持续到投保人去世为止。保单提供残疾赔偿金的持续时间越长，则投保人支付的保费就越高。

不可撤销条款。不可撤销条款允许投保人每年按照相同的保费费率更新保险，保险赔付金额不变。若保险公司统一上调了所有背景情况相似的客户的保费费率，那么保费也有可能会有所增加。

续保条款。续保条款允许投保人在享受相同保险福利的条件下进行续保，如果保险公司统一上调了所有背景情况相似的被保险人的保费费率，那么续保后投保人应缴纳的保费也将有所上涨。

残疾收入保险的购买决策

你可以给保险公司打电话咨询残疾收入保险的保费费率，或者是向企业的福利部门打听是否提供这种保险。

健康保险和残疾收入保险与个人理财计划的匹配程度

下面我们列出了有关健康保险与残疾收入保险的关键性决策，它们应当被包含在个人理财计划之内：

- 为了保护个人财富，你是否已购买了充足的保险？
- 你将来应当购买多高保额的保险？

图表 12.3 举例说明了斯蒂芬妮·斯普拉特的健康保险和残疾收入保险与个人理财计划的匹配程度。

图表 12.3　斯蒂芬妮·斯普拉特的健康保险和残疾收入保险与个人理财计划的匹配程度

健康保险和残疾收入保险的规划目标
1. 确保自己面临的健康风险以及残疾风险能获得保险的保障。
2. 判断一下未来自己是否应当增加健康保险或残疾收入保险的保额。

分析

保险类型	保障	现状
健康保险	保护个人资产与个人财富	我已经参加了雇主提供的健康保险计划
残疾收入保险	一旦个人残疾后能起到保障收入的作用	雇主提供的残疾收入保险能够提供一定程度的保障，但是我需要购买额外的残疾收入保险以提供更好的保障

决定

有关目前我的健康保险与残疾收入保险保额是否充足的判断：
现在我通过雇主参加了健康维护组织。这一健康保险计划能够提供充足的健康保险，而且保费相对较低。因为我现在才 20 多岁，身体健康，因此目前暂不需要购买长期护理保险。

现在我每个月能享受雇主提供的保额为 800 美元的残疾收入保险。我已经决定要再购买一份每月保额为 1 200 美元的残疾收入保险，这样即使残疾了，每个月的残疾收入保险收入也能够负担得了 2 000 美元的月支出额，而残疾收入保险的每个月的保费才 10 美元。一旦我残疾了，这份保险就可以提供充足的保障。

有关未来健康保险与残疾收入保险保额多少的决定：
如果将来我想在挑选专科医生时获得更多的灵活性，我可能会转而参加优先医疗服务组织。将来我会考虑购买长期护理保险。如果未来我的收入水平或支出水平慢慢上升，我会相应地增加残疾收入保险的保额。

讨论题

1. 如果斯蒂芬妮·斯普拉特是一位拥有两个孩子的单身母亲，那么她的健康保险与残疾收入保险购买决定会有哪些不同？

2. 如果斯蒂芬妮现年35岁，那么她的健康保险与残疾收入保险的购买决定会有哪些不同？假设她现年50岁呢？

小结

健康保险。健康保险能够让投保人报销医疗保健费用。私人健康保险允许投保人更加灵活地挑选医生或医疗服务机构，但是它要求患者先垫付医疗费用然后再报销。

私人健康保险的类型。私人健康保险一般可分为付费医疗计划（有时也叫做定额理赔保险计划）与管理医疗计划两种类型。付费医疗计划可以为个人报销医疗保健提供者（例如医生或医院）收取的一部分或全部医疗费用。个人可以自由选择从全科医生或专科医生那里接受医疗保健服务。医疗保健提供者会直接向患者收取费用，随后患者必须填写表格要求保险公司报销医疗保健费用或药费。管理医疗计划（包括健康维护组织与优先医疗服务组织）允许个人从参与该计划的指定医生或医院那里获得医疗服务，而且只会对不属于该计划承保范围的服务项目收取费用。管理医疗计划的保费水平要低于付费医疗计划，但是对个人可以使用的医疗保健提供者（医生与医院）设定了更多的限制条件。

医疗保健计划的内容。医疗保健计划（保单）确定了被保险人的身份，描述了提供保险的地点（仅在美国境内或包含美国境外），保单是否排除了对已有疾病的保障，是否有取消保单的选择，对复健、精神健康、怀孕的保险，合同是否可以续签，以及用于确定你必须支付的账单金额的标准。这个数额是由以下因素决定的：免赔额、共同保险、止损条款、保险限额和保险协调赔偿条款。

政府医疗保健计划。此外，政府也提供了医疗保健计划。联邦医疗保险可以向年龄达到或超过65周岁、有资格领取社会保障金的或残疾的老人提供医疗保险。联邦医疗补助可以向低收入者以及需要政府救助的人群提供医疗保险。

医疗保险行业的监管。1986年的《统一综合预算协调法案》允许个人在停止为某个雇主工作后18个月内仍能享受原雇主提供的健康保险计划。1996年的《健康保险精简与会计法案》允许个人在换工作以后继续享受健康保险提供的保障。如果投保人之前已患上某种疾病，那么这个法案尤为重要。2010年的《平价医疗法案》为低收入个人和家庭提供补贴，使他们能够获得医疗保险。它明确了所有通过政府市场或州网站提供的保单必须提供的十项基本的健康福利。它还允许个人免费接受预防性医疗服务，例如每年的健康检查、乳腺X光检查以及高胆固醇、糖尿病和某些类型癌症的早期筛查。

长期护理保险。长期护理保险可以承保与长期疾病有关的医疗费用，包括疗养院、辅助生活设施以及家中护理等方面的费用。长期护理保险的保费非常昂贵，但是若投保人可以接受更长的等待期，则保费将会有所下降。

残疾收入保险。一旦被保险人残疾，则残疾收入保险可以向其提供收入。该保险支付的赔偿金相当于被保险人残疾之前每月收入的一定百分比。

健康保险和残疾收入保险如何匹配你的个人理财计划？医疗费用非常昂贵，可能会扰乱你实现个人理财计划的进程。因此，你需要保险来保护你自己，这样你才能继续实现你的个人理财目标。

复习题

1. 健康保险。购买健康保险能给个人带来什么好处?为什么近些年来人们越来越关注健康保险?

2. 医疗费用。为什么医疗费用会不断上涨?这种趋势如何影响健康保险的成本?

3. 私人健康保险。什么叫做私人健康保险?简要介绍一下私人健康保险的主要类型。

4. 健康保险提供者。谁能提供健康保险?雇主能否提供健康保险?

5. 付费医疗计划与管理医疗计划。比较一下付费医疗计划与管理医疗计划的异同点。

6. 健康维护组织。说明一下健康维护组织的运营模式。这种类型的私人健康保险具有哪些优势与劣势?

7. 健康维护组织与优先医疗服务组织。在考虑应选择健康维护组织还是优先医疗服务组织时,你应当提出哪些问题?

8. 优先医疗服务组织。什么是优先医疗服务组织?该组织如何运作?

9. 优先医疗服务组织的收费。比较一下优先医疗服务组织的折扣收费协议与每日费用协议两种收费模式的异同点。

10. 健康保健计划的内容。典型的健康保险保单中包含哪些类型的信息?

11. 持续的健康保险。简要介绍一下致力于确保个人可以在更换工作的情况下仍能持续享受健康保险的两个联邦法案。

12. 其他健康保险。一个典型的健康保险保单中可能包括哪些常见的医疗保健类型?

13. 病人成本的决定因素。在既定的索赔额下,哪些因素决定投保人的成本?

14. 弹性支出账户。什么叫做弹性支出账户?为什么一部分人只按照最低额向该账户缴款?

15. 联邦医疗保险。什么叫做联邦医疗保险?解释一下联邦医疗保险的A部分与B部分。

16. 联邦医疗保险处方药法案。简要介绍一下联邦医疗保险处方药法案的相关条款。

17. 补充性医疗保险。什么叫做补充性医疗保险?

18. 健康储蓄账户。什么是健康储蓄账户(HSA)?为什么这种账户往往比灵活的支出账户更可取?

19. 联邦医疗补助。什么叫做联邦医疗补助?个人要满足哪些条件才有资格申请加入该计划?

20. 长期护理保险。长期护理保险的目的是什么?哪些因素会影响长期护理保险的保费水平?当你购买长期护理保险产品时应当考虑哪些因素?

21. 残疾收入保险。残疾收入保险的目的是什么?为什么年轻人也要考虑购买残疾收入保险?

22. 残疾收入保险的来源。简要说明一下残疾收入保险的常见来源。

23. 残疾收入保险的合同条款。简要介绍一下残疾收入保险常见的几个合同条款。

24. 《平价医疗法案》。简要介绍一下《平价医疗法案》的部分重要特征。

25. 视力保险。视力保险通常涵盖哪些类型的服务?为什么有些人应该考虑购买一份单独的视力保险?

26. 高免赔额健康计划。什么是高免赔额健康计划?这种类型的计划与HSA有什么关系?

27. 先前存在的条件。《平价医疗法案》是如何改变保险公司对待有既往病史的人的方式的?

28. 健康保险和残疾收入保险与财富。健康保险和残疾收入保险与财富有什么关系?

理财规划练习题

1. 优先医疗服务组织的收费。优先医疗服务组织采用折扣收费协议。玛丽在医院治疗的总费用为 20 000 美元,优先医疗服务组织应按照 70% 的比例向医院付费。玛丽与优先医疗服务组织签订的合同显示玛丽要承担 20% 的医疗费。玛丽要支付多少医疗费?

2. 止损条款。皮特的健康保险合同明确说明他应当承担长期疾病医疗费用的 30%,自付额上限为 35 000 美元。如果皮特看病花了 60 000 美元,那么他自己应承担多少美元的费用?

3. 残疾收入保险。克里斯蒂娜一般每个月的支出额为 1 800 美元左右,其中 50 美元的费用与工作有关。克里斯蒂娜的雇主可以提供每个月 600 美元的残疾收入保险。克里斯蒂娜还应当购买多高保额的个人残疾收入保险?

4. 《统一综合预算协调法案》(COBRA)。苏珊最近辞去了当地一家公司的工作,还没找到新工作。她知道,根据 COBRA,她可以从旧雇主那里继续享有健康保险。如果她之前每月支付 200 美元,而她的雇主每月额外支付 350 美元,那么她要维持健康保险的话可能要花多少钱?

5. 共同支付。纳里姆的住院费用为 7 575 美元,他的保险需要共同支付 500 美元。他的保险公司将支付他多少医疗费?

6. 道德困境。薇拉是一位 85 岁的寡妇,退休前在一家大型企业工作。现在,原雇主将退休人员的健康保险转入健康维护组织。薇拉的膝盖有些问题,她要求转诊到骨科医生那里看病。在拍了 X 光以后,她的全科医生通知她,她的膝盖还没有严重到必须更换人工膝关节的地步,于是给她开了一些药缓解疼痛。几周后薇拉读到一篇文章称健康维护组织的医生若能降低患者的医疗费用便可获得奖金。

   a. 讨论一下健康维护组织向控制患者医疗费用的医生支付奖金的做法是否符合职业道德。
   b. 薇拉是否还有其他选择?

个人理财的心理学:个人健康保险

1. 在购买健康保险或残疾收入保险时,支付的保费越少,消费者的感觉就越好。不过,这种策略往往会带来适得其反的后果,因为他们获得的保障程度与支付的保费是成正比的。描述一下你在购买健康保险或残疾收入保险时的行为特征。你是否会要求购买特定保额的保险或只选择保费尽可能低的保险?

2. 阅读一篇有关心理因素对健康保险购买决策的影响的文章。你可以使用类似于"心理"与"购买健康保险"的关键词轻松地在线搜索到很多相关文章。总结一下这篇文章的主要观点。

综合案例——桑普森一家

戴夫·桑普森与莎伦·桑普森正在评估他们拥有的健康保险和残疾收入保险的金额。

桑普森夫妇的健康保险由 HMO 提供。近来，戴夫与莎伦阅读了几篇介绍 PPO 的文章，他们想知道是否应当转而加入 PPO。戴夫的雇主提供的医疗保健计划允许他们使用 HMO 或 PPO，但他们必须为 PPO 支付更高的保费。听说 PPO 的费用要高于 HMO，因此他们一直犹豫要不要转，还没有下定决心。在参加 HMO 时，戴夫和莎伦与指定的全科医生以及所有专科医生相处得很融洽。

戴夫与莎伦目前尚未购买残疾收入保险，因为他们俩都在办公室工作，他们认为自己没有残疾的风险。戴夫和莎伦通常每个月至少有 4 000 美元的支出，这些支出都与工作无关。

桑普森夫妇最近对长期护理保险有所耳闻，正在考虑自己是否需要购买这种保险。

1. 就桑普森夫妇的健康保险提出建议。你认为他们应该从 HMO 转到 PPO 吗？为什么应该或为什么不？
2. 你认为桑普森夫妇应该购买残疾收入保险吗？为什么应该或为什么不？
3. 桑普森夫妇应该购买长期护理保险吗？为什么应该或为什么不？

术语解释

健康保险（health insurance）：由私人保险公司或政府提供的保险，保障范围涵盖投保人的医疗保健费用。

私人健康保险（private health insurance）：可以从私人保险公司那里购买的健康保险，这种保险可以为投保人支付医疗费用。

付费医疗计划（fee for service plan）：在个人接受医疗保健提供者（例如医生或医院）的治疗时，可以向个人支付一部分或全部医疗费用的健康保险。个人可以自由选择是到全科医生还是专科医生那里看病。

管理医疗计划（managed health care plan）：要求投保人在参与计划的指定医生或医院处接受医疗保健服务的健康保险。

健康维护组织（health maintenance organization，HMO）：一种私人健康保险，它可以向医生许可的医疗保健服务提供承保，全科医生会先给予患者一定的常规治疗，在必要时将患者移交给专科医生。

优先医疗服务组织（preferred provider organization，PPO）：一种私人健康保险，它允许个人挑选医疗保健提供者，同时又能报销大部分医疗费用。患者在预约专科医生之前不需要获得全科医生的转诊证明。

折扣收费协议（discount on charge arrangement）：医疗保健提供者与优先医疗服务组织签订的协议，优先医疗服务组织同意按照账单金额的一定百分比向医疗保健提供者付费。

每日费用协议（per diem rate arrangement）：优先医疗服务组织与医疗保健提供者之间签订的另一种协议。具体做法是患者每住院一日，则优先医疗服务组织就会向医疗保健提供者支付一笔固定费用。

牙科保险（dental insurance）：能够报销一部分或全部牙科治疗费用的保险，具体包括每年的常规检查、牙齿矫正以及口腔外科治疗费用。

视力保险（vision insurance）：承保一部分或全部眼科治疗或配镜服务的费用的保险，具体包括每年的常规检查、配镜、隐形眼镜以及手术费用。

弹性支出账户（flexible spending account）：由雇主建立的账户，雇员可以通过这一账户使用税前收入支付医疗费用。

健康储蓄账户（Health Savings Account，HSA）：一个对收入进行避税的账户，可用于支付高免赔额健康计划的医疗保健费用。

补充性医疗保险（medigap insurance）：私人保险公司出售的可以为不属于联邦医疗保险承保范围的医疗费用提供承保服务的保险。

联邦医疗补助（Medicaid）：一个主要向老年人、盲人、残疾人以及要抚养孩子的贫困家庭提供医疗服务的联邦计划。

长期护理保险（long-term care insurance）：可以报销长期健康状况导致的个人日常护理费用的一种保险。

残疾收入保险（disability income insurance）：一旦投保人残疾，则可以向其赔偿收入的保险。

试用期（probationary period）：从投保人的保险申请被批准到残疾收入保险正式生效所经历的时间段。

等待期（waiting period）：从投保人残疾到投保人开始领取残疾收入保险收入的这段时间。

第13章
人寿保险

章前引例

玛丽亚辞掉工作专心照顾自己的小孩。就在她辞职后不久，她的丈夫迪亚哥在一场车祸中丧生。丈夫去世后，玛丽亚拿到了 400 000 美元的人寿保险赔偿金，直到这时她才充分意识到人寿保险的价值。就在他们的第一个孩子刚刚出生后不久，他们的邻居，一位保险经纪人，到玛丽亚家拜访。保险经纪人告诉他们，由于迪亚哥是家里唯一有工资收入的人，因此迪亚哥应该购买一份保额较高的人寿保险。一旦迪亚哥意外去世，那么人寿保险的赔偿金能够替代他的收入。这笔人寿保险赔偿金足以支撑玛丽亚母子俩熬到孩子长大上学。孩子上学以后，玛丽亚便可以重返职场。

若没有购买人寿保险，一旦负担家计的人去世，那么家庭将会永久失去一部分或全部工资收入。人寿保险可以向家庭成员提供经济保障。

本章的学习目标

- 了解人寿保险的基础知识；
- 介绍市面上常见的人寿保险的类型；
- 分析如何确定你需要多少保额的人寿保险；
- 研究人寿保险的合同条款；
- 讨论如何挑选人寿保险公司；
- 分析人寿保险如何匹配你的个人理财计划。

人寿保险的基础知识

当投保人死亡时，人寿保险能够向特定的受益人支付死亡赔偿金。因此，一旦投保人去世，人寿保险便可以向指定的受益人提供经济支持。比方说 100 000 美元的人寿保险意味着一旦投保人去世，则人寿保险合同中指定的受益人就能获得 100 000 美元的死亡赔偿金。受益人拿到的赔偿金是免税的。

人寿保险公司专门出售人寿保险产品。人寿保险公司可以是一家独立的企业或者是金融集团的子公司。很多主要提供银行与证券经纪服务的金融机构往往还同时拥有可出售人寿保险产品的子公司。你可以定期缴纳保费（例如每个季度缴纳一次）购买人寿保险产品。

人寿保险的作用

在决定是否要购买人寿保险或者是购买多高保额的人寿保险之前,你需要仔细考虑一下自己的理财目标。与人寿保险有关的最常见的理财目标是向受抚养人提供经济支持。一旦负担家计的人去世,人寿保险的重要性便会凸显出来,它能起到支撑家庭经济状况的作用。投保人去世后,其家人可以用人寿保险的死亡赔偿金支付丧葬费或不属于医疗保险承保范围的医疗费用。即使负担家计的人去世了,在人寿保险的帮助下,未来家庭的生活水平也并不会下降。此外,死亡赔偿金还能帮助家人还清所有拖欠的债务。如果你是家庭的主要收入来源,其他家人都要依赖你的收入而生活,那么你应当购买人寿保险。

如果没人依赖你的收入而生活,那么就没必要购买人寿保险。例如,假设你和你的配偶都是全职工作者,而且即使没有你的收入,你的配偶也能做到自给自足,那么在这种情况下,人寿保险就不那么重要了。如果你是单身,不需要向任何人提供经济支持,那么根本就不需要购买人寿保险。

不过,即使不需要供养他人,很多人也想在自己去世以后给继承人留下一点遗产。例如,你可能想为自己的侄子承担一部分上大学的费用。如果你在侄子上大学之前就去世了,那么人寿保险能帮你实现这个心愿。再举个例子,你可能想向自己的父母提供经济支持。在这种情况下,你可以指定父母成为人寿保险的受益人。你甚至还可以在购买了人寿保险产品以后将自己最喜欢的慈善机构指定为受益人。

随着时间的流逝,你可以重新考虑一下人寿保险的购买决策。即使现在你决定不买人寿保险,将来情况有了变化,你可能又需要购买人寿保险了。如果你已经买了人寿保险,那么将来可以考虑提高保额,增加或者是变更受益人。

人寿保险购买决策背后的心理因素

心理因素会对人们购买人寿保险的决策起到阻碍的作用。相对于死亡,人们总是自然而然地更关注那些令人感到愉悦的事情,例如婚礼或度假。因为人们不愿意谈论死亡,所以人们总是有意无意地拖延着,不能下定决心购买人寿保险。此外,购买人寿保险的决定意味着要定期缴纳保费,人们感觉这笔成本不会立即带来什么好处或满足感。人们更愿意花钱购买能带来即时满足感的产品或服务。这种心理学效应能够解释为什么美国大约有三分之一的家庭没有购买任何人寿保险。事实上,美国一半左右的家庭承认它们没有购买足额的人寿保险。

为了克服这些阻碍,父母必须认真思考一下一旦他们去世,自己的孩子要怎样才能生存下去。如果他们直面死亡的可能并购买了人寿保险,那么他们应当意识到这项举动确实能够带来直接收益:能确保在他们去世后他们的孩子可以获得充足的经济支持。

虽然购买人寿保险的决定不会像买衣服或股票那样给人带来愉悦感,但是从本质上看,它能带来更大的收益。现在,你首先要做的是花点时间好好阅读本章关于人寿保险的相关知识,然后判断一下为了让自己所爱的人将来能够获得经济保障,现在你是否应当考虑购买人寿保险。

人寿保险公司的作用

很多人寿保险公司可以向客户出售人寿保险产品。它们能向客户介绍各种不同类型人寿保险产品的特征，帮助客户判断哪一种产品最能满足客户的需求。它们还能帮助客户计算需要购买多大的保额。很多人在购买了人寿保险以后又活了40多年或更长时间，他们指望保险公司在将来他们去世以后向指定受益人支付死亡赔偿金。因此，保险公司必须具备雄厚的资金实力，这一点十分重要。只有这样，保险公司才能持续经营下去，直到若干年后仍然有能力履行保险合同上与投保人约定好的赔偿义务。

申请人寿保险

在申请人寿保险时，你要填写一份详细的表格，要提供的信息包括个人的病史以及生活方式，保险公司会根据这些信息判断你是否有资格申请人寿保险以及保费水平的高低。如果你患有某种慢性病，例如糖尿病或心脏病，或者有抽烟的习惯，那么你可能要支付更高的保费。为了降低保费，你也许会故意漏掉某些信息。作为人寿保险的申请步骤之一，你很有可能要参加一次体检。根据体检结果以及医疗信息局与保险公司共享的医疗信息，保险公司很有可能会发现申请表上被保险人故意造假或遗漏的地方。

如果投保人填写的申请表确实存在不实之处，那么投保人将失去获得保险赔偿金的资格。保单是投保人与保险公司之间签订的法律合同，因此投保人必须诚实。没必要为了节省一点点保费而去造假，若因此破坏了人寿保险所带来的心灵上的宁静，那才是得不偿失。

人寿保险的类型

尽管人们对人寿保险的需求直截了当，不过可选择的人寿保险产品种类很多。定期寿险、终身寿险以及万能寿险是人寿保险最受欢迎的三种类型。

定期寿险

定期寿险是仅在一段特定时间内承保的寿险。这种人寿保险的期限通常为5~20年。定期寿险不会累积现金价值，这意味着这种保险没有投资功能，它的唯一功能是在被保险人死亡时向受益人支付死亡赔偿金。如果在定期寿险有效期内被保险人并未死亡，则保单过期失效，到期时没有任何价值。

比方说一位单身母亲有三个年幼的孩子，她计划一直供养这三个孩子，直到他们读完大学为止。虽然目前她的收入水平足以完成这个目标，但是她要为自己去世后三个孩子的生活做好万全安排。她决定购买一份期限为20年的定期寿险。如果她在保单有效期内死亡，则她的孩子们能够拿到一定的死亡赔偿金。如果20年以后她还活着，那么保单到期终止。即使这样，这份保单也算完成了它的使命，让这位母亲获得了心灵上的宁静，因为她已经安排好了身后事，为孩子们准备了充足的资金支持。等到这份定期寿险到期时，孩子们已经长大，能够自给自足了。

定期寿险的保费水平。 保险公司可能会要求投保人每个月、每个季度、每半年或每年支付一次定期寿险的保费。如果投保人未在规定日期之前缴纳保费，那么保险公司会给予投保人一定的宽限期。如果在宽限期内，投保人仍然未能支付保费，那么保单将会终止效力。

定期寿险保费水平的决定因素。 定期寿险每年的保费水平要受到诸多因素的影响。第一，保单的期限越长，意味着保险公司的承保时间越长，因此每年的保费就会越高。

第二，投保人的年龄越大，保费就越高。年长者在一段特定的时间内死亡的概率更大一些。图表13.1举例说明了定期寿险的年保费报价信息（假设投保人不患有任何罕见的疾病）。各家人寿保险公司规定的保费有高有低，差别较大，但是我们总结的一般性规律仍然是成立的。请大家注意看图表13.1，45岁的投保人的年保费额比25岁的投保人的年保费额的两倍还要多。此外，若投保人达到了60岁，则其年保费额要比45岁的投保人的年保费额的四倍还要多。

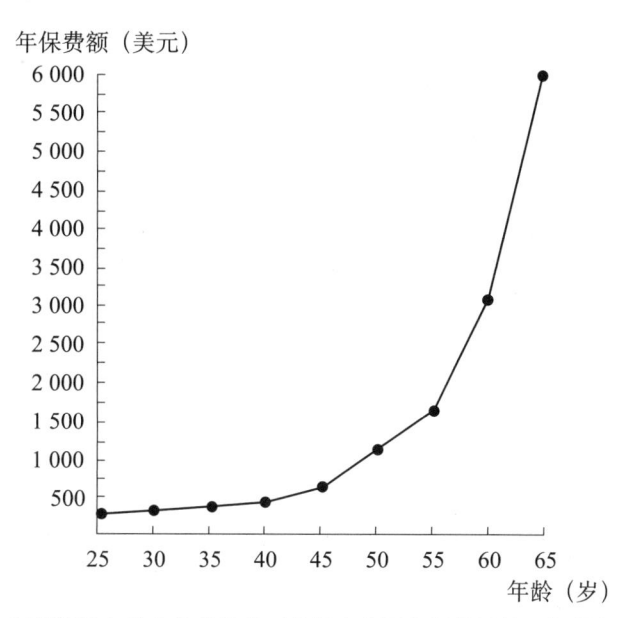

图表13.1　年保费额随年龄变化的趋势（投保人为不吸烟的男性，保额为500 000美元）

第三，保额（死亡赔偿金）越高，则保费就越高。图表13.2提供了两位投保人对应不同保额的保费数据。请注意，保额为500 000美元的保单的年保费额相当于保额为100 000美元的保单的年保费额的两倍多。

第四，男性投保人每年要缴纳的保费要高于相同年龄的女性投保人。因为女性的平均寿命比男性长，因此在一段特定时间内，男性死亡的概率要高于相同年龄的女性死亡的概率。图表13.3反映了对应多个不同的保额，男性与女性投保人每年支付的保费的差别。一般来说，男性的年保费额要比女性高出10%～25%。

第五，吸烟者每年的保费要远远高于不吸烟者。图表13.4说明了对应不同的保额，男性吸烟者与男性不吸烟者的年保费额有多大的差别。不管保额是多少，吸烟者的年保费额是不吸烟者的两倍以上。不论投保人的年龄与性别如何，这一关系始终成立。

第六，若投保人的家庭成员有罹患某种疾病的家族史，那么每年的保费可能会非常高。例如，如果投保人的直系亲属当中有人在60岁之前就患有糖尿病、心脏病或肾病，则投保人的年保费额至少要翻一番。

定期寿险的保费取决于投保人在保单有效期内死亡的概率和保单有效期的长短。死亡的概率会受到健康、年龄与性别等因素的影响。对同一个投保人，不同保险公司确定的定期寿险保费也可能有高有低。

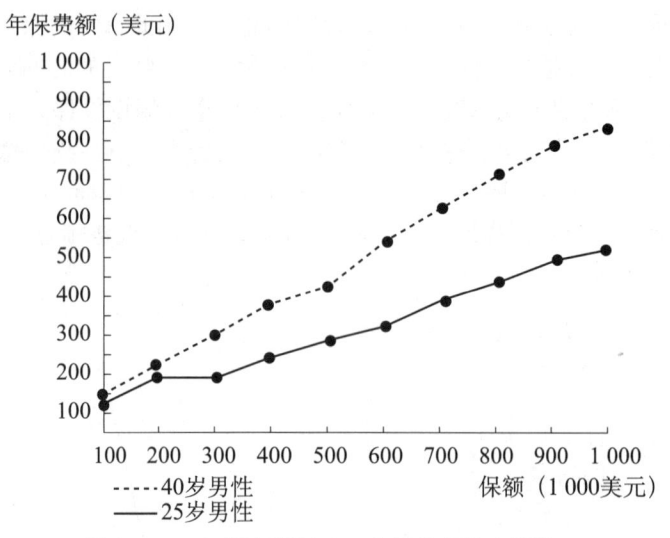

图表 13.2 不同保额情况下年保费额的变化情况

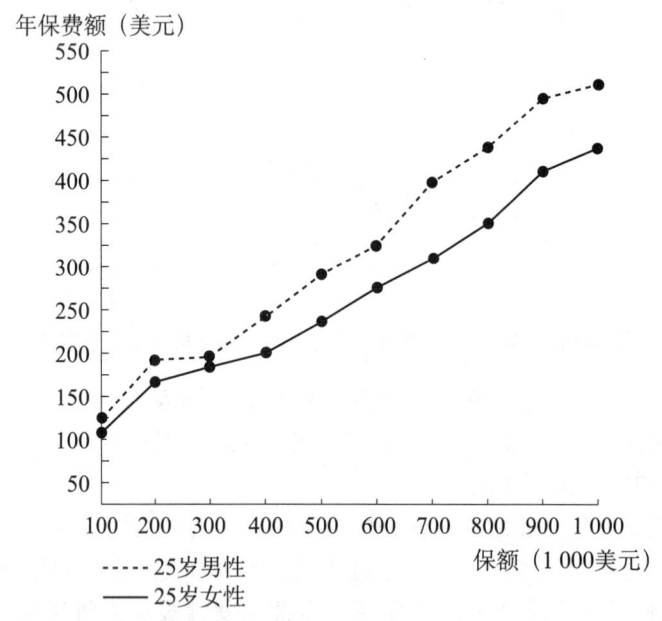

图表 13.3 男性与女性年保费额的差别（25 岁不吸烟的男性与女性）

使用互联网查找定期寿险的保费数据。 一些人寿保险公司会在它们的官方网站上提供定期寿险产品的保费报价信息。你需要提供诸如出生日期、居住地、保额、定期寿险的有效期长度等信息，然后再回答几个有关个人健康状况的小问题。在提供了上述信息以后，你很快就能获得相应的定期寿险的保费报价信息。如果你想了解一下保额的大小会对保费造成怎样的影响，你甚至可以多次调整保额的大小，看一看对应的保费会如何变化。

一些网站能够根据客户的特定需求提供各家保险公司的保险产品报价信息。首先，这些网站也要求查询者提供上述这些信息，然后它们会列出多家保险公司定期寿险的报价数据。然后，查询者便可以选定一个最满足个人需求的保险公司。你可以通过链接查看这家保险公司的定期寿险合同，并查到保险公司业务代表的姓名与电话号码。这种类型的网站

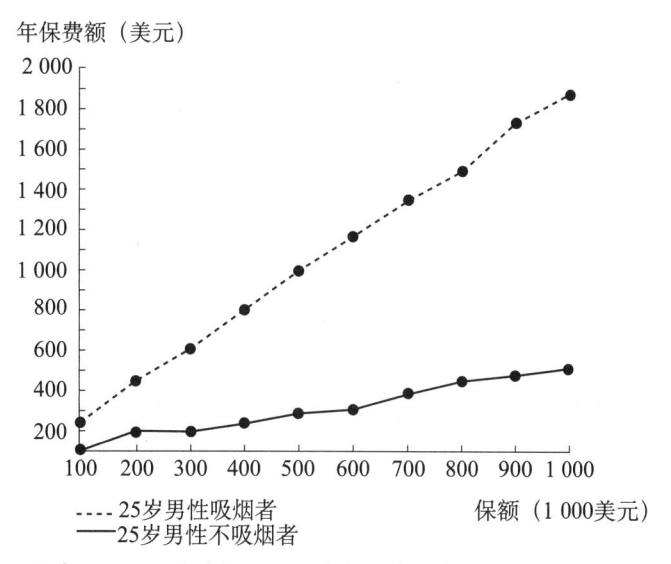

图表 13.4　吸烟者与不吸烟者年保费额的差别（25岁男性）

的作用在于能让你在不接触保险销售人员的情况下获得保险产品的报价信息。在查看了这份可供选择的保险公司名单以后，你可以给保险经纪人打电话，最终决定选择哪家保险公司。当然，你还应当评估一下自己选择的保险公司资金实力是否雄厚。

递减式定期寿险。递减式定期寿险是一种常见的定期寿险产品，其死亡赔偿金会随时间慢慢递减。然而，投保人在保单有效期内定期支付的保费始终保持不变。这种类型的保险很受家庭的欢迎，因为它在保障初期提供较高的保额，而那段时间刚好是家庭最需要保险产品保障的时期。随着时间的流逝，家庭累积的储蓄额越来越多，家庭还清了一部分抵押贷款，投资也在慢慢地增加，因此对人寿保险赔偿金的需求也相应变小了。递减式定期寿险具体有多种形式可供选择，合同条款以及死亡赔偿金的递减方式均有所不同。影响定期寿险保费高低的因素同样也会对递减式定期寿险的保费造成影响。

抵押贷款人寿保险。抵押贷款人寿保险可以在投保人死亡后替他还清抵押贷款。家庭之所以会购买这种保险，是因为要确保即使唯一的有工资收入者死亡，尚健在的其他家人仍然能够按时偿还房屋抵押贷款，继续住在自己购买的房子里。抵押贷款人寿保险是递减式定期寿险的一种特殊形式。事实上，个人直接购买保额足以还清房屋抵押贷款余额的定期寿险也能达到同样的目的（也许还能省点钱）。

团体定期寿险。团体定期寿险是出售给具有共同联系（例如同一个雇主）的指定团体的定期寿险产品。团体定期寿险的保费通常要比个人直接购买的普通定期寿险更低一些，这是因为被保险人享受了团体折扣。一些拥有团体定期寿险计划的企业还替自己的员工支付保费，把这当作一项福利政策。

终身寿险

终身寿险的特点是只要投保人一直支付保费，则保险公司就能一直提供人寿保险保障。保单能够逐渐地为投保人累积现金价值。因此，一旦投保人死亡，终身寿险就不仅能向受益人支付死亡赔偿金，还能向受益人返还保单累积的现金价值。基于这个原因，终身寿险有时也叫做现金价值寿险。

现金价值一般会用表格的形式列出。投保人支付的终身寿险的保费始终保持不变，主要用于两个用途：人寿保险与储蓄。一部分保费用来换取保单提供的人寿保险保障，因此被保险人去世后，被指定的受益人能够拿到一笔死亡赔偿金。余下的保费则被用于投资，逐渐地为保单累积现金价值。如果投保人要提取保单累积的现金价值，那么超过保费金额的提现额是要交税的。

投保人可以用保单累积的现金价值再购买一份一次性付款的新保单。这份新保单支付的死亡赔偿金取决于原保单累积的现金价值。

终身寿险保单还能向投保人提供流动性。你可以凭借保单累积的现金价值，按照保险合同中明确规定的利率水平向保险公司借款。不过，你要记住，这种类型的贷款将会降低人寿保险保单累积的现金价值。

终身寿险的保费水平。很多保险产品允许投保人按月、按季或按年缴纳保费。终身寿险的保费在整个保险有效期内始终保持不变。在保险初期，一部分保费对应的是将来某一天支付死亡赔偿金的金额，余下的保费则被保险公司以储蓄的形式拿来投资。在投保人较为年轻的时期，也就是保单生效的初期，由于投保人意外死亡的可能性相对较小，因此用来防范此类风险的保费也相对较少，这意味着大部分保费被用于投资。到了后期，被用来防范投保人死亡风险的保费所占比例越来越高，因为投保人死亡的概率越来越大。因为保费是固定不变的，所以此时它已经不足以防范投保人的死亡风险，故而在保单的后期，一部分现金价值会被用于补充保费的不足。

如果投保人没有缴纳终身寿险的保费，则保险公司会从保单累积的现金价值当中拿出一部分钱付清保费。

终身寿险保费的决定因素。终身寿险的保费水平有时候差别很大。因为终身寿险提供的是人寿保险，所以凡是会影响定期寿险保费水平的因素，同样也会影响终身寿险的保费水平。尤其值得一提的是，若保险申请人是吸烟男性、超过60周岁或申请的保额较高，则通常保费也会比较高。

终身寿险的种类。终身寿险有多种类型可选，因此你可以选择满足自身要求的保费支付模式。其中一种名叫限期缴费终身寿险，允许投保人仅在一段特定时间内缴纳保费，但能终身提供人寿保险。例如，你可以定期支付保费直到退休为止，不过你退休以后仍然能获得这份终身寿险的保障。比方说你现在45岁，打算65岁退休，这意味着你一共要缴费20年。只在一段时间内缴纳保费与终生持续缴纳保费相比，前者每次缴纳的保费更高一些，因此在缴费期内积累了更多的现金价值。一旦缴费期终止，则保险公司会用终身寿险已累计的现金价值支付未来的保费。

另一种类型的终身寿险会在保单生效的初期向受益人支付更多的死亡赔偿金。例如，保单也许会明确注明未来10年间的保额为300 000美元，10年后的保额变成100 000美元。这种保单非常适合那些要抚养年幼孩子的投保人。当孩子们年纪尚小、无法自己照顾自己的时候，这种终身寿险的保额会更高一些。

定期寿险的比较分析。终身寿险的保费要比定期寿险高一些。相对于定期寿险来说，终身寿险的优势在于不仅能为可能的死亡提供保险，而且还能慢慢累积现金价值。不过请注意，你完全可以支付更低的保费购买定期寿险，然后将终身寿险与定期寿险的保费差额用于投资，靠自己慢慢地积累储蓄额。

某些人更喜欢终身寿险，因为它能强迫他们储蓄并积累现金价值。不过，这是一种相对而言效率不太高的储蓄模式。若想逐渐积累出一定规模的储蓄存款，你完全可以在每次拿到薪水时自动自觉地将一部分收入存入储蓄账户并养成习惯，这样做的效率会更高。

选择定期寿险还是终身寿险，这取决于投保人的特殊需求。如果你只是为了确保自己去世时受益人能获得经济保障，那么定期寿险可能更合适。

如果定期寿险到期时你仍在世，那么为了再购买一份新的定期寿险，你将不得不支付更高的保费。与之相反，终身寿险的保费将始终保持不变。不过，一般来说，定期寿险能够以更低的成本满足客户的人寿保险需求。

万能寿险

万能寿险可以向投保人提供一定期限内的人寿保险，同时还能在这段时间内累积储蓄。这种寿险产品相当于是定期寿险与储蓄计划相结合的产物。因为它允许投保人积累储蓄，所以被划入现金价值人寿保险这一类别。

万能寿险允许添加"附约"（term riders），因此投保人可以临时上调保额并保持一段时间。例如，假设在未来的五年内你需要额外的 100 000 美元保额，那么你可以选择添加附约来获得额外的保额。

万能寿险允许投保人逐渐改变每期的保费缴纳额。保单会明确说明投保人需要缴纳多少保费才能获得定期寿险的保障。若投保人支付的保费大于这一标准，则多余的保费会被存入储蓄账户，投保人可以获得利息收益。

终身寿险是由保险公司制定投资决策，不过万能寿险与之不同，投保人可以在多种投资工具（这些投资工具均由保险公司负责管理）当中自由选择，自行决定储蓄计划账户资金的投资方式。如果投保人忘记按期支付保费，那么保险公司会从其储蓄计划账户内提取相应的款项用于支付定期寿险的保费以及管理费。

变额寿险。变额寿险是万能寿险的一种，这种寿险产品允许投保人将多余的保费——投保人实际支付的保费扣除定期寿险应支付的保费之后的余额——投资于各种各样的投资工具，有点类似于共同基金。变额寿险与终身寿险的区别在于它允许投保人自己制定投资决策。

变额寿险的一大优势在于它允许投保人灵活地调整每一期的保费支付额，允许投保人自己决定储蓄额应如何投资。不过，变额寿险的费率相对较高。你完全可以购买定期寿险，然后将节省下来的保费按照自己喜欢的方式投资，这样便无须支付变额寿险高昂的管理费用。

由于变额寿险的投保人可以选择将储蓄资金投资于股票，因此当股市行情好的时候，保单的现金价值会迅速增长。在 20 世纪 90 年代末和 2012—2018 年期间，股市普遍表现良好，变额寿险保单的现金价值上升。然而，在 2000—2002 年和 2008—2009 年金融危机期间，股票市场的表现非常糟糕，这使得很多人持有的变额寿险保单的现金价值大幅度缩水。

决定人寿保险的保额

一旦你确定了哪种类型的人寿保险最符合你的要求，那么接下来要决定的便是购买多大的保额。你可以使用收入法或预算法确定自己需要购买多大的保额。接下来我们就要介绍这两种计算方法。

收入法

收入法可以根据你的收入水平计算你应当购买多大保额的人寿保险。这种计算方法通常会用你的收入水平乘以一定的倍数来确定人寿保险的保额，比方说保额等于个人年收入的10倍。例如，假设你的年收入为40 000美元，那么按照收入法，你需要购买保额为400 000美元的人寿保险。这种计算方法使用起来很方便。不足之处在于它没有考虑投保人的年龄以及家庭状况（包括每年家庭的开支情况）。因此，若用这种方法计算的话，一个没有孩子的家庭与另一个有孩子的家庭算出来的保额是相同的。不过，显然后者需要购买更大保额的人寿保险，因为其开销更大。

案例

特伦特家每年的收入为50 000美元。卡林家每年的收入也是50 000美元。这两家人都找到同一个做保险经纪人的邻居征求建议。这位邻居告诉他们，人寿保险的保额应当等于家庭年收入的10倍。不过，特伦特家的经济状况与卡林家完全不同。特伦特夫妇刚刚30岁出头，有两个年幼的孩子。达伦·特伦特是家中唯一上班赚工资的人，其妻子丽塔·特伦特打算在未来几年里继续当家庭主妇，夫妻俩正在讨论再生几个孩子。他们家有一大笔信用卡欠款没有偿还，而且还要承受两辆汽车的贷款以及抵押贷款的还款压力。现在每年50 000美元的收入只能勉勉强强地应付日常开支，他们家几乎没有多少储蓄。夫妻俩在孩子身上花了太多的钱，而且很有可能会继续这么做。他们的目标是送孩子到私立大学读书，将来再买一幢大一点的房子。

卡林家没有生育孩子，夫妻俩年近60岁，现在都在做兼职工作。他们家积累了一大笔储蓄，而且退休账户里的累积存款额也很高，因此如果夫妻俩愿意的话，现在就可以退休。他们已经彻底还清了抵押贷款，而且也没有其他债务要偿还。

由于这两个家庭的经济状况存在如此明显的差别，人寿保险的保额肯定不可能相同。特伦特家应当用更大的乘数乘以其年收入，而卡林家应当使用更小的乘数。某些保险经纪人可能会建议特伦特家将倍数设定为20倍，那么特伦特家应选择的人寿保险的保额就等于1 000 000（＝20×50 000）美元。卡林家应使用较小的倍数，例如6倍，那么人寿保险的保额就等于300 000（＝6×50 000）美元。

在上例中，这两家人在负担生计的家庭成员去世后对资金的需求量截然不同，因此应选择的人寿保险的保额自然也不相同。不过，上例中对倍数的调整显得比较随意和武断，不一定能得到符合两家人实际需求的计算结果。所以说，收入法的作用十分有限，即使它考虑到了经济状况的差异性并对倍数进行了调整。

预算法

另一种方法叫做预算法。这种方法根据家庭的未来预期支出额以及家庭目前的经济状况制定未来的预算规划，然后再根据预算规划计算人寿保险的保额需求。同样是计算家庭应购买的保额，预算法要比收入法更复杂一些。不过，其估算结果要比收入法更准确。购买人寿保险的主要原因就是确保即使某位负担家计的家庭成员去世，家庭的日常生活需求仍能得到满足，而不仅仅是为了置换失去的收入。预算法会估算未来家庭需要多少资金，然后确保人寿保险的保额能充分满足这些需求。在计算家庭开支需求时，我们必须考虑到下列各个重要因素：

- 每年的生活开支。你应当购买充足的保险，以确保即使失去了你的收入，你的家庭仍然能够继续舒适惬意地生活。如果准备生孩子，那么家庭未来的开销会更大。年幼的孩子需要在相当长的一段时间内获得经济支持。

- 未来特殊的支出项目。如果你想确保将来孩子们上大学不愁钱，那么也需要购买充足的人寿保险来应对这笔未来的预期支出。

- 债务。如果你的家庭主要依赖你的工资收入来偿还债务，那么你就要确保人寿保险的死亡赔偿金足以还清信用卡债务甚至抵押贷款。

- 配偶找工作的难度。如果你的配偶很难找到工作，那么你需要购买更高保额的人寿保险以确保将来你的配偶有经济能力参加职业培训。

- 目前有多少储蓄。如果你们家已经积累了一大笔储蓄，那么可以用这笔储蓄获得的利息或股息收益支付一部分生活开支。家庭积累的储蓄额越多，则需要购买的人寿保险的保额就越低。

案例

你想购买人寿保险，目标是在接下来的 20 年时间里，一旦你意外去世，人寿保险每年至少能提供 30 000 美元的税前收入（不包括抵押贷款还款额），使你的配偶和孩子可以依靠这笔收入生活。目前，家庭的储蓄足以支付丧葬费用，而且你预期未来家庭没有其他意外支出。

为了计算保险的需求额，你必须先估算一下现在购买多大保额的保险才能在将来负担得起家庭的日常开销。你要使用第 3 章讲过的"货币的时间价值"概念来计算一笔年金的现值——在接下来的 20 年时间里，每年 30 000 美元保险收入的现金流所构成的年金的现值。

首先，假设你预期你的配偶可以把人寿保险支付的年金投资出去，至少获得 6% 的年收益率。其次，计算一下当年收益率为 6% 时，这笔年金（未来 20 年间每年 30 000 美元收入所构成的年金）的现值（请参考附录 C 中的表 C.4）是多少美元。

输入	函数
20	N
6	I
30 000	PMT
0	FV
CPT	PV

答案 344 100

保险的需求额 = 年金的每期金额 × $PVIFA$ (i=6%, n=20)
= 30 000 × 11.47
= 344 100（美元）

随后根据下面列出的其他家庭信息，你要对保险的需求额进行调整：

- 未来特殊的支出项目。你还要考虑到为两个孩子上大学额外购买 50 000 美元的人寿保险保额。虽然将来读大学的费用肯定会上涨，但是这笔钱投资出去肯定会定期获得投资收益，所以应当足够了。

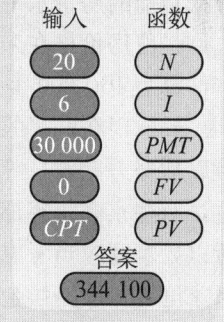

● 岗位培训。你还要多购买 20 000 美元的人寿保险保额，目的是确保一旦自己去世，配偶可以用这笔钱参加岗位培训。

● 债务。目前家庭有 60 000 美元的抵押贷款尚未偿还，除此以外，没有其他债务或信用卡欠款需要偿还。你决定进一步提高人寿保险的保额以确保一旦自己去世，家人能够用人寿保险支付的死亡赔偿金还清全部的抵押贷款。所以，你还应额外购买 60 000 美元的人寿保险保额。

将上述几项加在一起，计算结果显示你需要购买 474 100 美元的人寿保险保额。将这个计算结果取整，比方说 475 000 美元或 500 000 美元，你可以针对这两个保额向保险公司询价。

使用互联网计算保额。一些保险公司的官方网站可以让客户在线计算受益人的资金需求，然后再据此计算应购买多大的保额。这些网站会要求你提供一些基本信息，例如债务总额、你希望自己去世后家庭能获得多少年收入以及你希望这笔保险收入可以持续多少年。这些网站甚至还可以让你具体指定要为家庭成员的教育预留出多少保险赔偿金。

预算法的局限性。当我们使用预算法评估保险的需求额时，一定要记住未来资金的需求额会受到很多不确定事件的冲击或影响。很多人往往会低估人寿保险的保额需求，下面我们列出了导致这一结果的常见原因：

● 家庭内某些成员可能会出乎意料地罹患重病或残疾。

● 家庭的收入水平并未像预期的那样逐渐增长，甚至有可能因为被裁员反而有所减少。在 2008—2009 年金融危机期间，很多人丢掉了工作或被指派的工作时间大大缩短。此外，他们持有的投资产品市场价值下跌。因此，他们的收入水平低于预期。在预测未来的收入水平时，你要记住有时候经济形势可能会恶化。

● 通货膨胀会导致你低估了某些需求的成本。例如，你把买房作为未来的需求之一，根据目前的房价水平估计将来这套房子的购买成本大概为 150 000 美元。但是，实际情况也许是住房价格在未来 10~20 年的时间内翻了一番。如果在购买人寿保险时仅将买房成本估算为 150 000 美元，那么将来你获得的资金可能不足以使你买到你喜欢的住宅。

● 你现在购买的保险在多年之后不一定还能发挥保障作用。有些家庭在购买了人寿保险以后努力储蓄，等到投保人去世时，家庭对保险赔偿金的需求已经比之前降低了。不过，有些家庭每年都在累积越来越多的债务，他们对保险赔偿金的需求反而在逐年增大。所以，家庭应当考虑相当长一段时间内债务余额的变化情况，这样才能更加准确地预测将来家庭对保险赔偿金的需求状况。

当我们分析各种需求时，一定要充分考虑不确定性，即在某些情况下各种需求项目的成本有可能会增加。例如，在计算需求成本时，你应考虑到住房的市场价格或学费有可能上涨。

高估未来的需求会导致家庭实际获得的保险赔偿金大于实际的收入需求。低估未来的需求会导致保险购买量不足，因此保险赔偿金不足以使家庭成员维持正常体面的生活。鉴于存在各种各样的不确定性，高估未来的需求总是要比低估更好一些。

分清需求与梦想。在计算需求之前，你一定要分清楚什么是需求，什么是梦想。为了便于说明，我们假设一对年轻夫妇目前没有任何积蓄，但是梦想将来家庭的赚钱主力能获得良好的职业上升空间，找到高薪岗位，然后两口子努力存钱，于是可以在 55 岁时就退休，快快乐乐地住在位于山区度假小镇的大房子里。不过，如果赚钱主力去世，配偶的人生与希望将会彻底被改变。如果这对夫妇不能一起生活，那么在山区度假小镇买套大房子的梦想自然也就破灭了。必须将人寿保险应满足的需求与梦想区分开来。

在指导家庭确定哪些项目属于正当需求时，我们可以采取下列步骤。首先，判断一下一旦负担家计者去世，家中其他仍健在的成员购买必要的生活用品并维持正常的生活水平需要多少钱。这一步能帮助家庭评估人寿保险保额的最低需求额。

其次，除了必要支出以外，家庭还可以考虑一些额外的优先需求，比方说积累足够多的储蓄以确保孩子们有钱上大学。显然，这需要权衡：负担家计者去世后需求的总价值越高，则家庭应选择的人寿保险保额就越大，自然保费水平也就越高。当前较高的保费成本会导致家庭可用于其他用途的资金量减少。

一般来说，在计算人寿保险需求时，家庭必须达成妥协。负担家计者可能希望自己去世后家人甚至能利用保险赔偿金过上比现在还好的生活。不过，通常我们不会把人寿保险看作是健在的家庭成员一夜暴富的工具。最理想的情形是人寿保险能够向家庭成员提供经济支持，让他们能继续正常地生活并追求人生目标，就像负担家计者还活着一样。

人寿保险的合同条款

人寿保险合同通常包含下列条款。

受益人条款

当投保人去世时，被指定的受益人可以拿到保险赔偿金。当你将某人指定为自己的人寿保险受益人时要记住以下几个要点：你可以指定多个受益人，并说明保险赔偿金在多个受益人之间如何分配；你还可以指定第二受益人，一旦你去世时第一受益人已不在人世，那么第二受益人将获得死亡赔偿金；你可以随时修改受益人，但是一旦修改，合同将立即生效；如果你指定的受益人并不是法定继承人，那么你去世后保险公司会直接向其支付保险赔偿金，从而避免了遗嘱检验程序以及相关的费用。

宽限期条款

保险合同会明确说明宽限期的长度，若投保人未按时缴纳保费，只要能在宽限期内及时补缴，则保单仍然有效。一般来说宽限期多为 30 天。

生前福利条款

某些终身寿险可以提供生前福利，也叫做提前给付死亡赔偿金。在某些特殊情况下，比方说投保人罹患了不治之症或需要获得长期护理，保险公司可以提前将一部分死亡赔偿金支付给投保人。

不丧失保单价值条款

终身寿险的一个最关键的条款叫做不丧失保单价值条款。一旦投保人终止了终身寿险保单，则该条款允许投保人动用保单的累积现金价值。投保人可以选择提现，或者是用保单累积的现金价值一次性付款，直接购买一份全新的定期寿险。新保单的保额取决于原保单累积的现金价值。

贷款条款

一旦终身寿险保单积累了一定的现金价值，你就可以凭借这份保单向保险公司申请贷款。贷款利率通常低于个人贷款的利率水平，利息会被计入保单的现金价值。

不可抗辩日期条款

保单会明确说明在具体哪个日期以后保险合同的各条款将会成为不可抗辩条款。在那个日期之前，若保险公司认为投保人提供的部分信息不实，那么可以取消保单。

可续保条款

一旦当前保单到期，可续保条款允许投保人将定期寿险续保到下一个周期（保单会详细说明投保人最多可续保到多大年龄）。在下一个保险周期内，保费也许会更高一点，因为投保人年纪更大了。此外，下一个保险周期内保费水平的提高也有可能是为了反映投保人健康状况的变化。可续保条款的好处在于确保投保人能够续保。若没有可续保条款，一旦投保人的健康状况恶化，他将很有可能无法续保保单。很多定期寿险保单都能免费向客户提供可续保条款。确认一下你正挑选的定期寿险保单真的包含这一条款。

转换选择权条款

转换选择权条款允许投保人将自己的定期寿险保单转换为终身寿险保单。含有转换选择权条款的定期寿险保单会明确说明在哪一个特定时间段内投保人可进行上述转换。在进行转换时，保费水平会出现一次性的上涨，不过接下来在投保人的余生中将始终保持不变。

结算方式条款

一旦被保险人死亡，结算方式条款决定了受益人可以使用哪一种方式领取死亡赔偿金。一般来说，死亡赔偿金是免税的，不过也有一些例外情况，但这超出了本书的研究范围。在购买人寿保险时，你要挑选对受益人最适合的结算方式。哪一种结算方式更合适取决于受益人的需求及其特征。接下来我们就向大家介绍一下几种常见的结算方式。

一次性结算方式。一次性结算方式会在被保险人死亡时一次性向受益人全额支付死亡赔偿金。比方说人寿保险的保额为 250 000 美元，那么当被保险人死亡时，受益人可以一次性领到 250 000 美元的赔偿金。若受益人很自律而且能明智地使用一大笔资金，那么可以选择这种结算方式。不过，如果受益人没有足够的自制力，那么最好选择其他结算方式。

分期支付结算方式。投保人还可以选择分期支付结算方式，这意味着受益人可以每年拿到一笔等额赔偿金，一直持续若干年。比方说，保险公司没有向受益人一次性支付 300 000 美元的死亡赔偿金，而是按照保单约定，自投保人死亡之日起，每年向受益人支付一笔款项，一直持续 10 年。分期支付死亡赔偿金的结算方式可以确保受益人不会一下子就把拿到的所有赔偿金挥霍一空。

只支付利息结算方式。投保人还可以选择只支付利息结算方式，意思是应支付给受益人的死亡赔偿金由人寿保险公司保管若干年。在最终将这笔赔偿金交给受益人之前，受益人定期可以拿到赔偿金的利息收益。与分期支付结算方式一样，这种结算方式可以避免受益人迅速花掉一大笔赔偿金。

挑选人寿保险公司

人寿保险公司彼此之间差别较大。基于这个原因，在选择某家保险公司之前，你应当先多调查几家保险公司。在选择人寿保险公司时，你要牢记以下标准。

你想购买哪一种保险

虽然所有的人寿保险公司都在出售某些类型的定期寿险与终身寿险产品，不过你还是要确认一下保险公司出售的产品正是你想要的那一种。例如，你可能想要一份10年期的定期寿险，而且结算方式为分期支付。

相对较低的保费

在挑选人寿保险产品时，保险的成本也是一个值得重点考察的因素。在比较各家保险公司的保费水平时，要先确认一下自己拿到的保费报价对应的是不是同类保险产品。

保险公司的经济实力

如前所述，在长期内投保人对保险公司存在依赖性，只有保险公司能长期存在并经营下去，它才能一直为投保人服务直至其去世。如果保险公司破产，那么将来它就不能向投保人指定的受益人支付死亡赔偿金。因此，在购买人寿保险产品之前，先评估一下保险公司的经济实力是很重要的步骤。

一些人相信只做人寿保险业务的保险公司更安全一些，因为它们不需要承担健康保险或责任保险的潜在赔偿责任。例如，假设你在一家小型保险公司购买了一份人寿保险，这家公司同时也在出售责任保险产品。假设其中一名客户被他人起诉，法庭判决该客户要向原告赔偿5 000万美元，于是，保险公司破产了，因为它根本拿不出这么多赔偿款。既然保险公司破产了，自然将来也就无法再向你支付任何保险福利了。只做人寿保险业务的保险公司能够规避此类风险。未来要支付的人寿保险赔偿金的数额要比责任保险或健康保险的保险赔偿金的数额更好预测一些。

很多人没有能力判断保险公司的经济实力是否雄厚，他们可以参考征信机构——例如贝氏评级公司、穆迪投资者服务公司以及标准普尔公司——提供的保险公司信用评级结果。一些网站免费提供许多保险公司的评级信息。只考虑那些信用等级很高的保险公司。

服务

确保保险公司向你提供的服务正是你想要的。例如，你可能希望保险公司可以提供方便的在线服务。如果你想亲自与保险公司的工作人员讨论如何修改人寿保险保单的条款，那么最好选择在自己住所附近设立了分支机构的保险公司。你可能还希望自己能与保险公司雇用的保险经纪人相处愉快。一些保险经纪人在完成职业培训后获得了证书，例如特许人寿保险商（Chartered Life Underwriter，CLU）证书。不过，你要记住，虽然你的保单要在保险公司存续很多年，但是保险经纪人可能明天就会离开公司。你的保单不会随着保险经纪人的离开而离开。

其他类型的人寿保险

一些人寿保险公司出售所有种类的保险产品，包括责任保险与健康保险。你可以选择一家同时提供其他种类保险产品的人寿保险公司，前提是这家保险公司还满足其他评价标准。在一家保险公司购买所有类型的保险产品操作起来更加方便。此外，如果在同一家保险公司购买其他类型的保险产品，你还能享受到人寿保险保费的折扣优惠。

人寿保险与个人理财计划的匹配程度

下面这几项关键性的人寿保险购买决策应当被包含在个人理财计划当中：
- 你是否需要购买人寿保险？
- 哪种类型的人寿保险最适合你？
- 你应当购买多大保额的人寿保险？

图表 13.5 举例说明了斯蒂芬妮·斯普拉特的人寿保险与个人理财计划的匹配程度。

图表 13.5　斯蒂芬妮·斯普拉特的人寿保险与个人理财计划的匹配程度

人寿保险规划的目标
1. 判断我是否需要购买人寿保险。
2. 决定未来我是否应当购买或提高人寿保险的保额。

分析

人寿保险的类型	保险福利	现状
定期寿险	向受益人支付保险赔偿金	目前不需要，因为我没有配偶或被抚养人
终身寿险	向受益人支付保险赔偿金，保单能逐渐积累现金价值	目前不需要
万能寿险	向受益人支付保险赔偿金，保单能逐渐积累现金价值	目前不需要

决定

有关我是否需要购买人寿保险以及应选择哪种保险类型的决定：
因为我目前没有配偶或家属，在当下，我还不需要人寿保险。在未来，如果我有一个家庭，我可能需要购买人寿保险。如果我在未来购买人寿保险，我会购买定期寿险（不是终身寿险），因为我更喜欢只关注人寿保险，而不是投资。

有关未来购买多大保额的决定：
将来如果我成了家，需要购买一定保额的人寿保险以提供保障。我希望确保在自己去世后孩子们能获得足够多的保险赔偿金维持正常的生活水平，甚至还能支付他们读大学的费用。如果我有了孩子，我会购买保额为 300 000 美元的 20 年期定期寿险。

讨论题

1. 如果斯蒂芬妮·斯普拉特是一位拥有两个孩子的单身母亲，那么她购买人寿保险的决策会有哪些变化？

2. 如果斯蒂芬妮现年 35 岁，那么她购买人寿保险的决策会有哪些不同？如果她现年 50 岁呢？

小结

人寿保险的基础知识。 你需要人寿保险来维持你的家庭经济支持。如果养家糊口的人死了，它可以保护一个家庭的经济状况。

人寿保险的类型。 一旦投保人死亡，人寿保险可以向指定的受益人支付死亡赔偿金。定期寿险的功能相对简单，仅在投保人死亡时支付保险赔偿金，而终身寿险与万能寿险除了这个功能以外，还能使用一部分保费逐渐累积现金价值。终身寿险与万能寿险的保费水平要高于定期寿险，因为一部分保费要被存入储蓄计划账户或用于支付管理费用。

人寿保险的保额选择。 你可以用收入法计算自己应购买多大保额的人寿保险。收入法的计算原理是用人寿保险的赔偿金替代因被保险人去世而损失的收入现金流。用预算法计算人寿保险的保额需求更准确一些，因为这种计算方法还充分考虑了被保险人未来每年的家庭支出额以及现有债务。

人寿保险的保费成本。 人寿保险的保费成本取决于人寿保险的保额、人寿保险保单是否累积了现金价值以及一些个人特征，例如年龄与健康情况。

人寿保险的合同条款。 人寿保险的合同条款会明确说明投保人应享有的权利以及受益人可选择的结算方式。

挑选人寿保险公司。 在挑选人寿保险公司时，你应考察一下该公司是否还能提供自己所需的其他类型的保险产品，保单合同当中是否包含自己想要的条款，保费水平是否相对较低，以及保险公司的经济实力是否雄厚（经济实力雄厚意味着持续经营的可能性较大）。

人寿保险与个人理财计划的匹配程度。 你的个人理财计划的一部分内容可能是在经济上支持你的家庭。人寿保险可以确保在你死亡的情况下为你的家庭提供经济支持。因此，人寿保险可以帮助你实现你的个人理财计划。

复习题

1. 财务目标与人寿保险。在决定是否购买人寿保险时，你的财务目标与购买决策有什么关系？

2. 心理学和人寿保险。为什么许多人不愿购买人寿保险，即使他们需要人寿保险来保护他们所爱的人？

3. 定期寿险。什么是定期寿险？哪些因素能决定定期寿险的保费水平？什么是递减式定期寿险？

4. 抵押贷款人寿保险。什么是抵押贷款人寿保险？抵押贷款人寿保险是不是一个不错的选择？它能提供哪些定期寿险无法提供的好处？

5. 定期寿险的保费价格。哪些因素会影响定期寿险的保费价格。

6. 递减式定期寿险。什么是递减式定期寿险？为什么有人会购买这种类型的人寿保险？

7. 团体定期寿险。什么是团体定期寿险？

8. 终身寿险。什么是终身寿险？它能提供哪些定期寿险无法提供的好处？

9. 保单条款。介绍一下终身寿险合同所包含的不丧失保单价值条款以及贷款条款。

10. 终身寿险的保费水平。为什么终身寿险的保费水平高于定期寿险的保费水平？哪一种人寿保险产品能提供与终身寿险相同的保险福利？

11. 万能寿险。什么是万能寿险？它与定期寿险以及终身寿险有何区别？

12. 变额寿险。什么是变额寿险？变额寿险有哪些优势与劣势？个人可以采取哪些措施避免变额寿险的较高费用？

13. 收入法。介绍一下如何使用收入法计算人寿保险的保额需求量。这种计算方法有何不足之处？

14. 人寿保险需求法。讨论一下影响人们购买人寿保险金额的因素有哪些。

15. 预算法。介绍一下如何使用预算法计算人寿保险的保额需求。在使用这种计算方法时，我们必须考虑哪些因素？

16. 如何使用互联网查找人寿保险的保费报价信息。解释一下互联网的使用如何加快了人寿保险的购买速度。为什么很多消费者更喜欢这种在线购买方式？

17. 结算方式。结算方式有哪几种？你应当选择哪一种结算方式？

18. 一次性结算方式。什么是一次性结算方式？哪一种类型的受益人最适合选择这种结算方式？

19. 分期支付结算方式。什么是分期支付结算方式？在什么情况下被保险人应选择这种结算方式？

20. 只支付利息结算方式。什么是只支付利息结算方式？它与分期支付结算方式有何区别？

21. 受益人。什么是受益人？为什么定期查看一下你的保单的受益人非常重要？

22. 心理学和人寿保险。即便自己需要人寿保险，很多人还是会推迟购买人寿保险，这是为什么？

23. 估算人寿保险需求的局限性。哪些因素使估算人寿保险需求变得困难？

24. 生前福利。什么是生前福利？投保人什么时候可以使用这个选项？

25. 转换选择权。什么是转换选择权？有这种选择权的好处是什么？

26. 保险公司的经济实力。为什么评估保险公司的财务状况很重要？

理财规划练习题

1. 收入法。南希是一个寡妇，她有两个十几岁的孩子。南希每个月的总收入为 4 000 美元，税负差不多占总收入的25%。南希使用收入法计算了一下人寿保险的保额需求应当等于自己可支配收入的8倍。南希应当购买多大保额的人寿保险？

2. 购买额外保险。南希的老板向她提供相当于年收入两倍的人寿保险。根据上一道问题提供的信息，南希自己应当额外购买多少保额的人寿保险？

3. 保险需求额。彼得已婚，有两个孩子。他想购买充足的人寿保险以确保自己去世以后家人仍然能维持正常的生活水平。彼得的妻子是家庭主妇，不过正利用业余时间去读大学，争取拿到法律学士学位。妻子完成整个学业估计要花费40 000美元。孩子们现在已经十几岁了，所以彼得感觉家庭对其收入的依赖只会再持续十年的时间。他又计算了一下每年家庭的开支额大概为55 000美元。房屋抵押贷款的未偿还余额为130 000美元。当两个孩子还是小婴儿的时候，彼得就为他们设立了一个大学基金，现在这个基金已经积累了足够多的资金，完全能满足两个孩子上大学的需求。假设彼得的妻子可以把人寿保险赔偿金投资出去并获得8%的年收益率，那么计算一下彼得需要购买多大保额的人寿保险。

4. 保险需求额。马蒂和玛丽都有工作，他们共同分担家庭开支。马蒂分担75%的家庭开支，玛丽分担25%的家庭开支。目前，他们家每年的总支出额约为30 000美元。马蒂和玛丽有三个孩子，最小的孩子现年12岁，因此他们希望确保至少在将来的8年时间里家庭仍然能维持目前的生活水平。除了应付每年的家庭开支以外，他们还想确保每个孩子都能获得一笔价值为35 000美元的读大学经费。如果马蒂去世，玛丽准备利用业余时间去参加护士的职业培训，培训费用大概为30 000美元。他们家还有一笔房屋抵押贷款没有还完，未偿还的贷款余额为85 000美元。他们俩应当为马蒂购买多大保额的人寿保险？

5. 保险需求额。再看一下上一道题目提供的信息，他们俩应当为玛丽购买多大保额的人寿保险？

6. 购买人寿保险的决定。巴特是一名大学生。他的计划是毕业后马上找到一份工作，他认为为了给未来的妻子与孩子提供保障，自己应当购买保额为250 000美元的人寿保险。（巴特现在还没有结婚，也没有小孩）。巴特在互联网上查询了保费报价，发现自己每年要支付200美元的人寿保险保费。作为一名大学生，这笔费用可是一笔大支出，他愿意借钱来支付保费。巴特应当在什么时候购买人寿保险？请你为他提供一些建议。

7. 道德困境。史蒂夫在大学毕业不久购买了一份人寿保险，该保险能够提供10 000美元的死亡赔偿金，而且等史蒂夫65岁时，保单累积的现金价值相当于史蒂夫目前年收入的两倍。两年后，史蒂夫结婚了，他又购买了第二份人寿保险。在史蒂夫退休之前，他每年要为每份人寿保险各支付280美元的保费。史蒂夫记得多年前保险经纪人曾经告诉他每份保单的累积现金价值将会等于其个人年收入的两倍。

现在史蒂夫快65岁了，他把两份保单从银行的保险箱里取出，他要计算一下自己一共有多少资产，准备为退休做好打算。然而他吃惊地发现第一份保单的累积现金价值为17 000美元，第二份保单的累积现金价值为15 000美元。这两份保单的累积现金价值加在一起仅相当于目前他个人年收入的三分之一，远远低于当初保险经纪人向他承诺的数字。

a. 保险经纪人没有向史蒂夫说明通货膨胀对保单现金价值的潜在影响，这种做法符合职业道德吗？

b. 以第一份保单为例，若史蒂夫把每年280美元的保费投资于年收益率为8%的共同基金（假设投资期限为30年），那么等到史蒂夫快退休时，其收益是否会更高一些？

个人理财的心理学：人寿保险

1. 人们总是倾向于对人寿保险的购买决定一拖再拖。他们常常借口自己负担不起。他们不想牺牲其他类型的消费项目来抵销人寿保险的保费支出。描述一下你在购买人寿保险时的行为模式。如果你还没有购买人寿保险，说明一下为什么还没有购买。

2. 阅读一篇关于心理学对人寿保险购买决定有何影响的文章。使用类似于"心理学"以及"购买人寿保险"的关键词，你可以在网络上轻轻松松地找到若干篇此类文章。总结一下这篇文章的主要观点。

综合案例——桑普森一家

桑普森夫妇想要一份在戴夫去世的情况下能为全家提供保障的人寿保险，因为他是主要的经济支柱。具体来说，他们想要的是在戴夫去世的情况下，在接下来的15年里每年能提供40 000美元的人寿保险。戴夫还想再买保额为300 000美元的保险，以支持莎伦的退休生活，因为他们还没有为退休生活攒钱。

1. 计算一下在未来15年内可以为桑普森一家每年提供40 000美元的保险赔偿金的现值。假设保险赔偿金能获得3%的年利率。

每年的保险赔偿金	40 000美元
年数	15
年利率	3%
现值	

2. 除了未来15年内每年要拿到一笔保险赔偿金，桑普森夫妇还要额外购买300 000美元的人寿保险保额，这两者加在一起要求总保额达到多少美元？

3. 戴夫·桑普森有吸烟的习惯。由于他只是偶尔吸烟，因此他在填写人寿保险申请表时忘记了提供这一信息。你建议戴夫采取哪些措施来弥补这一错误？

术语解释

人寿保险（life insurance）：当投保人死亡时，能够向特定的受益人支付死亡赔偿金的保险。

定期寿险（term insurance）：仅在一段特定时间内承保的寿险，不会累积现金价值。

递减式定期寿险（decreasing-term insurance）：一种常见的定期寿险产品，其死亡赔偿金会随时间慢慢递减。然而，投保人在保单有效期内定期支付的保费始终保持不变。

抵押贷款人寿保险（mortgage life insurance）：可以在投保人死亡后替他还清抵押贷款的一种人寿保险。

团体定期寿险（group term insurance）：出售给指定团体的定期寿险产品。团体定期寿险的保费通常要比个人直接购买的普通定期寿险更低一些。

终身寿险（whole life insurance，有时也叫做 permanent insurance）：只要投保人一直支付保费，则保险公司就能一直提供人寿保险保障的保险。一旦投保人死亡，终身寿险不仅能向受益人支付死亡赔偿金，还能向受益人返还保单累积的现金价值。

限期缴费终身寿险（limited payment policy）：允许投保人仅在一段特定时间内缴纳保费，但能终身提供人寿保险的保险。

万能寿险（universal life insurance）：可以向投保人提供一定期限内的人寿保险，同时还能在这段时间内累积储蓄的保险。

变额寿险（variable life insurance）：万能寿险的一种，这种寿险产品允许投保人将多余的保费——投保人实际支付的保费扣除定期寿险应支付的保费之后的余额——投资于各种各样的投资工具。

收入法（income method）：根据投保人的年收入计算其应当购买多大保额的人寿保险的一种方法。

预算法［budget method，也叫做需求法（needs method）］：根据家庭的未来预期支出额和家庭目前的经济状况计算人寿保险的保额需求的一种方法。

受益人（beneficiary）：投保人去世时可获得保险赔偿金的指定人。

生前福利［living benefits，也叫做提前给付死亡赔偿金（accelerated death benefits）］：在某些特殊情况下，保险公司可以提前支付给投保人的部分死亡赔偿金。

不丧失保单价值条款（nonforfeiture clause）：一旦投保人终止了终身寿险保单，则该条款允许投保人动用保单的累积现金价值。

可续保条款（renewability option）：一旦当前保单到期，允许投保人将定期寿险续保到下一个周期的条款。

转换选择权条款（conversion option）：允许投保人将自己的定期寿险保单转换为终身寿险保单的条款。

结算方式条款（settlement options）：一旦被保险人死亡，决定了受益人可以使用哪一种方式领取死亡赔偿金的条款。

一次性结算方式（lump-sum settlement）：在被保险人死亡时一次性向受益人全额支付死亡赔偿金。

分期支付结算方式（installment payments settlement）：被保险人死亡后，人寿保险的受益人可以每年拿到一笔等额赔偿金，一直持续若干年。

只支付利息结算方式（interest payments settlement）：应支付给受益人的死亡赔偿金由人寿保险公司保管若干年，在最终将这笔赔偿金交给受益人之前，受益人定期可以拿到赔偿金的利息收益。

第五部分

个人投资

第五部分共包含五章内容，将向大家介绍各种类型的投资工具、如何评估投资工具的价值以及如何确定应选择哪一种投资工具。第14章重点介绍投资的基础知识。第15章分析如何购买股票。第16章聚焦债券投资。第17章有关共同基金投资，分析了投资证券组合相对于个股投资的优势与劣势。第18章强调了在不同类型投资产品中进行资产分配的重要性。是否要做投资、投资多少金额以及如何投资，这些决定将会对个人的现金流状况以及财富水平造成影响。

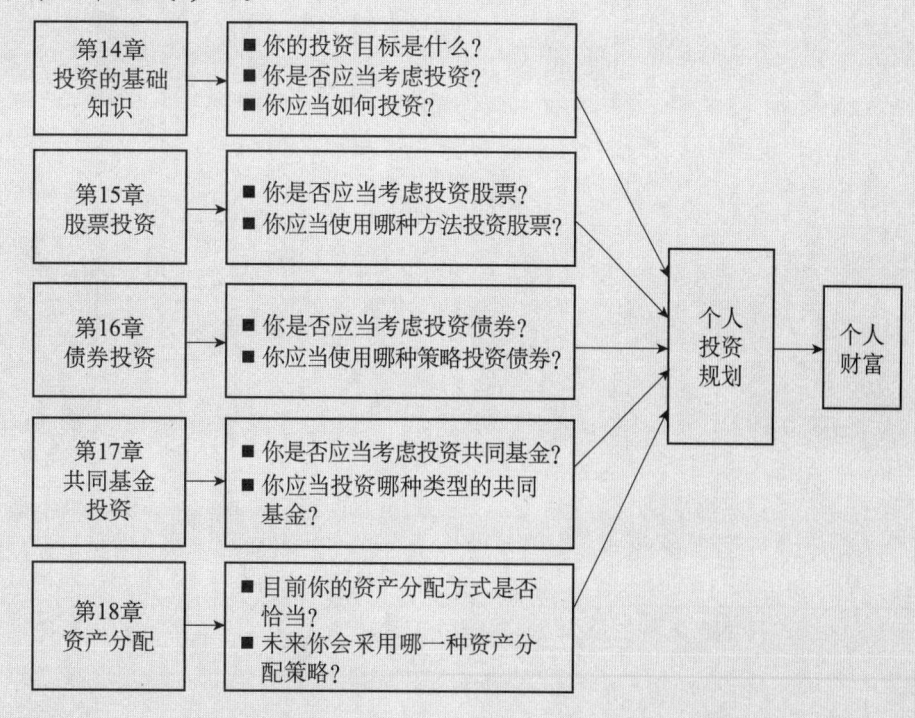

第14章 投资的基础知识	■ 你的投资目标是什么？ ■ 你是否应当考虑投资？ ■ 你应当如何投资？
第15章 股票投资	■ 你是否应当考虑投资股票？ ■ 你应当使用哪种方法投资股票？
第16章 债券投资	■ 你是否应当考虑投资债券？ ■ 你应当使用哪种策略投资债券？
第17章 共同基金投资	■ 你是否应当考虑投资共同基金？ ■ 你应当投资哪种类型的共同基金？
第18章 资产分配	■ 目前你的资产分配方式是否恰当？ ■ 未来你会采用哪一种资产分配策略？

→ 个人投资规划 → 个人财富

第14章 投资的基础知识

章前引例

5年前，瑞恩在一些知名公司的股票上投资了5 000美元，他最初的投资现在价值8 000美元。

与此同时，5年前，布拉德也投资5 000美元购买了Zyko公司的股票，因为当时Zyko公司宣称它发明的新技术将会改变全世界。布拉德认为投资于这种高科技股票所获得的收益应当能高于蓝筹股的投资所得。Zyko公司的技术没有获得成功，而且，Zyko公司宣布破产。结果，布拉德手里的股票变成了一文不值的废纸。此外，布拉德投资的5 000美元里有2 000美元是借来的，为了获得足够的资金偿还贷款，他不得不卖掉他的车。他的财务状况显然不适合在投资策略上冒这么大的风险。

上面这两个例子证明了即使是同一种类型的投资工具，投资结果也可能会截然不同。通过本章大家能了解到，市场上存在着各种各样的投资产品，这些投资产品的风险和收益往往存在着较大的差别。投资分析能力能够帮助你提高投资绩效，从而提高个人的净资产水平。

本章的学习目标

- 解释为什么在投资之前应该先偿还一些债务；
- 介绍常见的投资工具；
- 解释如何测度投资收益；
- 分析投资面临的各种风险；
- 解释投资收益与风险之间的权衡关系；
- 说明应当注意规避的常见的投资错误；
- 解释个人投资如何匹配你的个人理财计划。

偿债

在考虑如何投资之前，你应当先看一下自己的资产负债表。如果你现在还有贷款没有还清，那么应当先考虑把所有的未偿还贷款还清，然后再去思考投资的事情。对某些人来说，用钱来投资给人带来的心理上的激动与愉悦感远远超过了还清现有债务所带来的快感。不过，正如接下来我们要谈到的那样，这种行为往往会带来适得其反的结果。

> **案例**
>
> 贾里德刚刚从老板那里拿到了一笔意料之内的10 000美元奖金。他现在刚好有一笔价值为10 000美元的汽车贷款尚未还清，利率水平为8%。如果他用这笔奖金偿还了汽车贷款，那么以后就不用每个月支付贷款的还款额了。不过，贾里德想用这笔钱获得更多的收益，而不仅仅是用它来偿还贷款那么简单。他决定将这笔钱全部投资于一种风险非常高的投资产品。如果市场环境非常理想，那么明年该投资产品的市场价值将会大幅度上涨。但是如果市场环境不佳，该投资产品也可能会变得一文不值。在接下来的几个月时间里，市场环境向不利方向变化，这种投资工具的市场价值严重缩水。于是，贾里德几乎损失了所有投资额，但是还有一笔价值为10 000美元的汽车贷款等着他去偿还。贾里德感觉自己就像是一个受害者，因为这笔投资彻底失败了。但是事实上这笔投资本来就是一场赌博：贾里德自己选择故意忽视那些提示投资者这笔投资很有可能会失败的信息，因为他自以为命运之神是站在自己这一边的。

在很多情况下，在你决定投资资产之前，资金的最佳使用方式是用来偿还债务，尤其是当贷款利率与预期投资收益率相当甚至高于预期投资收益率时。

> **案例**
>
> 斯蒂芬妮·斯普拉特最近从她的雇主那里获得了20 000美元（税后）的奖金，她想用这笔钱增加自己的财富。她认为，奖金的最佳用途可能是减少她现有的债务。大约三年前，她大学毕业，开始全职工作，且开始需要偿还10 000美元的学生贷款（详见第2章）。大约一年之后，她通过汽车贷款购买了一辆新车（如第9章所述）。然后，又过了一年，她通过抵押贷款买了一套房子（如第10章所述）。自三年前开始全职工作以来，她的收入一直在稳步增长，她每月已经有能力偿还所有三笔贷款，同时还可以保持足够的流动性。不过，斯蒂芬妮每个月需要大约1 540美元来偿还这三笔贷款。
>
> 斯蒂芬妮还欠着大约9 000美元的汽车贷款和7 000美元的学生贷款。她决定用奖金中的9 000美元来偿还汽车贷款。因为汽车贷款的利率是7.6%，实际上她用来偿还贷款的钱赚了7.6%的利息收入。她无法确保其他投资能获得7.6%的收益率。
>
> 斯蒂芬妮还决定用7 000美元奖金来偿还她的学生贷款。她的学生贷款的利率水平是6%，所以她将从这笔偿还学生贷款的钱中获得6%的利息收入。她无法确保其他投资能获得6%的收益率。斯蒂芬妮感到很轻松，因为她每月不用再支付汽车贷款和学生贷款了。由于之前她每月要还412美元的汽车贷款和100美元的学生贷款，现在她每月用于支付贷款的现金流出将减少512美元。这意味着她的月净现金流将增加512美元。每月预算的大幅改善将大大减轻她的压力。
>
> 因为斯蒂芬妮已经决定用她的16 000美元奖金来偿还两笔贷款，现在她准备把剩下的4 000美元用于投资。

投资工具的类型

如果你没有什么必须偿还的债务，那么可以考虑选择某种方式把钱投资出去。你的第一要务是必须确保自己拥有充足的流动性。在金融机构存款或者投资于货币市场证券，例如存单，这样你就可以满足自己的流动性需求。由于这些投资产品的主要用途是提供流动性，因此它们的收益率也比较低。如果在满足了流动性需求以后还有多余的资金，那么接下来可供选择的投资产品种类非常多。

货币市场证券

回忆一下我们在第 6 章曾经讲过的好几种货币市场证券，例如存单、货币市场存款账户以及货币市场基金。绝大多数货币市场证券可以带来利息收益。即使你的流动性需求已经得到了满足，为了降低投资风险，你仍然可以选择投资于此类证券。例如，如果你接下来一年内需要支付购房首付款，你可以在金融机构投资一年期大额可转让存单。通过投资定期存单，你将获得有保证的收益（尽管其收益将低于许多风险更高的投资的潜在收益）。不过，你也可以考虑选择其他收益率高于定期存单但风险也更高的证券。

股票

我们在第 2 章里讲过股票的定义，股票是代表投资者对企业拥有部分所有权的金融产品。传统上，股票以证书形式发行，投资者收到代表其股份的证书。然而，如今股票通常以记账形式发行，投资者只需收到一份声明，说明他们在某一特定公司拥有多少股票。股票投资者是企业的股东。企业发行股票的目的是筹集资金以扩大生产经营规模。选择股票的投资者相信股票的投资收益率能高于其他投资产品。由于股票是颇受个人投资者欢迎的投资品种，因此我们将在第 15 章着重研究股票投资。

普通股与优先股。 股票可以分成普通股与优先股两种类型。普通股是指企业发行的用来代表企业部分所有权的凭证。持有普通股的投资者一般拥有就企业的重大事项（例如企业被出售）参与投票的权利。股东选出董事会，董事会的职责是确保企业的管理者能为股东的权益服务。优先股是指企业发行的一种融资凭证，赋予优先股股东优先（排在普通股股东之前）获得股息收益的权利。企业发行普通股的频率高于优先股。优先股的市场价格不像普通股的市场价格波动得那么剧烈，也不像普通股那样拥有巨大的潜在升值空间。基于这个原因，试图获得高收益的投资者一般会选择普通股。

初级市场与二级市场。 股票在初级市场与二级市场上交易。初级市场是指新发行的股票进行交易的市场。企业可以在初级市场上通过发行新股的方式来融资。企业首次面向社会大众发行股票的做法叫做"首次公开发行"（IPO）。二级市场是已发行股票流通交易的市场，投资者可以在这个市场上随时将自己持有的股票出售给其他人。愿意投资该股票的其他投资者会在市场上相应地买入股票。因此，即使企业不再发行新股，投资者仍然可以通过在二级市场上购买该企业股票的方式来持有其股票。在正常的交易日内，一天之内二级市场上大型企业的股票交易数量会超过好几百万股。股票的市场价格每天都会波动以反映市场供求对比状况的变化。

投资者的类型。股票投资者可以被分成机构投资者与个人投资者两种类型。机构投资者是指受雇于金融机构、受客户之托代表客户管理资金的投资专家。这种专家的职责是精心挑选股票或其他证券,确保投资能够获得合理的收益。负责制定投资决策的金融机构的员工被称为"投资组合经理",因为他们负责管理证券投资组合(其中包含股票)。金融市场上超过70%的交易是由机构投资者完成的。

个人投资者通常会把自己的一部分工资收入拿来投资。与机构投资者一样,个人投资者投资股票的目的在于获得合理的投资收益,然后慢慢累积个人资产,将来可用于购买各种商品或者满足退休后的生活需要。在2008—2009年金融危机之前,个人投资者的数量增长得极为迅速,但在金融危机之后,个人投资者的数量开始下降。在2007年的时候,约有65%的美国人直接或通过退休计划等基金持有一些股票,但到2018年初的时候,只有54%的人持有股票。个人投资者持有的大部分股票都属于退休计划。

很多个人投资者的持股时间都在一年以上。与之截然不同的是,一些名叫"日交易者"的个人投资者买入股票以后会在同一天内卖出股票。他们这样做的目的是希望能够捕捉到股票价格的微小波动从而获得盈利。在很多情况下,他们持有股票的时间长度往往只有几分钟。很多日交易者都是职业的投资客,投资收益是他们的主要收入来源。近年来,监管方面的变化,比如规定如果你在5天内进行4笔以上的交易,你的账户中必须至少有2.5万美元,限制了采取日交易策略的个人投资者的数量。这种类型的投资风险极高,因为即使是管理最完善的公司,有时候其股票价格也会出现阶段性的下跌。对于绝大多数投资者来说,我们不建议大家使用日交易策略。

除了可以获得股息,当股东准备卖掉手上所持的股票时,若股票的市场价格上涨,则股东还能获得投资收益。上市公司的市场价值等于已发行在外的股份数乘以股票的市场价格。反过来,股票的市场价格就应当等于上市公司的市场价值除以已发行的股份数。因此,若上市公司的市场价值为6亿美元,共发行了1 000万股股票,则每股价值等于:

$$每股价值 = 上市公司的市场价值/已发行的股份数$$
$$= 600\ 000\ 000/10\ 000\ 000$$
$$= 60(美元)$$

股票的市场价格取决于有多少投资者愿意购买该股票(股票的市场需求)与有多少投资者愿意出售该股票(股票的市场供给)。股票市场价格的上涨没有边界。股票的市场需求与供给受到企业经营绩效的影响,人们往往会用盈利指标或其他指标衡量企业的经营绩效。若企业业绩不错,则企业的股票对投资者的吸引力会变大,投资者对企业股票的需求便会增多。此外,持有该股票的投资者会变得不太愿意卖出股票。于是,股票需求数量的增加与股票供给数量的减少共同作用,最终导致股票价格上涨。

反过来,当企业业绩较差时(盈利较少甚至亏损),其市场价值会缩水。企业股票的市场需求数量也会相应地减少。此外,一些原本持有该股票的投资者可能会决定卖出股票,于是股票的市场供给数量增加,导致股票价格下跌。企业的经营绩效主要取决于企业的管理是否完善到位。

若投资者选择投资的是管理完善的企业,因为此种企业的利润额通常会逐渐增加,所以其股票价格也会相应地上涨,那么这能给投资者带来好处。在这种情况下,投资者可以获得资本利得收益,即股票出售价格与购买价格之差。与之相反,管理不善的企业的经济绩效低于预期值,这会导致企业的股票价格下跌。

债券

回忆一下第 2 章的内容,债券是政府机构或企业发行的长期债务工具。美国国债由财政部负责发行,得到了美国政府的担保。公司债券由公司发行。

共同基金

同样也是在第 2 章,我们曾讲过共同基金向个人出售基金份额,然后将筹集到的资金投资于资产组合,例如股票或债券。经验丰富的投资组合经理负责管理共同基金的组合资产。对于那些资金量较少同时又希望能投资于多样化资产组合的投资者来说,共同基金极富吸引力。由于股票型共同基金一般会同时投资于多只股票,因此投资者最低只要投资 500 美元,就能享受到多样化投资所带来的好处。目前,市场上有成千上万种共同基金产品供投资者选择。

公开交易的股票指数。 想要投资于多样化股票投资组合的投资者还有另一个选择,那就是公开交易的股票指数,其市场价格变化趋势与某一种股票价格指数的走势一致。这种指数也被称为交易所交易基金(ETFs),因为它们像个股一样在证券交易所交易。

很多研究成果已经证明,平均来说,精明的投资者(例如金融机构雇用的拿高薪的投资组合经理)并不能获得高于各种股票价格指数涨幅的投资业绩。因此,个人投资者可以选择投资股票指数,这能确保投资收益与指数的涨幅保持一致。

标准普尔 500 指数的标准普尔存托凭证(SPDR,叫做"Spider")是最受欢迎的公开交易的股票指数之一。Spider 是一篮子与标准普尔 500 指数相匹配的股票,在纽约证券交易所交易。它是交易所中交易最频繁的工具之一,平均每天有 8 000 万股交易。为了匹配其他股票指数,交易所还创建了更多的交易所交易基金。投资者可以通过股票经纪人购买 Spider,就像买股票一样。若投资者预期标准普尔 500 指数的大部分成份股将会强劲上涨,那么这种预期将会促使他们大量买入 Spider。Spider 不仅能让投资者获得潜在的股价上涨收益,还能通过额外送红股的形式让投资者获得股息收益。Spider 的构建与管理费用会从股息收益里扣除。

投资者还可以选择投资于特定的行业指数或市场指数。市场上各种各样的公开交易的股票指数分别对应着各个行业或板块,具体包括互联网、能源、技术以及金融等。因为指数对应的是多只指数样本股,因此投资者投资于指数也能做到一定程度的分散化投资。

房地产

房地产投资的一种方式是买房。住房的市场价值经常会随着市场供求关系的变化而变化。当投资者所在区域的住房需求增加时,房屋的市场价格趋向于上涨。你很难计算购买住房的收益率,因为你必须充分考虑到房屋贷款成本、支付给房地产经纪人的佣金费用以及买房对税负的影响。不过,值得一提的是,我们可以总结出一些基本规律。当房屋的投资额一定时,投资者的投资收益取决于在持有住房期间房屋市场价格的变化情况。此外,投资者的投资收益同时还取决于买房首付款金额的高低。如果买房时支付的首付款相对较少，则投资者的投资收益率就会相对较高。因为房价也有可能会下跌，因此房地产投资也存在一定的损失风险（负收益）。如果你着急卖房，那么为了吸引潜在买房者，你可能要被迫压低房屋的售价，这会导致你的投资收益率进一步降低。

你还可以通过购买出租物业或土地的方式来投资房地产。土地的市场价格也取决于市场的供求状况。美国沿海地区的开阔地带不多，周围都是稠密的人口，一般这样的土地售价很高。

除了投资实体房地产，另一种选择是投资房地产投资信托基金（REIT），它是一种拥有、经营创收房地产（如办公楼、购物中心或公寓楼）或为创收房地产融资的基金。房地产投资信托基金通过汇集投资者的投资获得投资房地产的资金。一些房地产投资信托基金在证券交易所上市，投资者可以通过经纪人以与公司股票相同的方式购买。

贵金属

贵金属也是潜在投资的考虑对象。黄金是最常用于投资的金属，但银、铂和钯也可用于投资。银、铂和钯在电子产品和汽车催化转化器等商品中有工业用途，因此其价格受这些产品需求的影响。然而，黄金除了作为珠宝之外，几乎没有其他用途。不过，黄金主要被视为一种价值储备，特别是在政治或金融危机期间，其他资产的价格普遍下跌，黄金的价格就突显出来了。因此，在战争或其他危机期间，以及高通胀期间，黄金的价格往往会上涨。在2008—2009年金融危机期间，股票价值下跌了30%以上，但黄金价值却上涨了5%。由于黄金在危机期间具有保值功能，一些投资者喜欢将其投资组合中至少一小部分比例的资金投资于黄金。然而，在经济发展强劲的时候，黄金的表现通常不如其他金融资产。在金融危机结束和经济状况改善后，股票价值大幅上升，而黄金价值几乎没有上升。因此，财务顾问通常建议投资者只有在对其他金融资产进行稳健投资后，才对贵金属进行投资。

如果你想投资黄金或其他贵金属，你可以通过以下几种方式进行。一种方式是以金块或金币的形式购买真正的金条。但是，你必须将其存放在安全的地方，如保险箱。或者，你可以支付费用，将黄金存放在你购买黄金的公司。如果你做出这一选择，一定要非常仔细地检查公司的声誉，因为如果公司破产，你可能就无法收回你的黄金。

投资贵金属的另一种方式是购买矿业公司的股票。例如，一些金矿公司的股票在证券交易所交易，其中一些还支付股息。虽然矿业公司的股票的价值受到贵金属价格的影响，但也会受到公司管理水平的影响。因此，股票价值往往比公司开采的金属的价格波动更大。在投资矿业公司的股票时，要像评估其他公司的股票一样评估公司及其管理层。

投资贵金属的第三种方式是购买交易所交易基金。许多由贵金属做支撑的交易所交易基金都是值得考虑的投资对象。其中一些只关注黄金或其他贵金属的投资。不过，也有基金关注其他类型的贵金属，因此它们提供了一种在这些金属中实现投资多样化的方法。

投资黄金或由贵金属做支撑的交易所交易基金的收益要缴纳相对较高的税。美国国税局将贵金属归类为"收藏品"，而收藏品的长期收益所适用的税率远高于投资金融资产所获得的长期收益所适用的税率。不过，矿业公司股票收益的税率与金融资产收益的税率相似。

投资收益

个人在进行投资时,一般会根据投资收益率来评价投资的绩效。接下来我们要向大家介绍各种投资工具可以通过哪些方式为投资者创造投资收益。

股票的投资收益

股票可以通过股息收入以及股票价格的上涨给投资者创造投资收益。一些企业会以股息的形式将每个季度的一部分净利润分发给股东,而不是将这部分利润再投资于企业的生产经营。这些企业倾向于使每个季度发放的每股股息的金额始终保持不变,但是也有可能会定期上调股息的发放金额。它们很少调低股息的发放金额,除非企业近来的盈利状况不佳,无法再像以往一样向股东发放股息。每年企业发放的股息金额通常相当于股票价格的1%~3%。

企业决定将经营利润以股息的形式发放给股东,而不是用来再投资于企业的生产经营活动,这一决定主要取决于企业是否面临着更好的发展机遇。一般来说,支付高额股息的企业大多为建立已久的老企业,这些企业快速增长的机会十分渺茫。与之相反,较少支付股息的企业大多为年轻的新建企业,它们面临着更多的增长机遇。面临更多增长机遇的企业的股票通常被称为增长型股票。投资于年轻企业也许能使投资者获得非常丰厚的收益,因为目前这样的企业还远远没有发挥出百分之百的潜力。不过,与此同时,投资于这样的企业也意味着投资者要面临更大的风险,因为新企业比成熟企业更容易破产或者是经历业绩极差的困难时期。

即使是声望很高的公司的股票价格也会在某些时期下跌,并可能导致投资者损失。因此,如果投资者投资股票,他们必须愿意接受遭遇损失的可能性。

企业支付的股息额越高,则其股票市场价格的上涨潜力就越小。如果企业将大部分经营利润以股息的方式分发给股东,那么企业未来的发展潜力将会变得十分有限,因此其股票的市场价格未来的上涨空间也将变得比较狭窄。定期以高股息的形式向股东提供周期性收入的股票往往会被称为收入型股票。

债券的投资收益

债券可以通过息票收入以及债券价格升值的方式向投资者提供投资收益。债券定期向持有人支付息票利息,因此投资者每年可以拿到固定金额的利息收益。如果投资者希望自己每年都能够拿到固定金额的利息收益,那么债券确实是一个好的选择。

债券的市场价格有可能会慢慢上涨,从而为投资者创造资本利得收益,即债券的卖出价格与初始买入价格之间的差额。不过,债券的市场价格也有可能会下跌,这会给投资者带来资本损失。即使是美国国债,有时其市场价格也会下跌。有关债券这种投资工具的更多详细内容,请大家参考第16章。

共同基金的投资收益

共同基金持有的资产组合所创造的股息收益会被转交给个人投资者。由于共同基金持有的是证券资产组合,因此随着组合内各种证券的市场价值的变动,资产组合的市场价值也将发生变化。因此,基金份额的购买价格也将随之发生变化。共同基金也能为投资者创造资本利得收益,即投资者卖出基金单位的售价高于当初买入基金单位的价格。不过,基金单位的市场价格也有可能会下跌,这会给投资者造成资本损失。有关共同基金的更多详细内容,请大家参考第17章。

房地产的投资收益

可以出租的房地产(例如办公楼或公寓)可以给投资者带来租金收入。此外,投资者还能获得资本利得收益,即投资者卖出房地产的售价高于当初买入的价格所形成的差额收益。反过来,如果投资者卖出房地产的售价低于当初买入的价格,则投资者要承担相应的损失。

土地的市场价格经常变化以反映房地产开发市场的供求状况。很多人喜欢买地这种投资方式,寄希望于将来他们能以高于当初买入价的价格把土地卖给他人。

计算投资收益率

对于那些不会创造定期收入现金流(例如股息或息票利息收益)的投资工具来说,投资收益率(R)就等于该投资工具自买入之日($t-1$)起一直到被卖出时(t)价格的变化百分比:

$$R = \frac{P_t - P_{t-1}}{P_{t-1}}$$

例如,假设你当初花1 000美元购买了某种投资工具,一年后按照1 100美元的价格将其卖掉,则你的投资收益率应当等于:

$$R = \frac{1\,100 - 1\,000}{1\,000}$$
$$= 0.10 \text{ 或 } 10\%$$

将股息或息票利息收益也包含进去。如果在持有投资工具期间,你还获得了股息或息票利息收益,那么投资收益率将会更高。如果投资期限相对较短,比方说一年或不足一年,那么我们可以通过调整上述公式中的数字求出包含股息或息票利息收益的证券的收益率。把股息或息票利息收益加在分子上,于是,投资者投资证券所获得的投资收益应当等于投资期间获得的所有股息或息票利息收益再加上整个投资期内证券买卖价格的变化值。对于支付股息的股票来说,其投资收益率等于:

$$R = \frac{(P_t - P_{t-1}) + D}{P_{t-1}}$$

式中,R代表投资收益率,P_{t-1}代表投资证券时的购买价格,P_t代表投资期满时投资者出售证券的价格,D代表投资期间投资者获得的股息收入。

> **案例**
>
> 　　一年前,你购买了100股Wax公司的股票,购买价格为每股50美元。在接下来的一年时间里,该公司的生产利润迅速攀升。在过去一年间,该公司向股东支付了每股1美元的股息。在一年投资期满时,你按照每股58美元的价格卖掉了这100股股票。这笔投资的投资收益率应当等于:

$$R = \frac{(P_t - P_{t-1}) + D}{P_{t-1}}$$
$$= \frac{(58 - 50) + 1}{50}$$
$$= 0.18 \text{ 或 } 18\%$$

投资收益适用的税率水平不同。从税收角度来看，利息收入或债券的息票利息收益被归入普通收入类别。此外，持有期为一年或不足一年的投资工具被出售而产生的资本利得收益也会按照普通收入进行征税。持有期大于一年的投资工具被出售而产生的资本利得收益要缴纳长期资本利得税。由于短期资本利得收益与长期资本利得收益要按照不同的税率水平纳税，因此一部分投资者愿意使投资工具的持有时间超过一年，以此来获取更高的税后投资收益率。

案例

和前面那个例子一样，我们假设你购买了 100 股 Wax 公司的股票，只不过这一次不是在持有一年后卖出，而是在持有了 366 天以后卖出（一年零一天）。因为多持有了一天时间，你获得的资本利得收益就由原来的短期资本利得收益变成了长期资本利得收益（当前大多数纳税人的税率为 15%）。假设你个人的边际所得税税率（新增加的一美元普通收入所适用的税率水平）为 35%。图表 14.1 的第二列列出了上一个案例中短期资本利得收益的税收效应，第三列列出了本案例中长期资本利得收益的税收效应。股息收入应缴纳的税负等于：

股息收入应缴纳的税负＝股息收入金额×股息收入适用的税率
$$= 100 \times 0.15$$
$$= 15 \text{（美元）}$$

资本利得收益适用的税率水平取决于它是短期资本利得收益还是长期资本利得收益。若是短期资本利得收益，则税负等于：

短期资本利得收益的税负＝短期资本利得收益的金额×边际所得税税率
$$= 800 \times 0.35$$
$$= 280 \text{（美元）}$$

长期资本利得收益的税负等于：

长期资本利得收益的税负＝长期资本利得收益的金额×长期资本利得税税率
$$= 800 \times 0.15$$
$$= 120 \text{（美元）}$$

长期资本利得税要比短期资本利得税少 160 美元。因此，只要多持有一天股票，你便能多获得 160 美元的税后净收益。对于高收入纳税人来说，长期资本利得税税率高于 15%，但即使是更高的税率，也低于短期资本利得税税率。因此，即使将来税率会发生调整，这个例子仍然能够说明为什么你应当计算一下短期资本利得收益与长期资本利得收益分别要缴纳多少税金，因为税率将影响到持有投资工具多长时间的个人投资决策。

图表 14.1　短期资本利得收益与长期资本利得收益的税负对比　　　　　单位：美元

	持有股票一年	持有股票超过一年
股息	100	100
短期资本利得收益	800	0
长期资本利得收益	0	800
总收入	900	900
股息收益应缴纳的税负（15%）	15	15
短期资本利得税（35%）	280	0
长期资本利得税（15%）	0	120
税负总额	295	135
税后净收益	605	765

投资收益对个人财富的影响

当投资为个人创造收益时，若个人能把一部分收益节省下来，那么这将会增加个人拥有的财富值。比方说，假设你这个月因持有债券获得了 100 美元的息票利息收益，你将这笔钱存入了储蓄账户，于是你的个人资产值就增加了 100 美元。如果个人持有的投资品的价值上涨，与此同时负债的价值没有变化，那么个人拥有的财富值便会增加。

个人财富的积累速度部分取决于个人的投资决策。你可以根据假定的投资收益率计算一项投资能使自己的财富值增加多少。

> **案例**
>
> 　　斯蒂芬妮·斯普拉特准备投资 4 000 美元。如果她的年投资收益率为 6%，那么 10 年后这笔投资将会增值 7 163 美元。如果年投资收益率为 10%，则 10 年后这笔投资将会增值为 10 375 美元。收益率越高，斯蒂芬妮累积的投资金额也就越高。

> **案例**
>
> 　　如果斯蒂芬妮·斯普拉特每年年底投资 4 000 美元在股票上，她很想估算一下 10 年后她的投资终值将会是多少。如果她预期每年能获得 10% 的投资收益率，那么在未来 10 年间，这笔年金对应的年金终值利率因子就等于 15.937（参考附录 C 的表 C.3）。根据每年的投资额为 4 000 美元以及年金终值利率因子（FVIFA），10 年后斯蒂芬妮累积的股票投资价值应当等于：
>
> $$\text{每年股票投资的终值} = \text{每年的投资额} \times FVIFA_{i,n}$$
> $$= 4\,000 \times 15.937$$
> $$= 63\,748\,（美元）$$
>
> 财务计算器的输入情况如右图所示。四舍五入可能会导致计算结果略有差别。
>
> | 输入 | 函数 |
> | --- | --- |
> | 10 | N |
> | 10 | I |
> | 0 | PV |
> | 4 000 | PMT |
> | ? 63 749.7 | FV |
>
> 答案：63 749.70

如果斯蒂芬妮的投资每年能获得5%的投资收益率，则年金终值利率因子就等于12.578，10年后斯蒂芬妮的股票投资终值应当等于：

每年股票投资的终值＝每年的投资额×$FVIFA_{i,n}$
$$=4\,000×12.578$$
$$=50\,312（美元）$$

财务计算器的输入情况如右图所示。

输入	函数
10	N
5	I
0	PV
4 000	PMT
? 50 312	FV

答案：50 312

请注意，斯蒂芬妮个人财富的增长速度与每年能获得多高的投资收益率之间具有密切关系。年投资收益率为10%与5%相比，10年后前者累积的投资终值要比后者高出13 436美元。

投资风险

投资风险来源于投资收益的不确定性。投资于某只股票的未来收益是不确定的，因为不知道将来这只股票是否会发放股息，也不知道将来（当投资者卖出股票时）股票的价格会上涨多少。债券的投资收益之所以是不确定的，是因为其息票利息收益事先无法确定，而且未来（当投资者卖出债券时）债券的市场价格也是不确定的。同理，股票型共同基金的投资收益也是不确定的，因为未来的股息收益不确定，而且等到将来投资者卖出共同基金时，基金池持有的股票的市场价格也是不确定的。房地产投资的收益情况事先也无法准确预知，因为将来的卖出价格也是不确定的。第15章、第16章以及第17章分别分析了股票投资、债券投资以及共同基金投资所面临的风险问题。

对风险这一概念的诠释

如果投资者在赌场里赌博，他们清楚地知道不管自己赌什么，都有可能会输钱。他们也许会下一些风险较大的赌注，也就是说这些赌注输掉的概率非常大。如果他们赢了，那就能赢得一大笔钱。如果他们赌错了，那就输掉了赌注。靠赌博赢来一大笔钱能让他们产生一种特殊的满足感，即使赢钱的概率非常小。

某些类型的投资产品与赌博比较相似，因为一旦猜对了，它们就能给投资者带来巨大的收益；但若是猜错了，那么也会造成不小的损失。和赌博一样，这些类型的投资产品很吸引投资者，因为潜在的巨额收益非常有诱惑力。不过，在追逐这些可能带来巨额潜在收益的投资产品时，很多投资者拒绝接受"同时风险也很高"这一认知结论。

案例

你手上有5 000美元可用于投资，你计划投资一年。你看中了一家生产智能手机的企业，打算投资它。你估计在下面这种最理想的环境下，这笔投资能够在一年内创造15%的收益率：

● 该公司的总裁保持身体健康；
● 该公司的核心员工继续在该公司工作；

> - 下一年该公司开发出一款新型手机并迅速获得消费者的青睐。
>
> 　　上述三个理想条件均存在着一定程度的不确定性，因为谁也不能保证这几个条件将来一定能成为现实。如果总裁生病了，那么公司的经营管理就失去了领导者，有可能会导致业绩下滑。如果核心员工决定跳槽去另一家公司工作，那么这也可能会影响企业的经营状况。如果该公司生产的智能手机产品没有赢得消费者的青睐，那么销售额将会下降，企业的经营状况将有所下滑。
>
> 　　总的来说，如果上述某一理想条件未能变成现实，那么企业的经营状况也许会比你的预期差得多，从而这笔投资的实际收益率也会低于你的预期。所以说，这三个条件的不确定性直接决定了未来这笔投资的实际收益率也是不确定的。事实上，也许市场环境要比你想象中的糟糕得多，从而导致企业的经营绩效非常差。在这种情形下，这笔投资的收益率甚至可能为负数，于是一年后这笔投资的价值甚至低于初始投资额，甚至可能会导致投资的本金被全部亏掉。影响投资收益率的各个条件的不确定性越大，则实际投资收益率低于预期的风险就会越大。虽然我们无法准确预测所有市场条件未来会发生怎样的变化，但是至少要搞清楚将来可能会发生哪些容易导致投资损失的不利环境。

经济环境的不确定性所导致的风险

　　导致投资收益不确定的主要原因之一是经济环境的不确定性，这会直接影响投资绩效的高低。投资的终值主要取决于投资者的需求。当经济发展态势良好时，投资者的收入水平相对较高，企业的盈利水平也较高，此时市场上绝大多数投资工具的需求都很旺盛。当经济发展较为疲软时，投资者的收入水平降低，企业的盈利能力下降，此时市场上绝大多数投资产品的需求都较少。不过，未来经济走势无法预料，因此投资者也很难准确预测未来各种投资产品的市场需求是高是低，当然也就无法预测这些投资产品的终值。

　　为了测量投资工具的价值相对于经济发展态势的敏感性，我们可以考察一下 2005—2009 年这段时间，因为在这短短几年间，人们经历了两种截然相反的极端经济环境。在 2005—2007 年期间，经济发展势头非常迅猛。一些金融机构努力想抓住房地产市场高唱凯歌的机会大赚一笔，因此它们向许多原本因为收入水平过低或信用历史不佳而不够资格申请抵押贷款的借款人发放了房屋抵押贷款。由于当时的经济走势非常强劲，所以这些金融机构相信这些借款人有能力赚到足够多的收入偿还贷款。新房的开建数量迅速增加，这创造了更多的就业岗位，从而起到了进一步刺激经济的作用。房地产市场的巨大需求导致房屋价格节节攀高，这直接推高了房地产投资的收益率。经济发展速度持续加快，消费者把大部分收入花掉，用于购买各种商品或服务，这导致企业的销售额与经营利润不断增加。于是，企业的市场价值不断上涨，从而带动其股票的市场价格也步步高升。投资股票的投资者获得了很高的投资收益率。

　　不过，在 2008—2009 年期间，经济发展势头异常疲软。很多事实上不够资格申请抵押贷款但确实已获得抵押贷款的借款人开始无力偿还抵押贷款。很多买房人再也无力负担抵押贷款，这导致市场上被出售的房屋数量越来越多，引发了金融危机。当时的情况是市场上待售房屋的供给数量非常庞大，但是市场需求要少得多。这导致房屋市场的价格大幅度下降，因为急于卖掉房子的原房主为了吸引潜在的买房人而不断地降低售价。其中一些房屋的成交价与2007年的市场价格相比竟然跌了50%还要多。因此，很多在2006年或2007年买房的投资者都损失惨重。

在2007年投资买入了住房或商用地产的大部分房地产投资者都遭受了巨额损失。金融危机不仅会影响到房地产投资，同时还会影响到其他很多类型的投资产品。因为市场上待售房屋的数量过多，不需要再开工新建房屋，于是新房的建设停滞下来，很多房地产行业的建筑工人丢掉了工作。失业后，这些人没有收入来源，消费支出自然也随之减少。结果，那些主要依赖于消费者较高消费额的行业或企业开始面临销量与利润飞快下降的困境。

在2008—2009年金融危机爆发期间，很多企业破产倒闭，其中包括电路城公司与雷曼兄弟公司。购买了上述破产企业股票的投资者们血本无归。即使是那些一直以来经营状况良好的企业在此期间也遇到了利润大幅度下滑的难题。这是因为，哪怕是最有名气的企业发行的股票或债券，其市场价格在一个月或一年内下跌幅度超过10%的现象也并不少见。很多颇有名望的大型企业，其股票的市场价格在金融危机期间下跌幅度达到了40%甚至更高。

小企业发行的股票或债券风险水平更高，因为这些小企业每年的经营业绩起伏都较大。某些企业的经营状况更稳定一些，因此业绩大幅度下滑的概率会小一些。不过，一些投资者更喜欢投资于那些具有较高增长潜力的小企业，所以他们不得不忍受更高的风险水平。在选择投资项目之前，你应当认真地评估一下风险水平。

测度投资风险

投资者必须测度投资的风险水平，判断未来投资收益的不确定程度。两个常见的投资风险测度指标为收益率的分布区间和收益率的标准差。这两个指标可以应用于市场价格经常波动的投资工具，下面我们就向大家详细解释一下。

收益率的分布区间。 通过计算一段特定时间内某种投资工具的收益率，我们可以测算出收益率的分布区间，即最低收益率（绝对值最大的负数）到最高收益率所构成的区间。假设有两种投资产品，第一种投资产品过去一年间每月收益率的分布区间为0.2%～1.4%；另一种投资产品的每月收益率的分布区间为－3.0%～4.3%。显然，第一种投资产品的风险更小一些，因为其收益率的分布区间更加狭窄，因此其投资收益表现得更加稳定。收益率的分布区间较大的投资产品风险水平更高一些，因为这意味着其市场价格大幅度下跌的概率更大一些。

收益率的标准差。 风险的第二个测度指标为收益率的标准差。这个指标测度的是一段时间内收益率的波动程度。标准差较大意味着收益率显著偏离均值。收益率的波动性越大，则给定时间内收益率严重偏离均值的概率就越高。因此，在同一时期内，标准差较大的投资工具更有可能出现价格暴涨或暴跌的状况。因为此类投资工具的收益率具有更高的不确定性，所以我们判定其风险更大。

虽然这两个测度指标计算方法不同，但是它们对股票风险水平的评定结果通常是一致的。也就是说，风险非常高的股票一般具有相对较宽的收益率的分布区间，而且收益率的标准差也很大。

风险水平的主观判断。 收益率的分布区间与标准差这两个指标具有一定的局限性,因为这两种风险测度指标并不一定总能准确地预测未来。例如,某种投资工具过去一直具有相对较为稳定的收益率,不过将来有可能因经济形势不景气而出现市场价格大幅度下降。正是因为这种局限性,所以有时候我们可以直接对投资工具的风险水平进行主观判断。例如,在评价债券的风险水平时,我们可以主观地评判一下债券的发行企业是否具有充足的偿债能力。在评价时,我们要估计一下企业未来每个月的收入水平,据此判断将来企业能否获得充足的资金支付债券利息以及其他生产费用。投资者还可以参考专家对某种类型投资工具的风险水平评价。债券评级机构可以提供各种债券的风险评估结果,我们将在第16章详细讨论这一问题。

风险与收益的权衡

每一位个人投资者都希望自己能获得超高的投资收益率,同时还不用承担任何风险。不过,这样的投资根本就不存在。投资者必须在投资潜在收益与投资风险之间做出权衡。如果你希望获得更高的投资收益,那么就必须承受与该投资相关的更大的不确定性(即风险)。

股票的风险-收益权衡

某些企业的业绩增长潜力大于其他企业。但是要想实现这一业绩增长目标,企业必须冒更大的风险。也就是说,它们必须使用更少的资金追求风险更大的目标。如果企业的经营战略大获成功,那么投资于此类企业的投资者可以获得超高的投资收益率。不过,一旦事实证明企业未能实现既定目标,那么投资者的投资额甚至有可能会全部损失。

总的来看,小型企业快速发展的潜力更大,它们的股票价格上涨速度可能会更快。但是,这种类型的股票风险也比较大,因为很多小企业根本还未来得及实现潜能就失败了。更加成熟的大型企业之前已经实现了高速增长,因此未来继续增长的潜力相对有限。不过,这样的企业风险水平较低,因为其生产经营更加稳定。

投资于IPO新股是另一种股票投资选择。你可能听说过某只IPO新股在首日上市交易时价格上涨的幅度超过了20%。不过,这种投资的风险也比较大。个人投资者很少能按照初始的发行价买到这种IPO新股。机构投资者(例如持有巨额投资资金的共同基金或保险公司)通常可以优先直接购买IPO新股。绝大多数个人投资者只能在机构投资者买完以后(如果新发行的IPO新股还有剩余的话)才有机会投资于此类新股。等到个人投资者能买到此类新发行的IPO新股时,一般来说其市场价格已经上涨了。所以说,有时候只有当IPO新股的市场成交价达到最高点时,个人投资者才有机会买入IPO新股。于是,在接下来的几个月时间里,这些个人投资者面临的将是不断下跌的股价,这会给他们造成巨大的损失。例如,Groupon公司在2011年以每股20美元的价格上市。Groupon公司经营着一个广受欢迎的网站,消费者可以在该网站上获得餐馆和其他企业的折扣礼券。该公司股价在IPO当日达到31美元的高点,但此后一路走低。2018年初,其股价约为5美元。很多IPO新股的市场表现很差。一般来说,与其他已发行股票的总体平均收益率相比,IPO新股的长期收益率偏低。很多 IPO 企业（例如 Pets.com 公司）在上市几年后就破产了，这使得投资者损失了全部投资本金。

债券的风险-收益权衡

你可以投资企业发行的债券，获得息票利息收益。债券投资的风险在于一旦发债企业的财务状况恶化，它可能会失去偿还债务的能力。如果你购买的债券是由声名显赫的大型成功企业发行的，那么企业违约不偿还债务的风险将会非常小。如果发债企业的财务状况一直不太好，那么这就意味着它很有可能会对自己发行的债券违约。如果发债企业违约，则投资者的损失会比较大。在 2008—2009 年金融危机期间，很多债券都违约了。

高风险债券一般息票利率也更高一些。投资者必须在潜在收益与风险水平之间做出取舍。如果你愿意承担更高的风险，那么可以考虑投资于高风险企业发行的债券。反过来，如果你希望风险小一些，那么可以购买大型成功企业发行的债券，只不过同时也要接受较低的投资收益率。

共同基金的风险-收益权衡

当你投资于股票型共同基金时，基金的投资组合持有的股票所产生的股息收入以及股票市场价格的上涨都能给你带来投资收益。股票型共同基金的风险在于不管什么时候，股票的市场价格都有可能会下跌。由于共同基金持有的投资组合包含多只股票，因此，其中某一只股票的价格下跌效应会被稀释掉。但是，当经济形势恶化时，绝大多数股票的市场价格会随之下跌。就像小企业的股票要比大企业的股票风险更高一样，主要持有小企业股票的共同基金的风险水平要明显高于主要持有大企业股票的共同基金。不过，一部分投资者还是喜欢选择投资于小企业股票的共同基金，因为他们预期小企业股票能带来更高的投资收益率。

当你投资于债券型共同基金时，你面临的首要风险是共同基金持有的债券可能会违约。由于债券型共同基金同时投资于多只债券，因此其中一只债券违约所造成的损失效应被稀释了。不过，当经济形势恶化时，很多发债企业的财务状况会出现问题，难以按时向投资者支付息票利息。某些债券型共同基金这方面的风险相对小一些，因为它们只投资于最值得信赖的大企业发行的债券。还有一些债券型共同基金这方面的风险很大，因为它们投资的债券大多是资质较差的小企业发行的高利率高风险债券。为了追求高收益而更愿意选择高风险债券型共同基金的投资者必须承受更高的风险。

房地产投资的风险-收益权衡

在投资房地产项目时，个人承担的投资风险主要取决于特定的投资项目。如果你购买的是出租物业，那么若是找不到租客或者是租客没有按时缴纳房租，那么这笔投资就无法像你预期的那样定期向你提供收入。此外，你还要面临房地产的市场价值逐渐下跌的风险。房地产投资的类型不同，其风险的大小也有所差别。如果你买的是已全部出租的商务写字楼，那么风险相对低一些，不过写字楼的市场价值有可能会慢慢下跌。反过来，如果你在新墨西哥州买下了一块土地，寄希望于将来在这块土地上能挖掘出石油，那么无须多言，这笔投资的风险非常大。

各种投资工具的对比分析

作为一位审慎的投资者，你必须选择最满足个人投资目标的投资产品。如果你希望在一段较短的时间内获得固定收益，而且不承担任何风险，那么应当考虑投资于银行存单。这种投资工具的劣势在于收益率相对较低。如果你希望能在一段较长时间内获得稳定的投资收益，那么可以考虑买入国债或主要投资于国债的共同基金。与之相比，另一种极端情况是你希望获得超高收益，那么你可以考虑购买土地或投资于小企业股票。

很多投资者介于这两种极端情况之间。他们希望投资收益率能略高于银行存单或国债的收益率，但与此同时又想把风险水平控制在可接受范围内。没有哪一个固定不变的公式可被用于确定最佳的投资工具，因为到底选择哪一种投资产品主要取决于投资者愿意承担多大的风险以及投资者的经济状况。

关于这一点，图表14.2举的例子就给出了相应的解决方案。一般来说，如果你事先准确地知道近期不需要卖掉投资工具，那么承担一定的风险能给你带来好处。即使投资产品的市场价值下跌了，你仍然可以继续持有直到其市场价值慢慢回升。反过来，只能短期投资的投资者必须选择非常安全的投资产品。由于高风险的投资产品的市场价格经常发生波动，因此若是投资者事先知道近期要把投资产品卖掉套现的话，选择高风险的投资产品是十分危险的，很有可能投资者会被迫在投资产品市场价格较低的时候将其卖掉。若投资者想要追求高收益，那么就必须接受与之相伴的高风险。

图表14.2 投资决策随个人财务状况变化的案例

个人财务状况	投资决策
你手上有1 000美元可用于投资，但是一个月后你要用这笔钱支付账单。	你需要流动性。你应当只考虑投资于货币市场证券。
你手上有3 000美元可用于投资，一年后你要用这笔钱支付学费。	你应当考虑选择安全的货币市场证券，例如一年期保底定期存单。
你手上有5 000美元可用于投资，大概三年后你要用这笔钱支付买房的首付款。	可考虑投资于三年期保底定期存单或风险较小、相对稳定的企业股票。
你手上有10 000美元可用于投资。你并未为20年后的退休准备任何储蓄。	可考虑选择分散化投资的股票型共同基金。
你手上有5 000美元可用于投资。你估计明年自己有可能会被解雇。	你应当选择投资于货币市场证券的共同基金，将来一旦失业，你可以立即把投资赎回。

通过持有各种各样的投资产品，你能找到一个最适合自己的可承受的风险水平。你可以分散投资多只股票，从而降低某一种特定的投资产品给你带来的风险。如果你把资金平均投资于五种投资工具，即使其中某一种投资工具表现十分糟糕，你要承担的风险也是有限的。

即使你同时买入了多种投资产品，实现了分散化投资，也仍然要面临整个经济大环境走势的影响，比方说当经济发展势头疲软时，所有的投资工具市场价格都会下跌。基于这个原因，你应当考虑一下适当的分散化投资，选择一些对经济环境敏感程度不同的投资产品。对投资者来说，分散化投资策略十分重要，我们将在第18章详细讨论这一话题。

从投资失败中吸取经验教训

很多个人投资者从自己或他人的投资错误或失败中吸取了很多教训。下面我们列出了常见的投资错误，各位读者应当尽量规避这些错误。

根据不切实际的目标制定投资决策

一个最常见的错误是根据不切实际的目标制定投资决策。这些目标可能会驱使你承担过高的风险，从而导致巨大的投资损失。

> **案例**
>
> 劳丽·陈现在手上有4 000美元，明年她要用这笔钱支付学费。她正考虑把这笔钱投资于一年期定期存单，收益率大概为6%，即明年之前它能给劳丽带来240美元的利息收益。不过，她希望能获得更高的投资收益率，因为明年她打算买一辆二手车。她决定投资于去年收益率高达50%的小企业股票。如果今年该股票仍然能够获得50%的收益率，那么这笔投资将会给她带来2 000美元的收益，她可以用这笔收益购买二手车。遗憾的是，今年该股票的市场价格下跌了30%。到年末时，这笔投资的价值变成了2 800美元，即产生了1 200美元的损失。这使得劳丽手里的钱既不够买车，也不够交学费。她并没有把投资当做赌博，所以才选择投资企业的股票。但是，投资小企业股票的风险与赌博不相上下，尤其是当劳丽做出这一投资决策时，除了这只股票去年收益率非常好这一点以外，再无其他信息或证据支持这一投资决策。

借钱投资

投资的另一个常见错误是使用原本应被用来偿还债务的钱投资。获得高额投资收益的潜在可能会刺激个人投资者冒更大的风险，甚至超出其可承受范围。

> **案例**
>
> 查尔斯·克伦肖近来刚刚申请了5 000美元的贷款，用来缴纳本年度的大学学费。他父母给了他5 000美元，让他还清这笔贷款。不过，查尔斯并没有用这笔钱偿还贷款，而是用这笔钱买了一只股票。他希望自己能获得高额收益，那么等到年底时，他就可以把股票卖掉，用所得的钱先还清贷款，把余下的部分作为暑假环游欧洲的旅游资金。今年年内他要支付贷款的利息。到了年底时，这只股票的市场价格下跌了90%，查尔斯的股票投资价值变成了500美元。现在，这一点点钱既不够偿还贷款，也不够支持查尔斯去欧洲旅游。

为了弥补损失而冒险

另一个常见的投资错误是为了弥补投资损失而冒太大的风险。这会导致投资者遭受更大的损失,甚至有可能会导致个人破产。

> **案例**
>
> 萨拉·巴恩斯去年购买了分散化投资的共同基金,结果这笔投资给她带来了10%的损失。在下一个冬季来临之前,她需要为自己的房子购买一个新壁炉。她很想尽快弥补这笔损失,于是转而把钱投入了另一个风险更大的共同基金。如果经济形势良好的话,这只基金能给投资者带来比较高的收益率;但是若经济形势不佳,则基金的投资绩效也会相应较差。由于经济发展态势持续萎靡,这笔投资又让萨拉亏掉了20%。现在,萨拉手上的钱根本不够购买一个新的壁炉。

有些时候,很多投资者对股票未来的价格走势有着不切实际的乐观预期,所以他们愿意花大价钱买下这些股票。媒体的夸张宣传也进一步加剧了投资者的非理性热情。这些行为进一步催生了"投资泡沫",这意味着一旦价格持续上升至某个价位,投资泡沫将会破灭,股票的市场价格将会一落千丈,重新回到合理的价格区间。有些时候,某些股票的市场表现较差的主要原因便是投资泡沫破灭了。虽然将来这些股票或其他投资产品仍然有可能再次创造超高的收益率,但是在制定投资决策时,你必须做到理性客观。既然一种投资产品具有价值大幅度上涨的潜力,那么自然也同时具有价值大幅度下跌的可能。如果你没有能力承担可能出现的潜在损失,那么就不要选择这种投资产品。

个人投资与个人理财计划的匹配程度

下面我们列出的关键性投资决策应当被包含在个人理财计划当中:
- 你的投资目标是什么?
- 根据目前你的预算规划,你是否应当做投资?
- 根据你的风险承受水平,你应该投资哪些基金?

图表14.3举例说明了斯蒂芬妮·斯普拉特的个人投资与个人理财计划的匹配程度。

图表14.3 斯蒂芬妮·斯普拉特的个人投资与个人理财计划的匹配程度

投资目标
1. 在进行投资之前,确定我的优先考虑事项。
2. 确定是否进行投资,如果是,确定能承受多高水平的风险。

对在我投资之前应该偿还的债务的分析
1. 汽车贷款:我还欠5 000美元,利率为7.65%。
2. 学生贷款:我还欠8 000美元,利率为6%。

没有任何投资能保证我的收益率与我支付的贷款利率一样高。

续表

投资工具分析

投资工具类型	评价
1. 定期存单或其他货币市场证券	很多货币市场证券能够提供较好的流动性，非常安全，但是一般收益率相对较低
2. 股票	能提供较高的收益率，但是鉴于我估计自己可投资的金额非常有限，所以风险比较大
3. 债券	某些债券的风险很小，但是其预期收益率低于股票
4. 房地产	住房的市场价值将会逐渐上涨。除此以外再进行其他的房地产投资也许能带来较高的投资收益，但是与此同时风险很大
5. 股票型共同基金	能提供较高的收益率，投资的分散化程度好于只投资一只股票，但是当股票市场陷入熊市氛围时，也可能会造成损失
6. 债券型共同基金	投资的分散化程度好于只投资一只债券，但是一旦整个债券市场的形势变糟，则债券型共同基金也会给投资者带来损失

决定

我的首要任务是确保充足的流动性。接下来我优先考虑的事项是用多余的资金还清我的汽车贷款和学生贷款。

我获得了一大笔奖金，我将用这笔钱还清那些贷款。

在还清贷款后，我还有4 000美元的奖金。我将用这些资金进行投资。我会考虑能够获得高收益率的投资类型，但前提是投资风险有限。我不会考虑任何可能下跌30%的投资。

讨论题

1. 如果斯蒂芬妮是一位拥有两个孩子的单身母亲，那么她的投资决策会有哪些不同？
2. 如果斯蒂芬妮现年35岁，那么她的投资决策会有哪些不同？如果她现年50岁呢？

小结

在投资前偿还债务。 在投资之前，考虑资金是否应该用来偿还债务，特别是，如果债务利率很高的话，更应该先偿还债务。通过使用资金偿还高利率的债务，你可以避免为债务支付高利息。因此，以这种方式使用这些资金从本质上来讲就是在赚取收益，而收益率正是你本应偿还的债务的利率。在未来的几个月里，如果你没有还清债务，你的净现金流入所增加的部分正是你偿还贷款所需的金额。

常见的投资工具。 常见的投资工具包括货币市场证券、股票、债券、共同基金、房地产和贵金属等。每种类型的投资工具都具有自己的特征，为投资者带来投资收益的方式也不同。

测度投资收益。 投资收益取决于投资者持有投资产品期间获得的收入以及投资产品的资本利得收益。一些股票能定期给投资者带来股息收入，而一些债券能定期给投资者带来息票利息收益。

投资的风险。不同类型的投资工具对应的风险水平也不尽相同。尤其值得一提的是，货币市场证券的风险很小，很多股票以及房地产投资的风险很高。不过，即使是属于同一种投资类型的多种投资产品，其风险水平也存在着一定程度的差异。比方说，某些货币市场证券的风险水平可能会高于其他货币市场证券。某些股票的风险水平要比其他股票更高。投资者要通过测量投资风险的大小来确定未来潜在投资收益的不确定性。两个常见的投资风险测量指标是收益率的分布区间和收益率的标准差。若收益率的分布区间非常大，或者是标准差较大，那么未来的潜在收益更加难以准确预测。这意味着未来投资收益的不确定性较大，即风险水平较高。

风险与收益的权衡。在制定投资决策时，投资者必须在风险与收益之间做出权衡。若投资者选择能提供较高收益率的投资产品，那么就必须接受更高的风险。反过来，他们也可以选择风险水平较低的投资产品，但是与此同时也必须接受较低的收益率。到底应选择哪一种投资产品取决于投资者接受风险的能力与意愿，而这一点要受到投资者个人财务状况的影响。一些投资者的个人财务状况不允许他们承担太大的风险，因此应当选择低风险或无风险的投资工具。

常见的投资错误。你可以从别人犯下的投资错误里吸取教训。尤其值得一提的是，不要在不切实际的目标驱使下做投资。先把目前的债务还清，然后再考虑投资。不要试图用高风险投资弥补之前的投资损失。记住，投资泡沫的破灭会给投资者带来不小的风险。

个人投资与个人理财计划的匹配程度。个人投资可以让你积累更多的财富，以实现各种未来的消费或退休目标，因此它可以帮助你完成你的个人理财计划。

复习题

1. **投资的首要目标。**投资的首要目标应当是什么？能满足这一首要目标的投资工具有哪些不足之处？

2. **偿还债务。**个人债务与投资是什么样的关系？

3. **股票。**什么是股票？股票能给企业带来哪些好处？为什么投资者愿意投资股票？

4. **二级市场。**详细说明股票的一级市场与二级市场的异同点。为什么在二级市场上，每一天股票价格都在变化？

5. **投资者的类型。**说明投资者可分为哪几种类型，并对其中两种类型的投资者特征加以描述。什么是日交易者？

6. **股票的收益率。**投资股票能给股东带来哪些收益？如何计算企业的市场价值？股票市场价格的决定因素有哪些？

7. **股息。**哪种类型的企业通常会定期支付股息？什么叫做增长型股票？什么叫做收入型股票？

8. **股息。**什么是股息？是否所有的企业都会发放股息？

9. **优先股。**讨论一下普通股与优先股有哪些区别。

10. **债券。**什么是债券？债券怎样给投资者创造投资收益？

11. **共同基金。**共同基金如何运作？谁负责管理共同基金？共同基金如何处理债券利息收入与股票股息收入？投资共同基金是否会给投资者造成损失？

12. **公开交易的股票指数。**什么是公开交易的股票指数或交易所交易基金？对投资者来说，交易所交易基金有哪些投资优势？

13. 房地产投资。哪个区域内的土地价格相对较高？房地产投资的收益状况主要受哪几个因素影响？

14. 贵金属。有哪些可投资的贵金属？列举投资贵金属的常见方式。

15. 支付股息的股票。我们可以用哪一个公式计算支付股息的股票的投资收益率？说明公式中每一个变量的含义。你如何计算投资收益的金额？

16. 资本利得税。长期资本利得收益与短期资本利得收益的税率有何不同？

17. 股票投资。股票投资以哪种方式增加投资者的个人财富？如何计算一笔股票投资的市场价值？如何计算多个周期内一笔股票投资的价值？

18. 投资风险。定义一下投资风险的含义。哪种类型的企业风险特别高？

19. 测度风险。为什么投资者要测度风险？说明两种常用的风险测度指标。

20. 风险-收益权衡。什么是风险与收益的权衡？哪种类型的股票投资格外吸引投资者？在选择这种股票之前，投资者必须考虑的其他因素是什么？

21. 其他投资工具的风险特征。说明债券、共同基金以及房地产投资的风险-收益权衡。

22. 分散化投资。如何通过分散化投资降低自己的投资风险水平？

23. 投资错误。说明一下个人投资者常犯的投资错误。

24. 经济形势与投资。说明一下经济形势对某些投资产品的影响。

25. 投资和流动性。投资与流动性有什么关系？举几个流动性投资的例子。

26. 增长型股票和收入型股票。什么是增长型股票？什么是收入型股票？为什么投资者会选择其中一种？

27. 首次公开发行。什么是首次公开发行？与投资首次公开发行相关的风险有哪些？

28. 投资和个人财务目标。投资与你的个人财务目标有什么关系？

29. 个人的风险承受能力。你个人对风险的容忍度如何影响你的投资决策？

30. 房地产投资风险。投资房地产有哪些风险？

理财规划练习题

1. 股票的收益。乔尔按照每股 20 美元的价格买入了 100 股股票。在持有的一年时间里，乔尔共收到了 150 美元的股息收入。最近乔尔按照每股 32 美元的价格卖掉了股票。乔尔投资股票的收益率有多高？

2. 投资收益金额。乔尔的投资收益金额是多少美元（参考第 1 题）？

3. 资本利得税。乔尔（参考第 1 题）适用的税率为 22%。如果股票的持有期不足一年，那么乔尔要为股票的资本利得收益支付多少税金？

4. 资本利得税。如果股票的持有期超过一年，那么乔尔（参考第 1 题）能节省多少税负？假设股票的投资金额相同。

5. 股票的收益。一年前埃玛按照每股 53 美元的价格买入了一只股票。在持有期间，埃玛没有获得任何股息收入，今天她按照每股 44 美元的价格卖掉了股票。埃玛的股票投资收益率有多高？

6. 投资的价值。塔米现在手上有 3 500 美元可投资于股票。她相信她能获得 12% 的年收益率。如果她能做到这一点，那么 10 年以后，这笔股票投资的终值将会变成多少美元？

7. 投资的价值。唐决定在未来5年内，每年年末投资2 000美元购买股票。她相信在这5年时间里，她能获得6%的年收益率。在5年期满时，唐的股票投资价值将会是多少美元？

8. 投资的价值。鲍勃以每股40美元的价格买入了刚刚完成IPO的某家新型社交媒体公司的股票，这家公司在互联网上很有名。在未来3年间，这只股票每年的价值跌幅为15%。3年后，这家网络公司的股价跌到了什么价位？

9. 投资的价值。弗洛伊德从祖父那里继承了15 000美元的遗产，他想把这笔钱投资出去。5年后他要开始攻读博士学位，那时他要用这笔钱支付学费。如果弗洛伊德能获得6%的年收益率，那么5年后这笔投资的价值将会变成多少美元？如果年收益率为8%呢？如果年收益率为10%呢？

10. 投资的价值。莫里斯打算一年投资1 500美元购买股票。他认为自己平均能够获得10%的年收益率。如果计划变成现实，那么5年后这笔投资的累积价值是多少美元？10年后呢？20年后呢？

11. 贵金属投资的收益率。杰玛以每盎司1 344美元的价格购买了12盎司黄金。一年后，她以每盎司1 534美元的价格卖掉了这些黄金。她一共获得多少收益？她的收益率是多少？

12. 资本利得税。托马斯按照每股23美元的价格买入了400股A股票，一年多以后按照每股20美元的价格将其卖出。他按照每股40美元的价格买入了500股B股票，一年多以后按照每股53美元的价格将其卖出。这两只股票的卖出发生在同一年。如果托马斯适用的边际所得税税率为22%，那么这一年他要缴纳多少资本利得税？

13. 资本损失。查尔斯近期卖掉了500股A股票，收回资金12 000美元。此外，就在刚才，他还卖掉了600股A股票，收回资金6 000美元。当初，查尔斯是按照每股20美元的价格买入的A股票。假设这两笔被卖出的股票持有期均超过了一年，则查尔斯的损失是多少美元？

14. 房地产投资的收益率。詹娜以2.8万美元购买了一块5英亩的土地，两年后又以4.1万美元出售。在两年的时间里，她的投资收益率是多少？

15. 道德困境。卡洛和丽塔的女儿刚刚庆祝了16岁生日，卡洛和丽塔意识到为女儿准备的大学储蓄基金才刚刚攒了一半。女儿还有两年就要上大学了，夫妻俩冥思苦想如何能在这么短的时间内攒够另一半钱。

卡洛经常和同事山姆共进午餐。这一天，卡洛正在向山姆抱怨女儿的大学学费还没有着落，山姆告诉卡洛他听从表兄利奥的建议，购买了一份投资产品，号称能在短短一年内实现价值翻一番的目标。山姆告诉卡洛利奥向他保证这种投资产品的风险非常小。卡洛问山姆能否联系一下他的表兄利奥，看看是否还有其他投资产品能够帮助卡洛在两年时间内把女儿的大学储蓄基金翻一番，而且几乎没有任何风险。

第二天吃午饭时，山姆把利奥推荐的股票名称告诉了卡洛。这是一家小型的新建企业，利奥相信其股票价格能在未来24个月内翻一番，而且几乎没有任何风险。卡洛立即用女儿的大学储蓄基金购买了这只股票。6个月后，他收到了该企业发来的一封邮件，声称它已经关门停业。卡洛马上给股票经纪人打电话，发现自己买入的这只股票现在已经一文不值了。

a. 利奥向朋友和亲戚保证他推荐的投资产品能创造超高收益而且没有任何风险，这种做法是否符合职业道德？

b. 卡洛急于让女儿的大学储蓄基金增值，在投资决策过程中他忽视了哪一条最基本的投资原则？

个人理财的心理学：个人投资

1. 一些投资者感觉用钱赌博比偿还债务更令人感到兴奋。因此，他们选择投资股票，寄希望于股票的投资收益率能高于贷款的利息成本。描述一下你的投资行为。你是否会用原本应用于偿还信用卡债务的资金去投资？如果你会这样做，请说明原因。你认为这种策略是否会带来风险？

2. 阅读一篇分析心理因素对股票投资决策的影响的文章。你可以使用类似于"心理"与"股票投资"的关键词在线搜索到多篇此类文章。总结一下这篇文章的核心观点。

综合案例：桑普森一家

前面我们讲到过，桑普森夫妇最近刚刚开始每个月储蓄300美元（每年储蓄3 600美元），为孩子们准备上大学的经费。现在他们想估算一下，如果用这笔钱投资股票，未来将会获得多少收益。戴夫和莎伦之前从未买过股票。

桑普森夫妇预测，在正常情况下，股票投资能给他们带来5%的收益率。不过，他们也知道，股票投资的收益率经常是波动的。如果将来股票市场走势疲软，那么股票的年收益率可能只有2%；但是若股票市场走势强劲，则股票的年收益率可以达到9%。桑普森夫妇想比较一下股票投资与银行定期存单投资的潜在收益。

1. 填写以下表格，比较一下未来12年内累积的储蓄额。

未来12年内累积的储蓄额

	股票市场处于正常状态	股票市场走势疲软	股票市场走势强劲
每年的投资额（美元）	3 600	3 600	3 600
年收益率（%）	5	2	9
FVIFA（$n=12$）			
12年后的投资终值（美元）			

2. 向桑普森夫妇解释一下为了实现给孩子准备大学储蓄基金的目标，他们必须在银行定期存单与股票这两种投资工具之间做出怎样的权衡。

3. 建议一下为了实现积累大学储蓄基金的目标，桑普森夫妇是否应当每个月购买银行定期存单或股票，抑或是同时购买这两种投资产品。

术语解释

普通股（common stock）：企业发行的用来代表企业部分所有权的凭证。

优先股（preferred stock）：企业发行的一种融资凭证，赋予优先股股东优先（排在普通股股东之前）获得股息收益的权利。

初级市场（primary market）：新发行的股票进行交易的市场。

首次公开发行（initial public offering，IPO）：企业首次面向社会大众发行股票的做法。

二级市场（secondary market）：已发行股票流通交易的市场，投资者可以在这个市场上随时将自己持有的股票出售给其他人。

机构投资者（institutional investors）：受雇于金融机构、受客户之托代表客户管理资金的投资专家。

投资组合经理（portfolio managers）：负责制定投资决策的金融机构的员工。

个人投资者（individual investors）：投资证券的个人。

日交易者（day traders）：买入股票以后会在同一天之内卖出股票的个人投资者。

公开交易的股票指数（publicly traded stock indexes）：市场价格变化趋势与某一种股票价格指数的走势一致的证券。

增长型股票（growth stocks）：面临更多增长机遇的企业的股票。

收入型股票（income stocks）：定期以高股息的形式向股东提供周期性收入的股票。

收益率的分布区间（range of returns）：一段特定时间内某种投资工具收益率的分布范围。

标准差（standard deviation）：一段时间内收益率的波动程度。

第15章
股票投资

章前引例

林恩持有500股某股票，当年的买入价为每股40美元。近几个月以来，该股票的市场价格一直稳定上升，目前达到了每股48美元的价位。林恩决定执行卖出策略。为了消除股票卖出交易的不确定性，林恩向经纪人下达了限价交易指令——当市场价格达到每股50美元时，经纪人可以执行股票卖出指令。每股50美元的卖出价可以让林恩获得25%的股票投资收益率。在向经纪人支付佣金之前，林恩可以拿到5 000美元的投资收益。

在接下来这几天里，股票的市场价格冲高回落，从每股40多美元的价位缓慢下跌。林恩没有卖掉股票，因为她坚信这种下跌只是暂时性的。最后，股票的市场价格接近每股30美元，林恩给经纪人打电话要求卖出所有股票。最终，这笔股票投资让林恩损失了5 000美元。

在投资股票时，个人的投资决策取决于个人的风险承受能力、投资能力与经验。在选股时使用的投资策略必须贯彻到股票的买入过程中。本章我们研究的重点就是股票的投资策略。

本章的学习目标

- 讨论证券交易所的职能；
- 介绍如何分析股票行情；
- 解释如何完成股票的买入或卖出交易；
- 解释如何分析股票；
- 解释股票投资决策如何匹配你的个人理财计划。

证券交易所

现在大家已经了解了如何评估股票的价值，那么便可以开始投资股票。证券交易所是投资者买卖已发行股票的场所。证券交易所能为股票二级市场的交易流通提供便利，投资者可以在证券交易所卖掉之前买入的股票。有组织的证券交易所具有实体场所，人们集中在这里交易股票。在证券交易所挂牌上市的股票可以在证券交易所内进行交易，此类上市股票必须满足证券交易所设定的诸多标准或要求。例如，若想股票上市，企业的规模必须达到最低标准，已发行在外的股份数也必须达到某个最低标准。这些规定或标准确保了上市股票能拥有较为活跃的二级市场。

纽约证券交易所

从股票市值的角度，或者说从上市公司市场价值的角度来衡量，美国最大的证券交易所是纽约证券交易所（NYSE，简称纽交所），该交易所大概有 2 800 只上市交易的股票。在 2007 年，纽约证券交易所与泛欧交易所（由多家欧洲交易所形成的联盟）合并，纽约泛欧证券交易所（NYSE Euronext）宣告成立，这是第一家全球性的证券交易所。2013 年，纽约泛欧证券交易所被洲际交易所（ICE）收购。如今，纽交所是洲际交易所的一个分支，泛欧交易所是一家独立的公司，运营着几家欧洲证券交易所。在纽交所内，交易员可以为本公司或客户完成交易所上市股票的买卖交易。

场内交易员和专家。 一般来说，某些交易员（叫做场内交易员）专门帮其他投资者（客户）完成交易，其他交易员则专门为本公司进行股票交易。当场内交易员为其他投资者执行交易时，他们通过买卖差价的形式获得佣金收入，所谓买卖差价是指交易员愿意买入股票的价格与愿意卖出股票的价格之差。例如，假设一位交易员为投资者执行交易指令，按照每股 20.12 美元的价格买入了某股票，然而事实上卖家真正收到的价格为每股 20.00 美元。每股 0.12 美元的买卖差价就成了场内交易员的收入来源。在本例中，由于存在买卖差价，买入 1 000 股股票的交易成本为 120 美元。还有一些交易员被称为"专家"，现在一般被称为指定做市商（DMMs），其职责是为一只或多只股票做市，成为客户买卖股票的交易对手。也就是说，当客户想卖出股票时，专家会买入股票；当客户想买入股票时，专家会相应地卖出股票。

如今，纽交所的日均交易量约为 15 亿股，因此大多数交易都是通过电子方式执行的，而不是人工操作。纽交所只有 15% 的交易是通过上述方法在场内进行的。场内交易员和专家仍然存在，但他们的数量已经下降，他们的重要性也在下降。2007 年约有 3 000 名场内交易员，但到 2018 年只有 200 名。然而，在市场极度不平衡的时期，场内交易员和专家仍然可以在促进稳定和有序交易方面发挥作用。

纽交所常见的股票交易模式。 若想购买在纽交所上市的股票，你可以把股票的名称以及打算买入的股份数告诉股票经纪人。如果交易是前面描述的进入交易所大厅的少数交易之一，那么订单就会被发送到场内交易员或专家那里，他们会传达你购买特定股票的愿望，并协商价格。一旦交易完成，纽交所的场内交易员会向证券经纪公司发送确认信息，说明交易已经完成，然后证券经纪公司再把这一消息传达给你。

然而，更有可能的是，证券经纪公司会以电子方式提交你购买股票的请求，并注明你愿意支付的价格。与此同时，持有该股票并打算卖出的投资者也通过电子交易系统将卖出股票的交易指令提交给交易所，并注明他们愿意出售的价格。计算机自动撮合买入与卖出指令，然后向投资者传达交易指令已被执行的信息。

纳斯达克股票市场

美国的另一个主要股票市场是纳斯达克股票市场，其日均交易量约为 18 亿股（比纽交所多 3 亿股）。纳斯达克（NASDAQ）于 1971 年由美国全国证券交易商协会创立，

NASDAQ 为"美国全国证券交易商协会自动报价系统"（National Association of Securities Dealers Automated Quotations system）前几个单词的首字母缩写，该系统是市场运作的电子系统。今天，纳斯达克由纳斯达克公司所有，它是一家上市公司。

自成立以来，纳斯达克一直完全作为一个电子系统运行，没有实体交易大厅。做市商通过电脑网络进行交易。做市商是经纪自营商，随时准备以公开报价的方式连续买卖特定证券。包括经纪公司和金融机构在内，纳斯达克的做市商大约有 500 家公司。做市商以买卖差价的形式赚取佣金。其他股票市场也有做市商，其与纳斯达克特别有关，在纳斯达克市场上进行所有交易。

在纳斯达克上市的公司有 3 000 多家。由于纳斯达克的上市要求没有纽交所那么严格，所以它有更多的小公司，但它也拥有一些美国的大公司，包括亚马逊、Alphabet（谷歌的母公司）、苹果、Facebook 和微软。有一段时间，随着它们规模的扩大，一些公司从纳斯达克转到了纽交所，因为它们认为纽交所更有声望。然而，近年来，几家大公司已经从纽交所转到了纳斯达克。2015 年，大型铁路公司 CSX 迁入纳斯达克，2017 年 12 月，百事改变了上市计划。这些举动的主要原因是成本，因为在纽交所上市的费用为 50 万美元，而在纳斯达克上市的费用最高也只有 6.5 万美元。

其他证券交易所

纽约证券交易所美国有限责任公司（NYSE American LLC）位于纽约，专注于规模较小的公司的股票和交易所交易基金的交易。其交易活跃度也不如纽交所。NYSE American LLC 曾被称为美国证券交易所（AMEX），于 2008 年被 NYSE Euronext 收购。此外，还有一些地区性的证券交易所坐落在美国的几个大城市。这些地区性的证券交易所的上市要求相对不那么严格，因此一些规模相对较小但在本地区具有较高声望的企业可以选择在这样的区域性交易所上市。NYSE American LLC 和地区性的证券交易所的股票交易方式与纽交所基本相同。

场外交易市场

场外交易（OTC）市场是一个电子通信网络，投资者可以通过这个网络买卖证券。尽管纽交所和纳斯达克也使用电子通信网络，但场外交易市场的透明度较低，监管也较少。

最重要的 OTC 市场是 OTCQX 最佳市场、OTCQB 风险市场和粉单市场，所有这些市场都是由 OTC 市场组织运营的。OTCQX 最佳市场有大约 10 000 只股票交易，其上市要求没有纽交所和纳斯达克那么严格。它包括一些美国存托凭证，代表在外国证券交易所上市的公司的证券。一些大型外国公司，如德国金融服务公司 Allianz SE，选择在 OTCQX 最佳市场上市，而不是选择在纽交所或纳斯达克上市，虽然这些公司也满足这两个市场的上市要求。OTCQB 风险市场专门为小型初创公司提供上市服务，并有最低的上市要求。粉单市场没有披露要求或财务标准。在粉单市场上市的公司通常财务上都存在一定的困难，购买它们的股票风险很大。

电子交易网络（ECN）是一个计算机网络，能够将股票的买单与卖单自动撮合成交。例如，电子交易网络收到投资者发出的按照一定价格买入某股票的交易指令，系统会自动寻找与之相匹配的、其他投资者发出的按照这一价位卖出该股票的交易指令，匹配成功后自动成交。在整个过程中，不需要人力去执行搜索匹配功能。现在，电子交易网络完成的交易量占纳斯达克所有股票交易量的60%左右。电子交易网络能够让投资者绕开做市商，从而避免了做市商收取的交易成本（即买卖差价）。

电子交易网络还可以被用于执行纽交所与 NYSE American LLC 的部分交易。该系统可以随时匹配买卖交易指令，因此晚上在交易所闭市以后，这一优势将会显得格外有价值。

在许多在线经纪公司，如果一个订单在证券交易所关闭后进入（所谓的盘后交易，美国东部时间下午4点到晚上8点），公司将把订单发送给电子交易网络，交易将在那里执行。然而，在这个时间段内，一些股票，特别是小公司的股票，可能没有足够的交易量来执行所有的交易。一个投资者想要卖出交易清淡的股票，可能找不到一个愿意接手的买家。不过，随着越来越多的投资者了解到可以在夜间执行交易指令，交易量将不断增加，这会让电子交易网络变得更加受欢迎。

股票行情

如果你打算投资股票，那么必须先学会如何获得并看懂股票行情。幸运的是，对于那些交易很频繁的股票，很多财经网站都提供它们的行情信息。金融报纸（如《华尔街日报》）和其他一些报纸会对选定的股票给出简明报价。

在线股票报价可以实时提供每只股票的价格信息，或者在市场关闭时提供上一个交易时段的价格信息。报纸上的报价提供的是前一天的信息。图表15.1向我们展示了Zugle公司在交易时段结束后的价格行情信息，这种报价方式是股票报价的传统格式。

图表15.1显示，当天Zugle公司的股票以每股24.11美元的价格开盘，这意味着当天的首笔交易就是这个价格。这一天，该股的最低价为23.70美元，最高价为24.72美元，收盘价为24.28美元。该公司当日交易量超过了100万股。通常情况下，一只股票一天可能有数千笔交易。投资者往往对一天当中的交易价格波动范围以及收盘价是否高于开盘价非常感兴趣。波动范围反映了股票价格波动的不确定性。价格波动幅度更大的股票被认为是有风险的，因为它们未来的价格走势有更多的不确定性。股息率（年股息占股票价格的百分比）表示如果你今天购买股票并且股息支付保持不变，你将从股息中获得的年收益率。市盈率（PE）是股价除以公司的每股年收益。一些投资者在试图为股票估值时会密切关注公司的市盈率。

图表15.1　财经网站提供的股票报价信息

Zugle 公司股票	
当日开盘价	24.11美元
当日最低价	23.70美元
当日最高价	24.72美元
当日收盘价	24.28美元

续表

当日交易量	1 200 840 股
上一年度价格波动范围	20.05~25.30 美元
股息率	2%
市盈率	8.2

除了图表 15.1 中所示的细节，许多网站提供以下信息：当日 K 线图以及前五日、一个月、三个月、六个月、一年、五年等不同时间周期的 K 线图走势；财务信息，如每股收益、收入、股本回报率、债务和市值；机构投资者持股比例；下一次支付股息的日期和公司发布下一季收益报告的日期；有关该公司的最新消息、分析师的建议和目标股价。

买卖股票

交易股票的第一个步骤是选择一家证券经纪公司，然后下达交易指令。接下来我们就详细介绍一下。

挑选证券经纪公司

在挑选证券经纪公司时，你应考虑以下几个因素：

分析师的推荐。全能型证券经纪公司能够向投资者提供咨询服务。投资者还可以获得受雇于证券经纪公司的股票分析师提供的股票评级信息。

不过，经纪人与分析师的建议也具有一定的局限性。某些证券经纪公司可能会建议客户频繁地买入或卖出股票，而不是长期持有股票，因为每一次交易股票时，客户都必须向证券经纪公司支付佣金。此外，频繁交易可能会导致客户持有股票的时间不足一年，于是在计算联邦所得税时，投资股票获得的资本利得收益要被视为普通收入（除非客户是通过交易退休账户内的股票而获得的资本利得收益）。如果客户适用的普通收入的边际所得税税率大于 15%（对大多数纳税人来说，这是目前长期资本利得税的最高税率），那么客户就会因为持股时间不足一年而要多缴纳所得税。很多研究已经证明，股票经纪人或分析师提供的建议并不能让投资者的实际收益率超过市场的平均收益率。某些咨询顾问本身对证券分析与估值几乎毫无经验。即使是那些经验非常丰富的顾问，也不一定能帮助你获得非常高的投资收益。

经纪人与分析师倾向于对股票市场过度乐观。他们不愿意提及股票的负面言论，因为他们不想得罪任何将来可能会与自己所在的证券公司有业务往来的企业。

作为对许多批评的回应，一些分析师公开发布卖出股票的建议的意愿变得更强烈了一些。不过，分析师这个群体仍然存在着一种明显的倾向，那就是对大部分股票过于乐观，存在着一定的利益冲突。例如，分析师可能正持有着自己推荐的股票，因此积极地做正面宣传来刺激该股票的市场需求将有助于该股票市场价格的上涨，这才最符合分析师的个人利益。现在，分析师必须公开披露自己是否持有被推荐的股票。

股票经纪人的个人水平。 证券经纪公司雇用的股票经纪人水平不一，个性也不相同。投资者投资于哪一家上市公司的决定要受到自己雇用的股票经纪人的严重影响。你可以在互联网上了解股票经纪人的相关信息。

经纪佣金。 你可以选择折扣型证券经纪公司或全能型证券经纪公司。折扣型证券经纪公司能帮助投资者完成交易，但是不能提供投资建议。全能型证券经纪公司不仅能帮助投资者完成交易，还能向其提供投资建议。全能型证券经纪公司的收费水平普遍高于折扣型证券经纪公司。例如，全能型证券经纪公司每帮客户完成一笔交易就要收取100美元的佣金，可是完成同样一笔交易，折扣型证券经纪公司可能只会向客户收取8~30美元的佣金。

下达交易指令

当投资者下达买入或卖出股票的交易指令时，必须说清楚以下几点：
- 股票的名称；
- 买入或卖出；
- 股票的交易数量；
- 市价交易指令或限价交易指令。

股票的名称。 清楚地知道股票代码十分重要。股票代码为字母缩写形式，在交易过程中用来指代特定的某只股票。例如，微软公司的股票代码为MSFT，耐克公司的股票代码为NKE。股票代码比上市公司的正式名称更短更简洁，因此便于投资者在众多名称相似的企业当中较为容易地分辨出自己要投资的上市公司。

买入或卖出。 证券经纪公司负责完成股票买入或卖出交易。因此，当投资者下达交易指令时，必须说清楚是要买入股票还是卖出股票。一旦投资者下达了交易指令，而且指令已经被执行，那么一切由此导致的后果都要由投资者自己承担。

股票的交易数量。 一般情况下，交易的股份数都是100的倍数，这叫做整股交易。交易的股份数不足100的买入或卖出指令被称为零股交易。

市价交易指令或限价交易指令。 投资者可以使用市价交易指令买入或卖出股票，这种指令的含义是按照当前的市场价格完成交易。市价交易指令的好处在于能确保投资者的交易指令迅速被执行，而不足之处在于就在投资者刚刚下达交易指令以后，股票的市场价格可能会突然迅速发生变化，这也许会大大增加投资者买入股票的成本。

案例

你想买入100股Trendy公司的股票，昨天的收盘价为每股40美元。你以为今天早上开市时自己可以按照大概每股40美元的价格买入该股票，即买入股票的成本约为4 000（=40×100）美元，不包含佣金。不过，这个交易指令最终被执行时，实际成交价为每股43美元，这意味着你要支付4 300（=43×100）美元。对你来说不走运的是，今天早上刚好其他很多投资者也想买入Trendy公司的股票，这使得该股票的市场需求大量增加。在经纪人帮你找到愿意卖出的卖家之前，强劲的市场需求与相对有限的市场供给导致最终的成交价上升到了每股43美元。

此外，你还可以选择限价交易指令，这种指令的特点是只有当市场价格位于你指定的价格范围内时才允许成交。限价交易指令可以设定一个买入的最高价，在指令下达当天有效或直到投资者撤销指令之前一直有效（一般情况下，如果六个月后该交易指令仍然未被执行，投资者通常会选择撤销交易指令）。限价交易指令会明确说明投资者希望买入多少股股票（通常是100的倍数）；或者投资者可以特别说明希望交易所有股票或完全不交易。

> **案例**
>
> 使用前面这个例子提供的信息，你可以对 Trendy 股票下达一个限价交易指令，最高买入价被设定为每股41美元，仅在当天有效。这天早上开市时股票的开盘价为每股43美元，这个交易指令不会被执行，因为市场价格大于最高限价。在这天晚些时候，股票的市场价格回落到每股41美元，此时你的交易指令将会被执行。

在买入股票时，限价交易指令的不足之处在于投资者可能会错过机会无法完成交易。如果当天 Trendy 股票以每股43美元的价格开盘后一路走高，那么你下达的交易指令根本就无法被执行。

限价交易指令也可被用于卖出股票。在这种情况下，限价交易指令要明确说明股票可以被卖出的最低价格。

> **案例**
>
> 你持有100股 Zina 公司的股票，目前其市场价格为每股18美元。你希望能按照每股20美元的价格将其卖出。你没有时间一直盯着市场价格的变化，因此你希望当该股票的市场价格上涨时，确保至少能按照每股20美元的价格成交。因此，你下达了一个卖出限为每股20美元的限价卖出指令，要求卖出自己持有的100股股票，指令在被撤销之前一直有效。几个月后，Zina 公司的股票价格涨至每股20美元。你很快得到了证券经纪公司传来的信息，告诉你交易已经完成。

止损交易指令。 止损交易指令是一种特殊形式的限价交易指令，该指令要求当股票的市场价格达到某一特定价位时执行交易。买入止损交易指令要求证券经纪公司在股票的市场价格上涨至某一特定价位时帮投资者买入该股票。反过来，卖出止损交易指令要求证券经纪公司在股票的市场价格下跌至某一特定价位时帮投资者卖出该股票。

在线下达交易指令

打算买入或卖出股票的个人投资者越来越多地使用在线证券经纪公司的服务，例如 TD Ameritrade 或 E*TRADE。在线下达交易指令的一大优势在于每笔交易收取的佣金非常少，比方说8~20美元，不管交易的规模有多大（但要受到特定的最高交易金额的限制）。第二个优势是方便。除了接收交易指令以外，在线证券经纪公司还能提供实时的股票行情以及财经信息。若想在在线证券经纪公司处开立账户，你可以先登录其官方网站，遵循其提示按照步骤建立账户。然后，你要把一张支票寄给在线证券经纪公司，一旦这张支票完成结算，你的账户就会显示有可用资金，你可以用这笔钱进行在线投资。一般来说，你的账户需要保持最低余额，比如500美元或1 000美元。

回忆一下，我们在第5章里曾经讲过，很多在线证券经纪公司都设立了货币市场基金，投资者可以把钱存入基金，等需要时再赎回用于支付。于是，在投资者买入股票之前，可以先将资金存入基金以获取利息收益。一旦你下达了交易指令，在线证券经纪公司就会使用货币市场基金账户里的钱来完成交易。你甚至还能收到空白支票，你可以凭借自己的货币市场基金账户来签发支票。

随着越来越多的投资者开始转向使用在线证券经纪公司，传统的经纪公司（例如美林证券）也开始提供在线经纪服务。用不了一分钟的时间，你便可以用自己的电脑在线下达交易指令，而且这一指令将很快被执行。

通过保证金交易的方式买入股票

一些投资者还可以通过保证金交易的方式买入股票，这意味着其买入股票的资金有一部分来自向证券经纪公司申请的借款。保证金交易形式能让投资者即使手上持有的资金不够充足，也能完成买入股票的交易。

按照美联储的规定，保证金的最低比例为50%，因此投资者最多能向证券经纪公司借入相当于交易额50%的资金。例如，买入股票需要支付2 000美元，则客户与证券经纪公司各支付1 000美元。如果用保证金交易方式买入的股票的市场价格下跌了，则投资者就会收到证券经纪公司发来的追加保证金的通知，要求客户必须向保证金账户内存入充足的资金，使账户余额能够达到最低要求。

当投资者进行保证金交易时，股票的投资收益将会被放大，因为投资者可以用借来的钱做金额更大的投资。不过，一旦股票的市场价格下跌，则投资者的损失也会被放大。例如，假设你总共投资了1 000美元，这1 000美元都是你自己的钱，那么你的最大损失充其量为1 000美元。反过来，假设你不仅把自己的1 000美元投资出去，还借入了1 000美元也用于投资，那么现在可能发生的最大损失额就变成了2 000美元。不管投资业绩是好是坏，你都必须按时偿还自己借入的资金。

一些投资者通过保证金交易的方式买入股票赚了不少钱。不过，他们往往会用赚到的钱继续投资买入更多的股票。之前取得的成功让他们的自信心爆棚，所以他们很有可能会选择风险更高的投资产品。最终，由于风险过高，其中一部分投资者将会把大部分的投资本金亏损掉。

股票卖空交易

股票卖空交易是指投资者把借入的股票卖掉。若投资者认为某只股票的市场价格被高估，则会选择卖空这只股票。在卖空交易过程中，投资者从他人那里借入股票，最终等卖空交易完成后还要把借入的股票还给当初借出股票的证券经纪公司。他们的目标是在股票的市场价格相对较高时卖出股票。将来，等股票的市场价格下跌以后，他们再择机在市场上买回股票，然后再把股票还给当初把股票借给他们的证券经纪公司。与其他投资者一样，他们试图做到低买（按照较低的价格买入股票）高卖（按照较高的价格卖出股票）。与正常的股票投资流程相比，唯一的区别在于他们是先卖出股票（卖出的是借入的股票），然后再将股票买回来。

与其他股票投资一样，股票卖空交易的风险在于投资绩效是不确定的，因为影响股票价格走势的未来市场环境是不确定的。投资者预测未来股票价格将要走低的判断有可能是错误的。如果在卖空后股票的市场价格不跌反升，那么这些卖空的投资者最终将不得不按照比当初卖空价更高的价格把股票买回来。于是，这笔卖空交易将会给他们造成损失。

分析股票

股票的市场价格取决于股票的市场供给与市场需求。股票的市场需求取决于有多少投资者打算买入这只股票，而股票的供给数量则取决于有多少投资者决定卖出这只股票。

股票估值的流程包括先找出一家你认为未来业绩看好的企业，然后判断一下该企业的股票价格是被高估、低估还是合理的。若你认为股票价格被低估了，那么就应当买入该股票，将来股价上涨就能给你带来投资收益。但是，你能买入股票就意味着必然有一些投资者愿意卖出该股票。也就是说，虽然你相信这只股票的价格被低估了，但是显然有些人认为它被高估了。正是因为存在着这样的不同观点，市场上才会有如此大量的股票交易。在评估股票价值时，投资者可以使用技术分析法或基本面分析法。技术分析法是根据股票的历史价格变化规律来评估其价值的方法。例如，当股票的市场价格连续三个交易日上涨时，你可能会决定买入该股票，因为你认为这种价格走势预示了未来股价的变化方向。反过来，当股票的市场价格连续几个交易日下跌时，你可能会决定卖出该股票，因为你预测这种价格走势将会持续下去。

基本面分析法是指根据企业的基本特征，例如收入或盈利数据以及经济环境对企业经营绩效的影响，来评估其股票价值的方法。基本面分析法的具体使用方式多种多样，接下来我们简要地向大家介绍一下。

分析企业的财务状况

一家企业之所以业绩好于同行业的其他企业，原因可能是管理者制定了更好的企业融资决策、产品营销策略以及员工管理策略。通过分析企业，你可以预测一下企业未来的经营绩效。公开上市的企业每年会出具年报，上面提供了标准化的财务信息。尤其值得一提的是，这份报告还包含一封信件，总结了近期企业的经营绩效，并对企业的未来盈利状况进行了展望。报告还包含企业的财务报表，你可以据此评价一下企业的财务状况，评估方法与分析个人财务报表以判断个人财务状况是否良好的方法完全相同。很多企业的网站上都提供年报，投资者可以在线下载。对企业感兴趣的投资者通常会主要关注企业的资产负债表以及利润表。

资产负债表。 企业的资产负债表总结了在某一特定时点企业的资金来源以及资金的投资状况。资产负债表可分为两个组成部分：（1）资产；（2）负债与所有者权益。这两部分的值必须相等。

企业的资产项目能够说明企业拥有哪些资产以及企业投资资金的方式。资产通常可分为短期资产与长期资产两大类。短期资产包括现金、企业购买的证券、应收账款（之前销售产品尚未收到的货款）以及存货（用于生产产品的原材料以及等待出售的制成品）等。

长期资产（有时也叫固定资产）包括企业购置的机器设备与厂房等。对有些企业来说，最有价值的企业资产是无形资产，包括专利和著作权。例如，对很多科技类企业和生物制药类企业来说，它们通常都拥有非常有价值的无形资产。

负债与所有者权益项目能说明企业是通过哪些渠道获得资金的。负债代表的是企业拖欠债权人或供应商的债务，可以分成短期负债与长期负债两大类。所有者权益就是企业的净价值。它代表着投资者对企业的权益投资。

利润表。 企业的利润表能够测量一段时间内企业的收入、支出与盈利。投资者可以使用利润表计算一段时期内企业创造了多少收入（盈利）或有多少支出。年报可能包括当年的利润表以及当年四个季度的利润表明细。

利润表的第一部分是当前年度企业创造的收入，随后是出售产品的成本（包括生产过程中使用的原材料的成本）。用收入减去成本就等于企业的毛利润。再用毛利润减去经营费用（例如员工工资），就能算出息税前利润（也叫做经营利润）。最后，再用息税前利润减去利息支付额与所得税税负，结果便是企业的税后净收益（也叫做净利润）。

图表 15.2 总结了企业的财务状况对企业的价值及其股票的市场价格（对公开上市的企业）有何影响。当企业的销售收入与利润相对较高时，投资者相信企业未来能做得更好，因此愿意投资该企业的股票。不过，此时愿意出售该股票的投资者数量不多，因为他们对公司未来的发展充满信心，相信股票的价格将会上涨。当股票的市场需求远远大于股票的市场供给时，其市场价格便会上升。

企业较好的经营绩效对其股票价格的影响

企业的销售收入与利润较高 → 投资者相信企业未来能继续获得较高的利润 → ↑想买入企业股票的投资者数量 / ↓想卖出企业股票的投资者数量 → ↑企业的股票价格上涨

企业较差的经营绩效对其股票价格的影响

企业的销售收入与利润较低 → 投资者预期企业未来的经营状况不佳 → ↓想买入企业股票的投资者数量 / ↑想卖出企业股票的投资者数量 → ↓企业的股票价格下跌

图表 15.2　企业的经营绩效对其股票价格的影响

当企业的销售收入与利润数据不佳时，相反方向的影响便形成了。投资者开始担心将来企业的经营绩效可能会持续恶化，甚至会破产。他们不愿意再继续投资该股票，因为一旦企业破产，这些股票将会变得一文不值。当市场上没有几个投资者愿意买入该股票，同时由于企业的业绩糟糕，大量投资者打算卖出该股票的时候，股票的市场价格便开始下跌。换言之，为了吸引潜在投资者购买其持有的股票，卖家必须接受非常低的成交价格。

会计造假。 在 21 世纪初，包括安然（Enron）和世通（WorldCom）在内的几家大公司的丑闻引起了人们对某些公司会计行为的关注。导致这些丑闻的问题之一是公司高层管理人员和购买其股票的投资者之间可能发生的利益冲突。对公司高层管理人员的评估通常是根据公司的价值（以股票价格衡量）进行的，而且会随时间的变化发生改变。这些高层管理人员可能会得到公司的股票作为他们报酬的一部分。因此，如果公司的价值增加，高层管理人员可以以较高的价格出售他们的股票，并获得较高水平的报酬。

因此，高层管理人员可能会寻求使用一种会计方法，要么增加公司的收入，要么减少公司的支出，导致公司报告的收益看起来比实际要高。当投资者相信公司的收益上升时，他们就会购买该公司的股票。他们的买入行为不断推高股票的价格。然而，当投资者最终意识到该公司的财务报表不准确时，股票价格开始下跌。遗憾的是，许多投资者可能会失去他们投资的大部分或全部资金，因为他们相信公司的财务报表。尽管在这些丑闻发生后，政府颁布了相关法律，以遏制最严重的舞弊行为，并改革公司使用的会计方法，但许多公司的高层管理人员仍有动力让公司看上去比实际情况更赚钱。

经济形势分析

产品的市场需求会影响企业未来的经营收入与利润，而产品的市场需求又会受到经济形势以及行业发展态势的影响。经济形势分析要做的是评估所有能影响企业股票价格的经济因素，例如经济增长、国际经济环境的影响、利率水平以及通货膨胀。接下来我们便按顺序一一分析上述这几个经济因素。

经济增长。在美国，经济增长是指一段特定时间内美国经济的增长情况。通常我们会用国内生产总值（GDP）这一指标来测量美国国内的总产值，这个指标能够反映美国国内生产的所有产品与服务的市场价值总额。产品和服务的产量与产品和服务的总需求量密切相关。若消费者有更多的资金用于消费，则产品与服务的总需求量也将随之增加。提供产品与服务的企业将会迎来销售收入与经营利润的同时上涨，其股票的市场价格也可能会随之攀升。

当经济形势不景气时，产品和服务的总需求量会有所减少。企业的销售收入与经营利润随之下降，导致其股票价格也相应下跌。

在2008—2009年金融危机期间，经济环境的衰退速度非常快。房屋的市场价格大跳水。很多企业破产倒闭，还有一些企业不得不裁员，因为其销售收入大幅度下降。很多人被裁员或工作时间减少，所以他们的收入水平也都下降了。企业面临着产品和服务的总需求量的减少，这导致企业的经营利润下降，于是股票价格也应声下跌。

鉴于经济增长对股票价格具有潜在的影响，投资者还应当密切关注政府的财政政策。财政政策能反映出政府对个人与企业的征税方式以及政府财政支出的安排。当企业税率降低时（就像2018年那样），企业的税后收益会增加，这意味着股东有更多的钱。当个人税率降低时（就像2018年那样），个人可用于消费的资金额会增加，于是可以增加产品的购买量。于是，产品和服务的市场需求的增加会带来企业利润的上升。

国际经济环境的影响。在评价一国的经济环境时，我们必须意识到国际经济环境对一国的经济发展具有举足轻重的影响。一些在美国国内销售的商品是由其他国家的企业生产的。例如发展中国家的企业是美国国内销售的电子产品、服装、儿童玩具以及其他很多商品的主要生产者。当美国经济发展势头强劲时，美国消费者会购买更多的产品，包括发展中国家的企业生产的产品。于是，发展中国家的企业就可以雇用更多的员工来提高产量，以满足美国国内消费者不断增长的市场需求。随着发展中国家国内企业雇员数量的不断增加，发展中国家工人的收入水平上涨，这会促使他们增加消费支出。于是，强劲的美国经济能促进发展中国家经济的发展。

外国消费者也会购买一些美国国内生产的产品，因此其他国家的经济发展状况也会对美国经济造成影响。例如，发展中国家消费者会购买一些美国国内生产的产品，所以发展中国家的经济发展势头迅猛也能让美国受益。欧洲发达国家的消费者也会购买一些美国产品，因此欧洲发达国家的经济发展与美国经济是密切相关的。

一国强势的经济发展态势能促进另一国经济的发展，那么反过来，一国疲软的经济走势会给另一国带来负面的影响。当经济形势不景气时，消费者的消费支出减少，这意味着消费者对商品的需求有所减少。于是，这些国家的企业不得不解雇一部分员工，因为它们不再需要生产那么多产品，这些国家的总收入随之下降。在2008—2009年金融危机期间，美国经济的衰退对其他很多国家造成了负面冲击。2014年，许多欧洲国家经济疲软，这对向欧洲销售大量产品的美国公司产生了不利影响。

利率水平。利率水平的高低会影响经济增长速度，从而对企业的股票价格间接造成影响。一般来说，当利率水平相对较低时，股票的价格走势会更好一些，因为此时企业可以按照相对较低的利率获得融资。当利率水平较低时，企业更愿意执行扩张策略，而企业的规模扩张会进一步刺激经济的发展。当利率水平较低时，投资者也倾向于把更多的资金投资于股票市场，因为此时货币市场证券的收益率相对偏低。大量的资金涌入股票市场导致股票的市场需求增加，这给股票的市场价格带来了上涨的压力。

较低的利率水平还能让更多的消费者有能力买车或买房，于是汽车生产商与住房建筑公司的经营利润会增加，其股票价格趋于上涨。在谈论利率话题时，财经媒体经常会提到美联储，因为美联储会使用货币政策调节金融体系的资金供给数量，从而影响利率水平。当美联储干预市场利率时，这一政策会对消费者的借钱消费行为造成影响，进而影响美国国内的经济发展速度。

通货膨胀。股票价格还会受到通货膨胀的影响。通货膨胀是指一段特定时间内商品或服务的一般价格水平的上涨情况。消费者物价指数（CPI）是最常见的通货膨胀指数之一，该指标反映的是类似于日用品、家居用品、住房以及汽油等消费产品的价格变化情况。生产者物价指数（PPI）是另一个常用的通货膨胀指标，它反映的是可被用于生产其他商品的原材料产品（例如煤炭、木材与金属）的价格变化情况。通货膨胀会导致企业购买原材料或机器设备的成本上升。

图表15.3列出了可提供通货膨胀或其他经济发展指标相关信息的主要资源的名称。这些资源通常可以提供通货膨胀率、经济增长指标、利率水平以及其他很多经济发展指标的历史数据。

图表15.3　经济信息资源

出版物资源
- 美联储公报：提供经济发展数据，包括利率、失业率、通货膨胀率以及货币供给量等。
- 联邦储备区银行发行的出版物：提供有关全国以及地区经济发展的数据。
- 《当代商业概览》：提供反映经济发展态势的诸多指标数据，包括国民收入、总产量以及就业率等。

在线资源
- 彭博社官网：提供有关利率与其他经济发展情况的研究报告以及各种经济发展指标的新闻公告。
- 美联储会议信息。
- 联邦储备区银行发行的出版物也可以通过各银行的网站获取。
- 美联储官网：提供详细的经济统计数据。
- 圣路易斯联邦储备银行官网：提供有关美国经济发展态势的最新信息。
- 《当代商业概览》也可以在线获取。
- 雅虎财经提供有关美国经济发展状况的信息与新闻。

行业环境

企业的股票价格还会受到行业发展环境的影响。市场对某个行业生产的产品或服务的需求会慢慢发生变化。例如在 20 世纪 90 年代,互联网的兴起使得市场对计算机、硬盘、打印机、互联网设备的需求大量增加。起初,需求的增加使得生产上述产品的企业大赚了一笔。但是,随着其他企业也开始注意到这种市场需求的增加,它们选择进入该行业。竞争是另一个经常会影响企业的销售收入、经营利润以及股票价格的行业因素。在互联网时代,很多行业的竞争越来越激烈,因为互联网大大降低了某些企业的产品营销与运输成本。

行业发展指标。 众多财经网站均能提供多个行业的相关信息。另一个经常使用的行业发展指标叫做行业股票价格指数,该指标能够反映一段时间内某行业内所有企业市场价值的变化情况。某一行业当前的行业股票价格指数可以反映投资者对该行业未来发展前景的总体预期。

整合分析

通过分析企业自身、经济环境以及行业环境,接下来你可以对企业的未来发展趋势做一个总体估计。这一过程能够帮助你确定是否应买入该企业的股票。图表 15.4 总结了经济环境、行业环境以及企业自身条件对企业股票价格的影响。

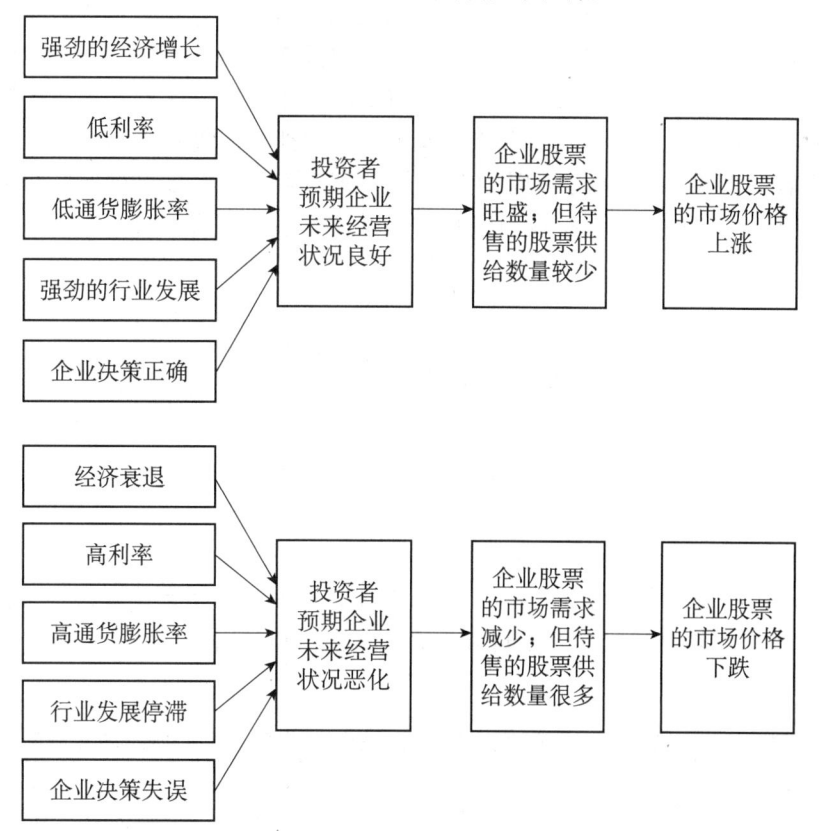

图表 15.4　促进企业股票价格上涨或下跌的多个因素

股票分析的局限性

很多投资者喜欢分析股票,尤其是当他们的分析能帮助自己做出正确的投资选择并获得高收益率时。不过,股票分析确实存在一定的局限性,接下来我们就展开讨论一下其局限性。

未来经济形势难以准确预测。虽然投资者能判断出哪家企业对经济环境或行业环境最敏感或最不敏感,但是仍然难以准确预测未来的经济形势或行业发展态势。投资者也许能准确地判断出某只股票对行业发展环境高度敏感,同时又因为估计未来整个行业有较大发展,所以决定买入该股票。不过,行业的发展状况要受到很多不确定性因素的影响,例如环境危机、工人罢工、天气状况以及其他因素。在这种情况下,投资者选中的股票的实际表现可能会逊色于市场上其他大多数股票,因为它对行业的发展环境高度敏感。

企业的优秀品质会反映在股票价格上。当我们分析股票时,一个最重要的目标是找到那些具有优秀品质的企业,因为这样的企业具有较强的盈利能力,未来股票价格可能会上涨。不过,具有优秀品质的企业同时也会吸引其他投资者,而旺盛的市场需求可能会在你买入该股票之前便将其市场价格推升到一个过高的位置。例如,市场普遍预测某家企业的股票将来会暴涨,因此最近几个星期市场交易者们大量买入该股票,于是股票价格迅速上涨。此时你如果决定买入该股票的话,就不得不支付更高的价格。即使事实证明这家企业确实如预测的一样取得了很不错的经营绩效,你的投资收益率也很有可能不会超过其他大多数股票,因为买入这只股票时支付的高价格已经反映了企业所具有的优秀品质。

因此,我们要吸取的教训是应当在股票的价格反映企业的优秀品质之前买入股票。不过,这要求你必须做到抢在其他投资者之前发现企业的独特优势,赶在股票价格上涨之前买入股票。虽然抢在其他投资者之前发现企业的独特优势并非不可能,但是你的判断仍然面临着诸多的不确定性。如果你猜错了,则投资收益将会很糟糕。如果你意识到自己的判断具有局限性,那么就应当限制对高风险股票投资的金额,以防自己的估计是错误的。

股票投资决策与个人理财计划的匹配程度

下面我们列出的股票投资决策应包含在个人理财计划之内:
- 你应当考虑购买股票吗?
- 你应当使用哪种方式投资股票?

第一项决策已在第14章讨论过了,而本章主要分析的是第二项决策——如何进行股票交易。图表15.5举例说明了上述两项决策与斯蒂芬妮·斯普拉特个人理财计划的匹配程度。

图表15.5 斯蒂芬妮·斯普拉特的股票投资决策与个人理财计划的匹配程度

股票投资的目标
1. 判断一下投资更多的钱购买普通股能否给我带来好处。
2. 如果我打算投资股票,那么研究一下如何完成股票交易。

续表

分析

证券经纪公司的类型

全能型：指导客户挑选股票；帮客户完成交易收取的佣金较高。

折扣型：不指导客户挑选股票；帮客户完成交易收取的佣金较为低廉。

买入股票时可使用的交易指令类型

市价交易指令：按照当前市场价格买入股票的交易指令。

限价交易指令：只有当市场价格等于或低于指定价格时才执行的买入交易指令。

买入止损交易指令：只有当市场价格上涨至指定的价位时才执行的买入交易指令。

是否应当借钱投资

支付现金需要用现金支付全部投资额。我的投资收益率将等于股票的收益率。

保证金交易可以用较少的现金完成投资（一部分投资所需的资金来源于借入的贷款）。我的投资收益率大于股票本身的收益率。如果借钱买入股票，投资收益率会有放大效应（不管是盈利还是亏损），这将加大投资的风险水平。

决定

将来当我投资股票时，我会选择折扣型证券经纪公司而非全能型证券经纪公司，因为我更喜欢自己制定投资决策，而且折扣型证券经纪公司收取的佣金费率较低。我会只使用限价交易指令买入股票，这样做可以设定自己愿意买入的最高价格。只有当我拥有足够多的资金、可以支付全部交易款项时，我才会投资股票，因为这是一种风险较低的投资方式。保证金交易能够放大股票的投资收益（不管投资收益为正还是为负），从而导致投资的风险水平超出我的可承受范围。

讨论题

1. 如果斯蒂芬妮是一位拥有两个孩子的单身母亲，那么她的股票投资决策会有何不同？
2. 如果斯蒂芬妮现年35岁，那么她的股票投资决策会有何不同？如果她现年50岁呢？

小结

证券交易所。股票在证券交易所上市交易，投资者可以在交易所买卖股票。你可以向证券经纪公司下达交易指令，后者负责将指令传入股票上市的交易所。这些指令被交易所的电脑或场内交易员执行。一部分交易指令可以通过电子交易网络执行，它是一个计算机系统，可以把股票买入指令与卖出指令自动匹配并撮合成交。

股票行情。投资者可在每天的报纸或网络上查询股票的价格行情。当你决定是否应买入股票时，必须先认真研究一下股票的价格行情。

实施股票交易。若想买卖股票，投资者必须联系一家证券经纪公司。你可以使用在线证券经纪公司，与传统的全能型证券经纪公司相比，在线证券经纪公司沟通起来更方便，而且成本更低廉。一收到客户下达的交易指令，证券经纪公司便会将交易指令传递给证券交易所，随后交易指令在交易所内被执行。

分析股票。在分析上市公司时，我们要仔细研究企业的年报、财务报表（例如资产负债表与利润表）以及其他财务报告。在分析过程中，我们还要评估企业的盈利能力。

经济形势分析是指评估经济形势对股票市场价格的影响。最值得密切关注的、会影响股票价格的经济因素包括经济增长、国际经济环境、利率以及通货膨胀。一般来说，经济快速增长、有利的国际经济环境、利率水平的下降以及通货膨胀率的下降会对股票的市场价格带来好的影响。

行业分析是指评估行业环境对股票市场价格的影响。两个应密切关注的行业因素是行业内消费者的偏好和行业竞争。若企业能够及时意识到消费者的偏好发生了改变，或行业的竞争程度较弱，则这会对企业的股票价格带来积极的影响。

投资股票决策与个人理财计划的匹配程度。总的来说，投资股票在很长一段时间内会带来较高的投资收益。因此，投资股票可以让你积累财富，以适应你未来的消费偏好，满足你的个人理财计划。然而，必须小心地管理股票，控制好风险。

复习题

1. 证券交易所。什么是证券交易所？如何在证券交易所进行股票交易？
2. 纽约证券交易所。描述一下纽约证券交易所内常见的股票交易流程。什么是场内交易员？什么是专家？
3. 纳斯达克。什么是纳斯达克？描述一下纳斯达克市场的交易是如何进行的？
4. 电子交易网络。什么是电子交易网络？如何使用电子交易网络？
5. 股票行情。请列出金融网站上典型的股票行情中所包含的一些信息。
6. 全能型证券经纪公司。全能型证券经纪公司提供什么样的服务？使用这类服务的一个主要缺点是什么？
7. 在线证券经纪公司。使用在线证券经纪公司有何优势？说明一下投资者如何建立并使用在线证券经纪公司的账户。
8. 下达交易指令。在下达买入或卖出股票的交易指令时，投资者必须提供哪些信息？什么是股票代码？为什么这一信息很重要？
9. 整股交易与零股交易。对于股票交易而言，整股交易与零股交易的含义是什么？
10. 交易指令的类型。讨论一下市价交易指令、限价交易指令以及止损交易指令的区别。
11. 保证金交易。什么叫以保证金的形式买入股票？如果以保证金形式买入的股票价值下跌，这会带来什么后果？使用保证金交易方式买入股票能给投资者以及证券经纪公司带来哪些好处？
12. 卖空交易。卖空股票意味着什么？什么时候投资者会运用这一战略？
13. 技术分析法与基本面分析法。什么是技术分析法？什么是基本面分析法？
14. 年报。为什么进行企业分析很重要？什么是年报？年报包含的哪些信息能帮助投资者更好地分析企业？
15. 财务报表。投资者使用资产负债表与利润表分析某家企业，通过财务报表能看出企业的哪些特征？
16. 误导性信息。为什么企业的高层管理人员可能倾向于使用具有误导性的收入与费用的估计值？企业的高层管理人员可以通过哪些方式达到虚报企业经营利润的目的？

17. 经济形势分析。在对股票做经济形势分析时，最值得密切关注的经济因素有哪些？

18. 经济增长。解释一下如何测量经济增长。经济增长会对股票价格带来哪些影响？有哪些最受关注的经济增长指标？政府的财政政策会对经济增长带来哪些影响？

19. 利率水平。市场利率水平会对经济增长带来哪些影响？为什么市场利率的波动对某些股票的影响会大于其他股票？哪个联邦政府机构负责调控市场利率？

20. 通货膨胀。什么是通货膨胀？如何测量通货膨胀？通货膨胀对股票价格具有什么影响？

21. 行业分析。为什么对股票进行行业分析很重要？列出有关企业及其所在行业的信息来源。

22. 国际经济环境对投资的影响。另一国的经济发展会通过哪种方式影响美国的企业及其股票价格？

23. 选择股票经纪人。在选择股票经纪人时，你应该考虑哪些因素？

24. 股票价格。什么决定了股票价格？投资者如何利用这些信息做出买入或卖出的决定？

25. 股票分析的局限性。股票分析有哪些局限性？

26. 股票投资决策和你的个人理财计划。为什么年轻人要把股票作为投资组合的一部分？

27. 道德困境。11月底，某家公开上市的制造企业的高层管理人员正在审查第四季度的预期财务数据。根据目前预期的第四季度销售收入，企业将无法实现预定的年度利润目标。这会导致企业的高层管理人员拿不到年终奖。于是，高层管理人员开始讨论如何快速有效地实现销售额的增长，以期能实现预定的年度利润目标，让自己有资格拿到今年的年终奖。最终，他们得出的结论是通知所有的客户如果他们愿意在今年第四季度结束之前就提前收取明年第一季度预定的货物，那么企业同意承担货物的运输费用。该企业的总会计师与财务总监仔细检查了这一计划，一致认为它并没有超出公认会计原则的合理范围。

这一计划导致企业的销售收入与净利润大幅度上涨，不过与之相伴的是企业的运输成本也增加了不少。这样一来，指标的上涨使得企业的高层管理人员完全有资格拿到年终奖，同时还导致企业的股票价格大幅度攀升。

a. 为了拿到年终奖，公司的高层管理人员利用这种方法增加企业的销售收入与净利润，这种做法符合职业道德吗？

b. 讨论一下将来这种做法会给企业以及股东带来哪些负面影响。

个人理财的心理学：保证金交易

1. 一些投资者很幼稚，对自己投资的股票过于乐观，以为它们一定能获得高收益。他们知道保证金交易也许能带来高收益，但是忽略了其潜在巨额损失的风险。你是如何看待保证金交易的？这种交易策略会带来哪些风险？

2. 阅读一篇研究心理因素如何影响保证金交易行为的文章。使用类似于"心理"与"保证金交易"的关键词，你可以轻轻松松地在互联网上找到若干篇相关文章。总结一下这篇文章的主要观点。

综合案例：桑普森一家

回忆一下，我们曾说过桑普森夫妇的理财目标之一是为孩子们准备充足的上大学的资金。他们准备买入几个分析师给出较高评级的股票。

1. 就是否应该购买分析师评级较高的股票，向桑普森夫妇提供建议。
2. 一些网站会显示前一天表现最好的公司。桑普森夫妇应该买这些公司的股票吗？解释一下。

术语解释

证券交易所（stock exchanges）：投资者买卖已发行股票的场所。

场内交易员（floor traders）：证券交易所的交易员，其职责是在交易所内完成其他投资者下达的股票交易指令。

专家（specialists）：为一只或多只股票做市，成为客户买卖股票的交易对手的交易员。

做市商（market makers）：随时准备以公开报价的方式连续买卖特定证券的经纪自营商，通过计算机网络与客户达成交易，并通过买卖差价的方式获得收入。

场外交易市场［over-the-counter (OTC) markets］：一个电子通信网络，投资者可以通过这个网络买卖股票。

电子交易网络（electronic communications network，ECN）：一个计算机网络，能够将股票的买单与卖单自动撮合成交。

折扣型证券经纪公司（discount brokerage firm）：能帮助投资者完成交易，但是不能提供投资建议的证券经纪公司。

全能型证券经纪公司（full-service brokerage firm）：不仅能帮助投资者完成交易，还能向其提供投资建议的证券经纪公司。

股票代码（ticker symbol）：为交易目的用于识别股票的缩写词。

整股交易（round-lot transaction）：股份数为100的倍数的交易。

零股交易（odd-lot transaction）：股份数不足100的交易。

市价交易指令（market order）：按照当前的市场价格完成交易的指令。

限价交易指令（limit order）：只有当市场价格位于你指定的价格范围内时才允许成交的指令。

止损交易指令（stop order）：要求当股票的市场价格达到某一特定价位时执行交易的指令。

买入止损交易指令（buy stop order）：要求证券经纪公司在股票的市场价格上涨至某一特定价位时帮投资者买入该股票的指令。

卖出止损交易指令（sell stop order）：要求证券经纪公司在股票的市场价格下跌至某一特定价位时帮投资者卖出该股票的指令。

保证金交易（on margin）：买入股票的资金有一部分来自向证券经纪公司申请的借款的交易。

追加保证金的通知（margin call）：证券经纪公司给客户发来的通知，要求客户必须向保证金账户内存入充足的资金，使账户余额能够达到最低要求。

股票卖空交易（short selling 或 shorting）：投资者把借入的股票卖掉的过程。

技术分析法（technical analysis）：根据股票的历史价格变化规律来评估其价值的方法。

基本面分析法（fundamental analysis）：根据企业的基本特征，例如收入或盈利数据以及经济环境对企业经营绩效的影响，来评估其股票价值的方法。

资产负债表（balance sheet）：总结了在某一特定时点企业的资金来源以及资金的投资状况的财务报表。

利润表（income statement）：能够测量一段时间内企业的收入、支出与盈利的财务报表。

经济增长（economic growth）：一个国家的经济在某段特定时间的增长情况。

国内生产总值（gross domestic product，GDP）：一国国内生产的所有产品与服务的市场价值总额。

财政政策（fiscal policy）：能反映出政府对个人与企业的征税方式以及政府财政支出的安排的政策。

货币政策（monetary policy）：用于调节金融体系的资金供给数量，从而影响利率水平的政策。

通货膨胀（inflation）：一段特定时间内商品或服务的一般价格水平的上涨情况。

消费者物价指数（consumer price index，CPI）：常见的通货膨胀测量指标之一，该指标反映的是类似于日用品、家居用品、住房以及汽油等消费产品的价格变化情况。

生产者物价指数（producer price index，PPI）：另一个常用的通货膨胀指标，它反映的是可被用于生产其他商品的原材料产品（例如煤炭、木材与金属）的价格变化情况。

第16章 债券投资

章前引例

尼尔想投资债券，因为他知道债券能够定期向持有人支付利息，这能给债券持有人带来稳定的收入现金流。他知道他可以购买美国财政部发行的债券。不过，这种债券的收益率仅为5％。尼尔想获得更高的收益率。他的经纪人建议他可以投资垃圾债券，这是指那些财务状况较差的企业发行的债券。尼尔注意到某些垃圾债券的年收益率高达10％，相当于国债收益率的两倍。他还发现，在过去五年时间里，当经济发展势头较为强劲时，这些垃圾债券向投资者提供了非常高的收益率，远远高于国债的投资收益率。他决定投资某家公司发行的垃圾债券，目前该债券承诺的收益率为11％。到了第二年，美国经济陷入衰退，这家公司没有能力偿还债务，于是申请破产，尼尔持有的债券变成了废纸。尽管在美国经济衰退时期，其他很多公司的经营绩效也很差，但是它们拥有较为雄厚的经济实力，能够按时履行偿债义务。尼尔终于意识到投资高风险债券确实有亏损的可能。

与其他投资产品一样，债券这种金融工具也具有自己的特征。和股票一样，发行人不同、当前与未来预期的经济环境不同，则债券的收益率以及风险水平也不相同。了解债券的类型以及各种各样的债券投资策略能帮助你构建自己的投资组合，提高个人的财富水平。

本章的学习目标

- 了解债券的基础知识；
- 了解债券的各种类型；
- 明确影响债券投资收益率的各种因素；
- 介绍债券的估值方式；
- 讨论为什么某些债券的风险水平较高；
- 介绍常用的债券投资策略；
- 解释债券投资决策如何匹配你的个人理财计划。

债券的基础知识

我们前面曾经讲过，投资者通常会把一部分资金投资于债券，即政府机构或企业发行的长期债务工具。债券的收益率一般高于银行存款。此外,债券能向持有者定期支付利息(名为息票利息)。对投资者来说,这是每年额外的一笔收入。债券的平价指的就是其面值,或债券到期时发债机构向投资者偿还的金额。

绝大多数债券的期限为 10～30 年,不过也有一些债券的期限更长。投资者通过购买债券向债券发行人提供资金(贷款)。作为回报,债券发行人有义务按时支付利息(息票利息),并在债券到期时向投资者偿还债券本金。若债券的面值为 1 000 美元,6% 的息票利率意味着债券发行人每年要向投资者支付 60(=0.06×1 000)美元的利息。在通常情况下,每半年支付一次债券利息(在本例中,每 6 个月支付 30 美元的利息)。

某些债券的出售价格低于其面值;在这种情况下,将债券一直持有至到期的投资者所获得的投资收益等于债券的面值与当初债券买入价的差。除了这笔收益,投资者还能定期获得息票利息收益。

如果你希望投资产品能够定期给你带来收益,那么应当考虑投资债券而非股票。正如我们将在第 18 章里谈到的那样,很多投资者分散化投资股票与债券,目的是实现预期收益并满足自己的风险偏好。

债券的特征

由特定类型的发行人发行的债券可具有各种各样的特征,例如可提前赎回特征或可转换特征。

可提前赎回特征。债券的可提前赎回特征允许发行人在债券到期之前提前将债券赎回。对于发行人来说,这一特征是有好处的,因为一旦债券的息票利率高于当前的市场利率水平,则发行人便可以将已发行的债券提前赎回,从而达到降低融资成本的目的。

与不附带可提前赎回条款的债券相比,只有当具备可提前赎回特征的债券能提供更高的收益率时,投资者才会考虑选择后者。由于这种债券可能会被提前赎回,这让投资者承担了额外的不确定性,因此投资者需要更高的收益率作为风险补偿。

> **案例**
>
> 五年前,Cieplak 公司发行了 15 年期可提前赎回的债券,息票利率为 9%。自债券发行以后,市场利率水平持续走低。今天,Cieplak 公司发行的新债券息票利率为 7%。公司决定将已发行的债券从投资者那里提前赎回,然后再按照目前 7% 的利率水平发行新债券。通过把已发行的债券提前赎回,Cieplak 公司有效地降低了融资成本。

可转换特征。可转换债券允许投资者将债券转换为债券发行企业一定数量的股票,前提条件是企业股票的市场价格达到了某一价位标准。当债券发行企业的股价上涨时,这一特征使得债券持有人也能从股价的上涨中获得好处。由于可转换特征对投资者有利,因此可转换债券的收益率通常要低于不可转换债券。因此,一旦股票价格没有上涨至特定的触发价位,则可转换债券的收益率就要低于不具有可转换特征的普通债券。不过,如果股票的市场价格确实达到了特定的触发价位,则投资者就可以把自己持有的债券转换为企业的普通股,获得的收益率将会高于其他不具有可转换特征的债券的收益率。

债券的到期收益率

债券的到期收益率是指债券被持有至到期的年收益率。假设某债券当前的市场价格为1 000美元，其面值为1 000美元，期限为20年，息票利率为10%，则该债券的到期收益率为10%，这与其息票利率一样，因为该债券的市场价格等于其面值（债券本金）。

我们再举一个例子，如果上例中债券的市场价格低于其面值，则其到期收益率会高于10%的息票利率。此时，债券能以资本利得收益的形式给投资者带来额外的投资收益，因为当初债券的买入价低于到期时偿还的债券本金额。反过来，如果债券的市场价格高于其面值，则到期收益率会低于10%的息票利率，因为当初债券的买入价高于到期时偿还的债券本金额。

债券在二级市场上的交易

投资者可以在债券到期前在二级市场上将自己持有的债券转售给其他投资者。市场利率水平的变化以及其他因素会导致债券市场价格的波动。某些债券可以在证券交易所（例如纽约证券交易所）内进行交易。其他大部分债券是在场外市场上进行交易的。很多投资者会选择在二级市场上卖出债券，目的是提前收回资金以便支付即将到期的账单或投资于其他更具有吸引力的证券。证券经纪公司会接到投资者下达的买入或卖出债券的交易指令，然后为投资者完成债券交易。

债券的类型

按照发行人的类型，我们可以把债券分成以下几种类型：
- 国债；
- 市政债券；
- 联邦机构债券；
- 公司债券。

国债

国债是指美国财政部发行的长期债券。由于美国联邦政府对国债的还本付息提供担保，因此投资于这种债券不会面临发行人的违约风险。国债的利息收益要缴纳联邦所得税，但是可以免交州所得税与地方所得税。国债的流动性非常好，因为其二级市场的交易非常活跃。

市政债券

市政债券是指州政府或地方政府机构发行的长期债券；这些市政机构可以用某些市政项目的费用性收入或税收收入来偿还债券。由于州政府或地方政府有可能不按时支付息票利息，因此市政债券不会完全没有违约风险。例如，在过去的10年时间里，包括加利福尼亚州斯托克顿、宾夕法尼亚州哈里斯堡和密歇根州底特律在内的几个地方政府违约，无法支付其债券的所有息票利息。在某些情况下，保险支付了部分款项，但投资者仍然遭受损失。然而，大多数市政债券的违约风险非常低。在1970—2015年间，市政债券只有99起违约。不过，一些分析人士警告说，一些城市或州必须向城市或州的雇员支付非常高的退休福利（养老金），将来可能会出现债务违约。因此，在购买市政债券之前，你应该调查发行人，以确定它是否有任何可能在未来带来问题的养老金债务。但是，为了吸引投资者，由当地政府发行的、风险水平相对较高的市政债券，其收益率往往会高于其他风险水平较低的市政债券。

市政债券的利息收益可以免交联邦所得税，对于那些边际所得税税率较高的投资者来说，市政债券的这一特点格外有好处。除此以外，如果投资者所在的州就是发行市政债券的州，那么市政债券的利息收益还能免交州所得税与地方所得税。市政债券的息票利率通常略低于同时发行的国债利率。不过，市政债券能向投资者提供更高的税后收益率。

> **案例**
>
> 迈克·里瓦斯住在佛罗里达州，目前佛罗里达州不征收所得税。不过，迈克要按照35%的边际税率缴纳联邦所得税，这意味着每年他赚到的额外收入都要按照35%的税率纳税。去年，迈克投资了100 000美元购买息票利率为4%的国债，同时还投资了100 000美元购买息票利率为3%的市政债券。这两笔投资的年收益情况如下所示：
>
> | | 国债 | 市政债券 |
> | --- | --- | --- |
> | 税前的利息收益 | 4 000（＝0.04×100 000）美元 | 3 000（＝0.03×100 000）美元 |
> | 应付联邦所得税 | 1 400（＝0.35×4 000）美元 | 0美元 |
> | 税后的利息收益 | 2 600美元 | 3 000美元 |
>
> 我们注意到，虽然国债能给迈克创造更高的利息收益，但是他必须把这部分利息收益的35%以纳税的形式支付给联邦政府。因此，他只能留下65%的利息收益，即2 600美元。与之不同的是，市政债券共创造了3 000美元的利息收益，这笔收益无须纳税。因此，每年息票利率为3%的市政债券给迈克创造的税后利息收益要比息票利率为4%的国债高出400美元。

联邦机构债券

联邦机构债券是指由联邦政府机构或政府支持机构（GSEs）发行或提供担保的长期债券。比方说政府国民抵押贷款协会（Government National Mortgage Association，GNMA，吉利美）就可以发行这种抵押贷款支持债券，发债所得资金被用于投资已得到联邦住房管理局与退伍军人管理局担保的抵押贷款。联邦住房抵押贷款公司（即房地美）属于政府支持机构，通常也会发行债券，发债所得资金用于购买传统的抵押贷款。第三家经常发行联邦机构债券的机构名叫联邦国民抵押贷款协会（即房利美），它也属于政府支持机构。

由政府机构（如吉利美）发行的债券的征税方式与美国国债相同。利息在联邦一级征税，但免征州和地方税。房利美和房地美等政府支持机构所发行债券的利息要缴纳联邦、州和地方税。

由于吉利美是一家政府机构，它的债券是得到美国政府的完全信任和信用支持的。然而，政府支持机构是由政府支持，但由股东私人拥有的。因此，一些投资者担心它们的债券可能比其他机构的债券风险更大。在2008年金融危机期间，房利美和房地美买入了许多所谓的次级抵押贷款，这些贷款最终都没有被偿还。在2008年9月，美国政府接管了房利美与房地美，这消除了市场对这些机构发行的债券可能有违约风险的担忧。

公司债券

公司债券是指由公司发行的长期债券。公司债券的偿还没有得到联邦政府的担保，因此是有一定程度的违约风险的。一种极端情况是由知名企业发行的债券，例如可口可乐公司或IBM公司发行的债券，其违约风险非常低，因为多年以来，这些大企业已经用事实证明它们有能力创造出充足的现金流偿债。另一种极端情况是由不太稳定的小企业发行的债券，它们具有较大的违约风险。这种债券被称为高收益债券或垃圾债券。很多投资者愿意投资垃圾债券，因为它们能提供相对更高的收益率。不过，垃圾债券的违约风险要大于其他债券，尤其是当经济陷入衰退时。

公司债券的行情信息。公司债券的行情信息不像股票的行情信息那样广泛。一些简略的报价可以在金融报纸如《华尔街日报》上找到，还有一些金融网站会提供一些债券报价。寻找债券报价的一个好地方是 www.finra.org/marketdata。它列出了一家公司发行的所有债券，包括票面利率、到期日、价格、收益率、是否可赎回以及评级。你购买债券的经纪公司的网站也可能提供债券行情信息。公司债券的行情信息通常包含以下几个方面：

- 息票利率；
- 期限；
- 当期收益率；
- 交易数量；
- 收盘价；
- 相当于上一个交易日的价格净变化值。

为了说明如何使用公司债券的行情信息，图表16.1提供了Zugle公司所发行债券的相关信息。该债券每年的息票利率为5.00%，这意味着每对应1 000美元的债券面值，Zugle公司每年要支付50.00美元的利息。债券的到期日为2026年12月1日。债券在上一个交易日的收盘价为100.00美元，这意味着该债券是按照面值进行交易的。收益率（5.00%）代表的是投资者按照最新的成交价买入债券并持有至到期的收益率。该债券的预计交易金额为4 000 000美元。

图表16.1　公司债券的行情信息的案例

公司名称	息票利率	到期日	价格	收益率	预计交易金额
Zugle公司	5.00%	2026年12月1日	100.00美元	5.00%	4 000 000美元

投资债券的收益率

如果你买入了债券并持有至到期，那么你的收益率就应当等于当初买入债券时标示的到期收益率。不过，如前所述，很多投资者会在债券到期之前在二级市场上将其转售他人。由于债券的市场价格经常波动，因此投资者投资债券的收益率取决于债券的最终出售价格。

利率波动对债券收益率的影响

投资者投资债券的收益率会受到债券持有期间市场利率波动状况的严重影响。为了说明这一点，假设你买入了一份息票利率为6%的债券，买入价就等于债券的面值。一年后，你决定卖掉这份债券。此时，市场上新发行的平价债券（即债券的出售价格等于其面值）的息票利率为8%。因为投资者可以选择息票利率为8%的新债券，所以除非你愿意按照低于面值的价格出售自己持有的债券，否则没人会愿意买下你的债券。换言之，你的卖出价必须打个折扣，以弥补债券息票利率较低的缺陷。

如果市场利率下降而不是上升，那么你就能看到相反的效果。你可以按照高于面值的价格卖掉债券，因为债券的息票利率高于目前市场上新发行债券的息票利率。因此，我们的结论是市场利率的波动与债券的价格是成反比的。如果在持有债券期间市场利率有所下降，那么你投资债券的收益率将会更高。

投资债券的税收效应

在计算投资债券的收益率时，你需要充分考虑到税收效应。债券的利息收入被视为一般性收入，要缴纳联邦所得税（除非是前面讲到过的免税债券）。在二级市场上按照高于初始买入价的价格卖出债券，能给投资者带来资本利得收益。所谓资本利得收益（或资本损失）是指投资者的债券卖出价与初始的债券买入价之差。我们在第4章里讲到过，持有资产一年或不足一年所产生的资本利得收益会被视为一般性收入来征收所得税。若资产的持有时间超过一年，则产生的资本利得收益要被征收长期资本利得税。

> **案例**
>
> 你花了9 700美元购买了10份新发行的债券。这些债券的总面值为10 000美元，期限为10年。债券的息票利率为8%，即每年的息票利息收益为800（=0.08×10 000）美元。每六个月支付一次利息，因此每次的利息支付额为400美元。图表16.2说明了债券的投资收益情况以及四种虚拟情境下的潜在税收效应。请注意，债券投资的纳税额取决于一段时间内债券价格的变化情况以及债券的持有时间长度。

图表 16.2 债券投资的潜在税收效应

虚拟情境	潜在税收效应
1. 持有 8 个月后你按照 9 800 美元的价格卖出了债券。	在买入债券后,每隔六个月你能收到一笔 400 美元的息票利息,这笔收入会按照一般性收入适用的所得税税率被征税。你还能获得 100 美元的短期资本利得收益,也会按照一般性收入适用的所得税被征税。
2. 持有两年后你按照 10 200 美元的价格卖出了债券。	在买入债券后的第一年和第二年,你每年能获得 800 美元的息票利息(按照一般性收入适用的所得税税率被征税)。在第二年,你还能获得 500 美元的长期资本利得收益,这笔收入可以按照长期资本利得税的税率来纳税。
3. 持有两年后按照 9 500 美元的价格卖出了债券。	在买入债券后的第一年和第二年,你每年能获得 800 美元的息票利息(按照一般性收入适用的所得税税率被征税)。在第二年,你要承受 200 美元的长期资本损失。
4. 你一直将债券持有至到期日。	在债券的 10 年有效期内,每年你都能获得 800 美元的息票利息(按照一般性收入适用的所得税税率被征税)。10 年期满时,你还能拿回 10 000 美元的债券本金。这意味着你获得了 300 美元的长期资本利得收益,这笔收入要按照长期资本利得税的税率水平来纳税。

债券估值

在投资债券之前,你可能希望使用货币的时间价值这一概念评估一下债券的价值。债券的价值等于投资者未来收到的现金流(即定期收到的息票利息收入与债券到期时偿还的本金)的现值和。我们可以把投资者未来收到的现金流(息票利息与本金偿还额)贴现,求出目前债券的价值。在贴现现金流时,投资者使用的贴现率应反映其预期收益率。

因此,债券的价值等于未来息票利息的现值再加上本金偿还额的现值。如果你支付的价格刚好等于上述这种估值方法算出的债券理论价值并将债券一直持有至到期,那么实际收益率就等于你的预期收益率。

案例

维克托计划买入一份七年后到期的债券,面值为 1 000 美元,息票利率为 6%(我们假设该债券每年仅在年底支付一次息票利率)。只有当维克托预计自己能获得 8% 的收益率时,他才会选择买入该债券,因为他知道选择其他债券能给自己带来 8% 的收益率。

在评估债券价值时,第一步是确定息票利息、本金偿还额以及预期收益率的值分别是多少。

- 未来的现金流:
  息票利息(C)= 0.06 × 1 000 = 60(美元)
  本金偿还额($Prin$)= 1 000(美元)
- 贴现率:

> 预期收益率=8%
>
> 第二步是使用上述信息求出债券未来现金流的现值：
>
> 债券的价值=息票利息的现值+本金的现值
> $=C \times (PVIFA, 8\%, 7年) + Prin \times (PVIF, 8\%, 7年)$
> $=60 \times 5.2064 + 1000 \times 0.5835$
> $=312.38 + 583.50$
> $=895.88$（美元）
>
> 请注意，由于存在四舍五入的偏差，使用附录C提供的系数表得到的计算结果会略微有些不同。
>
> 当我们使用财务计算器来计算债券的价值时，每份债券的终值应当等于1000美元，因为这正是债券持有人将债券持有至到期日获得的现金流价值。
>
> 根据上述分析，维克托愿意支付895.88美元买下这份债券，年收益率为8%。如果他能以更低的价格买入债券，则其收益率将会高于8%。如果债券的买入价格大于895.88美元，则维克托的收益率就要低于8%，此时他将选择不买入该债券。

任何债券的市场价值都取决于投资者的预期收益率，而投资者的预期收益率又要受到投资时市场上其他投资产品收益率的影响。如果债券投资者像维克托一样要求获得8%的收益率，则债券的市场价格就应当等于维克托算出的理论价值。不过，如果债券市场的交易者要求获得的预期收益率与维克托不一样，那么债券的市场价格也会有所不同。例如，如果绝大多数投资者要求获得9%的预期收益率，则该债券的市场价格应当低于维克托算出的理论价值（你可以把贴现率调整为9%，然后亲自计算一下以验证这一结论）。

债券投资的风险

债券投资者要面临债券投资未能达到预期收益率的风险。风险的主要来源为违约风险、赎回风险以及利率风险。

违约风险

如果债券的发行人（政府机构或企业）违约不按时偿还债务，则投资者将无法拿到所有的息票利息收益以及本金的还款额。只有当高风险的债券能提供高于其他债券的收益率时，投资者才会投资于此类债券，因为更高的收益率向其提供了风险补偿。投资者为了补偿违约风险而要求获得的额外收益率被称为风险溢价。国债不提供风险溢价，因为国债没有违约风险。这意味着风险较高的债券的收益率要比风险较低的债券的收益率更高一些。

很多投资者故意选择风险较高的债券，因为这种债券能提供更高的收益率。他们不愿意投资那些更安全的债券，例如国债，因为更安全的债券收益率比较低。在投资高风险债券时，他们很享受那种赌博的快感，尤其是当这些债券表现出色的时候更是如此。不过，如果高风险债券违约，则投资者会损失大部分投资本金。

使用风险评级来测量违约风险的大小。 投资者可以使用风险评级（由类似于穆迪投资者服务公司或标准普尔公司的征信机构提供）来估计公司债券的风险。评级结果反映了发行人在较长期限内按时偿还债务的可能性。图表16.3提供了风险评级的等级分布。投资者可以选择符合其风险承受能力的公司债券，要在高收益与低等级债券的高违约风险之间做出取舍。风险评级越低，则债券提供的风险溢价就越高。当经济陷入衰退时，通常债券的风险评级也会降低，因为在这样的环境下，高风险债券的违约概率将会加大。当经济增长速度放缓时，一些投资者倾向于转而投资国债，因为他们越来越担忧其他类型的债券有可能违约。

图表16.3 债券风险评级

风险评级	标准普尔公司	穆迪投资者服务公司
最高质量（风险最小）	AAA	Aaa
高质量	AA	Aa
高-中等质量	A	A
中等质量	BBB	Baa
中等-低质量	BB	Ba
低质量	B	B
较差质量	CCC	Caa
非常差的质量	CC	Ca
最差质量	DDD	C

金融危机和违约风险。 在2008—2009年金融危机期间，很多企业陷入了财务困境，不能按时偿还债券。购买了这些企业发行的债券的投资者损失了大部分甚至全部投资本金。在买入这些债券时，投资者可能会把这些债券看作不错的投资产品，因为其收益率高于国债的收益率。不过，这些投资者没有想到竟然会遇到金融危机。

在金融危机期间，一些投资者声称评级机构对高风险证券给予高评级，误导了投资者。在许多情况下，评级并没有真正反映违约风险。评级系统的一个问题是评级机构的报酬是由发行证券的公司支付的。因为评级较低的债券必须支付较高的利率才能吸引投资者，所以发行人希望自己的债券拥有较高的评级。如果一家评级机构给出了较低的评级，发行人可能会将其未来的业务转移到另一家评级机构。危机后颁布的立法试图解决这一问题。2014年，美国证券交易委员会发布了新规则，试图避免评级机构之间存在的利益冲突。在这些规则下，评级机构的评级方法更加透明，其评级业务与销售和营销严格分离。如果评级机构的分析师离职去他们所评级的公司工作，他们对该公司证券的所有评级都会被重新评估。

> **案例**
> 斯蒂芬妮·斯普拉特查看了一下今天财经报纸刊登的10年期债券的收益率数据，如下页表第二列所示：

债券的类型	债券的收益率（%）	债券收益率包含的风险溢价（%）
国债	3.5	0.0
AAA级公司债券	4.0	0.5
A级公司债券	4.3	0.8
BB级公司债券	6.0	2.5
CCC级公司债券	6.5	3.0

根据债券的收益率数据，她算出了每种类型债券的风险溢价，如上表第三列所示。请注意，由于国债没有风险，因此其风险溢价等于零。不过，其他债券均具有风险溢价，表现为它们的年收益率均大于国债的年收益率。虽然高于国债的收益率让其他债券更吸引投资者，但是这些债券存在违约风险——一旦债券违约，投资者将会血本无归。

斯蒂芬妮更愿意选择国债或AAA级公司债券，因为她相信高风险债券的风险溢价不足以弥补自己额外承担的风险。不过，目前她尚没有经济能力购买任何一种类型的债券。

赎回风险

可提前赎回的债券还要面临赎回风险，这是指债券被发行人提前赎回的风险。如果可赎回债券的发行人选择在某种情况下提前赎回债券，则债券持有人必须将债券卖给发行人。

案例

两年前，克里斯蒂娜·拉米雷斯买入了一份到期收益率为7%的10年期债券。她计划将债券一直持有至到期日。近来，市场利率水平有所下降，债券的发行人要提前赎回债券。克里斯蒂娜可以用赎回的资金购买其他债券，但是新债券的到期收益率要低一些，因为当前市场利率水平较之前有所下降。所以，克里斯蒂娜投资新债券所获得的收益率要低于将原先的10年期债券持有至到期日所获得的收益率。

利率风险

所有的债券都要面临利率风险，这是指利率水平的上升会导致债券市场价格下跌的风险。债券的理论价值等于债券未来预期现金流的现值。绝大多数债券支付固定金额的息票利息。如果市场利率水平上升，则投资者就会要求获得更高的债券投资收益率，于是，债券估值所使用的贴现率就会提高，债券的市场价格就会应声下跌。

案例

三个月前，罗布·萨尔斯用10 000美元买入了一份面值为10 000美元、息票利率为5%的20年期国债。之后，市场利率水平逐渐上升。新发行的面值同样为10 000美元的20

年期国债的息票利率为7％。如果投资于新发行的国债，那么罗布所获得的收益率要比三个月前买入的债券的收益率高出两个百分点。

他决定卖掉三个月前买入的国债，用收回的资金投资于市场上新发行的国债。他很快就发现，二级市场上没人愿意按照当初自己的买入价购买该国债。这些投资者不愿意买入的原因与罗布的想法一模一样：他们更愿意投资于息票利率为7％的新国债，不愿意选择这种息票利率仅为5％的债券。罗布若想卖掉手上这份债券，唯一的方法是降价出售，以弥补此债券息票利率较低（与新国债相比较）这一缺陷。

债券的期限对利率风险的影响。期限较长的债券对利率波动的敏感程度要高于期限较短的债券。为了说明其中的道理，我们假设有两种债券，面值均为1 000美元，息票利率均为7％，不过其中一种债券距离到期日还有20年，而另一种债券还有一年就要到期。如果市场利率水平突然由7％下跌至5％，你更愿意投资哪一种债券？还有20年才到期的债券会变得非常有吸引力，因为在接下来的20年时间里，你都能享受到7％的息票利率。反过来，还有一年就到期的债券只能在接下来的一年时间里向你提供7％的息票利率。虽然由于市场利率下降，这两种债券的市场价格都会上涨，但是期限较长的债券的市场价格的上涨幅度更大。

现在我们再假设市场利率没有下降，反而由7％上升到了9％。你更愿意投资哪一种债券？两种债券的息票利率均为7％，都低于目前的市场利率水平。不过，还剩下一年到期的债券马上就要到期了，于是你可以将收回的资金再投资于其他收益率更高的金融工具（假设到时候市场利率水平仍然较高）。反过来，距离到期日还有20年的债券会让你的投资资金长期被锁定。虽然在这种情况下，这两种债券对投资者的吸引力都很一般，但是期限更长的债券显然更不受欢迎。因此，在二级市场上，期限较长的债券市场价格的下跌幅度要大于期限较短的债券。

债券投资策略

绝大多数债券投资策略都会提到应投资于分散化的债券组合而非某一种债券。分散化投资能够降低投资者面临的某一位债券发行人有可能违约的风险。如果你的经济能力负担不起多样化债券组合的投资，那么可以考虑尝试一下允许最低投资额（比方说1 000美元）的债券型共同基金。我们会在第17章向大家介绍债券型共同基金的详细信息。不管你关注的是某一种债券还是债券型共同基金，接下来我们要讲解的债券投资策略都是适用的。

利率策略

利率策略的含义是投资者应根据自己对未来利率走势的判断来挑选债券。当投资者预测未来利率水平将会下降时，应当重点投资于长期债券，因为将来一旦市场利率水平下跌，长期债券的市场价格就会上涨。反过来，若投资者预测未来市场利率水平可能会上升，那么为了规避利率上升对债券市场价格造成的不利影响，投资者应当将大部分资金投资于短期债券。

如果投资者对未来利率走势的判断是错误的，那么使用利率策略投资债券的投资者的投资业绩会非常糟糕。此外，这种策略要求投资者频繁交易，目的是将市场利率的预期变化转变为资本利得收益。一些采取利率策略的投资者经常会卖掉自己持有的所有债券，这样做的目的是根据自己对未来利率走势的判断随时调整债券的投资期限。频繁交易会给投资者带来较高的交易成本（每次交易要向证券经纪公司支付佣金）。此外，债券的高换手率可能会使投资者获得更多的短期资本利得收益，这部分收入要按照一般性收入所适用的所得税税率来纳税。对于绝大多数投资者来说，一般性收入所适用的所得税税率要高于长期资本利得税的税率水平。

消极策略

消极策略是指投资者投资于分散化投资的债券组合，并持有很长一段时间。债券组合的好处之一在于它可以通过息票利息的方式定期向投资者提供经常性收入。对于那些希望能在较长时期内获得稳定利息收益，不愿意承担频繁交易所产生的交易成本的投资者来说，消极策略很有意义。

消极策略不要求投资者必须只关注非常安全但收益率很低的债券；投资者可以构建一个债券组合，组合的风险水平可通过分散化投资被有效降低。分散化投资的目的在于降低某个债券发行人违约给投资者带来的风险。为了降低利率风险，投资组合甚至还可以尝试在多种债券投资期限之间分散投资。

这种投资策略的不足之处在于没有充分利用对未来利率走势的预期来谋求收益。不过，使用消极策略的投资者的收益率一般相当于债券市场的平均收益率，不像某些总试图打败市场的投资者，他们的积极策略往往会导致其一败涂地。

期限匹配策略

期限匹配策略是指投资者精心挑选债券，让债券产生收益的时间点刚好与未来支出项目发生的时间点相匹配。比方说，家里的小孩子现在8岁，则父母可能会考虑投资于期限为10年的债券，以便将来债券到期时收回的本金可用于支付孩子上大学的费用。另一种做法是在快要退休时投资于债券组合，那么在退休以后，夫妻俩就可以定期获得息票利息收益，用这笔钱来应付日常开支。期限匹配策略比较保守，因为该策略的主要目标是应付未来的生活开销，而非获得高于整个债券市场平均收益率的高收益率。

债券投资决策与个人理财计划的匹配程度

下面我们列出的几项关键性的债券投资决策应当被包含在个人理财计划当中：
- 你是否应当考虑购买债券？
- 你应当使用哪一种策略投资债券？

图表16.4举例说明了斯蒂芬妮·斯普拉特的债券投资决策与个人理财计划的匹配程度。斯蒂芬妮首先要考虑的是确保充足的流动性并按时偿还贷款。

图表 16.4 斯蒂芬妮·斯普拉特的债券投资决策与个人理财计划的匹配程度

债券投资的目标
1. 判断一下债券投资能否给我带来好处。
2. 如果我决定投资债券，那么应使用哪一种债券投资策略。

分析

债券投资策略	评价
利率策略	我不能准确预测未来利率水平的波动方向（即使是专家，他们对未来利率走势的判断也往往是错误的），因此这种策略只会弄巧成拙，而且还会让我的纳税申报单变得更加复杂
消极策略	在很多情况下，这种策略比较适合我，而且较低的交易成本也很吸引人
期限匹配策略	不适合我的情况，因为我不打算用债券投资的息票利息收益应付日常开支

决定

关于是否应投资债券的决定：
　　现在我的经济能力负担不起债券投资，但是我打算等将来个人经济状况有了改善以后购买一些债券。债券的投资收益率不错，而且某些债券产品没有违约风险。我认为国债或 AAA 级债券具有吸引力。

债券投资决策：
　　我不打算用债券投资的息票利息收益应付未来的日常支出项目。当我决定购买哪一只债券时，可能会听从财经专家的建议考虑一下未来利率的波动方向，但是我不会为了利用潜在的利率波动赚取资本利得收益就频繁地买入或卖出债券。我可能会采用消极策略，会长期持有债券。

讨论题

1. 如果斯蒂芬妮是一位拥有两个子女的单身母亲，那么她的债券投资决策会有哪些不同？
2. 如果斯蒂芬妮现年 35 岁，那么她的债券投资决策会有哪些不同？如果她现年 50 岁呢？

小结

　　债券的基础知识。 发行债券是为了借入长期资金。发行人有义务支付利息（或息票），并在到期时支付票面价值。如果你希望从投资中获得定期收益，你应该考虑投资债券而不是股票。

　　债券的类型。 债券这种长期债务工具可以按照发行人划分类型。最常见的债券发行人包括美国财政部、市政机构、联邦政府机构和政府支持机构以及公司。

　　投资债券的收益率。 债券的到期收益率等于投资者持有债券至到期日所获得的年收益率。债券的投资收益包括利息收益（息票利息）以及债券卖出价与初始的债券买入价之差。

　　债券估值。 债券的价值等于投资者未来获得的现金流的现值和。未来债券给投资者带来的现金流包括定期的息票利息收益以及到期时的本金偿还额。计算现金流现值时使用的贴现率要能反映投资者的预期收益率。

　　债券投资的风险。 债券有违约风险，这是指债券发行人违约不按时偿还债券的可能性。某些债券还要面临赎回风险，即债券有可能会在到期之前被提前赎回的风险。此外，债券还要受到利率风险的影响，即市场利率水平的上升会导致债券价格下跌的风险。

债券投资策略。利率策略是颇受欢迎的债券投资策略之一，其含义是投资者应根据自己对未来利率走势的判断来选择要投资的债券品种。另一种债券投资策略叫做消极策略，是指投资者持有一个分散化的债券投资组合。第三种债券投资策略叫做期限匹配策略，其含义是投资者在选择债券时要使债券的期限与未来需要使用资金的时间相匹配。

债券投资决策与你的个人理财计划的匹配程度。投资债券可以产生周期性的收入，因此可以支持你未来的支出或储蓄。通过这种方式，投资债券可以让你实现你的个人理财计划。

复习题

1. 债券的特征。什么是债券？什么是债券的面值？什么是息票利息？通常多长时间支付一次息票利息？当投资者买入债券的价格低于其面值时，这意味着什么？何时应当考虑投资债券？

2. 可提前赎回特征。什么叫做债券的可提前赎回特征？可提前赎回特征会对投资债券的投资者的利益造成怎样的影响？

3. 可转换债券。什么是可转换债券？债券的可转换特征会对其收益造成怎样的影响？在债券投资时，可转换债券会如何影响投资者的利益？

4. 到期收益率。什么是债券的到期收益率？债券的买入价会对其到期收益率造成怎样的影响？

5. 二级市场。讨论一下债券在二级市场上如何交易。

6. 国债。什么是国债？说明一下国债的主要特征。

7. 市政债券。什么是市政债券？为什么要发行市政债券？所有的市政债券都没有违约风险吗？市政债券的哪些特征会对高收入的投资者特别有吸引力？

8. 联邦机构债券。什么是联邦机构债券？对比分析一下最常见的三种联邦机构债券的异同点。

9. 公司债券。什么是公司债券？公司债券是否具有违约风险？

10. 公司债券的行情信息。列出公司债券行情信息所包括的内容。

11. 债的收益率。当投资者在债券到期前在二级市场将其出售时，哪些因素会决定债券的收益率？市场利率水平的波动会给债券的整体收益率带来怎样的影响？

12. 税收效应。讨论一下税收对债券收益率的影响。

13. 债券价值。哪些因素会影响债券的价值？

14. 违约风险。讨论一下债券的违约风险。投资者应怎样使用风险评级信息？风险评级与风险溢价之间有何关系？经济因素会对违约风险带来哪些影响？

15. 债券评级与利益冲突。讨论一下2014年以前评级机构之间潜在的利益冲突。美国证券交易委员会是如何处理这一问题的？

16. 赎回风险。对于持有可提前赎回债券的投资者来说，他们要面临哪种特别的风险？

17. 利率风险。什么是利率风险？利率上升会对债券价格带来什么影响？

18. 利率风险。债券的到期期限会对利率风险造成什么影响？投资者应如何充分利用自己对未来利率走势的预期？

19. 利率策略。说明一下债券投资的利率策略如何发挥作用。这种交易策略存在哪些潜在问题？

20. 消极策略。债券的消极策略如何运作？这种交易策略的主要不足之处是什么？

21. 期限匹配策略。详细说明债券投资的期限匹配策略。举个例子。为什么这种策略被视为一种较为保守的交易策略？

22. 经济衰退对债券价格的冲击。解释一下当经济陷入衰退时为什么高风险债券的市场价格会下跌。

23. 债券价格对经济走势的敏感性。为什么有些债券比其他债券对经济走势更加敏感？

24. 联邦机构债券和税收。联邦机构债券提供什么类型的税收激励？

25. 联邦机构债券。什么是联邦机构债券？从税收角度出发，如何衡量联邦机构债券的利息收入？

26. 垃圾债券。什么是垃圾债券？投资者为什么要买垃圾债券？

27. 债券和你的个人理财计划。债券在投资组合中提供什么好处？

28. 债券和你的个人理财计划。在你的投资组合中过多地投资债券有什么危险？

理财规划练习题

1. 债券的利息支付额。伯尼买入了20份面值为1 000美元的债券。这些债券的息票利率为7%，每半年付息一次。伯尼收到的第一笔利息支付额将会是多少美元？

2. 年利率。保罗手上有10 000美元，他打算投资债券。他可以选择息票利率为7%的国债或者是息票利率为5.5%的市政债券。保罗居住的州不征收州所得税，保罗个人适用的边际所得税税率为22%。在上述两种债券当中，哪一种债券能给保罗带来更高的税后投资收益率？

3. 税收效应。邦尼用9 500美元买入了一份面值为10 000美元、息票利率为9%的公司债券，该债券每年付息一次。邦尼将债券持有了11个月，随后收到了第一笔利息支付额，紧接着她便把债券以9 700美元的价格售出。如果邦尼适用的联邦所得税边际税率为35%，那么买入债券以及随后的卖出债券这两个行为会对她的税负造成什么影响？

4. 税收效应。凯蒂支付9 400美元买入了一份面值为10 000美元、息票利率为6.5%的吉利美债券。两年后，在收到了年利息以后，凯蒂按照9 700美元的价格将其售出。如果凯蒂适用的边际所得税税率为22%，则这笔交易会对她的税负造成什么影响？

5. 债券的投资收益。蒂莫西有机会买入面值为1 000美元、息票利率为7%的5年期市政债券。该债券每年付息一次。如果蒂莫西要求获得6%的收益率，那么他应当支付多少美元买下该债券？

6. 债券的估值。米娅想投资于面值为20 000美元、息票利率为4.5%的国债。该债券期限为10年，米娅要求获得3%的投资收益率。假设债券每年付息一次，那么米娅买入这份债券应当支付多少美元？

7. 债券的估值。埃玛正在考虑买入一份面值为10 000美元的债券。该债券息票利率为8%，还有6年到期。目前该债券的市场价格为11 550美元。如果埃玛要求获得6%的收益率，那么她是否应当买下这些债券？

8. 债券的估值。马克正持有一份面值为30 000美元、息票利率为6%的国债，该债券还有15年到期。马克要卖掉这份债券。目前市场上新发行的债券息票利率为4%。马克应当按照多高的价格卖掉该债券?

9. 债券的估值。如果在上一道题目中,马克持有的国债息票利率为9%,而市场上新发行债券的息票利率仍然为8%,那么情况会发生什么变化?在这种情形下,马克应当按照多高的价格卖掉该债券?

10. 风险溢价。桑迪正面临两个选择:一是花5 000美元买入息票利率为4%的国债;二是花5 000美元买入息票利率为7.2%的BB级公司债券。BB级公司债券的风险溢价是多少?

11. 道德困境。约翰是一位相对保守的投资者。近来他刚刚继承了一大笔遗产,打算把这笔钱投资出去以获得不错的回报,但是又担心本金有损失的风险。他的经纪人建议可以买入本国最大汽车制造商——通用汽车公司——发行的20年期债券。经纪人向他保证,通用汽车公司会以自己持有的资产为债券的还本付息提供担保,而且合约里已经明确注明了债券的利息支付额。经纪人还说,虽然所有的投资活动都有风险,但是对于这种债券来说,投资损失的风险非常小。

约翰买入了这种债券,并在接下来的两年时间里充分享受了稳定的债券利息现金流所带来的好处。到了第三年,美国通用汽车公司遭遇了其发展历史上单个季度的最高亏损额。虽然这一打击还远远不会让通用汽车公司陷入破产的境地,但是债券评级机构下调了其公司债券的信用等级,将其调至"垃圾债券"级别。约翰眼睁睁看着自己持有的债券价格飞快下跌,他有些吓坏了,因为他正打算把大部分债券卖掉,将所得资金用于买房。当他把自己的不满与忧虑告诉经纪人时,经纪人告诉他,目前通用汽车公司仍在按时支付利息,只要约翰将债券持有至到期日,那就不会产生什么损失。经纪人再次重申,当他们第一次见面时,约翰表示自己最担心的就是本金的安全性与利息支付额的稳定性,目前通用汽车公司的债券仍能满足这两条标准。

a. 当约翰买入债券时,经纪人没有告诉他其他的风险信息,这种做法符合职业道德吗?为什么符合?为什么不符合?

b. 如果约翰估计自己会在3~5年后买房,那么他的债券投资决策会有哪些不同?

个人理财的心理学:选择高风险的债券

1. 投资者总是感觉高风险债券的收益率会高于低风险债券的收益率。他们很享受投资高风险债券所带来的刺激感,尤其是当这些债券的市场表现较好时。不过,投资者必须意识到这种高风险债券的违约概率明显大于低风险债券。描述一下你是否也具有倾向于选择高风险债券的行为模式。

2. 阅读一篇讲述心理因素对债券保证金交易的影响的文章。使用类似于"心理"与"买入高风险债券"的关键词,你可以在互联网上轻松找到若干篇此类文章。总结一下这篇文章的主要观点。

综合案例:桑普森一家

桑普森夫妇正在考虑把债券投资作为积攒孩子大学学费的方法之一。他们了解了一些距离到期日还有12~16年的债券,正好等债券到期时,孩子们需要动用这些钱支付上大学的费用。

戴夫和莎伦注意到，一些信用等级较高的市政债券能提供2%的息票利率，而一些信用等级较高的公司债券能提供4%的息票利率。桑普森夫妇可以按照面值买入其中一种债券。

市政债券的利息收益不用缴纳联邦所得税。戴夫和莎伦找到你，希望你能提供一些建议，看看哪一种债券更安全，他们应当买入哪一种债券。

1. 桑普森夫妇是否应当考虑把一部分储蓄投资于债券，从而实现为孩子积累大学基金的目标？为什么应当？为什么不应当？

2. 如果桑普森夫妇应当买入债券，那么针对他们的理财目标，他们应当选择多长期限的债券？

3. 如果桑普森夫妇应当考虑投资债券，那么他们应选择公司债券还是市政债券？在分析时，你要计算一下他们的税后收益率。

4. 桑普森夫妇了解到，由于财务报表有问题，许多公司债券最近都被降级了。然而，桑普森夫妇并不担心，因为他们正在考虑的公司债券评级很高。考虑到桑普森夫妇的财务目标，请解释公司债券评级下调可能对他们产生什么样的影响。

术语解释

债券（bond）：政府机构或企业发行的长期债务工具。

平价（par value）：对债券来说就是其面值，或债券到期时发债机构向投资者偿还的金额。

可提前赎回特征（call feature）：允许发行人在债券到期之前提前将债券从投资者那里赎回。

可转换债券（convertible bond）：允许投资者将债券转换为债券发行企业一定数量的股票，前提条件是企业股票的市场价格达到了某一价位标准。

到期收益率（yield to maturity）：债券被持有至到期的年收益率。

国债（Treasury bond）：美国财政部发行的长期债券。

市政债券（municipal bond）：州政府或地方政府机构发行的长期债券。

联邦机构债券（federal agency bond）：联邦政府机构或政府支持机构发行或提供担保的长期债券。

公司债券（corporate bond）：由公司发行的长期债券。

高收益债券（high-yield bond）或垃圾债券（junk bond）：不太稳定的小企业发行的、具有较大违约风险的债券。

风险溢价（risk premium）：投资者为了补偿违约风险而要求获得的额外收益率。

违约风险（default risk）：资金的借入者不能向债权人偿还借款的风险。

赎回风险（call risk，也叫做 prepayment risk）：债券被发行人提前赎回的风险。

利率风险（interest rate risk）：利率水平的上升会导致债券市场价格下跌的风险。

利率策略（interest rate strategy）：投资者应根据自己对未来利率走势的判断来挑选债券。

消极策略（passive strategy）：投资者投资于分散化投资的债券组合，并持有很长一段时间。

期限匹配策略（maturity matching strategy）：投资者精心挑选债券，让债券产生收益的时间点刚好与未来支出项目发生的时间点相匹配。

第17章
共同基金投资

章前引例

去年9月，罗布买入了200份共同基金单位，每份的买入价为25美元。到了12月份，共同基金单位的市场价格变成了每份23.5美元，不过罗布并没有太失望，因为这是一笔长期投资。

不过，真正让罗布感到吃惊的是12月份基金公司将投资所得的资本利得收益分发给了投资者。虽然共同基金的市场价值要比当初购买时低了300美元，但是共同基金按照每份3.95美元向投资者分红，因此罗布一共获得了790美元的资本利得收益分红，他要为这笔收入纳税。当罗布选择购买该基金时，他没有意识到自己选择的基金已经积累了一大笔源于多年前买入的股票投资的资本利得收益。在连续五年的价格上涨以后，基金经理决定卖出基金持有的一部分股票以锁定投资收益。罗布作为共同基金单位的持有者，自然也分享到了一部分收益。罗布这才意识到按照法律规定，大多数基金公司必须在临近年底时分配收益。罗布应当多了解一些共同基金的基础知识及其税收规定。

本章我们要向大家介绍的是如何通过投资股票型共同基金以及债券型共同基金来实现个人投资组合的分散化。充分了解共同基金这种产品能够帮助你做出正确的投资决定，从而提高个人的财富水平。

本章的学习目标

- 了解共同基金的基础知识；
- 明确股票型共同基金与债券型共同基金的类型；
- 介绍交易所交易基金；
- 解释共同基金的收益与风险的权衡；
- 讨论如何挑选共同基金；
- 解释共同基金的行情信息；
- 介绍如何实现共同基金的分散化投资；
- 解释共同基金如何与个人理财计划相匹配。

共同基金的基础知识

我们可以根据共同基金投资的产品将其分成几个大类。股票型共同基金向个人出售基金份额，然后将募集的资金投资于股票。债券型共同基金向个人出售基金份额，然后将募集的资金投资于债券。共同基金雇用的基金经理负责决定买入哪些证券。因此，投资于共同基金的个人投资者不能自己挑选要投资的证券品种。共同基金的最低投资额通常为500~3 000美元，具体取决于基金公司的规定。很多共同基金是隶属于其他类型金融机构的子公司。

共同基金很受投资者的欢迎。美国共同基金的资产总额已经超过16万亿美元。股票型共同基金的资产占基金行业总资产的56％，债券型共同基金大约占22％。不过近些年来，共同基金行业面临着资金净流出的问题（2016年资金净流出2 290亿美元），因为很多投资者把投资资金由共同基金转向交易所交易基金，因为后者往往效率更高。

投资共同基金的动机

投资共同基金的第一个动机是投资者只需要付出较少的初始投资额，就可以投资于一个高度分散化的资产组合。如果你手上有1 000美元可用于投资，那么选择共同基金可以让你与其他投资者共同拥有一个包含100多种股票的资产组合。不过，如果你打算用这1 000美元直接买入股票，那么这么一点钱可能连100股单一股票都买不到。

投资共同基金的第二个动机是基金经理具有专业的投资管理技能。共同基金的投资组合反映的是经验丰富的专业投资管理人士在获得了最先进的研究成果以后所做出的投资决策。

投资共同基金的第三个动机是它们能实现特定的投资目标。例如，一些共同基金的投资结构能够满足投资者希望实现较高资产升值预期的要求，而另一些共同基金可以向投资者提供定期收入。

净资产价值

每个共同基金的价值都取决于它的净资产价值（NAV），即共同基金买入的证券的市场价值减去共同基金的所有负债的差值。例如，假设共同基金持有100种不同的股票，其中包括10 000股目前市场价格为每股60美元的耐克公司的股票。因此共同基金持有的耐克公司的股票价值就等于600 000（＝60×10 000）美元。同理，我们还可以算出该基金持有的其他99种股票的市场价值，然后将所有100种股票的市场价值加总。接下来，我们要用共同基金的资产总额减去负债（例如共同基金的各种支出或费用），从而算出净资产价值。

在一般情况下，我们还会用基金的净资产价值除以已发行的基金份额数，从而求出每个基金单位对应的净资产价值。每一天，分析师都要根据当天的收盘价计算共同基金持有的所有资产的市场价值。基金获得的所有利息或股息收益都会被加入资产的市场价值，而任何支出（例如邮寄费用、营销费用和组合管理费用）以及向基金股东（即投资者）派发的分红都要被扣除。随着共同基金持有的资产组合市场价值的涨跌，基金的净资产价值也随之上涨或下跌。

开放式基金与封闭式基金

共同基金可分成开放式基金与封闭式基金两种类型。绝大多数共同基金都是开放式基金。市场上共有 7 000 多个开放式基金，但仅有大约 600 个封闭式基金。

开放式基金。 开放式基金直接向投资者出售基金份额，或者是在投资者想要卖出时直接赎回基金份额。这种基金通常由大型金融集团下设的投资子公司负责管理。美国银行、花旗集团、富国银行以及其他很多金融机构都设立了投资子公司，专门负责运营或管理开放式基金。很多投资公司管理着由多个独立运营的开放式基金构成的基金家族。例如，富达、普信和先锋管理着多个开放式基金，每个基金都有自己的投资目标。通过向客户提供各种类型的共同基金产品，这些投资公司能够满足投资者的不同投资偏好。

假设今天由于多个投资者买入了基金份额，一个开放式股票型共同基金共获得了 1 000 万美元的新增资金。此外，先前已买入基金份额的几名投资者决定把基金份额卖给基金公司，基金的赎回额为 600 万美元。在这个例子中，今天股票型共同基金的资金净流入额为 400 万美元，这笔新增资金可被基金经理用于投资。

有些时候，基金的赎回额会大于卖出基金份额所得的筹资额。在一般情况下，基金经理会将资产组合的一小部分以现金或高流动性证券的形式持有，以便在赎回额大于卖出基金份额所得的筹资额时，他们手上能有充足的流动性应付这一情况，否则，他们会卖掉投资组合持有的一部分股票，以获取赎回基金份额所需的资金。

封闭式基金。 封闭式基金会在建立伊始向投资者出售基金份额，但是一旦出售，将来就不会从投资者那里赎回基金份额。与开放式基金不同的是，封闭式基金的基金份额在证券交易所内进行交易。因此，即使投资者要求购买，封闭式基金也不会发行新份额；同时，它也不会将已发行的基金份额从投资者手里赎回。封闭式基金份额的市场价格取决于基金产品的市场供求状况，与股票市场价格的形成机制较为类似。封闭式基金份额的市场价格往往与基金的每股净资产价值有所不同。某些时候，封闭式基金份额的市场价格会呈现溢价（即基金份额的市场价格大于净资产价值）状态，有时又会呈现折价（即基金份额的市场价格小于净资产价值）状态。大约 61% 的封闭式基金是债券型共同基金，余下的大多数为股票型共同基金。美国封闭式基金的总资产大约为 2 620 亿美元，远低于开放式基金。

收费共同基金与不收费共同基金

开放式基金可以是收费共同基金，也可以是不收费共同基金。不收费共同基金直接向投资者出售基金产品，不收取销售费用。相反，收费共同基金会在投资者购买基金产品时收取一定的费用。在绝大多数情况下，这笔费用要归股票经纪人或其他金融服务咨询顾问所有，因为他们帮助投资者执行了购买共同基金的交易。由于不收费共同基金不会向经纪人支付佣金，因此经纪人不太愿意向投资者推荐不收费共同基金。

投资者应当意识到这笔费用对投资绩效会产生一定的影响。在某些情况下，收费水平的差异正是某个共同基金优于另一个共同基金的原因。

案例

你准备向股票型共同基金投资5 000美元。你可以选择投资于不收费共同基金，直接把资金寄给基金公司；或者是买入经纪人推荐的、收取4%费用的收费共同基金。这两只基金的净资产价值均为每股20美元，而且它们持有的股票投资组合也非常相似。你预期到了年底，这两只基金的净资产价值应当达到22美元，这意味着按照目前20美元的净资产价值来计算，基金的投资收益率要达到10%（假设一年当中基金没有向投资者派发任何股息或资本利得收益）。你计划一年后卖掉自己持有的基金产品。如果基金净资产价值的变化与你的预期一致，那么每只基金给你带来的收益率可如图表17.1所示。

请注意，不收费共同基金可以给你带来10%的收益率，而收费共同基金只能给你带来5.6%的收益率。虽然收费共同基金的投资组合也获得了10%的收益率，但是由于要向投资者收取一定的费用，因此投资者实际获得的收益率有所降低。基于上述分析，你决定购买不收费共同基金。

图表17.1 不收费共同基金与收费共同基金收益情况的对比分析

不收费共同基金	
投资5 000美元买入共同基金	5 000美元
减去：费用	−0美元
投资的资金额	5 000美元
	÷20美元
5 000/20＝250（股）	250股
第一年年末：按照每股22美元的价格赎回基金份额	×22美元
收回的资金额＝250×22＝5 500（美元）	5 500美元
收益率＝（5 500−5 000）/5 000＝10%	10%
收费共同基金	
投资5 000美元，其中4%（即200美元）归经纪人所有	5 000美元
减去：费用	−200美元
5 000美元余下的96%（即4 800美元）可买入240股基金份额	4 800美元
	÷20美元
4 800/20＝240（股）	240股
按照每股22美元的价格赎回基金份额	×22美元
收回的资金额＝240×22＝5 280（美元）	5 280美元
收益率＝（5 280−5 000）/5 000＝5.6%	5.6%

有关共同基金的研究证明，平均来看，即使是没有考虑收费共同基金收取的费用，不收费共同基金的投资业绩也不会比收费共同基金差。如果把收费共同基金收取的手续费也算上，那么不收费共同基金的整体投资业绩要好于收费共同基金。

那么为什么投资者会选择收费共同基金呢？他们可能认为即使算上收取的费用，某些收费共同基金也许也能获得更高的投资收益率，投资业绩优于其他不收费共同基金。还有一些投资者之所以选择收费共同基金，是因为他们根本不知道还有不收费共同基金，或者是根本不了解如何投资基金。若想买入不收费共同基金，你可以在线提交申购请求。

费用比率

正如本章前面所述，共同基金要收取一定的费用，包括管理费、律师费、文秘费用以及投资组合管理费。某些共同基金的收费水平要高于其他共同基金。这些费用要由共同基金的股东来承担，因为基金的净资产价值（投资者在基金份额被赎回时获得的资金）计入了所发生的费用。投资者应当认真检查一下自己投资的共同基金每年共产生多少费用。尤其值得一提的是，投资者应当格外关注基金的费用比率，这个指标等于每股年均费用除以基金的每股净资产价值。费用比率为1%意味着股东每年承担的费用相当于基金净价值的1%。在投资组合业绩一定的情况下，费用比率越高，则投资者的收益率就越低。只有当共同基金向投资者提供的高收益率足以弥补这些额外的费用时，投资者付出的费用成本才是值得的。

一般来说，共同基金的费用比率大致为1.25%。通常，投资于大企业股票的基金的费用比率最低，而专门投资于小企业股票或海外企业股票的基金的费用比率最高，因为这类投资搜寻信息的难度更大，成本更高。你可以在很多财经报纸或财经网站上查看共同基金的费用比率数据。

报告费用比率的组成部分。很多共同基金都把费用比率分成三个组成部分：管理费、12b-1费用以及其他费用。管理费是指基金公司负责管理共同基金投资组合所收取的费用，一般情况下是费用比率的最大组成部分，具体包括分析各种证券的费用以及向管理共同基金投资组合的员工支付的薪酬成本。12b-1费用是指共同基金向经纪人支付的费用，这些经纪人代表客户买入了共同基金份额。某些共同基金虽然名字叫做"不收费共同基金"，但是依然可以向经纪人支付佣金。这是因为共同基金已经与经纪人达成了协议，向经纪人支付佣金能吸引更多的投资者。因此，投资于此类共同基金的投资者要承担的费用比率明显高于不收取这笔费用的基金。12b-1费用最高可相当于基金资产规模的1%。费用比率的第三个组成部分（其他费用）包括常见的经营性费用，例如邮寄费以及为客户提供服务的费用。

一些共同基金在财务报告中并没有将支付给经纪人的佣金纳入费用比率的计算范畴。这笔费用可能相当于基金总资产的0.5%甚至更高。因此，没有将佣金成本计入费用比率的做法明显具有误导性，某些共同基金借此故意低估股东实际承担的费用比率。在监管部门明确要求共同基金必须采用标准形式报告费用比率之前，投资者必须分辨清楚各个共同基金报告费用比率的细微差别。

费用比率与基金绩效之间的关系。研究证明，与其他基金相比，费用比率相对较低的共同基金倾向于能取得更好的投资业绩。这一研究结果说明那些费用比率较高的基金并没有用突出的投资业绩向投资者证明高收费是值得的。

共同基金的类型

各种各样的共同基金可供投资者选择，包括股票型共同基金以及债券型共同基金。每个基金大类下还包含很多细分类型的基金产品，能够满足个人投资者的不同偏好。

股票型共同基金的类型

开放式股票型共同基金通常可以按照其投资目标分成不同类型。如果你想投资股票型共同基金，那么必须找到一种自己愿意投资的基金类型。接下来我们会向大家介绍一下常见的股票型共同基金的投资目标。

增长型基金。 增长型基金所关注的股票具有超过平均市场增长率的潜力。

资本升值型基金。 资本升值型基金所关注的股票预期能以非常快的速度升值。发行这种类型股票的企业支付较低的股息或者干脆不派发股息，将所有的盈利都用于再投资以迅速扩张规模。

小市值基金。 小市值基金主要投资于小型企业。小市值基金与资本升值型基金具有一定程度的重合，因为小型企业要比大型企业具有更大的增长潜力。

中等市值基金。 中等市值基金投资的是中等规模的企业。这些企业的成熟度高于小型企业，但是增长潜力不如小型企业。

股权收入基金。 股权收入基金主要投资于派发高额股息的企业。由于这些企业将大部分经营利润以股息的形式派发给投资者而不是用于再投资，所以它们的增长率一般都较低。这类企业通常风险较小，获得高额收益的潜力不大。

增长与收入平衡基金。 增长与收入平衡基金同时投资于增长型股票与派发高额利息的股票。这种类型的基金定期向投资者分发股息，与此同时基金价值的升值潜力要大于股权收入基金。

行业基金。 行业基金主要投资于某个特定行业或板块的股票，例如技术企业的股票。预期某个特定行业能取得较好投资收益的投资者会选择这种行业基金。行业基金能让投资者以较少的投资额投资于某个行业内分散化的股票投资组合。

技术基金是行业基金的一个典型例子，技术基金主要投资于科技类企业的股票。绝大多数此类企业的建立时间都不长。它们具有获得超高投资收益的潜能，但是同时风险水平也较高，因为它们成立时间短，尚未在较长时间内持续获得较好的经营绩效。

指数基金。 指数基金是指努力复制某个股票价格指数的共同基金。买入指数基金的投资者所获得的收益率应当近似等于直接投资于指数所能获得的收益率。例如，先锋公司发行的一个共同基金产品能够复制标准普尔500指数的波动情况。也许这个基金的投资组合并不一定包括标准普尔500指数的所有样本股，但是基金仍然能复制标准普尔500指数的波动状况。

还有一些指数基金能够复制样本范围更大的指数，例如威尔希尔5 000指数，这个指数能够反映整个股票市场的价格波动情况。此外，还有一些小市值指数基金在努力复制小市值股票指数。外国股票指数（例如欧洲指数与太平洋指数）也有对应的指数基金。某些投资者想投资某个国家的股票，但是又不想直接与外国证券交易所打交道以免费用过高，那么就可以考虑投资于盯住该国股票市场的指数基金。

指数基金非常受欢迎，因为它们的业绩要好于其他类型的共同基金。与常见的共同基金产品相比，指数基金的费用更低，因为不需要对基金进行积极的管理。指数基金分析研究股票的成本也很低，因为它们只需要直接复制指数即可，不需要花时间研究股票。此外，基金的投资组合不会经常调整。于是，指数基金的交易成本非常低，这有助于提高其投资收益率。某些指数基金的费用比率仅为0.20%~0.30%，显著低于其他大多数共同基金的费用比率。

除了费用比率更低，指数基金还具有其他优势。很多研究发现，由组合经理负责管理的投资组合的收益率往往要低于股票价格指数的收益率。因此，相对于积极管理的基金，投资于指数基金能让投资者获得更高的收益率。很多投资者都在选择指数基金。在投资了共同基金的家庭当中，大约有三分之一投资了至少一只指数基金。

不过要注意的是，虽然某些指数基金收取的组合管理费用相对较低，但是总的费用比率达到了1.25%乃至更高。因此，在选择基金产品之前，你一定要先确认一下费用比率是否较低。

案例

你正在考虑要么投资增长型基金，要么投资指数基金。若不考虑共同基金收取的各项费用，你预测增长型基金的年收益率约为9%，而指数基金的年收益率约为8%。增长型基金的费用比率为1.5%，而指数基金的费用比率仅为0.2%。根据你对基金组合收益的预期，未来你能获得的投资收益率如下所示：

	增长型基金	指数基金
年收益率（没有扣除各项费用）	9.0%	8.0%
费用比率	1.5%	0.2%
投资收益率	7.5%	7.8%

上面的对比分析证明，指数基金的投资收益率要高于增长型基金，即使指数基金的年收益率相对较低。根据上述分析，你应当选择指数基金。

国际股票基金。 国际股票基金主要投资于美国境外的企业。有的国际股票基金可能会专门投资于某个国家的企业，还有一些国际股票基金专门投资于特定的地区或大洲。一些投资者很想投资于某个特定的国家，但是他们更喜欢依赖专业的组合经理来挑选股票，那么专门投资于某个国家或地区的国际股票基金对这样的投资者很有吸引力。国际股票基金的组合管理费用要比其他共同基金更高一些，因为在美国关注外国企业的经营盈利状况显然成本会更高一些。不过，很多国际股票基金的费用比率低于1.8%。

某些共同基金同时投资于外国企业与美国企业的股票。这样的基金叫做"全球共同基金"（global mutual funds），以示其与国际股票基金的区别。

社会责任股票基金。 社会责任股票基金主要投资于公司治理水平很高的企业，不会投资于那些被投资者视为带有攻击性的企业。例如，社会责任股票基金不会投资于生产香烟、枪支或化石燃料的生产企业。它可能会投资于太阳能企业或电动汽车的制造企业。

混合型基金。 近些年来，同时投资股票和债券的混合型基金慢慢变得越来越受欢迎。很多投资者欣赏这样的投资理念：将股票升值的潜力与债券的稳定性与利息收益相结合。

混合型基金可分为几种类型。在资产分配基金（也叫平衡型基金）持有的投资组合内，股票和债券各占有相对固定的投资比例。因此，比方说某基金的投资组合通常包含60%的股票和40%的债券，当市场环境发生变化时，基金经理会进行小幅调整。另一种混合型基金叫做生命周期基金（也叫做年龄基准或预定日期基金），已经成为最受退休账户欢迎的投资选择。生命周期基金对股票和债券的投资比例会随着投资者年纪的增长而自动调整。因此，青年投资者的资产分配会更侧重于股票，不过随着投资者年纪渐长，越来越临近退休，资产分配的重点将会转移到债券上，目的是在投资者退休后提供周期性的收入。

债券型共同基金的类型

投资者还可以选择满足其投资目标的债券型共同基金。接下来我们要向大家介绍一下较受欢迎的债券型共同基金的类型。

国债基金。 国债基金主要投资于国债。前面我们曾经讲过，国债由联邦政府提供担保，因此是没有违约风险的。

吉利美基金。 吉利美基金投资于政府国民抵押贷款协会发行的债券。这些债券的违约风险很低，因为它们是由联邦机构发行的。

公司债券基金。 公司债券基金主要投资于高质量企业发行的债券。因此，其违约风险也相对较低。

高收益债券基金（垃圾债券基金）。 高收益债券基金主要投资于风险水平较高的债券，这些债券是由违约风险较大的企业发行的。与其他类型的公司债券基金相比，这种债券基金倾向于向投资者提供更高的预期收益率，不过这种高收益率是对高违约风险的补偿。

市政债券基金。 市政债券基金投资于市政债券。我们在第16章曾经讲过，市政债券的利息收入可以免交联邦所得税。因此，对于所得税边际税率较高的投资者来说，市政债券的这一特征颇有吸引力。

债券指数基金。 债券指数基金的设计目标是努力复制某个特定的债券指数。例如，先锋公司发行了几种不同的债券指数基金，其中包括：

- 追踪整个债券指数的债券综合指数基金；
- 短期债券指数基金，该基金追踪的指数只关注期限为1~5年的债券；
- 中期债券指数基金，该基金追踪的指数关注的是期限为5~10年的债券；
- 长期债券指数基金，该基金追踪的指数关注的是期限为15~25年的债券。

国际债券基金。 国际债券基金关注的是非美国企业或政府发行的债券。对美国投资者来说，某些国际债券基金很有吸引力，因为其收益率高于美国债券的收益率。不过，这样的基金要受到汇率风险的影响，如果外国债券的计价货币相对于美元贬值，则外国债券的市场价值就会下跌，同时国际债券基金的投资业绩也会受到负面影响。此外，国际债券基金的费用会高于国内债券基金，因为国际债券交易的成本要更高一些。

某些债券基金只投资于某个特定国家或地区发行的债券。某些投资者想投资外国的债券,但是又不想自己花时间去分析选择债券,那么便可以考虑买入上述这种类型的基金产品。还有一些债券基金同时投资于外国债券与美国债券,这样的基金叫做"全球债券基金",以便与只投资于外国债券的国际债券基金相区别。

与其他债券基金一样,国际债券基金与全球债券基金都要面临利率波动的风险。外国债券的市场价格会受到计价货币市场利率波动的影响,就像美国债券的市场价格要受到美国国内市场利率变化的影响一样。当债券计价货币的利率水平上升时,债券的市场价格会相应下跌。反过来,当债券计价货币的市场利率水平下降时,债券的市场价格会上涨。

期限类型。每种类型的债券基金还可以根据所投资债券的期限进一步细分类型。例如,国债基金可以进一步细分为中期(8~12年)和长期(13~30年)基金。其他的债券基金也可以按照同样的方式细分。

共同基金的其他类型

前面谈到的股票型共同基金与债券型共同基金的基本类型还可以被进一步细分,从而创造出新的基金类型,以满足投资者的偏好。例如,一些增长型基金被设计成只投资于小企业,还有一些股票型共同基金只投资于大企业。喜欢大企业、认为大企业未来会进一步增长的投资者可以考虑投资于大市值增长型股票基金。认为小企业未来会快速增长的投资者可以考虑投资于小市值增长型股票基金。投资者也可以选择更为专业细分的股票型共同基金,例如投资于通胀保护国债的基金,这种国债的面值会根据通货膨胀率而定期调整。

还有一种类型的基金叫做基金的基金,即投资于其他共同基金的基金,目的是获取更高的投资分散程度。例如,基金的基金可能会投资于几种类型的股票型共同基金与多种债券型共同基金。尽管基金的基金确实实现了分散投资,不过它们的交易费用也非常高。此外,这些基金的实际投资分散度并不像第一眼看上去那样高,因为它们投资的几个基金可能同时包含同一只股票。自2008—2009年金融危机以来,一些投资者被所谓的另类基金所吸引,这些基金持有的投资性资产与投资策略和标准的共同基金大相径庭。另类基金可能会买入非传统的投资性资产,例如外币、黄金甚至稀有的硬币,或是采用激进的交易策略,例如卖空。尽管在金融危机期间,面对股票市场暴跌的局面,一些另类基金依然取得了不错的业绩,但是它们的风险很大,投资者必须要意识到这些基金可能会损失大部分投资本金。

交易所交易基金

交易所交易基金(ETF)是追踪其他资产的基金,例如追踪特定的股票价格指数(类似于指数基金)、特定的债券指数、商品或一篮子资产。和封闭式基金或个股一样,交易所交易基金在证券交易所上市交易,基金份额的价格在交易日内频繁波动。不过,与个股不同的是,交易所交易基金的已发行份额的数量经常发生变化,因为在整个交易日内,新的基金份额在源源不断地被创造出来,同时已售出的基金份额也在不断地被赎回。这使得交易所交易基金的市场价格与其基金资产的价值始终保持一致。如前所述,很多个人投资者正在从共同基金转向交易所交易基金,因为后者更有效率。机构投资者对交易所交易基金的投资比重也很高,这样的行为有助于确保交易所交易基金的高流动性。如今,投资于交易所交易基金的资金总额已超过4万亿美元，占据了美国证券交易所大约30%的交易量。所有提供股票报价信息的媒体都会同时提供交易所交易基金的报价信息。

交易所交易基金的类型

主要投资于美国市场的交易所交易基金已超过1 700只。很多管理共同基金的投资管理公司，例如富达公司和先锋公司，也发行了交易所交易基金，因为投资者明显青睐于这种基金。交易所交易基金的种类繁多，具体包括：

- 市场ETF。这种基金追踪某个特定的股价指数，例如标准普尔500指数、纳斯达克100指数或道琼斯工业平均指数。这种ETF会买入特定指数包含的所有股票。一些市场ETF投资的范围甚至更广，包括在美国大型交易所上市的所有股票。
- 债券ETF。这种基金投资于一种或多种债券，例如国债、公司债券、市政债券、政府机构债券、国际债券或高收益债券。
- 风格ETF。这种基金投资于某一特定类型企业的股票，例如小市值增长型股票或大市值股票。
- 部门与行业ETF。这种基金投资于某个特定部门与行业的企业的股票，例如制药、能源或消费品等领域。
- 商品ETF。这种基金投资于特定的商品，例如石油、黄金或谷物。
- 外国市场ETF。这种基金追踪一个或多个外国股票市场，例如日本股票市场或德国股票市场。
- 外币ETF。这种基金追踪的是一种或多种外币，例如欧元或日元。
- 反向ETF。这种基金的设计理念是利用指数或市场的下跌来获取利润。它们会使用各种交易技巧，例如卖空，即当投资者认为某只股票估值过高时会采用的策略（参考第15章）。
- 另类ETF。和另类共同基金一样，另类ETF也采用了复杂的投资策略。这种基金风险很大，只有非常资深的投资者才能考虑选择这种基金。
- 积极管理型ETF。尽管大多数ETF都不是积极管理型的，但市场上确实存在少数的积极管理型ETF。它们的目标是超越某个指数。

除了交易所交易基金，市场上还能看到交易所交易票据（exchange-traded note，ETN）。这是由大银行发行的债务证券。

尽管各种实体发行了大量的ETF份额，但是很多ETF的流动性并不是很好，因为并没有吸引很多投资者前来投资。不过，也有一些ETF非常受欢迎。例如在2017年，流入ETF板块的大约50%的资金流向了20只最受欢迎的基金。交易最为广泛的ETF包括追踪标准普尔500指数的Spider基金；追踪纳斯达克精选股票、涵盖了很多高科技企业的高能股票QQQ基金；MSCI新兴市场基金，这是一个国际ETF；先锋全部股票市场基金，它追踪的是美国整个股票市场的业绩状况。阅读基金的招募说明书——这份文件会解释基金的投资理念，提供基金的历史业绩数据以及基金的费用构成——能让你获得很多信息。投资者可以在基金发行企业的官网获取这份说明书。

交易所交易基金的优势与劣势

交易所交易基金之所以会如此流行，是因为它们相较于共同基金具有几大优势。由于大多数交易所交易基金只是单纯追踪某个指数或市场,并没有采用积极管理策略,因而费用比率低于共同基金。交易所交易基金的平均费率只有0.23%左右,而且还不收取销售费用。交易所交易基金的税负效率也优于共同基金。交易所交易基金通常每个季度派发一次红利,但是不同于共同基金的是,交易所交易基金不会将资本利得收益派发给股东。如果投资者要出售基金份额,那么要为自己获得的资本利得收益纳税。交易所交易基金的另一优势在于你可以像买卖股票那样,在交易日营业时间内的任意时刻买入或卖出基金份额。此外,由于交易模式类似于股票,你还可以使用限价交易指令、买入止损交易指令或保证金交易策略,而这些都是共同基金无法做到的。共同基金通常会对最低的初始投资额有所要求,大多为500~3 000美元,然而交易所交易基金没有最低投资额的要求;不过,和买卖股票一样,当你买卖交易所交易基金份额时,要向股票经纪人支付佣金。

交易所交易基金也存在不足之处。一些交易所交易基金流动性不太好,交易清淡。此外,一旦你投资了某只共同基金,投资公司允许你持续不断地小额追加投资,每次追加投资时不会向你收费。如果你用同样的方式经常向交易所交易基金小额追加投资,那么每次都要向股票经纪人支付佣金。

尽管本章的余下部分通常只提及共同基金,不过其中很多内容同样适用于交易所交易基金,除了有关净资产价值的内容或共同基金独有的特征以外。

共同基金的收益与风险

在决定投资共同基金之前,你要先确定好自己的预期收益与能承受的风险水平(预期收益的不确定性)。

共同基金的投资收益

投资者可以通过三种不同的形式获得共同基金的投资收益:股息分红、资本利得收益分红以及赎回基金份额时的资本利得收益。

股息分红。 共同基金因持有股票而获得股息收入以后,必须在当年将所有股息收入派发给投资者。通常,共同基金允许投资者自行选择是以现金方式获得股息分红,还是不要现金,改为基金公司赠送额外的基金份额(这意味着投资者将现金红利再投资于基金公司以换取更多的基金份额)。股息不管采用哪种方式派发,在征税时一般会被视同股票投资获得的股息(大多数纳税人适用的税率为15%,不过国际共同基金投资的某些外国企业派发的股息会被视为一般性收入来征税)。

资本利得收益分红。 共同基金因卖出股票或债券而获得的资本利得收益也必须在当年派发给投资者。与股息分红一样,共同基金通常也会允许投资者自行选择是以现金方式获得资本利得收益分红,还是直接兑换为额外的基金份额(这意味着投资者将资本利得收益分红再投资于基金公司以换取更多的基金份额)。长期资本利得收益分红要按照长期资本利得税的税率水平来纳税;而短期资本利得收益分红要按照相对较高的一般性收入所得税税率来纳税。

由于短期资本利得收益分红与长期资本利得收益分红各自适用的税率水平不同，因此边际所得税税率较高的投资者一般更愿意选择倾向于形成长期资本利得收益分红而非短期资本利得收益分红的共同基金，这能让他们获得更高的投资收益率。

> **案例**
>
> 　　你投资了某个指数基金，该基金换手率极低，因此本年度资本利得收益分红很少，不过股息分红很高。你还投资了另一个偏重于技术企业的共同基金，这个技术基金总是试图抓住所持证券价格短期波动的机会来谋利，因此产生了大量的短期资本利得收益分红，这些收益都被派发给了投资者。指数基金共向你派发了 200 美元的长期资本利得收益分红以及 800 美元的股息分红，而技术基金共向你派发了 100 美元的长期资本利得收益分红以及 900 美元的股息分红。对你而言，一般性收入适用的边际所得税税率为 28%，长期资本利得收益分红适用的边际所得税税率为 15%。
>
> 　　根据上述信息，图表 17.2 算出了各种收益分红的纳税额。虽然这两个基金向你派发的分红金额相同，但是指数基金提供的收益分红的纳税额要比技术基金少 117 美元。因此，如图表 17.2 所示，指数基金的税后净收益要比技术基金高出 117 美元。
>
> **图表 17.2　投资共同基金的潜在税负影响**　　　　　　　　　　单位：美元
>
> | | 指数基金 | 技术基金 |
> |---|---|---|
> | 股息分红 | 800 | 0 |
> | 短期资本利得收益分红 | 0 | 900 |
> | 长期资本利得收益分红 | 200 | 100 |
> | 总收益 | 1 000 | 1 000 |
> | 股息分红的纳税额（15%） | 120 | 0 |
> | 短期资本利得收益分红的纳税额（28%） | 0 | 252 |
> | 长期资本利得收益分红的纳税额（15%） | 30 | 15 |
> | 纳税总额 | 150 | 267 |
> | 税后净收益 | 850 | 733 |

正如前面的例子所述，边际所得税税率较高的个人可以选择投资于短期资本利得收益分红派发比例较小的共同基金，以此来降低自己的税负。

　　赎回基金份额时的资本利得收益。当你赎回自己持有的基金份额时，如果基金份额的赎回价格大于当初的购买价格，则你便可以获得资本利得收益。例如，假设你按照每份 25 美元的价格买入了 200 份股票型共同基金份额，一段时间以后按照每份 30 美元的价格将其卖出，则资本利得收益等于：

$$资本利得收益 = （每份的卖出价格－每份的买入价格）\times 基金份额数量$$
$$= (30-25) \times 200$$
$$= 1\ 000（美元）$$

　　如果你持有该基金份额的时间超过了一年，则这笔收益被视为长期资本利得收益。如果你的持有时间不足一年，则这笔收益被视为一般性收入，要按照一般性收入适用的所得税税率纳税。

如果你对基金派发的股息收益进行了再投资，即按照派发当天基金份额的市场价格将派发的股息全部用于购买基金份额，那么将很难计算个人的资本利得收益。派发股息时买入的基金份额的资本利得收益取决于你购买这些基金份额时支付的价格。在任意给定时期，各个股票型共同基金的收益情况往往存在较大的差异。虽然总的来说，每个股票型共同基金的投资收益状况都要受到股票市场整体形势的影响，但是由于各个股票型共同基金投资的板块或行业不同，因此彼此之间的投资业绩仍然会有一定的差别。

由于股票型共同基金的投资收益率高度依赖于基金投资的行业的整体经营绩效，因此在比较多个基金产品时一定要仔细分析。在某个特定时间段内，两个股票型共同基金的投资业绩的差别可能主要归因于投资的行业不同而非基金的管理水平不同。一些投资者更愿意选择近期投资业绩较好的股票型共同基金，因为他们认为这样的基金肯定拥有一个业务能力非常出众的资产组合经理。不过，如果基金的投资业绩好只是因为它投资的行业整体利润水平比较高，那么根据过去的业绩来评价基金的管理水平就会得出错误的结论。

股票型共同基金的投资风险

虽然在给定时期内，不同类型的股票型共同基金的投资业绩会有所不同，但是它们肯定都要受到整个股票市场大环境的影响。股票型共同基金的投资收益取决于整个市场股价的变化趋势。当股票市场不振时，股票基金持有的股票的市场价格下跌，则基金的净资产价值也会随之下跌。这种风险叫做市场风险。在2008—2009年金融危机期间，很多股票型共同基金遭受的损失高达40%甚至更多。

股票型共同基金的预期收益与风险的权衡

一些投资者愿意承受股票型共同基金的投资风险，因为他们预期这种基金能提供非常高的投资收益率。图表17.3提供了各种股票型共同基金的预期收益与风险的权衡关系。从保守的角度来看，盯住大样本市场指数的指数基金的投资收益率近似等于整个股票市场的平均收益率。因此，其预期收益是有限的，但是风险水平也是有限的。增长型基金能提供相比于指数基金更高的投资收益率，但是风险水平也更高（基金价值大幅度下跌的概率更大）。只投资于某个行业内高成长性股票的基金（例如技术基金）具有获得超高收益的潜力，但是风险水平也非常高。投资于某小国小企业发行的增长型股票的基金甚至有可能获得更高的潜在收益，但是同样的，其风险水平也会更高。

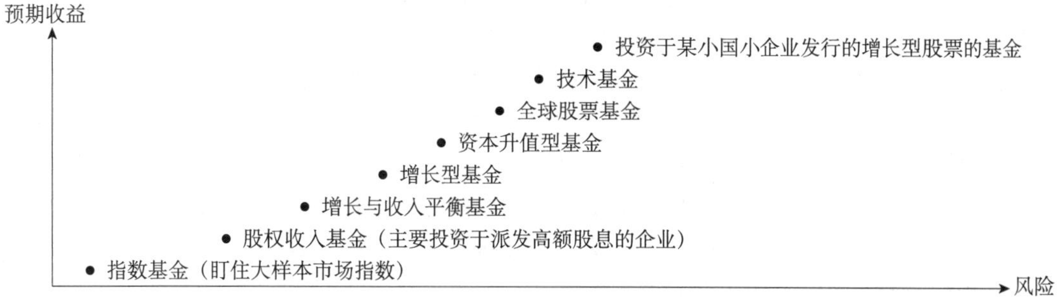

预期收益

- 投资于某小国小企业发行的增长型股票的基金
- 技术基金
- 全球股票基金
- 资本升值型基金
- 增长型基金
- 增长与收入平衡基金
- 股权收入基金（主要投资于派发高额股息的企业）
- 指数基金（盯住大样本市场指数）

风险

图表17.3 预期收益与风险之间的权衡关系

债券型共同基金的投资风险

虽然在给定时期内，各种类型的债券型共同基金的投资业绩往往存在差别，但是它们都会受到债券市场整体环境的影响。债券型共同基金的投资业绩主要取决于市场利率水平的波动。当市场利率水平上升时，债券型共同基金持有的债券的市场价格就会下跌，则基金的净资产价值就会缩水。这种对利率变动的敏感性就叫做利率风险。

所有债券的市场价格都会因利率水平的变化而变化，不过长期债券的市场价格对利率波动的敏感性更高，这一点我们在第16章已经讨论过了。因此，若投资者想降低市场利率波动给债券价格带来的风险，那么可以选择只投资于短期债券的债券型共同基金。反过来，如果投资者想利用市场利率下降的机会获取债券投资的资本利得收益，那就应当选择只投资于长期债券的债券型共同基金。

很多债券型共同基金的投资业绩还取决于基金持有的单个债券的违约风险。若债券型共同基金投资的债券违约风险较高，则基金向投资者提供的潜在收益率也会相应较高，但是这种基金的风险也同样很高。当经济发展态势良好时，高风险债券的发行人也许能够按时还本付息，那么这种类型的债券型共同基金就能取得较好的投资业绩。不过，如果经济形势恶化，一些债券发行人违约不偿还债务，那么债券型共同基金就只能向投资者提供较低的甚至是负的投资收益率。

正如图表17.4所示，债券型共同基金面临的违约风险与利率风险是相互独立的。某些债券型共同基金，例如长期国债基金，没有违约风险（或违约风险很低），但是利率风险较高。其他一些债券型共同基金，例如短期高收益债券基金，利率风险较小，但违约风险很高。还有一些债券型共同基金，例如长期高收益债券基金，违约风险与利率风险都很高。

利率风险				
高	● 长期国债基金	● 长期吉利美基金	● 长期公司债券基金	● 长期高收益债券基金
中	● 中期国债基金	● 中期吉利美基金	● 中期公司债券基金	● 中期高收益债券基金
低	● 短期国债基金	● 短期吉利美基金	● 短期公司债券基金	● 短期高收益债券基金
	低	中	高	违约风险

图表17.4 按照利率风险与违约风险将债券型共同基金分类

债券型共同基金的预期收益与风险的权衡

图表17.5提供了各种类型债券型共同基金的预期收益与风险的权衡。从保守的角度来看，主要投资于距离到期日时间较短的国债的短期国债基金没有违约风险，而且利率风险也比较小。因此，此类债券型共同基金持有的债券对外部经济因素的变化并不敏感，自然基金的净资产价值对外部经济因素的变化也不敏感。但是，这种基金的预期收益率相对较低。投资长期高收益债券的债券型共同基金具有非常高的预期收益。不过，这种基金面临的违约风险很高，因为其投资的垃圾债券违约风险很大。此外，由于这种基金投资的多为长期债券，因此利率风险水平也比较高。主要投资于某小国高风险企业发行的债券的基金，其预期收益与风险甚至更高。

```
预
期    • 投资于国外企业发行的长期高收益债券的基金
收         • 长期全球债券基金
益          • 长期高收益债券基金
             • 长期吉利美基金
              • 长期国债基金
               • 中期公司债券基金
                • 中期吉利美基金
                 • 中期国债基金
                  • 短期公司债券基金
                   • 短期吉利美基金
                    • 短期国债基金                    风险
```

图表 17.5 债券型共同基金的预期收益与风险的权衡

挑选共同基金

一旦你明确了自己的投资目标与风险承受能力，分析了自己想选择具有哪些特征的基金产品，那么接下来便可以做出决定买入某个共同基金。

首先判断一下自己对股票型共同基金与债券型共同基金哪一个更感兴趣。如果你希望这笔投资能有较大的升值潜力，那么应当考虑选择资本升值型基金。如果你想定期获得收入，那么应当考虑投资债券型共同基金。我们常常会按照基金是否主要投资于大型企业（高市值基金）、中型企业（中等市值基金）以及小企业（小市值基金）将其细分为各个类型。

查看基金的招募说明书

对于你感兴趣的基金产品，必须先拿到其招募说明书。这份文件提供了基金的财务信息，例如基金的费用以及过去的投资业绩。你可以从共同基金公司的官方网站上下载招募说明书，或者是通过电话、电子邮件或在线咨询等方式向共同基金公司申请订阅一份。招募说明书可以提供大量信息，接下来我们就向大家一一解读。

投资目标。投资目标是关于基金的总体投资目标的简要说明。

投资策略。投资策略总结了共同基金为了实现自己的投资目标而买入的证券类型。例如，某个基金的投资策略可能是主要关注大企业股票、技术股、快速升值的股票、外国股票、国债、公司债券以及其他证券。

过去的投资业绩。招募说明书还会介绍最近一段时间以来（例如去年、过去三年或五年）基金的投资收益情况。一般来说，投资者会把基金的投资收益率与股票价格指数（例如标准普尔 500 指数）或债券指数相对比。这一点很重要，因为基金的业绩好坏必须与市场的整体变动情况相对比才有意义。虽然过去的投资业绩能帮助投资者对基金经理的选股能力有所了解，但是过去的好成绩不一定会延续至将来。

费用。招募说明书会详细说明基金要收取的各项费用：
- 投资者买入基金份额时支付的最高费用。
- 投资者要求基金公司赎回基金份额时支付的赎回费用或后端收费（如果有的话）。

- 基金的运营费用，包括管理基金组合资产的管理费用、基金进行广告宣传的分销费用、向经纪人——他们负责向投资者推荐各种基金产品——支付佣金所形成的营销成本等等。有些基金虽然被划分为不收费共同基金，但是仍然要支付一大笔广告费用与营销费用。

招募说明书中最重要的费用统计数据名为费用比率。由于费用比率这个指标剔除了基金规模的影响，因此投资者可以根据这一指标横向比较多个共同基金的效率。如果已知投资者对某个基金的特定投资金额（假设为1 000美元），那么使用费用比率这个指标便可以换算出投资者要承担多少费用。某些基金的费用比率可以低至0.1%，还有一些基金的费用比率甚至超过了4%。费用比率会慢慢变化，因此若投资了共同基金，你必须要定期查看一下这一指标。

风险。股票型共同基金的招募说明书通常会写明基金会受到市场风险的影响，或整个股票市场有可能出现普跌的现象，而这会导致共同基金的市场价值缩水。此外，基金持有的个股的价格也可能会因为企业曝出某些问题而大幅度下跌。债券型共同基金的招募说明书一般会注明债券的市场价格会面临利率风险与违约风险。基金的招募说明书把各种风险一一详细列出来的目的是让投资者充分了解共同基金的未来收益率具有一定的不确定性，而且共同基金的市场价值也有可能会下跌。

股息与资本利得收益的分配。招募说明书会说明共同基金多长时间向投资者派发一次投资收益。绝大多数基金会每个季度向投资者派发一次股息收益，每年派发一次资本利得收益（通常安排在12月）。招募说明书还会说明基金公司会以何种方式派发股息与资本利得收益。

最小投资额与最低余额。招募说明书会注明许可的最小投资额。此外，基金公司可能还会要求投资者保持账户的最低余额，因为对基金公司来说，若账户的余额过低，维护管理这样的账户是不划算的。

如何购买或赎回基金份额。招募说明书会向投资者详细说明如何购买基金份额。如果某个共同基金属于一家投资公司负责管理的基金家族，则招募说明书还会说明投资者可以通过什么方式要求投资公司把资金从基金家族内的一只基金转移到另一只基金。招募说明书还应注明投资者可通过什么方式要求共同基金赎回自己持有的基金份额。

选择基金的类型

在选择基金类型时，你要考虑未来几个月或几年里哪一类投资可能会获得不错的收益。一种思路是设想一下未来的整体经济环境。注意，在买入基金时你需要具有一定的前瞻性；你肯定想买入未来业绩不错的基金，而不仅仅是近期业绩较好的基金。这种策略背后的逻辑是在价格相对较低时买入，同时寄希望于未来经济发展走势如你所料，那么基金的价格将会上涨。

如果你预期未来经济会疲软，甚至可能进入衰退，那就考虑一下选择投资于消费品行业的基金，例如投资于食品饮料企业的基金（即使是在经济衰退期，人们也要吃麦片、喝碳酸饮料）；投资于制药企业或其他医疗保健企业的基金（经济衰退时人们依然需要医疗服务）；投资于通信企业的基金（人们要继续使用手机）；或是投资于公用事业企业的基金（人们在住所中需要取暖或制冷，需要使用电灯照亮）。一旦经济真的开始疲软，那么此时要开始思考一旦经济开始恢复，哪些企业能迅速获得好业绩。记住你的目标是在经济衰退时买入合适的基金，这些基金投资的企业能在经济恢复期表现出色。在经济复苏的早期阶段，消费周期性企业，例如娱乐公司、餐馆和特色咖啡屋通常表现不错，因为人们感觉更有信心了，愿意开始多花一点钱。在这个时期，金融企业通常收益也不错，因为人们又开始来借钱了。在经济复苏期内，技术企业的业绩也会非常出色。当经济开始全面复苏时，工业企业、重型设备制造企业以及住宅建造企业通常会获得不错的利润。

在挑选基金时还要考虑政治层面的变化甚至气候变化。如果一部新法案增加了拥有医疗保险的人口数量，从而将使用更多的医疗服务，那么你便可以考虑买入主要投资于医疗保健企业和制药企业的基金。税法的修改可能会对企业造成不同的影响，所以此时你要选择投资受益于新税法的行业的基金。如果你预期要经历非常糟糕的飓风季节或其他与天气有关的自然灾害，那么就要避开投资于多家保险公司的基金。

不过要注意，这些策略有时候也会出错，因为你对经济走势、政治环境或气候变化的预测可能是错误的。因此，很多投资者努力保持多样化的投资，于是不管经济形势如何变化，他们都能获得收益（或者至少不损失太多）。

做出决定

一旦你圈定了少数几只待选的共同基金，那么接下来可以用表格的形式对比一下这几只基金的重要特征。这一分析过程能够帮助你选中最满足个人偏好的共同基金产品。

> **案例**
>
> 斯蒂芬妮·斯普拉特打算买入主要投资于技术股的共同基金或交易所交易基金。她还想避开销售费用，以确保她选择的基金费率较低。她罗列了一份名单，上面记录的共同基金都是主要投资于科技类企业的股票，最低投资额为1 000美元，基本满足斯蒂芬妮的要求。斯蒂芬妮在线下载了各只共同基金的招募说明书，根据这些材料评估各只基金的销售费用、费用比率以及过去的投资收益情况，具体如下表所示：
>
> | 共同基金 | 销售费用 | 费用比率 | 近期的年收益率 |
> | --- | --- | --- | --- |
> | 1号 | 不收费 | 1.5% | 8% |
> | 2号 | 不收费 | 0.2% | 7% |
> | 3号 | 不收费 | 2.0% | 8% |
> | 4号 | 3%的销售费用 | 1.7% | 7% |
>
> 斯蒂芬妮很快就删掉了4号基金，因为它的销售费用以及费用比率过高。随后，斯蒂芬妮又删掉了1号和3号基金，因为这两只基金的费用比率也比较高。最终，她决定选择2号基金，因为这只基金不收取销售费用，而且费用比率也比较低。在分析各个基金时，斯蒂芬妮并没有太关注过去的投资收益情况。
>
> 斯蒂芬妮还想投资1 000美元购买债券型共同基金。她正在研究一只大量投资于AA级债券的债券型共同基金。她有些担心利率风险，因为她估计未来市场利率水平有可能上升。她同样罗列了一份清单，包含了几只最小投资额要求非常低的债券型共同基金，并根据各基金的招募说明书编制了下页表：

债券型共同基金	销售费用	费用比率	常见的到期期限
1号	4%的销售费用	1.0%	6~8年
2号	不收费	0.9%	15~20年
3号	不收费	0.8%	5~7年
4号	不收费	1.2%	5~7年

斯蒂芬妮首先删掉了1号基金,因为它要收取销售费用。然后,她又删掉了2号基金,因为2号基金持有的债券期限太长。接下来,她又剔除了4号基金,因为与3号基金相比,4号基金的费用比率相对更高一些。最后,斯蒂芬妮决定投资3号基金,因为这是一只不收费共同基金,费用比率也较低,所持债券的期限相对较短,这有助于降低利率风险。斯蒂芬妮会看中3号基金还有一个原因,那就是3号基金与之前斯蒂芬妮选中的股票型共同基金同属一个基金家族。因此,这便于她在两只基金之间转移资金。

共同基金的行情信息

通常我们可以在财经网站查找到共同基金的报价信息,不过了解某只基金报价信息的最简单方式是前往发行该基金的投资公司的官网,例如先锋公司或富达公司的官网。各家财经报纸,例如《华尔街日报》,经常会刊登开放式基金的行情信息,具体如图表17.6所示。当投资公司发行多只共同基金时,公司的名称用黑体印刷,随后是其发行的各只基金的名称。例如,Blazer基金公司(如图表17.6所示)是投资公司的名称,该公司管理着一只增长型基金与一只股权收入基金。每只基金的净资产价值被列在第二列,第三列是基金净资产价值的净变化值,第四列是最近一年(YTD)基金的年收益率。例如,Blazer基金公司的增长型基金净资产价值为每股32.23美元。昨天,该基金净资产价值的净变化值为0.15美元。最近一年,该基金已获得8.26%的年收益率,过去三年的投资收益率为22.51%。

图表17.6 共同基金行情信息的示例

	净资产价值	净变化值	年收益率	过去三年的投资收益率
Blazer基金公司				
增长型基金	32.23美元	+0.15美元	8.26%	22.51%
股权收入基金	45.10美元	+0.22美元	9.78%	26.34%

财经网站还会提供封闭式基金的行情信息,各家财经报纸,例如《华尔街日报》,同时还会提供封闭式基金的价格行情。图表17.7提供了一个示例。封闭式基金的行情信息会出现在基金挂牌交易的交易所价格公告牌上。财经报纸在报道封闭式基金的行情信息时还会披露基金派发的股息、昨日成交价以及每股价格的净变化值,不报道封闭式基金的溢价或折价情况(相对于基金的净资产额)。比方说封闭式基金Zumex基金,它主要投资于

多只股票，一年派发的股息为每股 2.24 美元，昨日成交价为每股 29.41 美元，今天该基金的每股价格上涨了 0.17 美元。

图表 17.7　封闭式基金行情信息的示例

	股息	昨日成交价	净变化值
Zumex 基金（ZUX）	2.24 美元	29.41 美元	+0.17 美元

在任意给定时期，总是会有一些基金的投资业绩好于其他基金。例如，在某些年份，大市值股票的市场表现很好，而小市值股票的表现很糟糕。然而风水轮流转，有时候小市值股票的市场表现又会优于大市值股票。当投资者评估共同基金的投资绩效时，他们会把某只基金的投资收益率与同一类型基金的平均投资收益率相对比。通过这种方式，投资者能判断出这只基金是否得到了有效的管理。财经报纸可以提供最近一段时间共同基金的投资收益率，比方说上个季度。不同类型的共同基金，其平均投资收益率往往存在较大的差别。有时候，主要投资于某类股票（例如只投资技术股或小市值股票）的共同基金的投资收益率会远远好于其他基金，这主要是因为基金投资的股票类型整体表现很好。基于这个原因，很多投资者经常由一只基金转到另一只基金，希望每次都能猜对在接下来这段时间内市场表现上佳的股票类型。不过，最近这个季度表现突出的股票类型并不一定会在下一个季度里继续表现卓越。

读者可以利用多种信息资源查看共同基金的平均投资收益率数据。例如，理柏指数（Lipper indexes）就能提供各种类型共同基金的平均收益率。《华尔街日报》定期刊登这种指数的变化情况。投资者可以通过查看理柏指数来比较一段时期内各种类型共同基金的投资收益状况。

共同基金的分散化投资

如果你打算买入多只共同基金，那么可以考虑选择多种类型的共同基金以实现分散化投资，降低风险水平。当一只投资于大市值股票的股票型共同基金投资收益较差时，另一只主要投资于小市值股票的股票型共同基金也许能取得不错的投资业绩。不过，分散化投资能带来的好处是有限的，因为当股票市场整体下跌时，绝大多数股票型共同基金的市值也将随之缩水。因此，同时投资于多只股票型共同基金——这些基金只投资于美国国内的股票——对风险水平的降低只能起到有限的作用。

债券型共同基金的分散化投资能降低投资者的风险水平，好过只投资于某一只持有长期债券的债券型共同基金。不过事实上，当市场利率水平上升时，所有的债券型共同基金都要受到负面影响，因此债券型共同基金的分散化投资并不是降低利率风险的有效方法。

另一种更为有效的分散化投资策略是同时投资于股票型共同基金与债券型共同基金，就像前面案例里斯蒂芬妮所做的那样。股票型共同基金与债券型共同基金的投资收益关联程度不高，因此同时投资于这两种类型的基金能有效地降低风险。当美国国内的股票市场表现不佳时，投资于美国国内股票的股票型共同基金的收益状况自然也不会好，但是也许债券型共同基金的投资收益仍然不错。如果美国国内的市场利率水平上升，则债券型共同基金的收益率会变差，但是可能股票型共同基金仍能保持不错的收益率。

金融危机对分散化投资效应的冲击

在 2008—2009 年金融危机期间，同时投资多种类型共同基金的分散化投资策略所起到的效果十分有限。金融股票与房地产股票的市场表现十分糟糕，因此，若分散化投资组合中包含了没有投资于这两种类型股票的共同基金，那么或多或少都会减轻一些金融危机带来的负面影响。不过，随着危机变得越来越严重，整个实体经济都受到了影响。绝大多数股票型共同基金的市场表现都很差，因为几乎所有类型的股票的价格都在下跌。

在金融危机期间，主要投资于国债的共同基金仍保持着不错的收益率，这是因为国债没有违约风险。但是，其他投资了有违约风险债券的基金都难以逃脱贬值缩水的命运。投资者们在意识到经济形势异常严峻可能会导致这些债券违约时纷纷将其抛售，这种行为使得债券型共同基金的市场价值一落千丈。

共同基金的跨国分散化投资

你还可以选择投资于其他国家金融工具的共同基金来实现分散化投资策略。国际股票基金的市场表现不仅受到股票发行国（或地区）市场环境的影响，而且还受到股票的计价货币与美元之间汇率水平波动的影响。因此，国际股票基金的收益率与美国国内股票市场的关联程度不高。国际债券基金主要受债券发行国国内利率水平的影响，因此美国国内利率水平的波动对它们影响不大。

假设我们的投资策略是同时投资于图表 17.8 第一列列出的所有共同基金。影响表中每只基金投资收益的主要因素被写在第二列。请注意，每只基金的主要影响因素都不同，因此一个负面冲击（例如疲软的美国国内市场）只会对整个共同基金投资组合的收益状况带来有限的不利影响。某个国家的不利环境只会影响到投资于该国的某只共同基金。

图表 17.8　共同基金收益率的主要影响因素的多样性

你的投资收益来源于：	主要影响因素：
美国增长型基金	美国股票市场
美国公司债券基金	美国国内的利率水平
欧洲股票基金	欧洲股票市场以及欧元汇率
拉丁美洲股票基金	拉丁美洲股票市场以及拉丁美洲各国货币的汇率
澳大利亚债券基金	澳大利亚国内的利率水平以及澳大利亚元的汇率
加拿大债券基金	加拿大国内的利率水平以及加拿大元的汇率

通过共同基金超市实现分散化投资

共同基金超市可以让投资者同时选择各种类型的共同基金产品（来源于不同的基金家族），并定期收到所选基金的合并财务报告。查尔斯·施瓦布创造了第一个共同基金超市。你还可以从同一个基金家族选择所有想投资的基金产品，这样也能收到所有共同基金的合并财务报告。若你选择的基金家族可以提供尽可能多的基金种类，而且费用比率相对较低（比方说先锋基金），那么你就可以做到既投资于多种类型的共同基金，又降低基金公司向你间接收取的费用。

其他类型的基金

除了共同基金与封闭式基金以外，基金还包括其他类型，同样可以把投资者的资金聚集起来加以投资利用。对冲基金向富裕的个人以及金融机构出售基金份额，然后将筹集的资金投资于各种类型的证券。对冲基金对初始投资额的要求（比方说100万美元）远远高于共同基金。虽然很多对冲基金的投资收益率较高，但是它们一般要收取高额的管理费，而且风险也很大。政府机构对对冲基金的监管力度很弱，这使得某些对冲基金有机会从事欺诈性的金融活动。

麦道夫对冲基金丑闻。 伯纳德·麦道夫名下的对冲基金帮许多机构、慈善组织以及有钱人管理资金投资。多年以来，财务报表显示，这只对冲基金一直在向投资者提供超高的收益率。不过在2008年，麦道夫承认这些财务报表都是谎言，基金的实际投资收益率远远低于财务报表上写明的数字。于是，很多投资了该基金的投资者（包括很多慈善机构）损失了大部分投资本金。这桩丑闻曝光以后，对冲基金开始接受美国证券交易委员会更为严格的监管。

现在回过头来看，一些投资了麦道夫对冲基金的投资者本应当提出怀疑：为什么麦道夫对冲基金能一直获得如此之高的投资收益率，即使是在其他类型的投资基金都在苦苦挣扎的时候也是如此？会计造假就是高收益的谜底。也许投资者轻易相信了财务报表是正确的，因为他们总是倾向于接受自己想听的消息。也就是说，投资者们愿意相信这些财务报表是真实的，因为这能让他们从中受益。

共同基金与个人理财计划的匹配程度

下面我们列出了几个关键性的共同基金投资决策，它们应被包含在个人理财计划当中：
- 你是否应当考虑投资共同基金？
- 你应当投资哪种类型的共同基金？

图表17.9举例说明了斯蒂芬妮的共同基金与个人理财计划的匹配程度。

图表17.9　斯蒂芬妮的共同基金与个人理财计划的匹配程度

共同基金的投资目标
1. 判断一下投资共同基金是否能够以及通过何种方式给自己带来收益。
2. 如果我决定投资共同基金，则需要决定投资哪种类型的共同基金。

分析

共同基金的特征	我的看法
■ 我可以一点一点地增加投资	对我来说，这个特征很有必要

续表

共同基金的特征	我的看法
■ 每个基金都会集中投资于某种特定类型的投资产品（例如增长型股票或发放高股息的股票）	想要
■ 共同基金经理决定如何投资资金	想要
■ 投资高度分散化	想要
■ 在需要时我可以收回资金	对我来说，这个特征很有必要

股票型共同基金的类型	我的看法
增长型基金	有一定的升值潜力
资本升值型基金	具有较大的升值潜力，但是风险水平也较高
股权收入基金	能定期提供股息收益，但是我的目标是升值
增长与收入平衡基金	与其他类型的共同基金相比，升值的潜力不太大
行业基金	如果我预期某个行业能取得较好的经营业绩，那么也许会考虑买入对应的行业基金
技术基金	升值的潜力很大，但是风险水平也较高
指数基金	美国指数基金的风险水平应当低于其他多种类型的共同基金
国际股票基金	现在对我来说风险太大了

债券型共同基金的类型	我的看法
国债基金	低风险，低收益
吉利美基金	低风险，低收益
公司债券基金（AA级公司债券）	中等风险，中等收益
高收益债券基金	高风险，潜在收益也较高
市政债券基金	具有一定的税收优势，但是我适用的税率水平本来就比较低
债券指数基金	低风险，低收益
国际债券基金	高风险，潜在收益也较高

决定

有关是否投资共同基金的决定：

　　共同基金允许我每次小额投资，我可以依赖基金经理制定投资决策。我愿意把多余的资金投资于共同基金。

有关投资哪种类型共同基金的决定：

　　目前，我更偏向于资本升值潜力更大的股票型共同基金。尤其值得一提的是，我相信技术股票未来应当会表现出色，因为近期很多技术股票的市场价格已经有了一定的跌幅，目前的价位相对较为便宜。不过，我自己不太清楚应当选择哪一只技术股票，因此更倾向于把选股的任务托付给熟悉股票市场的共同基金经理。

　　现在，与其他类型的债券型共同基金相比，我更喜欢 AA 级公司债券基金，因为它们不仅能提供不错的收益，而且风险水平也很低。我的个人经济状况与偏好可能会慢慢改变，因此将来也有可能转而投资其他类型的共同基金。我不仅要选择满足个人投资目标的基金，而且还要确保选择的是费用比率较低的不收费共同基金。

讨论题

1. 如果斯蒂芬妮是一位拥有两个孩子的单身母亲，那么她的共同基金投资决策会有什么不同？
2. 如果斯蒂芬妮现年35岁，那么她的共同基金投资决策会有什么不同？如果她现年50岁呢？

小结

共同基金的基础知识。我们可以按照基金投资的证券类型（股票或债券），将基金宽泛地分成几类。基金可以让投资者以较小的投资额投资于高度分散化的资产组合，而且投资者可以依靠基金经理去管理基金。

共同基金的类型。股票型共同基金的常见类型包括增长型基金、资本升值型基金、股权收入基金、行业基金以及指数基金等。股权收入基金的预期收益率通常低于其他类型的股票型共同基金，但是其风险水平也较低。资本升值型基金的潜在收益率高于其他类型的基金，但是风险水平更高。

债券型共同基金的常见类型包括国债基金、吉利美基金、公司债券基金、高收益债券基金、市政债券基金、债券指数基金以及国际债券基金。主要投资短期国债的短期国债基金潜在收益率较低，但风险水平也很低。高收益债券基金潜在收益率高，但是风险也比较大（因为它们持有的一部分债券有可能会违约）。主要投资于长期债券的基金要面临较大的利率风险。

交易所交易基金。交易所交易基金可以追踪特定的股票价格指数、特定的债券指数、商品或一篮子资产。它们在证券交易所内交易，基金份额的价格可在整个交易时段内连续波动。这种类型的基金很流行，因为它们的费用比率通常低于共同基金，而且在税负方面更加有效。

共同基金的收益与风险的权衡。共同基金通过派发股息收益以及资本利得收益的方式向投资者提供投资回报。某些共同基金的预期收益率相对较高，这是因为它们投资的股票具有较大的升值潜力。不过，这样的基金也可能会遭遇巨额亏损，因为当经济形势不佳时，此类基金投资的股票往往会大跳水。还有一些共同基金投资于较为安全的股票，因此获得高收益的可能性不大，但是同时遭受巨额损失的可能性也不大。

挑选共同基金。在挑选股票型共同基金时，你选中的共同基金所要求的最低初始投资额必须是你能负担得起的，而且投资目标应满足你的需求，费用比率相对较低。每只基金的招募说明书都会详细介绍基金的主要特征。在选择债券型共同基金时，你选中的基金所要求的最低初始投资额也必须是你能负担得起的，而且投资目标应满足你的需求，费用比率相对较低。

共同基金的行情信息。《华尔街日报》和其他很多商业周刊以及众多财经网站都能提供共同基金的行情信息。你可以查看行情信息，了解共同基金当前的市场价格、净资产价值、费用比率以及其他特征。你还可以根据行情信息评价近期基金的投资表现。

共同基金的分散化投资。在执行共同基金的分散化投资策略时，你要记住绝大多数股票型共同基金的投资业绩都会受到整个股票市场大环境的影响，而绝大多数债券型共同基金的投资表现也会受到整个债券市场走势（市场利率）的影响。同时投资股票型共同基金与债券型共同基金能让你获得更好的分散化投资效应。为了提高投资分散化的程度，你还可以考虑买入国际股票基金与国际债券基金。

共同基金与个人理财计划的匹配程度。共同基金能够让你实现投资的多样化，即使你可用于投资的资金相对较少。因而，投资于基金既能让你有机会获得较高的投资收益率，又能将风险限制在一定范围内。共同基金可以在一定程度上帮助你积累财富，以满足未来的消费或退休目标，从而帮助你实现个人理财计划。

复习题

1. 共同基金的分类。什么叫做共同基金？共同基金可分成哪两个大类？这两种类型有何区别？投资者是否有权挑选共同基金要投资的股票？

2. 共同基金投资。列出投资于共同基金的三个理由。

3. 净资产价值。什么是共同基金的净资产价值？如何计算并报告共同基金的净资产价值？

4. 开放式基金。什么是开放式基金？哪种类型的公司通常会负责管理开放式基金？描述一下这种基金的日常运营模式。

5. 封闭式基金。什么是封闭式基金？介绍一下封闭式基金的运营模式。

6. 折价或溢价。封闭式基金折价交易意味着什么？封闭式基金溢价交易意味着什么？

7. 收费共同基金与不收费共同基金。不收费共同基金与收费共同基金有何区别？销售费用会对基金的投资收益率造成什么影响？为什么某些投资者会选择收费共同基金？投资者如何购买不收费共同基金？

8. 共同基金的费用。共同基金要收取哪些费用？如何计算共同基金的费用比率？为什么投资者应当关注费用比率这个指标？

9. 股票型共同基金的类型。列出并简要说明股票型共同基金的几种不同类型。

10. 指数基金。为什么投资者会投资于指数基金？讨论一下指数基金的受欢迎程度与其费用比率有何关系。相对于其他类型的共同基金产品，指数基金具有哪些税收方面的优势？

11. 债券型共同基金的类型。列出并简要说明债券型共同基金的几种不同类型。

12. 债券型共同基金的费用。为什么一些美国投资者对国际债券基金以及全球债券基金很感兴趣？与只投资于美国国内债券的基金相比，这两种类型的基金会给投资者带来哪些额外的风险？讨论一下国际债券基金、全球债券基金和国内债券基金的费用孰高孰低。

13. 交易所交易基金。什么是交易所交易基金？交易所交易基金与开放式基金有何不同？

14. 交易所交易基金的类型。列出并简要说明交易所交易基金的不同类型。

15. 交易所交易基金的优势与劣势。列出交易所交易基金的优势与劣势。

16. 共同基金创造投资收益。讨论一下共同基金为投资者创造投资收益的三种方式。

17. 股票型共同基金的业绩。股票型共同基金过去的投资业绩能否成为未来投资业绩的评价指标？哪种类型的风险会对所有的股票型共同基金造成影响？说明一下投资者应在股票型共同基金的预期收益与风险之间做出怎样的取舍或权衡。

18. 债券型共同基金的风险。讨论一下债券型共同基金的收益与风险。所有的债券型共同基金都要面临哪一种风险？某些债券型共同基金还要面临其他哪几种类型的风险？讨论一下投资者在债券型共同基金的风险与预期收益之间应当做出怎样的取舍或权衡。

19. 投资于共同基金。当投资者决定是买入股票还是买入共同基金时，他们应主要考虑哪些方面？共同基金的哪些特征应当被重点考量？简要讨论一下每一个特征。

20. 共同基金的招募说明书。什么是共同基金的招募说明书？投资者如何获得共同基金的招募说明书？招募说明书能提供哪些信息？

21. 挑选共同基金。挑选共同基金之前需要考虑哪些因素？

22. 封闭式基金的行情信息。投资者可以在哪里获得封闭式基金与开放式基金的行情信息？开放式基金的行情信息能提供哪种信息？封闭式基金的行情信息能提供哪种信息？

23. 理柏指数。解释一下如何使用理柏指数。

24. 分散化投资。讨论一下如何使用多个共同基金来实现分散化投资。列出几种可使分散化投资更加有效的方法。什么是共同基金超市？

25. 基金家族。什么是基金家族？使用基金家族有何好处？

26. 社会责任股票基金。什么是社会责任股票基金？这种基金通常不会投资于哪些类型的股票？

27. 混合型基金。什么是混合型基金？混合型基金具有哪些优势？

28. 生命周期基金。什么是生命周期基金？这种基金有何优势？

29. 垃圾债券基金。什么是垃圾债券基金？哪些类型的投资者会被垃圾债券基金所吸引？

30. 国际债券基金。什么是国际债券基金？这种基金具有哪些国内债券基金所不具有的特殊风险？

31. 共同基金与个人理财计划。在决定是否向个人理财计划内加入基金投资这一项时，你需要考虑哪些因素？

32. 对冲基金。什么是对冲基金？哪些人会投资于对冲基金？

理财规划练习题

1. 买入的基金份额。霍普投资了 9 000 美元买入某共同基金，每份基金份额的买入价为 30 美元。该基金收取了 300 美元的费用。她一共买入了多少基金份额？

2. 买入的基金份额。如果霍普（见第 1 题）用同样多的资金买入了另一种不收费共同基金，而且每份基金份额的买入价相同，那么她能买入多少基金份额？

3. 费用比率。马克投资的共同基金净资产为每份 45.00 美元，费用为每份 1.45 美元。该基金的费用比率等于多少？

4. 估计收益。霍普（见第 1 题）后来按照每份 37.00 美元的价格将自己持有的所有基金份额都卖掉。计算一下第 1 题和第 2 题中霍普的投资收益率分别是多少。

5. 估计收益。亨特投资了 7 000 美元买入了某收费共同基金。该基金的费用比率为 7%。当亨特买入基金份额时，基金的每份净资产价值为 70 美元。一年后，亨特按照每份 68 美元的净资产价值卖掉了所有基金份额。亨特投资共同基金的收益率是多少？

6. 税负影响。雷娜买入了 200 份不收费共同基金的份额。在一年时间里，她收到了每份 3 美元的股息分红，200 美元的长期资本利得收益分红。后来，在持有了 8 个月后，她卖掉了所有的基金份额，共获得了 1 100 美元的资本利得收益。雷娜持有基金份额并卖出的交易行为会对她的纳税额造成什么影响？雷娜适用的边际所得税税率为 22%。

7. 税负影响。龙尼持有 600 份股票型共同基金的份额。今年他收到了 60 份基金份额（每份价值为 40 美元），这是基金的股息分红；另外还收到了 45 份基金份额（每份价值为 40 美元），这是基金的长期资本利得收益分红。龙尼持有股票型共同基金的行为会对他的纳税额造成什么影响？龙尼适用的边际所得税税率为 22%。

8. 道德困境。过去，一些共同基金通常用"收盘后交易"的方式让大股东实现盈利或规避损失，然而不允许普通投资者采用这种交易方式。为了弄清楚这种交易模式，我们首先要知道基金的实际价值（净资产价值）取决于基金投资的证券的市场价格。每个营业日下午四点钟市场收盘时，共同基金会根据收盘价计算当天的基金净价值。正因为如此，投资者必须在下午四点之前下达买入或卖出基金份额的交易指令。收盘后交易允许的大额投资者有机会在下午四点以后下达并执行交易指令。因此，如果下午五点有新消息放出来，而且该消息对基金所持有的证券具有不利影响，那么大额投资者就可以按照新消息公布之前的基金价格卖掉基金份额，因此可以避免潜在的损失。

　　a. 讨论一下这种做法是否符合职业道德。
　　b. 如果你知道了竟然存在这样的交易模式，那么还会选择投资共同基金吗？讨论一下。

个人理财的心理学：投资于共同基金

1. 投资者往往会自然而然地被投资业绩突出的共同基金与对冲基金所吸引。不过，如果一只基金的财务报表显示长期以来它一直在获得非常高的投资收益率，即使在其他很多类型的基金都在亏损的泥沼中痛苦挣扎时它依然如此，那么一定要保持高度警惕。会计造假也许正是高收益率的原因。很多投资者总是努力地想信任这些财务报表，即使是在他们本应当表现出怀疑的时候。描述一下你在投资时的行为模式。当某只基金宣称自己的投资收益率一直优于其他基金时，你是否有所怀疑？

2. 阅读一篇研究心理因素对共同基金投资决策的影响的文章。你可以使用类似于"心理"与"共同基金投资"的关键词在互联网上找到若干篇此类文章。总结一下这篇文章的主要观点。

综合案例：桑普森一家

在上个月，桑普森夫妇一直在纠结应当用储蓄来投资哪种产品以便为孩子们积累上大学的费用。之前，他们一直考虑的是股票和债券，现在他们正在认真考虑是否应选择共同基金。他们发现，共同基金由投资专业人士负责打理，而且他们也不用像股票投资那样，要为证券经纪公司的一对一服务支付费用。他们找到你，想让你提供一些建议，看一看他们应当选择哪种类型的基金，应把所有的资金投资于一只基金还是几只基金。

1. 为什么相比于个股或债券来说，共同基金是更适合于桑普森夫妇的投资产品？
2. 桑普森夫妇是否应当将积蓄投资于共同基金？为什么应当？为什么不应当？
3. 考虑到桑普森夫妇的投资目标，他们应当选择哪种类型的共同基金？

术语解释

股票型共同基金（stock mutual funds）：向个人出售基金份额，然后将募集的资金投资于股票的基金。

债券型共同基金（bond mutual funds）：向个人出售基金份额，然后将募集的资金投资于债券的基金。

净资产价值（net asset value，NAV）：共同基金买入的证券的市场价值减去共同基金的所有负债的差值。

开放式基金（open-end funds）：直接向投资者出售基金份额，或者是在投资者想要卖出时直接赎回基金份额的基金。

基金家族（family）：由一家投资公司持有的、多个独立运营的开放式基金。

封闭式基金（closed-end funds）：会在建立伊始向投资者出售基金份额，但是一旦出售，将来不会从投资者那里赎回基金份额的基金。此外，封闭式基金的基金份额在证券交易所内进行交易。

溢价（premium）：封闭式基金份额的二级市场价格大于基金的净资产价值。

折价（discount）：封闭式基金份额的二级市场价格小于基金的净资产价值。

不收费共同基金（no-load mutual funds）：直接向投资者出售基金产品，不收取销售费用的基金。

收费共同基金（load mutual funds）：通过股票经纪人等向投资者出售的要收取一定费用的基金。

费用比率（expense ratio）：每股年均费用除以基金的每股净资产价值。

增长型基金（growth funds）：所关注的股票具有超过平均市场增长率的潜力的共同基金。

资本升值型基金（capital appreciation funds）：所关注的股票预期能以非常快的速度升值的共同基金。

小市值基金［small capitalization (small-cap) funds］：主要投资于小型企业的共同基金。

中等市值基金［midsize capitalization (mid-cap) funds］：主要投资于中等规模企业的共同基金。

股权收入基金（equity income funds）：主要投资于派发高额股息的企业的共同基金。

增长与收入平衡基金（balanced growth and income funds）：同时投资于增长型股票与派发高额利息的股票的共同基金。

行业基金（sector funds）：主要投资于某个特定行业或板块的股票（例如技术企业的股票）的共同基金。

技术基金（technology funds）：主要投资于科技类企业的股票的共同基金，是行业基金的一个典型例子。

指数基金（index funds）：努力复制某个股票价格指数的共同基金。

国际股票基金（international stock funds）：主要投资于美国境外的企业的共同基金。

社会责任股票基金（socially responsible stock funds）：不会投资那些被投资者视为带有攻击性的企业的共同基金。

国债基金（Treasury bond funds）：主要投资于国债的共同基金。

吉利美基金（Ginnie Mae funds）：投资于政府国民抵押贷款协会发行的债券的共同基金。

公司债券基金（corporate bond funds）：主要投资于高质量企业发行的债券的共同基金，因此，其违约风险也相对较低。

高收益债券基金（垃圾债券基金）[high-yield (junk) bond funds]：主要投资于风险水平较高的债券的共同基金，这些债券是由违约风险较大的企业发行的。

市政债券基金（municipal bond funds）：投资于市政债券的共同基金。

债券指数基金（index bond funds）：设计目标是努力复制某个特定的债券指数的共同基金。

国际债券基金（international bond funds）：关注非美国企业或政府发行的债券的共同基金。

汇率风险（exchange rate risk）：如果外国债券的计价货币相对于美元贬值，则外国债券的市场价值就会下跌的风险。

全球债券基金（global bond funds）：同时投资于外国债券与美国债券的共同基金。

交易所交易基金（exchange-traded fund，ETF）：可以追踪其他资产的基金，例如追踪特定的股票价格指数（类似于指数基金）、特定的债券指数、商品或一篮子资产。和封闭式基金或个股一样在证券交易所上市交易，基金份额的市场价格在交易日内频繁波动。

市场风险（market risk）：共同基金的投资业绩对股票市场整体表现的敏感性。

利率风险（interest rate risk）：对债券型共同基金而言，其价值相对于利率波动的敏感性。

招募说明书（prospectus）：提供了基金的财务信息的一份文件，例如基金的费用以及过去的投资业绩。

投资目标（investment objective）：在基金的招募说明书中关于基金的总体投资目标的简要说明。

投资策略（investment strategy，也叫做 investment policy）：在基金的招募说明书中，对共同基金为了实现自己的投资目标而买入的证券类型的总结。

共同基金超市（mutual fund supermarket）：某些经纪公司的一种特殊安排，可以让投资者同时投资于多种类型的共同基金产品（来源于不同的基金家族），而且定期收到所选基金的合并财务报告。

对冲基金（hedge funds）：为富裕的个人以及金融机构管理资产组合的有限合伙企业。

第18章
资产分配

章前引例

俗话说得好:"不要把鸡蛋放在一个篮子里。"这是投资者应记住的金玉良言。我们来看看尼基·塞尊与杰克·塞尊的例子。塞尊夫妇在同一家通信公司工作。因为身处在这个行业里,近些年来他们目睹了通信业股票价格的大幅度上涨。他们把自己的全部储蓄都投资了出去,起初他们只是保守地购买了银行定期存单,后来全部换成了只投资通信行业的共同基金。他们梦想这能帮助他们迅速致富,但是忽略了他们曾看到过的有关分散化投资的建议。塞尊夫妇认为,分散化投资会降低他们的潜在收益。另外,他们估计自己选择的共同基金本身就能提供一定程度的分散化投资效应。

在两年的时间里,他们投资的基金价值缩水了一半。尼基和杰克终于开始意识到分散化投资所能带来的好处——降低投资组合的风险——远远大于集中投资某一行业所能带来的潜在收益。

对投资者来说,资产分配是一项重要的策略。在前面的各个章节里,大家已经学会了如何通过投资股票、债券以及共同基金来促进个人财富水平的提高。既然大家已经基本了解了每种类型的投资产品,那么接下来就要决定如何在各种类型的金融资产之间分配自己的投资资金。资产分配的主要目标是在确保获得一定水平的投资收益的同时降低投资的风险。

本章的学习目标

- 解释如何通过分散化投资降低风险;
- 介绍股票分散化投资策略;
- 介绍多种资产分配策略;
- 分析影响个人资产分配决策的多种因素;
- 解释资产分配决策如何与个人理财计划相匹配。

如何通过分散化投资降低风险

如果你知道哪种投资工具持有一段时间能获得最高收益率,那么做出投资决策就会变得非常容易。你可以把所有的钱都投资于这种金融工具。在现实世界里，投资时必须考虑风险与收益的权衡。虽然某些投资工具在特定投资期限内的收益是事先已知的（例如国债或银行存单），但是这样的金融产品只能提供较低的投资收益率。其他很多投资产品，例如股票、某些类型的债券与房地产，能提供较高的潜在收益率，但是未来的实际收益率是不确定的。也许今年这些投资产品能给投资者带来20%甚至更高的收益率，但是也有可能会给投资者造成20%甚至更大的损失。

投资组合分散化的好处

因为很多类型的投资产品未来的实际收益不确定，因此同时投资于多种类型的投资工具能让你摆脱对任意一种类型的投资产品的依赖。资产分配指的就是将资金分散投资于多种金融资产（例如股票、债券与共同基金）的过程。资产分配的目标是在确保实现预期的投资收益率的同时，将投资风险控制在一个可承受的水平。

构建投资组合。 构建投资组合能帮助你降低风险。所谓投资组合指的就是多种资产构成的投资池。例如，你的投资组合可能包括多种股票、债券以及房地产投资。通过构建投资组合，投资者可以实现多样化、分散化投资，避免单纯依赖某一种投资工具。若投资者把自己所有的钱只投资于某一家公司发行的股票或债券，那么将来一旦这家公司破产，则投资者将会血本无归。由于我们很难准确预测某种投资工具什么时候会价格大跌，因此同时投资几家企业发行的股票或债券可以降低其中某只股票或债券市场价格下跌所带来的风险。当投资组合内各种资产的价格波动趋势不一致时，整个组合的风险水平就会降低。即使某一种投资产品的市场表现非常糟糕，但其他投资产品的高收益也许能抵消这一负面影响。

分析投资组合的好处

为了分析投资组合的分散化到底能带来什么好处，你可以把组合内每种资产的收益率与组合的整体收益率相比较。

案例

你正在考虑投资于某个投资组合，组合内包括A资产与B资产。图表18.1说明了同时投资于两个资产所带来的组合分散化投资效应。图表18.1列出了A资产、B资产的收益率以及由50%的A资产和50%的B资产构成的投资组合的收益率。投资组合的收益率就等于A资产与B资产收益率的平均值。请大家注意，投资组合潜在收益率的变化区间要小于A资产或B资产的潜在收益率的变化区间。另外，我们还发现，投资组合收益率的波动性也小于单个资产收益率的波动性。由于投资组合的收益率等于A资产与B资产收益率的平均值，因此投资组合的收益率曲线要比A资产与B资产的收益率曲线更加平滑。这一现象证明投资组合的风险水平要低于构成该组合的任意一个资产的风险水平。你决定用这两个资产构建一个投资组合来降低风险。

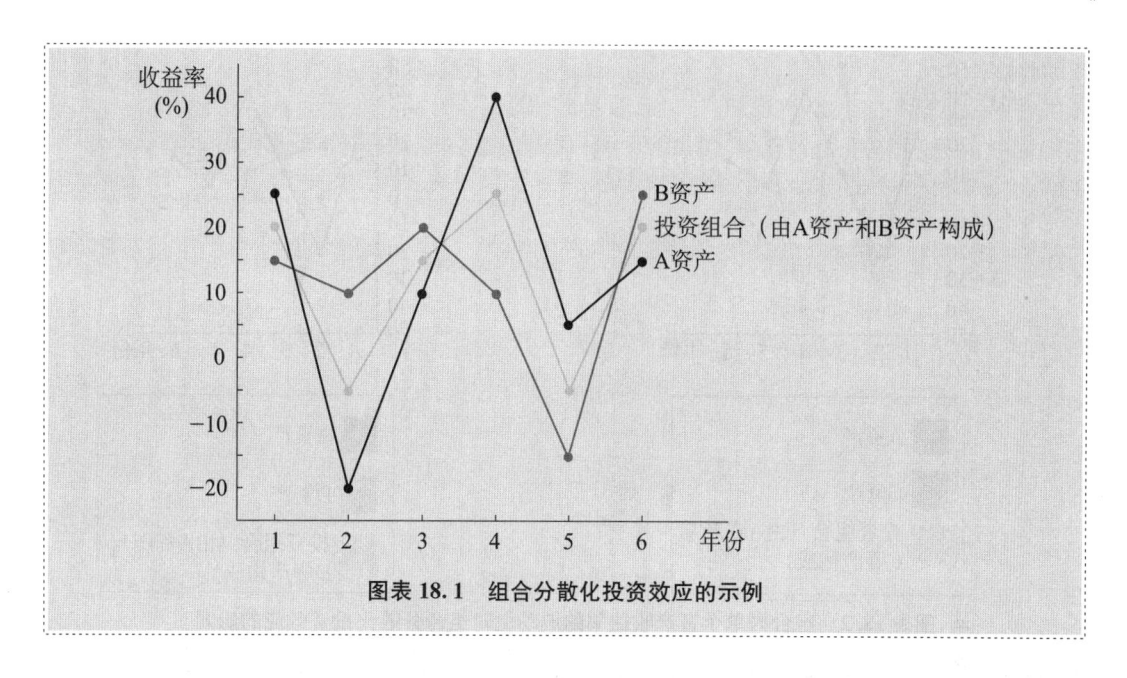

图表 18.1　组合分散化投资效应的示例

正如上面这个例子所述，分散化的主要好处在于降低了某一种投资工具的不利价格波动对投资者整体收益率所造成的负面冲击。在图表 18.1 中，我们注意到，在第 2 年，A 资产当年的收益率为 −20%，而投资组合的整体收益率为 −5%。A 资产市场价格的下跌给投资组合所造成的不利影响是有限的，因为 B 资产当年的收益率为 10%。虽然 A 资产的糟糕表现还是对投资组合的整体投资绩效造成了影响，但是影响幅度小于投资者只投资于 A 资产这一种资产。若某个年份 B 资产的收益率较差（比方说在第 5 年 B 资产的收益率为 −15%），则这种负面效应也会被部分抵消，因为当年 A 资产的收益率为 5%。

影响组合分散化投资效应的因素

我们通常用波动性来测量投资组合的风险水平，因为收益率的波动性越大，则投资组合未来收益的不确定性就越大。某些投资组合能更为有效地降低整体风险水平。只有充分了解哪些因素能有助于降低投资组合的风险水平，你才能确保自己构建的投资组合具有同样的特征。投资组合收益率的波动性要受到组合内每一种资产收益率波动性的影响，此外还要受到组合内每一种资产收益率波动趋势相似程度的影响。

组合内每种资产收益率的波动性。 正如图表 18.2 所示，组合内单个资产的收益率波动性越大，则投资组合整体收益率的波动性就会越大（假设其他条件均不变）。图表 18.2 的左图给出的是 A 资产（与图表 18.1 相同）、C 资产以及由 50% 的 A 资产加上 50% 的 C 资产所构成的投资组合的收益率；右图给出的是 A 资产、D 资产以及由 50% 的 A 资产加上 50% 的 D 资产所构成的投资组合的收益率。比较一下左图中 C 资产与右图中 D 资产的收益率，显然 C 资产收益率的波动性更大。基于这个原因，由 A 资产加上 C 资产构成的投资组合（见左图）的波动性要大于由 A 资产加上 D 资产构成的投资组合（见右图）的波动性。

组合内各项资产之间关联性的影响。 组合内各项资产之间收益率的波动趋势越相似，

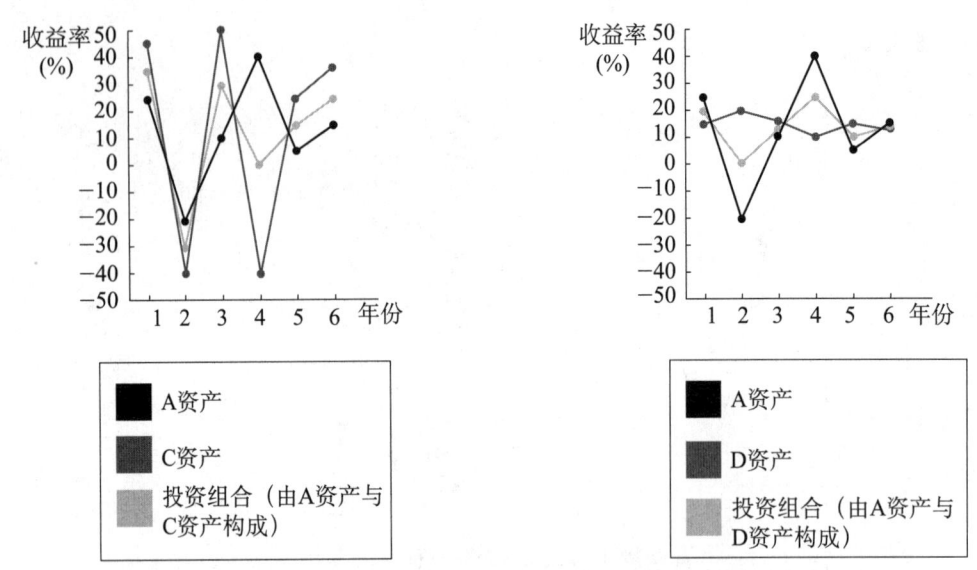

图表 18.2　组合内单个资产收益率的波动性对组合分散化投资效应的影响

则组合收益率的波动性就会越大。图表 18.3 证明了这一结论。图表 18.3 的左图给出的是 A 资产、E 资产以及由 50% 的 A 资产加上 50% 的 E 资产构成的投资组合的收益率。请大家注意，这两种资产收益率的变化趋势非常相似。当 A 资产的市场表现较为出色时，E 资产也是如此。当 A 资产的市场价格下跌时，E 资产的市场价格也同样下跌。因此，由 A 资产、E 资产平均分配构成的投资组合的收益率的变化趋势与 A 资产或 E 资产几乎是一模一样的。因此，这样的投资组合只能获得十分有限的分散化投资效应。

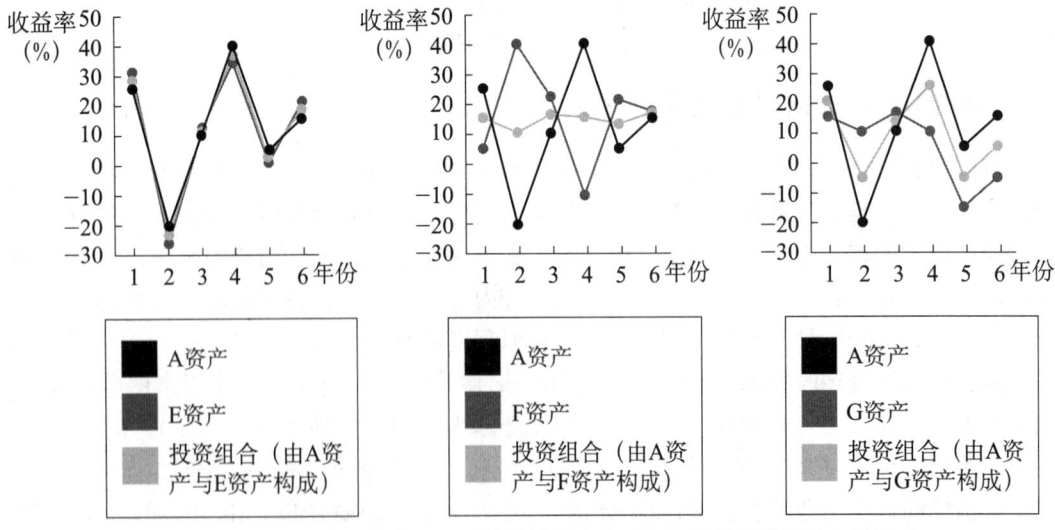

图表 18.3　组合内各项资产之间关联性的大小对组合分散化投资效应的影响

图表 18.3 中间的那幅图给出的是 A 资产、F 资产以及由 50% 的 A 资产加上 50% 的 F 资产构成的投资组合的收益率。请大家注意，A 资产与 F 资产的收益率变化趋势刚好是完全相反的。当 A 资产市场价格上涨时，F 资产的市场价格下跌；反之，当 A 资产的市场价格下跌时，F 资产的市场价格上涨。因此我们说，A 资产与 F 资产的收益率负相关。于

是，由 A 资产与 F 资产平均分配所构成的投资组合的收益率曲线要平缓得多，因为构成组合的两个资产的收益率变化方向正好相反。由于构成组合的两个资产之间存在负相关关系，所以投资组合获得了较好的分散化投资效应。

图表 18.3 中最右边那幅图给出的是 A 资产、G 资产以及由 50% 的 A 资产加上 50% 的 G 资产构成的投资组合的收益率曲线。请大家注意，A 资产与 G 资产的收益率变化趋势完全独立。这意味着 A 资产收益率的变化与 G 资产收益率的变化毫无关系。因此，由 A 资产与 G 资产平均分配构成的投资组合的收益率的波动性要大于由 A 资产与 F 资产平均分配构成的投资组合（见中间那幅图），但是小于由 A 资产与 E 资产平均分配构成的投资组合（见左图）。因此，由 A 资产和 G 资产构成的投资组合所获得的分散化投资效应要大于由两种正相关资产构成的投资组合，但是要小于由两种负相关资产构成的投资组合。

上述讨论证明，当你构建自己的投资组合时，应当尽量避免构成组合的各项资产之间存在正相关的关系。虽然要找到类似于 A 资产与 F 资产的这种负相关的资产有些难度，但是至少要选择市场价值受不同因素影响的资产来构建组合。在现实世界里，经济环境对很多投资工具市场价值的影响都是相似的。当经济形势恶化时，绝大多数投资工具的市场价格会下跌。不过，某些投资工具受影响的程度会更大一些。

分散化投资策略

有多种分散化投资策略可供大家选择。我们接下来要向大家重点介绍几种与股票有关的、颇受欢迎的分散化投资策略。

同时投资多个行业股票的分散化投资策略

同时选择多个来源于不同行业的股票来构建投资组合，能降低投资者对某个单一行业的风险敞口。例如，你的投资组合包括汽车行业内某企业的股票、零售食品行业内某企业的股票、医疗行业内某企业的股票等。当经济下滑时，人们可能不会再买新车，因此汽车企业的股票表现很差；不过，人们依然需要购买食品和医疗产品，因此食品与医疗企业的股票表现会相对更好一些。因此，多个行业分散化投资的投资组合的风险水平要低于只投资同一行业股票的投资组合。

随着组合内包含的个股数量越来越多，分散化投资效应也会越来越大，因为组合内每只股票的投资比例都变得更小了，其中任意一只股票的市场价格下跌对整个投资组合的负面影响也会变得更小。为了说明分散化投资效应如何随着组合内包含的个股数量的增多而逐渐放大，我们设想一下同时投资于 500 家美国的大型企业（即标准普尔 500 指数的样本股），你可以在很多财经网站上查到这 500 家企业。这个资产组合的收益率变化曲线要比小型的股票投资组合稳定得多。一般来说，高度分散化的投资组合能够降低遭受巨额损失的潜在风险，但是与此同时也降低了获得超高收益的潜在可能性。

行业分散化投资策略的局限性。 虽然同时投资多个行业股票的分散化投资策略比只在一个行业内分散化投资的效率更高，但是整个投资组合的收益情况仍然要受整体宏观经济运行状况的影响。股票要面临一定程度的市场风险，即当股票市场整体环境不好时，个股的表现肯定也比较差。当美国的宏观经济环境不佳时，投资于美国国内多个行业的股票投资组合的收益状况也不会好。事实上，在2008—2009年金融危机期间，在长达几个月的时间里，绝大多数行业的股票市场价格大幅度下跌，因此同时投资多个行业的投资者还是遭受了巨额损失。所以，当整体经济环境恶化时，分散化投资策略也不能阻止损失的形成，但是它能在一定程度上起到限制损失的作用。

同时投资多个国家股票的分散化投资策略

由于各国的经济发展环境不同（因此股票市场环境也不同），所以投资者可以同时投资于多个国家的股票以实现分散化投资的目标。例如，投资者可以同时投资于美国国内多个行业的股票、欧洲各国的股票、亚洲各国的股票以及拉丁美洲各国的股票。很多投资顾问建议投资者可以把80%的资金投资于美国本土的股票，余下20%的资金投资于外国股票。

将美国以外的其他国家的股票也纳入投资组合内有助于降低美国国内的经济环境对投资者收益状况的影响。不过，即使是不同国家，它们彼此之间的经济发展状况也往往是互相关联的。有时候，所有国家可能会同时出现经济衰退，这使各国国内股票的市场价格同时下跌。在投资外国股票时，你要记住很多外国股票的波动性大于美国本土的股票，因为这些国家的宏观经济环境波动性更大。因此，在分散化投资时，投资者要做到每个国家的股票都多选几只，不要每个国家只投资一只股票。还有一点要牢牢记住，小的发展中国家的国内股票市场收益率的波动异常剧烈，因此如果投资者只投资于发达国家的股票——发达国家拥有非常成熟且交易很活跃的股票市场，那么这种跨国投资组合的风险水平能更低一些。选择国际共同基金与交易所交易基金是向个人投资组合内加入外国股票的一种方法。只投资于某个国家、某个地区、某一类市场（例如新兴市场）或整个国际市场的基金都能为你所用。

经济环境对跨国分散化投资策略的影响

各国的经济发展态势彼此之间存在关联。因此，跨国分散化投资策略不能完全消除本土经济衰退给投资者带来的影响。例如，在2008—2009年金融危机期间，美国股票市场可谓是经历了非常疲软的表现。不过，除美国以外，其他国家的股市也面临着同样的命运，因为其他国家的经济发展状况也不容乐观。其中一些国家的受冲击程度比其他国家更大。如果在次贷危机期间美国投资者正持有国际分散化股票投资组合，那么其损失要比只投资于美国本土股票的损失小一些。不过，这些投资者仍然逃脱不了亏损的命运，因为在危机期间全球绝大多数股票市场都表现不佳。

资产分配策略

当投资者制定资产分配策略时，他们不应当只考虑股票投资。所有的股票都会受到股市整体环境的影响，因此分散化投资效应十分有限。将其他金融资产引入投资组合，例如债券、房地产投资以及股票期权，能产生更显著的分散化投资效应。投资组合的规模以及你的个人能力能帮助你判断投资组合内应包含哪些资产。

将债券引入投资组合

股票的投资收益率与债券的投资收益率关联程度不高。股票的市场价格主要受企业的未来预期经营利润以及整个股票市场大环境的影响。债券的市场价格与利率水平成反比，不会受到股票市场大环境的直接影响。因此，将债券引入投资组合有助于降低股票市场环境对投资者所得投资收益的影响。不过，债券的预期收益通常要低于股票的投资收益。

在把债券加入投资组合的时候，投资者面临的市场风险有所降低，但是利率风险有所上升。当市场利率水平上升时，投资者持有的投资组合价值下跌的概率会变大，因为利率上升会导致组合内债券的市场价格下跌。回想一下第16章的内容，我们提到过投资者可以选择短期债券来达到降低利率风险的目的，因为市场利率波动对短期债券市场价格的影响幅度要小于长期债券。

总的来说，投资组合内债券所占的投资比例越高，则组合的整体风险水平就越小（用组合收益率的波动性指标来衡量），投资组合的价值会更加稳定，给定时期内产生损失的概率下降。快要退休的投资者通常把大部分资金投资于债券，因为他们要依赖这些债券定期提供收入。反过来，年龄在30~50岁的投资者倾向于把大部分资金投资于股票，因为他们有能力承担更大的风险，目的是追求更高的投资收益。

将房地产投资引入投资组合

很多人会把房地产投资加入自己的资产组合。一种房地产投资模式是买下一套房子然后将其出租。不过，这种做法要花费大量的金钱和时间。你必须认真调查潜在租客的信用状况，确保房屋以及内饰保存完好。另一种投资模式叫做房地产投资信托（REIT），具体做法是将许多个人投资者的资金汇集起来投资于房地产项目。房地产投资信托一般投资于商业房地产项目，例如商务写字楼与购物中心。

房地产投资信托与封闭式基金的相似之处在于信托凭证（类似于基金份额）也是在证券交易所上市交易，而且信托凭证的市场价格取决于市场供求。房地产投资信托很受个人投资者的欢迎，因为只需要花一点钱就能买到信托凭证。例如，某位投资者买入了100份房地产信托凭证，价格为每份30美元，因此总投资额为3 000（＝30×100）美元。房地产投资信托的另一个优势特征为它由经验丰富的专业房地产投资专家打理——这些专家负责决定投资哪一个房地产开发项目以及已买入物业的维护保养。

房地产投资信托的类型。 房地产投资信托可以按照资金的投资方式分成不同类型。权益型REIT直接投资于房地产，而抵押型REIT只投资于抵押贷款，相当于帮助房地产开发项目获得资金。权益型REIT的投资收益取决于一段时间以后房地产市场价值的变化，因此会受到房地产市场整体环境的影响，而抵押型REIT的投资收益主要来源于其提供的抵押贷款的利息收入。

房地产投资信托在资产分配过程中的作用。 绝大多数房地产投资信托的市场价值会受到房地产市场整体环境的影响。虽然在某些时期，这个特点对投资者来说可能是有利的，但是与此同时也让投资者背负了较高的投资风险。例如在2008—2009年金融危机期间，房地产市场遭受重创，绝大多数房地产投资信托的业绩很差。因此，投资了房地产投资信托的个人投资者还应当进一步分散化投资。当股票市场或债券市场表现不佳时，房地产市场的发展态势可能不错。因此，当股票或债券的收益率较低时，房地产投资信托也许能取得较高的收益。因此，同时包含债券、股票、房地产投资信托的投资组合不太可能大幅度贬值，因为这三种投资产品不大可能同时暴跌。选择房地产投资信托时若想获得更高的投资分散化程度，那么可以考虑买入REIT共同基金或交易所交易基金。大多数投资公司，例如富达公司和先锋公司，都能提供专门投资于REIT的基金产品。

将股票期权引入投资组合

在制定资产分配方案时，你还可以考虑一下股票期权，这种期权允许持有者在一定条件下买入或卖出股票。和股票一样，股票期权在交易所内进行交易。有些企业会把股票期权作为员工薪酬的组合部分之一，因此你要特别留意一下。

看涨期权。股票的看涨期权赋予持有者在到期日之前按照特定价格（叫做期权的执行价格）买入100股标的股票的权利。看涨期权的优势在于它锁定了投资者买入股票的价格，而且还赋予持有者一定的灵活性——如果持有者愿意的话，完全可以不执行期权而任其过期。投资者买入看涨期权时支付的费用叫做期权费。看涨期权期权费的高低要看有多少投资者打算买入某只股票的看涨期权。投资者可以通过证券经纪公司买入看涨期权，当然证券经纪公司为客户完成交易是要收取佣金的。

案例

9月10日这一天，你按照每股2美元的期权费（即一共支付了200美元的期权费）买入了一份标的资产为Gamma股票的看涨期权。目前该股票的市场价格为28美元。看涨期权赋予你在11月底之前按照每股30美元的期权执行价格买入100股Gamma股票的权利。也就是说，不管在11月底之前Gamma股票的市场价格涨到多高，你都可以按照每股30美元的价格买入。

对应着每一个股票看涨期权的买家，总是会对应着一个愿意卖出看涨期权的卖家。当期权的买家决定执行期权时，看涨期权的卖家有义务按照期权的执行价格把一定数量的股票卖给期权持有人。

案例

琼·蒙塔娜向你出售了一份以Gamma股票为标的资产的看涨期权。你向琼支付了200美元的期权费。将来若你决定执行该期权，则琼有义务按照每股30美元的价格向你卖出100股Gamma股票。

在计算买入看涨期权的盈利或亏损时，我们要先计算一下卖出股票收回多少资金、执行期权时你买入股票花了多少钱以及你支付了多少期权费。

案例

前面已经说过，你买入以 Gamma 股票为标的资产的看涨期权时支付了 200 美元的期权费。在 11 月底之前，Gamma 股票的市场价格由原来的 28 美元上涨至 35 美元。你可以执行看涨期权买入 Gamma 股票，然后再按照当前的市场价格将其卖掉。你获得的收益计算如下：

卖出股票收回的资金（＝35×100）	3 500 美元
买入 Gamma 股票支付的金额（＝30×100）	－3 000 美元
支付的期权费（＝2×100）	－200 美元
净收益	＝300 美元

由于购买看涨期权支付了 200 美元的期权费，而净收益为 300 美元，因此你的收益率应当等于净收益除以投资额：

收益率＝净收益/投资额
　　　＝300/200
　　　＝1.50 或 150％

琼自己并未持有 Gamma 股票，因此她要先在市场上按照每股 35 美元的价格买入 100 股 Gamma 股票，然后再按照每股 30 美元的价格把股票卖给你。因此，琼的净收益计算如下：

卖出股票收回的资金（＝30×100）	3 000 美元
买入 Gamma 股票支付的金额（＝35×100）	－3 500 美元
期权费收入（＝2×100）	200 美元
净收益	＝－300 美元

计算结果显示为负，这说明琼遭受了损失。我们注意到，你的净收益额刚好等于琼的净损失额。

投资于股票看涨期权而非股票本身，这种做法能帮助你放大投资收益。如果你在 9 月 10 日这一天按照每股 28 美元的价格买入了 Gamma 股票，那么盈利不过是每股 7 美元而已。然而，投资看涨期权的收益率（150％）要比这高得多。不过，投资看涨期权的风险要比直接投资股票更大一些。

看跌期权。股票的看跌期权赋予持有者在到期日之前按照一定的执行价格卖出 100 股标的股票的权利。看跌期权的购买方式与看涨期权的购买方式相同。看跌期权能提前锁定投资者卖出股票的价格，而且只要投资者愿意，也可以不执行期权，任由其过期。如果你预期股票价格将会下跌，那么可以买入看跌期权。

案例

在 1 月 18 日，你支付了 300 美元的期权费买入了一份标的资产为 Winger 股票的看跌期权，执行价格为每股 50 美元，到期日为 3 月底。目前，该股票的市场价格为每股 51 美元。看跌期权赋予你在 3 月底之前按照每股 50 美元的执行价格卖出 100 股 Winger 股票的权利。因此，不管在 3 月底之前 Winger 股票的市场价格跌到什么价位，你都可以按照每股 50 美元的价格卖掉股票。

对应每一个看跌期权的买家，肯定会有另一个卖出看跌期权的卖家。如果买家决定执行期权，则看跌期权的卖家有义务按照执行价格买入期权的标的股票。

股票期权在资产分配过程中的作用。虽然股票期权已经成为个人投资者经常使用的工具之一，但其风险很大，因此在资产分配过程中只能占到很少的比例。一般来说，资产分配的主要目标是降低某种资产给投资者带来的风险，因此向组合内引入股票期权时必须十分谨慎。很多股票期权并未被执行，这意味着投资收益率为－100％。

不过，我们还是可以通过一些方式使用股票期权降低投资组合的风险水平。接下来我们要向大家介绍两种最常见的使用方法。

首先，你可以买入看跌期权控制资产组合内股票的价格下跌风险。

> **案例**
> 一年前你买入了100股Dragon公司的股票。虽然这只股票的市场表现不错，但是你预测近期该股票的价格很有可能要下跌。现在这只股票的市场价格为每股40美元。你决定支付每股3美元的期权费（共计300美元）买入一份以Dragon股票为标的资产、执行价格为每股38美元的看跌期权。如果股票的市场价格始终保持在每股38美元之上，那就不执行看跌期权。反过来，如果股票的市场价格跌至低于每股38美元的价位，则你可以执行看跌期权，按照每股38美元的执行价格卖出股票。

在上面这个例子中，不管股票的市场价格怎样变化，你已经通过买入一份看跌期权锁定了投资组合中股票的最低出售价格。因此，这只股票给你带来的潜在损失被限制住了，有助于降低整个投资组合的风险水平。

你还可以通过卖出以所持股票为标的资产的看涨期权来降低自己的风险水平。这种做法叫做抵补看涨期权策略，因为卖出的看涨期权与你持有的股票刚好形成抵补关系。

> **案例**
> 我们再假设你担心近期Dragon公司的股票价格会下跌。市场上以该公司股票为标的资产、执行价格为每股42美元的看涨期权，每股的期权费为2美元。你决定卖出一份以Dragon股票为标的资产的看涨期权，获得200（＝2×100）美元的期权费收入。如果Dragon股票的市场价格上涨至超过每股42美元的价位，则看涨期权可能会被执行，那么你就卖掉之前自己持有的股票来履行合约义务。虽然如此，卖出股票仍然能给你带来收益。反过来，如果股票的市场价格始终低于每股42美元，则看涨期权就不会被执行。在这种情况下，出售看涨期权所得的200美元期权费收入对糟糕的投资组合收益会起到帮助作用，因此能降低投资组合的潜在损失。

资产分配策略对风险水平的影响

某些资产分配策略降低风险的程度更显著一些。为了保持非常低的风险水平，资产分配策略可能会注重投资于货币市场基金、美国国债以及大型成熟企业的股票。上述这几种类型的投资产品风险水平低，但是收益率也相对较低。为了获得高收益，资产分配策略还可以把房地产投资以及发展中国家的股票也纳入投资组合。图表18.4从风险水平与潜在收益两个角度对比分析了各种资产分配策略。

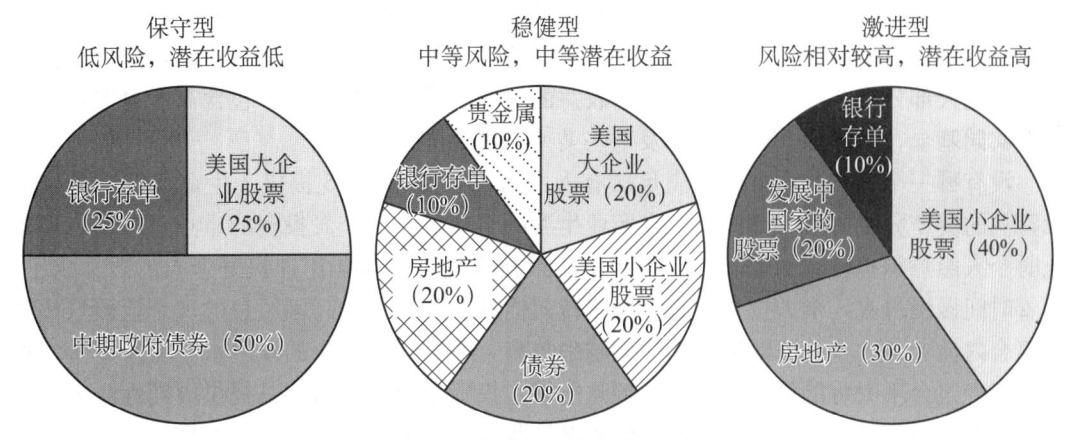

图表 18.4 资产分配策略的对比分析

不过要注意,即使是最保守的资产分配策略,在某些特定时期也可能会招致损失。有时候,股票、房地产以及低利率的公司债券会同时面临损失。因此,使用上述资产类型进行分散化投资的资产分配策略自然也损失惨重。

执行资产分配决定的低成本策略

在多种投资产品之间分配资金时,每配置一项投资产品都要支付一定的交易费用。因此,分散化投资的成本可能会比较高。投资于共同基金或交易所交易基金能有效地降低分散化投资的成本。由于一般来说股票型共同基金所投资的个股数量大多超过 50 只,因此只要投资几个基金产品,你就能达到分散化投资的目的。

例如,你可以先选择一只主要持有美国大企业股票的共同基金,再选择一只主要投资美国小企业股票的共同基金,然后选择投资目标是海外市场的第三只基金。你还可以将债券型共同基金或交易所交易基金纳入投资组合,按照自己偏好的债券类型以及期限选择合适的债券型共同基金。你还可以考虑投资于房地产投资信托,以达到进一步分散化投资的目的。这种结构的投资组合可以降低市场不利变动(比方说某个企业的经营绩效较差,某个行业、某个国家的经济环境不佳,或者是类似于市场利率水平上涨这样的不利事件)对投资者收益的影响。

你的资产分配决策

由于每个人的个性以及投资目标不同,个人的资产分配方案不一定适合其他人。资产分配决策与多个因素有关,包括你处在人生哪个阶段以及你的风险承受能力。

个人所处的人生阶段

处在职业生涯的早期阶段的投资者要求能够较为容易地获得资金,因此他们应当投资于相对较为安全、流动性较好的证券,例如货币市场证券。如果你估计近期内不会用到这笔投资资金,那么可以考虑把钱投资于分散化投资组合,组合内包括股票、债券、股票型共同基金或交易所交易基金以及债券型共同基金。已经工作多年的投资者可以投资于小型企业的股票以及增长型基金，这两种投资工具的潜在收益更高。反过来，临近退休的投资者应当把大部分资金投资于能产生固定收益的投资产品，例如债券、包含高股息股票的股票型共同基金、债券型共同基金以及某些类型的房地产投资信托。

没有哪一个资产分配方案能满足所有人的需求，图表 18.5 提供了生命周期的各个阶段常见的资产分配方案。请注意，在职业生涯的早期阶段，个人投资的重点是股票，因为此时个人愿意承担较大的风险，寄希望于股票投资的高收益能迅速提升个人的财富水平。随着时间慢慢过去，个人投资的重点慢慢转向债券或者是支付高额股息的大企业股票。随着组合内债券与大企业股票所占的比例越来越高，整个资产组合的风险水平有所下降。这样的资产组合不太可能创造高收益，但是能够在投资者退休以后向其提供周期性收入。事实上，在你退休以后，资产组合创造的周期性收入将会成为你的主要收入来源。（第 19 章会详细讨论储蓄在退休计划中发挥的作用。）

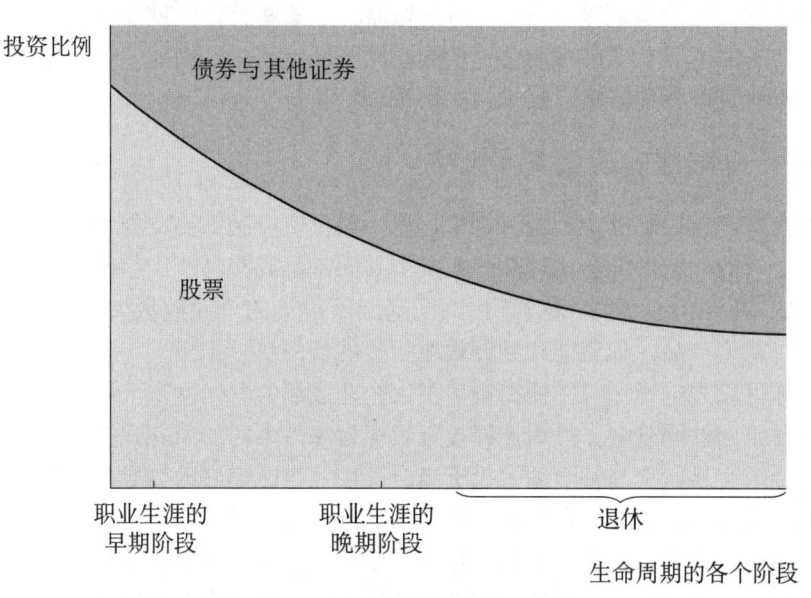

图表 18.5　人生各阶段的资产分配策略

图表 18.6 以举例的形式更加详细地说明了个人的资产分配方案如何随时间慢慢地更替。在职业生涯的早期阶段，升值潜力大、风险水平相对较高的股票往往是大家的投资重心。虽然股票的市场价格也有可能会下跌，但是通常来说长期内股票投资的收益状况还算不错。在职业生涯的早期阶段，个人可能愿意承担更高的风险，因为即使短时间内股票的投资效益很糟糕，在个人有必要卖掉股票套现之前，这些股票投资还有翻身的机会，其市场价格也许能慢慢涨回去。不过，即使是在职业生涯的早期阶段，你也应当持有一些流动性非常好的资产（例如货币市场证券），一旦你需要用现金来支付账单、买房的首付款或其他费用，你可以立即将这些流动性资产卖掉套现。

到了职业生涯的中期阶段，你要降低高风险资产的投资比例，更多地持有较为安全的资产，例如国债。等退休后，你要进一步降低股票的投资比例，将更多的资金投资于国债。最理想的情况是当你退休时，你自己持有的证券所能产生的周期性收入足以满足余生

职业生涯的早期阶段的
资产分配策略
（相对高风险，潜在收益高）

- 小企业股票（20%）
- 货币市场证券（20%）
- 公司债券（20%）
- 大企业股票（40%）

职业生涯的中期阶段的
资产分配策略
（中等风险，潜在收益中等）

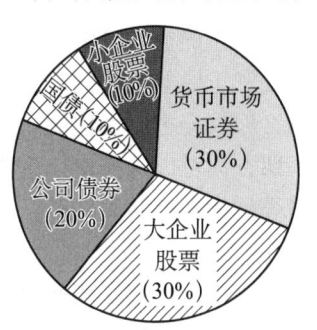

- 小企业股票（10%）
- 国债（10%）
- 货币市场证券（30%）
- 公司债券（20%）
- 大企业股票（30%）

退休以后的
资产分配策略
（风险相对较小，潜在收益低）

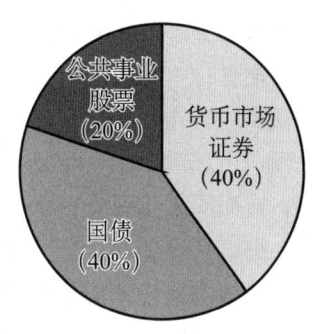

- 公共事业股票（20%）
- 货币市场证券（40%）
- 国债（40%）

图表 18.6　人生各阶段资产分配策略的变化

的生活需求。如果那时你仍然持有大量股票，那么这种做法要面临股票市场价格大幅度贬值的风险，可能会导致资产组合无法为退休以后的生活提供充足的收入支持。

个人的风险承受能力

投资者的风险承受能力不同。如果你不愿意承担太大风险，那么就应当专门投资于安全的投资工具。例如，你可以投资期限较短的国债。如果你愿意承担中等水平的风险，那么可以考虑追踪标准普尔 500 指数的股票指数基金或交易所交易基金，以及只投资于超大型企业的大市值股票基金。这些投资产品的潜在收益率比国债要高，但是在某些时期或情况下，它们也有可能会导致损失。

如果你愿意为了高收益而承担高风险，那么可以考虑投资个股。小型技术企业的股票升值潜力较大，但是风险也非常大。即使你承受得了较高的风险，还是应当做到投资分散化。你可以考虑投资于共同基金产品——这些基金具有较高的潜在投资收益率，组合内持有多只个股，这样可以避免只投资于单一个股给你带来的高风险。我们在第 17 章里曾经讲过，投资者可选择的基金类型很多，例如增长型基金、资本升值型基金，甚至是各种各样的行业基金，例如医疗行业基金或金融行业基金。你还可以选择主要投资于公司债券的债券型共同基金。主要投资于长期高收益债券（即垃圾债券）的债券型共同基金也有助于提高你的投资收益率（当然风险水平也会相应提高）。

某些投资者对投资环境有着不切实际的幻想，并以此作为自己投资行为的理由。他们不愿意承认自己冒了多大的风险。当经济形势较好时，他们的投资也许能创造非常高的收益，但是当经济形势不佳时，他们的投资业绩会十分糟糕。当经济环境有利时，这些投资者非常兴奋，相信自己拥有高超的投资技巧。不过，当经济环境陷入衰退时，这种高风险投资的收益会非常差。

某些投资者就是不愿意相信经济形势可能会变差这种可能性。他们总是对经济前景过度乐观，认不清现实。也就是说，当他们投资于高风险产品时，他们应当意识到一旦经济下行，高风险投资可能会损失惨重。如果自己无力承担潜在的巨大损失，那么他们应当慎重考虑选择其他更为安全的投资工具。不过，较安全的投资工具不令人感到刺激兴奋，因为它们的潜在收益不高。所以，某些投资者总是喜欢带着赌博的心理选择高风险的投资产

你对未来经济走势的预期

你对未来经济走势的预期也会影响你的资产分配决策。如果你认为股票市场整体将会上涨，那么你会把更大比例的资金投资于股票型共同基金或交易所交易基金。反过来，如果你认为股票市场要短暂回调，那么你就会把更大比例的资金投资于债券型共同基金。如果你预期市场利率水平将要下降，那么你可以选择卖掉主要投资于短期债券的债券型共同基金，转而买入主要投资于长期债券的债券型共同基金。如果这两只基金属于同一个基金家族，那么资金转移十分方便。

如果你预测未来房地产市场的形势一片大好，那么你可以把一部分资金投资于房地产投资信托。随着时间的流逝，你的预期也会发生变化，这导致你对某些金融资产的需求会大于其他资产。随着个人的市场预期、投资目标以及生命周期阶段的变化，你应当适时地调整投资组合的构成。

因为预测未来的经济走势几乎是不可能的，因此我们也很难判断一段时间内哪种类型的投资产品的市场表现最佳。因此，根据你所处的人生阶段以及个人的风险承受能力来确定资产分配决策也许是最合适的做法。然后，一旦你构建了分散化的投资组合，那么接下来只有当你进入另一个人生阶段或风险承受能力发生变化时，你才需要去调整投资组合。

案例

斯蒂芬妮·斯普拉特想制订一份长期的资产分配理财计划。尤其值得一提的是，她想大致地设定在未来十年间股票、债券以及房地产投资信托的投资比例目标。由于她刚刚开始工作，还要工作30年，因此她认为现在没有必要把大部分资金用来投资债券。她知道债券通常比股票更加安全，但是她计划将来再考虑投资债券型共同基金、股票型共同基金以及交易所交易基金。她也知道股票的风险水平要高一些，但是现阶段她认为自己完全有能力承担这么高的风险。她计划投资于股权收入基金、增长型基金（例如技术基金）以及国际股票基金。不过，她还打算同时投资一些其他类型的金融产品，例如债券和REIT，以此来降低股市表现不佳给自己带来的风险。

等到临近退休时，她会转向有助于降低风险的、更为保守的投资策略（因而潜在的投资收益也会更低一些）。

资产分配决策与个人理财计划的匹配程度

下面我们列出的这两项资产分配决策应当被包含在个人理财计划里：
- 现有的个人资产分配策略是否合适？
- 将来你会使用哪一种资产分配策略？

图表18.7举例说明了斯蒂芬妮·斯普拉特的资产分配决策与个人理财计划的匹配程度。斯蒂芬妮的首要目标是持有充足的流动性以及能按时偿还贷款。在满足了这两个

要求以后，随着斯蒂芬妮积累的储蓄额越来越多，她可以考虑将资金投资于多种金融资产。

图表18.7　斯蒂芬妮的资产分配决策与个人理财计划的匹配程度

资产分配的目标
1. 确保目前自己执行的资产分配策略是合适的，避免过度集中投资某一类投资产品。
2. 决定将来自己应采用哪一种资产分配策略。

分析

我打算按照下面这一方案进行投资：

投资产品	投资产品的市场价值（美元）	分配这种投资产品的资金比例
技术基金	1 000	1 000/4 000＝25%
增长型基金	1 000	1 000/4 000＝25%
能源股票基金	1 000	1 000/4 000＝25%
房地产投资信托	1 000	1 000/4 000＝25%
合计	4 000	

决定

有关目前资产分配策略是否合适的决定：

一旦按照上述方案进行投资，75%的资产是股票。由于大多数股票的价格与整个股票市场朝着同一个方向变化，因此我的投资组合的收益情况将会受到股市走势的较大影响。为了实现一定的投资分散化程度，我还要投资REIT。即使是在股市表现很糟糕时，REIT也能保持不错的收益。

有关未来资产分配策略的决定：

未来我将修改自己的资产分配方案，这取决于我对未来股票市场、债券市场以及房地产市场走势的判断。总的来说，我将主要投资于共同基金或交易所交易基金，而非个股或某种债券，从而实现更高的投资分散化程度。

讨论题

1. 如果斯蒂芬妮是一位拥有两个孩子的单身母亲，那么她的资产分配决策会有哪些不同？
2. 如果斯蒂芬妮现年35岁，那么她的资产分配决策会有哪些不同？如果她现年50岁呢？

小结

分散化投资对风险水平的影响。资产分配可以通过分散化投资降低个人的投资风险。一般来说，若资产组合包含多个收益率波动性较低、彼此之间关联度不高的投资产品，那么这种安排会有助于提高投资绩效。

股票分散化投资策略。股票分散化投资策略包括跨行业、跨国分散投资股票。你应当考虑使用上述两种分散化投资策略来限制外部因素对个人股票投资收益状况的不利影响。

资产分配策略。你的资产分配策略不应当仅仅局限于股票。因为债券的收益率主要受到市场利率水平的影响，股票市场的状况对其影响不大，所以长期内债券收益与股票收益的关联程度不高。因此，债券能起到降低投资组合整体风险水平的作用。房地产投资信托的收益状况主要受到房地产市场环境的影响，也有助于资产组合的风险分散化。

影响资产分配决策的因素。你的资产分配决策应当考虑自己所处的人生阶段、风险承受能力以及对未来经济走势的预期。如果你还年轻，那么可能更愿意选择风险较高的证券以便迅速积累个人财富。如果你临近退休，那么应当考虑将更大比例的资金投资于可产生稳定收入（股息与利息收益）的投资工具。如果你更愿意承担风险，那么可以选择一些风险较高的股票或债券。你的资产分配决策还要受到个人未来经济环境预期的影响。未来的市场环境必然会对股票、债券以及房地产投资信托的收益率造成影响，因此你应当基于这一预期决定自己如何在多种金融资产之间执行资产分配策略。

资产分配决策与个人理财计划的匹配程度。资产分配决策决定了个人投资组合的构成。你也许要靠这些投资来逐渐积累个人财富，最终依靠这些财富来满足未来个人的消费需求。因此，你的资产分配决策能帮助你实现个人理财计划。

复习题

1. 分散化投资。为什么对个人来说，涵盖多种金融资产的分散化投资很重要？
2. 资产分配。什么是资产分配？资产分配策略如何帮你实现分散化投资的目标？
3. 投资组合。什么是投资组合？分散化的投资组合以何种方式降低风险？
4. 组合风险。哪些因素会影响资产组合的风险水平？解释一下。
5. 关联性。什么是关联性？如何使用这一概念去降低风险？
6. 分散化投资策略。列出股票投资组合的两种分散化投资策略。
7. 组合风险。将一部分资金投资于债券的做法为何能起到降低个人投资组合风险水平的作用？
8. 房地产投资信托。什么是房地产投资信托？房地产投资信托可分为几种类型？房地产投资信托有哪些具有吸引力的特征？房地产投资信托可以给资产组合带来怎样的分散化好处？
9. 股票期权。什么是股票期权？对投资者来说，为什么了解股票期权的使用原理很重要？
10. 资产分配成本。为什么资产分配策略执行起来成本很高？你可以采用哪些方式降低成本？
11. 不同时期的风险承受能力。解释一下等到退休时，你的风险承受能力会发生怎样的变化。为什么会这样？
12. 看涨期权。什么是看涨期权？看涨期权的运作原理是什么？
13. 看涨期权的收益。如何计算交易看涨期权的盈利或亏损？
14. 看跌期权。什么是看跌期权？看跌期权如何运作？
15. 在资产分配过程中期权的作用。"在进行资产分配时使用股票期权有正确的用法，也有错误的用法。"评价一下这句话。
16. 资产分配决策。讨论一下个人所处的生命周期阶段对资产分配决策会有什么影响。
17. 风险承受能力。个人的风险承受能力会对资产分配决策带来什么影响？
18. 经济环境。你对未来经济走势的预期会对你的资产分配策略造成什么影响？这种做法

19. 全球经济衰退对分散化投资策略的冲击。为什么全球经济衰退会对全球分散化投资的潜在好处起到限制作用？

20. 美国经济形势的变化对其他国家的影响。解释一下美国经济形势的变化会对其他国家带来什么影响。

21. 看跌期权与降低风险。假设11个月前你以每股50美元的价格买入了XYZ公司的股票。如今股价上涨到每股72美元，但是为了能按照更低的资本利得税税率来纳税，你打算再等1个月才卖掉股票。解释一下你应如何使用看跌期权在预定的股票出售日期之前帮自己规避股价下跌的风险。

22. 抵补看涨期权策略。为什么是抵补看涨期权策略？

23. 共同基金与资产分配。解释一下如何利用共同基金和交易所交易基金来帮助个人执行成本可控的资产分配策略。

理财规划练习题

1. 股票期权的收益。玛丽安娜花300美元买入了一份标的为100股股票的看涨期权。这份期权赋予她按照每股27美元的价格在3月1日之前买入股票的权利。在2月15日这一天，股票的市场价格上涨至每股32美元，玛丽安娜执行了看涨期权。这笔交易能给玛丽安娜带来多少收益？

2. 股票期权的收益。克里斯花200美元买入了一份标的为100股股票的看涨期权。该期权赋予他在5月1日之前按照每股30美元的价格买入该股票的权利。在5月1日那一天，该股票的市场价格为每股28美元。该股票期权给克里斯带来了多少收益？

3. 股票期权的收益。特雷莎花250美元买入了一份标的为100股股票的看涨期权。该期权赋予她在12月31日之前按照每股40美元的价格买入该股票的权利。到了12月15日，该股票的市场价格上涨至每股60美元，于是特雷莎执行了看涨期权。特雷莎能获得多少收益？

4. 抵补看涨期权策略。卡洛斯按照每股21美元的价格买入了100股阿尔法公司的股票。最近他卖出了一份该股的看涨期权，期权费为1.5美元/股，执行价格为40美元。如今股价上涨至每股42美元。如果期权被执行，那么这只个股会给卡洛斯带来多少收益？

5. 看跌期权。蕾娜花230美元买入了一份标的为100股股票的看跌期权。蕾娜可以在未来90天内选择执行该期权，以每股45美元的价格出售XYZ公司的股票。假设当股价下跌至每股36美元时，蕾娜执行了期权，那么她能获得多少收益？

6. 道德困境。迈克决定是时候把钱拿出来做投资了。他在当地一家银行的存款账户里积累了一大笔资金，不过他意识到，这个存款账户的利率水平不足3%，永远也无法帮助他实现个人理财目标。在做了一番调查以后，迈克把钱从账户里提取出来，在当地一家证券经纪公司开了一个账户，买入了500股大型制造企业的蓝筹股，还买入了另一家知名零售企业的600股股票。从一开始，他的经纪人就反复强调只包含两只股票的投资组合分散化程度太低。随着时间的推移，经纪人说服迈克卖掉了这两只股票，转而买入了其他股票。

两年后，迈克共持有14家企业的股票，他认为投资组合的分散化程度已经足够高了。他的表兄弟埃德刚刚从商学院毕业，看到他的投资组合以后评价说："这个资产组合的多样化做得还不够好，因为其中的10只股票都是技术股票。"迈克告诉埃德，他遵循经纪人的建议，才把之前那两只股票卖掉，买入这么多股票，目的就是实现分散化投资。埃德回应说迈克开户的证券经纪公司好像正是因为专门投资技术类企业而闻名市场的。迈克很失望，因为他以为自己听从了很不错的建议，已经建立了高度分散化的投资组合。毕竟，迈克已经彻底贯彻了经纪人的建议。为什么他的经纪人会向客户提供错误的建议呢？

a. 迈克的经纪人建议他卖掉最初选择的股票，然而随后构建的股票组合过于偏重技术股票。评价一下经纪人的这种行为是否符合职业道德。在讨论过程中分析一下经纪人这样做的原因。

b. 为了实现分散化投资，迈克本应当采取怎样的措施，而并非像现在这样同时买入多家企业的股票？

个人理财的心理学：投资于共同基金

1. 投资者通常知道自己应当制订资产分配理财计划，并随着年龄的增长和环境的改变及时修改计划。然而在具体操作时，很多投资者并没有很自律地及时调整资产分配理财计划。事实上，很多投资者甚至根本就没有制订资产分配理财计划。相反，他们之所以会选中某种投资产品，是因为听了股票经纪人或朋友的推荐，或者是因为这只股票是所有人都在讨论的热门股。他们不会停下来想一想这笔新投资是否与自己的投资组合相匹配。描述一下你个人的投资行为。你是否已经制订了资产分配理财计划？如果你做了计划，你认为每一项新投资是否与该计划相匹配？如果你还没有制订计划，你是否认为缺少计划会对你的个人理财状况造成影响？

2. 阅读一篇研究心理因素对共同基金投资决策的影响的文章。你可以使用类似于"心理"与"资产分配"的关键词在互联网上找到若干篇此类文章。总结一下这篇文章的主要观点。

综合案例：桑普森一家

桑普森夫妇一直在考虑各种投资方案，最终的目的是为孩子们准备好上大学的资金。他们得出的结论是共同基金要比单个的股票或债券更满足他们的要求。现在，他们正在认真考虑投资于生物技术共同基金，该共同基金主要投资于多只生物技术概念股。他们听说，生物技术概念股有时候能创造非常高的投资收益。他们并不担心某些生物技术概念股的价格下跌，因为他们投资的是共同基金（而非个股），他们已经实现了分散化投资。

1. 桑普森夫妇打算把为孩子们上大学准备的储蓄全部投资于生物技术共同基金，请你对这项决定是否合理提供一些建议。

2. 桑普森夫妇知道分散化投资很重要。因此，他们已经决定一开始投资于一只生物技术共同基金，然后等自己慢慢攒足了钱以后，再投资于另外三只生物技术共同基金。于是，即使其中一只共同基金表现糟糕，他们估计其他几只基金也许能获得较高的投资收益。桑普森夫妇可以采用哪些方式更有效地实现投资分散化？

3. 戴夫的一个好朋友告诉戴夫他所在的公司将要公布一种对整个行业来说具有革命性意义的新产品。戴夫兴奋地想到股票价格将会大幅度上涨。他准备买入一些朋友公司的股票。针对戴夫的这一行为提供一些建议。

术语解释

资产分配（asset allocation）：将资金分散投资于多种金融资产（例如股票、债券与共同基金）的过程。资产分配的目标是在确保实现预期的投资收益率的同时，将投资风险控制在一个可承受的水平。

投资组合（portfolio）：多种资产构成的投资池。

房地产投资信托（real estate investment trust，REIT）：将许多个人投资者的资金汇集起来投资于房地产项目的一种信托。

权益型 REIT（equity REIT）：直接投资于房地产的 REIT。

抵押型 REIT（mortgage REIT）：只投资于抵押贷款，相当于帮助房地产开发项目获得资金的 REIT。

股票期权（stock option）：允许持有者在一定条件下买入或卖出股票的期权。

看涨期权（call option）：赋予持有者在到期日之前按照特定价格买入 100 股标的股票的权利的期权。

执行价格（exercise price 或 strike price）：执行股票期权时应遵照的价格。

期权费（premium）：投资者买入股票期权时支付的费用。

看跌期权（put option）：赋予持有者在到期日之前按照一定的执行价格卖出 100 股标的股票的权利的期权。

抵补看涨期权策略（covered call strategy）：卖出以投资者持有的股票为标的资产的看涨期权。

第六部分

退休计划与遗产规划

这一部分共包含两章内容,主要向大家介绍可采用哪些理财规划手段保护自己多年来积累的财富。第19章的讨论重点是如何有效地制订退休计划,确保自己的财富保值增值,退休以后舒舒服服地享受生活。第20章讲的是个人可通过哪些方式尽可能多地把遗产留给继承人。

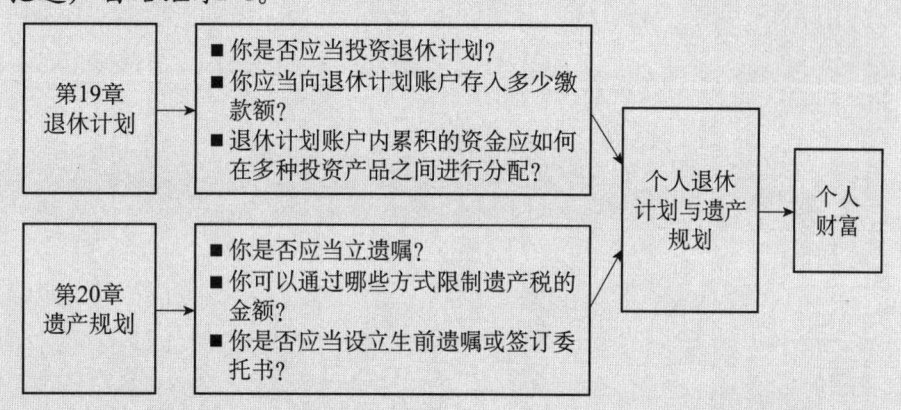

```
┌──────────┐    ■ 你是否应当投资退休计划?
│  第19章  │    ■ 你应当向退休计划账户存入多少缴
│ 退休计划 │ →    款额?
└──────────┘    ■ 退休计划账户内累积的资金应如何
                  在多种投资产品之间进行分配?
                                                    ┌────────┐    ┌──────┐
                                                    │个人退休│    │      │
                                                    │计划与遗│ →  │ 个人 │
                                                    │产规划  │    │ 财富 │
                                                    └────────┘    └──────┘
┌──────────┐    ■ 你是否应当立遗嘱?
│  第20章  │    ■ 你可以通过哪些方式限制遗产税的
│ 遗产规划 │ →    金额?
└──────────┘    ■ 你是否应当设立生前遗嘱或签订委
                  托书?
```

第19章
退休计划

章前引例

帕特里克·奥图尔与妻子离婚了,他想在57岁的时候退休。但是,社保局规定退休人员开始领取社保金的法定年龄为62岁,显然57岁退休距离这一法定年龄还有5年的时间。目前帕特里克的抵押贷款还要继续偿还25年。离婚后,帕特里克退休账户的累积余额仅为225 000美元。虽然现在这份工作他做得很不开心,但是为了实现退休账户累积余额的持续增长,他不得不尽可能久地继续做这份工作。

三年后,帕特里克把自己的抵押贷款进行了再融资,还款期限缩短为15年。此外,他的退休账户余额已经累积到了315 000美元。再等上两年,帕特里克便可以开始提前领取社保金了。到了那时,他可以提前领取到部分养老金,但金额肯定低于一直工作到66岁才退休所能拿到的养老金。

如果你刚刚进入职场不久便开始向个人退休账户内缴款,那么便可以避开帕特里克所遇到的困境。什么时候退休,退休以后的生活质量怎样,这都将大大取决于你的个人决策,即使你的老板可以向员工提供退休计划。若想为退休以后的生活在个人财务方面做好万全之策,个人需要进行周密详尽的规划。本章我们就向大家介绍制订退休计划的整个过程以及一些可用的规划工具。

本章的学习目标

- 介绍社会保障的作用;
- 解释固定收益型养老金计划与固定缴款型养老金计划的差别;
- 列出个人必须做出的有关退休计划的关键性决策;
- 介绍雇主提供的退休计划;
- 介绍自由职业者可选择的退休计划;
- 介绍个人退休账户的类型;
- 解释如何将年金产品用于退休计划;
- 说明如何估算未来个人退休账户的储蓄余额;
- 解释退休计划如何与个人理财计划相匹配。

社会保障

我们在第4章曾经讲过,社会保障是一个联邦政府项目,劳动者在工作期间要缴纳社会保险税，退休以后社保部门会用这笔钱向退休人员发放养老金（要符合年龄以及其他条件的要求）。这一制度的目的是确保劳动者退休时能够得到一定的收入，因此它是个人退休计划的重要组成部分之一。不过，社会保障所提供的养老金不足以支撑绝大多数人的生活要求。2018年，社保养老金的最高限额约为2 800美元，而每个月养老金的平均值仅为1 400美元。因此，额外的退休计划很有必要，它能确保劳动者在退休后享受较好的生活品质。在讨论其他退休计划之前，我们先来了解一下社会保障的作用。

社保金的申请资格

社保金的申请资格要求申请人在申请之前已通过雇主代扣的社会保险税积累了40个积分。如果每个季度劳动者的工资收入至少达到了1 320美元（2018年），则劳动者每年可以获得4个积分。除了能在退休以后领到一笔养老金收入，一旦劳动者残疾，劳动者也能从社保体系领到一笔赔偿金；或者是在家庭的主要负担家计者去世以后，其他家庭成员可以从社保体系领到一笔福利金。上述内容我们已在第12章里讲过了。如果有资格申领社保金的人员（家庭的主要收入来源）死亡，那么社保体系向其他家庭成员提供了以下福利：

- 向配偶支付一笔一次性的赔偿金；
- 如果配偶年龄大于60岁或者是拥有一个年龄不满16岁的孩子，那么配偶每月可以领到一笔收入；
- 年龄不满18岁的孩子或年龄不超过19岁且正在就读全日制中学的孩子，可以每月领到一笔收入。

养老金

劳动者退休以后能领到多少养老金，主要取决于劳动者获得工资收入的年限以及平均工资水平。社保体系提供的养老金差不多相当于劳动者在工作期间年均工资收入的40％左右。不过，在调整以后，对低收入阶层的劳动者来说，这一比例有所提高，但是对高收入阶层的劳动者来说，这一比例有所降低。

劳动者可以从62岁开始领取养老金，但是实际领取额低于达到实足退休年龄以后领取的金额。不过，一般来说，提前退休领取的养老金总额与达到实足退休年龄后领取的养老金总额基本是相等的。在65岁（针对1938年之前出生的人员）至67岁（针对1960年及以后出生的人员）正式退休的人员可以领到全额养老金，具体适用于哪个年龄取决于退休人员的出生年份（养老金的申请年龄正在逐年提高）。如果你一直等到70岁才开始领取养老金，那么甚至能拿到更多的养老金。

你可以在获得社保福利的同时获得其他收入。如果你尚未达到实足退休年龄，而且你的工作收入超过了一定标准（2018年的标准线为17 040美元），那么此时你可以领取的社保养老金会被扣减一部分。等你达到实足退休年龄，你依然可以尽情地工作，同时还有资格获得足额的养老金。此外，你获得的一部分社保福利可能要纳税，具体取决于你的工作收入与个人其他的退休收入。你可以使用美国社会保障局官网估算自己能拿到多少退休收入。

人们对未来养老金的担忧

有些人在担忧将来退休人员是否还能通过社会保障项目领到养老金。现在退休人员的寿命更长，这意味着社保项目必须在更长的时间内向退休人员提供养老金。此外，将来退休人员的数量会越来越多，而为退休人员的养老金提供支撑的劳动者数量却越来越少。因此，由于社保项目的未来不确定性，很多人在制订退休计划时降低了对社保项目的依赖程度。

即使社保项目继续运行，退休后你所需要的收入额也大于社保能提供的福利金额。很多人通过雇主发起的退休计划或采用个人退休账户的方式来积累个人的退休资产。

固定收益型养老金计划与固定缴款型养老金计划

雇主发起的退休计划能帮助你实现为退休积累储蓄的目标。在每个工资周期，你与/或你的雇主要向退休账户内缴款。绝大多数此类账户内的资金可按照用户指定的方式来投资（具体可选的投资方式取决于你参加的特定退休计划所提供的选择范围）。个人向退休账户的缴款无须纳税，等到将来个人把资金从账户内提取出来时再纳税。如果你在 59.5 岁之前便从该账户提取资金，那么就要缴纳 10% 的提前支取税务罚金。退休后个人从退休账户内提取的所有资金均被视为一般性收入，要缴纳所得税。

雇主发起的退休计划可以分为固定收益型养老金计划与固定缴款型养老金计划两种类型。

固定收益型养老金计划

固定收益型养老金计划保证参与者在退休以后每个月能拿到一笔特定金额的养老金，养老金的具体数额取决于参与者的工资水平与工作年限。雇主负责退休账户的所有缴款义务。每个雇主计算养老金数额所使用的公式都不尽相同。而且，退休计划还要事先确定好雇员何时拥有一部分索取权，这意味着他们对退休计划累积的资金具有一部分索取权。例如，公司规定员工在工作两年后拥有 20% 的索取权，这意味着雇主缴款形成的退休计划累积金额的 20% 会被存入你的退休账户，即使你离开公司，这笔钱也不会被收回。随着你在同一家公司工作时间的延长，这一比例也将逐渐提高，比方说某些退休计划的章程明确说明员工工作六年后就可以获得 100% 的索取权（对个人退休账户内的资金拥有 100% 的所有权）。一旦你获得了 100% 的所有权，每年雇主缴纳的金额会被一直存放在你的退休账户里。这样的规定鼓励雇员在一家公司持续工作几年。固定收益型养老金计划的一大优势在于不需要雇员自己启动，养老金收益会自动累积。如果公司直接把工资支付给员工，那么某些不擅长为退休积累储蓄的员工也许会直接把钱花掉。因此，固定收益型养老金计划能帮助这样的员工为退休目标积累储蓄。

最近几十年以来，提供固定收益型养老金计划的公司数量呈锐减的趋势。在 20 世纪 80 年代初，私人部门发起的养老金计划中有 80% 是固定收益型养老金计划，然而如今只有 4% 的企业提供固定收益型养老金计划。不过，在公共部门，固定收益型养老金计划依然很常见。在受雇于州政府或地方政府的员工当中，超过 80% 的人员参加的正是固定收益型养老金计划。

固定缴款型养老金计划

固定缴款型养老金计划会明确说明员工与/或雇主向个人退休账户的缴款金额。员工最终能拿到多少养老金取决于退休账户的投资收益状况。员工可以自行决定账户内的资金如何投资。员工还可以调整或改变资金的投资方向。

正是因为具有这样的灵活性，固定缴款型养老金计划逐渐变得越来越流行，很多雇主将固定收益型养老金计划转换为固定缴款型养老金计划。固定缴款型养老金计划要求雇员承担起更多的缴款责任，而且要求雇员自行决定退休之前账户内的资金怎样投资。所以，你需要弄清楚固定缴款型养老金计划具有哪些优势以及如何估算这种养老金计划在较长时间内能累积多少退休储蓄额。

缴款决策。一部分参加固定缴款型养老金计划的员工犯了一个错误，那就是等了好久才开始为退休积累储蓄。他们年轻时根本不担心为退休准备储蓄的问题，因为他们相信等过一段时间再开始储蓄完全来得及。在这种心态的驱使下，他们把自己赚到的钱全部花光了。后来，随着年龄越来越大，他们不得不加快退休储蓄的步伐，这使得他们可用于消费的资金金额大幅度减少。于是，他们可能无法攒够充足的积蓄来享受惬意的退休生活。对于那些自身缺乏储蓄自律性的人来说，可以随意延迟退休储蓄这一特征其实是固定缴款型养老金计划的劣势之一。

固定缴款型养老金计划的优势。固定缴款型养老金计划也能给参与者带来很多好处。雇主向退休账户的所有缴款都相当于是在工资以外向员工发放的额外收入。此外，设立一个退休账户可以促使员工在每次领到薪水支票之前先把一部分收入自动转入退休账户。

固定缴款型养老金计划还能享受税收优惠待遇。雇主向退休账户的缴款可以延迟纳税，这是因为员工向退休账户内转入的资金会在税前从工资里扣除。假设你每年向退休账户缴款5 000美元，那么每年的应税收入总额就会减少5 000美元，这当然会降低你的税负。假设你适用的边际所得税税率为24%，那么每年应付所得税金额就会相应地减少1 200（＝24%×5 000）美元。

还要注意一点，退休账户获得的投资收益暂时不用缴税，直到某一天你退休以后把资金从账户里提取出来为止。这一特征非常有好处，因为这意味着账户内有更多的钱可供投资，因此账户的增值速度会比较快。此外，等到投资收益要纳税时（即你从退休账户里提取资金的时候），你适用的边际所得税税率也许会有所降低，因为退休后你的总体收入减少了。

退休账户的投资。绝大多数固定缴款型养老金计划是由雇主发起的，员工退休账户内资金的投资方式可享受一定程度的灵活性。一般来说，员工可以在各种各样的股票型共同基金、债券型共同基金和货币市场基金之间做出选择。员工退休账户的增值速度将取决于退休账户的投资收益状况。

个人退休规划决策

个人退休规划决策主要包括选择某个退休计划，决定每个月向退休账户缴款多少以及缴款额如何配置（投资）这几个问题。有些网站提供能帮助你做出上述决策的计算器。使用计算器可以帮助你了解退休规划过程中要做出取舍的几个关键点，从而做出满足个人特定需求的退休规划决策。接下来我们要一一讨论个人要做出哪几项退休规划决策。

你应当选择哪一种退休计划？

每个雇主发起的退休计划往往差异很大。某些雇主发起的退休计划允许员工的投资额高于其他退休计划。如果你的雇主提供了某种退休计划，那么你应当优先考虑参加这一计划，因为雇主很有可能会向该计划账户缴款。

缴款金额应确定为多高？

一项最重要的退休计划决策是要确定每次发工资时应当向退休账户缴纳多少金额，因为这一决定将会直接影响到退休以后账户内会累积多少储蓄用于生活支出。而当前你计划的退休以后的消费支出额又会对眼下你应当向退休账户存入多少缴款的决定造成影响。理财顾问通常会建议说，作为经验法则，退休后你每年的生活费大致相当于退休前工资的70%~80%。另一条经验法则是你的积蓄至少要相当于个人退休前工资的10~12倍，比方说某个人退休前能拿到70 000美元的薪水，那就意味着这个人在退休时至少需要积攒700 000~840 000美元的存款。不过，有些人打算勤俭度日，那么即使存款少一点，也能过得比较舒服。www.blackrock.com网站提供的退休生活支出工作表很有用，因为它能帮你厘清退休以后可能产生的所有生活支出项目。

退休后的医疗费用是经常被忽视的一笔大额支出。尽管人们到65岁时将有资格享受联邦医疗保险，但是仍然需要自己负担一部分医疗费用。联邦医疗保险的B部分（2018年，大多数人每月要为此支付134美元的保费）和D部分（处方药保险）要求投保人每月缴纳保费，这些费用将会从个人的社保金里扣除；同时，个人还需要购买联邦医疗补充保险。鉴于退休后的岁月还很长，这些费用累积起来是一笔不小的支出。假设一对夫妇都活到八十多岁，那么他们退休以后累积支付的医疗保险保费以及其他的医疗费用总额可能高达250 000美元，甚至更多。很多人在年轻时没有利用退休账户进行投资，因而也没有充分利用退休账户提供的节税功能。这些人之所以不愿意为了退休而储蓄，主要原因在于收益在距离现在非常遥远的未来。假如你现在25岁，那么距离退休还有好多年，你可能更愿意现在就把钱花掉以获得即时满足感。这样做的问题是如果你不早一点开始为退休而储蓄，那么将来临近退休时，每年你要积攒更多的存款才行。

鉴于我们很难准确预测退休后你需要获得多少收入才能维持一定的生活水平，因此一种较为保守安全的做法是假定社保体系不能在你退休后向你提供充足的收入，所以你应当坚持向自己的退休账户按照最大金额缴款并投资，尤其是当雇主承诺会根据员工的缴款额配套缴款时。另一种做法是你可以评估一下日常开支与流动性需求到底有多大，把这部分资金需求从收入内扣除，余下部分全部存入退休账户。

随着个人工资水平的提升，退休账户的缴款额也应当随之增加。如果你总是倾向于会把偿还了所有债务后余下的收入全部花光，那么不妨把退休账户的缴款看作是一笔债务。当你发现退休账户的资金余额不断累积的时候，退休储蓄这项任务会变得更加容易一些，因为你能目睹退休账户的余额是如何慢慢增值的。

退休账户如何投资？

当参加固定缴款型养老金计划的员工考虑改变投资方案时，无须担心这样的改变会对税负造成影响。等你退休以后从账户内取现时，所有被提取的资金均被视为是一般性收入，会根据个人适用的一般性收入所得税税率来缴税，不管所提取的资金是何种收益。绝大多数理财顾问会建议选择分散化投资，例如把大部分钱投资于一只或多只股票型共同基金或交易所交易基金，再把余下的钱投资于一只或多只债券型共同基金。

在制定退休账户投资决策时，你应当充分考虑自己距离退休还有多少年，具体如图表19.1所示。如果距离退休时日尚早，那么可以考虑选择主要投资于高成长性股票的共同基金或交易所交易基金等（例如资本升值型基金、技术基金以及国际股票基金或国际债券基金）。如果你临近退休，那么可以考虑国债基金以及只投资于高派息的超大型企业的股票型共同基金。某些投资产品（例如主要投资于国库券或银行存单的货币市场基金）风险相对较低，但是潜在收益也较低。绝大多数退休计划允许参与者选择各种各样的投资工具，以适应个人不同的风险承受能力。

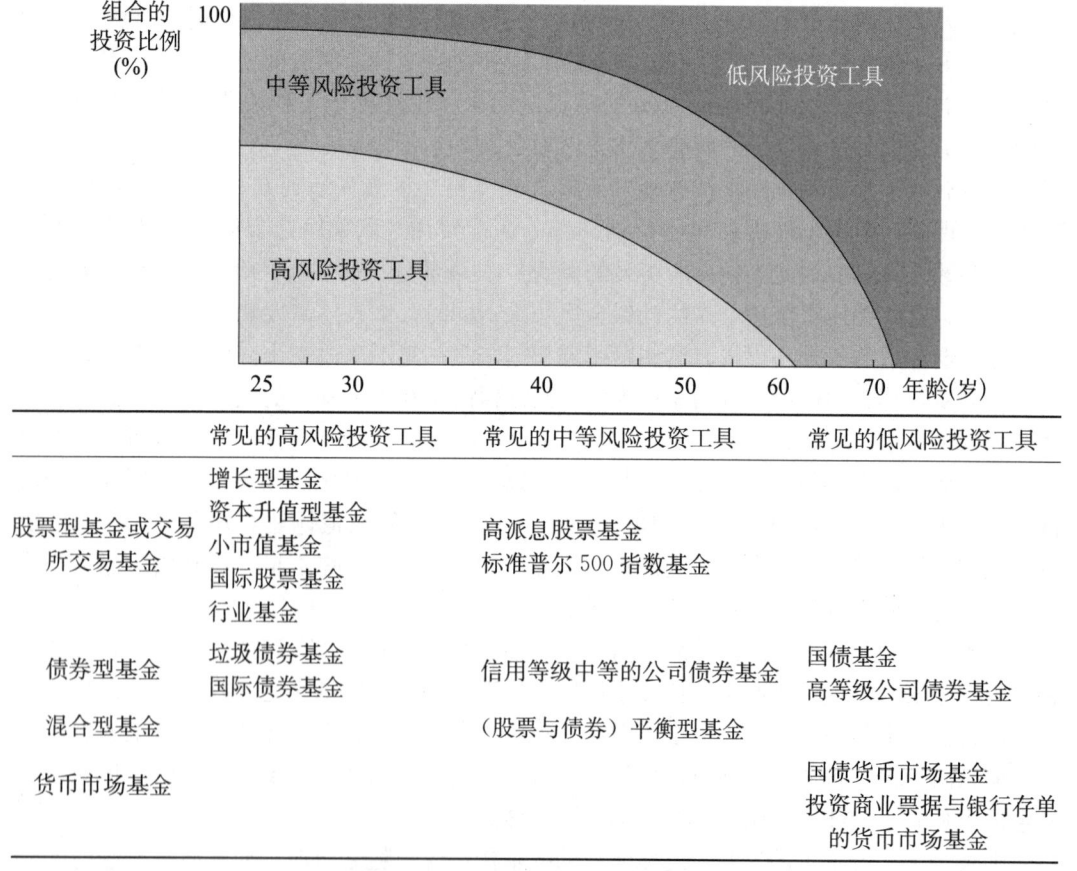

	常见的高风险投资工具	常见的中等风险投资工具	常见的低风险投资工具
股票型基金或交易所交易基金	增长型基金 资本升值型基金 小市值基金 国际股票基金 行业基金	高派息股票基金 标准普尔500指数基金	
债券型基金	垃圾债券基金 国际债券基金	信用等级中等的公司债券基金	国债基金 高等级公司债券基金
混合型基金		（股票与债券）平衡型基金	
货币市场基金			国债货币市场基金 投资商业票据与银行存单的货币市场基金

图表 19.1　退休账户投资组合的常见结构

如果你还年轻，距离退休尚早，那么可以承担更大的投资风险。不过，随着越来越临近退休，你的投资选择应当越来越保守。

退休时自己需要积累多少储蓄部分取决于退休以后你需要获得多少收入才能舒舒服服地享受生活。我们可用多种方法来计算你为达成退休目标要累积多少储蓄额。值得考虑的重要因素包括：目前你拥有多少资产与负债；你退休以后除了自己以外，是否还要负担其他人的生活；退休以后你自己还能活多少年。如前所述，你要想一想自己退休后打算做些什么。如果你计划到处旅游，那么退休后你的年收入要与之前工作时的年薪差不多才行。各种各样的在线计算器能根据使用者的输入值得到估算结果。

某些人在制定退休账户投资决策时，高风险投资工具的投资比例过高，因为一想到这些高风险投资工具具有创造超高收益的可能性，他们就能获得一种心理满足感。不过，这样的投资产品也有可能会造成巨额损失。所以，一些投资者用退休账户里的钱去赌未来的高收益，结果可能会导致自己无力承担巨额的亏损。在2008—2009年金融危机期间，很多投资工具的市场价值下跌幅度超过了50%。一些投资者相信即使这些投资工具的市场价格下跌了这么多，等到他们退休时应该也已经慢慢涨回来了。不过，很多高风险投资工具最终可能会变得一文不值，这让投资者们血本无归。于是，退休账户里的资金不足以支撑他们的退休生活，这会迫使他们延迟退休，再继续工作几年。

雇主提供的退休计划

接下来我们要仔细研究一下雇主提供的几种最受欢迎的固定缴款型养老金计划。

401（k）计划

401（k）计划是公司为其员工设立的固定缴款型养老金计划。联邦政府规定了员工每年的税前最高缴款额（2018年，税前最高缴款额为18 500美元，如果员工的年龄达到或超过50岁，则可以额外多缴款6 000美元）。一般来说，员工在公司工作一年以后便可以开始缴款。员工缴纳的款项会在税前直接从工资里扣除。不管员工是否离开了公司，他都拥有对401（k）计划缴款额100%的所有权。

雇主会为401（k）账户内的资金提供多种投资选择。例如，员工可以投资于一只或多只共同基金或交易所交易基金。这些基金不一定属于同一个基金家族，因此员工可以自由选择多家投资公司提供的共同基金产品。

有些公司还雇用了投资顾问，可以向员工提供投资建议，并根据员工的风险承受能力进行资产配置。每家公司的具体安排不同，因此资产配置的详细计划取决于负责管理员工401（k）账户的投资公司。投资公司要收取顾问费，通常每年的费率水平为0.2%～0.8%。按照要求，投资公司要公开披露费用总额、可供养老金计划选择的投资产品的历史收益状况、投资计划的目标以及投资策略等信息。具体的披露要求与共同基金比较相似。

雇主的配套缴款。 一些401（k）计划要求缴款全部来自员工，雇主不提供配套缴款。不过，也有一些雇主会根据员工的缴款额配套缴款。如果是一比一的配套缴款，那么员工缴款多少，雇主就要缴款多少，直到达到公司允许的最上限。打个比方，假如员工每个月缴款400美元，则雇主每个月会向员工的退休账户内配套缴款400美元。或者公司会按照一定的比例配套缴款。比方说假设员工每月的缴款额为400美元，而雇主按照50%的比例配套缴款，那么每月雇主会向员工的退休账户内缴款200美元。雇主提供的配套缴款额（如果有的话）对员工退休时账户内的累积余额具有很强的影响力。超过80%的提供401（k）计划的雇主会按照一定比例或全额配套缴款。

退休账户提现的税收问题。如果你在59.5岁之前从401（k）账户里提现，那么要支付相当于提现额10%的惩罚性的税负。另一种可能的情况是你的提现额被视为一般性收入，按照你个人适用的一般性收入所得税税率来纳税。不过，如果你已退休，而且在年满59.5岁后才从401（k）账户里提现，那么此时你也许没有其他收入来源，因此适用的边际所得税税率很低。所以说，401（k）计划能让员工的缴款额在长达数年的时间里延迟纳税；等到将来提现时，所适用的边际所得税税率可能比现在更低。

罗斯401（k）计划

有些公司将罗斯401（k）计划当做传统的401（k）计划的替代品。缴款人在向罗斯401（k）账户缴款时，要按照自己适用的边际所得税税率来纳税。罗斯401（k）计划的优势在于当员工从退休账户里提现时不需要纳税，而传统的401（k）计划在提现时要纳税。从本质上看，罗斯401（k）计划相当于向退休账户产生的利息以及资本利得收益提供了免税待遇。向罗斯401（k）账户缴款并没有收入水平的限制。

投资于罗斯401（k）计划还是传统的401（k）计划取决于目前你适用的边际所得税税率与预期未来你退休以后从账户内取现时适用的边际所得税税率哪一个更高。如果目前你适用的边际所得税税率很低，那么选择罗斯401（k）计划更好一些，因为缴款的纳税额很少，将来提现时就不用再纳税了。不过，有些人更喜欢传统的401（k）计划，因为传统的401（k）计划可以让缴款人延迟纳税，使他们获得更多的可支配收入。他们不太在意退休以后罗斯401（k）计划在税收方面的好处，即使这种好处大于传统的401（k）计划的即时税收优惠。

403（b）计划

非营利组织，例如教育机构与慈善组织，可以向员工提供403（b）计划。该计划与401（k）计划的相似之处在于都允许员工将一部分收入存入计划账户并享受税收递延的好处。员工的最高缴款额取决于员工的工资收入与工作年限，最高不超过18 500美元。

403（b）计划允许参与者自行选择投资产品。若参与者在59.5岁之前提现，则要被征收惩罚性的税金。若参与者在退休以后提现，则按照其个人适用的边际所得税税率来征税。

简化的员工养老金（SEP）计划

简化的员工养老金计划通常由雇主为自己和员工设立。这种计划不允许雇员自己缴款。雇主的缴款额最高不超过雇员年工资收入额的25%，2018年规定的年缴款额最高不得超过55 000美元。简化的员工养老金计划允许雇主灵活决定缴款额的多少。雇主可以按照员工的要求在投资公司、存款机构或证券经纪公司为员工设立SEP账户。如果在投资公司设立账户，则员工可以选择投资于该公司提供的各种共同基金产品。如果在存款机构设立账户，则员工可以投资于存款机构发行的存单产品。如果在证券经纪公司设立账户，则员工可以投资于个股、共同基金或交易所交易基金。为了避免支付罚金，员工必须在年满59.5岁以后才能从账户里提取资金，提现时要按照当时员工个人适用的边际所得税税率纳税。

雇员储蓄激励配套（SIMPLE）计划

雇员储蓄激励配套计划主要适用于员工人数不超过100人的企业。企业可以在投资公司、存款机构或证券经纪公司设立SIMPLE账户。在2015年，雇员的年缴款额最高不超过12 500美元（年满50岁的雇员可额外缴款3 000美元）。与前面我们提到的其他退休计划一样，这笔款项直到员工从账户提现时才需要纳税。因此，SIMPLE账户也能发挥收入税收递延的作用。此外，雇主可以按照员工缴款额的一定比例配套缴款。

利润分享制

某些企业实施的是利润分享制，根据特定的利润分享公式计算雇主向员工退休账户缴款的金额。每年，雇主的最高缴款额不超过雇员年工资收入的25%，按照2018年的规定，最高缴款额不得超过55 000美元。

员工持股计划（ESOP）

员工持股计划是指雇主将一部分公司的股票存入员工的退休账户。这一退休计划的劣势在于只投资一只股票，如果这只股票的市场表现糟糕，那么员工的退休账户将无法支撑退休后的生活需求。我们在第18章曾经讲过分散化投资的共同基金或交易所交易基金，其市场价值的波动性相对小一些，因为这种基金同时投资于多只股票，这些股票同时大幅度下跌的可能性不大。员工持股计划的风险水平通常高于选择分散化投资的共同基金的退休计划。

离开原雇主以后管理好自己的退休账户

当你离开原雇主另谋职业时，如果原雇主为你设立的退休账户的余额已经达到了5 000美元，那么你便可以继续保留这一账户。另一种做法是若新雇主允许的话（绝大多数雇主允许这样做），你可以把原雇主退休账户的余额转移到新雇主提供的退休账户中，这一转账过程是免税的。不过，有些雇主要为管理别处转入的退休计划收取高昂的年费。

你还可以在免税的条件下将公司退休账户内的资产转入个人退休账户（IRA），从而设立滚动式个人退休账户。很多发起共同基金的投资公司或证券经纪公司都能提供这样的服务，你只需提交申请表，就可以设立滚动式个人退休账户。通过将退休账户内的资产转入滚动式个人退休账户，你可以不必把退休账户内的资金以现金形式取出，因此可以继续享受税收递延的好处，并避免支付提前取现的罚金。为了实现滚动式个人退休账户的避税功能，你必须遵守很多严格的规定，因此在开立滚动式个人退休账户之前，一定要先去认真查看这些规定。

自由职业者的退休计划

自由职业者可以使用多种适用于受雇劳动者的退休计划。最受自由职业者欢迎的两种退休计划分别是简化的员工养老金计划和只有一位参与者的401(k)计划。

基奥计划

第一个为自由职业者制订的退休计划叫做基奥计划,"基奥"来源于起草法案、创造出这种退休计划的国会议员的名字。如今,基奥计划已经很少被人所用,因为其规则过于复杂,而且计划很难建立。不过,一些收入较高的自由职业者还在坚持使用这种退休计划。和其他退休账户一样,缴款额在存入账户时无须纳税,等将来个人退休以后提现时再纳税。

简化的员工养老金计划

简化的员工养老金计划也可为自由职业者所用。如果你是自由职业者,那么每年最多可以把净收入的25%存入该退休账户,2018年联邦政府规定,年缴款额最高不得超过55 000美元。你可以自由选择在投资公司、存款机构或证券经纪公司开立SEP账户。SEP账户的设立要比基奥计划账户更简单一些。另一种选择是建立只有一位参与者的401(k)计划,即所谓的单人401(k)计划或个人401(k)计划。它与雇员的401(k)计划有相同的规则和缴款限制。

个人退休账户

你还应当考虑一下是否设立一个个人退休账户。个人退休账户主要可分为两大类型:传统的个人退休账户与罗斯个人退休账户。

传统的个人退休账户

传统的个人退休账户能帮助劳动者实现为退休而储蓄的目标。传统的个人退休账户允许你每年投资一定的金额(2018年个人为5 500美元,已婚夫妇为11 000美元),全部缴款额都可被用来进行税负抵扣。50岁或以上的个人每年可以额外多缴款1 000美元。收入超过一定标准的个人或已婚夫妇对个人退休账户的缴款不再具有税负抵扣作用(2018年的规定是个人年收入不超过63 000美元,已婚夫妇年收入不超过101 000美元)。每年的最高缴款额经常会视通货膨胀的情况而定期调整。不过,如果个人已经参加了雇主发起的退休计划,而且总收入超过了一定的标准(2018年个人为73 000美元,已婚夫妇为121 000美元),那么每年存入传统的个人退休账户的缴款额将不再享受税负抵扣待遇。低收入人群(2018年的低收入标准为个人年收入低于31 500美元,已婚夫妇年收入低于63 000美元)向传统的个人退休账户的缴款最高可享受1 000美元的免税额。这笔免税可以用来冲抵应缴纳的税金。个人可以在下一年的纳税申报日(通常为4月15日)之前向个人退休账户缴款,目的是充分利用上一年度的税收抵扣优惠。

向个人退休账户缴款后,投资哪些产品取决于退休计划的发起人。例如,如果你在先锋共同基金家族建立了自己的个人退休账户,那么你就可以在先锋共同基金家族包含的60多种共同基金和交易所交易基金之间进行投资配置。59.5岁以后,个人可以开始提取个人退休账户内的资金。在提现时,个人要按照当时自己适用的一般性收入所得税税率来纳税。如果个人未到59.5岁便开始提取资金,那么除了要缴纳资金被视为一般性收入所应缴纳的所得税以外,一般还要支付一笔罚金,罚金金额相当于提现额的10%左右。

罗斯个人退休账户

罗斯个人退休账户是传统的个人退休账户的替代品,个人要在缴款时先支付相应的税金,不过将来雇员从账户内提取资金时便不用再纳税了,前提条件是个人年满59.5岁,而且罗斯个人退休账户的建立时间至少达到了5年。罗斯个人退休账户与传统的个人退休账户的主要区别在于罗斯个人退休账户要求雇员在缴款时立即纳税,而传统的个人退休账户则要求雇员从账户提现时才纳税。罗斯个人退休账户规定了收入低于一定水平的个人将税后收入存入该账户的最高缴款额(2018年,个人的最高缴款额为5 500美元,已婚夫妇的最高缴款额为11 000美元)。50岁或以上的个人还可以在此基础上额外多缴一些,具体规定与传统的个人退休账户一样。59.5岁以后,个人便可以开始从罗斯个人退休账户里提取资金。个人可以同时投资于罗斯个人退休账户与传统的个人退休账户,但是两种类型的个人退休账户的缴款总额不得超过一定标准。比方说,你目前单身,今年已按照最高限额向罗斯个人退休账户缴款,那么就不能再向传统的个人退休账户缴款。如果今年你向罗斯个人退休账户缴纳的缴款额比最高限额少1 000美元,那么就还可以向传统的个人退休账户缴款1 000美元。每年个人向这两种个人退休账户缴款的比例可以经常变化,但是缴款总额不得超过最高标准。

收入水平超过一定标准的个人没有资格设立罗斯个人退休账户。例如2018年的规定是对于联合报税的已婚夫妇而言,若其每年调整后的总收入为189 000~199 000美元,则他们将逐步失去设立罗斯个人退休账户的资格;若其每年调整后的总收入超过了199 000美元,则他们没有资格申请罗斯个人退休账户。对于单身纳税人来说,若其每年调整后总收入为120 000~135 000美元,则他将逐步失去设立罗斯个人退休账户的资格;若其每年调整后的总收入超过了135 000美元,则他没有资格申请罗斯个人退休账户。

罗斯个人退休账户与传统的个人退休账户的对比分析

为了说明罗斯个人退休账户与传统的个人退休账户之间的差别,接下来我们来看一看向这两种个人退休账户分别存入4 000美元,结果会怎样。

传统的个人退休账户相对于罗斯个人退休账户的优势。个人存入传统的个人退休账户的缴款额在缴款时不需要纳税,直到将来个人从退休账户提取资金时再纳税。与之相反,罗斯个人退休账户要求个人在缴款时先纳税。比方说,假设你的缴款额为4 000美元,你适用的边际所得税税率为24%,那么向罗斯个人退休账户缴款4 000美元时你要先支付960(=4 000×24%)美元的税金。如果你把这笔钱存入传统的个人退休账户而非罗斯个人退休账户,那么就无须在缴款时纳税。

罗斯个人退休账户相对于传统的个人退休账户的优势。假设你每年都向个人退休账户缴款,而且能获得不错的投资收益率,那么个人退休账户的余额会逐年增长。假设你已经退休了,在连续多年向个人退休账户缴款以后,你从账户里提取了10 000美元的资金。

如果你是从罗斯个人退休账户提取了 10 000 美元,那么提现时无须纳税。反过来,如果你是从传统的个人退休账户取出 10 000 美元,那么你要按照自己适用的边际所得税税率为这笔钱纳税。如果取现时你适用的边际所得税税率为 24%,那么纳税额就等于 2 400 (=10 000×24%)美元。所以,与罗斯个人退休账户相比,传统的个人退休账户会让使用者在取现时多支付 2 400 美元的税金。罗斯个人退休账户的投资收益可以在免税的环境下逐年累积,然而传统的个人退休账户要对取现额征税。

影响个人选择的因素。 那么哪一种个人退休账户更好呢?这个问题的答案取决于多个因素,其中包括个人向退休账户缴款时适用的边际所得税税率与个人从账户内取现时适用的边际所得税税率。如果目前个人适用的边际所得税税率很高,预期将来从退休账户内提取资金时边际所得税税率能有所降低,那么传统的个人退休账户更有优势。因为初始的缴款额不用纳税,所以当个人还在工作、还要按照较高的边际所得税税率纳税时,这一免税优势十分突出。等到退休以后从个人退休账户提取资金时,由于此时个人没有太多其他收入,因此即使要纳税,个人所适用的边际所得税税率也会相对较低。

另一个相反观点认为如果你在雇主发起的退休账户与个人退休账户里积累了一大笔钱,等到退休以后每年都要从上述账户里提取大笔资金,那么很有可能到时候还是要按照较高的边际所得税税率来纳税。在这种情况下,选择罗斯个人退休账户,在缴款时先把税金付清也许比退休后取现时再纳税更好一些。

年金

在进行退休规划时,你还应当考虑一下年金。年金是指一种金融契约,约定每年支付一定的金额,直到某一特定年份或终生。年金的最低投资额通常为 5 000 美元。年金的投资额不能免交所得税。所以,如果你向年金投资了 5 000 美元,那么应税收入并不能因此而减少 5 000 美元。但是,年金的投资收益是免税的,因此年金获得的所有收益在向投资者派发之前是无须缴税的(这意味着向投资者派发投资收益时是要缴税的)。虽然年金也能让你的投资享受到税收递延的好处,但是显然其税收优惠的幅度小于退休账户。因此,年金并不是退休计划的合适替代品。

固定年金与可变年金

年金可分为固定年金与可变年金两种类型。固定年金能向投资者提供特定收益率,因此投资者事先准确知道未来某个时点自己能拿到多少钱。可变年金允许投资者自行将投资资金在多个子账户(特定的股票投资组合与债券投资组合)之间进行分配,因此投资收益率取决于这些子账户的投资业绩。不过,可变年金不会向投资者担保可获得一定的投资收益率。投资者能拿到多少钱取决于自己选择的投资产品的收益状况。投资者可以定期调整或更换投资产品。投资者可以一次性把投资额全部提取出来,也可以在一段时间内多次提取。

可变年金一般会提供死亡赔偿金,因此当你去世后,你的继承人能拿到一笔赔偿金,金额等于年金账户的余额或你的初始投资额两者之中的较大者。在绝大多数情况下,年金投资账户的价值会逐渐升值,因此确保继承人能拿到初始投资额的担保其实意义并不太大。而且,向个人出售年金产品的公司还要为将来死亡赔偿金的支付收取一笔费用,这笔费用往往比预期支付的赔偿金高得多。

年金的费用

年金的主要缺陷在于出售并负责管理年金产品的金融机构要收取高额的费用。年金的费用包括每年收取一次的管理费（与共同基金类似）以及解约费用。若客户在买入年金后的前八年左右提取资金，则金融机构要收取一定的解约费用。收取解约费用的目的在于抑制客户把资金从年金账户里提取出来。某些年金产品允许客户由某种类型的年金转换为另一种类型的年金，但是当客户转换年金产品时，金融机构通常也要收取解约费用。如果你在买入年金产品后不久就把资金提取出来，那么此时的解约费用特别高。随着持有年金产品的时间越来越长，客户提取资金时支付的解约费用会逐渐降低。此外，还有一笔所谓的"保险费"，本质上这笔费用是在向对客户推销年金产品的销售人员支付佣金。佣金一般相当于个人客户投资额的 5.75%～8.25%。一些保险公司备受批评，因为它们雇用的经纪人太过热情地向客户推销各种年金产品，根本不考虑客户的实际需求。由于经纪人的佣金收入取决于他们能卖出多少产品，因此有时候为了促成交易，经纪人会故意对年金产品的劣势避而不谈。

如今一些金融机构还能提供不收费年金，这种年金不收取佣金，而且管理费也相对较低。例如，先锋公司的可变年金产品每年的总费率仅相当于投资额的 0.58%～0.86%，低于很多共同基金的费率水平。

估算未来的退休储蓄额

当你考虑退休账户应缴款多少以及如何投资时，自然而然想到的一个问题便是这一决定会对将来退休时积累的储蓄额造成多大的影响。

回忆一下，我们在第 3 章曾经讲过如何使用附录 C 提供的终值系数表（表 C.1）来计算今天的投资在未来的终值。你需要知道以下信息：
- 投资的金额；
- 投资的预期年收益率；
- 投资持续的时间长度。

案例

你正在考虑今年投资 5 000 美元，这笔投资要在账户里存放 40 年，直到 40 年后你退休时为止。你相信这笔投资能获得 6% 的年收益率。根据上述信息，你估计 40 年后这笔投资的终值应当等于：

40 年后的终值 = 投资 × $FVIF_{6\%,40}$
= 5 000 × 10.285
= 51 425（美元）

在使用计算器计算上式时，由于四舍五入，你得到的最终结果可能不同。请注意，等你退休时，这笔 5 000 美元投资的终值已经超过了 50 000 美元。

输入	函数
40	N
6	I
−5 000	PV
0	PMT
CPT	FV

答案: 51 429

估算年金投资的终值

如果你计划为了退休目标每年都储蓄一定的金额，那么可以轻松算出退休时自己能积累多少储蓄额。回忆一下，每年一笔现金流加在一起就叫做年金。我们可以使用附录C提供的年金终值系数表（表C.3）来计算年金的终值。你需要知道以下信息：

- 年金的每期支付额（投资额）；
- 年金投资的预期年收益率；
- 年金投资的持续时间。

年金的大小与退休储蓄额的关系。 我们要分析一下每年的储蓄额会对退休时个人持有的累积储蓄额带来多少影响。如图表19.2所示，假设年收益率为6%，且连续缴款40年，每年年末你每多缴1 000美元，则退休时就能多积攒154 760美元。

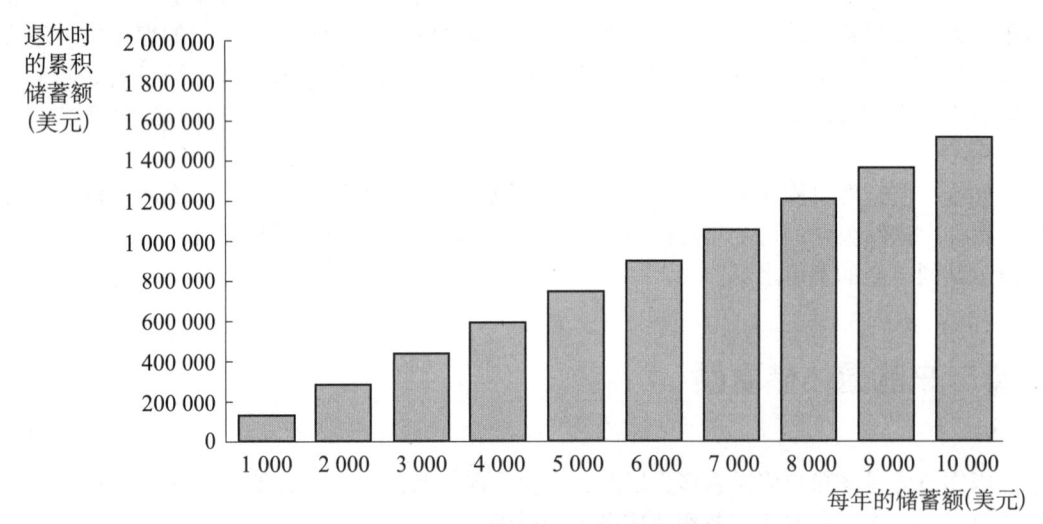

图表 19.2　每年的储蓄额与退休时的累积储蓄额之间的关系
（40年后，假设年收益率为6%）

案例

斯蒂芬妮·斯普拉特正在考虑是否应当开始向自己的退休账户缴款。虽然她还有40年才退休，但是她想确保退休以后能过上舒舒服服的生活。她决定每年通过雇主发起的固定缴款型养老金计划向退休账户缴款3 600美元（每个月缴款300美元）。她的雇主每年可以向退休账户提供1 400美元的配套缴款。因此，斯蒂芬妮的退休账户每年的缴款总额为5 000美元。斯蒂芬妮要适当减少消费开支，而且要等到40年后退休时才能动用退休账户里的资金。不过，每年的缴款额能帮助斯蒂芬妮降低税负，因为退休账户的缴款额不需要缴纳所得税，直到退休时斯蒂芬妮从退休账户提取资金时再纳税。

斯蒂芬妮想计算一下在每年缴款5 000美元的条件下，40年后她的退休账户能累积多少余额。她预期能获得8%的年收益率。她可以使用年金终值系数表（见附录C）计算40年后年金的终值。40年后斯蒂芬妮退休时年金的终值等于：

退休账户的储蓄额 = 年缴款额 × $FVIFA_{8\%,40}$
= 5 000 × 259.06
= 1 295 300（美元）

输入	函数
40	N
8	I
0	PV
5 000	PMT
CPT	FV

答案
1 295 282

> 由于存在四舍五入，使用计算器得到的计算结果可能略有不同。
> 　　斯蒂芬妮意识到自己有可能高估了投资收益率，于是她又根据 5% 的预期年收益率重新计算了一下：
> $$\text{退休账户的储蓄额} = \text{年缴款额} \times FVIFA_{5\%,40}$$
> $$= 5\,000 \times 120.797$$
> $$= 603\,985 \text{（美元）}$$
> 　　即使是采取更为保守的估计值，斯蒂芬妮也意识到等自己退休时，退休账户的累积余额至少已经超过了 600 000 美元。

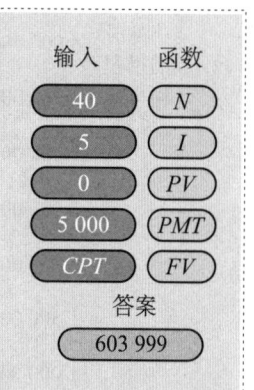

输入	函数
40	N
5	I
0	PV
5 000	PMT
CPT	FV

答案：603 999

储蓄的年份数与退休储蓄额的关系。 退休时个人能积累多少储蓄额还与资金存放在退休账户里的年份数有关。正如图表 19.3 所示，年储蓄额的投资时间越长，则退休时账户的累积储蓄额就会越高。如果你计划 65 岁退休，那么若你从 35 岁开始每年储蓄 5 000 美元（这意味着在退休之前，你要坚持储蓄 30 年），则退休时你能获得大约 395 000 美元的储蓄额（假设投资的年收益率为 6%）。不过，如果你从 25 岁开始每年储蓄 5 000 美元（这意味着在退休之前，你要坚持储蓄 40 年），那么退休时你能获得大约 774 000 美元的储蓄额。

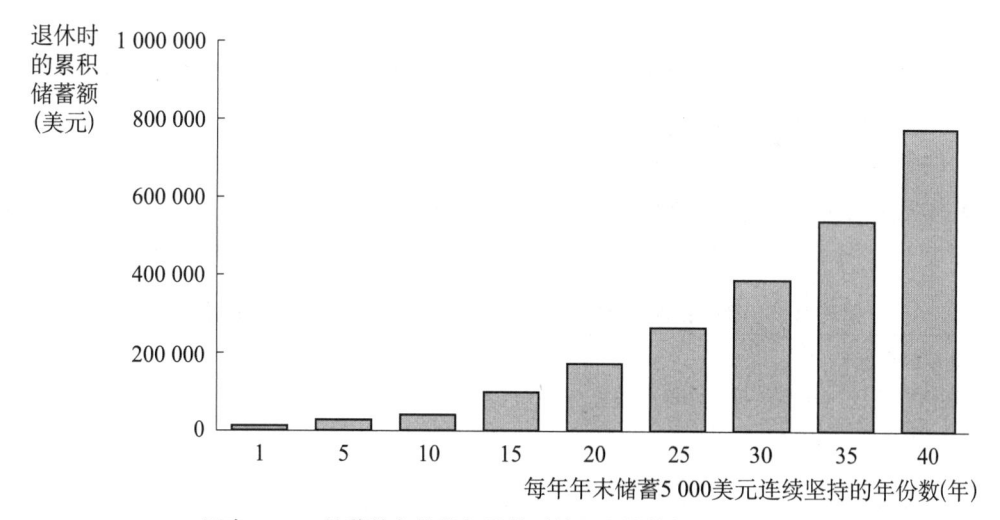

图表 19.3　储蓄的年份数与退休时的累积储蓄额之间的关系

（假设每年储蓄 5 000 美元，年收益率为 6%）

年收益率与退休储蓄额的关系。 退休时你能积累多少储蓄额，还要取决于每年你能获得多高的投资收益率，具体如图表 19.4 所示。10% 的年收益率能让投资者获得的累积储蓄额比 6% 的年收益率多出大约 140 万美元。不过，我们也应注意到，追求更高的投资收益率同时也会导致风险水平上升。

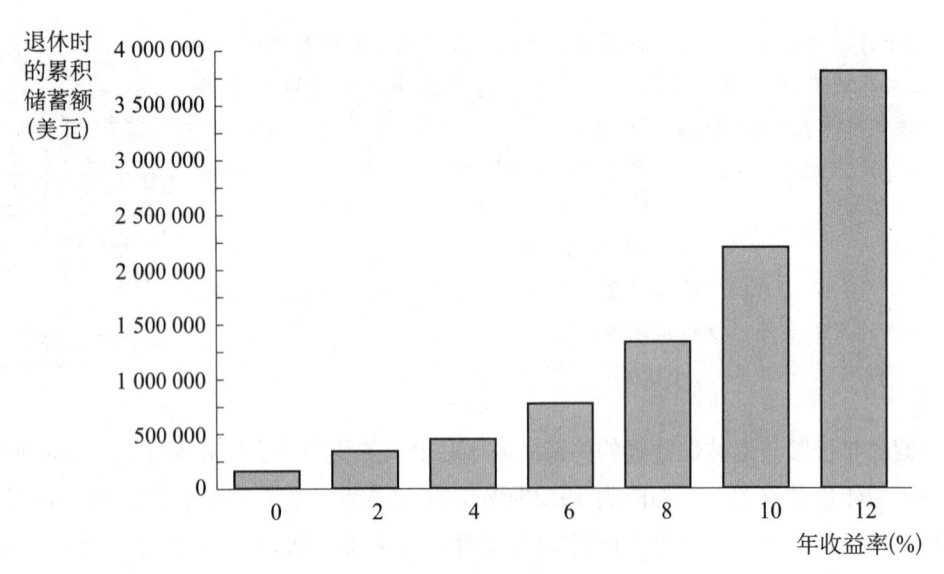

图表 19.4　投资的年收益率与退休时的累积储蓄额之间的关系
（40 年后，假设每年储蓄 5 000 美元）

退休计划与个人理财计划的匹配程度

下面我们列出的这几项有关退休计划的关键决定应当被包含在个人理财计划当中：
- 你是否应当投资退休账户？
- 你应当向退休账户投资多少钱？
- 你应当对退休账户内的资金进行怎样的资产配置？

图表 19.5 举例说明了斯蒂芬妮·斯普拉特的退休计划与个人理财计划的匹配程度。

图表 19.5　斯蒂芬妮·斯普拉特的退休计划与个人理财计划的匹配程度

退休计划的目标
1. 确保我退休时拥有足够的经济能力。
2. 降低目前的所得税税负。

分析

退休计划的类型	好处
雇主提供的退休计划	我计划每年从工资里拿出 3 600 美元（税收递延）存入退休账户。此外，我的老板还能提供 1 400 美元的配套缴款。
传统的个人退休账户或罗斯个人退休账户	我可以每年从工资里拿出一部分钱（税收递延）存入传统的个人退休账户。另一种做法是定期向罗斯个人退休账户缴款，缴款时要先支付所得税，但是将来退休以后从账户提取资金时不用再纳税。
年金	我可以向年金账户缴款，以此作为其他退休计划的补充。年金产品唯一的税务优势在于年金投资获得的所有收益暂时不用纳税，等到将来退休后提取资金时再纳税。

续表

决定

有关我是否应当参加退休计划的决定：
即使将来等我退休时还能拿到社保金，这笔钱也不足以满足退休后生活的需要。由于退休计划能提供非常明显的税收优势，因此我应当参加退休计划。我计划充分利用雇主提供的退休计划。我打算每年缴款3 600美元，雇主会配套缴款1 400美元。传统的个人退休账户与罗斯个人退休账户都很不错。虽然过去我从未向这两种退休账户缴款，但是我计划尽快开始这样做。目前年金对我来说没什么吸引力。

有关退休账户缴款金额的决定：
我应当尝试着按照最高许可金额向雇主提供的退休计划、传统的个人退休账户以及罗斯个人退休账户缴款。这些缴款将会使得可用于其他储蓄或投资项目的资金有所减少，但是由于退休账户可享受税收优惠待遇，因此这样做还是值得的。我要确保留足能应付每月生活支出的收入，同时还要保持充足的流动性。除此以外，我要尽可能地向退休账户缴款。

有关退休账户的资产配置问题：
我计划将退休账户的资金投资于股票型共同基金与债券型共同基金。我会把70%～80%的资金投资于几只高度分散化的股票型共同基金，余下的资金投资于分散化的公司债券基金。

讨论题

1. 如果斯蒂芬妮是拥有两个孩子的单身母亲，那么她的退休计划会有什么不同？
2. 如果斯蒂芬妮现年35岁，那么她的退休计划会有什么不同？如果她现年50岁呢？

小结

社会保障的作用。社保体系能向退休人员提供收入，让他们有能力在退休后维持生活。不过，对绝大多数人来说，社保体系提供的收入根本不足以让他们享受舒适的生活。因此，个人必须参加退休计划，以便将来退休时能获得其他收入来源。

固定收益型养老金计划与固定缴款型养老金计划。雇主发起的退休计划一般分成固定收益型养老金计划与固定缴款型养老金计划两种类型。固定收益型养老金计划承诺雇员退休时可以拿到一定金额的养老金，具体金额取决于员工的工资水平以及工作年限。固定缴款型养老金计划规定了可存入退休账户的最高缴款额。个人可以自由决定投资多少以及投资于哪一种金融产品。

退休规划决策。两项最重要的退休规划决策包括向退休账户缴款多少以及如何进行投资。若雇主愿意向你的退休账户提供配套缴款，那么为了充分利用公司的配套缴款政策，你应当尽可能多地向退休账户缴款。此外，你还应当尽量按照最高金额缴款，即使这样做会导致可用于其他投资用途的资金有所减少。绝大多数理财顾问都建议把退休账户内的大部分资金投资于一只或几只分散化投资的股票基金或交易所交易基金，余下的资金则投资于分散化的债券基金。具体的资产分配方案取决于个人的风险承受能力。

雇主提供的退休计划。雇主提供的退休计划包括401（k）计划、403（b）计划、简化的员工养老金计划、雇员储蓄激励配套计划、利润分享制以及员工持股计划等。这几种产品的优势比较相似，都鼓励用户为退休目标多多储蓄，而且能递延缴纳所得税。每种退休计划的申请资格要求及其他特征存在一定程度的差异。

除了上述这些退休计划以外，某些企业开始于2006年提供罗斯401（k）计划。罗斯401（k）计划的优势在于员工将来退休后从账户提取资金时不用纳税。不过，当员工向退休账户缴款时要先支付所得税。要在传统的401（k）计划与罗斯401（k）计划之间做出选择的个人，必须对比一下传统的401（k）计划提供的税收递延的好处与罗斯401（k）计划在提现时无须纳税的好处哪一个更有吸引力。

自由职业者的退休计划。自由职业者可以使用简化的员工养老金计划，每年的最高缴款额不得超过净收入的25%，按照2018年的规定，最高缴款额不得超过55 000美元。除此以外，自由职业者还可以使用只有一位参与者的401（k）计划，其适用的规则和限制与雇员的401（k）计划一样。收入较高的自由职业者可以选择基奥计划。

个人退休账户。除了雇主提供的退休账户以外，个人还可以设立个人退休账户，例如传统的个人退休账户与罗斯个人退休账户。

年金。年金是一种金融契约，约定每年支付一定的金额，直到某一特定年份或终生。年金的投资收益可享受税负递延待遇，因此年金的投资收益暂时无须纳税，直到投资收益被派发给投资者时再纳税。不过，年金能实现的税负递延的好处显然比不上退休账户。

估算个人退休账户的终值。我们可以根据你计划的每年投资额、预期年收益率以及现在距离退休还有多少年估算出未来你的退休账户余额。未来退休时账户的余额本质上就是年金的终值。

退休计划与个人理财计划的匹配程度。在工作时，你要为未来的退休准备好资金。等到将来退休后有更多的时间来休闲享乐时，这能让你手里有钱，花起来更大方。年轻时就应开始进行退休计划，这对你未来退休时累积的财富值具有重大的影响力。

复习题

1. 社会保障。社会保障如何与退休计划结合起来使用？够资格申请社会保障的个人能获得哪些好处？个人从何时开始领取社保金？

2. 医疗与退休。讨论一下退休人员主要关心的医疗问题。

3. 养老金。如何计算社保体系提供的养老金的金额？列出几个会影响个人养老金数额的因素。

4. 有关社保体系的担忧。讨论一下目前人们对社保体系的担忧。

5. 雇主发起的退休计划。详细说明雇主发起的退休计划一般如何运作。

6. 固定收益型养老金计划。什么是固定收益型养老金计划？索取权是什么意思？获得完全索取权是什么意思？

7. 固定缴款型养老金计划。什么是固定缴款型养老金计划？为什么有些雇主转而使用这种类型的养老金计划？列出固定缴款型养老金计划能给雇员带来的几项好处。

8. 退休规划决策。简要讨论一下个人必须做出哪几项最关键的退休规划决策。

9. 401（k）计划与403（b）计划。讨论一下401（k）计划的基本特征。什么是403（b）

计划?

10. 罗斯401（k）计划。罗斯401（k）计划与传统的401（k）计划有何区别？

11. 雇主的配套缴款。什么是雇主的配套缴款？为什么充分利用雇主的配套缴款很重要？

12. 账户缴款的投资。当决定固定缴款型养老金账户内的资金应当如何投资时，你需要考虑到哪些因素？

13. 简化的员工养老金计划与雇员储蓄激励配套计划。对比一下简化的员工养老金计划与雇员储蓄激励配套计划有何异同。

14. 员工持股计划。讨论一下员工持股计划。

15. 利润分享制。什么是利润分享制？利润分享制的缴款有哪些限制要求？

16. 退休账户。讨论一下员工离开原雇主以后可通过哪些方式管理退休账户。

17. 自由职业者的退休计划。简要介绍一下适合自由职业者的两种退休计划。

18. 个人退休账户。比较一下传统的个人退休账户与罗斯个人退休账户的异同点。讨论一下这两种退休账户各自具有哪些优势。个人选择哪一种退休账户的决定会受到哪些因素的影响？

19. 年金。什么是年金？固定年金与可变年金有何区别？年金的主要劣势是什么？

20. 年金的费用。什么是解约费用？固定年金与可变年金有何区别？年金的主要劣势是什么？

21. 退休账户。为什么退休账户比其他可用于实现退休目标的投资产品更有好处？讨论一下退休计划的有效策略。

22. 对退休所需资金的估算。当我们估算为退休目标而准备的投资产品的终值时，哪些因素会对退休时能获得的资金额造成影响？解释一下。

23. 对退休所需资金的估算。当我们估算每年投资并连续多年的投资产品未来的终值时，哪些因素会对退休时能获得的资金额造成影响？

24. 退休账户的税收优惠。解释一下相比于投资其他账户，投资于退休账户能获得哪些税负方面的好处？

25. 退休计划。退休计划的主要优势是什么？

26. 退休计划与年龄。为什么在年轻时就开始进行退休计划很重要？

27. 社保福利与退休年龄。个人的退休年龄对未来个人退休以后获得的社保福利有何影响？

理财规划练习题

1. 退休资金。巴里刚刚够资格参加雇主提供的退休计划。巴里现年35岁，他打算65岁退休。巴里计算了一下，他可以每年向退休计划缴款3 600美元。巴里的雇主可以提供配套缴款。如果巴里能获得8%的投资收益率，到了退休时，他一共能拿到多少钱？

2. 退休资金。如果巴里（见第1题）从25岁开始向退休计划缴款，那么等到退休时他一共能拿到多少钱？

3. 退休资金。如果巴里从35岁开始缴款，年收益率为10%，那么退休时他能拿到多少钱？

4. 退休资金。假设年收益率为8%，如果巴里自35岁开始每年再额外缴款1 000美元，而且他的雇主也会同时配套缴款，那么等到退休时，巴里一共能拿到多少钱？

5. 退休资金。如果玛丽每年向退休账户缴款7 000美元，该账户的年收益率为6%，那么10年后，退休账户的累积余额将达到多少美元？这其中有多少账户缴款被投资后获得的增值收益？

6. 托马斯每年的收入为45 000美元。在下列情况下，托马斯应当选择哪种类型的退休计划？

   a. 他在一家大型私营企业工作。

   b. 他在大学工作。

   c. 他是一家小企业的老板，手下有若干名员工。

7. 退休计划。蒂莉打算每年将2 500美元的税前收入存入退休账户或直接投资于股票。蒂莉更倾向于用这笔钱投资股票，因为她感觉股票投资具有更大的灵活性，而且潜在收益更高。蒂莉打算30年后退休。如果她把这笔钱存入退休账户，那么年收益率为7%。如果她用这笔钱投资股票，那么年收益率为9%。蒂莉适用的边际所得税税率为24%。

   a. 如果蒂莉把所有的钱都存入退休账户，等到退休时再把退休账户内的所有存款都提取出来，那么她的税后收入应当是多少美元？

   b. 如果蒂莉把所有的钱都投资于股票，那么退休时能拿到多少钱？（提示：记住，在投资之前，蒂莉的收入要先缴纳所得税。）

   c. 假设资本利得税的税率水平为15%，股票投资的税后价值等于多少美元？

   d. 蒂莉应当把钱存入退休账户还是投资于股票？

8. 从退休账户提取资金。特洛伊和莉莉需要更多的现金，于是他们决定从传统的个人退休账户里提取8 000美元的现金。他们俩现在都是40岁，适用的边际所得税税率为24%。这笔提款扣除税负以后剩下多少美元？

9. 传统的个人退休账户。莉萨和马克结婚时刚刚22岁。到30岁生日之前，他们每年都向传统的个人退休账户存入4 000美元。到了30岁时，他们买了一套房子。虽然他们继续向雇主提供的退休计划缴款，但是没有再向传统的个人退休账户缴款。如果他们能获得9%的平均年收益率，那么等到60岁时，他们的传统的个人退休账户内的余额会变成多少美元？他们的总投资额会增值为多少美元？

10. 传统的个人退休账户。里基和莎伦22岁结婚，他们买了一套房子。到了30岁时，他们开始每年向传统的个人退休账户缴款5 000美元。直到60岁时，他们一直在坚持缴款。如果他们的投资平均能获得8%的收益率，那么等到60岁时，他们的传统的个人退休账户内的余额将会变成多少美元？他们的总投资额会增值为多少美元？

11. 节税额。劳埃德和他的妻子吉恩所在的公司没有提供退休计划，但是他们每年向传统的个人退休账户缴款4 000美元。他们适用的边际所得税税率为24%。这些缴款每年能给他们节省多少税负？

12. 雇主的配套缴款。以斯拉所在的企业提供100%的退休账户配套缴款，最高不超过以斯拉年薪的4%。如果以斯拉将自己100 000美元年薪的4%存入退休账户，假设该账户能获得8%的年收益率，那么20年后，这个退休账户的累积存款将会是多少美元？

13. 利润分享制。塞德里克所在的企业向员工提供的退休计划是利润分享制的。假设2018年塞德里克的收入为133 000美元，那么他的雇主可以向塞德里克的退休账户缴款的最高额是多少美元?

14. 道德困境。自20岁出头结婚以来,南希和阿尔一直在为退休做计划。等到他们40多岁时,两个孩子开始上大学了,他们发现自己很难存下钱,害怕将来自己的积蓄无法实现退休目标。南希有一位富有的叔叔查理,他向南希保证什么也不用担心,他说:"你是我最喜欢的侄女,你对我这么好,我会把我所有的遗产都留给你。"南希和阿尔开始花费大量的时间与精力让查理叔叔尽可能舒舒服服地度过晚年时光。

由于事先知道自己能拿到遗产,因此南希和阿尔都以为自己退休后也能过上舒适的生活。10年后,查理叔叔过世了。在宣读遗嘱时,南希惊讶地发现查理叔叔对她的四位堂兄妹都说过同样的话。遗嘱宣读完毕,他们五人吃惊地发现查理叔叔把价值高达200万美元的全部遗产都捐献给了流浪猫之家。

a. 全面分析讨论一下查理叔叔的行为是否道德。
b. 看看南希和阿尔的遭遇,你从中能吸取到有关退休计划的哪些经验教训?

个人理财的心理学:退休目标

1. 某些人发现,要求雇主自动将一部分收入打入退休账户能帮助他们更加容易地执行退休计划。介绍一下你的退休计划。目前你是否已开始向退休账户缴款?如果已开始,那么你选择的是固定缴款型养老金计划吗?

2. 阅读一篇研究心理因素对退休账户投资决策的影响的文章。你可以使用类似于"心理"与"退休账户投资"的关键词在互联网上找到多篇相关文章。总结一下这篇文章的主要观点。

综合案例:桑普森一家

戴夫的雇主提供了401(k)计划,但是直到目前为止,戴夫并没有参加该计划。现在,戴夫想认真考虑一下加入该计划并开始缴款。他的老板允许他每年从薪水中拿出7 000美元投资该计划,同时老板还会提供不超过3 000美元的配套缴款,因此,每年的缴款总额为10 000美元。

退休账户内的资金会被投资于一只或多只共同基金。戴夫估计,最乐观的估计是退休账户的投资能获得7%的年收益率。

1. 如果戴夫和他的雇主每年共缴纳10 000美元,那么30年后,当戴夫和莎伦希望退休时,账户中会有多少钱?

2. 如果戴夫每年向他的退休账户缴纳7 000美元,桑普森夫妇的可支配收入就会减少,因此现金流入也会减少。请提出一些方法,让桑普森夫妇能够通过减少现金流出来抵消现金流入的减少(回顾一下第2章中的现金流出)。

术语解释

固定收益型养老金计划(defined-benefit plan):保证参与者在退休以后每个月能拿到一笔

特定金额养老金的雇主发起的退休计划，养老金的具体数额取决于参与者的工资水平与工作年限。

索取权（vested）：员工对雇主发起的退休计划累积的资金具有一部分索取权。即使员工离开公司，这笔钱也不会被收回。

固定缴款型养老金计划（defined-contribution plan）：明确说明员工与/或雇主向个人退休账户的缴款金额的雇主发起的退休计划，员工可以自行决定账户内的资金如何投资。

401（k）计划 [401(k) plan]：一个固定缴款型养老金计划，联邦政府规定了员工每年的税前最高缴款额。

罗斯401（k）计划 [Roth 401(k) plan]：传统的401（k）计划的替代品，参与该计划的公司的员工可以加入该计划。

403（b）计划 [403(b) plan]：一种固定缴款型养老金计划，允许非营利组织的员工将一部分收入（不超过最高缴款额）存入计划账户并享受税收递延的好处。

简化的员工养老金计划 [Simplified Employee Pension (SEP) plan]：一种由雇主为自己和员工设立的固定缴款型养老金计划。

雇员储蓄激励配套计划 [Savings Incentive Match Plan for Employees（SIMPLE）plan]：主要适用于员工人数不超过100人的企业的固定缴款型养老金计划。

利润分享制（profit sharing）：根据特定的利润分享公式计算雇主向员工退休账户缴款的金额的固定缴款型养老金计划。

员工持股计划（employee stock ownership plan，ESOP）：雇主将一部分公司的股票存入员工的退休账户。

滚动式个人退休账户（rollover IRA）：员工可以在免税的条件下将公司退休账户内的资产转入个人退休账户，从而设立滚动式个人退休账户，同时避免支付提前取现的罚金。

基奥计划（Keogh plan）：允许高收入的自由职业者将一部分税前收入存入退休账户的退休计划。

只有一位参与者的401（k）计划 [one-participant 401(k) plan]：自由职业者的401（k）计划，与雇员的401（k）计划有相同的规则和缴款限制。

传统的个人退休账户（traditional individual retirement account，traditional IRA）：一种使个人每年投资固定金额但不超过最高限额的退休计划。如果个人满足某些收入或其他要求，可以享受税负抵扣。另外，账户资金在被提取出之前不纳税。

罗斯个人退休账户（Roth IRA）：允许一定收入水平以下的个人每年向账户缴纳不高于最高限额的税后收入的一种退休计划，在该计划中获得的收入不需要纳税，而且提取也是免税的。

年金（annuity）：一种金融契约，约定每年支付一定的金额，直到某一特定年份或终生。

固定年金（fixed annuity）：向投资者担保能获得特定收益率的年金，因此投资者事先准确知道未来某个时点（例如退休时）自己能拿到多少钱。

可变年金（variable annuity）：允许投资者自行将投资资金在多个子账户之间进行分配的年金，因此投资收益率取决于这些子账户的投资业绩。

解约费用（surrender charge）：客户从年金账户提取资金时金融机构要收取的费用。

第20章
遗产规划

章前引例

在贾森·维尔还是个孩子的时候，他就一直想为慈善组织做点事情。大学毕业以后，繁忙的工作让他很少有时间参加慈善工作。不过，他立下了一个誓言，将来某一天一定要为自己最喜欢的慈善组织捐赠一大笔钱。贾森没有结婚，也没有小孩，他的生活方式很保守，慢慢地积累了一大笔个人财富。他想把自己的巨额遗产分发给几家慈善机构，这些慈善机构的主要宗旨是改善穷人的医疗保健状况以及提高孤儿的生活质量。

虽然贾森对自己如何将大笔遗产派发给多个慈善组织有很多不错的计划，但是他并没有立遗嘱。一个月前，贾森意外去世了。他唯一尚健在的家庭成员是他的哥哥，不过他和贾森关系疏远，两人已经好几年没有联系过了。根据贾森所在州的法律，他的哥哥拿到了贾森的全部遗产。结果，贾森毕生积累的所有财富没有一分一毫被捐献给贾森生前最喜欢的慈善组织。

遗产规划很重要，因为它能确保个人按照自己想要的方式分配遗产。此外，合理的遗产规划还能让个人遗产尽可能地合法避税，于是其他家庭成员或个人在遗嘱中指定的受益人能拿到全部遗产。

本章的学习目标

- 解释遗嘱的目的；
- 介绍遗产税的相关信息；
- 介绍信托、赠与和捐赠；
- 介绍生前遗嘱与委托书；
- 解释遗产规划如何与个人理财计划相匹配。

遗嘱的目的

遗产是指已故者的资产扣除所有债务以后的净值。某人去世后，他的遗产可以按照他的意愿进行分配。遗产规划是指在个人去世时或去世之前规划个人财产的分配方式。遗产规划的最重要的任务之一是立一份遗嘱。遗嘱是一份法律文件，明确说明了个人去世后应当如何分配个人财产。遗嘱还会为尚未成年、无法自力更生的孩子指定一位监护人。

立遗嘱的原因

为了确保个人遗产能按照个人的意愿进行分配，遗嘱是至关重要的一个环节。只要你确定自己去世后确实会留下财产要被分配给他人，就应当考虑立一份遗嘱。在遗嘱中，你应当明确说明你希望哪些人能获得你的遗产，这就是所谓的受益人（或叫做继承人）。如果你在未立遗嘱的情况下去世，那么法庭将会指定某个人（叫做遗产管理者）按照你所在州的法律来处置你的遗产。在这种情况下，某位家庭成员所获得的遗产可能会超出你本人的意愿，而其他家庭成员实际获得的遗产可能会小于你本人的意愿。你可能认为自己没有多少财产，没必要立遗嘱。但是，你肯定会有一些个人物品，例如收藏的棒球卡或珠宝，你可能想把这些东西留给自己指定的朋友或亲戚。有了遗嘱，你就可确保他们能拿到这些物品。此外，在你去世后，要是你的几个亲戚都想得到同一项财产，那么遗嘱可以避免此类争议的发生。聘请遗产管理者也会带来一些额外的成本，这部分成本要从遗产里扣除。

而且，如果配偶也去世了，那么遗产管理者还要决定由谁来承担抚养孩子的责任，也许他们的选择并不是你看中的人。例如，你也许想让最好的朋友成为孩子的监护人，因为你和朋友具有相似的育儿理念，但是遗产管理者可能选择让你的姐妹做监护人，然而她的理念与你差异很大。

建立一份有效的遗嘱

为了建立一份有效的遗嘱，首先立遗嘱人必须达到法定的最低年龄，通常为18岁或21岁，具体要看立遗嘱人生活在哪个州。在立遗嘱时，立遗嘱人必须心智健全，没有受到他人不适当的影响（威胁）。如果潜在继承人对立遗嘱人在立遗嘱时是否具有完全行为能力有所怀疑，或者是怀疑立遗嘱人是被迫在遗嘱中指定了一个或多个受益人，那么遗嘱很有可能会遭到质疑。一些州要求遗嘱必须是打印的，不过也有一些州可以接受手写的遗嘱。若想具有合法效力，遗嘱必须注明日期并签名。按照遗嘱的内容，没有继承任何遗产的2~3名见证人必须在场见证并在遗嘱上签名。

在起草遗嘱时，你必须考虑到多项法律的相关规定。各个州的法律规定存在差异，而且相关法律经常会修改。因此，虽然读者能从本章学到一些起草遗嘱的基本原则，但是与专门做遗产规划的律师好好讨论一下遗嘱的问题仍然能给你带来不少好处。

遗嘱的常见类型

简单遗嘱会直接说明将全部遗产转到其配偶的名下。对于很多已婚夫妇来说，这样的简单遗嘱就足够了。但是，如果遗产的价值高达几百万美元，尤其是当配偶名下也拥有大量财产时，简单遗嘱就不太适合了。因为按照法律规定，价值超过1 120万美元（2018年数据）的遗产要按照较高的税率支付遗产税。因此，如果妻子去世了，将自己820万美元的遗产全部留给丈夫，同时丈夫名下拥有600万美元的财产，那么丈夫的遗产总额会高达1 420万美元，大约300万美元的遗产（即超出1 120万美元的部分）要适用很高的遗产税税率。传统的婚姻份额遗嘱更适合大额遗产，这种遗嘱要求将一半遗产转到配偶的名下，另一半遗产转到孩子或某个信托计划（本章后面部分会讲到）的名下。这种类型的遗嘱能有效地实现遗产税最小化的目标。

遗嘱的主要组成部分

图表 20.1 给出了一个遗嘱模板。接下来我们要向大家介绍一下遗嘱的主要组成部分。

图表 20.1　遗嘱模板

詹姆斯·T. 史密斯的遗嘱

我，詹姆斯·T. 史密斯，科罗拉多州丹佛市的居民，声明这就是我的遗嘱。

条款 1
我的妻子卡伦·A. 史密斯和我有一个孩子，谢里尔·D. 史密斯。

条款 2　债务与遗产税的支付
我授权我的遗嘱执行人支付我的葬礼费用、医疗费用、遗产管理费用以及我的个人债务。

条款 3　遗产的分配
我决定把我的遗产交给我的妻子卡伦·A. 史密斯。如果我的妻子在我之前去世，那么我的遗产将会交给受托人，按照条款 4 所述进行管理。

条款 4　为孩子准备的信托计划
4A. 目的。这一信托计划是为了抚养我的女儿谢里尔·D. 史密斯以及我的其他亲生子女。
4B. 资金的使用。受托人应当尽可能地使用充足的信托收益与本金抚养我的孩子（们）。当我的孩子中年龄最小的达到 25 周岁时，这一信托计划的资产应当在几个孩子当中平均分配。
4C. 无生存者。如果我的孩子没有一个活过 25 岁，那么信托计划的资产应当被全部出售，所得资金应被捐赠给圣迭戈人道协会。
4D. 受托人的指定。我指定我的哥哥爱德华·J. 史密斯为受托人。如果他不能或不愿成为受托人，那么我就指定我的妹妹玛丽·S. 史密斯为受托人。

条款 5　遗嘱执行人
我指定我的妻子卡伦·A. 史密斯为遗嘱执行人。如果她不能或不愿成为遗嘱执行人，则我指定我的哥哥爱德华·J. 史密斯为遗嘱执行人。

条款 6　监护人
如果我的妻子在我之前去世，那么我指定我的哥哥爱德华·J. 史密斯为我的孩子的监护人。如果他不能或不愿成为监护人，则我指定我的妹妹玛丽·S. 史密斯为孩子的监护人。

条款 7　遗嘱执行人的权利
遗嘱执行人有权催收遗产的收益、将所得收益再投资、偿还债务、支付应付税金以及出售资产。

条款 8　受托人的权利
受托人有权收取信托收入、将信托收入再投资、出售信托资产并使用所得资金投资于其他资产。
在下面所列见证人的见证下，我签名并声明这份文件就是我的遗嘱。

詹姆斯·T. 史密斯	日期

在我们的见证下，上面提到的立遗嘱人签了名，我们认为立遗嘱人心智健全。

见证人的签名	见证人的地址
肯尼思·塔干	科罗拉多州丹佛市 80208，柠檬街 44241 号。
芭芭拉·拉塞尔	科罗拉多州丹佛市 80208，考特尼街 101 号。

遗产的分配。 遗嘱应详细说明如何将遗产分配给多个受益人。由于立遗嘱人并不知道自己去世后能留下多少遗产，因此可以按照一定的百分比来分配遗产。比方说，立遗嘱人

可以在遗嘱中明确指定两位受益人各获得50%的遗产。另一种做法是立遗嘱人指定某位受益人获得一定金额的遗产，余下的遗产则由另一位受益人继承。

遗嘱执行人。在遗嘱中，立遗嘱人要指定一位遗嘱执行人（也叫做个人代表）负责执行遗嘱，将遗产按照立遗嘱人的意愿进行分配。遗嘱执行人可能要负责催收应纳入遗产的他人欠债，还清立遗嘱人的债务，将某项特定的资产（例如住房）——属于遗产的一部分——卖掉，然后把所得资金按照遗嘱的要求分配。遗嘱执行人必须通知到每一位与遗产有利害关系或潜在利害关系的相关人士。绝大多数人会选择家庭成员、朋友、生意合伙人、银行信托公司的雇员或律师作为遗嘱的执行人。你挑选的遗嘱执行人必须做到尊重你的意愿、按照遗嘱的规定来分配遗产，他要有能力处理整个遗产分配事宜，有充分的组织能力及时完成遗产分配流程。

遗嘱执行人必须是美国公民，不能是未成年人或被判决的重罪犯，而且按照某些州的法律规定，遗嘱执行人必须与立遗嘱人居住在同一个州。遗嘱执行人有权为自己提供的服务要求从遗产中拿出一部分作为报酬，但是也有一些遗嘱执行人选择不这样做。

监护人。如果立遗嘱人有孩子，那么必须指定一位监护人。监护人的职责是照顾立遗嘱人的孩子并负责管理留给孩子的遗产。立遗嘱人要确保自己挑选的监护人愿意履行这一职责。立遗嘱人要在遗嘱中具体说明留给监护人一笔钱，监护人会用这笔钱来照顾孩子的生活。

签名。立遗嘱人的签名对于遗嘱的有效性至关重要，这能确保其他人无法伪造遗嘱。

遗书。你可能还想准备一份遗书。遗书上会说明你对葬礼的安排有哪些偏好，以及你把重要的个人财务文件存放在何处，比方说抵押贷款协议与保险合同。

变更遗嘱

如果立遗嘱人搬到另一个州居住，那么由于适用的州法律发生了变化，因此立遗嘱人可能需要变更遗嘱。如果在立遗嘱后立遗嘱人结婚了或者离婚了，那么也需要变更遗嘱。

如果立遗嘱人打算对遗嘱进行重大调整，那么可能需要重新立一份遗嘱。新遗嘱必须特意说明立遗嘱人已经废弃了先前那份遗嘱，防止出现内容相冲突的多份遗嘱。如果立遗嘱人只想对遗嘱进行细微的修改，那么可以通过增加附录的形式，附录可以说明现有遗嘱曾做过哪些修改。

在遗嘱检验期间执行遗嘱

遗嘱检验是一个法律程序，确保立遗嘱人去世后留下的遗产能按照其意愿进行分配，孩子监护权的指定也合乎其意愿。遗嘱检验程序的目的在于让法庭公开宣布遗嘱有效，确保遗产的分配公正有序。为了开始进行遗嘱检验程序，遗嘱执行人要向当地的遗嘱检验法庭提交表格、遗嘱的复印件以及已故者的资产与负债清单，将债务还清，把所有需要清算的资产卖掉。遗嘱执行人通常会为遗产单独开立一个账户，用这个账户支付已故者的债务，同时还会把出售资产所得的款项存入该账户。如果遗嘱执行人没有时间或没有能力完成这项任务，那么可以雇用一位律师处理上述事宜。很多州都为小额遗产设立了简化的遗嘱检验程序，不过各个州的规定不尽相同。

遗产税

遗产被分配给受益人之前要先缴纳遗产税。若某人去世后,其配偶尚健在,而且两人共享对所有财产的联合所有权,那么其配偶将会成为遗产的唯一所有者。在这种情况下,遗产不用交税。如果配偶也已去世,遗产要被分配给孩子或其他受益人,那么就要缴纳遗产税。在遗嘱检验过程中,法庭要确认遗产的价值,随后便要根据遗产的价值计算遗产税的金额。你可以根据自己的净资产估算一下要缴纳多少遗产税,随后采用一些措施尽可能地降低自己去世后继承人要缴纳的遗产税金额。

遗产税的计算

遗产的价值等于所有资产的价值减去现有的负债(包括抵押贷款)、丧葬费以及遗产管理费用。已故者持有的人寿保险保单的赔偿金也被计入遗产,因此也有可能要缴纳遗产税。

遗产的某些组成部分可以免交遗产税。在 2018 年,大约 1 120 万美元的遗产可以免税,直接被孩子们继承。因此,一对已婚夫妇可以各自以免税的形式直接将 1 120 万美元的遗产留给孩子们。超过这一限额,就要缴纳联邦遗产税,最高税率为 40%。你可以采用一些措施降低遗产税的金额,我们会在本章的后面部分谈到这一点。

其他相关的税负

某些州还要对遗产征收继承税或州消费税,不过也有一些州正在逐渐取消这些税。为了避免自己所在的州对遗产征收的税,某些州的居民可以考虑退休后搬到不征收此类税的其他州。

为计算潜在的遗产税而评估遗产的价值

由于未来潜在的遗产税取决于个人遗产的价值,因此你应当定期计算一下自己的遗产价值。尽管你可能认为自己的遗产不太可能多到需要缴纳遗产税的地步,但是未来你的事业也许会非常成功,从而积累了大量财产。而且,遗产的免税额经常发生变化。2017 年《减税和就业法案》几乎将遗产税的免税额翻了一倍,但是按照该法案,除非国会通过立法延长该法案的有效期限,到了 2025 年,免税额将会大幅度降低。因此,你不仅应当计算一下自己有多少遗产,而且还应该关注税法的变动情况。很多人都需要进行遗产规划,以确保自己能把尽可能多的遗产交给受益人继承。一旦你的个人净资产超过了遗产税的免税额,那么就应当认真地做好遗产规划,以实现遗产税最小化的目标。

信托、赠与和捐赠

为了规避遗产税,遗产规划通常要用到信托、赠与和捐赠这几种形式。你可以考虑雇用一位律师帮你完成相应的法律文件。

信托

信托是一份法律文件，约定某个人（让与人）将资产托付给另一个人（受托人），受托人为指定的受益人管理这些资产。让与人必须选中一位有能力管理让与资产的受托人。各种类型的投资公司均可以充当信托计划的受托人。

生前信托。 生前信托是指在你活着的时候把一部分资产委托给受托人管理。你要指定一位你希望由其管理受托资产（管理职责包括制定资金投资决策以及资金支出决策）的受托人。

可撤销生前信托。 可撤销生前信托的含义是你可以随时撤销或废止信托协议，因为你仍然是受托资产的法定所有者。例如，如果你决定要亲自管理受托资产，那么便可以宣布撤销生前信托。另一种可能是为了达到更换受托人的目的把生前信托撤销。在这种情况下，你要指定一位新的受托人，并再建立一个全新的生前信托。

使用可撤销生前信托能有效地规避遗嘱检验程序。不过，你仍然是受托资产的法定所有者，因此这样做不能帮你规避遗产税。受托资产仍然被视为是你的一部分遗产。

不可撤销生前信托。 不可撤销生前信托是指不能更改的生前信托。这种类型的信托是一个独立的实体。它能给你带来收入，但是从法律意义上看，信托计划持有的资产不再属于你。这些资产不会被视为是你的一部分遗产，因此在你去世后也无须缴纳遗产税。

标准家庭信托。 标准家庭信托是为家中的孩子建立的信托计划。标准家庭信托只是遗嘱信托（即根据遗嘱建立的信托计划）的一种类型而已。这是很受欢迎的一种信托形式，因为它能达到规避遗产税的目的，避税的方式与不可撤销生前信托类似，只不过标准家庭信托没有采用生前信托的形式。

赠与

从遗产规划的角度来看，赠与可以在免税的前提下把资金由某个人名下转到另一个人名下。截至2018年，法律规定每年的最高赠与额不得超过15 000美元。最高赠与额会随着通货膨胀率的上升而逐年增加。

如果你的目标是最终把你的遗产分配给孩子们，但是又担心遗产税，那么就可以每年向每个孩子赠与15 000美元，以此来减少自己的遗产金额。收到赠与的个人不用把赠与当做收入来申报，因此也就不用缴纳所得税。如果你已婚，你和你的配偶加在一起每年可以最多向每个孩子赠与30 000美元（每人赠与15 000美元）。因此，拥有三个孩子的已婚夫妇每年赠送给孩子的最高赠与额为90 000（=3×30 000）美元。在五年内，这对夫妻可以在完全免税的前提下——父母和孩子都不用缴税——向孩子们赠与450 000（=5×90 000）美元。对于那些遗产金额超过了最高标准的人来说，这样的赠与格外重要。经常赠与能让父母确保自己去世时留下的遗产低于免税的最高限额。

向慈善组织捐款

很多人想把一部分遗产捐献给慈善组织。捐献给慈善组织的遗产不需要缴纳遗产税。假设遗产的总金额比免税的最高限额高出200 000美元。如果所有的遗产被分配给家庭成员或其他人，那么超出的这 200 000 美元必须缴纳遗产税。不过，若是把这 200 000 美元捐献给慈善组织，那么继承人就不需要缴纳遗产税了。虽然很多人并不是出于避税的目的计划把一部分遗产捐献给慈善组织，但是我们还是要承认这种做法确实能带来税收方面的好处。

遗产规划的其他知识

除了遗嘱与信托以外，遗产规划还包括其他一些关键性的决定，比方说生前遗嘱以及委托书。

生前遗嘱

生前遗嘱，也叫做"预先指示"，是一份法律文件，个人会在其中明确说明自己在神志不清或身体残疾的情况下的偏好。例如，很多人在生前遗嘱中都表达了一旦自己患了绝症不愿意家人用生命维持设备让自己继续生存的愿望。在这种情况下，生前遗嘱还会对遗产的处理造成影响，因为使用生命维持设备所产生的巨额医疗费用要从遗产里扣除。于是，那些不想依靠生命维持设备活着的人们可以通过生前遗嘱的形式确保自己的遗产能按照自己喜欢的方式被使用。

委托书

委托书是一份授权某个人在你神志不清时代你做出某些决定的法律文件。例如，你可以指定一位家庭成员或密友在你失去完全民事行为能力以后代你做出投资决定与买房决策。你应当指定一位你相信能为你的切身利益着想的受托人。

医疗持久委托书这份法律文件授权某个人在你失去完全民事行为能力时代你做出特定的治疗决定。医疗持久委托书能够确保将来当你失去判断能力时，你指定的某个人有权为你做出治疗方面的决定。尽管生前遗嘱列出了立遗嘱人的诸多偏好，但是有时候总是会遇到一些遗嘱里没有提及的情况。医疗持久委托书意味着由了解你偏好的某个人而非医疗机构来做出必要的治疗决定。

遗产规划文件的保管

一些重要的遗产规划文件，例如遗嘱、生前遗嘱以及委托书，应当被保管在安全方便的场所。你应当把文件的存放地点告诉遗嘱执行人以及拿到委托书的受托人，便于他们在需要时能找到这些文件。

我们把你应当保管好的重要文件列了一份清单，具体如下：
- 遗产规划文件，例如遗嘱、生前遗嘱以及委托书；
- 人寿保险保单以及其他保单；
- 退休账户的相关信息；
- 房屋所有权以及抵押贷款的相关信息；
- 其他房地产的所有权凭证；

- 个人财产，例如汽车或珠宝；
- 个人贷款；
- 信用卡债务的相关信息；
- 生意的所有权信息；
- 个人法律文件；
- 最近的个人纳税申报单；
- 银行账户信息；
- 投资信息。

遗产规划与个人理财计划的匹配程度

下面我们列出的这几项关键性的遗产规划决策应当被包含在个人理财计划当中：
- 你是否应当立一份遗嘱？
- 你是否需要建立一个信托计划？
- 你是否应当立一份生前遗嘱或指派某个人拥有委托权？

图表20.2举例说明了斯蒂芬妮·斯普拉特的遗产规划与个人理财计划的匹配程度。

图表20.2　斯蒂芬妮·斯普拉特的遗产规划与个人理财计划的匹配程度

遗产规划的目标
1. 立一份遗嘱。
2. 如果我的遗产要缴纳高额的税负，那么我打算使用信托或赠与的方式避税。
3. 判断我是否需要立一份生前遗嘱或签署一份委托书。

分析

遗产规划与相关问题

问题	现状
我的遗产有哪些潜在继承人？	我的姐姐与父母。
我的遗产是否需要缴税？	目前遗产很少，不需要缴税。
我是否有必要签署一份委托书？	是的。当我丧失判断能力时，我想指定某个人帮我做出决定。
我是否有必要立一份生前遗嘱？	是的。我不想依靠生命维持设备活下去。

决定

有关遗嘱的决定：
　　我要立一份遗嘱，明确说明向慈善组织捐款5 000美元。我打算若我去世时父母尚健在的话，让他们做遗产的继承人；如果父母均已去世，那就指定我的姐姐做遗产继承人。我还要指定我的姐姐做遗嘱执行人。

有关信托计划与赠与的决定：
　　我的遗产明显低于免税的最高限额，因此目前尚不涉及规避遗产税的问题。因此，目前我不需要考虑建立信托计划以及安排赠与。

有关委托书与医疗持久委托书的决定：
　　我要把委托书与医疗持久委托书交给我的母亲。我会雇用一位律师，律师能帮我在一两个小时内完成包括遗嘱的上述所有法律文件。

讨论题

1. 如果斯蒂芬妮是一位拥有两个孩子的单身母亲，那么她的遗产规划决定会有什么不同？
2. 如果斯蒂芬妮现年 35 岁，那么她的遗产规划决定会有什么不同？如果她现年 50 岁呢？

小结

遗嘱的目的。遗嘱能确保立遗嘱人去世后其意愿能够被执行。立遗嘱人可以利用遗嘱分配遗产、为自己的孩子挑选监护人并选择遗嘱执行人以确保遗嘱能被正确执行。

遗产税。超过最高免税金额的遗产要被征收遗产税。遗产的最高免税金额经常发生变化。2018 年，最高免税额约为 1 120 万美元。

信托、赠与和捐赠。遗产规划要用到信托、赠与和捐赠。个人可以利用信托计划规避遗产税，从而在免税的条件下将大额遗产交给受益人继承。赠与可以每年进行，父母可以采用赠与的方式每年将自己的一部分财产让渡给他们的孩子。通过每年赠与，父母可以减少自己的财产价值，将来等他们去世时，留下的遗产没有超过最高限额，就不用缴纳遗产税了。将遗产的一部分捐赠给慈善组织，这部分捐赠不用缴纳遗产税。

生前遗嘱与委托书。为了防止某一天你没有能力对自己的医疗处置以及财务状况做出明智合理的决定，你应当考虑现在立一份生前遗嘱和委托书。生前遗嘱这份法律文件会详细说明你对治疗方案的偏好，例如你不愿意依赖生命维持设备继续生存。一旦将来你失去了做出某些决定的能力，则委托书这份法律文件允许你指定某个人代你做出决定。

遗产规划与个人理财计划的匹配程度。遗产规划要与个人理财计划相匹配，因为遗产规划能为家人或爱人提供财力支撑。通过遗产规划，你可以确保自己积累的财富被分配给你指定的继承人。

复习题

1. 遗产规划。什么是遗产？什么是遗产规划？遗产规划的主要目标是什么？
2. 遗嘱。什么是遗嘱？为什么遗嘱很重要？如果某个人去世了却没有立遗嘱，那会出现什么情况？
3. 受益人。什么是受益人？为什么在遗嘱中明确指定受益人是很重要的步骤？
4. 有效的遗嘱。列出有效的遗嘱的要求或标准。
5. 遗嘱的类型。列出两种常见的遗嘱类型。
6. 遗嘱的组成部分。列出并简要讨论遗嘱的主要组成部分。
7. 遗嘱执行人。什么是遗嘱执行人？为什么在遗嘱中指定执行人是很重要的步骤？
8. 遗书。遗书通常包含哪些内容？
9. 更改遗嘱。什么时候应当更改遗嘱？应当如何变更遗嘱？

10. 遗嘱检验。什么是遗嘱检验？说明遗嘱检验的流程。

11. 遗产税。讨论一下遗产税。在什么情况下遗产要缴纳遗产税或不需缴纳遗产税？联邦遗产税的最高税率是多少？遗产还要缴纳其他哪些税负？

12. 遗产的价值。为什么定期计算个人遗产的价值十分重要？

13. 遗产规划。除了遗嘱以外，还有哪些遗产规划工具？

14. 信托。什么是信托？生前信托与遗嘱信托有何区别？

15. 可撤销生前信托。什么是可撤销生前信托？如何使用可撤销生前信托来进行遗产规划？可撤销生前信托对遗产税有何影响？

16. 不可撤销生前信托。什么是不可撤销生前信托？

17. 标准家庭信托。什么是标准家庭信托？请举例说明。

18. 遗产规划。如何将赠与与遗产规划相结合？

19. 捐赠。在遗产规划过程中，向慈善组织捐赠能发挥什么作用？

20. 生前遗嘱。什么是生前遗嘱？它对遗产规划有何作用？

21. 委托书。什么是委托书？

22. 医疗持久委托书。什么是医疗持久委托书？为什么即使你已经签订了生前遗嘱，仍然需要准备一份医疗持久委托书？

23. 遗产规划文件。应当如何保管遗产规划文件？

24. 遗产规划文件的类型。列出对遗产规划有重要意义的文件的名称。

25. 遗产税。2018年，吉尔刚刚从祖父那里继承了1 200万美元的遗产，其中有多少遗产需要缴纳遗产税？

26. 赠与。你如何利用每年的赠与额来减轻继承人的税负负担？

27. 遗产规划需求。丽萨名下的财产合计321万美元，她去世后，三个孩子将会继承这些遗产。由于遗产金额低于遗产税的免税标准，丽萨还需要立遗嘱吗？

28. 道德困境。在19世纪，很多人在全国范围内到处兜售补药，号称包治百病。到了21世纪，"蛇油推销员"被抓住遗产规划这个话题夸夸其谈的所谓专业人士所取代。这些人胡吹了一通以后，结论便是只需要花上几百美元，你就能获得进行遗产规划的"锦囊妙计"，根本不需要花钱雇用律师或税务人员。

有这样一个群体，他们大肆宣扬剩余财产慈善信托这个工具是多么与众不同。他们告诉你如何使用他们提供的样板来建立这种信托计划。剩余财产慈善信托允许你在生存期间向账户内缴款，而且缴款可享受税收递延的好处；等你去世以后，可将剩余财产慈善信托持有的资产转入由你的孩子负责管理的家庭基金。这样做可以避免缴纳遗产税以及进入遗嘱检验程序。宣讲者声称这是把个人财产转移给孩子的成本最低的方式。在有关剩余财产慈善信托宣讲会上宣传的这些信息都是真实的。

然而，这些宣讲者没有提到的重要一点是，所有从家庭基金里提取的款项都会被直接移交给被认可的慈善机构。换言之，你的孩子们拥有这些遗产的所有权，但是他们无法使用这些遗产。这种遗产规划工具只适用于一小部分人，但是对绝大多数人来说，它根本无法实现既定的遗产规划目标。

a. 讨论一下宣讲者故意没有披露完全信息的行为是否道德。你要记住，宣讲者说的都是真话，但是并没有把全部事实都讲出来。

b. 如果这样的群体就是昔日19世纪"蛇油推销员"的翻版，那么你应当向谁寻求遗产规划建议?

个人理财的心理学：你的遗嘱

1. 一些人总是拖着不想立遗嘱，是因为他们不愿意为自己的死亡进行理财规划。此外，他们可能还很难抉择到底该怎样分配遗产。他们也许认为现在就考虑遗产规划问题有点太早了，因为遗产的分配方案总是会变来变去的。你对遗产规划有何看法？你认为目前就开始着手进行遗产规划是否有些太早？

2. 阅读一篇讨论心理因素对遗产规划决策的影响的文章。你可以使用类似于"心理"与"遗产规划"的关键词，很容易就能在互联网上找到若干篇相关文章。总结一下这篇文章的主要观点。

综合案例：桑普森一家

戴夫和莎拉想确认一下一旦他们俩去世，孩子们是否能获得充足的经济支持。最近，他们刚刚购买了定期人寿保险，想确保资金的分配方式能在长期内给孩子们带来最稳定的经济支持。尤其值得一提的是，他们设定了下列目标：第一，他们想确保人寿保险赔偿金的一部分可被用于支付孩子们上大学的费用；第二，他们还想确保保险赔偿金能在几年时间里均匀赔付，这样的话能保证孩子们不会很快把钱都花光。

1. 向桑普森夫妇建议如何进行遗产规划会有助于实现他们的理财目标。
2. 桑普森夫妇在制定遗产规划目标时忽视了哪些重要问题？
3. 戴夫近期刚与遗产规划师见面，遗产规划师说可以为戴夫进行详尽的遗产规划，然而却没有向他询问任何具体问题。在与遗产规划师见面之前，戴夫应当做好哪些准备？

术语解释

遗产（estate）：已故者的资产扣除所有债务以后的净值。

遗产规划（estate planning）：在个人去世时或去世之前规划个人财产的分配方式。

遗嘱（will）：一份法律文件，明确说明了个人去世后应当如何分配个人财产。遗嘱还会为尚未成年、无法自力更生的孩子指定一位监护人。

受益人 [beneficiaries，也叫做继承人（heirs）]：遗嘱中明确指定能拿到一部分遗产的人。

未立遗嘱（intestate）：死者未立遗嘱的情况。

简单遗嘱（simple will）：适合小额遗产的遗嘱，直接说明将全部遗产转到其配偶的名下。

传统的婚姻份额遗嘱（traditional marital share will）：更适合大额遗产的遗嘱。这种遗嘱要求将一半遗产转到配偶的名下，另一半遗产转到孩子或某个信托计划的名下。

遗嘱执行人 [executor，也叫做个人代表（personal representative）]：负责执行遗嘱，对遗产按照立遗嘱人的意愿进行分配的人。

遗书（letter of last instruction）：遗嘱的一个补充，用于说明你对葬礼的安排有哪些偏好，以及你把重要的个人财务文件存放在何处，比方说抵押贷款协议与保险合同。

附录（codicil）：可以说明现有遗嘱曾做过哪些修改的文件。

遗嘱检验（probate）：让法庭公开宣布遗嘱有效，确保遗产的分配公正有序的程序。

信托（trust）：一份法律文件，约定某个人（让与人）将资产托付给另一个人（受托人），受托人为指定的受益人管理这些资产。

让与人（grantor）：建立信托计划的个人。

受托人（trustee）：信托计划中指定的负责为受益人管理信托资产的个人或机构。

生前信托（living trust）：在你活着的时候把一部分资产委托给受托人管理的一种信托。

可撤销生前信托（revocable living trust）：可以被撤销的生前信托。

不可撤销生前信托（irrevocable living trust）：不能更改的生前信托，不过这种信托计划能给让与人带来收入。

标准家庭信托［standard family trust，也叫做信用庇护信托（credit-shelter trust）］：为家中的孩子建立的信托计划。

遗嘱信托（testamentary trust）：根据遗嘱建立的信托计划。

赠与（gift）：在免税的前提下把资金由某个人名下转到另一个人名下，法律规定每年的最高赠与额不得超过15 000美元（2018年的规定）。

生前遗嘱（living will）：一份法律文件，个人会在其中明确说明自己在神志不清或身体残疾的情况下的偏好。

委托书（power of attorney）：一份授权某个人在你神志不清时代你做出某些决定的法律文件。

医疗持久委托书（durable power of attorney for healthcare）：一份授权某个人在你失去完全民事行为能力时代你做出特定的治疗决定的法律文件。

第七部分

理财规划总结

这一部分总结了个人理财计划的主要组成部分。通过深入分析每个组成部分的相关决策对其他组成部分的影响,读者能进一步了解个人理财计划各个组成部分之间的相互关系。

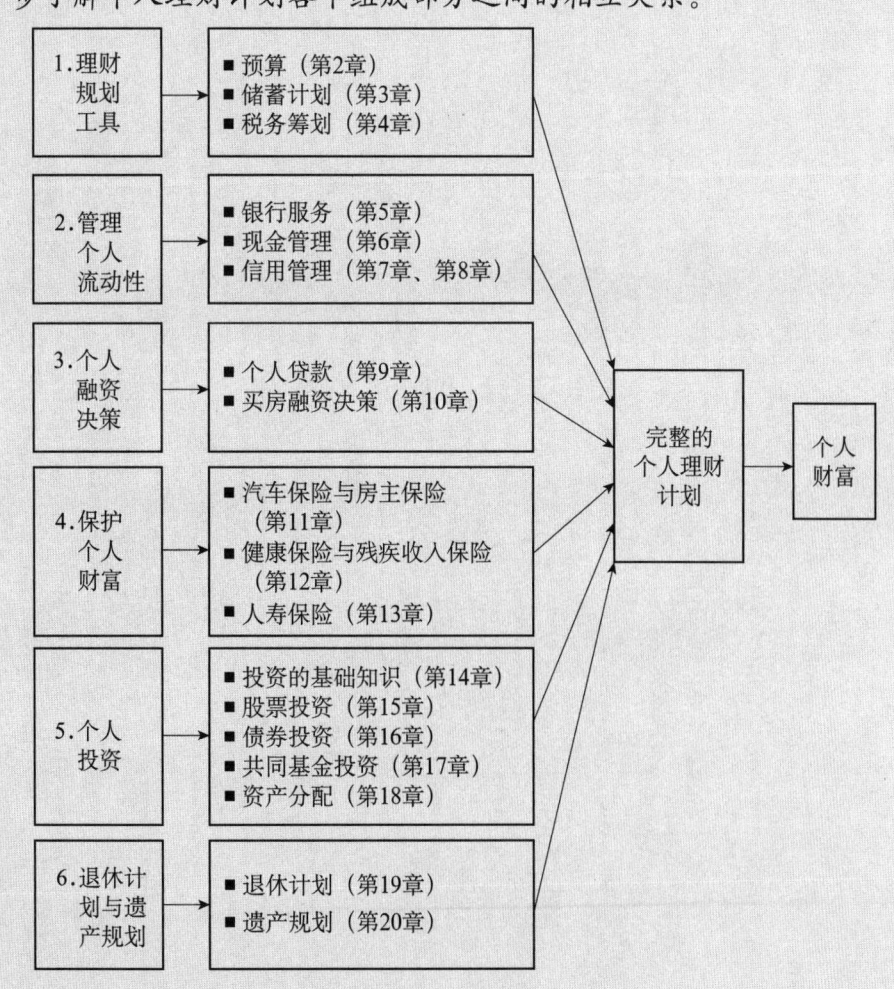

1.理财规划工具	■ 预算(第2章) ■ 储蓄计划(第3章) ■ 税务筹划(第4章)
2.管理个人流动性	■ 银行服务(第5章) ■ 现金管理(第6章) ■ 信用管理(第7章、第8章)
3.个人融资决策	■ 个人贷款(第9章) ■ 买房融资决策(第10章)
4.保护个人财富	■ 汽车保险与房主保险(第11章) ■ 健康保险与残疾收入保险(第12章) ■ 人寿保险(第13章)
5.个人投资	■ 投资的基础知识(第14章) ■ 股票投资(第15章) ■ 债券投资(第16章) ■ 共同基金投资(第17章) ■ 资产分配(第18章)
6.退休计划与遗产规划	■ 退休计划(第19章) ■ 遗产规划(第20章)

→ 完整的个人理财计划 → 个人财富

第 21 章
个人理财计划的整合

章前引例

在前面各章里，各位读者已经针对自己的财务状况完成了多份作业以及练习。既然大家已经彻底了解了个人理财计划的各个组成部分，那么接下来要做的便是把所有相关的信息与个人决策整合起来。第一步是判断一下目前个人的财务状况如何。为了完成这一任务，你可以使用各种个人理财计划工具编制个人资产负债表与现金流量表，确定个人的理财目标，列出自己最关心的问题。随后，你要分析个人理财计划的每个组成部分——流动性、个人贷款、保险、投资、退休计划与遗产规划，然后建立行动计划，帮助自己实现每一个目标。

正如本书反反复复强调的那样，个人理财计划的每个组成部分都会对个人积累财富以及实现个人理财目标的能力造成影响。现在各位读者已经了解了个人理财计划各个组成部分的基础知识，本章将帮助大家把这些知识整合起来，构成一个完整的个人理财计划。

本章的学习目标

- 回顾个人理财计划的各个组成部分；
- 说明如何将个人理财计划的各个组成部分整合到一起。

个人理财计划各个组成部分的回顾

第 1 章介绍了个人理财计划的主要组成部分。对于理财规划过程来说，最重要的一点是要了解个人理财计划各个组成部分之间具有怎样的关联性。本书的不同部分分别重点讨论了个人理财计划的六大组成部分之一，图表 21.1 再次展示了不同组成部分之间的逻辑关系。你在每一个组成部分所做的决策都会对个人的现金流以及财富水平造成影响。接下来我们简要回顾一下个人理财计划的六大组成部分以及它们彼此之间的关系。

预算

我们曾经讲过，预算能让个人事先预测一下未来每个月月末时自己能剩下多少钱，这样便能了解自己有多少资金可用于投资。最重要的是，预算能让个人弄清楚自己的现金流

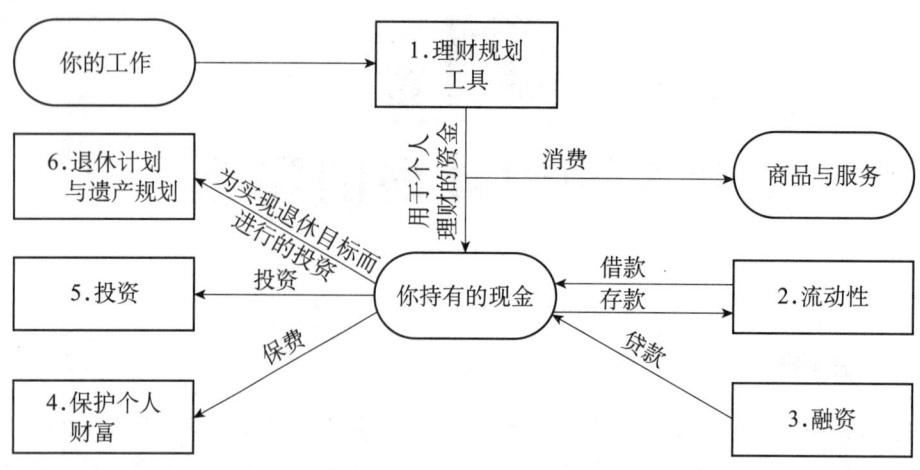

```
      你的工作  ──────→  1.理财规划
                          工具
                            │
  6.退休计划        用         │    消费
  与遗产规划    为 于         ▼           商品与服务
       ▲     实 个         ┌──────┐  ←────
       │     现 人  ←──────│      │
       │     退 理  投资   │你持有│  借款
   5.投资    休 财         │的现金│ ←────    2.流动性
       ▲     目 的         │      │  存款
       │     标 资         └──────┘  ────→
       │     而 金            ▲
       │     进              │ 贷款
       │     行              │
   4.保护个人   保费          3.融资
       财富
```

图表 21.1　个人理财计划的构成

出额是否大于现金流入额，于是个人能提前发现本月是否存在现金流的缺口。个人消费决策会给预算带来影响，而预算又会影响到个人理财计划的每个组成部分。仔细地做预算能够防止过度消费，从而帮助你实现个人理财目标。

预算的权衡。 消费得越多，可用于流动性储备、投资以及退休储蓄的资金就越少。因此，你的预算决策要在当前消费与为未来积累资金之间做出取舍。你的个人预算要尽力确保每个月能留下净现金流用于退休储蓄。为未来积累的资金越多，则复利给你带来的好处就越明显，将来可供你消费的资金额就越多。

过度消费是阻碍个人有效地进行理财规划的最常见的问题。虽然本书已反复多次地提及这一问题，但是这里还是要再次强调一次，因为它确实会影响到个人理财计划的各个组成部分。各位读者都知道，理财规划包含的各项决策要决定将多少资金用于流动性储备（第二部分）、保险（第四部分）、投资（第五部分）以及退休计划（第六部分）。人们可以自行选择是把钱花掉，还是把钱用于上述用途。很多人过度消费，根本没有余钱留下来可用于上述用途。只要在消费时能更理智一点，提前做好计划，并尝试在减价促销时买入商品，某些人本来可以把收入的10%乃至更高比例的收入用于其他目的。

过度消费行为背后投射出来的心理模式是这些人只关注即时满足感。最常见的过度消费行为之一是买入一辆自己根本无力承担、价格太过昂贵的新车。这使得消费者每个月不得不承担大笔的贷款还款支出，使得可用于其他用途的资金额明显减少。近来很多买了新车的消费者都遇到了预算紧张的问题，他们声称每个月500美元的汽车贷款还款额把他们的收入都用光了，没有余钱去完成流动性储备、购买保险、做投资或完成退休计划等目标。不过，他们拒绝接受现实。如果他们买的是经济实惠的车型，那么他们本来有能力可以把钱用于其他用途。正是因为他们冲动地做出了购买新车的决定，这才导致他们每个月要偿还一大笔汽车贷款，这让他们根本没有余钱完成个人理财计划。如果他们选择的是价格更便宜的车型，那么至少每个月可以省出200美元用于其他个人理财目标。

很多消费者在决策过程中总是先考虑自己的消费需求，消费过后若还有余钱的话，他们才会把剩下的钱用于个人理财目标。但是，这样的决策模式让他们在完成消费后根本剩不下钱，因为他们宁可现在把钱都花光来获得即时满足感，也不愿意好好理财，以备将来不时之需。

如果事先做好计划，决定每个月都要将一定金额的收入（比方说每个月 200 美元）预留下来用于个人理财计划（比方说流动性储备与退休计划），那么就可以避开这样的困境。如果你能严格地遵守预算，那么预算可以安排好每个月消费多少。通过这种方式，你可以避免自己过度消费。例如，假设你强迫自己每个月储蓄 200 美元，那么就不会被蛊惑着买下一辆需要每月还款 500 美元的新车。反过来，在预算规划的指引下，你会选择买入一辆自己负担得起的小汽车。最终，这种做法能帮助你慢慢积累个人财富，为将来准备更多的可消费资金。

管理流动性

我们要为将来有可能出现的流动性短缺事先做好准备，确保自己拥有充足的流动性资产可以弥补这个缺口。流动性较好的常见资产类别包括支票账户、储蓄账户、货币市场存款账户以及货币市场基金。你利用上述类型的资产储备的资金量越大，则你持有的可弥补现金缺口的流动性就越高。即使你没有持有充足的流动性资产，你也可以通过借入短期贷款（比方说使用信用卡）来弥补现金缺口。如果你持有的流动性很充足，那么每次要用钱时就不需要向别人借钱。这种方式能防止个人的财务状况出现较大的危机，从而加大了个人理财目标实现的可能性。

流动性的权衡。 由于流动性资产的收益率都相对较低，因此持有流动性资产意味着放弃了潜在的高收益。很多支票账户没有利息收益，而其他类型的流动性资产收益率也相对较低。如果你打算把自己所有的钱都投资于股票和债券以获得高收益，那么就要面临流动性不足的局面。所以，为了满足个人的流动性需求，首先你要确保自己持有充足的流动性资产，然后再把剩余的资金投资于其他能获得更高收益的资产。

个人贷款

个人贷款可以让消费者在不使用现金全额付款的前提下购买商品。因此，贷款能增加个人持有的资产总额。在购买大件商品时，比如买房和买车，个人贷款尤其有用。

个人贷款的权衡。 个人贷款的一大优势在于抵押贷款或住房净值贷款的利息支付额可以抵扣税负。个人贷款的劣势在于可能会导致预算问题。当个人贷款买车或买房时，甚至是贷款偿还信用卡债务时，贷款行为都将会对个人未来的预算规划造成影响，因为每个月的贷款还款额意味着每个月月末时个人手中的可用资金都要相应减少。尽管贷款可以让我们现在就有能力买下某种商品，但是在偿还贷款期间，未来我们的消费以及储蓄都要受到限制。因此，过度贷款会阻碍个人理财目标的实现。此外，过度贷款也许还会让个人无法按时还清贷款，因此导致个人的信用等级降级，甚至只能申请个人破产。

如果个人贷款的期限相对较长，那么每个月按时偿还贷款会相对容易一些。但是贷款的期限越长，意味着贷款本金的偿还时间越长，因此个人支付的利息总额就越高。

你可能想在贷款到期之前还清贷款，这样便可以避免产生更多的利息成本，尤其是当贷款的利率水平相对较高时。不过，你不应当使用个人的所有流动资金来还清贷款，因为不论如何，你总是要确保自己持有一定数量的流动性资产。如果你预期税后的投资收益率要低于贷款的利率水平，那么先用余钱还清贷款而不是进行额外投资显然是明智的决定。

保护个人的财产与收入

购买保险能为个人的财产与收入提供保障。回忆一下第 11 章和第 12 章，财产保险与意外保险能保护个人财产（比方说个人拥有的车辆与住房）；健康保险能为医疗费用承保；一旦残疾了，残疾收入保险能向投保人提供经济支持。一旦投保人去世，则人寿保险（第 13 章）能向投保人的家人或其指定的受益人提供经济支持。因此，对于那些会导致个人收入或财富水平下降的意外事件，保险产品能提供承保服务。

保险的权衡。 用来买保险的钱不能再用于其他用途，比方说持有流动性资产、偿还贷款或投资。不过，在投资之前，先要确保个人的保险需求能得到满足。个人必须为自己名下的车辆与住房购买保险。个人可能还需要购买人寿保险来为家庭成员提供保障。

管理投资

在投资时，我们曾经说过，个人的主要投资品种包括股票、债券、共同基金与交易所交易基金。如果你希望投资产品能够定期创造收入，那么可以考虑投资于经常派发股息的股票。声誉卓著的大型企业往往会经常派发高额股息，因为这些企业的增长速度不如小企业，有能力把更高比例的利润拿出来派发股息。债券也能定期产生收入。如果你不需要定期获得收入，那么可以考虑投资于不派发股息的股票。这样的企业增长速度很快，因此其股票的市场价格具有较大的升值潜力。

投资的权衡。 投资决策令人感到兴奋，因为它们可能会带来巨大的投资收益。不过，每当我们投资的时候，我们就放弃了资金的其他用途，比方说投资于更有流动性的资产、还清拖欠的信用卡债务、购买保险或者是为退休准备储蓄。只有当其他个人理财功能得到充分满足以后，我们才能考虑投资。

如果你把所有的钱都投资于小企业的股票以谋求高收益，那么就要放弃一部分的流动性需求，因为这种类型的股票价格波动较大，当市场价格相对较低时，你可能不愿将其卖出。不过，若是你拥有充足的流动性资产，例如支票账户与储蓄账户，那么你就不需要把一部分股票投资卖掉来换取流动性。

投资于声誉卓著的大型企业发行的股票可以改善个人的流动性状况，因为定期能获得股息收入，而且急需用钱的时候，这样的股票也易于出售。投资国债或高等级的公司债券也能起到改善个人流动性的作用，因为这样的债券也能定期提供利息收入，需要现金时易于变现。

投资小企业发行的股票也许能让你获得非常高的投资收益。但是，这样的投资风险很大，因为此类股票投资一旦造成损失，损失额将会远远大于投资大型企业的股票。选择主要投资于小企业股票的共同基金既能让你实现投资小企业股票的目标，又能帮助你规避某只个股所带来的特定风险。不过，当市场环境较差时，这种类型的基金也同样损失惨重，只不过其亏损幅度不如个股罢了。

退休计划

退休计划能确保你拥有足够多的资金以在退休以后舒服自在地享受生活。正如我们在

第 19 章里讨论的那样，市场上有各种各样的退休计划可供选择，而且退休储蓄还能享受多种税收优惠。

退休账户的权衡。现在向个人退休账户存入的缴款额越多，则将来退休时账户的累积余额就越高。不过，不管你打算缴款多少，都要确保自己有能力负担得起。在向退休账户缴款之前，你必须先保证自己持有充足的流动性，有能力每个月按时偿还贷款。

在决定是否要把钱存入退休账户时，你要先考虑一下自己的理财目标。如果你计划近期用这笔钱支付学费或其他费用，那么就不要把钱存入退休账户。存入退休账户的资金缺乏流动性。而且，若个人提前从退休账户里提现，是要支付罚息的。罗斯个人退休账户是个例外，这种账户允许使用者在五年后将存款从账户里提取出来，而且不收取罚金。如果你的目标是为退休准备储蓄，那么就应当把钱存入退休账户。虽然这笔钱暂时无法动用，不过在你退休以后从退休账户里提取存款之前，你对退休账户的缴款是不需要纳税的。税负的递延对于个人来说很有好处。此外，一些雇主会按照一定的比例（全部或部分）向员工的退休账户存入配套缴款。

管理个人的财务文件

为了监督自己的个人理财计划，你应当把所有的财务文件都放在一个地方，比方说房间内的保险箱或银行的保险箱。图表 21.2 提供了重要财务文件和信息的清单。

图表 21.2　理财规划用到的文件和信息

流动性
- 银行存单
- 银行账户余额
- 持有的其他货币市场证券

贷款
- 信用卡账户的账号
- 信用卡余额
- 个人贷款（例如汽车贷款）协议
- 抵押贷款协议

保险
- 保单
- 属于房主保险承保范围的屋内物品清单

投资
- 显示股票市场价值的账户余额
- 显示债券市场价值的账户余额
- 显示共同基金市场价值的账户余额

退休计划与遗产规划
- 退休计划合约
- 退休账户余额

续表

- 遗嘱
- 信托协议

把个人理财计划的各个组成部分整合到一起

现在，各位读者已经掌握了充足的知识，可以把自己的个人理财计划的各个组成部分整合起来。不过，随着时间的流逝，个人的财务状况也会发生改变，而且个人的理财目标也可能会变化。所以，你需要定期修改自己的个人理财计划，以确保计划与理财目标相一致。下面我们提供的斯蒂芬妮·斯普拉特的案例说明了个人财务状况如何逐渐发生变化，如何相应地修改个人理财计划以及如何把个人理财计划的各个组成部分整合起来。

> **案例**
>
> 大概四年前，斯蒂芬妮大学毕业并开始全职工作，当时她制定了下述理财目标：
> - 买一辆新车；
> - 买一套房子；
> - 进行投资，使个人财富逐年增值；
> - 等到20~40年后自己退休时积累一大笔储蓄。
>
> 自从四年前立下这些目标，斯蒂芬妮在通向成功理财的大道上取得了不小的进步。如图表21.3所示，我们把四年前她的个人资产负债表（可参考第2章提供的图表）与当前的个人资产负债表相对比，就能看出这四年间斯蒂芬妮取得了哪些进展。表中的第二列提供的是四年前斯蒂芬妮个人资产负债表的数据，而第三列是目前斯蒂芬妮个人资产负债表的数据。回忆一下第2章的内容，当时斯蒂芬妮刚刚开始全职工作，她的个人资产负债表很简单。彼时她的个人资产总额为6 000美元，唯一的负债是10 000美元的学生贷款。因此，那时候她的个人净资产为-4 000美元。
>
> 斯蒂芬妮个人资产负债表的主要变化总结如下：
>
> 1. 四年前，斯蒂芬妮拥有一辆价值为1 000美元的汽车。全职工作了几个月后，正如第9章所述，她买了一辆价值为20 000美元的新车。如今，这辆车被列入家庭资产，如今的市场价值大约为12 000美元（一段时间后，汽车的价值会有折旧）。当年斯蒂芬妮购买这辆新车时，她获得了17 000美元的汽车贷款。这笔汽车贷款并没有被列入四年前的资产负债表的负债那一侧，因为斯蒂芬妮是后来才拿到这笔贷款的。由于近期斯蒂芬妮已经还清了这笔汽车贷款，因此在当前的个人资产负债表上，长期负债项下这笔汽车贷款的价值为零。
>
> 2. 如第10章所述，两年前斯蒂芬妮买下了一套价值为140 000美元的住房。这套房屋被列在资产项下，目前的市场价值约为145 000美元。斯蒂芬妮买房时获得了130 000美元的抵押贷款。自从买房后，斯蒂芬妮已经偿还了大约10 000美元的抵押贷款本金。因此，在其个人资产负债表中，长期负债项下的抵押贷款的剩余价值为120 000美元。
>
> 3. 回忆一下，四年前斯蒂芬妮刚开始全职工作时，她有一笔10 000美元的学生贷款尚

未还清。后来她还清了这笔贷款,因此在长期负债项下,如今这笔贷款的价值为零。

4. 回忆一下,尽管四年前斯蒂芬妮没有买入股票或进行其他投资(如第2章所述),但近期她投资了共同基金和交易所交易基金(如第18章所述)。她对这些基金的投资被列在资产项下,目前投资总价值为4 000美元。

5. 如第19章所述,斯蒂芬妮刚开始向自己的退休账户投资。她的退休账户被列在资产项下,目前存款余额为1 000美元。

图表21.3 斯蒂芬妮个人资产负债表的更新 单位:美元

	四年前斯蒂芬妮的情况	今天斯蒂芬妮的情况
资产		
流动性资产		
现金	500	500
支票账户	3 500	3 500
储蓄账户	0	0
流动性资产总额	4 000	4 000
家庭资产		
房屋	0	145 000
汽车	1 000	12 000
家具	1 000	3 000
家庭资产总额	2 000	160 000
投资性资产		
股票	0	0
共同基金	0	4 000
退休账户	0	1 000
投资性资产总额	0	5 000
资产总额	6 000	169 000
负债与净资产		
流动性负债		
信用卡欠款余额	0	0
流动性负债总额	0	0
长期负债		
抵押贷款	0	120 000
汽车贷款	0	0
学生贷款	10 000	0
长期负债总额	10 000	120 000
负债总额	10 000	120 000
净资产额	−4 000	49 000

如图表 21.3 所示，目前斯蒂芬妮的资产总额为 169 000 美元，负债总额为 120 000 美元。因此，她的净资产额等于：

净资产额＝资产总额－负债总额＝169 000－120 000＝49 000（美元）

虽然斯蒂芬妮已经取得了很大的进步，不过为了能在长期内累积更多的财富，她需要继续认真地进行理财规划。图表 21.4 总结了截至目前斯蒂芬妮的个人理财计划。

图表 21.4　斯蒂芬妮的个人理财计划

预算计划

我可以准确地估算自己的每月收入（现金流入），并以较高的准确度估计每月大多数的现金流出情况。如今我已经还清了学生贷款和汽车贷款，每个月始终保持着正的净现金流。在满足了流动性需求之后，我打算用余下的资金做投资。

我的预算计划会受到个人理财计划各个组成部分的影响：

- 分配给流动性资产的现金金额取决于我的流动性管理计划；
- 分配给偿还现有贷款的现金金额取决于我的个人贷款计划；
- 分配给购买保险产品的现金金额取决于我的保险计划；
- 分配给投资产品的现金金额取决于我的投资计划；
- 分配给退休账户的现金金额取决于我的退休计划。

流动性管理计划

我的薪水支票每两周发一次，会被直接存入我的支票账户。我用支票账户在线支付所有账单或其他应付现金流出；我每月全额还清信用卡欠款。我通常会在我的货币市场基金账户里存一些钱，用来应对意外支出。此外，如果遇到大额的意外支出，我可以使用信用卡来付款。我不太想在货币市场基金账户里存更多的钱，因为利率比较低。所以，我想把月底剩下的净现金流另作他用。如果我需要从货币市场基金账户提款，那么一旦手头松快一些，有了新的净现金流，我会把基金账户的存款再补足。

个人贷款计划

当汽车贷款、学生贷款和抵押贷款没有还清时，我必须非常仔细地做好预算。想要增加个人资产的决定（买车和买房）要求获得大量贷款（汽车贷款与房屋抵押贷款），这给我的预算造成了不小的压力。不过，在还清了汽车贷款与学生贷款之后，我每个月的现金流出额减少了 512 美元。抵押贷款还剩下 120 000 美元没有偿还。我是两年前买的房，因此 15 年的抵押贷款还剩下大约 13 年。我可能考虑不久以后再买一套价钱更贵的房子，再申请一笔 15 年期的抵押贷款。我估计这套房子的市场价值会慢慢升值。我能承受得起抵押贷款的还款压力，特别是我现在已经还清了其他贷款。

个人财富的保护与保值

我现在已经购买了汽车保险、房主保险、健康保险以及残疾收入保险。

我认为需要购买保险来为车辆、住房以及医疗费用提供保障。此外，最近我决定购买残疾收入保险，万一我不幸残疾，可通过保险获得收入来源。我对目前雇主提供的健康保险比较满意。

我会购买保额较高的责任保险，以规避我名下的车辆或住房带来的责任风险。

如果未来我打算生孩子，那么我会购买人寿保险，以确保未来能为孩子们提供经济支持。

管理投资

我已投资了股票型共同基金和交易所交易基金，目前这些投资的总市值为 4 000 美元。我还在退休账户里存了 1 000 美元。

如果股票市场疲软，那么上述投资的价值（以及我的个人净资产）也会随之缩水。

不过，考虑到目前股票市场的形势，我不想过多地投资股票，因而购买的股票基金仅占个人资产的一小部分。

目前我并不需要依赖于投资带来的经常性收入，而是希望投资能慢慢升值。多种类型的股票型共同基金的分散化投资降低了我的投资风险。

如果我手上有其他额外的可投资资金，我会投资于不同于当前已投资基金类型的其他共同基金或交易所交易基金，目的是进一步提高投资的分散化程度。

续表

退休计划

　　我已开始每个月向我的退休账户缴款 300 美元。这个账户大有好处，因为我的缴款不会被征税，等到我退休后从该账户提款时才纳税。此外，如果我坚持每个月向该账户缴款，并且投资于逐渐升值的资产，那么账户余额应当会慢慢增值。我的老板会按照一定的比例向我的退休账户进行部分配套缴款。未来我还可以开立一个个人退休账户。

小结

　　个人理财计划的组成部分。个人理财计划包括预算计划（第一部分）、流动性管理计划（第二部分）、贷款计划（第三部分）、保险计划（第四部分）、投资计划（第五部分）以及退休计划与遗产规划（第六部分）。预算计划决定了你应如何消费或投资。流动性管理计划能确保你拥有充足的流动性以应付各种意外支出。贷款计划主要是为购买大件商品获得贷款支持。贷款计划还涉及贷款利率以及贷款期限等决策。个人资产与收入的保险计划涉及购买哪种类型的保险以及购买多大保额等决策。投资计划决定了你投入多少钱做投资以及在各种投资产品之间如何分配资金。退休计划与遗产规划决定了你定期向退休账户存入多少钱以及如何向继承人分配遗产。

　　各个组成部分之间的关系。个人理财计划的各个组成部分彼此之间相互依赖。预算计划依赖于个人理财计划的其他组成部分。每个组成部分的可用资金额取决于有多少钱可用于流动性储备、偿还贷款（贷款决策）、做投资、买保险或向退休账户缴款。每个月你向个人理财计划的某一组成部分投入的资金额越多，则用于其他组成部分的资金额就会越少。因此，个人理财计划的关键在于必须判断一下个人理财计划的哪些组成部分排名靠前，因为在考虑这些组成部分时所做的决策会对个人理财计划的其他组成部分造成影响。

　　斯蒂芬妮·斯普拉特个人理财计划的案例说明了如何将个人理财计划分割为六个组成部分。这个案例还能说明个人理财计划的各个组成部分是如何整合到一起的，以至于在考虑其中任意一个组成部分而做决定时都要先考虑到对其他组成部分的影响。随着时间的推移，个人的财务状况也发生了变化，因此你应当时不时地重新评估一下自己的个人理财计划并及时调整更新。

复习题

1. **个人理财计划的整合。**为什么把个人理财计划的各个部分整合到一起很重要？
2. **预算的作用。**如何使得预算计划与个人理财计划相匹配？个人的消费支出情况会对个人理财计划造成什么影响？在做预算时要考虑哪些取舍？
3. **有效理财规划。**阻碍有效理财规划的最常见的问题是什么？为什么有些人总是消费太高？你如何使用预算来帮助自己做好消费计划？
4. **流动性管理的作用。**讨论一下流动性管理如何与个人理财计划相匹配。在管理流动性时，个人要权衡哪些方面？

5. 个人贷款。讨论一下使用个人贷款来实现个人理财目标具有哪些优势与劣势。在制定个人贷款决策时要权衡哪些利弊？

6. 保护自己的资产与收入。你应如何保护自己的资产与收入？购买保险需要做出哪些权衡？

7. 投资管理。投资管理如何与个人理财计划相匹配？在制定投资决策时要权衡哪些利弊？

8. 退休计划。选择退休账户时需要做出哪些权衡？

9. 时间对个人理财计划的影响。时间会对个人理财计划造成什么影响？

10. 财务状况的变化。当你的个人财务状况发生变化时，你认为自己的预算计划应怎样做出相应的调整？

11. 理财决定。你有7 000美元汽车贷款尚未偿还，利率水平为6%。你最爱的姨妈刚刚通过遗嘱把10 000美元的遗产留给了你。你可以把这笔钱存入货币市场存款账户，用它偿还贷款或者是投资于共同基金。在最终做决定之前，你应当考虑哪些因素？

12. 理财决定。在上一道题目中，你决定先把汽车贷款还清，然后把余下的钱投资出去。现在你再也不用每个月偿还350美元的汽车贷款了。设想一下余下资金的多种用途。

13. 投资决定。你手里持有多余的资金，你想把它投资出去。你自己划定的可选投资品种包括个股、国债或股票型共同基金。在做决定时，你应当认真分析上述每一种投资产品的哪些特征？

14. 购买汽车保险与房主保险能以何种方式保护好你的个人财富？

15. 保险的作用。购买充足的健康保险与残疾收入保险能以何种方式保护好你的个人财富？

16. 人寿保险。人寿保险能以何种方式保护好你的个人财富？哪些人需要购买人寿保险？

17. 确定目标。解释一下为什么理财规划需要确定非常具体的目标。

18. 跟踪记录支出与预算情况。为什么说连续几个月跟踪记录自己的支出情况是很重要的步骤？这会对你的预算计划造成怎样的影响？

19. 文件保管。为什么说把财务文件保存在安全稳妥的地方是很重要的？列举几个应当被安全保管的重要文件的名称。

20. 理财目标。常见的理财目标有哪些？

理财规划练习题

1. 节省的利息成本。乔迪刚刚从她的叔叔那里继承了12 500美元的遗产，她正在考虑用这笔钱做些什么。乔迪开的车是一年前买的，每月的汽车贷款还款额为304美元，乔迪还需要48个月才能还清这笔贷款。贷款的未偿还余额为12 460美元。如果现在乔迪就把这笔汽车贷款还清，那么她能节省多少利息成本？

2. 投资决定。乔迪（见第1题）考虑也可以把这笔钱（12 500美元）投资于银行的定期存单。4年期定期存单能确保乔迪获得4%的投资收益率。该存单能给乔迪带来多少投资收益？在这两个选当中哪一个收益更高？（提示：你需要计算一下乔迪贷款的利率水平。）

3. 投资价值。乔迪还清了汽车贷款，原本计划好的每年 3 648 美元的贷款还款额被节省下来，现在必须考虑一下这笔钱应如何投资。她决定把这笔钱存入雇主发起的退休账户。目前，该账户的年收益率为 12%。乔迪距离退休还有 15 年。如果她把这笔钱真的存入了退休账户，那么等到她退休时，她能额外拿到多少钱？

4. 雇主的配套缴款（与第 3 题有关）。如果乔迪的雇主提供配套缴款，那么等乔迪退休时，其退休账户的余额将会是多少美元？

5. 投资价值。乔迪认为可以把多出来的 3 648 美元存入雇主提供的退休账户，这能带来节税的额外好处。目前乔迪适用的边际所得税税率为 24%（联邦与州所得税）。这样做每年能帮助乔迪节省多少税负？假设在退休之前，乔迪的边际所得税税率一直为 24%，那么在接下来的 15 年里，不考虑节税的时间价值，坚持每年把这笔钱存入退休账户总共能帮乔迪节省多少税负？

6. 退休储蓄。米格尔是一名 22 岁的大学毕业生，他想在退休时变成百万富翁。假设他打算 67 岁退休，且能获得 9% 的年化投资收益率，那么为了实现这一理财目标，他需要每年存多少钱？

7. 退休需要考虑的因素。根据上一个问题，在确定退休目标时，米格尔应当考虑哪些因素？关于退休目标，你会向米格尔提出哪些建议？

个人理财的心理学：你的个人理财计划

1. 你是否向各个理财目标——例如储蓄、保险、投资以及退休计划——投入了足够多的资金？解释一下现在你应当怎样修改消费支出计划，以便能预留出更多的收入用于个人理财用途。

2. 你的个人理财计划应当包括流动性管理计划、个人贷款计划、保险计划、投资计划以及退休计划等。在上述所列计划当中，你最关注哪一种计划？对你来说，哪一种计划的实现最为困难？解释一下。

注册理财规划师练习

斯蒂芬妮·斯普拉特向你咨询建议。由于目前经济形势很差，她刚刚被老板解雇了。在未来 6 个月内，她每个月能拿到 1 200 美元的收入（本章的前面部分已经提供了她的个人现金预算表以及资产负债表）。

1. 假设在未来 6 个月内，斯蒂芬妮能找到新工作，那么根据目前每月只有 1 200 美元的收入这一基本情况，对斯蒂芬妮应如何修改自己的现金流量表提供一些建议。

2. 假设斯蒂芬妮在未来 6 个月内仍然没有找到新工作，看看斯蒂芬妮有什么办法能进一步修改调整自己的现金预算表与资产负债表来维持生计。

3. 解释一下当人们遇到类似于斯蒂芬妮这种境遇时——每月的收入不足以应付每月产生的账单，个人资产负债表与现金流量表之间有何关系。

综合案例：桑普森一家

在你的帮助下，戴夫和莎伦已经编制了一份理财计划。其中，主要的理财规划决策包括：

- 预算。他们决定修改之前的预算计划，尽早地开始储蓄。通过减少娱乐支出，他们可以留出更多的钱用来储蓄，以便尽快为莎伦的新车积累首付款，并为孩子们准备上大学的钱。
- 流动性。他们在支票账户里存放了充足的资金以应付意外支出。
- 贷款。现在他们一直坚持在每个月月末还清所有的信用卡欠款，这样便能省掉所有的贷款费用。为了给莎伦买新车，他们还申请了一笔为期四年的汽车贷款。
- 保护个人财富。他们决定提高汽车保险的保额，降低房主保险的免赔额，同时购买洪水保险和残疾收入保险。他们还为戴夫购买了人寿保险。
- 投资。他们决定目前暂时不买入个股，因为风险太高。他们决定将为孩子们上大学准备的储蓄投资于共同基金。他们不会把所有的钱投资于一只共同基金或一种类型的基金，而是在多种类型的共同基金之间分散投资。
- 退休计划与遗产规划。他们决定戴夫应当每年至少向其退休账户缴款 3 000 美元，因为他的雇主可以提供最多 3 000 美元的配套缴款。他们已经立好了遗嘱，指定了遗产分配的托管人，以确保孩子们读大学的费用能得到保障，同时让孩子们慢慢地以小额多笔的方式获得遗产（这样他们就不会很快花光遗产）。

现在，戴夫和莎伦已经完成了他们的理财计划，一想到自己已经制订了预算计划、流动性管理计划、贷款计划、投资计划、保险计划以及退休计划，他们就感到很放心。

1. 解释一下桑普森夫妇的预算计划会对其他理财计划决定带来哪些影响。
2. 桑普森夫妇的流动性决策与投资决策有何关联？
3. 桑普森夫妇的贷款决策与投资决策有何关联？
4. 解释一下桑普森夫妇的退休计划决策与他们的投资决策有何关联。

课后理财知识测验

下面这个测验能帮助你判断自己对理财规划有何了解。它包含了一些基础问题，来源于本书的相关内容，可以评估你是否具有做出合理理财规划决策的能力。

在完成测验后，根据测验结尾处提供的参考答案给自己评分。

1. （　　）详细说明了个人理财规划所产生的理财决策。
   A. 个人理财计划　　　　　　　B. 个人预算计划
   C. 个人理财目标　　　　　　　D. 上述选项都不正确

2. 在编制预算计划时，使用现金流量表很有帮助。现金流量表衡量的是个人的（　　）与（　　）。
   A. 现金流入；现金流出　　　　B. 资产；费用
   C. 资产；负债　　　　　　　　D. 上述选项都不正确

3. 货币的时间价值意味着今天收到的一美元要比明天收到的一美元（　　）。
   A. 更值钱　　　　　　　　　　B. 价值相等
   C. 价值更低　　　　　　　　　D. 上述选项都不正确

4. 下列哪一项不会对个人的纳税额造成影响？（　　）
   A. 申请了一笔抵押贷款买房
   B. 将一部分收入存入退休账户
   C. 为了积累个人财富，找了第三份工作
   D. 上述所有选项都会对个人的纳税额造成影响

5. （　　）不是存款机构的一种类型。
   A. 信贷协会　　　　　　　　　B. 储蓄机构
   C. 商业银行　　　　　　　　　D. 证券公司

6. 持有短期资金的个人可能不会把资金投资于（　　）。
   A. 定期存单　　　　　　　　　B. NOW 账户
   C. 公司债券　　　　　　　　　D. 支票账户

7. 允许消费者的借款额达到最高限额的信用卡事实上是一种（　　）。
   A. 分期偿还贷款　　　　　　　B. 抵押贷款
   C. 非分期偿还贷款　　　　　　D. 循环使用的开放式贷款

8. 在申请信用卡时，你可能不会被询问有关（　　）的信息。
   A. 你的现金流入额与现金流出额　B. 个人资本
   C. 个人贷款历史　　　　　　　D. 个人犯罪记录

9. 在申请贷款时，借款人可能需要提供有关（　　）的信息。
   A. 个人资产负债表
   B. 资产

C. 个人现金流量表

D. 借款人可能需要提供上述所有选项的相关信息

10. 房屋的成本（　　），则保险的保额就（　　）。
   A. 越高；越高   B. 越高；越低
   C. 越低；越高   D. 上述选项都不正确

11. （　　）旨在为个人导致的财产损坏所引发的责任提供保险。
   A. 人身伤害责任保险   B. 财产损坏责任保险
   C. 医疗费用保险   D. 上述选项都不正确

12. （　　）不属于私人医疗保险计划。
   A. 管理医疗计划   B. 定额理赔保险计划
   C. 联邦医疗保险   D. 健康维护组织

13. 下列机构当中哪一个不可能出售人寿保险产品？（　　）
   A. 提供银行服务以及证券经纪服务的金融机构
   B. 金融集团的子公司
   C. 独立的企业
   D. 上述所有机构都有可能出售人寿保险产品

14. 公司发行股票的目的是（　　）。
   A. 分散所有权   B. 筹集资金进行生产
   C. 产生固定利息费用   D. 上述选项都不正确

15. 一般来说，当市场利率（　　）时，股票的表现（　　）。
   A. 较高；较好   B. 较低；较好
   C. 较低；较差   D. 上述选项都不正确

16. 债券的常见期限为（　　）。
   A. 10～30 年   B. 5～10 年
   C. 2～5 年   D. 1～2 年

17. （　　）共同基金直接向投资者出售基金份额，投资者若想将基金份额卖掉，则基金公司可以随时赎回。
   A. 折扣   B. 溢价
   C. 开放式   D. 封闭式

18. 股票投资组合要面临（　　）风险，即当股票市场整体环境较差时组合收益也较差的风险。
   A. 市场   B. 利率
   C. 商业   D. 杠杆

19. 推迟退休的个人有资格从社会保障项目获得（　　）水平的年收入。
   A. 相同   B. 较低
   C. 较高   D. 上述选项都不正确

20. （　　）是一份某人对自己去世后如何分配其遗产做出说明的法律文件。
   A. 遗书   B. 资产分配
   C. 遗嘱   D. 上述选项都不正确

1.A 2.A 3.A 4.D 5.D 6.C 7.D 8.D 9.D 10.A 11.B 12.C 13.D 14.B 15.B 16.A 17.C 18.A 19.C 20.C

附录 A 个人职业规划

确定个人职业路径

哪种职业路径最适合你？在决定职业路径时仔细分析一下下面列出的几大要素，然后再搜索必要的信息来帮助自己做出决定。

可能影响个人职业路径的因素

在决定个人的职业路径时，也许最明显的第一个步骤就是考虑个人的兴趣爱好，然后再确定满足个人兴趣爱好的职业。大多数人会先确定几个可能感兴趣的职业，结果发现他们很难做出抉择。不过，你可以根据下列几个因素列出一份待选的职业名单。

教育与技能要求。 一些岗位听上去很有趣，但是它们对教育与技能的要求可能已经超出了个人准备实现的水平。例如，个人需要花费大量的金钱与时间才能获得足够多的职业培训并最终成为医生。医生这个行业的进入门槛非常高。仔细查看一下你感兴趣的每个职业对教育与技能的具体要求。根据待选的职业名单，主要关注那些你已经达到或即将达到教育与技能要求的职业。

岗位的可获得性。 人们往往会发现一些自己愿意持续走下去并感觉自己最终能获得成功的职业，但是又会意识到与求职人数相比，这样的岗位市场供给数量相对较少。例如，很多人都想成为时装设计师或者高档餐厅里的大厨。试着想一想这些岗位的应聘人数与岗位供给数量的对比关系。

薪酬。 在选择职业时，绝大多数人都认为薪酬是一个重要的影响因素。确实，有些职业工作的时候很享受，但是不能提供足够多的报酬。很多网站都能提供各种职业的薪酬信息。例如，登录 www.salary.com，你可以选择某一类你感兴趣的职业，然后查看在美国国内某个特定地区该职业的薪酬范围。

可帮助个人选择职业路径的信息资源

你可以使用下面我们列出的各种信息资源编制一份待选职业名单，然后从中选出你最喜欢的职业路径。

有关职业选择的书籍。 市面上有很多讲述如何选择职业路径的书籍，这些书籍大多还详细介绍了每种职业所需的必要技能。其中一些图书对各种职业只进行了大概的介绍，不过也有一些书籍提供了更为详细的信息。如果你只是想粗略了解一下各行各业，那么概略介绍的书籍比较适合你。然后，随着职业的选择范围越来越小，你可以再挑选一本专门分析特定职业领域（例如医药、工程、社会工作等）的书籍。

课程。 大学设置的各门课程是个人获得相关职业信息的重要来源。会计专业的课程能帮助你了解会计这个职业的工作性质，护理专业的课程能帮助你了解护士的工作内容，而社会学的专业课程能帮助你了解社会工作者的工作内容。即使是一些范畴较为广阔的课程，比方说管理学课程，也同样适用于多种不同的职业类型，包括上面提到的会计、护士以及社会工作者。如果你对管理学课程很感兴趣，那么可能更愿意选择一个人力资源、生产或服务管理方面的职位。

工作经验。 当实习生能让你近距离地接触某些类型的职业，让你了解从事这个职业的人们日常需要完成哪些工作任务。这样的工作经历非常有用，因为很多工作岗位的实际情况与你的想象往往是大相径庭的。

寻找熟人。 对于某个自己感兴趣的特定岗位，最好能找到一个在该行业工作的熟人。在面试之前做好准备，这样在面试时才能有针对性地提出一些问题。

互联网。 互联网提供了大量的职业信息。有些网站提供了多个职业领域的相关信息以及每种职业对技能水平的要求，包括金融、法律、管理、建筑、医疗、农业以及传播等领域。还有一些网站提供最热门的行业选择，你可以从中挑选一个需求数量较大的行业。不过，对于所有自己感兴趣的岗位，你都要认真地调查一下对应的求职者数量有多少。显然，如果与有资格应聘的求职者数量相比，岗位的供给数量相对较大，那么应聘这样的岗位成功的概率更大（假设你拥有必要的技能）。

在某些时候，你必须把选择空间缩小。只有这样，你才能把大部分精力投到研究自己最感兴趣的职业上。在选择空间缩小后，你还可以继续在互联网上查找更详细的信息。有的网站能够提供多个不同行业的有针对性的求职建议。

个性测试。 你可以根据个性测试获得哪种职业最适合你的反馈信息。这种测试有时候价格较为昂贵，而且对于这种测试是否比只使用上面讲到的简单原则更好地帮助个人锁定最符合其个性的职业，人们的看法并不统一。某些网站可以提供免费的个性测试，不过要注意，免费的个性测试一般不会像付费测试那样提供详细的分析结果。

掌握职业所需的技能

一旦你选定了自己想应聘的职业，那么下一步就是研究一下为了有资格应聘，自己应达到或掌握的教育水平与职业技能。

职业培训

若想了解一般信息，你可以登录美国劳工统计局的网站。在该网站，你可以查看到某种职业对职业培训的要求以及如何达到这一要求。

在线了解职业培训课程的相关信息时一定要小心谨慎。有些网站会故意提供大量有关职业培训课程的信息，目的是向你推销这种培训课程。基于这个原因，你一定要认真核实这样的培训课程是否真的能帮助你获得自己想要的岗位。举一个极端的例子，一些公司专门向个人推销模特或演员培训课程。大家都知道，很多名人就是依靠当模特或演员变成了有钱人。不过，只是上几门课并不能确保你一定能在该领域获得成功。在花钱参加培训之前，一定要努力确认一下市场对该公司举办的培训课程是否认可。

一些公司提供的职业培训也许真的获得了认证资格，这是其区别于其他公司培训课程的显著特征。不过，证书并不一定意味着这种培训课程很有价值，肯定能帮助你成功应聘相应的岗位。在某些情况下，岗位的供给数量就是少于已通过培训的应聘人员数量。有时候，培训并不能让你满足某个特定岗位的资质要求。

教育

大学与学院可以通过教育的形式提供职业培训。像 www.collegeboard.com 这样的网站可以按照大学设置的专业提供对应的职业介绍，帮助个人设计职业路径以及其所需的教育水平。以职业为导向来选择大学专业，比方说会计或商科专业，能帮助你做好在对应领域找到工作的准备。另外，人文科学学位能帮助你在多个行业领域内求职，比方说市场营销、新闻行业、教育行业与出版行业。

各家大学的名声相差较大，某些大学在学生就业方面更值得信赖。某些职业要求应聘者必须获得已通过认证的大学的学位。因此，你必须事先了解一下你计划求学的大学是否已经通过了认证，这一点很重要。因为市面上有各种各样的认证机构，所以要核实一下哪种认证对你打算从事的职业最为关键。

尽可能多地了解学院或大学各个系的具体信息。多高比例的毕业生在毕业后通过了标准化的资格考试（主要针对类似于会计或法律这样的行业）？最近几年的毕业生是否大多进入了你将来打算进入的行业？也许你可以从选课的各个系获得上述问题的答案。

实习生

当实习生能帮助你在将来打算进入的行业先获得一些必要的工作经验。很多大型知名公司与小企业都有实习生项目。你可以在上大学的时候就申请做实习生。一些公司会向实习生支付报酬，不过也有一些企业不付报酬。另外，在某些大学，参加实习还能拿到一定的学分。

即使实习生没有报酬或拿不到学分，参加实习也是非常值得的。实习能让你在未来的职业领域先获得一部分经验，你可以把这些写入你的简历。如果提供实习生项目的企业将来有空缺的岗位要招聘，那么你的实习经历会让你比其他应聘者更具有优势。另外，实习也能让你更加深入地了解某个职业，这能进一步强化毕业后你进一步追求个人职业发展的动力。它也可能让你意识到你并不想要这样的职业发展路径。即使如此，这个过程也十分重要，因为它能帮助你摒弃不适合的行业，重新找到另一个更适合个人情况的职业发展路径。

你可以在企业的官方网站上查找实习信息。有时候，你所在的大学也能提供实习项目。

有关个人教育与职业的决定

在人生当中，绝大多数人都会遇到这样的两难抉择：是继续攻读更高的学位还是开始全职工作。攻读更高的学位这一选择的劣势明显表现为必须放弃工作的收入，而且要支付更多的教育成本。你将背负一大笔债务，而且还要借入更多的钱来读书。也许你寄希望于将来全职工作后，自己能还清所有的债务并有一定的储蓄。

这个决定要求你对比一下攻读更高学位的成本与收入。成本包括学费、继续读书而不工作所导致的收入损失以及工作经验的不足。不过，更高的学位也许能让你有资格申请很多对学位要求较高的职业。因此，高学历的好处在于能获得更好的工作机会与更高的薪水、将来更大的升职加薪的潜力以及更为享受的职业生涯。此外，就读全日制大学还能让你更快地拿到学位。

经济环境对个人选择的影响

工作岗位的供给数量与产品服务的市场需求之间具有密切的关系。当消费者对商品或服务的需求十分旺盛时，企业会雇用更多的员工来提高产量，满足更多的市场需求。企业还需要雇用更多的工人来加班生产。这样的市场环境将有助于提高个人的工资水平，于是他们有了更多的钱来购买商品或服务，这能进一步创造出更多的工作岗位。

反过来，当经济形势不佳时，企业不需要这么多员工来实现生产目标或向消费者提供服务。因此，企业会取消一部分现有岗位，这就意味着要裁员，而且设置新岗位的可能性也会降低，这将导致人们更难找到自己想要的工作。此外，失业人数的上升会让某些人的收入水平下降，于是他们可用于消费的资金数额也随之减少。伴随着消费水平的降低，消费者对商品和服务的市场需求进一步减少，这将导致新一轮的裁员。

因为经济形势不佳时会出现上述连锁反应，因此在这种环境下，不管是什么岗位招聘，应聘人数都要比平时更多，这意味着个人应聘成功的难度更大。在这种情况下，企业甚至会进一步提高对学历以及岗位技能的要求，在考核每位应聘人员时，它们的眼光会更加挑剔。

当经济陷入衰退时攻读更高的学位，对于这个决定要格外谨慎。当经济形势不景气时，虽然岗位较为稀缺，但是获得教育的渠道并未减少。例如，假设你刚刚从社区学院毕业，你的计划是找到一份全职工作，然后再利用业余时间上四年制大学的课程。你甚至还希望雇主能支付你在职期间求学的费用。不过，如果岗位供给十分稀缺，你无法找到自己想要的工作，那么你可能认为修改计划，直接参加全日制学习所造成的损失要比全职工作的损失更小一些。

攻读更高的学位与参加工作的比较分析

总的来说，职业规划的调整主要具有两方面的影响：（1）全日制攻读更高学位时收入水平下降（收入可能为零）；（2）拿到大学学位的速度更快。你可以对调整职业规划的成本与收益进行对比分析。首先，估计一下若仍坚定执行当初的全职工作计划（参考图表A.1中的A部分）则未来几年内每年的现金流入额与现金流出额。由于这个案例假设你刚刚在社区学院拿到副学士学位，因此若只是利用业余时间学习的话，你至少还要花上六年时间才能拿到学士学位。

接下来，假设你打算修改最初的计划，在未来两年内参加全日制学习，再估计一下每年的现金流入额与现金流出额。在未来两年内，你的现金流入额可能为零，而现金流出额主要由全日制学习所产生的学费构成（参考图表 A.1 中的 B 部分）。不过，从第 3 年开始，你的预期收入可能会高于坚持初始职业计划所能达到的收入水平，因为此时你已经完成了两年的全日制学习，拿到了学士学位。总的来说，修改计划会在最初两年内让你背负较大的预算赤字，但是从第 3 年开始每年能给你带来更多的现金流入。因此，从第 3 年开始获得的额外现金流入应当足以弥补头两年的个人预算赤字。至于到底需要多少年才能彻底还清头两年读书时所欠的债务，这取决于个人的具体情况。请注意，根据你的资格、你获得什么样的工作、你就读学校的成本，你的现金流入额和现金流出额可能或多于或少于现有的分析，但是你可以按照这个模型分析自己的现金流入和流出情况。

案例分析。 图表 A.1 举例说明了如何进行分析。A 部分根据初始的全职工作计划估计了未来的预期现金流，假设前提是你利用业余时间学习，在未来六年内，每年的大学学费为 2 000 美元。B 部分则是根据修改后的职业计划——在头两年先不工作，而且到大学全日制学习，所有的学费成本只发生在未来两年间——估计未来的预期现金流。

图表 A.1　经济形势不景气时初始职业计划与修改后的职业计划的对比

A 部分：初始职业计划——现在开始全职工作，在未来六年内利用业余时间拿到学士学位

假设：
- 你已经拿到了副学士学位。
- 你目前有一份税后收入为 24 000 美元的工作。你打算在业余时间学习大学课程的同时保留这份工作。
- 你估计每隔两年全职工作的薪水会增加 1 000 美元。
- 你还估计等到第七年你拿到了学士学位时，自己的薪水将会大幅度提升到 35 000 美元，从那以后，工资收入每年都能增加 1 000 美元。
- 利用业余时间攻读学位每年的学费为 2 000 美元，直到拿到学位为止。

年份	工作带来的年现金流入额（美元）	教育带来的年现金流出额（美元）	每年的净现金流入额＝年现金流入额－年现金流出额（美元）
1	24 000	2 000	22 000
2	24 000	2 000	22 000
3	25 000	2 000	23 000
4	25 000	2 000	23 000
5	26 000	2 000	24 000
6	26 000	2 000	24 000
7	35 000	0	35 000
8	36 000	0	36 000

B 部分：修改后的职业计划——由于经济形势不景气，从现在开始全日制学习

假设：
- 你已经拿到了副学士学位。
- 你估计在两年全日制学习之后，你能拿到学士学位。
- 全日制学习的学费为每年 6 000 美元，直到拿到文凭为止。
- 你预期当自己拿到学士学位时，工资收入应达到每年 35 000 美元，假设此后每年加薪 1 000 美元。

续表

年份	工作带来的年现金流入额（美元）	教育带来的年现金流出额（美元）	每年的净现金流入额＝年现金流入额－年现金流出额（美元）
1	0	6 000	－6 000
2	0	6 000	－6 000
3	35 000	0	35 000
4	36 000	0	36 000
5	37 000	0	37 000
6	38 000	0	38 000
7	39 000	0	39 000
8	40 000	0	40 000

一旦你估算出了这两种计划的未来现金流，那么接下来就可以像图表 A.2 那样进行对比分析。请注意，图中提供的是未来 8 年间的累积净现金流入额，由每年的净现金流入额依次叠加而得。在头两年内，初始职业计划的好处十分明显。不过，到了第 8 年，修改后的职业计划的累积净现金流入额超过了初始职业计划。也就是说，从第 3 年开始，由于你拿到了学士学位，更高的收入水平可以让你在接下来的 6 年时间里累积更多的净现金流入额，足以弥补头两年放弃工作、全职读书的成本。

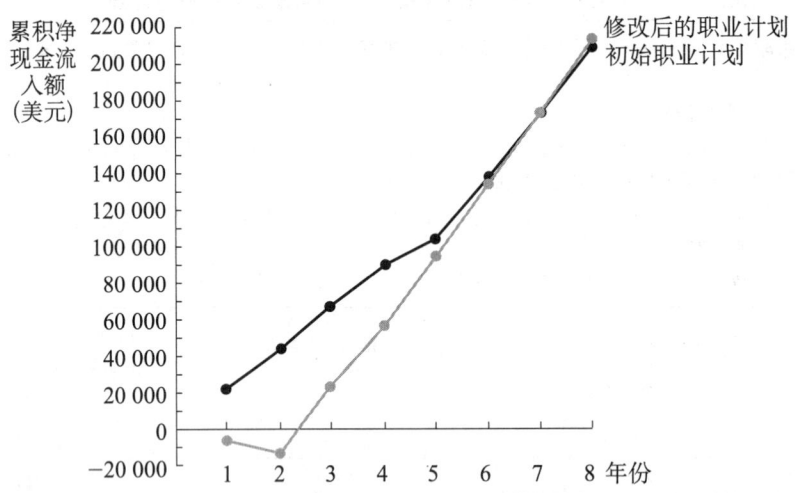

年份	初始职业计划：每年的净现金流入额（美元）	初始职业计划：累积净现金流入额（美元）	修改后的职业计划：每年的净现金流入额（美元）	修改后的职业计划：累积净现金流入额（美元）
1	22 000	22 000	－6 000	－6 000
2	22 000	44 000	－6 000	－12 000
3	23 000	67 000	35 000	23 000
4	23 000	90 000	36 000	59 000
5	24 000	114 000	37 000	96 000
6	24 000	138 000	38 000	134 000
7	35 000	173 000	39 000	173 000
8	36 000	209 000	40 000	213 000

图表 A.2　初始职业计划与修改后的职业计划的净现金流比较分析

根据个人情况进一步深入分析。虽然我们这里只分析了 8 年间的情况，但是你需要进一步考虑 8 年以后的影响。在本例中，修改后的职业计划建议你在两年后拿到学士学位后开始工作，而根据初始职业计划，你要花费 6 年的时间才能拿到学士学位。因此，从长期来看，修改后的职业计划能让你的职业上升速度更快，因为你可以提前 4 年拿到学士学位。一般来说，8 年的评估期可能低估了修改后的职业计划（你能提前 4 年拿到学士学位）所能带来的潜在好处，因为 8 年过后，你的职业上升速度可能依然很快。因此，在 8 年评估期过后，如果你能继续保持较快的职业上升势头，那么你的现金流入额将会更高。

在上述分析过程中，我们没有考虑学费的贷款利率，因为对于两种计划来说，贷款利率的差别不会太大。修改后的职业计划甚至还能提供分析过程中并未显现出来的额外好处。你在第 3 年找到的工作不仅可以提供更多的收入，而且还能提供更大的满足感。在第 3 年参加工作以后你仍然可以继续攻读更高的学位，不过此时你要读的是研究生课程而不是本科课程。

有时候，整个分析过程会让你得出这样的结论：现在就开始全职工作比接受全日制大学教育更合算。例如，如果你中途暂停了学业，重新回到校园接受全日制教育时学习成绩并不太好，那么修改后的职业计划可能不太适合你。此外，如果你已经拿到了目标岗位所需的所有资格证书，那么再接受额外的教育也许并不能进一步提高你在职场上的"适销性"。在这种特殊环境下，如果你继续坚持初始计划而不是通过全日制的方式继续接受教育，那么长期内的现金流状况可能会更好。

在对初始职业计划与修改后的职业计划进行对比分析时，这个案例假设你刚刚拿到副学士学位。由于这个假设不一定符合所有人的实际情况，因此你可以稍加修改以体现个人的特殊情况。比方说，如果你刚刚拿到学士学位，那么在经济形势不景气的情况下，你面临着多种选择。你可以选择全职工作，但是即使你已经拿到了学士学位，当经济陷入衰退时，你也很难找到自己理想中的工作。你可以考虑修改职业计划，暂时不全职工作，而是改为全日制攻读硕士学位。

这个决定的取舍与前面那个案例非常相似。修改后的职业计划可能会导致在接下来的一两年时间里你几乎没有现金流入（因为没有工作），现金流出额很高（因为要支付全日制学费）。不过，一旦毕业了，你的硕士学位也许能帮助你找到用学士学位找不到的好工作。于是，长期内你能拿到更多的工资收入，足以弥补读研期间损失的工作收入与学费成本。同样的分析能帮助你做出正确的选择。在进行这种分析时，各种类型学位的收入水平数据必须符合现实情况，这一点很重要。某些类型的硕士学位并不一定能如你想象的那样使你拿到比学士学位更高的工资。

选择学校

选择哪所高校也是一项个人理财决定，因为这对未来个人的财务状况具有重大影响。它还能影响个人的生活质量。如果现在你还是一名社区学院的学生，那么一旦你拿到了副学士学位，本节能帮助你进一步了解选择大学时应考虑的主要因素。如果你已经拿到了学士学位，那么你可以根据本节的内容选择到哪个高校读研究生。

选择大学时应考虑的因素

在决定选择哪所大学时，你应当考虑到多个因素。你可以在互联网上查找到有关各所大学的很多信息。绝大多数大学能提供充足的信息，你完全可以依靠这些信息做出明智的选择。一些网站还提供了各所大学的对比评价以及统计数据，你可以据此进行横向比较。在挑选学校时，值得你关注的更重要的影响因素如下所示：

- 入学条件；
- 学费；
- 提供的专业；
- 声望；
- 便利性。

入学条件。大学通常会公布它的入学条件。查看入学条件是不错的初步筛选，因为这能让你把大部分时间都花在那些你相信自己满足其入学条件的大学身上。

学费。学费代表着接受教育的成本。私立大学每年的学费平均为 35 000 美元左右，不过各所大学的学费高低往往差别很大。公立大学的学费大约为每年 10 000 美元左右。因此，读公立大学每年能让学生节省大约 25 000 美元的学费。如果学生到本州以外的其他公立大学读书，那么通常还要支付一大笔额外的费用。一般来说，公立大学对这样的学生每年要额外收取 15 000 美元的费用。因此，对于想到其他州读大学的学生来说，与私立大学相比读公立大学能省的学费成本将有所减少。如果读的是学制两年的学院，那么每年的学费与其他费用平均为 4 800 美元左右。

记住，某些大学可以提供奖学金，因此如果某所大学方方面面都很好，就是学费太高，那么你应该了解一下自己是否有资格申请奖学金。某些大学可以对负担不起学费的学生提供学费减免的优惠政策。此外，还有一些政府主办的项目也能帮学生减免一部分学费。

提供的专业。每所大学都有自己的专业设置安排。即使你并不确定自己想读哪一个专业，至少应该知道自己的主要兴趣是什么，比方说是科学、人文艺术还是商业。然后，你可以了解一下每所大学是否设置了与个人兴趣相一致的专业方向。

声望。大学的声望对学生毕业后应聘时的"适销性"具有重要的影响力。不过，你要记住，大学的声望对个人求职"适销性"的影响力取决于个人选择了哪一个专业。比方说，某所大学的护理专业很有名，那么如果你选择了读护理专业，则学校的声望能提高你个人的"适销性"；反之，如果你所读的专业与护理毫不相干，那么学校的名气对你个人求职时的"适销性"影响甚微。

便利性。很多学生会根据方便程度来挑选大学。例如，如果本地大学允许他们住在家里的话，他们更愿意以通勤的方式上本地大学。抑或是，他们更愿意选择离家最近的大学，这样便于他们周末回家。一些学生对便利性看得很重，以至于他们根本不考虑其他有助于提升个人职业发展的影响因素。例如，他们之所以会选择 A 大学（离家只有 100 英里）而非 B 大学（离家 200 英里），只是因为 A 大学离家更近，因此每次学校放假回家更方便。然而，如果 A 大学不能提供满足其个人兴趣爱好的专业，他们将被迫选择其他自己不感兴趣的专业。如果他们能接受放假回家时的一点点不方便，那么完全可以在 B 大学选择自己感兴趣的专业。

走读还是住校

如果你计划一边读大学一边工作，那么出于方便的考虑，工作地点会对大学的选择具有一定的影响力。不过，如果你对住校持开放态度，那么在最终决定之前，最好先比较一下每所大学的优势与劣势。

进行现金流分析。创建一个类似于图表A.1的表格，列出半工半读与全日制读书两种情况下的预期现金流入额与现金流出额。半工半读的好处显然在于工作能给你带来一定的收入，也许公司的住宿安排比住校更便宜一些。

不过，如果你不打算半工半读，而是准备住校读书，那么你可能更快地拿到学位，更早地开始追求你的职业生涯。如果工作有可能拖延你的学业进度，你可以考虑不工作而走读上学。不管哪种情况，从财务的角度来看，显然住校有可能是最佳的安排。下面我们列出的这几种情况值得考虑住校。

- 若两所大学都能提供你想学的专业，那么住校有可能是成本最低的选择。例如，如果选择州立大学的话，你需要住校；如果选择另一所私立大学的话，你就能以走读的方式上学，那么由于州立大学的学费比私立大学更低，因此选择州立大学并住校能帮你节省一大笔学费支出。
- 直接住校可能允许你挑选自己最喜欢的专业，而且这个专业也许是另一所可以走读的大学不能提供的。在你工作以后，这一点也许能帮助你赚到更多的工资收入。当你估算从两所大学毕业后能赚到多少工资收入时，必须考虑到这一差别。即使它不能带来更高的收入，也可能让你的职业生涯变得更快乐。
- 即使两所大学都能提供你想学的专业，如果必须住校的那所大学声望比另一所可以走读的大学更高，那么选择前者能让你将来毕业后在人才市场上更具有竞争力。在你估算选择那所声望更高的大学将来能获得多高的工资收入水平时，必须考虑到这一点。

即使你已经知道自己将要住校，你仍然可以进行上述分析，对比一下两所大学的优劣势。各所大学的住宿费用相差甚远，而且每所大学的专业与选修课程也存在较大差异，这都会对你未来的职业发展造成影响。当你估计每个专业未来能帮你赚到多少工资收入时，要充分考虑到各个专业的差异性。

考虑其他非货币性因素。除了要评估现金流入额与现金流出额以外，其他因素也会对你的决定造成影响。例如，授课方式是否存在差别（在线授课还是在教室集中授课）？你能否轻松地选中自己想学的课程？课堂人数是否太多以至于会降低授课质量？住校能否让你的生活质量变得更好？选择另一所大学是否烦心事更少，能让你取得更好的学业成绩？若想全面评价上述提及的各个问题，你可以从各所大学的宣传资料里获取信息。

学生必须考虑的另一个重要的非货币性因素是住校以后自己是否有足够的自律性。一些学生如果住在家里，走读去当地的大学，与住校相比，可能没有那么多机会享受愉快的社交生活，因为聚会要少很多。一些学生搬进学校宿舍让他们感觉如鱼得水，因为这能帮助他们提高人际交往能力，而且还可以使他们与具有相同兴趣爱好的其他同学一起钻研。

对于任何在分析过后你仍然感兴趣的大学，都应当到校园里参观一下。你会发现，你对校园及所在城市的真实感受往往会与大学宣传材料上的介绍截然不同，因此在最终做出决定之前亲自去校园里走一走、看一看是很重要的。

选择专业

　　读大学时你选择的专业会对你未来的个人职业发展、生活方式以及收入水平有非常大的影响。因此，这一决定值得你花费较多的精力。你要工作 40 年甚至更长的时间，因此应当多花点时间好好研究一下选择哪个专业最合适。

　　对某些人来说，如果他们的职业规划要求他们必须学习某些特定的课程，那么选专业会是件很容易的事。例如，如果你想成为一名财务会计人员，那么就应当选择会计专业。如果你想当一名护士，那么就应当选择护理专业。不过，很多学生并没有考虑好将来从事哪个行业，因此在选专业的时候感到很纠结。

　　一些学生选择某个专业的原因很可能只是他们的朋友选了这个专业，或是某个专业的授课时间让他们感到满意，抑或是这些课程能让他们轻轻松松地拿到高分，或者是这个专业可以让学生海外留学一个学期。也就是说，他们的决定完全是基于哪个专业最简单、工作量最小或乐趣最多等因素。虽然这样的决定能够带来即时满足感，但是如果这些专业将来无法让学生掌握求职必需的技能或知识，那么将来这些学生肯定要吃苦头。某些专业的课业量非常少，但是在就业市场上竞争力也较弱。最理想的状态是你能找到一个自己很感兴趣，同时还能学到相关的技能，将来能帮助你在既定的职业道路上谋得好职位的专业。这值得你多花点时间好好评估一下各个专业，然后再做出明智的选择。

　　虽然选择专业并不存在一个完美的公式，但是一些普遍性的指导原则还是有一定用处的。最开始时，你可以大概地划分出自己喜欢或不喜欢的专业领域。较为宽泛的专业划分包括：

- 科学（例如化学或生物学）；
- 社会科学（例如社会学或人类学）；
- 商业（例如市场营销学或管理学）；
- 医疗（例如护理学或营养学）；
- 艺术（例如美术或音乐）。

　　在划分专业领域时，你可以删掉自己不感兴趣的专业。对于保留下来的专业领域，你可以进一步搜集更详细的信息，深入了解具体的专业。在挑选专业时，你需要考虑下列标准：

- 评估一下专业的课程内容；
- 调查不同的职业路径；
- 接受测试以判断自己的兴趣所在；
- 对各专业进行对比分析；
- 考虑一下自己是否愿意攻读更高的学位。

　　接下来我们要讨论如何使用上述各条标准帮助你做出专业的选择。

评估专业的课程内容

评估一下所有打算选择的专业的课程内容。你应当能在任意一所大学的课程目录上找到相关课程的简介。请注意，这种课程简介只能提供非常有限的信息。不过，如果你按照课程的名称在线搜索其教学大纲，就能查找到讲授该类课程的教授上传到互联网上的教学大纲，由此能获得更详细的信息。教学大纲能具体说明本课程需要完成哪些任务以及作业，这能帮助你判断自己是否对该课程感兴趣。

调查可能的职业路径

在互联网上用关键词"专业"再加上行业名称搜索，你能找到很多提供相关行业领域各个专业详细信息的网站。你甚至可以查到一些正在修读该领域某专业的学生发布的博客，他们时常以博客的形式分享他们对本专业的看法。一些网站还进一步介绍了某个特定专业对应的职业与岗位类型。你使用"工作""职业""薪水"之类的关键词在互联网上搜索，便能找到很多此类网站。

在查看信息时要谨慎小心。 当你阅读各种有关职业路径的文章或信息时，一定要对信息的来源或出处谨慎对待。其中一部分信息具有误导性。例如，假设你想知道毕业后在工作的头几年时间里，政治学专业的毕业生通常能找到什么样的工作以及能拿到多高的薪水。某些网站能提供这方面的信息。但是，很多政治学专业的毕业生在毕业后又继续攻读了法律专业并拿到了学位。如果该网站提供的工作以及薪水的信息是针对这些毕业后又拿到了法律学位的政治学专业毕业生的，那么显然这些信息具有明显的误导性。很多岗位只有具有法律学位的人才有资格胜任，只有政治学学位的毕业生是不可能抢到这样的工作岗位的。同样的推理过程也适用于随后又攻读了研究生学位或考取了职业资格证书的历史专业、英语专业或其他任意一个本科专业的毕业生。

再举一个例子，假设你打算选择戏剧专业。你看到了一条信息，它表示很多著名的演员都是戏剧专业出身的。不过，这并不真的意味着毕业于戏剧专业的其他人都能找到类似的工作并拿到同样多的薪水。你可能还看到过某篇文章称许多著名作家都是新闻专业出身的，同样，这也并不意味着所有新闻专业的毕业生都能取得同样的成就或拿到同样的高薪。你要记住，很多历史专业、政治学专业以及新闻专业的学生在毕业后并没有从事与所学专业相关的工作，因为专业相关领域能提供的工作岗位数量明显小于该专业毕业生的数量。为了从事自己梦想中的职业，你可能还是想选择这样的专业，但是在最终决定之前，至少你要先了解一下在该职业领域找工作的成功概率大不大。

参考根据自我测试结果提出的建议

一些网站提供了在线测试，网站可以根据自我测试结果对个人的专业选择提供建议。虽然这种测试能起到一定的作用，但是在最终决定之前，你还是应当自己好好评估一下感兴趣的各个专业。

对比分析各专业

一旦你进一步缩小了自己的选择范围，圈定了几个待选专业，那么接下来就可以对这几个专业进行对比分析，就像前面比较各所大学一样。如果这几个专业都在同一所大学，那么所有专业收取的学费标准应当是差不多的。图表A.3提供的案例分析比较了X专业与Y专业的现金流状况。你可以用自己看中的专业替代X专业或Y专业，同时若你对相关专业毕业后的起薪水平有自己的估计，那么也可以把相应的数字替换掉。

图表A.3中的案例假设X专业能获得更好的工作机会，这就是毕业于X专业的学生刚开始工作时薪水（现金流入）更高，而且预期此后每年工资水平的上涨速度更快的原因。Y专业的毕业生工作机会较少，这正是Y专业的学生毕业后工作的起薪点较低的原因。此外，Y专业的毕业生升职加薪的机会也要少一些，因此预计每年工资水平的上涨幅度很有限。

图表A.3　两个不同专业的净现金流对比

假设：
- 你已经拿到了副学士学位；
- 你估计如果选择X专业或Y专业，那么两年后就可以拿到本科证书，毕业后便可以开始全职工作；
- 在拿到学位之前，每年全日制读书的学费为8 000美元。

选择X专业时，未来6年内的预期现金流如下：

年份	工作后的年现金流入额（美元）	读书时的年现金流出额（美元）	每年的净现金流入额＝年现金流入额－年现金流出额（美元）	累积净现金流入额（美元）
1	0	8 000	−8 000	−8 000
2	0	8 000	−8 000	−16 000
3	36 000	0	36 000	20 000
4	38 000	0	38 000	58 000
5	41 000	0	41 000	99 000
6	46 000	0	46 000	145 000

选择Y专业时，未来6年内的预期现金流如下：

年份	工作后的年现金流入额（美元）	读书时的年现金流出额（美元）	每年的净现金流入额＝年现金流入额－年现金流出额（美元）	累积净现金流入额（美元）
1	0	8 000	−8 000	−8 000
2	0	8 000	−8 000	−16 000
3	25 000	0	25 000	9 000
4	26 000	0	26 000	35 000
5	27 000	0	27 000	62 000
6	28 000	0	28 000	90 000

比较结果。一旦你填好了表格，就能得到对比分析结果。虽然在表中我们只估算了未来6年间（大学的最后两年再加上全职工作的头四年）的现金流数据，但是事实上你可以评估任意一个你想分析的时间段。图表A.3证明，X专业能在较长时间内获得更多的净现金流入额。6年后，如果你读的是X专业，那么你的累积净现金流入额可达到145 000美元；如果你读的是Y专业，那么你的累积净现金流入额将只有90 000美元。显然，X专业在收入方面的优势一目了然，如果你进一步延长分析期限的长度，那么这种效应将会更

加明显。

考虑非货币性因素。上述分析没有包含应当被考虑进去的非货币性因素。某些人发现，他们之所以会决定选择 Y 专业，即使他们知道这样做也许不会带来较好的工作机遇，是因为非货币性因素（例如他们对 Y 专业特别感兴趣）。还有一些人认为即使他们对 Y 专业更感兴趣，将来他们也不会做这种满足个人兴趣爱好的工作，因此，他们可能会选择 X 专业，因为将来从事的工作与专业本身的关联度更高。其他人可能对 X 专业与 Y 专业的感兴趣程度相同，由于 X 专业找工作的机遇更好，所以选择 X 专业。此外，X 专业毕业后创造的净现金流入额更多，这能让他们在不贷款的前提下消费更多。

如果某个专业要读更长的时间，则要对分析过程加以调整。在比较两个不同专业的现金流时，有可能其中某个专业要读更长的时间才能拿到学位（比如要多读一年），因此我们的研究周期也要相应地延长。这一点很重要，因为它意味着若是选择了这个专业，那么你要多等一年才能开始工作。我们可以很容易地把这一特点加入图表 A.3 的分析过程中。在上述条件下，你应当充分考虑第 3 年产生的学费以及其他费用，由于只有在第 3 年年末正式毕业以后才能开始工作，因此直到第 4 年，你才能获得正的现金流入。

继续攻读学位

硕士或博士学位能让你获取更多的知识与技能，也许能帮助你有资格应聘更好的职位。不过，继续攻读硕士或博士学位也是有成本的，你必须权衡一下这样做的成本与收益。

成本。读研究生的成本是很高的，在你下决心读研究生之前应当先好好地估算一下成本。由于各个硕士专业的收费标准差别很大，因此也许你能找到一个价格相对较低、同时也满足个人要求的硕士专业。你要好好计算一下学杂费、食宿费以及继续读书的机会成本。如果你攻读的是全日制研究生，那么你要付出的机会成本是在读研期间损失的工资收入。另外，你可能还会发现在读研期间自己将不得不放弃一部分社交活动。

收益。拿到硕士或博士学位有助于提高个人在人才市场上的竞争力。很多工作岗位要求应聘者的学位高于文科学士或理科学士。如果你的目标是提高自己的应聘"适销性"，那么应当好好研究一下哪种类型的学位最有助于提升"适销性"。比方说，工程师经常会去读工商管理硕士（MBA）而非工程硕士，因为 MBA 能教会他们更强的管理技能，工商管理硕士的学位证书能证明他们具有管理项目以及管理人员的能力。

如果你决定攻读硕士或博士学位，那么下一步要了解一下你选择的大学在这方面名气大不大。某些学校的硕士或博士专业在全国或全球范围内享有盛誉，不过也有一些学校的硕士或博士专业只有当地人才知道。

在某些情况下，只有在毕业后，学生们才意识到自己的本科学位没有自己想象中那么有用，因此为了改变这种局面，他们尝试继续攻读同一行业领域的硕士学位，尤其是当他们的本科时光过得格外悠闲惬意时，他们更容易产生继续读书的念头。他们对现状感到很满意，因此想像现在这样继续读书。这样的决定能给他们带来即时满足感，因为这能让他们继续像本科时期那样享受轻松自在的生活。不过，如果这一决定不能在研究生毕业后帮助学生在自己喜欢的行业找到一份不错的工作，那么这一决定可能会对学生的长期发展带来不利影响。从本质上看，继续攻读硕士或博士学位只不过是让他们推迟了未来工作所需技能的学习进程。

如果你的本科专业不能帮你找到工作，那么在决定继续攻读该专业的硕士学位之前，你一定要仔细想清楚。很有可能在这个行业领域内，即使你已经拿到了硕士或博士学位，可供选择的工作岗位仍然非常少。也许有一大批同样拥有硕士或博士学位的应聘者在竞争同一个岗位，因为很多其他学生由于本科毕业后找不到工作也不得不继续读了研究生。这使得该行业领域内一部分应聘者的受教育程度过高，然而缺乏工作岗位所需的必要技能。

除了在本科专业继续攻读硕士学位以外，还有一种做法是选择另一个工作机会更多、市场竞争力较强的本科专业。某些本科学历要比研究生学历更有市场竞争力。你可以使用类似于图表A.1的现金流分析法去详细研究，看一看这两种方式哪一种更加可行。为了让现金流分析更加完善，你可以把非货币性因素也考虑进去。

评价求职者的标准

当你找工作时，你要和其他很多求职者展开竞争。只有弄清楚雇主需要的是什么样的员工，你才能从一大群求职者里脱颖而出。认真研究一下雇主评价求职者的标准，这能帮助你判断自己是否满足该工作岗位的要求。

你的求职申请表

求职申请表要求你提供有关个人教育背景的基本信息，比方说哪所大学毕业、专业是什么和/或选修了哪些专业。求职申请表可能还要求你提供以往工作经历的相关信息。用人单位会根据求职申请表来判断求职者是否掌握了足够多的知识或技能，从而是否有能力胜任工作岗位。

个人简历

个人简历应当提供个人教育背景与工作经历的相关信息。公司会收到很多份个人简历，因此简洁扼要地介绍自己已掌握哪些技能能让你变得与众不同。如果你已经掌握了工作岗位要求的技能，那么写简历是一件很简单的事。绝大多数职业指导网站都能提供进一步改善个人简历的小贴士。你还可以把自己的简历上传到求职网站。

虽然很多网站能提供一些指导建议，但是你要记住，没有哪个简历模板能够完美地适合所有场合。在制作简历时，你需注意所使用的模板要能清晰地凸显你所具有的优势或长处。例如，如果你曾经做过四份工作，但是只有最近这份工作与目前以及将来的工作岗位有关，那么你就应当尽量重点强调最近这份工作。如果你的工作经验仅限于某个狭窄的职业范围，而且你打算一直在该领域内发展，那么可以考虑花更多的篇幅介绍一下自己的工作经验，那么，当你寻找其他属于同一类型的工作岗位时，有眼光的雇主就会发现与那些只拥有一般性工作经验的求职者相比，你所掌握的特殊技能是如此显眼。

使用社交媒体

随着互联网技术的发展，社交媒体让人与人之间的交往变得更加方便。你可以使用社交媒体来找工作或拓展职业空间。社交媒体能在下列多个方面向你提供帮助。

了解职业信息。 通过阅读他人对个人工作经验的阐述，你可以对特定的职业了解得更多更全面。如果你对自己现在这份工作不满意，那么也可以多关注一些其他职业的相关信息。

人际关系网。 你可以与以前的同事保持联络，他们可能对其他公司或职业了解得更多，是非常重要的信息来源。

提升个人能力。 你可以介绍一下你目前的职业以及你的工作背景、技能、专业知识或工作经验。你还可以提供联系信息，以便某些用人单位看到这些信息后与你联系。

使用社交媒体之前三思而行。 在使用社交媒体时，你要记住，你所发出的每个评论或说过的话都可能会被过去的、现在的或将来的老板看到。如果你做出了下列行为，那么使用社交媒体反而会让你给现在的、将来的老板留下不好的印象：

- 泄露目前所在公司的机密信息；
- 关注对目前所在公司、老板或同事的负面评价；
- 所说的话显示出你在工作场所缺乏纪律性。

虽然你认为自己说的话不会伤害别人，但是有些雇主只是因为看到了未来员工在社交媒体上发表的言论而留下了坏印象，就直接把他筛选掉了。他们不会花时间对所有求职者进行全面评估，因此依据社交媒体上不得体的言论而把某些值得怀疑的求职者筛选掉，是帮助雇主减少候选人数的常用方法。

面试

面试能帮助雇主获得更多的信息，例如你如何与他人交往，在某些特定环境下，你的反应如何等。雇主会进行各种各样的个性评估，例如：

- 是否守时；
- 与他人协同工作的能力；
- 沟通能力；
- 对概念的把握能力；
- 倾听能力；
- 承认个人具有局限性的能力；
- 服从指挥的能力；
- 下达命令的能力；
- 作为领导者的潜力。

市面上有很多书籍以及网站都对面试过程中应当注意哪些方面提供了建议，例如服饰打扮、身体语言、礼仪甚至是如何回答有关个人简历不足之处的难题。另一个能够实时获得各种最新面试信息的资源是你所在大学或学院的职业中心，它们经常举办传授面试技巧的讲座。

工作机会的比较

在求职时，最终你需要评估一下一个或多个工作机会。在评估时，可以使用下列几条原则。

薪水。薪水很重要，尤其是当你要自力更生的时候。薪水会影响你在不贷款情况下的消费水平。它还会影响到你还清目前所有债务的速度，以及你在购买大件商品时，例如买房或买车，需要申请多大金额的贷款。但是不要只是考虑起薪。有些工作起薪较低，但会经常加薪，这样在短时间内，薪水就会更高。其他工作可能有更高的起薪，但提供很少的加薪和晋升机会。

福利。雇主经常会向员工提供非现金福利，例如医保福利、向员工的退休账户配套缴款、向员工提供带薪假期、特殊的工作现场日托服务与锻炼设施以及报销一部分继续教育的学费。

地点。雇主所在的地点决定了你从现在的住所上班通勤所需要的时间。每天花两个小时通勤意味着每天你要多花两个小时的时间在工作上。如果工作地点在城内，要求你必须搬家，那么要好好考虑一下搬家的成本与城里的居住成本、学区状况（如果你有孩子的话）以及城里的生活质量。同样，你还要考虑一下搬家后远离家人或朋友会带来哪些弊端，若孩子们必须转到另一所学校读书则会产生哪些潜在问题，以及在搬家之前你是否需要卖掉原来的住房。

转行

很多人没有意识到工作也能让人感到快乐，这是因为他们入错了行。在某些情况下，他们可以使用之前积累的工作经验进入新的行业，然而有时候他们不得不重新接受职业培训。转行的一个明显障碍是在原来的行业里已经投入了很多时间。此外，如果必须进行职业培训，那么转行的成本会更高。不过，如果人们真的相信换个行业能让自己更满意，那么确实可以认真地思考一下转行，但是首先他们要全面了解新职业的详细信息。

在考虑转行时一定要客观，仔细分析自己的预期。你是否真的更满意？你需要完成多少职业培训？在培训期间，你是否不得不停止工作？一旦完成了培训，你需要多长时间才能找到新工作？新职业与原来的职业相比，工资水平更高还是更低？升职的机会是不是更多？职业安全感是否更强？

自由职业

在人生的某个阶段，你可能会决定辞去目前这份工作，成为自由职业者。有几百万人辞职开创了自己的事业，他们获得的满足感远远超过了之前在企业或政府机构工作时的感受。不过，自由职业并不适合每一个人。有些人当员工很不错，但是在创业和管理企业方面能力不足。

为了开创自己的事业，你需要先设计一份能取得成功的商业计划。一般来说，这要求你开发出一种能比目前市场上已有的产品或服务更受消费者青睐的新产品或服务。你的优势可能是产品的售价比现在市场上同类产品的价格更低，或者是你提供的产品质量更好。你要记住，一旦你开始经营自己的公司，竞争对手会迅速进行调整，赢得市场份额可能没有你想象中的那样容易。企业要对客户负责，如果不能让客户满意，那么这样的企业将无法生存下去。

结论

你要对自己的职业路径具有控制力。如果你遵循了本附录提供的各种指导原则,那么找到工作并沿着既定的职业路径不断提升的可能性就会更大。不过你要记住,你的职业抱负与机遇常常会发生变化。因此,找到第一份工作并不意味着不用再进行职业规划了。职业规划应当贯穿整个职业生涯,甚至在个人的退休计划里也应占有一席之地。

附录 B 实践项目

下面的内容是与个人理财计划有关、需要你亲自动手完成的实践项目。
- 评估个人的信用状况；
- 职业规划实践；
- 租下一套公寓；
- 股票市场实践。

评估个人的信用状况

如果你没有信用卡，根据你对未来自己的信用卡使用习惯来回答下列问题：

1. 信用卡的消费支出。你每个月使用信用卡消费多少金额？

2. 信用卡的张数。你是否有多张信用卡？这些信用卡都是必要的吗？你是否因为持有多张信用卡而导致消费金额超过了正常标准？

3. 信用卡消费与现金消费。你是否用现金而非信用卡购买大部分商品？当你使用信用卡而非现金付款时是否感觉就像没有花钱一样？

4. 偿还一部分信用卡欠款与还清所有欠款。当你收到信用卡账单时一般会怎么做？你会只按照最低还款额还款吗？你是否会还清每个月的全部信用卡欠款？如果你没有还清全部欠款，那么这样做是因为你没有能力还清欠款还是因为你更喜欢多留一些现金在手上？如果你的信用卡有一部分欠款尚未偿还，那么你计划怎样还清这笔欠款，是下个月偿还大部分欠款或还清全部欠款，还是下个月仍然按照最低还款额还款？

5. 信用额度。考虑一下信用卡的信用额度。这一信用额度会给你的消费带来约束作用吗？如果信用额度被提高，你能获得好处吗？如果信用额度被降低呢？

6. 获取你的个人信用报告。登录相关网站免费获取你的个人信用报告。如果最近你刚刚拿到个人信用报告，那就不用再申请一份新的报告，把已拿到的报告好好地研究一下。注意那些要求获得你个人信用信息的公司都属于哪些类型的企业。你的个人信用报告是否正确？如果不正确，你可以反馈给征信机构，按照本书介绍的方式，要求征信机构纠正错误信息。

7. 评估你的个人信用报告。你对目前自己的信用等级是否感到满意？如果不满意，那么你计划采取哪些措施提升你的个人信用等级？例如，将来你是否可以减少负债额？有关改善个人信用等级的诸多措施，请参考第 7 章的内容。

职业规划实践

个人理财包括制订预算计划、管理个人流动性、做出个人融资决策、保护个人财富、进行个人投资、制订退休计划与进行遗产规划等方面。上述所有活动的着眼点都是你的钱。另一个与个人理财有关的任务是职业规划,这决定了将来你能赚到多少钱。你从事的职业将决定你的生活质量。绝大多数人曾设想过理想中最完美的职业(比方说摇滚巨星、职业运动员与电影明星),但是没有花足够多的时间好好规划一下现实世界里的职业发展。这个实践项目能帮助你了解未来有哪些你可能会感兴趣的工作机遇。至于该实践项目的截止日期以及持续的时间长度,指导教师可能会提供更为详细的信息。

职业规划的信息

很多网站能引导你找到自己感兴趣或拥有相应技能的职业。这些网站只能提供一些一般性的建议,不针对任何一个特定的行业。不过,一旦你不断缩小自己的选择范围直到最终集中于某个特定的职业,那么就可以在互联网上搜索有关该职业的相关信息。例如,如果你对医疗行业颇感兴趣,那么可以使用类似于"医疗保健职业"的关键词在互联网上搜索。然后,在医疗保健职业范围内,再进一步使用诸如"护士行业"或"实验室技术人员岗位"之类的关键词进一步搜索更详细的信息。

本实践项目能帮助你多方面考虑多个你可能从事的职业,然后挑中一个特定的职业,紧接着了解该职业更详细的信息。

1. 职业目标。你的职业目标是什么?你可以选择一个相对于你现在的状态要求更多的职业培训、工作经验或教育程度的职业目标。不过,这必须是一个你认为自己能实现的目标。你应当只根据未来自己将要考取的职业证书来设定职业目标。

2. 岗位描述。你选定的职业的岗位描述是怎样的?这个职业要求完成哪些特定的任务?你估计自己从事这项职业后每年能拿到多少工资收入?

3. 所需的技能。要想在这个岗位上干得出色,你需要掌握哪些类型的技能?例如,针对你选定的职业,你是否需要掌握特定的技术技能、计算机技能、沟通能力或管理能力?

4. 选定某职业目标的理由。解释一下你选定某职业目标的理由。为什么对你来说,这个职业最理想?你看中的这个职业要完成哪些任务?确定一下一旦得到了适当的职业培训,你认为哪些任务自己能比其他人完成得更出色。对自己的回答加以解释。

5. 有关个人职业目标的考量。任何职业都会涉及一些个人不愿意做的工作。你选定的职业是否也包含了一些你不愿意做的工作?是否有哪些工作是你或其他人都没有能力完成的,哪怕是经过了适当的职业培训?解释一下。

6. 所需的教育背景。目前正从事目标职业的劳动者通常具有怎样的教育背景?

7. 所需的工作经验。目前正从事目标职业的劳动者通常具有怎样的工作经验?你是否拥有与目标职业有关的工作经验?

8. 设计个人简历。思考一下现在自己的工作经历,制作一份简历,总结一下自己的工作经历，重点突出与职业目标有关联的那部分。例如，假设你的职业目标是成为管理人员，那么一定要确保个人简历突出强调了你曾有过的管理员工的经历，即使当时你的头衔并不是经理。

9. 实现职业目标的步骤。根据目前你的教育背景以及工作经历，为了够资格申请你想要的职位，你还需要接受哪些额外的教育？你是否需要去读一些特定的课程？你是否需要拿到某个特定的学位？你是否需要某种特殊的职业经历？如果确实有上述要求，那么为了按照要求拥有相应的工作经历，你是否需要接受额外的教育？解释一下。

10. 有关个人理想职业的结论。现在你已经对自己的理想职业进行了全面分析，那么，你是否仍然认为这就是你的理想职业？你改变主意了吗？如果你不再认为这是你的理想职业，那么哪个职业更适合你？

租下一套公寓

几乎每个人的一生当中都会遇到租房子的事情。不管是临时租住还是长时间租住，对很多单身贵族与家庭来说，租房都是一个相对较为灵活的选择。本实践项目要求你充分了解租住公寓的权利与义务，并将其与其他住房选择相比较。

1. 查看报纸、当地的公寓出租指南或在线查找出租的公寓房源。写下自己选择某个特定居住地点的理由。在挑选公寓时，你要考虑一下它与学校或工作地点之间的距离、与家人与朋友离得近不近、附近是否可搭乘公共交通工具或是否要经过积雪道路等。你还要考虑一下邻居是否友善、设施是否便利以及其他吸引你的特征。

2. 你可以在当地报纸、当地的公寓出租指南或相关的网站上了解有关出租公寓的详细信息。

  a. 计算一下租住公寓每个月的费用总额。

月租金	_____
公共事业费（电话费、煤气费、电费、有线电视费等）	_____
停车费	_____
租客保险费	_____
其他必要费用	_____
其他可选费用	_____

  b. 计算一下搬进这套公寓的大概成本。

申请费	_____
公寓出租押金	_____
公共事业费的押金	_____
清洁费	_____
其他费用	_____
搬家费用（租用卡车的费用与汽油费等）	_____

  c. 计算一下从公寓搬出来的成本。

清洁费	_____

地毯清洁费 _____
　　其他费用 _____

3. 在线搜索一份标准的公寓租赁协议。查看一下租赁协议上列明的你的法定权利与义务，再查看一下租赁协议上指明的房东的法定权利与义务。

　　你的租赁协议应当具体说清楚下列几项内容：
- 当你决定搬出去时，之前支付的押金如何处理，是返还给你还是用来冲抵其他费用？
- 如果你决定提前解约，那么该怎样办理？
- 有关公寓转租有什么规定？
- 对租客来说，还有哪些限制规定（比如是否允许养宠物）？

4. 调查一下你所在州的有关租客的法律。某些州的相关法律更偏向房东而非租客，不过也有一些州的法律更偏向租客。在了解了自己所在州的相关法律之后，你得出了什么结论？在研究你所在州有关物业出租的相关法律时，什么最令你感到吃惊？

5. 租住公寓只是租住房子的一个选择而已。你可能认为租一套独栋住宅是对自己或家人更好的选择。对于到底租住哪种类型的住房，哪些因素会对你的决定造成影响？与租住独栋住宅相比，租住公寓这个选择怎么样？

　　绝大多数大学可以向学生提供位于校园内的学生公寓。你可以从很多网站上查找到大学校园内公寓的出租信息。将大学校园内公寓的租赁协议与标准的公寓租赁协议相比较，它们是否相似？有何区别？

股票市场实践

这个实践项目可以帮助你获得做投资决策的经验，而投资正是个人理财计划的重要组成部分之一。假设你手上持有10 000美元准备投资。你要学会如何监控自己的股票投资组合并计算投资收益率。你还能切身体会到哪些因素会对股票的长期收益造成影响。

查找股票价格与股息信息

进入雅虎财经或其他金融网站。每只股票都有自己的股票代码。例如微软公司的股票代码为MSFT。输入你选定的股票代码，点击"搜索"（如果你不知道公司股票代码，你就输入公司全名，旁边会出现公司股票代码），然后你就能看到这只股票的市场价格行情以及其他相关的财经资讯。请注意，如果股票支付股息，则每个季度的股息支付信息会被包含在详细的财务数据里。

输入股票的相关信息

1. 你打算投资的股票的名称。 _____
2. 该股票的代码。 _____
3. 在买入时股票的每股价格。 _____
4. 你买入的股票数量（10 000美元除以股票的每股价格）。 _____

5. 每个季度每股股票的股息。_____

指导教师也许会要求学生在学期初提交上述信息。

计算整个学期的投资收益率

临近学期末时，你可以计算一下投资于这只股票一共给你创造了多少收益（或损失）。

6. 在教师指定日期该股票的市场价格。_____

7. 临近学期末时你持有的股票的总价值。

你可以用买入的股票数量乘以临近学期末时股票的市场价格来计算股票的市场价值。

_____

8. 收到的股息总额。

你可以用自己收到的每股股息乘以买入的股票数量来计算收到的股息总额。

_____

9. 临近学期末时你持有的投资总价值（第7项＋第8项）。_____

10. 你的投资收益率［＝（第9项所得投资总价值－10 000）／10 000］。

_____

指导教师可以要求学生将自己的投资成果与班上其他学生相比较。

把你选择的股票与整个市场相对比

进入雅虎财经或其他金融网站，在搜索框里输入你选择的股票代码。标准普尔500指数是我们常用的衡量整个股票市场投资收益率的指标。在股票价格曲线图上点击"3m"，意思是查看3个月内股票的价格走势。点击图表上的"比较"键，然后选择"S&P 500"，网站会在股票价格走势图上同时提供一条标准普尔500指数的变化曲线（其他网站也会提供类似的比较信息，但具体的方式可能会有些不同）。于是，你可以根据这两条曲线比较一下这只股票的收益与标准普尔500指数的收益状况。在大部分时间里，这只股票的价格变动方向与整个市场是否相同？这只股票比整个市场表现得更好还是更差？

学期实践

如果学生被分成若干个小组，那么每个小组可以计算一下平均投资收益率，然后再与其他小组相比较。

附录 C 系数表

表 C.1 在复利情况下 1 美元对应利率水平 i 以及时间长度 n 的终值：
$$FV = PV \times FVIF_{i,n}$$

表 C.2 在复利情况下 1 美元对应利率水平 i 以及时间长度 n 的现值：
$$PV = FV \times PVIF_{i,n}$$

表 C.3 在复利情况下 1 美元年金对应利率水平 i 以及时间长度 n 的年金终值：
$$FVA = PMT \times FVIFA_{i,n}$$

表 C.4 在复利情况下 1 美元年金对应利率水平 i 以及时间长度 n 的年金现值：
$$PVA = PMT \times PVIFA_{i,n}$$

表 C.1 终值系数表

n	1%	2%	3%	4%	5%	6%	7%	8%	9%	10%	11%	12%	13%	14%	15%	16%	17%	18%	19%	20%
1	1.010	1.020	1.030	1.040	1.050	1.060	1.070	1.080	1.090	1.100	1.110	1.120	1.130	1.140	1.150	1.160	1.170	1.180	1.190	1.200
2	1.020	1.040	1.061	1.082	1.102	1.124	1.145	1.166	1.188	1.210	1.232	1.254	1.277	1.300	1.322	1.346	1.369	1.392	1.416	1.440
3	1.030	1.061	1.093	1.125	1.158	1.191	1.225	1.260	1.295	1.331	1.368	1.405	1.443	1.482	1.521	1.561	1.602	1.643	1.685	1.728
4	1.041	1.082	1.126	1.170	1.216	1.262	1.311	1.360	1.412	1.464	1.518	1.574	1.630	1.689	1.749	1.811	1.874	1.939	2.005	2.074
5	1.051	1.104	1.159	1.217	1.276	1.338	1.403	1.469	1.539	1.611	1.685	1.762	1.842	1.925	2.011	2.100	2.192	2.288	2.386	2.488
6	1.062	1.126	1.194	1.265	1.340	1.419	1.501	1.587	1.677	1.772	1.870	1.974	2.082	2.195	2.313	2.436	2.565	2.700	2.840	2.986
7	1.072	1.149	1.230	1.316	1.407	1.504	1.606	1.714	1.828	1.949	2.076	2.211	2.353	2.502	2.660	2.826	3.001	3.185	3.379	3.583

续表

n	1%	2%	3%	4%	5%	6%	7%	8%	9%	10%	11%	12%	13%	14%	15%	16%	17%	18%	19%	20%
8	1.083	1.172	1.267	1.369	1.477	1.594	1.718	1.851	1.993	2.144	2.305	2.476	2.658	2.853	3.059	3.278	3.511	3.759	4.021	4.300
9	1.094	1.195	1.305	1.423	1.551	1.689	1.838	1.999	2.172	2.358	2.558	2.773	3.004	3.252	3.518	3.803	4.108	4.435	4.785	5.160
10	1.105	1.219	1.344	1.480	1.629	1.791	1.967	2.159	2.367	2.594	2.839	3.106	3.395	3.707	4.046	4.411	4.807	5.234	5.695	6.192
11	1.116	1.243	1.384	1.539	1.710	1.898	2.105	2.332	2.580	2.853	3.152	3.479	3.836	4.226	4.652	5.117	5.624	6.176	6.777	7.430
12	1.127	1.268	1.426	1.601	1.796	2.012	2.252	2.518	2.813	3.138	3.498	3.896	4.334	4.818	5.350	5.936	6.580	7.288	8.064	8.916
13	1.138	1.294	1.469	1.665	1.886	2.133	2.410	2.720	3.066	3.452	3.883	4.363	4.898	5.492	6.153	6.886	7.699	8.599	9.596	10.699
14	1.149	1.319	1.513	1.732	1.980	2.261	2.579	2.937	3.342	3.797	4.310	4.887	5.535	6.261	7.076	7.987	9.007	10.147	11.420	12.839
15	1.161	1.346	1.558	1.801	2.079	2.397	2.759	3.172	3.642	4.177	4.785	5.474	6.254	7.138	8.137	9.265	10.539	11.974	13.589	15.407
16	1.173	1.373	1.605	1.873	2.183	2.540	2.952	3.426	3.970	4.595	5.311	6.130	7.067	8.137	9.358	10.748	12.330	14.129	16.171	18.488
17	1.184	1.400	1.653	1.948	2.292	2.693	3.159	3.700	4.328	5.054	5.895	6.866	7.986	9.276	10.761	12.468	14.426	16.672	19.244	22.186
18	1.196	1.428	1.702	2.026	2.407	2.854	3.380	3.996	4.717	5.560	6.543	7.690	9.024	10.575	12.375	14.462	16.879	19.673	22.900	26.623
19	1.208	1.457	1.753	2.107	2.527	3.026	3.616	4.316	5.142	6.116	7.263	8.613	10.197	12.055	14.232	16.776	19.748	23.214	27.251	31.948
20	1.220	1.486	1.806	2.191	2.653	3.207	3.870	4.661	5.604	6.727	8.062	9.646	11.523	13.743	16.366	19.461	23.105	27.393	32.429	38.337
21	1.232	1.516	1.860	2.279	2.786	3.399	4.140	5.034	6.109	7.400	8.949	10.804	13.021	15.667	18.821	22.574	27.033	32.323	38.591	46.005
22	1.245	1.546	1.916	2.370	2.925	3.603	4.430	5.436	6.658	8.140	9.933	12.100	14.713	17.861	21.644	26.186	31.629	38.141	45.923	55.205
23	1.257	1.577	1.974	2.465	3.071	3.820	4.740	5.871	7.258	8.954	11.026	13.552	16.626	20.361	24.891	30.376	37.005	45.007	54.648	66.247
24	1.270	1.608	2.033	2.563	3.225	4.049	5.072	6.341	7.911	9.850	12.239	15.178	18.788	23.212	28.625	35.236	43.296	53.108	65.031	79.496
25	1.282	1.641	2.094	2.666	3.386	4.292	5.427	6.848	8.623	10.834	13.585	17.000	21.230	26.461	32.918	40.874	50.656	62.667	77.387	95.395
30	1.348	1.811	2.427	3.243	4.322	5.743	7.612	10.062	13.267	17.449	22.892	29.960	39.115	50.949	66.210	85.849	111.061	143.367	184.672	237.373
35	1.417	2.000	2.814	3.946	5.516	7.686	10.676	14.785	20.413	28.102	38.574	52.799	72.066	98.097	133.172	180.311	243.495	327.988	440.691	590.657
40	1.489	2.208	3.262	4.801	7.040	10.285	14.974	21.724	31.408	45.258	64.999	93.049	132.776	188.876	267.856	378.715	533.846	750.353	1 051.642	1 469.740
45	1.565	2.438	3.781	5.841	8.985	13.764	21.002	31.920	48.325	72.888	109.527	163.985	244.629	363.662	538.752	795.429	1 170.425	1 716.619	2 509.583	3 657.176
50	1.645	2.691	4.384	7.106	11.467	18.419	29.456	46.900	74.354	117.386	184.559	288.996	450.711	700.197	1 083.619	1 670.669	2 566.080	3 927.189	5 988.730	9 100.191

续表

n	21%	22%	23%	24%	25%	26%	27%	28%	29%	30%	31%	32%	33%	34%	35%	40%	45%	50%
1	1.210	1.220	1.230	1.240	1.250	1.260	1.270	1.280	1.290	1.300	1.310	1.320	1.330	1.340	1.350	1.400	1.450	1.500
2	1.464	1.488	1.513	1.538	1.562	1.588	1.613	1.638	1.664	1.690	1.716	1.742	1.769	1.796	1.822	1.960	2.102	2.250
3	1.772	1.816	1.861	1.907	1.953	2.000	2.048	2.097	2.147	2.197	2.248	2.300	2.353	2.406	2.460	2.744	3.049	3.375
4	2.144	2.215	2.289	2.364	2.441	2.520	2.601	2.684	2.769	2.856	2.945	3.036	3.129	3.224	3.321	3.842	4.421	5.063
5	2.594	2.703	2.815	2.932	3.052	3.176	3.304	3.436	3.572	3.713	3.858	4.007	4.162	4.320	4.484	5.378	6.410	7.594
6	3.138	3.297	3.463	3.635	3.815	4.001	4.196	4.398	4.608	4.827	5.054	5.290	5.535	5.789	6.053	7.530	9.294	11.391
7	3.797	4.023	4.259	4.508	4.768	5.042	5.329	5.629	5.945	6.275	6.621	6.983	7.361	7.758	8.172	10.541	13.476	17.086
8	4.595	4.908	5.239	5.589	5.960	6.353	6.767	7.206	7.669	8.157	8.673	9.217	9.791	10.395	11.032	14.758	19.541	25.629
9	5.560	5.987	6.444	6.931	7.451	8.004	8.595	9.223	9.893	10.604	11.362	12.166	13.022	13.930	14.894	20.661	28.334	38.443
10	6.727	7.305	7.926	8.594	9.313	10.086	10.915	11.806	12.761	13.786	14.884	16.060	17.319	18.666	20.106	28.925	41.085	57.665
11	8.140	8.912	9.749	10.657	11.642	12.708	13.862	15.112	16.462	17.921	19.498	21.199	23.034	25.012	27.144	40.495	59.573	86.498
12	9.850	10.872	11.991	13.215	14.552	16.012	17.605	19.343	21.236	23.298	25.542	27.982	30.635	33.516	36.644	56.694	86.380	129.746
13	11.918	13.264	14.749	16.386	18.190	20.175	22.359	24.759	27.395	30.287	33.460	36.937	40.745	44.912	49.469	79.371	125.251	194.620
14	14.421	16.182	18.141	20.319	22.737	25.420	28.395	31.691	35.339	39.373	43.832	48.756	54.190	60.181	66.784	111.119	181.614	291.929
15	17.449	19.742	22.314	25.195	28.422	32.030	36.062	40.565	45.587	51.185	57.420	64.358	72.073	80.643	90.158	155.567	263.341	437.894
16	21.113	24.085	27.446	31.242	35.527	40.357	45.799	51.923	58.808	66.541	75.220	84.953	95.857	108.061	121.713	217.793	381.844	656.841
17	25.547	29.384	33.758	38.740	44.409	50.850	58.165	66.461	75.862	86.503	98.539	112.138	127.490	144.802	164.312	304.911	553.674	985.261
18	30.912	35.848	41.523	48.038	55.511	64.071	73.869	85.070	97.862	112.454	129.086	148.022	169.561	194.035	221.822	426.875	802.826	1 477.892
19	37.404	43.735	51.073	59.567	69.389	80.730	93.813	108.890	126.242	146.190	169.102	195.389	225.517	260.006	299.459	597.625	1 164.098	2 216.838
20	45.258	53.357	62.820	73.863	86.736	101.720	119.143	139.379	162.852	190.047	221.523	257.913	299.937	348.408	404.270	836.674	1 687.942	3 325.257
21	54.762	65.095	77.268	91.591	108.420	128.167	151.312	178.405	210.079	247.061	290.196	340.446	398.916	466.867	545.764	1 171.343	2 447.515	4 987.883
22	66.262	79.416	95.040	113.572	135.525	161.490	192.165	228.358	271.002	321.178	380.156	449.388	530.558	625.601	736.781	1 639.878	3 548.896	7 481.824
23	80.178	96.887	116.899	140.829	169.407	203.477	244.050	292.298	349.592	417.531	498.004	593.192	705.642	838.305	994.653	2 295.829	5 145.898	11 222.738
24	97.015	118.203	143.786	174.628	211.758	256.381	309.943	374.141	450.974	542.791	652.385	783.013	938.504	1 123.328	1 342.781	3 214.158	7 461.547	16 834.109
25	117.388	144.207	176.857	216.539	264.698	323.040	393.628	478.901	581.756	705.627	854.623	1 033.577	1 248.210	1 505.258	1 812.754	4 499.816	10 819.242	25 251.164
30	304.471	389.748	497.904	634.810	807.793	1 025.904	1 300.477	1 645.488	2 078.208	2 619.936	3 297.081	4 142.008	5 194.516	6 503.285	8 128.426	24 201.043	69 348.375	191 751.000
35	789.716	1 053.370	1 401.749	1 861.020	2 465.189	3 258.053	4 296.547	5 653.840	7 423.988	9 727.598	12 719.918	16 598.906	21 617.363	28 096.695	36 448.051	130 158.687	*	*
40	2 048.309	2 846.941	3 946.340	5 455.797	7 523.156	10 346.879	14 195.051	19 426.418	26 520.723	36 117.754	49 072.621	66 519.313	89 962.188	121 388.437	163 433.875	700 022.688	*	*
45	5 312.758	7 694.418	11 110.121	15 994.316	22 958.844	32 859.457	46 897.973	66 748.500	94 739.937	134 102.187	*	*	*	*	*	*	*	*
50	13 779.844	20 795.680	31 278.301	46 889.207	70 064.812	104 354.562	154 942.687	229 345.875	338 440.000	497 910.125	*	*	*	*	*	*	*	*

* 由于空间限制而未示出。

表 C.2 现值系数表

n	1%	2%	3%	4%	5%	6%	7%	8%	9%	10%	11%	12%	13%	14%	15%	16%	17%	18%	19%	20%
1	0.990	0.980	0.971	0.962	0.952	0.943	0.935	0.926	0.917	0.909	0.901	0.893	0.885	0.877	0.870	0.862	0.855	0.847	0.840	0.833
2	0.980	0.961	0.943	0.925	0.907	0.890	0.873	0.857	0.842	0.826	0.812	0.797	0.783	0.769	0.756	0.743	0.731	0.718	0.706	0.694
3	0.971	0.942	0.915	0.889	0.864	0.840	0.816	0.794	0.772	0.751	0.731	0.712	0.693	0.675	0.658	0.641	0.624	0.609	0.593	0.579
4	0.961	0.924	0.888	0.855	0.823	0.792	0.763	0.735	0.708	0.683	0.659	0.636	0.613	0.592	0.572	0.552	0.534	0.516	0.499	0.482
5	0.951	0.906	0.863	0.822	0.784	0.747	0.713	0.681	0.650	0.621	0.593	0.567	0.543	0.519	0.497	0.476	0.456	0.437	0.419	0.402
6	0.942	0.888	0.837	0.790	0.746	0.705	0.666	0.630	0.596	0.564	0.535	0.507	0.480	0.456	0.432	0.410	0.390	0.370	0.352	0.335
7	0.933	0.871	0.813	0.760	0.711	0.665	0.623	0.583	0.547	0.513	0.482	0.452	0.425	0.400	0.376	0.354	0.333	0.314	0.296	0.279
8	0.923	0.853	0.789	0.731	0.677	0.627	0.582	0.540	0.502	0.467	0.434	0.404	0.376	0.351	0.327	0.305	0.285	0.266	0.249	0.233
9	0.914	0.837	0.766	0.703	0.645	0.592	0.544	0.500	0.460	0.424	0.391	0.361	0.333	0.308	0.284	0.263	0.243	0.225	0.209	0.194
10	0.905	0.820	0.744	0.676	0.614	0.558	0.508	0.463	0.422	0.386	0.352	0.322	0.295	0.270	0.247	0.227	0.208	0.191	0.176	0.162
11	0.896	0.804	0.722	0.650	0.585	0.527	0.475	0.429	0.388	0.350	0.317	0.287	0.261	0.237	0.215	0.195	0.178	0.162	0.148	0.135
12	0.887	0.789	0.701	0.625	0.557	0.497	0.444	0.397	0.356	0.319	0.286	0.257	0.231	0.208	0.187	0.168	0.152	0.137	0.124	0.112
13	0.879	0.773	0.681	0.601	0.530	0.469	0.415	0.368	0.326	0.290	0.258	0.229	0.204	0.182	0.163	0.145	0.130	0.116	0.104	0.093
14	0.870	0.758	0.661	0.577	0.505	0.442	0.388	0.340	0.299	0.263	0.232	0.205	0.181	0.160	0.141	0.125	0.111	0.099	0.088	0.078
15	0.861	0.743	0.642	0.555	0.481	0.417	0.362	0.315	0.275	0.239	0.209	0.183	0.160	0.140	0.123	0.108	0.095	0.084	0.074	0.065
16	0.853	0.728	0.623	0.534	0.458	0.394	0.339	0.292	0.252	0.218	0.188	0.163	0.141	0.123	0.107	0.093	0.081	0.071	0.062	0.054
17	0.844	0.714	0.605	0.513	0.436	0.371	0.317	0.270	0.231	0.198	0.170	0.146	0.125	0.108	0.093	0.080	0.069	0.060	0.052	0.045
18	0.836	0.700	0.587	0.494	0.416	0.350	0.296	0.250	0.212	0.180	0.153	0.130	0.111	0.095	0.081	0.069	0.059	0.051	0.044	0.038
19	0.828	0.686	0.570	0.475	0.396	0.331	0.277	0.232	0.194	0.164	0.138	0.116	0.098	0.083	0.070	0.060	0.051	0.043	0.037	0.031
20	0.820	0.673	0.554	0.456	0.377	0.312	0.258	0.215	0.178	0.149	0.124	0.104	0.087	0.073	0.061	0.051	0.043	0.037	0.031	0.026
21	0.811	0.660	0.538	0.439	0.359	0.294	0.242	0.199	0.164	0.135	0.112	0.093	0.077	0.064	0.053	0.044	0.037	0.031	0.026	0.022
22	0.803	0.647	0.522	0.422	0.342	0.278	0.226	0.184	0.150	0.123	0.101	0.083	0.068	0.056	0.046	0.038	0.032	0.026	0.022	0.018
23	0.795	0.634	0.507	0.406	0.326	0.262	0.211	0.170	0.138	0.112	0.091	0.074	0.060	0.049	0.040	0.033	0.027	0.022	0.018	0.015
24	0.788	0.622	0.492	0.390	0.310	0.247	0.197	0.158	0.126	0.102	0.082	0.066	0.053	0.043	0.035	0.028	0.023	0.019	0.015	0.013
25	0.780	0.610	0.478	0.375	0.295	0.233	0.184	0.146	0.116	0.092	0.074	0.059	0.047	0.038	0.030	0.024	0.020	0.016	0.013	0.010
30	0.742	0.552	0.412	0.308	0.231	0.174	0.131	0.099	0.075	0.057	0.044	0.033	0.026	0.020	0.015	0.012	0.009	0.007	0.005	0.004
35	0.706	0.500	0.355	0.253	0.181	0.130	0.094	0.068	0.049	0.036	0.026	0.019	0.014	0.010	0.008	0.006	0.004	0.003	0.002	0.002
40	0.672	0.453	0.307	0.208	0.142	0.097	0.067	0.046	0.032	0.022	0.015	0.011	0.008	0.005	0.004	0.003	0.002	0.001	0.001	0.001
45	0.639	0.410	0.264	0.171	0.111	0.073	0.048	0.031	0.021	0.014	0.009	0.006	0.004	0.003	0.002	0.001	0.001	0.001	*	*
50	0.608	0.372	0.228	0.141	0.087	0.054	0.034	0.021	0.013	0.009	0.005	0.003	0.002	0.001	0.001	0.001	*	*	*	*

续表

n	21%	22%	23%	24%	25%	26%	27%	28%	29%	30%	31%	32%	33%	34%	35%	40%	45%	50%
1	0.826	0.820	0.813	0.806	0.800	0.794	0.787	0.781	0.775	0.769	0.763	0.758	0.752	0.746	0.741	0.714	0.690	0.667
2	0.683	0.672	0.661	0.650	0.640	0.630	0.620	0.610	0.601	0.592	0.583	0.574	0.565	0.557	0.549	0.510	0.476	0.444
3	0.564	0.551	0.537	0.524	0.512	0.500	0.488	0.477	0.466	0.455	0.445	0.435	0.425	0.416	0.406	0.364	0.328	0.296
4	0.467	0.451	0.437	0.423	0.410	0.397	0.384	0.373	0.361	0.350	0.340	0.329	0.320	0.310	0.301	0.260	0.226	0.198
5	0.386	0.370	0.355	0.341	0.328	0.315	0.303	0.291	0.280	0.269	0.259	0.250	0.240	0.231	0.223	0.186	0.156	0.132
6	0.319	0.303	0.289	0.275	0.262	0.250	0.238	0.227	0.217	0.207	0.198	0.189	0.181	0.173	0.165	0.133	0.108	0.088
7	0.263	0.249	0.235	0.222	0.210	0.198	0.188	0.178	0.168	0.159	0.151	0.143	0.136	0.129	0.122	0.095	0.074	0.059
8	0.218	0.204	0.191	0.179	0.168	0.157	0.148	0.139	0.130	0.123	0.115	0.108	0.102	0.096	0.091	0.068	0.051	0.039
9	0.180	0.167	0.155	0.144	0.134	0.125	0.116	0.108	0.101	0.094	0.088	0.082	0.077	0.072	0.067	0.048	0.035	0.026
10	0.149	0.137	0.126	0.116	0.107	0.099	0.092	0.085	0.078	0.073	0.067	0.062	0.058	0.054	0.050	0.035	0.024	0.017
11	0.123	0.112	0.103	0.094	0.086	0.079	0.072	0.066	0.061	0.056	0.051	0.047	0.043	0.040	0.037	0.025	0.017	0.012
12	0.102	0.092	0.083	0.076	0.069	0.062	0.057	0.052	0.047	0.043	0.039	0.036	0.033	0.030	0.027	0.018	0.012	0.008
13	0.084	0.075	0.068	0.061	0.055	0.050	0.045	0.040	0.037	0.033	0.030	0.027	0.025	0.022	0.020	0.013	0.008	0.005
14	0.069	0.062	0.055	0.049	0.044	0.039	0.035	0.032	0.028	0.025	0.023	0.021	0.018	0.017	0.015	0.009	0.006	0.003
15	0.057	0.051	0.045	0.040	0.035	0.031	0.028	0.025	0.022	0.020	0.017	0.016	0.014	0.012	0.011	0.006	0.004	0.002
16	0.047	0.042	0.036	0.032	0.028	0.025	0.022	0.019	0.017	0.015	0.013	0.012	0.010	0.009	0.008	0.005	0.003	0.002
17	0.039	0.034	0.030	0.026	0.023	0.020	0.017	0.015	0.013	0.012	0.010	0.009	0.008	0.007	0.006	0.003	0.002	0.001
18	0.032	0.028	0.024	0.021	0.018	0.016	0.014	0.012	0.010	0.009	0.008	0.007	0.006	0.005	0.005	0.002	0.001	0.001
19	0.027	0.023	0.020	0.017	0.014	0.012	0.011	0.009	0.008	0.007	0.006	0.005	0.004	0.004	0.003	0.002	0.001	*
20	0.022	0.019	0.016	0.014	0.012	0.010	0.008	0.007	0.006	0.005	0.005	0.004	0.003	0.003	0.002	0.001	0.001	*
21	0.018	0.015	0.013	0.011	0.009	0.008	0.007	0.006	0.005	0.004	0.003	0.003	0.003	0.002	0.002	0.001	*	*
22	0.015	0.013	0.011	0.009	0.007	0.006	0.005	0.004	0.004	0.003	0.003	0.002	0.002	0.002	0.001	0.001	*	*
23	0.012	0.010	0.009	0.007	0.006	0.005	0.004	0.003	0.003	0.002	0.002	0.002	0.001	0.001	0.001	*	*	*
24	0.010	0.008	0.007	0.006	0.005	0.004	0.003	0.003	0.002	0.002	0.002	0.001	0.001	0.001	0.001	*	*	*
25	0.009	0.007	0.006	0.005	0.004	0.003	0.003	0.002	0.002	0.001	0.001	0.001	0.001	0.001	0.001	*	*	*
30	0.003	0.003	0.002	0.002	0.001	0.001	0.001	0.001	*	*	*	*	*	*	*	*	*	*
35	0.001	0.001	0.001	0.001	*	*	*	*	*	*	*	*	*	*	*	*	*	*
40	*	*	*	*	*	*	*	*	*	*	*	*	*	*	*	*	*	*
45	*	*	*	*	*	*	*	*	*	*	*	*	*	*	*	*	*	*
50	*	*	*	*	*	*	*	*	*	*	*	*	*	*	*	*	*	*

*PVIF 四舍五入到小数点后 3 位。

表 C.3 年金终值系数表

n	1%	2%	3%	4%	5%	6%	7%	8%	9%	10%	11%	12%	13%	14%	15%	16%	17%	18%	19%	20%
1	1.000	1.000	1.000	1.000	1.000	1.000	1.000	1.000	1.000	1.000	1.000	1.000	1.000	1.000	1.000	1.000	1.000	1.000	1.000	1.000
2	2.010	2.020	2.030	2.040	2.050	2.060	2.070	2.080	2.090	2.100	2.110	2.120	2.130	2.140	2.150	2.160	2.170	2.180	2.190	2.200
3	3.030	3.060	3.091	3.122	3.152	3.184	3.215	3.246	3.278	3.310	3.342	3.374	3.407	3.440	3.472	3.506	3.539	3.572	3.606	3.640
4	4.060	4.122	4.184	4.246	4.310	4.375	4.440	4.506	4.573	4.641	4.710	4.779	4.850	4.921	4.993	5.066	5.141	5.215	5.291	5.368
5	5.101	5.204	5.309	5.416	5.526	5.637	5.751	5.867	5.985	6.105	6.228	6.353	6.480	6.610	6.742	6.877	7.014	7.154	7.297	7.442
6	6.152	6.308	6.468	6.633	6.802	6.975	7.153	7.336	7.523	7.716	7.913	8.115	8.323	8.535	8.754	8.977	9.207	9.442	9.683	9.930
7	7.214	7.434	7.662	7.898	8.142	8.394	8.654	8.923	9.200	9.487	9.783	10.089	10.405	10.730	11.067	11.414	11.772	12.141	12.523	12.916
8	8.286	8.583	8.892	9.214	9.549	9.897	10.260	10.637	11.028	11.436	11.859	12.300	12.757	13.233	13.727	14.240	14.773	15.327	15.902	16.499
9	9.368	9.755	10.159	10.583	11.027	11.491	11.978	12.488	13.021	13.579	14.164	14.776	15.416	16.085	16.786	17.518	18.285	19.086	19.923	20.799
10	10.462	10.950	11.464	12.006	12.578	13.181	13.816	14.487	15.193	15.937	16.722	17.549	18.420	19.337	20.304	21.321	22.393	23.521	24.709	25.959
11	11.567	12.169	12.808	13.486	14.207	14.972	15.784	16.645	17.560	18.531	19.561	20.655	21.814	23.044	24.349	25.733	27.200	28.755	30.403	32.150
12	12.682	13.412	14.192	15.026	15.917	16.870	17.888	18.977	20.141	21.384	22.713	24.133	25.650	27.271	29.001	30.850	32.824	34.931	37.180	39.580
13	13.809	14.680	15.618	16.627	17.713	18.882	20.141	21.495	22.953	24.523	26.211	28.029	29.984	32.088	34.352	36.786	39.404	42.218	45.244	48.496
14	14.947	15.974	17.086	18.292	19.598	21.015	22.550	24.215	26.019	27.975	30.095	32.392	34.882	37.581	40.504	43.672	47.102	50.818	54.841	59.196
15	16.097	17.293	18.599	20.023	21.578	23.276	25.129	27.152	29.361	31.772	34.405	37.280	40.417	43.842	47.580	51.659	56.109	60.965	66.260	72.035
16	17.258	18.639	20.157	21.824	23.657	25.672	27.888	30.324	33.003	35.949	39.190	42.753	46.671	50.980	55.717	60.925	66.648	72.938	79.850	87.442
17	18.430	20.012	21.761	23.697	25.840	28.213	30.840	33.750	36.973	40.544	44.500	48.883	53.738	59.117	65.075	71.673	78.978	87.067	96.021	105.930
18	19.614	21.412	23.414	25.645	28.132	30.905	33.999	37.450	41.301	45.599	50.396	55.749	61.724	68.393	75.836	84.140	93.404	103.739	115.265	128.116
19	20.811	22.840	25.117	27.671	30.539	33.760	37.379	41.446	46.018	51.158	56.939	63.439	70.748	78.968	88.211	98.603	110.283	123.412	138.165	154.739
20	22.019	24.297	26.870	29.778	33.066	36.785	40.995	45.762	51.159	57.274	64.202	72.052	80.946	91.024	102.443	115.379	130.031	146.626	165.417	186.687
21	23.239	25.783	28.676	31.969	35.719	39.992	44.865	50.422	56.764	64.002	72.264	81.698	92.468	104.767	118.809	134.840	153.136	174.019	197.846	225.024
22	24.471	27.299	30.536	34.248	38.505	43.392	49.005	55.456	62.872	71.402	81.213	92.502	105.489	120.434	137.630	157.414	180.169	206.342	236.436	271.028
23	25.716	28.845	32.452	36.618	41.430	46.995	53.435	60.893	69.531	79.542	91.147	104.602	120.203	138.295	159.274	183.600	211.798	244.483	282.359	326.234
24	26.973	30.421	34.426	39.082	44.501	50.815	58.176	66.764	76.789	88.496	102.173	118.154	136.829	158.656	184.166	213.976	248.803	289.490	337.007	392.480
25	28.243	32.030	36.459	41.645	47.726	54.864	63.248	73.105	84.699	98.346	114.412	133.333	155.616	181.867	212.790	249.212	292.099	342.598	402.038	471.976
30	34.784	40.567	47.575	56.084	66.438	79.057	94.459	113.282	136.305	164.491	199.018	241.330	293.192	356.778	434.738	530.306	647.423	790.932	966.698	1 181.865
35	41.659	49.994	60.461	73.651	90.318	111.432	138.234	172.314	215.705	271.018	341.583	431.658	546.663	693.552	881.152	1 120.699	1 426.448	1 816.607	2 314.173	2 948.294
40	48.885	60.401	75.400	95.024	120.797	154.758	199.630	259.052	337.872	442.580	581.812	767.0801	013.667	1 341.979	1 779.048	2 360.724	3 134.412	4 163.094	5 529.711	7 343.715
45	56.479	71.891	92.718	121.027	159.695	212.737	285.741	386.497	525.840	718.881	986.6131	358.208 1	874.086	2 590.464	3 585.031	4 965.191	6 879.008	9 531.258	13 203.105	18 280.914
50	64.461	84.577	112.794	152.664	209.341	290.325	406.516	573.756	815.051	1 163.8651	668.7232	399.9753	459.344	4 994.301	7 217.488	10 435.449	15 088.805	21 812.273	31 514.492	45 496.094

续表

n	21%	22%	23%	24%	25%	26%	27%	28%	29%	30%	31%	32%	33%	34%	35%	40%	45%	50%
1	1.000	1.000	1.000	1.000	1.000	1.000	1.000	1.000	1.000	1.000	1.000	1.000	1.000	1.000	1.000	1.000	1.000	1.000
2	2.210	2.220	2.230	2.240	2.250	2.260	2.270	2.280	2.290	2.300	2.310	2.320	2.330	2.340	2.350	2.400	2.450	2.500
3	3.674	3.708	3.743	3.778	3.813	3.848	3.883	3.918	3.954	3.990	4.026	4.062	4.099	4.136	4.172	4.360	4.552	4.750
4	5.446	5.524	5.604	5.684	5.766	5.848	5.931	6.016	6.101	6.187	6.274	6.362	6.452	6.542	6.633	7.104	7.601	8.125
5	7.589	7.740	7.893	8.048	8.207	8.368	8.533	8.700	8.870	9.043	9.219	9.398	9.581	9.766	9.954	10.946	12.022	13.188
6	10.183	10.442	10.708	10.980	11.259	11.544	11.837	12.136	12.442	12.756	13.077	13.406	13.742	14.086	14.438	16.324	18.431	20.781
7	13.321	13.740	14.171	14.615	15.073	15.546	16.032	16.534	17.051	17.583	18.131	18.696	19.277	19.876	20.492	23.853	27.725	32.172
8	17.119	17.762	18.430	19.123	19.842	20.588	21.361	22.163	22.995	23.858	24.752	25.678	26.638	27.633	28.664	34.395	41.202	49.258
9	21.714	22.670	23.669	24.712	25.802	26.940	28.129	29.369	30.664	32.015	33.425	34.895	36.429	38.028	39.696	49.152	60.743	74.887
10	27.274	28.657	30.113	31.643	33.253	34.945	36.723	38.592	40.556	42.619	44.786	47.062	49.451	51.958	54.590	69.813	89.077	113.330
11	34.001	35.962	38.039	40.238	42.566	45.030	47.639	50.398	53.318	56.405	59.670	63.121	66.769	70.624	74.696	98.739	130.161	170.995
12	42.141	44.873	47.787	50.895	54.208	57.738	61.501	65.510	69.780	74.326	79.167	84.320	89.803	95.636	101.840	139.234	189.734	257.493
13	51.991	55.745	59.778	64.109	68.760	73.750	79.106	84.853	91.016	97.624	104.709	112.302	120.438	129.152	138.484	195.928	276.114	387.239
14	63.909	69.009	74.528	80.496	86.949	93.925	101.465	109.611	118.411	127.912	138.169	149.239	161.183	174.063	187.953	275.299	401.365	581.858
15	78.330	85.191	92.669	100.815	109.687	119.346	129.860	141.302	153.750	167.285	182.001	197.996	215.373	234.245	254.737	386.418	582.980	873.788
16	95.779	104.933	114.983	126.010	138.109	151.375	165.922	181.867	199.337	218.470	239.421	262.354	287.446	314.888	344.895	541.985	846.321	1 311.681
17	116.892	129.019	142.428	157.252	173.636	191.733	211.721	233.790	258.145	285.011	314.642	347.307	383.303	422.949	466.608	759.778	1 228.165	1 968.522
18	142.439	158.403	176.187	195.993	218.045	242.583	269.885	300.250	334.006	371.514	413.180	459.445	510.792	567.751	630.920	1 064.689	1 781.838	2 953.783
19	173.351	194.251	217.710	244.031	273.556	306.654	343.754	385.321	431.868	483.968	542.266	607.467	680.354	761.786	852.741	1 491.563	2 584.665	4 431.672
20	210.755	237.986	268.783	303.598	342.945	387.384	437.568	494.210	558.110	630.157	711.368	802.856	905.870	1 021.792	1 152.200	2 089.188	3 748.763	6 648.508
21	256.013	291.343	331.603	377.461	429.681	489.104	556.710	633.589	720.962	820.204	932.891	1 060.769	1 205.807	1 370.201	1 556.470	2 925.862	5 436.703	9 973.762
22	310.775	356.438	408.871	469.052	538.101	617.270	708.022	811.993	931.040	1 067.265	1 223.087	1 401.215	1 604.724	1 837.068	2 102.234	4 097.203	7 884.215	14 961.645
23	377.038	435.854	503.911	582.624	673.626	778.760	900.187	1 040.351	1 202.042	1 388.443	1 603.243	1 850.603	2 135.282	2 462.669	2 839.014	5 737.078	11 433.109	22 443.469
24	457.215	532.741	620.810	723.453	843.032	982.237	1 144.237	1 332.649	1 551.634	1 805.975	2 101.247	2 443.795	2 840.924	3 300.974	3 833.667	8 032.906	16 579.008	33 666.207
25	554.230	650.944	764.596	898.082	1 054.791	1 238.617	1 454.180	1 706.790	2 002.608	2 348.765	2 753.631	3 226.808	3 779.428	4 424.301	5 176.445	11 247.062	24 040.555	50 500.316
30	1 445.111	1 767.044	2 160.459	2 640.881	3 227.172	3 941.953	4 812.891	5 873.172	7 162.785	8 729.805	10 632.543	12 940.672	15 737.945	19 124.434	23 221.258	60 500.207	154 105.313	383 500.000
35	3 755.814	4 783.520	6 090.227	7 750.094	9 856.746	12 527.160	15 909.480	20 188.742	25 596.512	32 422.090	41 028.887	51 868.563	65 504.199	82 634.625	104 134.500	325 394.688	*	*
40	9 749.141	12 936.141	17 153.691	22 728.367	30 088.621	39 791.957	52 570.707	69 376.562	91 447.375	120 389.375	*	*	*	*	*	*	*	*
45	25 294.223	34 970.230	48 300.660	66 638.937	91 831.312	126 378.937	173 692.875	238 384.312	326 686.375	447 005.062	*	*	*	*	*	*	*	*

* 由于空间限制而未示出。

表 C.4 年金现值系数表

n	1%	2%	3%	4%	5%	6%	7%	8%	9%	10%	11%	12%	13%	14%	15%	16%	17%	18%	19%	20%
1	0.990	0.980	0.971	0.962	0.952	0.943	0.935	0.926	0.917	0.909	0.901	0.893	0.885	0.877	0.870	0.862	0.855	0.847	0.840	0.833
2	1.970	1.942	1.913	1.886	1.859	1.833	1.808	1.783	1.759	1.736	1.713	1.690	1.668	1.647	1.626	1.605	1.585	1.566	1.547	1.528
3	2.941	2.884	2.829	2.775	2.723	2.673	2.624	2.577	2.531	2.487	2.444	2.402	2.361	2.322	2.283	2.246	2.210	2.174	2.140	2.106
4	3.902	3.808	3.717	3.630	3.546	3.465	3.387	3.312	3.240	3.170	3.102	3.037	2.974	2.914	2.855	2.798	2.743	2.690	2.639	2.589
5	4.853	4.713	4.580	4.452	4.329	4.212	4.100	3.993	3.890	3.791	3.696	3.605	3.517	3.433	3.352	3.274	3.199	3.127	3.058	2.991
6	5.795	5.601	5.417	5.242	5.076	4.917	4.767	4.623	4.486	4.355	4.231	4.111	3.998	3.889	3.784	3.685	3.589	3.498	3.410	3.326
7	6.728	6.472	6.230	6.002	5.786	5.582	5.389	5.206	5.033	4.868	4.712	4.564	4.423	4.288	4.160	4.039	3.922	3.812	3.706	3.605
8	7.652	7.326	7.020	6.733	6.463	6.210	5.971	5.747	5.535	5.335	5.146	4.968	4.799	4.639	4.487	4.344	4.207	4.078	3.954	3.837
9	8.566	8.162	7.786	7.435	7.108	6.802	6.515	6.247	5.995	5.759	5.537	5.328	5.132	4.946	4.772	4.607	4.451	4.303	4.163	4.031
10	9.471	8.983	8.530	8.111	7.722	7.360	7.024	6.710	6.418	6.145	5.889	5.650	5.426	5.216	5.019	4.833	4.659	4.494	4.339	4.192
11	10.368	9.787	9.253	8.760	8.306	7.887	7.499	7.139	6.805	6.495	6.207	5.938	5.687	5.453	5.234	5.029	4.836	4.656	4.486	4.327
12	11.255	10.575	9.954	9.385	8.863	8.384	7.943	7.536	7.161	6.814	6.492	6.194	5.918	5.660	5.421	5.197	4.988	4.793	4.611	4.439
13	12.134	11.348	10.635	9.986	9.394	8.853	8.358	7.904	7.487	7.103	6.750	6.424	6.122	5.842	5.583	5.342	5.118	4.910	4.715	4.533
14	13.004	12.106	11.296	10.563	9.899	9.295	8.745	8.244	7.786	7.367	6.982	6.628	6.302	6.002	5.724	5.468	5.229	5.008	4.802	4.611
15	13.865	12.849	11.938	11.118	10.380	9.712	9.108	8.560	8.061	7.606	7.191	6.811	6.462	6.142	5.847	5.575	5.324	5.092	4.876	4.675
16	14.718	13.578	12.561	11.652	10.838	10.106	9.447	8.851	8.313	7.824	7.379	6.974	6.604	6.265	5.954	5.668	5.405	5.162	4.938	4.730
17	15.562	14.292	13.166	12.166	11.274	10.477	9.763	9.122	8.544	8.022	7.549	7.120	6.729	6.373	6.047	5.749	5.475	5.222	4.990	4.775
18	16.398	14.992	13.754	12.659	11.690	10.828	10.059	9.372	8.756	8.201	7.702	7.250	6.840	6.467	6.128	5.818	5.534	5.273	5.033	4.812
19	17.226	15.679	14.324	13.134	12.085	11.158	10.336	9.604	8.950	8.365	7.839	7.366	6.938	6.550	6.198	5.877	5.584	5.316	5.070	4.843
20	18.046	16.352	14.878	13.590	12.462	11.470	10.594	9.818	9.129	8.514	7.963	7.469	7.025	6.623	6.259	5.929	5.628	5.353	5.101	4.870
21	18.857	17.011	15.415	14.029	12.821	11.764	10.836	10.017	9.292	8.649	8.075	7.562	7.102	6.687	6.312	5.973	5.665	5.384	5.127	4.891
22	19.661	17.658	15.937	14.451	13.163	12.042	11.061	10.201	9.442	8.772	8.176	7.645	7.170	6.743	6.359	6.011	5.696	5.410	5.149	4.909
23	20.456	18.292	16.444	14.857	13.489	12.303	11.272	10.371	9.580	8.883	8.266	7.718	7.230	6.792	6.399	6.044	5.723	5.432	5.167	4.925
24	21.244	18.914	16.936	15.247	13.799	12.550	11.469	10.529	9.707	8.985	8.348	7.784	7.283	6.835	6.434	6.073	5.746	5.451	5.182	4.937
25	22.023	19.524	17.413	15.622	14.094	12.783	11.654	10.675	9.823	9.077	8.422	7.843	7.330	6.873	6.464	6.097	5.766	5.467	5.195	4.948
30	25.808	22.396	19.601	17.292	15.373	13.765	12.409	11.258	10.274	9.427	8.694	8.055	7.496	7.003	6.566	6.177	5.829	5.517	5.235	4.979
35	29.409	24.999	21.487	18.665	16.374	14.498	12.948	11.655	10.567	9.644	8.855	8.176	7.586	7.070	6.617	6.215	5.858	5.539	5.251	4.992
40	32.835	27.356	23.115	19.793	17.159	15.046	13.332	11.925	10.757	9.779	8.951	8.244	7.634	7.105	6.642	6.233	5.871	5.548	5.258	4.997
45	36.095	29.490	24.519	20.720	17.774	15.456	13.606	12.108	10.881	9.863	9.008	8.283	7.661	7.123	6.654	6.242	5.877	5.552	5.261	4.999
50	39.196	31.424	25.730	21.482	18.256	15.762	13.801	12.233	10.962	9.915	9.042	8.304	7.675	7.133	6.661	6.246	5.880	5.554	5.262	4.999

续表

n	21%	22%	23%	24%	25%	26%	27%	28%	29%	30%	31%	32%	33%	34%	35%	40%	45%	50%
1	0.826	0.820	0.813	0.806	0.800	0.794	0.787	0.781	0.775	0.769	0.763	0.758	0.752	0.746	0.741	0.714	0.690	0.667
2	1.509	1.492	1.474	1.457	1.440	1.424	1.407	1.392	1.376	1.361	1.346	1.331	1.317	1.303	1.289	1.224	1.165	1.111
3	2.074	2.042	2.011	1.981	1.952	1.923	1.896	1.868	1.842	1.816	1.791	1.766	1.742	1.719	1.696	1.589	1.493	1.407
4	2.540	2.494	2.448	2.404	2.362	2.320	2.280	2.241	2.203	2.166	2.130	2.096	2.062	2.029	1.997	1.849	1.720	1.605
5	2.926	2.864	2.803	2.745	2.689	2.635	2.583	2.532	2.483	2.436	2.390	2.345	2.302	2.260	2.220	2.035	1.876	1.737
6	3.245	3.167	3.092	3.020	2.951	2.885	2.821	2.759	2.700	2.643	2.588	2.534	2.483	2.433	2.385	2.168	1.983	1.824
7	3.508	3.416	3.327	3.242	3.161	3.083	3.009	2.937	2.868	2.802	2.739	2.677	2.619	2.562	2.508	2.263	2.057	1.883
8	3.726	3.619	3.518	3.421	3.329	3.241	3.156	3.076	2.999	2.925	2.854	2.786	2.721	2.658	2.598	2.331	2.109	1.922
9	3.905	3.786	3.673	3.566	3.463	3.366	3.273	3.184	3.100	3.019	2.942	2.868	2.798	2.730	2.665	2.379	2.144	1.948
10	4.054	3.923	3.799	3.682	3.570	3.465	3.364	3.269	3.178	3.092	3.009	2.930	2.855	2.784	2.715	2.414	2.168	1.965
11	4.177	4.035	3.902	3.776	3.656	3.544	3.437	3.335	3.239	3.147	3.060	2.978	2.899	2.824	2.752	2.438	2.185	1.977
12	4.278	4.127	3.985	3.851	3.725	3.606	3.493	3.387	3.286	3.190	3.100	3.013	2.931	2.853	2.779	2.456	2.196	1.985
13	4.362	4.203	4.053	3.912	3.780	3.656	3.538	3.427	3.322	3.223	3.129	3.040	2.956	2.876	2.799	2.469	2.204	1.990
14	4.432	4.265	4.108	3.962	3.824	3.695	3.573	3.459	3.351	3.249	3.152	3.061	2.974	2.892	2.814	2.478	2.210	1.993
15	4.489	4.315	4.153	4.001	3.859	3.726	3.601	3.483	3.373	3.268	3.170	3.076	2.988	2.905	2.825	2.484	2.214	1.995
16	4.536	4.357	4.189	4.033	3.887	3.751	3.623	3.503	3.390	3.283	3.183	3.088	2.999	2.914	2.834	2.489	2.216	1.997
17	4.576	4.391	4.219	4.059	3.910	3.771	3.640	3.518	3.403	3.295	3.193	3.097	3.007	2.921	2.840	2.492	2.218	1.998
18	4.608	4.419	4.243	4.080	3.928	3.786	3.654	3.529	3.413	3.304	3.201	3.104	3.012	2.926	2.844	2.494	2.219	1.999
19	4.635	4.442	4.263	4.097	3.942	3.799	3.664	3.539	3.421	3.311	3.207	3.109	3.017	2.930	2.848	2.496	2.220	1.999
20	4.657	4.460	4.279	4.110	3.954	3.808	3.673	3.546	3.427	3.316	3.211	3.113	3.020	2.933	2.850	2.497	2.221	1.999
21	4.675	4.476	4.292	4.121	3.963	3.816	3.679	3.551	3.432	3.320	3.215	3.116	3.023	2.935	2.852	2.498	2.221	2.000
22	4.690	4.488	4.302	4.130	3.970	3.822	3.684	3.556	3.436	3.323	3.217	3.118	3.025	2.936	2.853	2.498	2.222	2.000
23	4.703	4.499	4.311	4.137	3.976	3.827	3.689	3.559	3.438	3.325	3.219	3.120	3.026	2.938	2.854	2.499	2.222	2.000
24	4.713	4.507	4.318	4.143	3.981	3.831	3.692	3.562	3.441	3.327	3.221	3.121	3.027	2.939	2.855	2.499	2.222	2.000
25	4.721	4.514	4.323	4.147	3.985	3.834	3.694	3.564	3.442	3.329	3.222	3.122	3.028	2.939	2.856	2.499	2.222	2.000
30	4.746	4.534	4.339	4.160	3.995	3.842	3.701	3.569	3.447	3.332	3.225	3.124	3.030	2.941	2.857	2.500	2.222	2.000
35	4.756	4.541	4.345	4.164	3.998	3.845	3.703	3.571	3.448	3.333	3.226	3.125	3.030	2.941	2.857	2.500	2.222	2.000
40	4.760	4.544	4.347	4.166	3.999	3.846	3.703	3.571	3.448	3.333	3.226	3.125	3.030	2.941	2.857	2.500	2.222	2.000
45	4.761	4.545	4.347	4.166	4.000	3.846	3.704	3.571	3.448	3.333	3.226	3.125	3.030	2.941	2.857	2.500	2.222	2.000
50	4.762	4.545	4.348	4.167	4.000	3.846	3.704	3.571	3.448	3.333	3.226	3.125	3.030	2.941	2.857	2.500	2.222	2.000

译后记

个人理财业务是为客户提供一站式服务的一种新型综合性业务，它的顺利开展必须依赖于前、后台业务的整合。一直以来，国内的个人理财业务主要是由商业银行提供的，在其组织机构设置中，个人理财业务通常都归个人银行业务部。然而，随着信息技术的快速发展和其在生活中各方面的广泛应用，移动互联网已经成为人们日常生活和学习中不可或缺的组成部分。同时，随着人们消费观念的升级，个人理财成为人们资产配置的重要途径。传统互联网和移动互联网的快速发展带动了第三方支付平台的发展，互联网与金融业相结合的新模式让传统的个人理财业务受到了明显影响。在这方面，商业银行面临不小的挑战。

从宏观经济层面来看，即便有新冠疫情的冲击，中国经济也依然保持着较好的发展态势。中国经济的发展为老百姓的幸福生活奠定了坚实的基础，特别是我们实现了全面建成小康社会的目标，人民群众的生活水平有了质的飞跃，人们对个人理财提出了更高的要求。面对如此巨大的市场需求，国内各家商业银行拓展中高端个人理财业务的步伐一直在加快。个人理财业务已经成为银行新的利润增长点，中外银行纷纷推出各自的个人理财品牌，并在个人高端客户市场和金融产品创新上展开了异常激烈的竞争。但由于互联网金融理财业务冲击带来的各种不利影响，投资者在投资理财过程中格外注重风险。如果投资者不能很好地管理风险，那么个人理财不仅很难获得一定的收益，而且极有可能遭遇亏损。所以，不断完善自己的个人理财知识对投资者来说是一件极为重要的事情。

杰夫·马杜拉的《个人理财》（第七版）为广大投资者提供了详细的个人理财规划内容。全书保持原有框架不变，分七大部分，21章，分别从理财规划工具、管理个人流动性、个人融资决策、保护个人财富、个人投资、退休计划与遗产规划、理财规划总结这几个方面对个人理财做了一个全面而又细致的设计。第七版对税法的相关改变做了非常详细的说明，对全文的案例资料都做了更新，特别考虑了金融市场的变化状况，对案例中的数据都做了更符合现实的调整。

全书主要由浙大城市学院汪涛、郭宁、章国标翻译，其中汪涛负责翻译第6章至第10章、第15章至第17章、课后理财知识测验和附录部分，郭宁负责翻译课前理财知识测验和第1章至第5章，章国标负责翻译第18章至第21章，浙大城市学院怀卡托大学联合学院白亦合、肖晗翻译了第11章，王梦俏、叶倩翻译了第12章，余安童、宋小彤、汤琳媛翻译了第13章，卢妍甄、徐宁潞翻译了第14章。在本书的翻译过程中，徐淑仪、许淑瑜等帮忙搜集了相关资料，沈哲元、徐振恺等承担了部分校对任务，在此一并表示感谢。我们还要特别感谢中国人民大学出版社的崔惠玲编审，她在翻译过程中提供了大量的帮助，并为本书的出版做了大量细致、具体的工作。全书最后由郭宁通读定稿。

随着经济环境的不断改变,最新的技术和手段被广泛运用到个人理财产品市场的创新当中,宏观政策也出现了相应的调整和改变,这些都给翻译工作带来了一定的挑战。在具体翻译过程中,我们尽可能兼顾翻译的学术性与通俗性,书中如有不当之处,恳请广大读者批评指正。

汪涛、郭宁、章国标

中国人民大学出版社经济类引进版教材推荐

经济科学译丛

20世纪90年代中期,中国人民大学出版社推出了"经济科学译丛"系列丛书,引领了国内经济学汉译名著的第二次浪潮。"经济科学译丛"出版了上百种经济学教材,克鲁格曼《国际经济学》、曼昆《宏观经济学》、平狄克《微观经济学》、博迪《金融学》、米什金《货币金融学》等顶尖经济学教材的出版深受国内经济学专家和读者好评,已经成为中国经济学专业学生的必读教材。想要了解更多图书信息,可扫描下方二维码。

经济科学译丛书目

金融学译丛

21世纪初,中国人民大学出版社推出了"金融学译丛"系列丛书,引进金融体系相对完善的国家最权威、最具代表性的金融学著作,将实践证明最有效的金融理论和实用操作方法介绍给中国的广大读者,帮助中国金融界相关人士更好、更快地了解西方金融学的最新动态,寻求建立并完善中国金融体系的新思路,促进具有中国特色的现代金融体系的建立和完善。想要了解更多图书信息,可扫描下方二维码。

金融学译丛书目

双语教学用书

为适应培养国际化复合型人才的需求,中国人民大学出版社联合众多国际知名出版公司,打造了"高等学校经济类双语教学用书"系列丛书,该系列丛书聘请国内著名经济学家、学者及一线授课教师进行审核,努力做到把国外真正高水平的适合国内实际教学需求的优秀原版图书引进来,供国内读者参考、研究和学习。想要了解更多图书信息,可扫描下方二维码。

高等学校经济类双语教学用书书目

Authorized translation from the English language edition, entitled Personal Finance, 7e, 9780134989969 by Jeff Madura, published by Pearson Education, Inc., Copyright © 2020, 2017, 2014 by Pearson Education, Inc. or its affiliates.

All rights reserved. No part of this book may be reproduced or transmitted in any form or by any means, electronic or mechanical, including photocopying, recording or by any information storage retrieval system, without permission from Pearson Education, Inc.

CHINESE SIMPLIFIED language edition published by CHINA RENMIN UNIVERSITY PRESS CO., LTD., Copyright © 2023.

本书中文简体字版由培生集团授权中国人民大学出版社在中华人民共和国境内（不包括中国香港、澳门特别行政区和中国台湾地区）独家出版发行。未经出版者书面许可，不得以任何形式复制或抄袭本书的任何部分。

本书封面贴有Pearson Education（培生集团）激光防伪标签。无标签者不得销售。

Pearson

尊敬的老师：

您好！

为了确保您及时有效地申请培生整体教学资源，请您务必完整填写如下表格，加盖学院的公章后传真给我们，我们将会在2~3个工作日内为您处理。

请填写所需教辅的开课信息：

采用教材				☐中文版 ☐英文版 ☐双语版	
作　者			出版社		
版　次			ISBN		
课程时间	始于　　年　月　日		学生人数		
	止于　　年　月　日		学生年级	☐专科　　☐本科1/2年级 ☐研究生　☐本科3/4年级	

请填写您的个人信息：

学　校			
院系/专业			
姓　名		职　称	☐助教 ☐讲师 ☐副教授 ☐教授
通信地址/邮编			
手　机		电　话	
传　真			
official email（必填） （eg：XXX@ruc.edu.cn）		email （eg：XXX@163.com）	
是否愿意接受我们定期的新书讯息通知： ☐是　☐否			

系/院主任：_____（签字）

（系/院办公室章）

___年___月___日

资源介绍：

——教材、常规教辅（PPT、教师手册、题库等）资源：请访问 www.pearsonhighered.com/educator； （免费）

——MyLabs/Mastering 系列在线平台：适合老师和学生共同使用；访问需要 Access Code。 （付费）

地址：北京市东城区北三环东路36号环球贸易中心D座1208室 100013

Please send this form to：copub.hed@pearson.com

Website：www.pearson.com